梁羽生
倪匡
蔡澜
古龙
李敖
吴清源
邵逸夫
冯其庸
陈世骧

金庸
自个儿的江湖（上）

蒋连根 著

人民东方出版传媒
People's Oriental Publishing & Media
東方出版社
The Oriental Press

目录

金庸自个儿的江湖

第二章
患难知己／048

第三章
亦师亦友／111

第四章
武林盟友 / 163

第五章
君子之交 / 243

引子

《诗经》写道："嘤其鸣矣，求其友声"，鸟儿呼叫也是在寻找友谊，何况人呢！何为"朋友"？就是"同门曰朋，同志曰友；朋友聚居，讲习道义"。

俗话说："在家靠父母，出外靠朋友"，"一个篱笆三个桩，一个好汉三个帮"。这种说法既表明了朋友的重要，又表明了朋友的价值在于依靠和帮助。早在少年时期，金庸就认识到，在友情中没有任何的利害观念。"人是不会懂得幸福的，如果没有与一个对你心中不存丝毫利害观念，却永远准备为你尽力的人在一起度过一段时候。"他认为，真正的朋友之间是不存在利害观念，不计较利益得失的。他在与池田大作的谈话中指出，中国人之所以特别崇拜关羽，就是因为关羽这个人是重情义而轻利益。基于这种"重情轻利"的看法，金庸笔下的江湖，无论豪客还是大侠，几乎没有不爱交朋友的。换句话说，都挺喜欢拓展自己的朋友圈。在他的笔下，《鹿鼎记》中的韦小宝想尽一切办法四处搜刮钱财，本是个贪财好色的小流氓。但是，在面对天地会的好朋友的时候，他却出手非常大方，完全视金钱如粪土。同样，虽然韦小宝是一个极其贪生怕死的人，但对于他的好朋友“小玄子”康熙，韦小宝也处处为他着想，甚至几次冒死相救，心甘情愿地为他挡刀剑。为了讲义气，韦小宝做起了两面派，一方面不肯刺杀“小皇帝”康熙，另一方面又不肯灭除天地会。最后，为了保住天地会众人的性命，他只能抛下全部荣华富贵，选择了避世隐居。虽然金钱和利益对于韦小宝来说非常重要，但是在更重要的友情面前，金钱和利益就变得微不足道了。韦小宝这个人的身上，集中体现了金庸重情轻利的友情观。

金庸曾经说过：“我最要好的朋友，都是中学时代结交的，那时候大家一起吃饭，住同一个宿舍，一起上课学习，生活亲密。这些好朋友现在还经常联系，争取机会见面。”《明报》原总经理沈宝新，肯定是这些朋友当中的一个。

《明报》时期的金庸，一手办报纸，一手写小说，达到了人生、事业的巅峰，这个时候的他，朋友圈几乎将港台文化圈名流一网打尽，一直延伸到了大陆乃至全球华人文化圈。

从《明报月刊》的部分顾问名单中就可窥见一二：余英时、柏杨、巴金、胡菊人、查良镛、董桥、杨振宁、饶宗颐、季羡林……金庸自己也在顾问之列，这是中国最一流的文化朋友圈 。

相继与金庸合作过的《明报》历任总编辑：潘粤生、王世瑜、董桥、胡菊人、潘耀明……个个堪称香港新闻出版业的大将。后来创办“香港财经风向标”——《信报》的林行止曾在《明报》资料室做资料员，受金庸赏识，被派往英国学习财经，返港后任《明报晚报》副总编辑。

《明报》自创办以来，副刊一直是“小说”、“杂文”两版。这两个版面专栏作者的聘请，一定是要经过金庸批准的。所以，长期以来，《明报》副刊的作者大多是金庸的朋友，如倪匡、黄霑、亦舒、董千里、林燕妮、蔡澜、温瑞安、陶杰等。温瑞安在香港漂泊不定，金庸“雪中送炭”，安排《明报》连载其小说，方才造就温氏武侠旋风。陶杰是金庸的忘年交，邀请他在《明报》当副总编辑，兼写专栏。黄霑给金庸影视剧的插曲填了十四首词，金庸认为他成就最高的作品是《笑傲江湖》插曲《沧海一声笑》。

倪匡说他一生最好的朋友是金庸，他的小说只在《明报》连载，大部分小说也是在金庸创办的明窗出版社出版。他给《天龙八部》代笔，他的妹妹亦舒也在《明报》开专栏，兄妹俩嫌金庸给的稿费太低，齐向金庸抗议，结果被金庸笑眯眯地挡了回去，到头来还是继续给金庸写专栏，因为是朋友——“文朋狗党”。

特别值得一提的是古龙。金庸封笔后写信向他约稿，请其为《明报》连载武侠小说。于是，《陆小凤》系列在《明报》获得空前成功。金庸既是古龙的文坛前辈，也是他的竞争对手，金庸愿意主动出让《明报》这一方阵地，让他发表代表作，这实在是大侠大义之举。

晚年的金庸让出《明报》，讲学于浙江大学，就学于剑桥大学，与池田大作对话，随马云“西湖论剑”…… 到处游山玩水，讲学访友，回味着他的既往友情。可以说，他仍然在继续着自己的游侠之梦，并且有晚年知遇，一直到现在。

另外，红颜知己也是不可或缺的大侠必备关键词。金庸笔下的大侠们，没有一个是孤独终老的，或多或少拥有一个或几个红颜知己，有的最终发展成了执手一生的爱人，有的保持着纯洁的感情，以兄妹相称，而有的则一直是无私的奉献，默默陪伴在主角身边，给予自己所有的爱，付出一颗真心，不求回报，也不求名分，只是守候与凝望，只为那一回眸的相思和那眼神交汇的心意相通。能拥有这样的红颜知己应该是幸福的吧，她们所给予的感情早已超出了狭隘的男女之爱，而更多的是一种知己之情，挚友之情。

金庸说：“现在中国最缺乏的就是侠义精神。每个人，都是作为历史长河中的一名过客，有个小朋友问我，来生愿意做男人还是做女人，做郭靖还是做黄蓉？我说，不论做男人也好，做女人也好，都要做一个好人。我的所有作品都是宣扬侠义精神的，本意基本与打打杀杀的‘武’无关……我主张现代人学“侠义”二字，是补课，是主张勇于承担责任，拥有快意人生。侠义真的是个很远大很美丽的世界。”“我喜欢那些英雄，不仅仅在口头上讲侠义，而且在遇到困难、危险的时候能够挺身而出，而不是遇到危险就往后跑，我自己正是这样努力去做的。远离危险、躲在后面，这样卑鄙的人在现实生活中却有很多。”

很多看过金庸小说的人都喜欢去猜测，金庸最像他众多小说主角的哪一个，是憨厚木讷的郭靖，是飞扬跳脱的杨过，是豪情万丈的萧峰，是优柔寡断的张无忌，还是乖觉油滑的韦小宝……其实，任何一位小说主人公都只是金庸性格的一部分。知遇而知己，是金庸性格的体现。

每个人背后都有他的故事，金庸写的故事已家喻户晓，而他自己和朋友们的故事，跟他的武侠小说一样引人入胜。

这就是金庸自个儿的江湖。

第一章 少年师友

见面时，恭恭敬敬地鞠躬，离别时递上一张小纸条，将自己的寓所地址和床头电话呈上，这是金庸在寻师访友时常做的动作。

金庸有许多老师，从小学、中学到大学，从浙江嘉兴到重庆，从杭州到上海，从北京到香港，从台湾到英国剑桥，金庸到处交友拜师，因而有了许多“千人中之一人”的友谊。

沈宝新与金庸是初中三年级的同班同学。金庸和同学合伙编小学升初中的教辅，赚了不少钱，还曾经拿钱资助过沈宝新。1948年两人在香港碰头，金庸看中沈宝新在出版、印刷方面的经验，拉他一起办报，于是这才有了《明报》。

和老同学聚会，金庸拉着儿子给同学沈德绪敬酒，说：“我们一道向沈伯伯敬酒，我的命是沈伯伯救的。”

¤ 金庸的江湖语录 ¤

¤ 说起我的恩师，一位是小学五年级时的班主任兼国文老师陈未冬先生，前年在杭州相会时几乎已相隔六十年……另一位是中学的校长张印通先生，我因壁报事件被学校开除，张校长曾极力为我争取较轻的处分，后来张校长努力帮我转学，这份大恩大德对我一生影响极大…… 初中时的国文老师王芝簃先生也是我的恩师，他给我的主要是身教，他刚毅正直、勇敢仁厚的侠气使得我一生时时暗中引为模范……可惜这数位恩师大都已经逝世，虽欲报恩而不可得了。

——与池田大作对话

¤ 我的经验是，年纪渐大后结交知己朋友相对的比较困难了，因为已不像少年时候那样毫无利害关系、毫无机心的可以推心置腹、毫无保留地吐露心事。我最要好的朋友，都是中学时代结交的，那时候大家一起吃饭，住同一个宿舍，一起上课学习，生活亲密。这些好朋友现在还经常联系，争取机会见面。

——与池田大作对话

师生办墙报，一同“喔喔啼”

——小学老师陈未冬

1992年12月初，金庸重返家乡。他在杭州茶叶博物馆参观时偶遇研究员陈珲，言谈之下，金庸惊喜道：“你是我的小师妹啊！”随即手书一封问候信，让带给他的小学老师陈未冬。

几日后，金庸回到故乡海宁，特意访问母校——今袁花镇中心小学，为学校图书室捐款，并题字留念：“重游母校深感当年教诲恩德。袁小旧生查良镛。”

1

袁小旧生查良镛的老家就在距学校三里多路的袁花镇新伟村，旧时称海宁县龙山里。这是一个典型的江南水乡，一条小溪在两山夹峙之中流淌着，花溪两岸，秀峰林立，溪中礁石累累，水浅处可以涉足，水深处可以泛舟。山水交融，田畴交错，花溪的山与水都各具特色。

金庸七岁就读于村口巷里十七学堂，高小转入袁花龙山小学堂。龙山小学堂始建于1902年（光绪十八年），是海宁最早的四所高等小学堂之一，又名海宁第三高等小学堂。所以，查良镛曾对记者说：“我不是上私塾，我一开始上的就是现代小学。”

龙山小学堂在袁花镇上，花溪河畔，杨柳依依，河水中漂满了绿色的浮萍，离查良镛家赫山房有好几里地，他在那里度过了难忘的少年时光。

“噢，金庸就是查良镛！”1981年7月，邓小平在北京会见香港《明报》社长查良镛的消息在报纸上刊登，居住杭州的陈未冬老人读后，想起他的小学生查良镛，但不知道是不是同一人。当有人告诉他金庸就是查良镛后，陈老先生感叹了一声。

陈未冬，原名陈维栋，1911年出生在浙江省诸暨市陈宅镇巽溪村一户农家，1920年父亲不幸去世，留下了母亲和四兄姐相依为命。陈维栋进入附近学校读书学习时改名为未冬，后来考入了绍兴的省立第五中学，毕业后在诸暨县枫桥的大东公学堂任教，一年后调海宁县袁花镇龙山小学堂任教。

陈未冬爱好写作，常有文章在报刊上发表。他见班上的“小秀才”查良镛人长得俊秀而聪明，写的作文尤为出色，便倍加赏识。陈未冬是班主任，教国文课，还教历史。金庸曾对池田大作说：“说起我的恩师，一位是小学五年级时的班主任兼国文老师陈未冬先生，前年在杭州相会时几乎已相隔六十年。我仍记得当年他为我改正的作文错字……”六十年后，他仍记得一堂让他泪水横流的历史课。他回忆说：“记得我在小学念书时，历史老师讲述帝国主义欺压中国的凶暴。讲到鸦片战争，中国当局中如何糊涂无能，无数兵将英勇抗敌，但枪炮、军舰不及英国，以致惨遭杀害，他情绪激动，突然掩面痛哭。我和小同学们大家跟着他哭泣。这件事在我心中永远不忘。我们这一代的中国人对于收回香港，自然反应是天经地义，即使要我牺牲性命，也在所不惜，绝对不需要考虑。”

少年金庸最爱去的是自家的书房，一幢盛满丰富藏书的屋子。书房里挂一牌匾，上书“澹远堂”三个紫色的字，是康熙皇帝当年为查升写的，三个字旁边有九条飞舞的金龙。查升是金庸的祖先，康熙年间大诗人查慎行之侄。查升这一代，一家叔侄五人（查嗣韩、查慎行、查嗣瑮、查嗣庭、查升）官拜翰林，当时全家共有七人中进士，称为“一门七进士，叔侄五翰林”，是查家最显赫的年代。书房里还挂着一副对联，写着“竹里坐消无事福，花间补读未完书”，是查升的手笔。少年金庸常常对着牌匾和对联沉思，发愤读书的心境由此而生。如今，这副对联挂在金庸香港的书房里。

查良镛自小对书有一种亲切感，阅读课外书成了习惯。低年级时看《儿童画报》《小朋友》《小学生》，后来看内容丰富的《小朋友文库》，再似懂非懂地阅读各种各样的章回小说，到五六年级时，就开始看新文艺作品了。除了家中的书，金庸还看了许多坊间的侦探小说、武侠小说。那时，社会还是非常的保守。当时《红楼梦》被视作诲淫的禁书，《水浒传》也是诲盗的坏书，可在班上，陈未冬唯独允许查良镛一人阅读。

陈未冬在自传《我的故事》中如此记述：“当时，查良镛（金庸）也在本校就读，是五年级成绩最佳的学生。他听课、做事都很认真，特别是作文写得好，我对他的每篇作文都细加圈点、认真批改，作为范文在课堂上评析。我曾把他的作文本交给诸暨民报社的骆文华，他看后也认为很不错，还选了几篇在《诸暨民报》上刊登了。”

陈未冬的这一举动，竟然将查良镛的写作热情拨得更旺了。暑假以后，陈先生让查良镛跟他一块儿编五年级的级刊墙报，刊头上画的是一只大公鸡，取名为“喔喔啼”。查良镛组稿、编改、抄写，干得很欢。开头半月出一期，后来一周出一期，有时两三天出一期，把小小的墙报办得生动活泼。

那天上历史课，陈未冬老师讲到鸦片战争，朝廷如何腐败无能，无数兵将英勇抗敌，但终因枪炮、军舰不及英国而惨遭杀害，突然情绪激动，掩面痛哭。金庸和小同学们也都跟着哭泣。金庸说：“这件事在我心中永远不忘，记忆里，小学上史地课，授课老师每次一说到战争、割地、赔款就捶胸顿足，常常我们所有同学也跟着哭，跟着愤恨不平。”这堂历史课映射出的国族危亡的险境，影响了金庸，也影响了那一代很多人的一生。

1936年，查良镛从龙山小学堂毕业，考入浙江省立二中（今嘉兴一中），自此与陈老师离别，查良镛离开了海宁。

2

1983年，陈老师因病住院，同室病友是香港《大公报》的一位编辑，两人聊天，陈先生问他：“金庸是不是海宁人？”这位编辑也说不清，回港后便将此事告诉了金庸。金庸闻之大喜，写信寄往医院，此后，金庸托人再三打听，却未得到陈先生的消息。

直到1988年5月，陈老师获知金庸的确是海宁人，便写信托人寄给金庸，问他是不是龙山学堂的查良镛。10月14日，金庸复信问候：“生受老师教诲，已五十余年了，但老师的声音笑貌历历就在目前……当时我年少顽皮，自封为‘独裁者’，老师颇加优容，此时思之，既感亦复汗颜。其后老师命生主编级刊《喔喔啼》，数十年来编报，老师之指点，固无时或忘也。当时老师在一黑色硬面蓝条簿上书写杂感，常以示生。我记得有文记叙校长张志鸿先生赴海宁县教育局追讨教师欠薪不得之情，老师自称为‘可怜虫’云云，迄今印象深刻。又老师是诸暨人，吾等袁花人将‘屎’读作‘窝’音，将‘尿’读作‘矢’音，学生等众口一词，老师大为生气。分隔五十余年，回思教诲爱护之恩，感怀良深。明年如能抽空，当来杭州叩见。奉上近照一帧，以代先此致候……受业弟子查良镛叩上。”信中既回忆当年趣事，更洋溢着对老师的款款深情。

事隔不久，有同事赴港，陈老师修书一封托为问候金庸。金庸见信，即吩咐秘书："是我老师的客人，快去请来！"见到家乡来客，金庸再三询问老师近况，还让人带上礼物。

1992年12月初，金庸终于重返家乡。他在杭州茶叶博物馆参观时偶遇陈未冬的小女儿陈珲，金庸惊喜道："你是我的小师妹啊！"随即掏出一封问候信，让她带给陈先生。12月8日上午9时，金庸携夫人林乐怡女士来到陈老师的家。"老师好！师母好！"金庸深深弯腰鞠躬，行了大礼。

时年68岁的金庸像小孩似的携着老师的手进了客堂，深情地说："陈老师是我立业的启蒙恩师，我有今天离不开老师循循善诱的教导。老师教诲的恩德终身难忘。"金庸忆及当年："我的作文中，将'旖旎'两字错写成'旖妮'，是老师翻出《辞源》予以指正。从此我写作遇到犹豫不决时常查辞书。"听说往事，陈未冬禁不住哈哈大笑："良镛，你的记性真好，是啊，牢记错误是求得进步的要诀。"师生交谈甚欢。金庸拿出自己写的《射雕英雄传》《书剑恩仇录》等原版精装本，挥笔写上"恩师指正"等字样并签上自己的名字，赠送给老师。

1996年11月5日，金庸在西湖边建造的"云松书舍"竣工落成，他又临杭州，特邀陈未冬出席晚宴。致词时，他十分动情地说："今天我很高兴，在座的有我小学时的老师，他已经80多岁了，给过我许多指教和器重，我很敬重他……"返港那天，他亲赴陈舍，向老师和师母辞行，将一只封口的信封塞给老师，非常诚恳地说："这是学生的一点点心意，请老师一定要收下，实在是不成敬意。"待金庸离开后，老师拆开信封一看，原来是一叠"人民币兑换券"，这在当时的中国内地是比较珍贵的，可以买到一般人用人民币买不到的物品。

"他考虑事情总是那么细致周到！"老师心中很是感动。

3

师生重逢时，金庸再三要求老师给他讲讲革命历史。于是，陈老师讲述了别后他奔赴延安然后潜伏浙南的经历。

1937年抗战爆发后，师生离别，查良镛离开海宁念书，陈未冬则奔赴延安，进入抗大学习，曾聆听毛泽东和朱德的讲话。1938年9月初，陈未冬入党不久受派潜回诸暨，改名张光，从事地下活动。1939年6月，张光担任诸暨县委书记，以巽溪村为中心，发展党组织，开展抗日救亡工作。一年间，璜山区有20多个村建立了支部，发展党员百余人。1941年3月，中共余姚县委特派员张光带着夫人钟学意，第一次到达余姚境内的周巷，租赁老中医家的店面房子，开设一家旧木器商店作为掩护，开展地下工作。他与淞沪抗日游击队五支队取得联系，大量动员地方党员和进步人士参加部队，建立了通讯联络站、办事处等机构。

这年初夏，浙东抗日游击根据地建立，张光任中共三北地委委员兼组织部长，并兼中共余（姚）上（虞）县委书记、办事处主任。其间，领导虞北人民，高举抗日斗争旗帜，以各种形式打击日伪顽军，建立了虞北抗日根据地。

一天凌晨，张光到逍林区与淞沪抗日游击队队长接头。刚拐上一条大路，猛听背后有人喊："站住！"回头一看，只见三个壮汉疾步赶来，心知有异，却不慌不忙，反而迎上前去。张光说："先生，我不认识你，你叫我干什么？"那三人只是吼叫："走，一块儿走，上汽车。"这时候，张光才发现路旁停有一辆黑色汽车，心里全明白了：是日伪特务专门来抓他的，怎么办？得想办法逃！就在特务伸手来拉他时，他用手里的皮包猛然向特务头部打去，然后夺路欲逃。哪知特务早有防备，伸手抓住了张光的衣服后领。张光急中生智，撒手甩掉了皮包，两臂向后一顺，顺势脱掉上衣，向南急跑。"砰！砰！"特务连开两枪，张光顿时倒在地上。一颗子弹击中了张光的右臂。他左手扶着墙，站起来，用手捂住流血的伤口。特务一边骂着一边走到张光跟前，拉他上汽车。张光站着不动，说："我受伤了，走不了。"特务一看，张光的衬衫已被鲜血染红，便放开手，转身去马路对面喊汽车。张光等特务走出五六步远了，突然转身向南，拼命猛跑，跑到南巷胡同口，急拐进去，继续奔跑。等特务发觉追到胡同口时，已经不见了张光的踪影。张光就这样脱险了。

解放战争中，张光从地方转入军队，随军北撤，担任华东野战军第一纵队某师政治部干事，参加过许多重大战役。解放后，张光先后任中共浙江省委组织部组织科长、省委秘书处处长等职。1983年，从浙江省轻工业厅副厅长任上离休。

2003年，在浙江大学的一次讲演中，金庸用崇敬的语气跟同学们讲述老师当年的潜伏经历，称赞说："他是一个革命者，非常勇敢可敬！"

陈未冬教过的学生许多，唯独查良镛这个名字还记得。因为很喜欢这个学生，他一直把查良镛的一本作文簿珍藏在诸暨老家，直到"文革"期间造反派多次抄家，这本作文簿才与被称为"四旧"的东西一起被烧掉。

2003年5月，陈未冬因病逝世于杭州，享年93岁。

今来旧址忆故人

——中学校长张印通

在碧绿的校园草地上，矗立着一尊铜像，碑额铭刻着“敬爱的张印通校长，学生金庸敬题”的字样。金庸面对铜像深深三鞠躬后，已是热泪盈眶。

张印通校长铜像（耕夫　摄）

那年，金庸来到丽水旧地，重游碧湖高中学校旧址时，勾起了他对昔日师友的无限情思，笔下一泻，竟有些感伤：“今来旧址忆故人，不见前辈心耿耿。”

在金庸感念的师友中，张印通是最为重要的人物。

1

1936年，少年查良镛在故乡海宁袁花镇的龙山小学堂毕业，考入浙江省立二中。美丽的南湖、古老的烟雨楼从此成了他挥之不去的一个梦。数学老师章克标、国文老师王芝簃等都让他终生难忘。

然而，1937年11月5日拂晓，20万日军在大雾的掩护下从杭州湾金山卫、全公亭一带登陆，大肆烧杀，嘉兴危在旦夕，数百名无“家”可归的学生还留在学校，一时人心惶惶，陷入了一片混乱。校长张印通在危难之际，不顾经费不足和前途艰辛莫测，毅然挑起重担，带领师生南迁，甚至顾不上安置好自己同样处于危险与困境之中的家庭。11月11日，他们匆忙离开新塍，踏上了千里流亡之路。11月19日，嘉兴沦陷。

师生们从新塍出发，经乌镇、练市、余杭、临安到达于潜，最初是坐船，后来水路不通了，只好步行，跋山涉水，晓行夜宿。到于潜小驻，本来打算上课，11月24日传来了杭州沦陷的消息，只好起程南行。过分水到桐庐，半夜里，学生们在睡梦中被叫醒，匆忙集合出发，队伍刚刚走过浮桥，身后火光熊熊，浮桥烧断了。走出二三十里，天色微明，歇下来吃早饭。老师这才告诉他们，昨夜宿营处，日寇距离不过一二十里，真是惊险万状。

这些学生年龄大的不过十四五岁，小的只有十二岁，还有女同学，虽说轻装前进，每人只剩下一条棉被、几件简单的换洗衣服，但没有交通工具，完全是徒步跋涉，斜挂在背上的被子卷实在不胜其负，一般每天只能走三五十里，以至六十里。最多的两天，日行九十里，同学们脚上都起了水泡，水泡磨破了出血不止，只有靠一根木棒或竹竿支撑，一步一移。

张印通校长和师生同行、同吃、同住，每到宿营地，都是稻草在地上一铺，就地而卧。吃的同样非常简单，每次发一元钱要用好几天，师生们常常买三个铜板的山芋充饥，吃上一只粽子就是一顿奢侈的美餐了。在疲惫的流亡途中，老师仍然抓紧时间给学生上课，没有教室，没有课本，没有学习用品，他们就在树荫、屋檐下，老师凭着一块很小的黑板来上课。

他们吃山芋，睡泥地，徒步跋涉了近两个月，行程千里，历尽艰辛，经永康、缙云，终于在1937年12月下旬到达浙南山区小镇——丽水碧湖镇。回忆起这段颠沛千里的经历，金庸后来说：“当时我们才十二三岁，每天要步行七八十里，餐风宿露，为抗日救国，我们跟学校到后方去。为救亡图存，我们努力学习。走不动了，就唱支歌……”

在“树凝碧，溪如湖”的碧湖，金庸穿上灰布军装，参加了战时青年训练团，接受军训。半年后，浙江北部沦陷区的许多中学辗转千里相继来到碧湖，教育厅决定将杭嘉湖的七所省立中等学校（包括杭州高中、杭州初中、杭州女中、杭州师范、杭州民众教育实验学校、嘉兴中学、湖州中学）合组为浙江省立临时联合中学，分高中部、初中部和师范部。

2

1938年9月初，联中正式开学，一如在昆明的西南联大在延续民族希望的火种。

1939年某日课余，忽然人头济济，有数十人在围观图书馆外走廊的壁报，有人高声朗诵，有人拍手称快。原来壁报上刊有《阿丽丝漫游记》一文，描述阿丽丝小姐千里迢迢来到联高校园，兴高采烈遨游东方世界之际，忽见一条色彩斑斓的眼镜蛇东游西窜，吐毒舌，喷毒汁，还口出狂言威吓教训学生："如果你活得不耐烦了，就叫你永远不得超生……如果……"眼镜蛇时而到教室，时而到寝室，时而到饭厅，时而到操场，学生见之纷纷逃避。文章的作者就是查良镛。①

联中的学生一眼就看出了"眼镜蛇"影射的是他们学校的训育主任沈乃昌，他戴一副眼镜，令人讨厌，不近情理，平时讲话总是带着"如果"二字，学生背地里叫他"如果"。有些男同学和女同学经常来往，也不是恋爱，不过是亲密一点，就给开除。还有同学在休息时间下围棋，沈乃昌也不许，还把围棋没收。大家敢怒不敢言，学生们平时像躲瘟神一样躲着他。壁报前的人越聚越多，《阿丽丝漫游记》立马传遍了整个联高校园，当然也传到了训育主任沈乃昌那里，这下查良镛闯祸了。

训育制是国民党一党专制下的特殊产物，是国民党推行党化教育、奴化教育的一个重要手段。早在1939年四五月间，联高就发生过驱逐训育主任沈咸震的事件，学生把他拉到龙子庙的戏台上，责问他为什么暗中窥探同学的行动，要他承认错误并作检查，他不肯，引起了冲突。事后，教育厅强令开除钦本立等七名学生，经校长张印通等申请，才改为退学。沈咸震之后，教育厅任命34岁的沈乃昌为联高的训育主任，同时负责教公民课。他到处监视学生的一举一动，做学生思想的检察官，被学生视同蛇蝎，难怪查良镛以"眼镜蛇"喻之。

查良镛一时兴起，借阿丽丝之口说出了广大学生心里想说而不敢说的话，完全是童言无忌，根本没想到后果。他后来自述："我高中一年级时，在学校壁报上撰文讽刺训育主任沈乃昌先生而被开除，是我一生中最大的危机之一。因为给学校开除，不但失去了继续求学的机会，连吃饭、住宿也发

① 萧乾：《两浙轶事》，浙江省文史研究馆主编，上海书店出版社1992年版，第64-65页。

生问题，后来终于在原校长张印通先生及旧同学好友余兆文君的帮助下进入衢州中学，那是生死系于一线的大难。”

如果不是张印通校长勉力将“开除”改为“退学”，金庸将立即面临失学和生活问题的威胁，所以他一生不忘这位慈爱的老校长的恩德，一再提起这件事，对这位校长充满敬意和怀念。

3

后来几次到嘉兴，金庸都找旧友和老同学聚谈，打听张印通的生平事迹。

张印通于1897年出生在嘉兴泰石桥张家湾。祖上家境一般，父辈以织绸为业，积攒了不菲的家产。之后与诸乡绅创办泰石桥小学堂，使村中学童能就近上学，张印通幼时即就读于此。

张印通先后入学嘉兴县立第一高小、浙江省立第二中学，品学兼优，为模范生。中学毕业后考取官费生，留学日本。1923年，张印通从日本国立东京高等师范学校毕业，回国后历任浙江省立第二师范学校、省立二中、江苏松江女中教员、教务主任，省立一中教员。1931年起任浙江省立嘉兴中学校长。

张印通担任嘉兴中学校长时，年纪尚轻，学校中有不少教师是他的老师。其中有几位老师喜欢夜饮，经常喝酒喝到深夜回校，看门的工友必须起床为这些老师开门，特别是冬天，半夜起床开门是很冷的。久而久之，这位工友不免有些怨言。张印通知道这件事后，考虑了良久，有了自己的主意。他让那位工友关门后先去休息，自己看门。等这些老师喝完酒回来，亲自为他们开门。每进来一位老师，他都恭恭敬敬地一鞠躬，并说：“某老师，您回来了！”这样一连好几天，这些老师看到张印通作为一校之长，深夜不休息为自己开门，有所感触，就自觉地放弃了夜饮的习惯。而这位工友也深受感动，以后有老师外出，半夜起来开门再也没有怨言了。

1942年秋，因为和当时的省教育厅意见不合，张印通辞去了校长的职务。之后他接受浙江大学的邀请，准备去在龙泉的浙江大学任教。去龙泉前，张印通决定先返回嘉兴探亲，因母亲年迈多病，需要照顾，龙泉之行没有成行，遂隐居乡间。1945年，抗日战争胜利。1946年2月，浙西一中回到嘉兴复校，张印通再度出任校长，并任嘉兴县临时参议会议长。1949年5月嘉兴解放，张印通仍任嘉兴中学校长。

离休老人廖大华2012年回忆：1950年，我任王店区泰旗乡土改队长，队部设在张家湾老屋。一天上午，乡里正在召开土改干部积极分子会议，民兵说，一个老地主的儿子找我。匆匆走进办公室，只见一个头戴礼帽，身着长袍，足蹬黑皮鞋，手持文明棍的中年绅士面露紧张神色，却又知书达理地从座位上起立，自我介绍说："鄙人是嘉兴中学校长张印通，今天是为了房子和田地来找土改队领导的。"当时我以为他别有意图，马上理直气壮地答："根据我们深入细致地调查和土改法的明文规定，你家应是地主成分，此屋及大部分田地应该收归公有。你既是中学校长，就应带头遵纪守法，为人师表。"他环顾四周威风凛凛的武装民兵，显得有些心慌意乱，颤颤兢兢地说："各位请勿误会，我在县政协会议上听了土改问题的报告，认识到我的祖上以土地剥削农民犯下严重罪行，如今解放了，理应土地还家，今天是特地送我家的旧房地产契约来请政府和土改队处理的。"说着叫跟随的校工把包袱打开，取出契约，全部如数上交。我明白了他的真正目的，遂拉着他的手说："你能为民主人士带头响应人民政府号召，以实际行动支持土地改革，值得表扬。"继以宾客招待，端上清茶，并带领他参观土改成果展览，然后送他俩上航船，返回禾城。①

1954年，受到错误处理后，张印通回到老家张家湾务农。他仍积极乐观地生活，而且乡里乡亲都十分纯朴，对张印通没有另眼相看，因为知道他是有文化的人，都极其尊重他。安顿下来后，张印通就主动要求参加集体劳作，在他再三要求下，生产队安排他做一些轻便的农活，如：春天去稻秧田里赶麻雀；夏天晒谷、看瓜地；秋天削桑树地的野草；冬天搓稻草绳等。教书育人的权利被无理剥夺了，他就教同族晚辈书法、珠算。

1969年2月，张印通因患伤寒症、肺心病，医治无效去世，享年72岁。多年后，嘉兴市政协文史会为缅怀人民教育家张印通，特召开纪念表彰大会，出版《纪念张印通先生》一书，金庸来电说："张印通老师是我的恩师，对我一生教导嘉惠良多，数十年来时时思念，不敢忘怀他的恩德。得悉六日举行纪念会，既悲且喜，泣下良久。惜为事务所羁，未克来禾在恩师遗像前鞠躬致敬。谨驰电深致感念之情。香港查良镛1986年4月5日。"

1995年3月29日上午，范蠡湖畔的老嘉兴一中第二教学楼前，由金庸捐资兴建的教育家张印通铜像揭幕仪式隆重举行。张印通铜像面向操场，背靠雪松、塔柏，基座正面镌刻有金庸题写的"敬爱的张印通校长"和落款"学生金庸敬题"的字样。金庸面对铜像深深三鞠躬后，眼里已是热泪盈眶。随后，他题诗留念，感慨系之："当年遭寇难，失哺意徬徨。母校如慈母，育

① 廖大华：《我与张印通校长的三面缘》，嘉兴市政协编：《余热生辉》2012年9月。

我厚抚养。去来五十载，重瞻旧学堂。感怀昔日情，恩德何敢忘。”

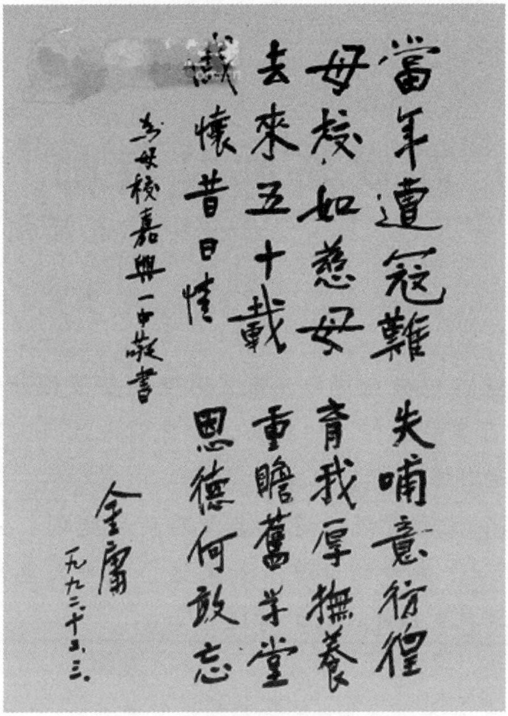

金庸为母校题词

在阶梯式报告厅，面对青年学生一张张青春的笑脸和发自内心的掌声，金庸说：“我曾在这里学习三年，你们就叫我大师兄好了。”说到此，他哽咽着语不成声：“刚才我在张印通校长铜像前鞠躬时，想起了当年恩师对我的教诲，一个人要一生一世记得人家对你的好处，我们做人不能忘本，将来要记得报答。考取大学并不是很重要，做人才是件很重要的事，要做对得起自己的事，请各位千万记住。”

百岁新郎是吾师
——中学老师章克标

很多年以前，中央电视台《东方时空》在节目开始的叠放图片中，有一个“百岁做新郎”的镜头，十分引人注目。那位耄耋老人是金庸的中学老师章克标。

沪上作家余秋雨曾经为这位老人的新婚题词：“面对百岁老人，无异面对一个生命的奇迹。如果这个生命又盛载着文化，那么，生命的奇迹就变成了文化的奇迹。”

1

20世纪80年代中，浙江海宁人张敬夫看见一篇新闻报道说，邓小平在北京接见香港明报社长查良镛，得知金庸就是他中学时代的同学查良镛，便写信给金庸，信中提及，他们的数学老师章克标还活着，在海宁颐养天年。

1989年2月21日金庸修书一封致章克标，忆及当年师生情谊，其拳拳之心跃然纸上：“克标吾师尊前……得悉吾师安健，至以为慰。生当年在嘉兴中学读一年级时，蒙授以数学，吾师笑貌风采，至今不忘……”

1936年，少年查良镛就读于浙江省立二中（今嘉兴一中），章克标是他的老师。查良镛知道，这位说话笑眯眯的老师，也是浙江海宁人，曾经和他的表哥徐志摩一块办过杂志。早年赴日留学时，19岁的章克标第一次从家乡到上海，就寄住在徐志摩父亲徐申如开设的三泰客栈里。

在日本苦读了八年，毕业于京都帝国大学数学系，回国当过一段时间教师后，章克标弃“数”从文。1926年他在上海与胡愈之、丰子恺、叶圣陶等人共同轮值主编《一般》月刊，同时与滕固、方光焘等人创办我国新文学早期著名社团之一的狮吼社。1928年章克标进入开明书店，主编当时影响广泛的开明数学教科书以及《开明文学词典》。一年以后，他参与创办时代图书公司，这个公司后来成为30年代中国规模最大的出版机构之一。章克标出任时代图书公司的总经理，并主编《十日谈》旬刊。后来，他与林语堂、邵洵美等人一起创办《论语》杂志，竭力提倡文学的“幽默”和“性灵”，在新文化文坛上声名大噪，著有长篇小说《银蛇》，短篇小说集《蜃楼》《恋爱四象》，译作《菊池宽集》《谷崎润一郎》等；还编辑有《文学入门》《开明文学辞典》等。这期间，章克标的交往圈几乎与徐志摩的朋友圈重合，不少“论语派”里的人就是“新月派”人物。后来，章克标写了《君子之交》一文，忆述他与金庸表哥徐志摩的交往，此文被作家张彦林用作《浪漫诗人徐志摩》一书的序文。

当年，章克标离开上海到嘉兴，是为了躲避一场文化围剿。1933年5月，一部名为《文坛登龙术》的杂文集在上海出版，作者是章克标。这部作品一问世便受到人们瞩目，赞赏者有之，申斥者有之……大约也由于此，书销得很好，当年便重版两次。作品以幽默的笔调把当年文坛的种种状态不无调侃地描述出来，书的开首写道：“文坛登龙术！多响亮，又是多美好的一个名词，音节好而且看起来也好，在你心神上引起的联想又是好。你不是会想到文坛要招一个乘龙快婿吗？你不是会想到一登龙门身价百倍吗？你不是会想到龙潜于渊龙跃于天吗？不能有再好的名词了。”不久，鲁迅以此书名为由头，写了《登龙术拾遗》一文。仔细阅读鲁迅这篇短文，不难看出，没有读过此书的鲁迅，显然只是做了一篇搭题文章，内容则是批评邵洵美的。也许因为章克标与邵洵美同为狮吼社的主要成员，且关系甚好的缘故，便被鲁迅看作是邵家帮闲，挨骂了。

章克标的这本书还得罪了许多左翼作家，在上海待不下去了，他才悄悄回了嘉兴以避风头。

在嘉兴任教，章克标见班上的小同乡查良镛天资聪颖，勤奋好学，倍加赏识。查良镛不仅数理化优异，英语和国文两门课尤为出色，还能写一手好文章，是学校墙报的主角。一天放学后，有一个学生跟章克标聊天，“如果有一本书教我们怎样考上高中，我一定去买来看”。在旁边的查良镛听了突发奇想：用我们初中生的经验，写一本书，告诉小学生怎样考上初中。这主意得到几位同学的赞同，分头编写，由查良镛主编。不久，一本《献给投考初中者》的书印成了，不仅畅销浙江，还销往江西、福建等地。

15岁的查良镛早早显露出他非凡的写作天赋和经营出版业的才能。此后，章克标更加看重这位学生，常借书给他读，把自己刚出版的《算学的故事》一书送给了他。

章克标的《算学的故事》，1935年由上海开明书店出版。1956年，金庸在《大公报》上写过一篇《圆周率的推算》，提到章克标的这本书，金庸写道："我在初中读书时，教我数学的是章克标先生，他因写小说出名，为人很是滑稽，同学们经常和他玩闹而不大听他讲书。他曾写过一部《数学的故事》，其中说到有一个欧洲青年花了极长的时间，把圆周率推算到小数点后六百多位。这个圆周率，当然是毫无实用价值的。"金庸将"算学"记成"数学"了，"算学"是"数学"的旧译。这篇文章收在《三剑楼随笔》里。

在嘉兴中学，这对师生相处时间仅两年，但书来信往中，金庸常表达想念之情，说："若能抽身回乡，当叩见吾师。"

2

果然，1992年12月金庸重返内地，寻师访友来了。12月3日上午到达海宁时，他就说一定要见见他的老师。中午在海宁宾馆，金庸步入会客厅，一眼认出坐在沙发上的章克标老师，高声地一声呼唤："章老师，您好！"急走两步，恭恭敬敬地行了一个九十度的鞠躬礼。此刻，章老师早已热泪盈眶，对身旁的人说："查良镛从小到大是好样的，是尊敬师长的榜样，我活到今年九十三岁了，像今天这样向我鞠躬的，他是第一个。"

那天，金庸对老师说："分别五十多年了，今天才看您……这几十年来当记者，办报纸，写小说，承蒙您当年的教诲。我在嘉兴一年级时，您教我们数学，印象最深的，是教圆周率，您一直能推算到小数点后一百多个数位，整整写满两张纸。"他对身旁的人说："老师很幽默，一次晚自习，有个调皮的学生故意问章老师English怎样读，老师随口道'洋格里稀'……"

让金庸感到不开心的，是这位30年代的"海派"作家竟然被"罢笔"了五十多年。20世纪50年代，章克标因被鲁迅先生骂过而遭到批判。对此，章克标从不隐讳，作了坦陈的交代与深刻的反省。但是，他还是被开除公职赶回海宁接受监督劳动，直到1985年才得以恢复自由。此时，年已85岁的章克标竟焕发了创作第二春。每天执笔不辍，甚至每天以四五千字的写作速度，与时间赛跑，先后出版了《七色草》《文苑草木》等散文随笔集和长篇回忆录《九十自述》，记述他从事文学活动的所见所闻、人和事。

1996年11月，金庸再次返回故乡，请章克标共进晚餐。老师的长寿，引起了金庸的好奇和关注。席间，金庸问老师有没有延年益寿的秘诀。章克标的回答实在好笑，无异一个“黑色幽默”。他说，当年他被开除公职后，从此没有了“饭碗”，因为吃不上饭，每天只得以稀粥充饥。在他海宁的老家墙上，张贴着一张他手书的食谱，即上顿是粥，下顿还是粥。他喝了足足三十多年的粥，没想到，原本衰弱的身体强壮了，喝粥喝的什么病也没有了。“白粥清淡养胃，又易消化，我的长寿，吃粥吃出来的。不信，你回到香港也试试。”章克标对金庸说。1997年2月，北京电视台赴港拍摄回归专题片《方寸国土万千情》，摄制组一行采访金庸，金庸十分动情地说：“今天我很高兴，香港就要回归祖国了。你们应该去拍摄我的故乡，浙江海宁有我的母校，有一个金学研究会，还有我的老师，他今年已经98岁了，给过我许多教诲和帮助，如今他老而弥坚……”于是，摄制组一行专程来海宁，将镜头对准了章克标……

1998年2月，海宁的文学朋友为章克标做寿，金庸从香港发来贺电：“今吾乡诸公为师称觞贺寿，良镛远在海隅，未克举觞当面为师祝贺，谨书数语，愿吾师身体康宁，欢乐颐养，数载之后，良镛当造门祝寿，更受教益也。受业学生查良镛谨书，一九九八年二月十八日。”此时，章克标九十九岁。

3

1998年11月20日，山西作家韩石山来到海宁，之前他看过章克标《文坛登龙术》，一直想拜访章克标老人。笔者和另外两位文友陪同，一道来到老人居住的桃园里新村。

章克标的妻子李觉茵前年过世，他孤单单地住两间屋，洗衣做饭跑邮局均自个儿做。韩石山埋怨我们道：“你们只关心他的文学，怎么不关心他的生活，得给他找一个妻，老人离不开老伴呀！”此时，笔者突然想起刚刚发生过的“女明星登报征婚”事件，便信口说：“章老，您也可以在报纸上登一则《征婚启事》么！”老人笑了。韩石山对我们说：“章老太孤单了，你们得关心他做这个事。”

没想到，韩石山的一句调侃，竟然引出了中国文坛一场“百岁征婚 ”的大奇事。

12月初，章克标在给友人的信中，戏写了一则《征伴求侣启事》，他写道：“本人，1900年生，年正百岁不老。前年老伴仙逝以来，初时颇感得到解放自由之乐；但一年之后，又渐觉孤独单调难耐，深感男人的一半是女人的大道理有道理。为此广告征伴求侣，以解孤寂。”朋友觉得好玩，将这封信转寄给了媒体朋友。章克标生于1900年7月26日，农历七月初一。

1999年1月13日，上海《申江服务导报》头版刊登了章克标亲拟的这则征婚启事和他的大幅彩色照片。“百岁老人征婚”一时成为街头巷尾的谈资，为章克标的勇敢叫好者有之，批评章克标老不正经者更有之。

此刻，章克标正像他的学生金庸笔下的“老顽童”了。经过郑重挑选，他终于找到了情投意合的“另一半”。哈尔滨的退休干部刘桂馥是那次应征者中的一位，当时57岁，成了章克标的妻子。章克标为这个小他43岁的爱妻取名“林青”，取自海宁土话“灵清”，意为妻子灵清聪慧。

1999年8月25日，百岁老人章克标新婚喜庆宴会在上海延安饭店举行。老师新婚，学生理当赴宴面贺，但金庸太忙，收到请帖却没能赴宴，他给章老师发来了贺电，贺电中化用袁枚诗句：“老尚风流是寿征”，对此美事啧啧称赞一番：“百岁新婚，佳话流传千年，海外文人众口宣扬，生与有光焉。”

百岁新婚之际，章克标把他一生的经历写成三十余万字的回忆录《世纪挥手》，金庸为他题写了书名。2005年重阳节，105岁章克标终于被吸纳为中国作家协会会员。

2007年1月23日，章克标以108岁高龄在上海辞世，新华社发布消息称，“章克标可能是中国现代文学史上最长寿的一位作家”。2007年9月8日，章克标的碑像落成仪式在上海松隐山庄举行，金庸敬献花篮，上面写着：“永远怀念章克标先生”。

文学创作的启蒙老师
——副刊编辑陈向平

在师长辈中，对金庸影响最大的老师是副刊编辑陈向平，因为金庸的第一次投稿是投给陈向平主持的《东南日报》副刊，他发表的第一篇文章是由陈向平编辑修改的，他的第一篇小说是在陈向平的影响下动笔创作的，他的记者生涯是在陈向平的推荐下开始的。可以说，陈向平是金庸办报、从事文学创作的第一位启蒙老师。

1

1941年9月初的一天，陈向平从来稿中发现一篇散文，标题是《一事能狂便少年》，眼睛一亮：这是国学大师王国维七律《晓步》中的一句，全诗是"兴来随意步南阡，夹道垂杨相带妍。万木沉酣新雨后，百昌苏醒晓风前。四时可爱唯春日，一事能狂便少年。我与野鸥申后约，不辞旦旦冒寒烟"。一查，这篇文章的作者叫"查良镛"，海宁人，原来是王国维的一个小同乡。

陈向平又名陈增善，1909年5月生于上海大场陈家宅。1926年在宝山县立师范读书时参加了中国共产主义青年团，开始阅读马列著作和鲁迅、郭沫若等作品，积极参加革命活动。毕业后在宝山潜溪小学及宝山、常熟等地的民众教育馆工作，组织发动了宝山县立小学教师罢教索薪的斗争。抗日战争爆发以后，陈向平随第八集团军战地服务队参加了抗日救亡的宣传工作，以后随军撤到金华并留在浙江从事抗日活动，并秘密加入了中国共产党。1939年，陈向平打入《东南日报》主编《笔垒》副刊。《东南日报》是当时国民党江、浙、闽一带的大报，在白色恐怖的艰苦环境中，他巧妙地利用了国民党的舆论工具，组织进步作家撰稿，揭露国民党统治的黑暗面，宣传抗日。那时候，陈向平主持的《笔垒》副刊在东南数省的知识分子和青年学生中有广泛的影响。

查良镛开门见山地写道："去年，我的一位好友被训育主任叫到房里去，大大的教训了一顿。训到末了，训育主任对他说：'你真是狂得可以！'是王国维先生说过罢：'一事能狂便少年'。狂气与少年似乎是不可分离的……"显而易见，作者锋芒毕露，指向国民党的训育制。当时，国民党向全国学校派遣训育主任，驯化学生忠于一个主义、一个党、一个领袖。陈向平不知道的是，查良镛读初中一年级时因在壁报发文讽刺训育主任，因言罹祸才被迫转入衢州中学的。此文虽是为同学鸣不平，也是为自己的遭遇而感慨。

陈向平欣喜地往下读——

"狂气，我以为是一种达于极点的冲动，有时甚至于是故意的盲目，情情愿愿地撇开一切理智考虑底结果。固然，这可以大闯乱子，但未始不是某种伟大事业的因素。像我们不能希望用60度的水来发动蒸汽机一样，一件惊天动地的事业要以微温的情感、淡漠的意志来成就，那是一件太美好了的梦想。我要这样武断地说一句：要成就一件伟大的事业，带几分狂气是必需的……"

这篇散文用字典雅、犀利而充满活力，陈向平欣赏之余有点担心作者的处境，便将署名改为"查理"，将文章放在《笔垒》第874期头条发表。这篇《一事能狂便少年》便是查良镛第一次公开见诸报端的文字，算得上"处女作"了。

2

不久，陈向平从金华到邻近的衢州出差，专门到石梁寻访"查理"。在山坡上一幢旧式阁楼里，陈向平见到"查理"，觉得惊奇，《一事能狂便少年》的文章竟出自一位十六七岁的高二学生之手。

两人一见如故，谈得很是投机，陈向平对他说："报纸的任务是教育读者，目前是抗战，你们学生不能只读课本，鼓动宣传的事也要学一点的。写文章不能迎合读者的心理而降低水准，应该以正确的道路指示读者。"

查良镛正有点懵懂地琢磨着这话的涵意，陈向平已经拿起旁边书架上的一本《唐人传奇》翻看着。"好啊！课外书不仅对你的写作有帮助，还可让你明事理，长知识，你应该多多阅读多方面的书。"他推荐了巴金的《家》《春》《秋》等新文学书籍。

两人一块儿在食堂吃饭，陈向平问他："你打算今后怎么办？"查良镛回答："高中毕业以后，我准备报考大学。"陈向平微微点了点头，说："去云南吧，考大学最好考西南联大。"他告诉查良镛，抗战期间，迁入云南的高校有十几所，最著名的是国立西南联合大学。西南联大是由国立北京大学、国立清华大学和私立南开大学联合而成，荟集了一批著名学者，师资充实，人才济济。查良镛不知道，陈向平还是个共产党人，他是希望日后有机会，把查良镛这样的青年才俊笼络到共产党队伍里来。

此后，查良镛与陈向平成了忘年交。1941年12月7日，陈向平编发查良镛的《人比黄花瘦——读李清照词偶感》一文，1942年9月3日至8日，查良镛的散文《千人中之一人》经陈向平润色后在《笔垒》副刊连载。后来，查良镛还写了一首七言长诗，引经据典，低吟浅唱，歌颂战火中的青春和友谊。发表时，编辑陈向平还特地加了编者按，说这是百里挑一的佳作。

1943年夏，查良镛按照陈向平的指点，约了几名同学辗转到了昆明，真的报考西南联大。轮到下午考化学，中午吃完饭，看看还有空余，查良镛就和人在茶馆下围棋，两名同学在旁观战。一不留神，时间过了头，他们急匆匆飞奔着赶到考场，已经开考。凑巧，监考的女老师是陈向平的堂妹，读过查良镛的文章，认识他，卖人情让他们进了考场。查良镛同时考取了西南联大和政治大学，因西南联大路远，而国立政治大学是公费待遇，他就进了重庆的政治大学。

到重庆以后，查良镛保持着与陈向平的书信联系，常在报纸上读到陈向平的文章。金华沦陷后，《东南日报》迁福建南平出版，陈向平在《笔垒》上发表了一篇揭露"孔二小姐"在香港沦陷时带狗坐飞机去重庆的杂文，引起轰动。1945年，国民党政府扩建大场机场，强行霸占农民大片土地，不付拆迁费和征地费，群情鼎沸。陈向平在上海各报发表文章，进行揭露和抨击，直闹到国民党中央，才得到合理解决。其实，对陈向平的身份，《东南日报》报社中的国民党要员曾经怀疑过，采取种种手法进行试探，陈向平沉住气，用巧妙的言辞应付了过去。在报纸编辑身份的掩护下，他还策动国民党空军人员起义，争取了多架国民党飞机飞向解放区。而查良镛不知道这一切，对陈向平仗义立言的胆量感到惊异，他在信中崇敬地说："您身为正派、儒雅之人，真正是一个有血有肉有担当的勇夫，良镛敬仰之。"

无论是文字上的点拨，还是人生道路选择上的指示，陈向平对查良镛一直有所关照。在信中，他要求查良镛"以后还要特别注重常识，须知常识是我们人生最重要的学问。常识在前人生活的印迹之中，在书籍报章的记述里面，读之便会增进见识、才力、智慧……”

在重庆，查良镛的文学创作没有停歇，曾经写过短篇小说，题目为《白象之恋》，参加了重庆市政府举办的征文比赛获得二等奖，署的是真名“查良镛”。题材是泰国华侨的生活，采用新文学的形式。

在陈向平的影响下，1945年2月，查良镛与人合伙创办《太平洋杂志》，他任主编。创刊号上发表了他写的长篇小说《如花年华》，仍以“查理”为笔名连载。第一章有9000字左右。小说写一个名叫王哲的南洋侨商之子，不幸父亲去世，遗留了大笔财产待他继承。19岁的他，回国在江南某城海滨大学外文系念书。他母亲是一位美术素养极高的女性，从小有绘画天赋。一天，母子俩在海滨游玩，绘画写生，邂逅一个失去妈妈的8岁女孩，故事便由此生发开去……小说文笔清新，节奏明快，语言活泼流畅，采用了新文学的形式撰写。在创刊号“本期内容”栏目中，这样介绍它的梗概：“《如花年华》长篇创作，描写孩童的天真，青年的热情，爱情的真挚，人生的命运等。格调高超，意境清艳，每章自成一段落。”

创刊号甫一面市，3000册不久便售罄。这给金庸极大的鼓舞，于是，他便积极编辑《太平洋杂志》第二期。长篇小说《如花年华》的第二章也已脱稿，后来，因为金庸及其合伙人无法筹措到第二期的印刷经费，而不能付梓问世。出自金庸手笔的一段精彩的小说创作，便与第二期的其他稿件一起丢进了字纸篓。面对如此困窘的局面，金庸无奈地放弃了把《如花年华》继续写下去的念头。一部长篇佳作就这样不幸地流产了。

抗战时期，金庸在重庆撰写小说，可以说是他二十几年后成功地创作大量武侠小说的练笔，也是他文学事业的啼声初试。

日本投降，《东南日报》的“云和版”回杭州继续出版，“南平版”迁到上海，作为总社，胡健中亲自主持，陈向平主编《长春》副刊。杭州本是《东南日报》的发源地，这时却成了分社。查良镛在金华版和南平版发表过三篇文章，都是陈向平编发的。

金庸回浙江时与陈向平有过一次短暂的会面，陈向平赠给他几本茅盾的小说。

3

1946年夏，陈向平收到查良镛的信，邮自浙江海宁。信说：“……陈老师，还记得良镛载于《笔垒》的文章，一事能狂便少年，前年，良镛在国立政大念外交系，有一位思想开明的同学被拉到台上挨了打，良镛气愤不过，找了训导主任辩理，不满意这种专横，不意被学校当局开除。良镛在湘西油茶农场年余，发展未果，故回浙江家中闲待。战争流离尚已结束，良镛思虑再三，欲在杭州谋一职糊口……”

这一年，查良镛二十三岁。眼下的家境不允许他继续求学，他欲去杭州谋职，忆起了《东南日报》编辑陈向平。热心的陈向平向杭州《东南日报》总编辑汪远涵推荐了查良镛。汪是浙江温州人，圆脸，戴一副深度近视眼镜，毕业于复旦大学，1939年在金华和陈向平一同进《东南日报》，从编辑到编辑主任，一路做到总编辑。

这番推荐，使查良镛顺利踏进了报界的大门，从而让中国多了一个著名报人。

1946年11月，查良镛正式进入杭州众安桥的东南日报社。初来编辑部，汪远涵听说他的英语水平相当高，就请他负责收听外国电台如“美国之音”、英国广播公司的英语广播，择其可用的译出来，偶尔也会选一些英文报上的短文请他翻译备用。金庸一接手马上动笔译好交卷，给他留下良好的印象。

1988年，汪远涵曾与金庸通信，旧事重提说到陈向平：“1939年在金华期间，我和陈向平先生一起进入《东南日报》。他这个人十分热情，对青年学生格外亲近友好。……《东南日报》的国际新闻稿完全来自美国之音和大英广播电台的消息，上海总社的陈向平先生介绍你来杭，做这份收听和翻译的工作。……陈向平询问过你在《东南日报》的境况，我说你英文水平相当高，行文流利，下笔似不假思索，翻译特好。”

汪远涵非常喜欢这个年轻人。他们曾同在杭州天香楼喝陈年花雕，以鲥鱼佐酒，所以四十年后查良镛给汪的信中说：“记得吾公喜食鲥鱼，鲥鱼初上市时，辄先尝鲜。现在香港食此鱼时，每每忆及。”在他眼中，汪是个好好先生，谦和平易。1993年他说到自己怀念的新闻人，其中就有汪远涵。

查良镛在《东南日报》工作一年有余，1947年9月离开杭州赴上海做《时与潮》杂志社译文编辑，也是陈向平向人推荐的。不久，查良镛考取全国闻名的《大公报》获新闻记者职。陈向平曾对《大公报》上海分社经理吴政之夸说他的才能：“别看他年轻，笔头却很老到，而且才智敏捷，有自己的主张，既懂国际知识，又能代社长起草社论，人才难得啊！”1948年《大公报》设香港分社，吴政之派查良镛前往……

1949年春，查良镛与杜冶芬的婚典在上海举行，陈向平以好友身份出席。据婚典操办者、金庸的同学沈德绪回忆，那时为迎接解放，陈向平组织上海教师成立护校委员会，日夜操劳，但接到查良镛的结婚请帖后他还是来了。后来，金庸在给陈向平的信中说：“当年新婚之时，为兄嘱弟另谋新职，不宜离沪，良镛固执决意赴港，终致家室不就，而今忆及，感念兄之嘱言至诚至善也……”

新中国成立后，陈向平曾任上海市教育局研究室主任，新知识出版社副社长，上海古典文学出版社副社长，中华书局副总编辑等职务。1974年10月13日，陈向平逝世于上海，终年65岁。当年婚礼上一别二十多年，狂气少年查良镛成了武侠小说家金庸，他对师长的敬重却从未递减，然而由于政治环境的原因，这对师生不得相逢。

1999年，金庸出任浙江大学人文学院院长，他在给传播系学生谈论办报生涯时，回忆起当年在《东南日报》的岁月，情真意切地说道：“四十年代我在陈向平主持的《东南日报》发表过散文。编辑陈向平是一个有胆识的人，坚持真理，人家要杀掉他，他也不怕，给过我很多启发。因而我在香港办报纸是拼了命来做的，是准备把性命牺牲，把报馆也准备让他们铲掉的。我办报不能说成功，只能觉得自己一生运气还不错，蛮好的，碰到一些关键问题，常常自己做的选择做得比较好的，都对自己有利的。可以说，当年遇到陈向平是我的运气，他教我如何读书、写作、做人……”

金庸成为著名报人和小说家以后，最先想到的仍是启蒙老师陈向平最初的那番功不可没的教诲。

金庸日记里的“浩弟”

——同学王浩然

王浩然是衢州人，查良镛是海宁人，他们是在衢州中学读书时相识的。当时，王浩然和查良镛、江文焕成为同学中的“三驾马车”。查良镛在日记里称俩同学为“浩弟”、“焕哥”①。

晚年，金庸在与池田大作的对话中，提到少年时在石梁求学的事，“中学阶段度过的岁月是我一生中最难忘也最快乐无忧的岁月”。“那时学习条件很艰苦，读书使我有苦中作乐的感觉。”说起少年同学王浩然等人，他记忆犹新。

1

1940年7月，王浩然上高中二年级，班上来了个插班生。看这少年，中等身材，天庭饱满，方脸阔嘴，戴一副银边眼镜，左肩挂大行囊，右腋夹一书包，双手捧的却是黑白分明的两盒围棋。见了人，无论是老师、学生还是校工，他总是先点头，然后谦和地笑，自我介绍，说是从碧湖的杭州联合高中转学而来，姓查名良镛。他的妹妹叫查良琇，由他带着逃难出来读书，跟着他一起到衢州中学插班，进入师范部学习。

这时候，衢州中学为避开日本飞机的轰炸，早就搬迁到了衢州城西北约二十里的石梁镇。这里丘陵起伏，盆地相间。溪水汇入衢江，溪江两岸，群山连绵，怀抱着石梁镇的烟树人家。当时衢州中学分为初中、高中、师范及附小，最多时有四十多个班级，分散在石梁镇和上、下静岩村。王浩然和查良镛就读的高中部就设在“翠岗萦抱、阡陌纵横”的下静岩村。

原先七所流亡在丽水碧湖的公立学校合并为浙江省立临时联合中学，金庸入读。1940年上半年，因在学校壁报上撰文讽刺训育主任而险被开除，后

① 王浩然：《金庸少年行》，《杭州日报》2011年9月6日。

经校长张印通等人努力，转学进入衢州中学，金庸度过了自称为“人生中最大的危机”的时光。

王浩然回忆金庸：“我们搬迁到乡下（石梁）学习，哪还有心思伺候琴棋书画。但这个少年，不怕旅途劳顿，就那么捧了两盒围棋款款而来，真是很不寻常。”

开学不久王浩然和查良镛、江文焕合租了一间村民的旧阁楼，尽管桌子、椅子、床铺又旧又破，但新买的书架收拾得整整齐齐，蔚为壮观，参观的同学，包括查良镛的妹妹都啧啧称奇，羡慕不已，当然这是查良镛的功劳。

阁楼里没有电灯，只有一盏汽油灯，因为煤油奇缺而搁置一边，三个人合用一盏青油灯看书做作业。青油灯是王浩然用一节毛竹做成支架，放上一只小铁盆子，盛满青油，以一种专用的灯草引燃。

为了学好语文、英语两门功课，查良镛在起床号声之前就悄悄地起床了，看了一会书。号声一响，三个人一块来到河边、溪滩，放声朗读。

下课之后，三个人回到“陋室”，或抒鸿雁之志，纵论天下兴亡；或谈莎士比亚、狄更斯著作之妙，常常忘记时辰。三人埋头做作业的时候，阁楼的窗口会冷不防地飞入一只惊慌不已的小麻雀。有一次，王浩然抓获了一只小麻雀，将它关在一只小木箱里，盖子上捅了个小洞透气。第二天，查良镛将它偷偷地放回了山里，为此，王浩然跟他赌了一回气。

查良镛是捧着两盒围棋来插班的，这点爱好总如影随形跟着他。王浩然不懂围棋，查良镛说：“没事，很简单的，我可以教会你。”闲时，查良镛常和王浩然、江文焕两位同学下棋。王浩然很快知道了如何做活、如何叫吃等，也懂得了围棋“金角、银边、草肚皮”的道理。两人对局，王浩然从来都是输多赢少，难得占先一局，互不服气，出现追追打打的场面，也是为了好玩。

查良镛除了上课、吃饭、睡觉，给人的印象总是一卷在握，安心阅读，什么事都不能让他分心。晚饭后，王浩然和江文焕强扭着将查良镛“逼”出阁楼，来到附近的田边、溪边散步。此刻，石梁等村子附近，不论是树荫下、山脚底，甚至荆棘丛生的坟堆荒丘边，三三两两地分布着带着书本和讲义的同学。乡间小道上，歌声此起彼伏，既有《大刀进行曲》《义勇军进行曲》或《松花江上》等抗日歌曲，有时也传来“送君送到百花洲……”的歌声。

三位同学朝夕相处，形影不离，“三驾马车”在校园里叫开了。查良镛从小就有记日记的习惯，王浩然尊重朋友隐私从不翻看，但有人在征得查良镛同意后看过，说里面凡写到王浩然和江文焕的都称作“浩弟”、“焕哥”。其实，三个人同岁，“浩弟”比查良镛仅小几个月，“焕哥”也只大了查良镛二十多天。

查良镛求学石梁期间，不但成绩好，为人处世内敛、稳重、正派、儒雅，亦为人称道。来衢不久，班长改选，查良镛任班长。

王浩然爱打乒乓球，查良镛则喜欢篮球、排球和游泳，在石梁没有乒乓球台，王浩然只得跟查良镛一起打篮球。1941年冬，衢州举行乒乓球赛，体育老师推荐王浩然参加。王浩然觉得撂荒多年，肯定技不如人，缺乏信心，他又想，战火燎原，偌大的祖国放不下一张平静的书桌，哪有什么心情打乒乓球，所以不想去。查良镛听说了，很着急，对他说：“越是兵荒马乱，越是要打乒乓——这正可说明我们是文明人，怎样的野蛮都奈何不了我们。如果你去参赛，我也向老师请假陪你一块儿去。”在他的鼓励下，王浩然硬着头皮前往衢州城，查良镛也没有食言，前前后后地陪着他。王浩然歉意地说：“对不起，良镛，我耽误你的时间和功课了。”查良镛回答：“哪里啦，兄弟一场，应该的。”

王浩然深情地回忆道：“只要天气允许，每天晚饭以后我们都外出散步，沿着溪旁通往衢州城的大路徐徐前行，欣赏落日余辉下田间和山野的风光，笑声朗朗，恢复一天来学习的疲劳。”

2

在衢州求学的两年时间，对查良镛人生和文学创作起着重要的作用。后来在写给王浩然的一封信中，他坦诚地说：“我许多创作灵感来自衢州。”是啊，无论是他武侠小说中频繁出现的石梁帮、龙游帮，还是零星提及的烂柯山、白布怪，衢州的风物人情、要好同学的生活和情感在他的笔下均有所体现，其侠义主张莫不与他在石梁的见闻有关。

1940年10月间的一个星期六下午，王浩然邀请江文焕和查良镛到他家做客。王浩然家是典型的江南橘乡，两位同学看到一片片橘林，还有广橘树和高大的柚子树，密林成荫绿枝绕屋的景象，兴致盎然。

趁母亲张罗晚餐时，王浩然陪同俩同学去散步。村子西南是衢常（衢州到常山）公路，三人忽见公路上躺着一位像从前线退下来的伤兵模样的人，伤势严重，艰难地由东向西爬行，好像要爬回福建老家似的，讲的是一口无法听懂的闽语。看样子他在发烧，口渴难熬。查良镛让王浩然跑回家取药，他和江文焕扶他到前面一个凉亭休息。王浩然以最快速度取来平热散（当时的北京名药）和温开水，三人帮这位可怜的伤兵服下药，喝足开水，目送他继续爬行前进，直到从视线里消失……

这件事使三人的心灵都受到极大的震撼，回去的路上，大家默默不语。

1941年5月，日本空军开始在宁波、绍兴等地投掷细菌弹，伤寒、鼠疫、出血热等疾病漫山遍野地传染开来。班上有江山籍两同学春假回乡，在渡船上受到感染，一位同学不幸到家就死了，另一位是班上的篮球名将毛良楷，还得过全省运动冠军，身体特棒，他也不知道自己得了鼠疫，结果还撑到回校，不日还是死了。鼠疫是重度传染病，人人谈之色变，避之唯恐不及。尽管对死者的遗体做了初步消毒，被安置在一个单独的房间里，可是，学校消毒条件有限，遗体还得送往衢州城做进一步的处理，然后送回江山老家入土为安。问题是，风餐露宿，整日和"病原体"近距离接触，谁肯一路相伴相送？校医和老师没有空，同学呢，大都没有这个胆量。最后，班长查良镛站了出来，"我去！"于是，学校雇了几个民工，查良镛代表全校师生，将遇难同学的遗体送达衢州城。回来后，王浩然和老师帮他洗澡，全身都洗过，连头发也剃光。查良镛自谦："整个抗战期间，自觉有点勇气的事就只这么一件。"[1]

事后，王浩然当面夸班长有义气有侠胆，查良镛谦和地说："哪里啦，兄弟一场，应该的。"这件非常恐怖的事情，让查良镛铭心刻骨。这是他留在衢州的侠气。

第一个暑假，同学们大都回家去了。王浩然和查良镛、江文焕住在旧阁楼里不回家。天气炎热，大太阳下除了游泳不能做其他运动，三个人只好在屋子里埋头读书。有一天，三人聊天，江文焕问查良镛："何为朋友之'义'？"查良镛拿《世说新语》一则荀巨伯探友的故事讲给他们听：东汉桓帝年间，有一个叫荀巨伯的贤士，一向恪守信义，笃于友情。有一次，荀巨伯远道去探望生病的朋友，正好遇上胡兵进攻郡城。朋友对荀巨伯说："我现在就要死了！您还是离开吧。"荀巨伯说："我远道来看你，你却让我离开，让我舍弃正义来保全性命，这哪里是我荀巨伯做的事！"胡兵进城后，对荀巨伯说："我们的大军一到，整个郡城的人都跑光了，你是什么人，竟敢独自一个人留下来？"荀巨伯从容不迫地回答道："在下荀巨伯，因友人重病在身，无人照顾，因此千里探视，不忍离去。望刀下留情，要杀就杀我，千万不要伤友人之命！"听罢，胡兵纷纷议论，将领也被感动了，

① 王浩然：《金庸少年行》，《杭州日报》2011年9月6日。

"我们这些不懂道义的人，却侵入了重道义的郡城！"于是下令撤回大军，整个郡城都得以保全。查良镛说："荀巨伯临危不弃朋友之高义，才是真正的朋友义气——为了正当的事或情谊，而能够替别人承担风险，甚至不惜舍弃自我，成全他人的气度，这是他对朋友之'义'的最好诠释。"

3

快过年了，学校放寒假，王浩然约查良镛到他家小住。那时，王浩然情窦初开，刚写了封信给同班女生。那晚查良镛得知，就让他把情书背给他听。老实的王浩然竟然一字不漏地背出情书全文，查良镛听完大加赞赏，连说："写得好，写得好，十有八九会有回信。"果然，王浩然后来收到了回信，掀开初恋帷幕，以后终成眷属。婚后妻说，当初就是因为他的信写得好才回信的。

查良镛对王浩然说："你这人感情丰富，适宜往文学方面发展，可以多读些世界名著。"

那时候，图书馆在石梁校本部，每隔两星期才可以去借一次书。每次，他们三人结伴而行，借的书大多是西方文学名著汉译本及部分英文原著，还有一些世界历史。查良镛博览群书，记性又好，差不多能过目不忘。有一次，从图书馆回来的路上，查良镛对王浩然说，英国有一所名校的看门人，凡是在该校进出的陌生人，只要报过尊姓大名让他照面过一次，隔再多时日他也能够一一认出叫出名字。王浩然敬佩地说："他的记性真好！"查良镛淡然回答："这没什么稀奇的，我也能做到。"王浩然当初不信，后来信了：班长书看得多，记性又好。上语文课每隔两周做一次作文——规定题目，两小时内当场完成。每次，查良镛总是第一个交卷，内容精彩，见解深刻，得分最高，老师给的评语总是赞誉有加。所以，每次发作文本了，王浩然总是第一个看班长的作文。

有一次，王浩然拿一作文本给查良镛看，是一名低年级同学写的，有情节，有风骨，写得特别棒。王浩然读不懂文章的路数，查良镛看了几篇练习作业，很是喜欢，沉吟半晌说："书剑恩仇，这是用武侠小说笔法作的作业……"

抗战时期的江浙一带，《东南日报》是新闻界、文化界的一面旗帜。其中的副刊《笔垒》，选稿更以严格著称。1942年前后，有一个笔名"查理"的作者开始活跃报端，日渐引起读者的注意。别人不知道"查理"是谁，但王浩然知道，“查理”就是班长查良镛。

同住旧阁楼的江文焕，跟查良镛一样，眼里容不得沙子。国民党安插在学校的训育主任杨筠青被学生们怀疑有贪污问题——训育主任是专门教人品行的，自己还贪污，这还了得！由此引发学潮，江文焕带头参加，结果被开除。查良镛为他鸣不平，写了《一事能狂便少年》一文发表在《笔垒》副刊上，称赞这位要好同学“有着火热的情绪”，“因为狂气固然会使保守者感到非常愤怒与厌恶”，“而使他成为我最亲密的友人的，正由于这种性格”。

1942年5月24日，日军攻陷金华，衢州危在旦夕，学校停课疏散，毕业班也提前草草毕业。学校还给学生发了流亡学生证明，上面印着“衢州中学”的公章。金庸在衢州石梁的求学生涯就此结束，与江文焕、王浩然等衢州同学朋友，在航埠镇王浩然家里集中，带着随身衣物和路上吃的炒米，挤上了去江西的火车，凭着流亡学生证明可以免票，继续着乱世求学梦……

王浩然回忆，“西行的道路险峻难行，每人肩上负担沉重，个个汗流涔涔，气喘吁吁。良镛的负担更重，他的背包里还塞满《综合英汉大辞典》《高级英文写作和选读》以及英文本《圣经》”。连续赶路，日晒雨淋，吃不好睡不好，走到南丰时，除了查良镛，七个人全病倒了。住进一户人家，查良镛烧粥烧饭给大家吃。硬撑五天，日军没有来犯，医生陆续回来，药房也开张了，查良镛找来医生给生病的同学看病吃药，这样一来，花光了大家身上所有的钱。

王浩然记得，抗战时在重庆念书，那时国民党政府时时有向日本求和之想，有些御用教授们就经常宣传“岳飞不懂政治，秦桧能顾大局”的思想。有一次，后来任国民党中央宣传部副部长的陶希圣到学校演讲，语气间又宣传这套理论，查良镛和王浩然等同学听得很气愤。在他第二次演讲之前，查良镛先在黑板上写了“青山白骨”，暗示“青山有幸埋忠骨，白铁无辜铸佞臣”这副对联。陶希圣见了心里有数，就不再提这个话题了。

后来，查良镛挑战专横的学校训导长被勒令退学离开重庆，王浩然毕业后从教，新中国成立后成为杭州一位高校老师。直到20世纪80年代，金庸和夫人一起来到王浩然的家。之后王浩然去下榻宾馆看他，金庸兴致勃勃地说：“今天晚上我们可以谈话到天亮。”说起少年时代，说起同住旧阁楼的岁月，两人神采飞扬，仿佛回到当年。

金庸曾说：“在衢州中学的两年，是我最快乐、最难忘的时光。尽管当时读书条件很艰苦，但衢州中学的老师对我很好，学习氛围也很浓，我受益很多。我当时在校图书馆借阅了许多书籍，特别是《万有文库》中的古今中外名著。”

晚年居住在杭州的王浩然保存着金庸写给他的几封长信，黑色钢笔字，正体竖写，忆及当年，细节历历，他还记得陪王浩然去县里参加乒乓球赛，信中提及一长串名字，浩然、文焕……江文焕后来在西南联大读书时参加了中共地下党组织，1949年4月任衢州中心支部书记领导武装斗争时被捕牺牲。

2004年10月，金庸首次回访母校衢州第一中学，两位老同学重逢，他对王浩然说：“我许多创作灵感来自衢州。”他还戏言：“当年写《碧血剑》时，比较匆忙，把‘龙游帮’写成反面形象。如果再写，会重新考虑。”

那次回访，王浩然陪着金庸在“衢州六烈士”之一的江文焕像前停留了好久。金庸题字：“温雅豪迈衢州人，同学少年若兄弟。六十年中常入梦，石梁静岩夜夜心。”落款是：“少年时负笈衢中，师长教诲，同学勉励，常自怀念。今访母校，见规模大张，日思昔日，不禁悲喜交集也。金庸甲申秋。”

“我们两个都写了十四部书”

——同学沈德绪

沈德绪是浙江省嘉兴县新塍镇人，出生于1923年11月，比金庸大一岁。从初中到高中，从入学时的嘉兴南湖到流亡求学时的丽水碧湖，沈德绪与金庸友爱5年，结下了真挚的感情。

1985年，金庸与沈德绪等老同学聚会，酒至三巡，金庸请他夫人、儿子站起来，当着全体宾客，朝着沈德绪说：“我们一道向沈伯伯敬酒，你们可要记住，我的命是沈伯伯救的!”

1

1936年进嘉兴中学时，沈德绪与查良镛成为同班同学。那时，查良镛在班上个子最小，长得瘦瘦的，头却大大的，同学们戏称他为“小萝卜头”，而沈德绪身材高挑，初看像个美国人。大个子沈德绪常常拿金庸寻开心，好几次把“小萝卜头”弄哭了。有一次全班师生到嘉善野营，刚走一半路程，“小萝卜头”已累得气喘吁吁。沈德绪二话没说，抢过查良镛的行李放在自己的肩头。这回“小萝卜头” 感受到同学之间的温暖。

沈德绪发现，查良镛学习方法特别，上课从不记笔记，听讲却十分专心，考试成绩非常优异，初中升学考时名列全校第二。查良镛课余特别爱好文学，看小说又多又快，一目十行而又过目不忘，两三个钟头就看完一本书。他的字也写得既快又好。他跟沈德绪说：“写字一要清楚，二要快，三要漂亮。”

沈德绪学习也非常用功，上课时不停地记笔记，生怕漏掉老师的讲课内容。

1937年11月5日，日军在杭州湾登陆，嘉兴受到威胁。11月11日，沈德绪和查良镛随学校踏上千里流亡之路。12月底，嘉兴中学师生经过长途跋涉，步行到达丽水碧湖镇。1938年1月，沈德绪和查良镛同一批进入设在碧湖的浙江省战时青年训练团受训。三个月里，两人一同穿军装，打绑腿，着草鞋，一个番薯两人分着吃，亲密无间。

1939年初，沈德绪和查良镛准备参加初中升高中的考试，放学后，两人一起复习功课，互相切磋。有一天，查良镛突发奇想，对沈德绪说："考高中这么辛苦，我们何不编一本小学升初中的参考书，让考初中的同学们阅读，可以减少他们的复习时间。"沈德绪说："好啊！"找来要好的同学张凤来，两人推选金庸为主编，三个人合编了《献给投考初中者》，并赶在考试前由丽水的一家书局印刷出版。这本书搜集了当时许多中学校的招考试题，加以分析解答，同时用一种易于翻阅的方式来编辑，出版后不仅畅销浙江，还远销到江西、福建，甚至重庆等省市。这本书的畅销使查良镛和沈德绪三人得到了不少的稿酬，有了在抗战期间的生活费，并接济一些有困难的同学。

一天，沈德绪对查良镛说："我有一个同乡女孩儿叫朱幗英，是从家里逃婚出来的，想要读书没有钱，良镛，我俩一块儿帮助她，好吗？"放学后，沈德绪将一位含泪女孩儿唤到查良镛面前。

半个月前，15岁少女朱幗英，举着碧湖联合高中的录取通知书兴奋地跑回家。父亲眼皮都没抬一下，冷冷地抛出一句话："兵荒马乱的，念什么书？你早晚都是嫁出去的人，女孩子读到初中，够了！"怀揣着强烈读书梦的朱幗英，心被深深刺痛，她默默啜泣着。三天后，朱幗英看到男方送来的彩礼，悄悄离家"逃婚"了。来到碧湖后，她意外遇见了小学同学沈德绪。

此刻，查良镛安慰她："你别哭，我和德绪会帮助你的，只要学校收下你插班，你的学费我们替你交。我想你爸爸会同意让你上学的。"

这样，朱幗英成了沈德绪和查良镛的同学。

2

从1939年9月到1940年10月在碧湖联合高中时，沈德绪和查良镛还是同班同学。

有一次，查良镛读了英国小说家笛福的《鲁滨逊漂流记》。鲁滨逊被大浪冲到海岛边，这是一个荒芜人烟的海岛。孤独，刺激，冒险，鲁滨逊在与世隔绝的环境中，盖屋，打猎，播种，孤身一人，顽强地生活了二十八年。真实自然、富有传奇色彩的故事感动了查良镛，他跟沈德绪谈论着感想。

查良镛问："如果你是他，当船在暴风雨中失事的时候，你会像他那样不向命运低头继续远航吗？"

沈德绪老实地答道："不，如果可以选择的话，我不会去接受那充满困难和挫折的生活，因为我没有那份自信。"

查良镛接着问他："如果你是他，当独自一人置身于荒岛之上，叫天天不应，叫地地不灵时，你会像他那样不自暴自弃，重燃生的希望吗？"

沈德绪还是老实地答道："不，面对突如其来的灾难，我不可能像他那样因时顺变，积极自救，因为我没有那种能力。"

查良镛说："是的，我们的生活缺少了惊险和刺激，因而我们没有鲁滨逊的坚强和毅力。"于是，暑假里两人约了朱帼英等同学，野营到了距校园9公里的一个孤岛上。

碧海、白云、沙滩、森林，这一切都显得那么生机勃勃，那么美！只见小岛上芦苇丛生，岛滩堆满乱石，小鱼小虾活动其中，沈德绪、金庸和同学用自己的双手在荒野中搭帐篷，自己埋锅做饭，生活了三天。

回校不久，查良镛患了疟疾病倒了，病得很重，一天到晚昏昏沉沉。当时由于日寇的全面侵华，碧湖联中的经济相当匮乏，学生中肺病、疟疾、伤寒、寄生虫、皮肤病五病流行，且缺医少药。沈德绪非常焦急，日夜陪伴照料。他向当地老农要了一个方子，拉着朱帼英等同学翻山越岭去采摘草药，煎熬后给查良镛服下，退烧去疾，一连服用十多天，查良镛病情才好转，渐渐地完全康复。

查良镛1944年考入重庆国立政治大学外文系，因对国民党职业学生不满投诉而被勒令退学，一度进入中央图书馆工作，后转入苏州东吴大学（今苏州大学）学习国际法。抗战胜利后回杭州进《东南日报》做记者，1948年在数千人参加的考试中脱颖而出，进入《大公报》，做编辑和收听英语国际电讯广播当翻译。不久《大公报》香港版复刊，金庸南下到香港。这几年，他常常惦念着同学沈德绪。当年告别时，沈德绪竟声泪俱下，多次哽咽，那一副为同学委屈的表情和难舍难离之状，查良镛记忆犹新。

1985年的一天，查良镛、沈德绪、朱帼英等几位老同学在杭州聚会，酒至三巡，金庸请他夫人、儿子站起来，当着全体宾客，朝着沈德绪说："我们一道向沈伯伯敬酒，我的命是沈伯伯救的！"①

---

① 《金庸与沈德绪》，《钱江晚报》2010年12月6日。

3

1947年一个秋风送爽的早晨，查良镛来到浙大园艺场，看望同学沈德绪。

少年时同学久别重逢，分外亲切，两人一边赏景，一边娓娓交谈。沈德绪告诉查良镛，离别的第二年，日军进犯丽水，学校被迫解散，他逃往江西赣州，继续高中学业。1943年夏，江西全省升学考试时，他以优异的成绩被保送进当时迁址于贵州湄潭的浙江大学农学院园艺系。1945年抗战胜利后，浙江大学迁回杭州原址复学。两个月前，他大学毕业后被选留在园艺系任助教，兼职筹建园艺场，开展果树、蔬菜的引种工作。早在40年代，他与老师吴耕民一起进行蔬菜育种，曾育成了全国闻名的浙大长萝卜。

查良镛告诉沈德绪，他已经离开《东南日报》，已经在《大公报》当国际版的电译编辑有半年了，今天是来向他告别辞行的。

“好啊，《大公报》在上海，我们会经常见面的。”沈德绪说。

“不，我马上去香港了。”查良镛说，《大公报》恢复香港版，他被确定为派遣人员。

那段日子，查良镛正在恋爱，因在《东南日报》主编副刊而结识了少年杜冶秋，从而与其姐姐杜冶芬一见钟情。此前，他已在准备实现和杜冶芬春天时就计议好的事情，亲自向杜氏父母求婚，如果顺利，他希望在明年春天时去海宁完婚，以遂老父多年心愿。此刻拿着去香港的调令，他为难了。他去香港还没有征得杜冶芬的同意，他不知她对此会是什么态度。

“婚姻和职业一样重要，女孩子错过了就找不回来了。”沈德绪劝老同学赶快提亲，莫耽误了这段姻缘。

眨眼之间，查良镛到香港已经半年了，又收到了沈德绪的来信：“不知你在香港是否已经安定了，如果工作能脱开身，你回杭州来聚聚吧，我以为，现在就是你回来提亲的时候了……“查良镛什么时候回杭州提亲的，查良镛没告诉老同学。

1949年早春，查良镛和杜冶芬在上海结婚，婚宴设在康乐饭店，新婚洞房设在上海国际饭店。因为新郎远在香港，一切琐事均是沈德绪会同杜冶芬父母精心操持的。沈德绪数十年后回忆说：“那天，新郎倌良镛身穿白色笔挺西装，头戴他喜欢的巴拿马白色礼帽，始终面带微笑，向着来客们点头致意，接受着贺客的赞美……”

令沈德绪意料不到的是，这场弥漫着温馨喜气的婚姻竟是十分短暂的。1953年早春，查良镛再返杭州，与沈德绪、朱帼英以及查良镛胞妹查良璇等同学会聚，并在杭西子湖畔合影。查良镛告诉沈德绪，他与杜冶芬已经分手。

后来，沈德绪与人谈起查良镛的这次婚姻破裂的原因，他说："有些报纸说查、杜分离是因为查欲求职外交官遭妻子反对，迫不得已才分手的，这是无稽之谈。实际上，金庸想去北京外交部求职，目的是要回到国内，这也有妻子的意思，他是想挽回这段婚姻的。"他认为，"后来他俩离婚的主要原因，恐怕还是爱的基础不牢靠，杜冶芬有点娇，不愿意留在香港吃苦"。杜冶芬独自回杭后，沈德绪曾经多次去她家说情，劝她回心转意跟查良镛重归于好。

匆匆走过60年后，金庸与沈德绪殊途同归，通过浙江大学竟又走到了一起：金庸出任浙江大学人文学院院长；沈德绪当时任浙江大学园艺系博士生导师。沈德绪写了《果树育种学》《果树育种实验技术》《园艺植物遗传学》《柑桔遗传育种学》等14部学术著作，其中56万字的《果树育种学》在1996年就被译成外文出版。据他在申报中科院工程院院士的材料中统计，他培育的"浙大长"萝卜、"早雀钻"番茄、"黄花"梨等新品种在全国推广以来，据可靠的估计，为国家累计创造利润580亿元人民币。

1996年11月11日，沈德绪在海宁参加金庸小说研讨会的时候，与笔者相遇，一同前往袁花金庸旧居参观。他开玩笑地对友人说："金庸出版了十四部武侠小说，成了亿万富翁；我出版了十四部学术著作，为中国农民增加了五百亿元收入，却两袖清风。近来出版学术著作，还要自己掏钱！"

也许，这句话传给了金庸，金庸在写给沈德绪的信中说："我们两个都写了十四部书，我写了十四部武侠小说，是闲书，你写了十四部科学的学术书，你培育的梨子又大又甜，大家爱吃你的水果，因此你的成就比我的大！"

1997年4月，沈德绪赴美国探视女儿归来，途经中国香港时看望金庸，得知他刚刚做过心脏"搭桥"手术，便劝他以后静心休养，不要经常外出旅行了。金庸嘻嘻一笑回答："生命在于运动，静坐在家里莫是让各个器官都堵塞了，我还是要多去走走，看看，看的要有意思，走的要留有脚印，不能老是麻烦人家。"

2002年8月2日，80岁的沈德绪因心脏病突发而去世，金庸以挽词"同窗谊在　救命有恩"悼念老同学。[①]

① 方伯荣：《金庸同学沈德绪》，《南湖晚报》2012年9月7日。

比赛赢球，你做前锋我当后卫

——同学沈宝新

如果没有沈宝新，《明报》会不会诞生并有日后的辉煌？金庸在异乡遇上初中时的同学沈宝新，不能不说是一种缘。人生如匆匆过客，多少种相遇只是䔢花刹那，转瞬即逝。青梅竹马，劳燕分飞，再遇旧日伙伴，实是偶然中之偶然。

沈宝新与金庸是初中三年级的同班同学。金庸和同学合伙编小学升初中的教辅，赚了不少钱，曾经拿钱资助过沈宝新。1948年两人在香港碰头，金庸看中沈宝新在出版、印刷方面的经验，拉他一起办报，于是这才有了《明报》。

人生之可贵者，莫过于得良师益友，金庸与沈宝新这样根深蒂固的友谊，令他们赢得了他们的事业，也成为金庸传奇生涯的一段佳话。

1

说起老同学，金庸将沈宝新摆在第一位："和我共同创办《明报》的沈宝新先生，是我初中三年级时的同班同学。1938年开始认识，二十一年后的1959年同办《明报》，精诚合作地办了三十几年报纸，到今年已四十九年。在共同办报期间，挑拨离间的人很多，造谣生非的事常有，甚至到现在也还有。但我们互相间从不怀疑，绝无丝毫恶感。前年我因心脏病动大手术，宝新兄在医院中从手术开始到结束，一直等了八个半小时。"[1]沈宝新，浙江湖州人，比查良镛年长3岁。

嘉兴一中当年因为战乱迁到丽水碧湖时，湖州人沈宝新与海宁人查良镛在同一个班级。当时查良镛是年级长，沈宝新是年级篮球队员。沈宝新已经

① 《探求一个灿烂的世纪（金庸/池田大作对话录）》，北京大学出版社1998年版，第127页。

18岁了，金庸只有15岁。那一年是1938年。

这年，查良镛出版了他生平第一本书。当时，他还和两位要好的同学合编了《献给投考初中者》不仅畅销浙江，还远销到江西、福建，甚至重庆等省市。这本书的畅销使查良镛他们得到了不少的稿酬，使金庸不仅有了在抗战期间的生活费，还使他有能力接济一些有困难的同学。沈宝新就是受助同学中的一个。

1970年，查良镛在《明报晚报》创刊纪念会上深情地回忆道："高中一年级那年，在浙江丽水碧湖就读，曾写过一篇《虬髯客传的考证和欣赏》登在学校的墙报上，明报总经理沈宝新兄和我那时是同班同学，不知他还记得这篇旧文否？二十余年来，每翻到《虬髯客传》，往往又重读一遍，我一直很喜爱这篇文章……"①

沈宝新记得，当年查良镛考证《虬髯客传》是我国武侠小说的鼻祖，曾写过一篇关于《虬髯客传》的论文，登在学校的墙报上。论文题目是《虬髯客传的考证和欣赏》，主要考证该传的作者是杜光庭还是张说，因为典籍所传有此两说，结果他发现还是杜光庭说证据较多。杜光庭是浙江缙云人，是个道士，学道于天台山。在唐朝为内供奉，后来入蜀，在王建朝中做金紫光禄大夫、谏议大夫。王建死后，杜光庭在后主朝中被封为传真天师、崇真观大学士，后来退隐青城山，号东瀛子，到八十五岁才死，著作甚多。查良镛提出了"中国武侠小说发源于丽水"的观点，其时教高中三年级国文的老师钱南扬先生是研究元曲的名家，居然对此文颇加赞扬。

小孩子学写文章得老师赞好，查良镛自然深以为喜。

后来，金庸在编《金庸作品集》时，每一册都是四百页左右，而《侠客行》一书的篇幅不足七百页，不够编印成两大册，于是金庸将《越女剑》以及为任渭长的版画"三十三剑客图"所写的一系列短文都收录在书后，其中的第二篇是《虬髯客》，他分析指出："这篇传奇为现代的武侠小说开了许多道路。有历史的背景而又不完全依照历史；有男女青年的恋爱；男的是豪杰，而女的是美人（乃十八九佳丽人也）；有深夜的化装逃亡；有权相的追捕；有小客栈的借宿和奇遇；有意气相投的一见如故；有寻仇十年而终于食其心肝的虬髯汉子；有神秘而见识高超的道人；有酒楼上的约会和坊曲小宅中的密谋大事；有大量财富和慷慨的赠送；有神气清朗、顾盼炜如的少年英雄；有帝王和公卿；有驴子、马匹、匕首和人头；有弈棋和盛筵；有海船千艘甲兵十万的大战；有兵法的传授……所有这一切，在当代的武侠小说中，

① 查良镛：《三十三剑客图》，《明报晚报》1969年12月1日。

我们不是常常读到吗？这许多事情或实叙或虚写，所用笔墨却只不过两千字。每一个人物，每一件事，都写得生动有致。艺术手腕的精练真是惊人。当代武侠小说用到数十万字，也未必能达到这样的境界。……但《虬髯客传》实在写得太好，不提负心的人如何负心，留下了丰富的想象余地……”①

看过了这段文字，就可知金庸小说在桥段的铺排和情节的剪裁，原来很受《虬髯客传》的影响和启发。金庸所开列出来《虬髯客传》里的桥段，在金庸小说中不也常见吗？

1940年7月，查良镛在壁报上发表了一篇名为《阿丽丝漫游记》的文章，讽刺由国民党派到学校的训育主任沈乃昌，被迫退学离校。查良镛与沈宝新就此分离。查良镛写给沈宝新的赠词是：“一席言把心深许，只有良朋笑问：考后还剩功课几许？而今乍觉别离滋味，一向眼前常见心不足，怎禁得真个分离！须知不久须相见，一日甚三秋天气……”

沈宝新后来在浙江大学攻读农业经济，毕业后曾在邮政、银行工作，1946年去了香港。

金庸好交朋友，十分念旧。在出名之后，他没有忘记过小学、中学的同学，并经常出去和他们聚会。他说：“中学阶段度过的岁月是我一生中最难忘也最快乐无忧的岁月，那时学习条件很艰苦，读书使我有苦中作乐的感觉，那时候的同学是我一生中最要好的朋友和兄弟，我常从中体会到少年时代的美好和人生的深邃。我是小朋友，他（沈宝新）是大朋友。”②

2

1948年，查良镛也到了香港，和分别多年的沈宝新在香港碰上了，老同学相见，自然很亲热，以后两人就常来往。几年后，查良镛成了金庸，《书剑恩仇录》《碧血剑》《射雕英雄传》《雪山飞狐》先后在《新晚报》《香港商报》上连载。沈宝新则在嘉华印刷厂当经理，印刷过《射雕英雄传》的单行本，是最早的“金庸迷”。

1958年，盗版翻印武侠小说的情况在香港非常普遍。当年金庸每天写一千字，由于当时没有版权的意识和法例的保护，因此金庸的小说每七天就被人结集盗印成单行本出版。金庸在《新晚报》上连载的武侠小说，原是由三育图书公司结集出版，但是三育图书公司结集的速度，远远落后于盗印的

① 金庸：《侠客行·后记》，生活·读书·新知三联书店1994年版，第735—736页。
② 周振新：《金庸大侠的中学时代》，《衢州日报》2005年1月25日。

速度。那天，沈宝新向金庸建议，办一份自己的刊物，登载自己的武侠小说。他说："与其给别人盗印成小册子发行，不如自己印，自己发行，自己赚钱。"他算了一笔账，金庸读者至少有三万人，自行出版，大可封了蚀本之门。

街头相遇，闲谈中金庸眼睛一亮：这位老同学对印刷业务精通，并且会经营管理……不仅如此，金庸已先后在四家大报任过职，对经营报纸的门径，相当熟悉。当年金庸在长城电影公司，尽管小有所成，但是都未造成大的影响，并不十分得志。我们何不……

完全可以想象，这对少年时代的朋友在南国香江初遇时的那份激动。天作之缘，一拍即合，他们决定创办自己的报纸。

沈宝新早年在邮政、银行工作过，有银行、财务方面的工作经验，到香港后做过印刷厂经理，积累了一定的出版印刷经验。熟悉他的人都说他是"一个随和、够义气的人"，人际关系好，对金钱从不计较，对朋友更重情义，又懂得经营管理。历经几十年的风雨沧桑之后，金庸回首往事，还感慨无比地说："我们从小就认识，很要好，他对我很忠诚，我也对他很忠诚，但我们彼此走的路线不同，沈先生在市场管理，机器和发行方面比较拿手……我跟沈先生合作到退休，合作无间，两人从来没有吵过架，他对我很尊重，我对他很客气，我们私交也不错。我们两人个性都很温和，都不是斤斤计较的。"[①]

1959年初，他们注册登记了野马出版社，出八开的十日刊，以刊登武侠小说为主，刊名就叫"野马"。"野马"源自《庄子·逍遥游》，取其"很自由、有云雾飘渺"之意。这年3月，在《野马》筹备出版前两个月，他们租了尖沙咀弥敦道文逊大厦408室一个写字间，可以放四张书桌，请了《长城画报》的编辑潘粤生担任编辑。

然而，出了几期，《野马》的销路并不好。沈宝新认为，办小说杂志不如干脆办一份日报，报纸天天出，赚钱容易。金庸考虑后，觉得可行，最终决定改办日报。1959年，一份叫《明报》的报纸在香港注册。公司注册资金十万元，金庸占百分之八十的股权，沈宝新占了百分之二十。这样的股权比例一直维持到20世纪90年代。

那时员工不过寥寥数人，金庸是社长兼总编辑，还是主笔，负责编辑部的工作；沈宝新是经理，负责报纸的经营（包括发行、广告等），是营业部唯一的员工；编辑只有潘粤生（后来先后出任《新明日报》《明报晚报》

① 冷夏：《文坛侠圣——金庸传》，广东人民出版社1995年版，第401页。

《明报》总编辑）。由于人手不够，金庸做记者出身的妻子朱玫也加入《明报》，跑香港新闻，与丈夫同患难、共进退，成为《明报》最早的港闻记者，也是第一位女记者。

1959年5月20日，《明报》创刊号标明“本港零售港币一毫”，“督印人沈宝新”等。发刊辞表明“公正、善良、活泼、美丽”的信条。同一天，《神雕侠侣》开始在《明报》创刊号连载。一张纸，四开，四版，印数八千，没有卖完。

起初，金庸心仪某种“家庭式”的报社架构，“大家最好像一家人般住在一起，所有员工都是家庭的一分子，工厂和住宅都在一起”。这或许是他初来香港时《大公报》类似的管理模式影响所致。金庸与沈宝新又鼓励员工在报社内部兼职，一人干两三个人的活儿，拿一个半人的薪水。员工长期没有规定的福利与保险，但有急事可以找金庸和沈宝新借钱，以致很多员工称沈宝新为“老豆（老爹）”。金庸与沈宝新分工明确，一人管编辑部，一人管经理部，很多人都说这对搭档是张季鸾、胡政之的翻版，也即继承了“文人办报”和“同人报”的报业传统。

最初的一年半是惨淡经营的，有人说，《明报》的生存全靠金庸的武侠小说《神雕侠侣》维持，这不假，但也有沈宝新的功劳。因为一份报纸最重要的是：及时印刷完毕，准时送到读者手中，这样才能保证它的信誉。一份销量只有几千份的报纸是不会受到印刷厂重视的，而《明报》在最初的一年多时间里能够生存下来，沈宝新有不小功劳。沈宝新以前长期在印刷厂工作，对印刷行业很熟悉，正是由于他的努力，发行量很小的《明报》才得以及时印出，准时送到读者手中。查良镛当初拉沈宝新入伙，也正是看准了这一点，沈宝新解除了查良镛的后顾之忧，使他能全身心地投入到创作中去。

6月初，报社从九龙弥敦道搬到中环娱乐行，当年是午夜十二时截稿，凌晨出大样。慎记印刷公司担着多家报纸的印刷。为了早出纸，沈宝新经常到了晚上排字的时候，请排字铺的伙计吸烟，希望他们先排《明报》的稿。凌晨三时报纸出版后，沈宝新又穿着睡衣到印刷铺，带着江浙口音的广东话对印刷工人说：“食烟、食烟。”逐个工友派发香烟，务求慎记工友善待《明报》。当时九龙报贩到香港岛取新闻纸，还是要坐“哗啦哗啦”小汽船。报纸过了凌晨三时才出版，许多报贩就不会要的了，这样也会直接影响报纸销量。

为了使报纸可以提早出版，1959年11月，《明报》又再转交给荷李活道30号的景星印刷厂承印。到了1960年3月，《真栏日报》学《银灯日报》用粉纸印，不再交慎记印刷。沈宝新知道这件事，马上与慎记接触，再把《明报》交给慎记印刷，取代了原来《真栏日报》的印报时间，可以早点把《明报》付印。通过沈宝新的努力，生产制作上的障碍畅通了，也有助《明报》增加销量。

从1959年到80年代中叶，《明报》还没有建立起退休金制度，没有医疗保险，更没有在职训练、康乐等的津贴。员工在经济上碰上急需，如购买楼宇、结婚，就会向两位股东借钱。经理部的员工，会向沈宝新借；编辑部的员工，会向金庸借。金庸、沈宝新也会很爽快地借给他们，而且不收利息，还款期亦可以拖得很长。机房的工人因赌博输了钱而向沈宝新借，沈宝新也会借出，因此被员工们称之为“老豆”（即父亲）。在员工心目中，沈宝新已经不再是单纯的“老板”了。沈宝新对于自己被员工尊称为“老豆”，颇感自豪。

长于经营管理的“铜笔铁算盘”沈宝新，自《明报》创刊以来一直负责经理部的全部工作，金庸从不干预。其间挑拨离间的人很多，造谣生非的事常有，但他们相互间从不怀疑，绝无丝毫恶感。对于编辑部的各种错误疏忽，沈宝新从未有一句怨言，他也从未一次看过经理部的大小账簿（偶尔查阅薪水、成本等，目的只在做计划，而非审核）。金庸说：“我们互相绝对信任”。长期以来，《明报》除了日晚报，明报集团的月刊、周刊、书籍都由沈宝新个人全资的新昌印刷有限公司代印，仅1986年到1990年10月31日，5年7个月间付出的钉装、印刷费就有一亿六千三百二十万港币。他因顾全老同学情面，也不作改变。

3

《明报》最初只是一份四开报纸，属于名副其实的“小报”，共分四版，第二、三版是“野马”，刊登金庸的武侠小说连载，报纸没有新闻。

《明报》初创时期，销路一直不好，引致严重亏蚀，据说，有段时间金庸是靠典当来维持《明报》。幸好金庸有沈宝新这个好拍档，出钱又出力；妻子又身体力行，甘心与丈夫捱苦；而一班下属也肯拼搏、肯捱苦，就算没粮出都无怨言；他们总希望《明报》可以熬过去。

在出版的第十八天，《明报》才由“小”变“大”，成了一张对开的大型报，增设了国际新闻版和港闻版。这个由小报变大报的决定，最先是沈宝新提出来的，纯粹是出于商业的考虑，拿香港的社会新闻吸引读者，同时大量增加广告。

20世纪60年代初期，色情广告在香港报刊上出现的情况非常普遍，《明报》坚持不刊登这类广告，有时甚至连经理部收了订金，主管广告业务的沈宝新也会把订金退回，坚决不予刊登。沈宝新认为，如果一家报章一旦刊登黄色广告，这些广告便会愈来愈多，会严重影响报格，所以《明报》自创刊以来，虽然初期经济非常困难，也绝不收黄色广告。

沈宝新坚持以增加报纸销量来吸引广告客户。在他的创意下，《明报》不定期推出“有奖填字游戏”，这种游戏，一直持续到1960年年中为止。第一期填字游戏在1959年6月23日见刊。“有奖填字游戏”的奖品，会是伊人牌高级优质T恤衫一件，或是高级饼干一罐，或是名贵丝袜一对，为了鼓励参加者买《明报》，填字游戏会分两日举行，参加者一定要填好连续两天的表格，才能符合参赛资格。

《明报》创办时是没有马经的，创办人相信唯一可以依赖卖钱的是金庸的武侠小说。《明报》第二股东沈宝新喜欢赛马活动，也认为《明报》需要马迷的支持，于是向金庸鼓动要办马经版，开始金庸不喜背上诲赌之名，对办马经版并不热衷。沈宝新再三说服了朱玫，在“枕头风”的吹拂下，金庸终于答应尝试一下。1961年2月1日，《明报》正式推出马经版。

沈宝新出面，重金礼聘专业马评人简而清、简而和兄弟担任马经版主编。平日有三至五栏为马经，赛马日则加印半张纸，除了第四版有一半版位是马经排位消息之外，增刊的半张纸，两版都是马经，有赛前对各场马匹的各种分析文章，还有各类赛马贴士，供读者参考。为了争取马迷读者，赛马日当天下午六时，还会增发第二次版，把当天赛马及大马票揭晓结果同时公布，比其他日报抢先一天见刊。

大股东金庸虽然一直反对大办马经版，但是为了报纸的生存，争取更多的读者，又不能不大办马经版。在这个矛盾当中，沈宝新只好把办马经版的行为合理化。在简而清兄弟主持之下，《明报》别开生面地主办了“明报杯贴士赛”。游戏规则很简单，由《明报》马经版出面邀请十四位马评人参加，每人在每个赛马日只可以猜一场头马，然后在整季赛事当中累积猜中头马次数最多、赢得累积奖金最多的夺魁。这种做法，在当时香港报刊界中是一种创新的方法。沈宝新特意向金庸说明，这是抄袭自英国权威体育报《体育生活》的“体育生活挑战杯”贴士赛的。这么多马评人愿意参加《明报》的“贴士杯赛”，无形中也提高了《明报》在马迷心目中的地位。[①]

① 张圭阳：《金庸与明报》，湖北人民出版社2007年版，第60-61页。

马经版为《明报》带来了读者和广告。每逢赛马日，报摊上就较难买到《明报》了。到了1961年下半年，《明报》销量已爬升到二万二千多份；1962年上半年，每日销量近三万份。《明报》已经摆脱了销数在一万多份上下徘徊不前的困局。1964年，《明报》版面从日出对开一大张扩充为对开两大张，具备了中型报纸的规模。1965年以后，日发行量稳定在八万份以上。

“对开大报，版面扩容了，良镛你可以写连载小说，还可以自写评论么。”沈宝新对老同学说。这时候，内地的政治气候正是“山雨欲来风满楼”，沈宝新建议金庸为《明报》树立“言论独立”的形象。于是，《明报》开辟“北望神州”版，每天刊登有关内地的消息，满足了香港人对内地一无所知的需求。

1968年，《明报》日发行量迅速突破十二万份，以后稳定在十万份以上，在香港日报中稳居第三位（仅次于大众化的《成报》《东方日报》），成为香港最具有代表性的严肃报纸。

“能不能再提高《明报》的销路？”金庸问。沈宝新说：“我们可以效法《星岛日报》，在星期日加送一张副刊。”金庸说：“可以试试。”当即沈宝新便找来外埠报纸《南洋商报》一齐合作，在香港及南洋各地齐齐发行。这张随星期日《明报》赠送的副刊，名为《东南亚周刊》，主要是报道娱乐圈的消息。

周刊推出后大受读者欢迎。沈宝新向金庸建议，可将副刊办成一本独立的娱乐周刊，只要加多一些彩色，走一些适合家庭妇女阅读的软性文章，必定有销路。于是，《明报周刊》正式创办了。

1989年，《明报》发行量上升到十八万份，发展成为一间拥有月刊、周刊、晚报“七兄弟姊妹”及出版社的报刊集团。

尽管是大报低酬，仍然趋之者众，说是赶着求着开专栏的知名作家、名嘴却是一点不少，如张小娴、亦舒等都是从《明报》出的名。《明报》的专栏版有着崇高的江湖地位，在《明报》开专栏是身份的象征。在《明报》都开过专栏，还怕搞不到钱吗？ 这就是因为《明报》是一份拥有独立报格的知识分子报刊，在精英、高端人士中是最受欢迎，也是最有公信力的报刊。

不光报纸是权威，《明报》培养出来的人才，那巨大的人脉也是《明报》巨大影响力的来源之一。香港的文化人，多少都跟《明报》有过关系。如林山木1960年代加入《明报》，先在资料室做资料员，受到金庸赏识被派往英国学习财经，后任《明报晚报》副总编辑，后来自立门户建立《信报》，成为香港经济学的教父级人物。《成报》总编辑韩中旋与小说家江之南都曾经是《明报》的编辑。曾以散文广受欢迎的张君默是《明报》的记者。创办《新夜报》的王世瑜曾经是《明报》校对兼送稿生。胡菊人加入过《明报月刊》。香港文化界的半壁江山都与《明报》有着关系，因为那巨大的影响力。所以，金庸在香港的文化和出版界，悄然有“帮主”之地位。

《明报》伫立于香港30年不倒，沈宝新功不可没！金庸与沈宝新共同奋斗，支撑着《明报》慢慢走出困境。金庸以他的武侠小说和著名的政论吸引读者，沈宝新在经营手段上努力，合作三十多年，两人从来没有吵过架，相互信任，相互尊重，两人性格温和，从不斤斤计较。金庸后来回忆沈宝新的时候说过，交朋友要在年轻时候交，可靠。

4

1989年5月20日，在《明报》创刊30周年茶会上，金庸突然宣布辞去社长一职，只留任明报集团董事局主席职位，表示将逐渐淡出江湖。当时，《明报》已是市值约10亿、赢利约1亿港元的大型报业集团。

他对沈宝新说：“《明报》内部所有的人只听我一人的话，可以说是成功，也是失败。成功是效率高，要办什么马上可以办到；失败是我离开了，事情就办不成了。”他又说：“报馆由一个人控制，一个人死了，报纸就不能生存；要是制度化了，即使个人被暗杀，报纸还是可以营运下去。”“我要使《明报》公众化，让许许多多人来参与，否则我一旦死了，《明报》四分五裂，就此垮台。”他希望《明报》能摆脱“一人报纸”的困境。1991年3月22日明报企业有限公司在香港联合交易所上市。当年年底，金庸将《明报》卖给了于品海。

1993年3月，金庸前往山东旅游，在蓬莱阁看海时，应管理人员之请，即兴题诗：“蓬莱极目觅仙山，但见白云相往还。放下无求心自在，琼宫仙境即人间。”回到香港，他将此诗抄了赠予共创《明报》的老搭档沈宝新。

那天，一辆黑色的宾利缓缓停在了路口停车区，车门很快被打开了，走下来一个看上去只有三十多岁的年轻美艳妇人，她戴着一个如今香港正流行的大大蛤蟆镜，下了车后女人往四周看了看，这才回过头去对车子里说了一句话，然后小心翼翼地搀扶着一个老人走下了车来。

“上海会馆”，林乐怡看了一眼熟悉的菜馆，笑着跟金庸说：“老爷子，看来今天请你的人诚意很足，连你喜好吃上海菜都打听的很清楚。”

金庸只是笑笑却没回话，眼中却多了一份思考。

“这顿饭恐怕不好吃。”有这个想法的还有另一个人，就是沈宝新。今天突然接到赴宴请帖，沈宝新虽然被对方话里的暗示搞得一阵心跳，但听说一起接到了邀请的还有老伙计金庸，只是思考了一下便答应了，有心想要看看对方葫芦里卖的什么药。

尽管已经是十二月的天了，而且菜馆包间里也开了空调。但沈宝新此时额头上还是隐隐浮现了一些汗珠，原因只有一个，那就是坐在自己不远处，脸上一直带着微笑的年轻人。

虽然已经猜到了对方的目的，在此之前已经想过了各种拒绝跟回答的方式，但是，沈宝新完全没有想到，对方一上来就摆明了车马直指中心：“今天请两位来，是有些事情要跟两位谈，我有意以股价溢价的方式，分别从查先生跟沈先生手上买下全部股份，希望两位答应我……”

不比金庸，沈宝新虽然也是明报创始人，但他身上却没有金庸的那么多光环。他是一个合格的管理者，更是一个合格的商人。也因此很清楚，以现在的财势，若是想要强行收购明报，就算受到狙击而失败，元气大伤的也只会是他们明报。

当下按捺下了被人当成板上鱼肉的不爽，好言劝道：“若我没有记错，于老板的主业应该是电影和酒店吧，怎么突然又想收购我们明报呢？”

于品海哪里会给他的一句劝说就劝退了，他的语气依旧平淡却咄咄逼人：“收购明报我已经志在必得。希望沈先生能够考虑一下，把你手上的股份卖我，当然，我也不贪心，如果我没记错，明报上市之后，沈先生你手上的股份已经从二十薄到了十五，后来又套现了一些，现在应该只剩下13%左右。我愿意以现在明报最高价溢价三成，收购沈先生你手上的明报股份。”

对方显然下了一番狠功夫，连他在明报上市之后，先后套现了多少股份都知道，很明显是对明报志在必得。

自年初金庸做主引入于品海后，虽说他已经是明报的最大股东兼董事会副主席以及明报报业总裁三大身份，但围绕着明报的权力交接也才刚刚开始而已。比如现在的明报报业集团董事会主席还是金庸，而沈宝新也不过刚刚辞去总裁一职，还兼任着明报执行总监、集团董事等职务。

金庸坐到沈宝新身旁的席位，说：“宝新兄，你知道，过去大约10年中，我热衷寻求一个聪明能干、热心新闻事业、诚恳努力的年轻人，可以将《明报》交托给他。如果不是我运气好，不会遇到于品海先生这样似乎度身订做的、比我所想象、所要求更加精彩的人才。”

沈宝新不语。当初金庸吸纳于品海进来，沈宝新其实并不赞同。前两年金庸认为自己年事已高，准备辞职退休时，他便建议过让金庸的二子接管，被金庸以他的二子不学无术拒绝后，他又先后提议过效仿邵逸夫让金庸的那位美艳又极富才学的娇妻林乐怡接手明报，又或者是聘请职业经理人管理，而他仍旧兼任董事长一职，把握集团的战略发展。

金庸是个自信又自负的人，他对职业经理人从来都不相信，反而对沈宝新提议的让妻子林乐怡接手明报心动过，不过他提前在明报内部通气时，却没能得到一帮老臣子的理解，支持者只是少数。而且随后爆发的TVB（由邵逸夫创办）挖角风波中，邵逸夫妻子方逸华成为各大媒体攻击和指责的焦点，事因是她接管了邵氏产业，这让金庸担心妻子林乐怡的掌管能力，不愿将明报轻易交于她，所以才对外放出了要卖明报的消息。

于品海这个来自资本界的收购狂人，要说本事其实还是有的，当年他以零成本收购菲律宾上市公司乐居酒店（马尼拉希尔顿酒店的拥有者），完全就是靠的空手套白狼。

金庸也是看中了他的能力，所以才在于品海登门拜访他表示愿意接手明报后，没有答应别人开出的更优厚的收购价格，反而把自己手上的三成股份卖给了他，助他成为明报的新业主。而自他入主明报以来，也确实一改金庸时期太小家子的弊端，大力聘请记者、狗仔，刊登了一些原本在金庸时期不可能刊登的新闻和政评，让明报上下所有人都察觉到了变化。

因为时间太短了，还看不出来这种变化是好是坏。现在，于品海主动找上了门来，收购沈宝新那份股权。

显然，金庸是赞许于品海的，对此沈宝新并不吃惊。

于品海看了一眼欲言又止的沈宝新，说：“我将在近日举行新闻发布会，就前些时候民众关心的一些问题进行解答，向全港数十家大小媒体发出邀请。”

邀请一出，香港媒体齐齐震动。

最终，沈宝新支持了金庸的决定：“良镛，三十多年来，你关于《明报》的任何大小决定，我从来没有反对过一件。这最后一个决定我自然也欣然同意。我和你初中同级时，你是级长。我打篮球，是级队选手。我只求比赛赢球，至于做前锋还是后卫我随意，你做前锋我当后卫，毫无问题。我们办《明报》大赢，年纪大了，以后要退居后备。《明报》现在还大赢特赢啊！”他将自己的《明报》股权转让给了于品海。

1994年3月31日，明报企业有限公司宣布，从当日起，金庸及沈宝新退休。

第二章 患难知己

1948年4月，《大公报》香港版复刊，金庸被派往香港，当年他才24岁。

才到香港，金庸时时有一种“温暖人情”的感觉：“初到香港，最鲜明的感觉是天气炎热，以及一句也不懂的广东话，想不到在这陌生的城市一住就达五十年，大半个人生都在这里度过。我在香港结婚、生儿育女、撰写小说、创办报纸，家庭和事业都是在香港建立的。和我曾久居过的上海相比较，那时的香港在经济上、生活上、文化上都比较落后，有点到了乡下地方的感觉。不过一般香港人坦诚直爽、重视信用、说话可靠，我很快就喜欢了他们，觉得香港的人际关系比上海好……”①

从杭州的《东南日报》到上海的《大公报》，再到香港的《大公报》，然后是《明报》，金庸与李君维友善，在梦中常能去寻访许君远，虽然相隔千里也能相对晤谈，和梁羽生一道开辟武侠文学的新天地，和潘粤生同画文人办报时代的同心圆，有什么能使得他们这样呢？

① 《探求一个灿烂的世纪（金庸/池田大作对话录）》，北京大学出版社1998年版，第114页。

⌘ 金庸的江湖语录 ⌘

⌘ 在《大公报》工作时，翻译主任杨历樵先生教了我不少翻译的诀窍。报纸主持人胡政之先生、前辈同事许君远先生都对我有提携教导之恩。可惜这数位恩师大都已经逝世，虽欲报恩而不可得了。

——与池田大作对话

⌘ 中国人结交朋友，很重视“知己”的观念。要互相了解而志趣相投，那是最重要的，不一定需要长时期的结交。《史记》中说：“谚曰：白头如新，倾盖如故。”如果互相意见不投合，即使从小做朋友做到大家白了头发，仍如新相识的陌生人一样；如果意见一致，即使是道路上初次偶然相逢，停下车来随便谈谈，也可以成为老友，正所谓“酒逢知己千杯少，话不投机半句多”。

——与池田大作对话

跟金庸“换位”命运便“转了向”

——被遗忘的作家李君维

2015年8月3日，李君维在北京逝世，享年93岁。这位最早的“张（爱玲）派”作家隐入了历史。

李君维是金庸早年的同事，因为两人换了个位置，金庸去了香港，他留在了上海，他的命运也就“转了个方向”。李君维和金庸都欣赏张爱玲的作品。近年新出的散文集《人书俱老》，他说：“时间已进入二十一世纪，我好像定格在二十世纪，我的手表在二十世纪四十年代停止了。”其实，与其说他是“张爱玲门生”，禀承袭传了张爱玲的风格，不如说他的小说创作与张爱玲异曲同工。当然，正如他自己所坦然承认的，在小说取材、文笔和意趣等方面受到张爱玲的影响。

抗战后，金庸先在杭州的《东南日报》当记者，4个月后赶上上海《大公报》招聘国际新闻翻译，金庸被录用。1948年，香港《大公报》复刊，24岁的金庸被从上海派到香港，这一“换位”成就了将“查良镛”变成“金庸”的契机。

“杭州别凤”，李君维用戏剧里的话来描述金庸赴港前与未婚妻的惜别。

1

2007年7月初，在北京一家饭馆里，85岁的李君维说起他和金庸“换位”的往事，“我和金庸一起进入《大公报》。我在《世界晨报》做到它关门，大概是1947年。后来去考《大公报》，考翻译，就是把外国通讯社的东西翻译成中文。一屋子人考，最后取了三个人：我、金庸、蒋定本。我们都在国际部。”有人问他：“金庸当时什么样的？“李君维答：“当时他蛮普通的。他能力比我强，他有报馆工作经验。我们在一个办公室，上班就说说笑话。后来把我调到本市版，我的顶头上司叫高集。金庸后来去了香港《大公报》，报馆派他去的。”①

他说，因为两人换了位，金庸去了香港，他留了下来，他的命运也就“转了个方向”。

1947年6月，在堂兄、上海市法院院长查良鉴的帮助下，查良镛以中央政治学校外交系的学历，插班进入东吴大学法学院攻读国际法专业。于是他辞职离开《东南日报》，离开杭州，也离开了西湖。

7月间，上海《大公报》向全国招聘三名电讯翻译，这份以“文人论政”为根本特征的民间报纸，其影响正如日中天，待遇高、收入稳定也是众所周知的。报纸一刊出招聘广告，应征函就像雪片般飞来，共有109人。

查良镛报名应考了。当日试题是：电报一份，社论一篇，译成中文。金庸仅用65分钟就第一个交卷，随后立即进行口试。由于金庸笔试、口试成绩优秀，当然被《大公报》录取，并列为录取者榜首。

《大公报》有自己独特的用人标准，不唯名气，不唯资历，可以说是唯才是举，否则年轻的金庸是没有任何机会的。

被录取的其他两人中有李君维。

应聘之前，金庸在《东南日报》当外勤记者已近一年了。在浙江省档案馆馆藏的“东南日报社”全宗档案里，有金庸1946年与《东南日报》签下的一份“东南日报社职工保证书”，还有金庸离开《东南日报》的“辞呈”。

那年金庸22岁，从海宁来到杭州，进入《东南日报》担任“记者兼收英文广播”一职，这是他人生第一份正式工作。具体任务是收听外国电台，如美国之音、大英电台（BBC）的英语广播，并择要翻译出来，偶尔也选一些英文报上的短文翻译备用。

一般情况，金庸晚上8点开始工作，一边收听英语广播，一边把重要的关键词记下来，再凭着记忆将收听到的新闻即时翻译成汉语。是的，有点像今天的美剧字幕组，而且还是不能重播重听的字幕组，必须一条过的那种，这也证明金庸的英文很棒。

这是个能发挥他英语特长的工作：收听英文广播，编译成国际新闻。同时，他又受总编辑汪远涵的指派，主持“幽默副刊”《咪咪博士答客问》，专为读者解难释疑。

“咪咪博士”在杭州很快就有了点名气。一天，金庸收到了一位小读者

① 李怀宇：《李君维：我的手表停在二十世纪四十年代》，《南方都市报》2007年7月4日。

杜冶秋的信。这完全是一个孩子没来由的抬杠："你说鸭子的羽毛一定要浓密才好吃，那么请问，南京板鸭一根毛都没有，怎么会那么好吃呢？"

那时的金庸，一定是富有童心而且生活悠闲的，所以他很快回信，而且表示愿意上门拜访结识这位小友。时间定下来了，就在礼拜天。金庸当然没有想到，他这次大男孩般的、多少带有走走玩玩的拜访，竟导致了自己的第一次婚姻。

杜冶秋还在上海念中学，到杭州是来过暑假；他的父亲则在上海行医，正准备接杜冶秋回上海。常住杭州的，是杜夫人与杜冶秋17岁的姐姐杜冶芬。已经无法追溯金庸第一次见到杜冶芬的情形了，几十年后杜冶秋回忆这个场景时只用了四个字："一见钟情"。

这一年，金庸虽才23岁，但经历了抗战中的生离死别、颠沛流离、谋生求学，自然而成了一种敢拼敢闯的劲儿。既然爱上了一个人，那就追吧。第二天，他带了一叠戏票到杜家，请他们全家去看当时颇为轰动的郭沫若话剧《孔雀胆》。

一场戏正演得热热闹闹。金庸频频以当时的新鲜玩意儿"可口可乐"来饷客。戏看完了，金庸终于盼到了杜先生一句宝贵的话："有空常来玩。"

话是客套话，有心人却不妨以此为招牌，师出有名地出入杜府了。杜冶秋很快随父亲回了上海，那么，金庸去杜府的目的便再明白也不过了。可以想象，金庸丰富的经历与奔放的才学，足以倾倒这位虽生长在中产阶级家庭却一直生活在父母羽翼之下、感情世界犹如一张白纸的杜冶芬。爱情，悄悄地滋长着。

因为父母在上海，杜冶芬念完书后是要回上海的，所以，金庸打算离开杭州到上海去，便参加了《大公报》的招考，如愿以偿地和李君维等人脱颖而出，一块儿进入上海《大公报》工作。

1947年10月底，金庸迈进上海大公报馆的大门。虽然，此时的《大公报》即将走完它最辉煌的历程，但毕竟"文人论政"的传统犹在，青年金庸还有机会近距离领略它的风采，接受它的教诲。

老同学余兆文一次路过上海，顺便去看望查良镛，见他一个人在椭圆形的小编辑室里忙得不亦乐乎。他的工作就是在大量外国报刊中挑选文章，然后剪下来，分别寄给特约作者，等他们把翻译好的文章寄回来，他再将译文和原文核对一遍，就可以发排了。

然而5个月后，《大公报》香港版复刊，报馆急需一名翻译，原定李君维前去，但他因为结婚不久，妻子临产不能去。报馆遂有派遣金庸赴港之议。

1948年3月30日，金庸飞往香港。这一天，杜冶芬也到机场送行。她临别时说："我们每人每天做祷告一次，不要忘了说，但愿你早日回到上海。"言语深情意切，爱情的果实分明已经成熟了。李君维曾回忆说，此前，金庸去了杭州两趟，与杜冶芬话别，恋恋不舍，用戏剧里的话说是"杭州别凤"。

当时，《大公报》的新闻主任要金庸写一篇《我怎样决定到香港》的文章，在《大公园地》上发表，李君维预先给他起好了题目，就叫《杭州别凤记》，还画好了两个小报头。他说："一看报头如此之美，题目又如此之艳，文章也吓得不敢出来了。"

金庸任职《大公报》香港馆，先后做过记者、翻译和编辑，《大公报》创办《新晚报》后，金庸又任《新晚报》的副刊编辑。

1953年，两位著名拳师——太极拳掌门吴公仪与白鹤拳师父陈克夫大师打擂比武，由于香港法律禁止武师之间决斗，遂移师澳门举行。想不到香港竟有数万人乘船过海，日夜观战，盛况空前。香港各报都予以大版报道，风行一时。

《新晚报》由此获得启发，便在副刊上试辟武侠小说连载专栏，约请能编能写的副刊编辑梁羽生、金庸出阵，梁羽生写第一部武侠小说《龙虎斗京华》，金庸写第一部武侠小说《书剑恩仇录》，结果一炮打响，《新晚报》一时间洛阳纸贵，销路倍增，梁羽生、金庸亦因此声名大噪。

金庸于20世纪50年代末离开《大公报》而创办自己的《明报》。对于他来说，跟李君维"换位"、南下香港成为他命运中最重大的一个转折点。在回首当年往事时，金庸充满感情地说："我现在拥有的一切，虽有自己的辛勤努力，但更多是香港这一环境所赐。我要感谢《大公报》派我来香港！"

2

金庸说过："我和李君维相识非常偶然，我们两个都喜欢新文艺，欣赏张爱玲的作品，在新闻以外写一点小说。"与金庸相识之前，李君维在上海《世界晨报》任电影故事编辑，开始了散文、小说创作，在《幸福》《宇宙》《小说》等刊物上陆续发表了不少作品。他说："我沉溺在小说世界，沉溺在现实与想象、人生与艺术、真与美的交织之中，仿佛伴随着细细的江南丝竹，我感到阵阵喜悦，丝丝幸福。写作是我生命的一部分。"

李君维比金庸大两岁。祖籍浙江慈溪（今宁波慈城），1922年生于上海，父亲为建筑工程师。中学年代，李君维就读光华大学附中，1941年考入圣约翰大学经济系，1945年获圣约翰大学文学院学士学位。

那时，金庸在重庆的中央政治大学念书，开始文学创作，曾经写过短篇小说《白象之恋》，并且与人合伙创办《太平洋杂志》，他任主编，创刊号上发表了他写的长篇小说《如花年华》的第一章，《如花年华》第二章已脱稿，《太平洋杂志》第二期因为无法筹措到印刷经费而不能付梓问世，无奈，一部长篇佳构不幸流产了。

1946年4月，上海《新民报晚刊·夜花园》刊出署名兰儿的《自从有了张爱玲》一文。文中说："有人说张爱玲的文章是'新鸳蝴派'，因为她另有一番琐屑纤巧的情致，后起而模仿者日众，觉得最像的东方蝃蝀，简直像张爱玲的门生一样，张派文章里小动作全给模仿像了。"可是，金庸不知道"东方蝃蝀"是谁。

翌年，金庸读到李君维的《张爱玲的风气》。李君维谈到，新文艺作家太多洁癖，叫人处处受了拘束，而张爱玲的东西，把新文艺作家不能入文的题材，全取了过来，让人诧异原来这个也能写进正经文章里去，而实际上这些恰恰是我们日常的生活"有些题材，比如《金锁记》，一般新文艺作家就不能入文，即使写的话，也是用批判的方式，和张爱玲的写法完全不同。"张爱玲写的正是李君维看到的日常生活，所以他也用这种"张爱玲式风气"写作。

此时相识，金庸恍然大悟："东方蝃蝀"原来是李君维。李君维笑了笑说，"东方蝃蝀"是他的笔名，"蝃蝀"二字出于《诗经》卷三："蝃蝀在东，莫之敢指"，朱熹的注解："蝃蝀，虹也。"李君维解释，用这个笔名，是从张爱玲那里启发而来的，用怪僻的笔名无非是想引人注目。金庸也认为李君维的小说写得颇有"张味"，比李君维仅大两岁的张爱玲开创了一股小说新风气。张爱玲是李君维的学姐，在圣约翰大学读书期间，他读到张爱玲在上海刊物上发表的小说，大为欣赏。校园里他和张爱玲有过几次擦肩而过，"张爱玲在学校里，从不参加什么活动，跟同学也很少来往。她人长得挺高的，这点让她蛮引人注意的。后来才知道她会写文章，当时就知道有这么一个人"。当年，根据张爱玲小说改编的电影《太太万岁》上演。在同学炎樱的撮合下，李君维一同到常德公寓拜访张爱玲，"那时没抱什么目的，就是看看"。第二天，他写了《〈太太万岁〉中的太太》一文，谈论张爱玲的文字，刊登在电影《太太万岁》的上演特刊上。第二次见面是在1947

年，地点改在炎樱家里，“那次我想请张爱玲写篇文章，结果文章没有写成”。[①]这次见面，李君维和张爱玲聊得很多，还聊了服装这个话题，在《张爱玲的风气》中也提到了。

也许是趣味相投，李君维和金庸常常在一起谈论新文艺的话题。一天，两人谈论起张爱玲，李君维毫无顾忌地说：“我见过她，在大学就见到她，她比我大两岁，但到圣约翰大学的时间跟我差不多，可是她没有毕业。为什么知道她呢？第一因为她发表小说，第二因为她这个人长得蛮高的。”“她当时就是一个作家。当时在敌伪统治之下，写文章的人很少，有这样一个人出来，就引起人们注意。喜欢读她作品的就是一些知识分子、大学生、爱好文艺的人，一般的市民就不一定知道她。”[②]

李君维还跟金庸讲述了自己与随笔作家冯亦代的结识过程：“冯亦代先生对我人生影响很大。抗战胜利后他在上海办一份小报叫《世界晨报》，还翻译出版了一本书叫《守望莱茵河》，是美国作家丽琳·海尔曼写的，其中有一个英文sister，可以叫姐姐，也可以叫妹妹，我不知道怎么地推算一下，他不知道把姐姐译成了妹妹，还是把妹妹译成了姐姐。就这么一个小事情，我写稿发了一番议论。在小报上发表之后，他看见了，就让当时在该报工作的袁鹰约我去了，我那时候二十几岁，穿着西装短裤，去见冯亦代了。他看见我有点意外，没想到是个孩子，他问‘你有工作吗？’我那时候从学校刚出来，没有工作。‘那你到我们这儿来上班吧。’我第二天就去上班了。”李君维曾在《世界晨报》当了两年的电影评论编辑。

1948年，在金庸离沪赴港半年之后，李君维出版了短篇小说集《绅士淑女图》。它包括《春愁》《河传》《惜余春赋》《绅士淑女》《忏情》《骡车上的少年》《牡丹花与蒲公英》七篇短篇小说。小说写出了现代都市生活中中国传统家庭式微的命运及人们的情感百态；现代都市女性在日益崩溃的男性中心社会里物欲和性欲的自由；以及在这种“上下文”中对于现代都市生活已深具审美超越和批判意识的“都市少年”在新与旧、传统与现代之间选择的“两难”境地。李君维用一种富丽的文字写出十里洋场旧家族的失落和新的精神家园的难以寻觅，文体雅俗融洽，逼似张爱玲，透出一股繁华中的荒凉况味。在意象的选择和营造方面，也和张爱玲一样与现代主义相通。于是，就有学者册封李君维为“张爱玲门生”。其短篇小说集《绅士淑女图》、中篇小说《伤心碧》和长篇小说《名门闺秀》在上海文学史上都占有

① 李君维：《在女作家客厅里》，《新民晚报》1990年8月1日。
② 刘莉芳：《访“张派”传人李君维先生》，《外滩画报》2004年9月7日。

特殊的地位。

这时候，金庸坐在维多利亚海湾岸上垂钓，背后是一片枯干的荒野……

2005年，金庸在香港读了《人书俱老》一书，李君维这样评说张爱玲：“人生犹如接龙，眼看接不通了，洗了牌再接，又接上了。她（张爱玲）的小说集子《传奇》在百新书店出售就觉得有些尴尬，她挤在张恨水《似水流年》的旁边好像不太合适，挤到《家》《春》《秋》一起当然更合不到一起。正如热闹的宴会里，来了个不速之客，主人把他介绍到这边一堆人来也话不投机，介绍到那堆人去也格格不入，可是仔细端详一下，他与两堆人都很熟悉，却都那样冷漠。”比喻来得巧妙而恰当。

3

1987年，穿过了漫长的时间隧道，经历了常人难以想象的磨难，李君维又一次出现在国人视野。这一年，他的长篇小说《名门闺秀》（原名《芳草无情》）在上海《新民晚报》连载，有人惊讶于作者观察的丰富深邃、语言的细腻别致，连上海方言的运用也是恰到好处，使人物形象大为增色；写知识男女的情感纠葛，写都市婚恋场中的心理冲突，李君维不像张爱玲那样极端，那样撕心裂肺，却同样回肠荡气，耐人寻味。他的文字太像张爱玲了，当时张爱玲才刚刚被提出来重新讨论。

这时候，金庸从香港来到北京，访谈中说到李君维，于是有记者向李君维求证，“东方蝃蝀”的真名终于浮出历史地表，《绅士淑女图》作者之谜由此得以完全解开。

1950年，正当金庸应邀北上赴京到外交部谋取职位的时候，李君维也去了北京，经朋友介绍进入电影局工作，于是“海派”成了“京派”，小说家成了电影刊物编辑家，从此金盆洗手，在中国文坛上销声匿迹多年，几乎告别了“东方蝃蝀”这个名字。

“我的文字不适合那个时代了，新的东西又不擅长，没有生活，写不好。”李君维这样解释他停止创作的原因。某种程度上，他原先还未成长为大作家是幸运的，至少可以说停就停，不用被迫写自己不熟悉的东西。“当时的主流话语下，要写革命和劳苦大众，李君维写都市摩登男女的东西属于边缘、另类，自然不会入史”，著名学者陈子善解释李君维缺席现代文学史，被人们逐渐遗忘的原因。

虽然，原来的东西不能再写了，但李君维也不甘心创作生命就此结束。

他曾在1952年写过一个并不成功的中篇《双城故事》，有点自传性质。1956年，百花齐放的时候，他写了继承原先风格的《当年情》，可见有条件的话，他还有创作的愿望，只是这样的机会并不多。

“文革”以后，李君维用本名写了不少回忆性散文，1987年创作了长篇小说《名门闺秀》，1990年代又创作了中篇《伤心碧》，都署了户口本上的真名实姓。有意思的是，他的小说题材仍以上海三四十年代为背景，而他的作品一般也多发表在上海的报刊上。好像北京是他的另一个人生，在那里，李君维是电影杂志的编辑；上海，才是创作之地，在这里，他始终是个作家。李君维自己也同意“两个人生”的说法，“虽然后来一直生活在北京，但与市民很少接触，写北京就写不好；上海是从小生长的地方，熟悉生活，写上海就能写好。我与北京的文学界也一直没有什么接触，直到近年来才与一些作家学者有所交往”。似乎语言风格有所改变，不如以前的那些短篇富有韵味。由于李君维没有再使用东方蝃蝀的笔名，所以，很少有人知道写《名门闺秀》的李君维就是写《绅士淑女图》的东方蝃蝀。文学界虽然开始关注到张爱玲、沈从文、汪曾祺，甚至无名氏，却仍旧没有关于东方蝃蝀的只言片语。

1989年，魏绍昌先生主编了一套“海派小说选辑”，把解放前出版的书重新影印出版，其中就有东方蝃蝀的短篇小说集《绅士淑女图》，很别致。就这样，东方蝃蝀的名字和小传第一次出现在现代文学研究的专著中。而1998年，东方蝃蝀终于出现在了文学史的记载中，钱理群、温儒敏和吴福辉三人合著的《中国现代文学三十年》中对他和他的作品有了一段中肯的评论。“像君维先生这样风格独具的‘张派’（姑且这么界定）作家应该重新审视、重新评价。《绅士淑女图》和君维先生的其他小说也是40年代上海文坛的‘美丽的收获’，是存在深入探讨的艺术空间的。在我看来，40年代的上海文学史，如果缺少了君维先生的小说，就像缺少了张爱玲一样，那就太单调乏味，太不可想象了。”陈子善这样认为。

“三十年代的月亮是陈旧的。天蒙蒙亮了，昨夜残留的月亮还挂在上海孟德路席公馆的屋檐旁边，苍白，虚弱，凄迷。”这段描写出自《名门闺秀》。“亚丽是惊鸿一瞥的女子，坐着也浑身长了翅膀在蠕动，满身的肌肉往外挤。”这是《伤心碧》中的语句。李君维的视角独特，文笔隽永，情趣盎然，喜怒哀乐在淡雅舒展、行云流水般的文字中自然而然地流露，堪有“张味”。

金庸曾经多次到北京，可是不知什么原因，竟然没有他与这位老同事重逢的确实报道。金庸提到李维君是2009年初与《时代周报》记者的访谈，他说，“他圣约翰大学毕业的，跟我一起考进《大公报》的。我到香港来跟他有关，本来要派他到香港来，他刚刚结婚，不来，那么，报馆就派我来了。”“李维君这个人蛮好的，当时在上海，他穿得漂漂亮亮的。如果他不是结婚，派他到香港来，我就不来了，那我就糟糕了，我在上海要经过‘反右’，一定反进去，‘文革’一定糟糕，‘反右’和‘文革’两次一定非常糟糕的。说不定‘文革’的时候就死了，武侠小说也不会写了。李君维后来不写文章也好，逃过‘反右’，逃过‘文革’了。”①

确实，李君维跟金庸“掉位”以后，两个人的命运也“转了个方向”。

金庸到香港以后，不久就调到《新晚报》当副刊编辑。1955年，金庸偶试身手，写出第一部武侠小说《书剑恩仇录》，一举成名后，一发不可收。接着，《雪山飞狐》一出，石破天惊，全城争读。《射雕英雄传》更被视为“天书”，新派武侠小说的宗师地位，由此奠定。那年，查良镛34岁。35岁那年，查良镛拿着他的8万元港币，自立门户，创立《明报》。金庸神态洋洋洒洒、寂寂荒凄的武侠小说，开拓了学术新的研究领域——“金学”，寂寂无名的“明报”经他手一挥被推上国际舞台，成为世界权威中文报纸之一。后来，金庸急流勇退，飘然而去，他携着贤淑的妻子周游列国去了，一年有一半的时间不在中国香港，这就是他退休后的惬意日子。

虽然，命运“转了个方向”，但李君维的晚年生活却跟金庸相似：每天散步、读书、看报，偶尔会友。晚年李君维的写作多转为散文、随笔，常署本名李君维，偶尔用笔名“枚屋”。20世纪最后一年，他编成一册散文随笔《半闲集》，书名来自那句“浮生偷得半日闲”。后来，《半闲集》易名《人书俱老》，为《开卷文丛》第二辑之一种，由岳麓书社出版。这是李君维笔墨生涯大半生的第一部散文集。《人书俱老》所收，从时间而言，跨越了半个多世纪，从内容而言，写的都是李君维先生最为熟悉的人和事。虽然大都为小品短制，总共才十多万字，乃是实实在在，生动亲切，远胜于当下那些洋洋洒洒却不知所云的所谓“文化大散文”。李君维在解释《人书俱老》书名时说，“书伴着我老了，书厮守着我，相依为命。在暮色苍茫中，我们有一搭没一搭地聊些什么？”

① 李怀宇：《金庸：办报纸是拼命，写小说是玩玩》，《时代周报》2009年1月8日。

金庸第一次婚姻的证婚人
——前辈同事许君远

1947年，年轻的金庸前往《大公报》应试电讯翻译职位，许君远担任主考，因为赏识金庸而极力推荐。1948年10月，金庸在上海举行婚礼，证婚人便是许君远。金庸一直感激许君远对他有提携教导之恩。

其实，金庸的表哥徐志摩曾经提携了许君远，若干年后，他却成了最早相中金庸的伯乐。许君远与金庸在《大公报》工作，一起亲身体会过做报人的喜与忧。

1

金庸称许君远为“前辈同事”。许君远比金庸年长22岁，不仅是金庸的同事，还是金庸表哥徐志摩的学生。

1922年，许君远离开家乡河北安国县来到北京，进入北京大学预科，后入英文系就读，同学中有后来成为著名作家的梁遇春、翻译家张友松、钟作猷等。

北大的教授群里，辜鸿铭、王国维等已经老去，而胡适、徐志摩、林语堂等正热。许君远曾写文章回忆：“我最初见到志摩，是在泰戈尔来平在真光剧场讲演的时候。他那颀长的身材，白皙的面孔，上额稍突的头部，与那齿音很多的不纯粹的京音，已予我以深刻的印象。十四年十月初旬他才开始登上北大红楼，那时他已主编《晨报》副刊，声誉日渐高起。但诗是讲得不很出色，虽然选课的人也不少。不过他的谈吐很有趣味，说话也没拘束，尤其讲到某文学家的轶事琐闻，特别令人神往。他喜欢雪莱，关于雪莱说得十分详尽。”说到徐志摩上课的情景：“时候是冬天，他穿的是紫羔青绸皮袍，架着浅黄玳瑁边眼镜，因为身材高，他总是喜欢坐着，坐在讲台桌的右面。对于装饰他很讲究，不过对于衣服他并不知道珍惜：鼻涕常常抹在缎鞋上，而粉笔面永是扑满于前襟。这种种很能代表出他那浪漫而又清雅的个性，很能表现出他那优美可敬爱的灵魂。”①

许君远从小就钟情于文学，立志做一个作家。他在《孙伏老堆稿积土》中写道：“到了北大，发表欲望更增强了，那时晨报副刊正受着万千青年的拥护，我一心一意想在那里出风头。不幸孙伏园老头子选稿很严（后来在重庆《中央日报》和他同事，才知道他根本不大选稿，千万篇的书件都堆在桌子上，尘土厚积，我数次代投稿人向他请命，毫无效果）……石沉大海，此后便再无问津的勇气了（以后我提到这件事，他只是眯着眼睛笑）。”

这段记忆透露了当年《晨报副刊》主笔孙伏园因稿件太多而难以处置的窘境，因此大多数来稿石沉大海。然而，许君远仍坚持不懈地努力，他的文章也渐渐零星地为几家报刊所接纳。但是，最早给予许君远以充分认可，刊出其多篇诗歌、散文、小说，最大限度激发许君远创作信心的，竟然是先前不理睬他的《晨报副刊》，那是在1925年10月之后。不过，当时编辑已换了人，这就是从欧洲归国未久的诗人——徐志摩。

1925年10月1日，在诗坛上已有相当名气的徐志摩，受朋友坚邀，出任《晨报副刊》主编。报纸天天出，副刊也几乎天天有，这样一来，徐志摩就感到稿件有些不足。他又是一个不肯苟且的人，一般稿件，他看不上眼。所以，最初，他的办法除请好友支持外，自己也不得不大量写稿。其余不足，他当然得从来稿中间择选。这样，许君远便进入了他的视野。

经徐志摩刊发的许君远作品，检《晨报副刊》影印本，最早应该是《五福楼师友之会》，第二篇是《博学钦佩陈西滢》，第三篇为《现代评论斗语丝》，三篇都在徐志摩接手办报的当月。②散文、随笔还有评论都在尝试。他的散文特别以描绘风土人情见长，风格清淡隽永，又常常带点幽默。有位编辑曾写打油诗说：“君远确是白描圣手，平生最好猜拳斗酒，诙谐幽默包你失笑，更让马克·吐温大叫。”

一月之中，许君远在这家有影响的报刊连发三篇作品。而且当月在《晨报副刊》上发文的，有胡适、梁启超、沈从文、刘海粟、陈西滢、凌叔华、闻一多、冰心等一干名流，能跻身其间，想来信心一定会大大增强。这之后，徐志摩还与许君远见了面，从他那里，取去了一册稿子，这就使得随之而来的第二个月，徐志摩一口气发表许君远各类作品达五篇之多。对于初涉

① 许君远：《怀志摩先生》，《晨报》1931年12月10日。
② 眉睫：《许君远的北大记忆》，《中华读书报》2008年9月19日。

文坛的许君远，这份提携，这种见重，来得多么及时，多么重要。

北大毕业之后，许君远先到天津任《庸报》编辑，后复任北平《晨报》编辑，进入了徐志摩、瞿菊农轮流“坐庄”的《晨报副刊》文艺圈子，深得丁西林、陈西滢、杨振声、沈从文等人赏识，许君远慢慢在文坛立住了脚跟，被一些史家称为“京派代表人物”。著有小说集《消逝的春光》、散文集《美游心影》，译有《斯托沙里农庄》《老古玩店》等。

1927年后，随着中国政局发生变化，政治中心向南转移，上海日渐成了中国文化繁荣之地。许君远常发表文章的几家报刊先后迁往上海，“新月”书店也随着徐志摩到了上海滩。此时，徐志摩又对许君远伸出友谊之手，书信往来邀他给上海的刊物投稿，享有盛誉的《小说月报》开始接纳许君远的作品。

在许君远的眼里，徐志摩没架子，有赤子般的天真，而且总想站在“和事佬”的位置上，结果经常两面不讨好，当年陈西滢与鲁迅互骂，他就遭遇到这样的事，最后，只好把委屈咽在肚中。后来，许君远跟金庸说：“鲁迅是最看不起你表哥的，鄙夷他为阔公子哥儿，说他一辈子不能有所成就，这话是不公道的，是鲁迅先生在气愤时说的。”

说起徐志摩对许君远的欣赏，可以举一个例子。一位文学家在《京报》副刊上著文批评许君远的小说，他很生气，写信给徐志摩，徐复信劝说，“你的小说我以为是好玩的，你只管作，他只管骂，单看他骂的好玩不好玩”。徐志摩在这里虽然文字有些俏皮，可意思明白，“好玩”在中文中的一种意义是当“有兴趣”讲，徐志摩所赋予的“好玩”还有一种意义是“小孩子脾气”“天真”。许君远的小说是可以入“值得读者们再读三读乃至四读五读的作品”之列的。不妨说，这是别一种的“志摩的欣赏”。是的，这就是徐志摩对待敌人优容的态度，而“好玩”这两个字乃是他自己解嘲的秘诀——这并不是怯懦，这是旁人不能及的好德性。

对于徐志摩的知遇之恩，许君远当然不能忘怀。徐志摩去世，“招起知友的眼泪，掀起读者的同情”（许君远语）。之后的不长时间，在纷繁的情绪中，许君远写出《怀志摩先生》一文，刊登在1931年12月10日的《晨报》，来纪念徐志摩，其中有这样一段由衷之言：“1926年夏天学期末终了时，他便离开北京而南下了……而我最后见他，是今年夏天一个晴和的早晨，他正坐着一轮破洋车经过景山东大街去北大一院上课。他仰着头看天，没注意到我，我也无表示地走过。本来不大注意这些拘拘形迹的来往，何况志摩先生年纪正轻，哪愁以后没有做成亲密师友的机会？谁想到他竟这样草率地了却此生？这会写哀悼他的文章，才景怀他的可爱的人格，才追悔自己的懒惰。他给我的信大半都遗失了，只有两三封还保存着。然而他对我的友谊，他给我的奖许，同时他提掖我的恩惠，则终此生难以遗忘呢。”那份知遇和感恩的心情，表现得再明白没有了。从实际看，徐志摩对于许君远的支持帮助，也当得起许君远的这番肺腑之言。

对徐志摩诗文的评价，许君远认为他的散文在他的诗之上，“据我个人的观察，称赞他的散文的总比称赞他的诗的人多”，“他的散文有美丽的情调与淡远的风趣，笔端既充满感情，叙述自易委婉动人。《落叶》里搜集的文章都还平平，而《自剖》与《巴黎的鳞爪》二书中所收，则全是流芳千古的作品了。”

说到他的飞天，最后他悲哀地写道：“他死了，享年仅三十六岁！诗人不许活年纪大吗？不然为什么济慈、雪莱、拜伦全是早殇？”

若干年后，许君远结识了金庸，偶然间说起《晨报副刊》，金庸说：“我的母亲是徐志摩的小姑妈，徐志摩是我的表哥”。许君远恍然大悟：“你是诗人徐志摩的表弟，怪不得你的文字那么好。”

2

1947年梅雨季节的一天，上海淅淅沥沥地下着雨。

在东吴大学图书馆里浏览报纸的金庸，忽然发现《申报》上刊出一则《大公报》上海版即将复刊的启事：“本报自1902年创刊以来，数十年间一直恪守不党、不卖、不私、不盲之办刊宗旨，在国内各省享有崇高之地位……现抗战宣告胜利，素来民望甚佳的《大公报》上海版，继天津版复刊之后，近期即将复刊，兹决定在沪招收部分工作人员。其条件如下……”

看到这里，金庸的眼睛不由得一亮，未婚妻杜冶芬的身影也在他脑际一闪。他知道这是个千载难逢的求职机会，《大公报》早在他重庆求学期间就成了心仪向往的名报，常常读这张报，有时甚至为著名报人张季鸾富于正义感的社论所鼓舞。另外，他正恋爱着，杜冶芬的父母在上海，他巴望着在上海立足成家。想到际遇，他清楚自己虽然具备投考《大公报》的条件——他的文笔，他在杭州《东南日报》当记者所积累的经验，还有目前正在上海攻读东吴大学国际法专业的较高学历，都会成为他参与竞争的筹码。然而，金庸也同时发现自己将要面对上百名竞争对手，其中不乏出类拔萃的人才，还有不少人身后有特殊的政治背景和人际关系。他心中既紧张又冲动。

第二天，金庸去《大公报》报了名，应试电讯翻译一职。

报纸一刊出招聘广告，应征函如雪片一般飞来，共有109人。上海本市的占百分之九十五，其他多来自南京、徐州、苏州、嘉兴、杭州，年龄最大的已过60岁，最小的只有23岁，有中央研究院的研究员、大学教授、银行职员等，其中还有知名作家，附有出版的作品。他们在应征函中所述的理由有对新闻工作有兴趣、倾慕《大公报》的盛名、公务机关待遇微薄不足糊口、在银行工作清闲想兼夜差，等等。

金庸遇到的第一个大公报人是许君远，担任这次招聘的主考。

许君远在《晨报副刊》崭露头角以后，1936年《大公报》创办上海版缺少人手，胡政之看中许君远，"重金礼聘"从北京把他"挖"来，与徐铸成一起主编要闻版，同时兼任国际新闻及副刊《小公园》主编。及至抗战爆发，上海《大公报》停刊，许君远也离开上海，先后任香港《大公报》编辑、重庆《中央日报》副总编辑、重庆美国新闻处翻译等。直到1946年上海《大公报》复刊，许君远又被请回来担任编辑主任。

许君远拟定试题并亲自阅卷，评定分数。试题中有命题作文，说说对《大公报》未来的大胆设想；另有英文电报一、社论一，要求将之译为中文。

报馆最后选择十位优秀的应聘者参加笔试。金庸的作文虽然篇幅不长，但分量很重，且文笔犀利，词句精致，全篇几乎没有废语冗言。金庸第一个交卷，只用了65分钟。

许君远一眼看中了这篇短文，对金庸的才学十分赏识，极力向吴社长和胡总经理举荐，吴社长就是大名鼎鼎的《大公报》发起人吴鼎昌，胡总经理则是金庸心仪多年的著名报人胡政之。随后，金庸顺利通过了口试。①

1947年10月底，金庸走进了大公报馆，他的生命由此揭开新的一页。

国际电讯编辑决非一般人可以胜任，更不要说在《大公报》这样有名气的报馆里担任这丝毫不能马虎的职位，好在金庸早先在杭州《东南日报》有过翻译外国电讯的经验，加上他的优美文笔和勤勤恳恳，做得还算顺利。

金庸是上夜班，不影响东吴大学法学院的学业，而且可以在《时与潮》兼职。他对中学同学说起过在《大公报》工作的情形："刚到报馆，编辑主任许君远就跟我讲了报馆的规定：稿子有误，编辑负责；排印印错，唯校对是问。职责分明，赏罚有则。写错印错都要按字数扣薪的。如果超过一定字数，那就要被除名解职了。《大公报》对编辑的要求高得多，有些稿子付印

① 刘慧：《许乃玲谈父亲许君远》，《文汇读书周报》2010年8月7日。

以前，常要几个编辑过目，经过仔细推敲，方才定稿。”尽管工作压力大，要求严格，但《大公报》有富有人情味的一面。“晚上的夜餐倒是报馆免费供应的，说起来，多是吃稀饭，配稀饭的，不是香肠、叉烧，就是酱鸡、烤鸭，或者火腿炒鸡蛋、油炸花生米，自然也有酱菜。晚班工作完毕，街上没车了，许君远主任会派车子把所有的编辑一个个送回家去。”

相处久了，金庸发觉许君远是一位非常敬业的报人，提笔成章。他平时坐在编辑部，出版的时候，经常有人会说：主任，这里有缺口，差一篇文章，需要填一个东西，他马上提笔写篇短文，有人说他一支烟工夫就能写几千字。他对现代文学的研究，对现代报刊历史的研究和对现代知识分子的研究，能够让大家看到一些经验教训。

金庸曾跟许君远学写新闻特写，听他说：“我写‘报告式’的白描，最初原是一种试验，不意被竞起模仿，在抗战军兴以前，‘特写’文章遂蔚成风气，始作俑者应该是我。”原来，许君远是“新闻特写“这一文体的首创者。这是他对报业的最大贡献。

金庸听人说，天主教红衣主教于斌看中许君远的英语口译功底，曾经聘他为私人秘书。1946年4月，联合国成立大会在旧金山召开，蒋介石派于斌参加，许君远以秘书名义随行，同时充任天主教会《益世报》的特派员，每日写通信一篇。这次旅美给许君远很多感触，他回国后还就此写了一系列短文，并汇编为《美游心影》一书。许君远的英文水平高，中文底子厚，译作一流，主要译作《印度政治领袖列传》《斯托沙里农庄》《老古玩店》《莎士比亚戏剧故事》，都曾风行一时，广为流传，其中以《老古玩店》的影响最大，几乎成了经典译作。

应许君远的指定，金庸还当过一段时间的体育记者，专写篮球赛。因为抗战胜利后的几年间，上海人忽然喜欢看起篮球来。这股篮球热的兴起，《大公报》很有功劳，宣传鼓吹，不遗余力，产生了好几个具有势力的篮球队，天天有比赛，吸引了无数球迷，也出现了一些使球迷倾倒追慕的篮球“明星”。后来，《大公报》组建大公篮球队，队长就是许君远。金庸被许君远挑选入队，先后与商务印书馆、三联书店的球队进行多次比赛，金庸全神贯注地进入了角色。许多人为看一场球赛，都来找他要票，他为此着实感到风光了一阵子。

1947年12月5日出版的《大公园地》刊载了查良镛的一篇短文《自扁其说录》，他说“自扁其说”是许君远先生新发明的说法，引经据典以证明自己的错误或自我嘲笑。在报言报，做“翻译”即翻译，他译了九则，距“十全”之圆相差一条，以示其“扁”。这些有意思的译文正是他初入《大公报》时心情愉快的小小见证。

许君远主编的《大公园地》是调剂大公报社各馆同人公余生活的杂志类刊物，登载他们的个人爱好、工作心得、生活情趣、人物素描、家庭生活、婚嫁喜庆等作品。一日，金庸在第九期《大公园地》的编后记中看到了许君远的“纠结”：“从第八期起这个小刊物就开始缺乏营养，我不忍把一个面黄肌瘦的孩子交给旁人照拂，可是等我把他抱返来，看着他啼饥号寒，于心也大有不忍。于是我便挨门求乞，希望有米的送米，有肉的送肉（如果有人肯送鸡鸭，那更欢迎），我准备把孩子养得肥肥的，然后再把他托给旁人，则受之者亦必高兴，孩子的前途必甚光明。”金庸被他的热情所感动，很快写了《自扁其说录》给他。此后，许君远将金庸列入《大公园地》主要撰稿人，即使他后来到了香港，也不忘记供稿给许君远，先后写了《来港前后》《沪馆编辑部人物小记》《沪馆编辑部的火炉臭史》等，都是描写办公室同人精彩的所见所闻和感想。[①]

3

金庸在上海《大公报》只待了5个多月。1948年3月，《大公报》派他到香港工作，他不是很乐意，写信到杭州，征求未婚妻杜冶芬的意见，她的答复是短期可以，时间长了不肯。许君远闻讯，将此情况向上反映，报馆高层同意金庸的要求：只去半年就回来。

在这段时间里，金庸除了翻译大量外国电讯之外，有时还协助许君远写一些评论。由于他文笔出众，词语犀利，有时还受命执笔一些社论，因而，许君远也是舍不得他离开自己的。

1948年3月27日，杜冶芬来到上海替金庸整理行李。许君远初见这位秀气俏丽的杭州姑娘后，悄悄问金庸：“你去香港她放心吗？“金庸默默地点头。许君远说：“今晚我做东，大家聚一聚，为你送行。”

傍晚，金庸携杜冶芬来到报馆附近的一家浙江餐馆，晚饭是许君远准备的。席间，许君远安慰杜冶芬：“阿芬，报馆派遣小查去香港，是吴政之社

① 刘鹏：《新闻史上的失踪者许君远之生平与文章略谈》，《新闻记者》2009年第7期。

长对他的赏识，因为香港有发展的机会，你可得支持他啊！”杜冶芬羞怯地望着金庸，默默无言。许君远接着说：“半年很快的，只要你俩结了婚，将来在一起的时间就会更长。”

30日早晨，金庸登机前，跟送行的许君远说：“本来预定计划是4月1日办了这件终身大事，现在只好半年后再说了。”许君远说：“你结婚，我会当你的证婚人。”

半年以后的10月，金庸回到上海，不过，“半年之约”已经作废，他是请假回来举办婚礼的。许君远不负诺言，当起了证婚人。金庸原来打算在自己的故乡举行婚礼，可是，当他听到许君远的安排，贵宾中有不少是上海《大公报》的同事，马上写信给海宁老家的父亲，将婚礼现场改在上海。

那天，上海贝当路礼拜堂花团锦簇，贵宾云集，作为他和杜冶芬婚礼的证婚人和前辈同事，许君远把婚礼安排得十分隆重。主持人向金庸和杜冶芬询问并祝福以后，两位新人在证婚人许君远的引导下牵手走向婚车，长长的车队驶往繁华的南京路。婚宴设在康乐饭店。

许君远在当天的日记中记述了金庸做新郎官的情景：“新郎倌查良镛和新娘杜小姐从彩花大轿车里走出来，他白色西装是崭新笔挺的，头戴着的巴拿马礼帽也是白色呢制的，全白，看着很顺眼……新人双双走进礼拜堂，他始终面带微笑，时不时向客人点头致意。杜小姐双目顾盼，羞怯怯地迎临着客人的赞美……这是他们经过两年多相亲相爱才换取得来的美好结局。”

过了几天，金庸携着新婚妻子回了香港。许君远没有想到，此后他再也没有与金庸相逢过。

1949年，许君远被调到《大公报》资料室工作，他只能从有限的几份香港报纸上获取金庸的讯息。三年后，上海《大公报》北迁，许君远称体力不支，留在上海，从此告别了心爱的新闻工作，转入上海四联出版社、上海文化出版社任编辑。

1956年秋天，中国人民大学新闻系派人到上海搜集教材，和许君远讨论新闻业务。他谈了自己的经历，并且应约写成《我受了一次审》的文章，送《新闻与出版》刊登。文章以金庸为例，说明记者培养之难，一个记者要常识丰富，要熟悉业务，要具备采访风度。在这前一年，金庸应罗孚举荐，开始写武侠小说，第一部武侠小说《书剑恩仇录》在《新晚报》连载。这一年，《碧血剑》开始连载，金庸与梁羽生、陈凡（百剑堂主）在《大公报》开辟“三剑楼随笔”专栏。

1962年6月，许君远全身瘫痪，并患肺炎，不久于当年9月9日病逝，年仅60岁。

后来，金庸回忆往事，说：“在《大公报》工作时，翻译主任杨历樵先生教了我不少翻译的诀窍。报纸主持人胡政之先生、前辈同事许君远先生都对我有提携教导之恩。可惜这数位恩师大都已经逝世，虽欲报恩而不可得了。”①

① 《探求一个灿烂的世纪（金庸/池田大作对话录）》，北京大学出版社1998年版，第130页。

同行同事同年大先辈

——武侠前辈梁羽生

2009年1月22日，梁羽生在悉尼病逝。金庸为老友献上花圈，挽联上写道：“同行同事同年大先辈，亦狂亦侠亦文好朋友——自愧不如者：同年弟金庸敬挽”。

既是“大先辈”又是“好朋友”，真是绝妙好联也！这是金庸对梁羽生的肯定与赞美。金庸以“自愧不如者”落款，既是一种自谦，也暗示了一种“金梁并称，一时瑜亮”的文坛佳话。

梁羽生和金庸是曾经的同事，同为新派武侠小说的两大宗师，梁羽生比金庸早两年涉足武林小说，世人对他俩有“一时瑜亮，难分伯仲”之评，坊间也有“梁金不和”的传闻。任凭世人如何揣度，梁羽生和金庸在不同的场合都表示过他俩是好朋友。

梁羽生的代表作品有《白发魔女传》《七剑下天山》《萍踪侠影录》《云海玉弓缘》等。在评价自己的武侠创作地位时，梁羽生曾说：“开风气也，梁羽生；发扬光大者，金庸。”

1

梁羽生个子不高，圆圆胖胖，一副慈眉善目的样子。他是广西蒙山人，比金庸晚出生一个多月，他们在《大公报》就是同事，那时，一个叫陈文统，一个叫查良镛。

陈文统到《大公报》的时间比查良镛稍晚。1949年7月，陈文统前往香港《大公报》应聘。笔试内容是翻译新闻稿，一条是中译英，另两条是将路透社与法新社的英文稿译成中文。主考官正是与他同龄的查良镛，当时的他是《大公报》国际版的翻译。

陈文统告诉金庸：他是广西蒙山人，家境富裕，从岭南大学毕业后在《岭南周报》工作。1949年初，他所在的“艺文社”举办晚会，临场加插一曲《我们要渡过长江》。这首歌触及敏感话题，加之《岭南周报》的政治色彩，陈文统被列入国民党的缉捕名单。

1949年4月，解放军发动渡江战役。广州风声鹤唳，各大院校提前放假，遣散学生。当时的蒙山仍由国民党桂系统治，陈文统因名列黑名单，无法返乡与家人团聚。于是，二十五岁的他怀揣学校的两封推荐信，南下香港，寻求发展。

“当时我觉得文统兄的英文合格，才被录取了。没想到他的中文比英文好得多，他的中文好得可以做我老师。” 查良镛曾说。

一开始，两人同在编译组，专门翻译英文电讯稿，双双崭露头角。1950年底，香港《大公报》的子报《新晚报》创刊，他俩分别负责小说版面“天方夜谭”和综合版面“下午茶座”。

相仿的年龄、相似的爱好，让查、陈二人很快成为好朋友。当时还是单身青年的他们，住在报社提供的“集体宿舍”里。这个昔日的栖身之地，给陈文统留下深刻印象。多年后他还能清晰讲述：“赞善里位于香港坚道，横街小巷，毫无特色。附近有点名气的建筑物只是一座中区警署。宿舍是再普通不过的旧楼，楼高四层，四楼连接天台，活动空间较大，环境算是最好的了。当时住在那里的，年纪最大的是经济版编辑谢润身，人称老谢；年纪最小的是查良镛，大家都叫他小查。小查在赞善里宿舍住的时间很短，大概只有几个月。而我一住就是7年。”

而在办公室里，陈文统与查良镛对桌办公，两人都很健谈，将对方当成自己的“字纸篓”，“把一箩箩的废话或者不是废话硬倒给他，就好像把废纸或者不是废纸抛掷给‘字纸篓’一样”。

志同道合的二人同样爱好琴棋书画。查良镛只爱围棋，陈文统则围棋、象棋都喜欢。一时期，两人工作、读书之余的乐趣就是在一起对弈，在棋盘上杀得天昏地暗。作家聂绀弩在香港时，也常来找他们两个下围棋。金庸自述：“我们三人的棋力都很低，可是兴趣却真好，常常一下就是数小时。”以后他们在报上的“棋话”深受棋迷欢迎，互争雄长、不相上下。他们都是棋迷，深谙其中三昧，并写进了各自的小说中。晚年他们几次见面，下棋几乎成了必有的消遣。1994年1月，在悉尼作家节时，他们已十年不见，难得的会面，两位年届古稀的老人最有兴趣的就是下棋，一下就是两个小时，直到疲乏，有些头晕才罢。1999年春节期间，梁羽生回中国香港探亲，他们在跑马地的“雅谷”聚餐，饭后本来也约好下棋，因为那天查良镛患感冒，感到身体不适，只好作罢。

金庸与梁羽生对弈

下棋之外，他们还有一个嗜好就是摆龙门阵，大侃武侠小说。陈文统去世后，查良镛在一篇悼文中追忆当时情形：“这一段时间是我们两人交往最多、关系最密切的时候。我们两人谈得最多的是武侠小说。那时文统兄每天下午往往去买二两孖蒸、四两烧肉以助谈兴，一边饮酒，一边请我吃肉，兴高采烈。”“白羽的《十二金钱镖》和还珠楼主的《蜀山剑侠传》。我们都认为，文笔当然是白羽好得多，《十二金钱镖》干净利落，人物栩栩如生，对话言如其人；但《蜀山》内容恣肆，作者异想天开，我们谈到绿袍老祖、鸠盘陀等异派人物时，加上自己不少想象，非常合拍。”两人唾沫横飞，刀光剑影，当然谁也没有想到不久以后，他们自己也会操刀上阵写起武侠小说。

1954年1月中旬，香港太极派掌门人吴公仪和白鹤派掌门人陈克夫立下“生死状”在澳门比武，《新晚报》出“号外”报道比武结果，同时在“天方夜谭”版连载梁羽生的武侠新小说《龙虎斗京华》，跟着是《草莽龙蛇传》，大有洛阳纸贵的势头。 查良镛曾撰文谈过他追随梁羽生写作武侠小说的经过：“梁羽生弟是我知交好友，我叨长他一岁，所以称他一声老弟。他年纪虽比我轻，但写武侠小说却是我的前辈，他在《新晚报》写《龙虎斗京华》和《草莽龙蛇传》时，我是忠实读者。可是从来没想自己也会执笔写这种小说。八个月之前的一天，新晚报编辑和‘天方夜谭’的老编忽然向我紧急拉稿，说《草莽》已完，必须有‘武侠’一篇顶上。梁羽生此时正在北方，说与他的同门师兄中宵看剑楼主在切磋武艺，所以写稿之责，非落在我的头上不可。可是我从来没有写过武侠小说啊，甚至任何小说都没有写过，所以迟迟不敢答应。但两位老编都是老友，套用《书剑》中一个比喻，那简直是章驼子和文四哥之间的交情。好吧，大丈夫说写就写，最多写得不好挨骂，还能要了我的命么？”

查良镛看到梁羽生一举成名，心里早就痒痒。但他之前从未写过武侠，一时棘手，苦思之下，决定从自己最熟悉的家乡着手，选择小时候印象最深刻的故事——乾隆身世之谜。他熟读《三国》，研究历史，自然知道在故事中引入历史上的真实人物，就好像给人物披上传奇的外衣，虚实转换之间，既令读者心理上感到亲切可信，又令读者随作者想象驰骋翱翔。于是，在这基础上，金庸便虚构了他的第一个主人公——书生侠客陈家洛。

就这样，查良镛的第一部武侠小说《书剑恩仇录》惊开一现，小说将历史与传奇融为一体、虚实相间，史笔与诗情相结合，绘出了一幅波澜壮阔的历史画卷。

金庸出世了，“镛”字拆成两半就是“金庸”。

《书剑恩仇录》在《新晚报》“天方夜谭”版连载，从1955年2月8日开始，每天一段，到1956年9月5日，一直连载了一年零七个月，引起了极大的轰动。

这年10月22日，《大公报》副刊《大公园》开辟了“三剑楼随笔”专栏，所谓“三剑”指的是梁羽生、金庸和陈凡。当《碧血剑》在《商报》连载时，陈凡的武侠小说《风虎云龙传》也在《新晚报》“天方夜谭”连载了好一阵子，署名“百剑堂主”。大概没引起什么反响，他从此不再写这类文字，却和金庸、梁羽生一起被报馆同事戏称为“三剑客”。三人轮流执笔，每天发表一篇，“三剑楼随笔”一共写了84个题目，他们各写了28篇，总共大约有14万字，文史掌故、名人轶事、琴棋书画、诗词联谜、神话武侠、歌舞影剧，上下古今，无所不谈。

以副刊编辑与小说作者双重身份出场的金庸，从此始终坚守着与报纸副刊的平民化视角相吻合的大众化的创作理念，持续着以报纸售卖为最终目的的武侠创作冲动。

早于金庸成名、素有才子之称的梁羽生，在自己的作品中融汇了儒、道、释，经史子集，医卜星相，天文地理，诗词书画和民俗风情等，他把这些内容贯注于故事和人物身上，模塑性格，营造氛围，凸现题旨，寄托情怀，编织情节，使得小说的面貌呈现出鲜明的民族文化色彩。后起的金庸不仅接过了这个方法，在一个传统气息被现代商业社会的欧风美雨冲刷得几无痕迹的香港社会中，更自觉地高举起传统文化的大旗，在自己的一连串武侠小说中展示了传统文化的多姿多彩的面貌，并着力在传统文化精神与现代文化精神之间架起一座连接古今的桥梁，使得今天的读者如同遇到了一位称职的导游，可以跟着他一步步走进一座中国传统文化博览馆，去观摩那些只要拂去历史的尘埃仍然熠熠生辉的民族文化精魄。可以说，金庸用他的武侠小说，把传统文化的魅力推向了极致。

从1954年到1984年的三十年间，梁羽生写出35部小说，1000万字的刀光剑影。梁羽生自认《萍踪侠影录》《女帝奇英传》及《云海玉弓缘》三书是平生代表作。他的小说充分体现出中宵看剑楼主所题名句："亦狂亦侠真名士，能哭能歌迈俗流"，也可称之为"名士派武侠先驱"而无愧。虽然他"向西天取经"较白羽晚了十七年，但却能自出机杼，更上层楼；以"实则虚之，虚则实之"的历史背景与人物带动武侠小说的巨轮前进，在剑气箫心中洋溢着一片历史感，而将"历史武侠小说"推向另一个高峰。

2

梁羽生和金庸共同扛起了新派武侠小说的大旗。他们虽然是好朋友，但也曾经发生过一场笔战。

1966年1月，香港《海光文艺》创刊，登载一篇文章《金庸梁羽生合论》，近两万言，署名"佟硕之"。 这篇文章比较金庸、梁羽生作品的异同，也分析了二人的优缺点，持论大致客观公允。例如说金庸是"现代的洋才子"，梁羽生则有浓厚的中国"名士气味"；虽然二人都"兼通中外"，但金庸受西方文艺（包括电影）的影响较重，而梁羽生受中国传统文化（包括诗词、小说、历史等）的影响较深；虽然同属"新派作家"，但金庸的故事情节变化多，而梁羽生的写作手法则比较平淡朴实，虽有伏笔却不够曲折离奇。可是，文中不但从武、侠、情等方面批评了金庸，认为金庸写武功有时候过于离奇怪诞，写侠义有时候不辨忠奸正邪，写爱情有时候不顾是非礼仪。

论及金庸在诗词、回目方面的"缺陷与不足"，佟硕之拈出所谓"宋代才女唱元曲"来作为个案加以平章。文章中写道："金庸的小说最闹笑话的还是诗词方面，例如在《射雕英雄传》中，就出现了'宋代才女唱元曲'

的妙事。《射雕》的女主角黄蓉，在金庸笔下是个绝顶聪明的才女，‘渔樵耕读’这回用了许多篇幅，描写这位才女的渊博与才华。黄蓉碰见‘渔樵耕读’里的樵子，那樵子唱了三首牌名‘山坡羊’的曲儿，黄蓉也唱了个‘山坡羊’答他。樵子唱的三首，一首是‘城池俱壤，英雄安在……’二首是‘天津桥上，凭栏遥望……’三首是‘峰峦如聚，波涛如怒……’这三首‘山坡羊’的作者是张养浩，原题第一首是《咸阳怀古》，第二首是《洛阳怀古》，第三首是《潼关怀古》。张养浩元史有传，在元英宗时曾做到参议中书省事，生于公元 1269年，卒于公元 1329年。《射雕英雄传》最后以成吉思汗死而结束，成吉思汗死于 1227年8月18日，黄蓉与那樵子大唱‘山坡羊’之时，成吉思汗都还未死，时间当在1227年之前。张养浩在1269 年才出世，也即是说要在樵子唱他的曲子之后四十多年才出世。黄蓉唱的那首‘山坡羊’‘青山相待，白云相爱。……’作者是宋方壶，原题为《道情》。此人年代更在张养浩之后，大约要在黄蓉唱他曲子之后一百年左右才出世……老实说，金庸用了几乎整整一回的篇幅（比梁羽生之写唐经天还多得多），写黄蓉的才华，我是一面读一面替这位才女难过的。宋人不能唱元曲，这是常识问题，金庸决不会不知道。这也许是由于他一时的粗心，随手引用，但这么一来，就损害了他所要着力描写的‘才女’了，岂不令人惋惜！金庸的武侠小说流行最广，出了常识以外的错误影响也较大，所以我比较详细的指出他这个错误。希望金庸以后笔下更多几分小心。”

平地一声雷，舆论大哗。而佟硕之正是梁羽生本人。

逼得金庸不得不应战，激情写就一篇《一个“讲故事的人”的自白》，回应梁羽生。他自谦之所以写武侠小说，只当娱人而已，文中，他很含蓄地对梁羽生的批评提出了辩驳，他说：“我以为武侠小说和京戏、评弹、舞蹈、音乐等等相同，主要作用是求赏心悦目，或是悦耳动听。如果一定要提得高一点来说，那是求表达一种感情，刻画一种个性，描写人的生活、生命，或是政治思想、宗教意识、科学上的正误、道德上的是非等等，不必求统一或关联。有时候，小说就是小说，不必用做古典文献研究的功夫去苛求它……”

坊间“梁金不和”的传闻由此而生。

其实，金庸仅仅是“自白”，并未对梁羽生作出激烈反击。但我们从后来修订版的《金庸作品集》来看，金庸对梁羽生的批评是有保留意见的。黄蓉唱元曲那回（第二十九回《黑沼隐女》）回末金庸有自注云：“散曲发源于北宋神宗熙宁、元丰年间，宋金时即已流行民间。惟本回樵子及黄蓉所唱'山坡羊'为元人散曲，系属晚出。"其意旨大可玩味（如刻意强调"山坡羊"小曲宋金时已有）。而在他书中，金庸亦时时对其小说中与史实不符之处加以解释。如《神雕侠侣》第三十九回《大战襄阳》故意错乱时间、地点，虚构杨过打死蒙哥事，而回末金庸乃特特征引史料多种，并曰："为增加小说之兴味起见，安排为宪宗攻襄阳不克，中飞石而死，城围因而得解。"又如《鹿鼎记》第二十一回："韦小宝心想：'果然是建宁公主。'他知道老皇爷共生六女，五女夭殇，只有这位建宁公主长大，是皇太后亲生。"后自注云："建宁公主其实是清太宗之女，顺治之妹。建宁长公主封号也要康熙十六年才封。顺治的女儿和硕公主是康熙的姊姊，下嫁鳌拜之侄。但稗官小说不求事事与正史相合，学者通人不必深究。"曰"学者通人"，盖微讽佟硕之之辈乎？

然而，如梁羽生的儿子陈心宇所说，金梁一直保持着知己朋友的亲密，两位老人是惺惺相惜，英雄敬英雄。

有一次，在美国科罗拉多大学的讨论会上，许多人指责梁羽生不该在《金庸梁羽生合论》一文中批评金庸，有人的意见十分严厉，认为是人格上的大缺陷。此时，金庸站出来为梁羽生辩护，说明这篇文章是"奉命之作"，不这样写不行，批评的意见才平歇了下去。

任职于香港中文大学的杨健思，是梁羽生小说的研究者，也是梁羽生之入室弟子。杨健思对"梁金不和"的传言相当不满，斥为"无稽之谈"：首先是某些人臆想出来的，然后又拼命在梁羽生与金庸之间寻找蛛丝马迹。

梁羽生比金庸先写武侠小说，开创五十年代的"新派武侠小说"之先河。金庸是看了他的一纸风行，才启发写武侠小说的念头。梁羽生的风流文采不在金庸之下，写的武侠小说比金庸还多，两人可说是武侠小说界的"一时瑜亮"。不过谁都知道，论到名气与小说的流行程度，金庸却有盖过梁羽生之势。作为始创人，多年来屈居金庸名气之下，梁羽生到底有没有"既生瑜，何生亮"的慨叹？

1994年，在悉尼作家节武侠小说研讨会上，梁羽生作了一个令人惊诧的发言，他说："我顶多只能算是个开风气的人，真正对武侠小说有很大贡献的，是今天在座的嘉宾金庸先生……他是中国武侠小说作者中，最善于吸收西方文化，包括写作技巧在内，把中国武侠小说推到一个新高度的作家。有人将他比作法国的大仲马，他是可以当之无愧的。"

金庸没有料到，当初批评他的人如今会给他这样高的评价。会后，他俩一起吃饭、聊天，还一起下棋。彼此有过不高兴，到老了才忽然发现对方是一个难得的朋友，这真的应了那句古话——“不打不相识”。

1994年10月，《广角镜》刊登金庸的一篇访问记，提到梁羽生时他语带谦虚：“梁羽生写得比我早，他写了一年多一点我才开始……（我的风头）盖不过他，各有各写法，名声也差不多……他先成名，我再跟着他，我当他是前辈。”

2004年，梁羽生在中国香港接受了《南方人物周刊》记者陈静的采访。在那次采访中，他回忆说，1966年，《新晚报》总编辑罗孚让自己写了《金庸梁羽生合论》，后来用“佟硕之”的笔名发表。这篇文章谈到了两人的不同：梁羽生是名士气味甚浓（中国式），而金庸则是现代的“洋才子”。梁羽生受中国传统文化（包括诗词、小说、历史等等）的影响较深，而金庸接受西方文艺（包括电影）的影响较重。“开风气也，梁羽生，发扬光大者，金庸。”其时，“文革”刚刚爆发，香港的左右翼对立，让他承受了莫大的压力。而最大的压力来自左翼的高层，他们认为梁羽生对金庸评价过高。

梁羽生也再次评点了两人的写作，“金庸写‘恶’、写坏人比写好人成功，写邪派比写正派成功，《书剑恩仇录》中写得最精彩的是张召重，写四大恶人，一个比一个精彩，但写好人君子，段誉啊，不够精彩。我自己写邪派怎么样写，都不够金庸那么精彩，我写名士风流比较有一手”。

当年金庸被梁羽生指摘一番后，表面上含蓄回应，实则非常在意，那时他对诗词写作缺乏概念，不识平仄，因此出了不少纰漏。自此，他勉力学诗作词，决意一雪前耻，故从1970年开始修订旧作时，不仅改正原本出格的诗词，还加入不少新的创作 。“飞雪连天射白鹿，笑书神侠倚碧鸳”这个对子，是在1970年后才被金庸所提出的，这时的金庸已非吴下阿蒙。用他自己的话来说：“作为诗人、词人，没有过去那个学术环境，如果放在清朝，我算是二流诗人，放在元、明，我只算三流诗人，放在唐宋时代，我只能算不入流。不过在现今社会，我的古典诗词也算一流了。”

梁羽生撰文自诩对于“新派”武侠小说确有“开山劈石之功”，这未免言过其实，因为武侠小说原本是中国通俗文学流裔之一，从形式到内容都无法离开传统而独立。诚然，梁羽生进一步发展并提高了武侠小说的文学价值，但毕竟其作品中的“传统”仍远多于“创新”；而真正的“新派”则出现在梁羽生写《七剑下天山》十年之后的台湾——1960年代中期古龙以《铁血传奇》（楚留香故事）、《萧十一郎》《多情剑客无情剑》等书掀起“新派”武侠狂涛巨浪。

由梁羽生作品改编的电影《七剑下天山》放映后，有人问梁羽生：“您写得比他早，但似乎还是金庸名气大一些，为什么呀？”梁羽生不加思索地回答：“金庸比我写得好，我占点便宜，比他写得早，我是开创武侠小说的人，任何文学应该后胜于前……我常常说，我是全世界第一个知道金庸比梁羽生好的，现在有很多人也这么说啦！”“我没有觉得金庸带给我的是阴影，对于我们两人在武侠小说上的成就，我的认识是很清楚的。当初我在写《金庸梁羽生合论》时就曾开宗明义地指出‘开风气者梁羽生，发扬光大者金庸’。大家现在一说到我们俩，都简称为‘金梁’，金庸排名在前，梁羽生在后。你知道是谁最先提出‘金梁’的说法吗？是我自己。”

3

“我本来是从事文史工作的，以偶然的因缘，写上武侠小说，不知不觉，在刀光剑影之中，已是浪费了将近三十年的光阴。”1980年3月，梁羽生叹道。四年后，他宣布“封刀”，退隐江湖。次年9月移居澳大利亚悉尼。

除武侠小说外，梁羽生还出版过散文集《笔花六照》，编写过联语集《名联观止》，与金庸、陈墨合著过《三剑楼随笔》。可惜，这些文字被他的三十五部武侠小说所淹没。

2004年，梁羽生迎来80寿辰，有记者专访他，问他和金庸的关系，他回答：“我现在每次回中国香港，金庸都会做东请客，他到悉尼来，我也总是会去看他。现在我的家乡广西正在建一座梁羽生公园，你知道‘梁羽生公园’这几个字是谁题的吗？是金庸。”

梁羽生称金庸是现代的“洋才子”，“虽然写了很多武林绝学，但他本人却是一个文质彬彬的书生。金庸的洋，还表现在他的经商上。我们经常开玩笑说，金庸是左手算盘右手笔，双管齐下很少有人比得上。呵呵。金庸是全才、通才，既有细腻、敏锐的艺术感触，又精于人世之道，做人而言，可谓炉火纯青，蔚为大家”。

梁羽生去世后，金庸非常难过，流了很多眼泪，拿起笔来，写了一篇文章，悼念老友：“春节刚过，传来噩耗，梁羽生兄在澳州雪梨（悉尼）病逝。在刚得到消息的前两天，我妻子乐怡和他夫人通了电话，还把电话交到我手里，和他说了几句话。他的声音很响亮，显得精神不错，他说：‘金庸，是小查吗？好，好，你到雪梨来我家吃饭，吃饭后我们下两盘棋。你不要让我，我输好了，没有关系……身体还好，还好……好，你也保重，保重……'想不到精神还挺旺健，脑筋也很清楚的他，很快就走了。我本来打算春节后去澳州一次，跟他下两盘棋，再送他几套棋书，想不到天人永隔，再也听不到他爽朗的笑声和浓浊的语言了。”金庸的这个电话是梁羽生接的最后一个电话。

金庸谈及两人的友谊：“我撰写小说，拟订回目时常得文统兄指教，而他指教时常悄悄而言，不想旁人听到。有一次他悄悄跟我说：‘盈盈红烛三生约，霍霍青霜万里行’这一联对仗，平仄都很好。又有一次，他轻轻地说：你在《三剑楼随笔》中提到的‘秦王破阵乐’，这个秦王不是指秦始皇，而是指唐太宗。指点很轻声，怕人听到。现在我公开写出来，好教人知道：梁羽生指教过金庸，而且金庸欣然受教。”他说，梁羽生人品非常好，不计较，对输赢不执着，“我不如他”。“我们曾经是同事，每天在一个办公室里谈武侠小说，非常投缘。”在金庸看来，梁羽生的每一部小说都有“侠气”。他说：“梁羽生认为武侠小说中，宁可无武不可缺侠，只要有侠气，不懂武功都没有关系。”

梁羽生亲自增订的散文集《笔花六照》增修版分为六辑，为武侠小说封笔后的文字，既记武侠因缘、师友轶事、史论典籍，又有谈诗品联、云游记趣、棋人棋事。梁羽生还追忆了与陈寅恪、聂绀弩、张季鸾、胡政之、金庸、徐铸成等人的交往。

在《笔花六照》中，梁羽生多次谈到了自己写武侠小说的缘起，新旧武侠小说的差异等，但是对于“侠”并没有一个清晰、完整的定义。梁羽生表示，“我与金庸先生都同意‘为国为民，侠之大者’，至于怎么定义‘侠’这个概念，并不是三言两语能解释清楚的，大家可以从我的作品中去理解我的想法”。对于两人写作手法和写作风格的区别，梁羽生说，“关于这个问题，内地武侠文学研究家陈墨先生的专论中有过阐述，我建议大家去找出陈先生这篇文章读读，当有启发”。

梁羽生的弟子杨健思回忆，梁羽生的著作都是在中国香港天地图书有限公司出版的，2006年12月，他特意回香港参加天地图书公司的纪念活动，意外中风。金庸知道后，第一时间到伊丽莎白医院看望他。金庸去的时候，没有见到梁羽生的家人，只和梁羽生见了面，有交谈，但还是不放心。走的时候，他留下一张纸条，大意是梁羽生在香港是在旅途中，如遇到什么困难，都告诉他，他一定帮忙。金庸是怕和梁羽生说过后，梁羽生忘记了，留下字条是为了让家里人看见。可见金庸对梁羽生多么关心。

梁羽生在悉尼病逝后，金庸在《痛悼梁羽生兄》一文中写道："他写名著《云海玉弓缘》第十二回的回目是：'太息知交天下少，伤心身世泪痕多。'可见他内心的伤心处还多，只因知交无多，旁人不知罢了。"

金庸痛悼梁羽生，写了一副挽联自称"自愧不如者"，他说："如果他能亲眼见到这副挽联，相信他一定会很高兴。因为他一直都耿耿于怀：'明明金庸是我后辈，但他名气大过我，所有批评家也都认为他的作品好过我。'我和他同年，如他得知我在挽联中自称'自愧不如'，他一定会高兴的。他嘴里会说：'你自谦，自谦，好像下围棋，你故意让我，难道我不知道吗？哈哈。'"

"他还在澳洲，手边没什么棋书，只有我从前送给他的《弈理指归》（施定庵著）、《桃花泉弈谱》（范西屏著）等，那是清朝的旧书，中国和日本近年来的新谱他都没有，我摆几个新式的谱式给他看，他说：'这么多新东西，反正我记不住，下你不过，不下了！'把棋枰一推，高高兴兴地收起了棋，哈哈大笑，倒了半杯酒给我喝。他不论处在什么环境中，都是高高兴兴的毫不在乎。我说'自愧不如'，不是'自谦'，是真的'自愧不如'，我决不能像他那样，即使处在最恶劣的逆境之中，仍是泰然自若，不以为奇，似乎一生以逆境为顺境。对别人恶劣的批评，都是付之一笑，漫不在乎。我知道文统兄一生遭人误会的地方很多，他都只哈哈一笑，并不在乎，这种宽容的气度和仁厚待人的作风，我确是远远不及，这是天生的好品德，勉强学习模样也学不来的。"

"其实我的棋还是臭棋，和高手对弈，自己摆上四个黑子再说（请对方请四子）。不过和文统兄相比，他已下不过我了，但每次对弈，我还是和他缠得不死不活。前几年到雪梨他家里，他拿了一副很破旧的棋子出来，开心地说：'这是你送给我的旧棋，一直要陪我到老死了。'想到这句话，我心中不胜凄然，真希望能再跟他对杀一盘，让他把我的白子吃掉八十子。"[①]

① 金庸：《痛悼梁羽生兄》，《明报》2009年2月1日。

侠骨文心可见报人风骨

——大公报人李侠文

金庸突然辞职离开《大公报》，坊间一直传闻，因为他与总编辑李侠文不和，后来《明报》与《大公报》交恶，似乎证实了这个传言。然而，李侠文逝世后，金庸抱病参加追悼会，并且回忆两人的交情，人们才恍然大悟，从《大公报》出走的全是好汉，金庸一直以曾经是大公人为荣。

《大公报》与《明报》当年打得不可开交，金庸挨骂，李侠文及时喊"停"，显露出一位大公报人的侠骨文心。

1

"我像记住自己的生日那样，不会忘记1948年3月30日这个日子。这是我第一次飞越过罗湖桥，踏足香港，去接受参与办《大公报》任务的日子。"金庸说。

三月末的香港，风是温和的，太阳是温和的，有时候有点小雾，下点毛毛雨。在飞往香港的航班上，一位戴着眼镜的青年人面色尴尬，翻遍自己的口袋之后，不知所措地望着舷门，坐在旁边的中年人询问道："怎么啦你？"年轻人答道："来时太匆忙，忘带钱了。"这样他连下飞机后搭巴士坐渡轮的钱都没有。中年人哈哈一笑，往自己的口袋里掏钱，也没有。这时，《国民日报》社长潘公弼掏出十元零钱，中年人接过手，"算我借的"，递给了年轻人："够坐车了吧。"年轻人莞尔一笑，坐下了。下了飞机坐上白牌出租，他用带着海宁乡音的普通话告诉司机"去餐馆"，司机却带他去了"差馆"（警署）。

这位年轻人就是后来名震香江的武侠小说家金庸，那位给他解难的中年人是他的顶头上司，编辑主任李侠文。

一年前，金庸辞职离开《东南日报》，从杭州到上海，报考《大公报》。负责口试的正是李侠文。李侠文对他的印象是文质彬彬，温文尔雅，很少讲话，一张国字脸常是笑眯眯的，讨人喜欢。

可是，《大公报》上海版刚刚恢复，金庸的板凳还没坐热，内战的炮声已经轰隆隆临近，离上海越来越近。国民政府危在旦夕，便加紧了对新闻媒体的控制，以限制社会舆论。《大公报》的创业元老胡政之觉得，在内地已经难以维持原来的办报宗旨，所以决定南下香港，希望在香江做出一番新事业，而查良镛便是这南下的精英骨干之一。

总编辑胡政之扶病前来香港，他表白心迹，要“将香港《大公报》的复刊视为自己事业的‘最后开创’”。协助他从事这个开创的，还有随他来港的费彝民、李侠文、马廷栋、李宗瀛和金庸等。

李侠文长金庸十岁，是广东中山人，1933年考入清华大学，修读国际政治经济，1938年在香港加入《大公报》，先后在香港、桂林、重庆、上海等馆工作，最初也是国际时事翻译，眼下是编辑主任。

那时候的香港，对比内地的上海，真是天上地下。上海滩当时是远东第一大都市，在抗日战争未发生前，能够与日本的东京较短长。而香港，在瘴疠丛生的岭南之南，在面貌上还是赶不上江南的经济之都。金庸到香港的第一眼，便有这种感觉。但是他又何曾能够想到，自己将会在这里度过人生的大半部分，而彼时不起眼的香港，也将会变成东亚仅次于伦敦和纽约的金融之都。

香港《大公报》在中环利源东街，是租用《新生晚报》的房子。无所谓编辑部和经理部，就那么一间楼上临街房子，白天是编辑部的日班人员和经理部办公，夜间则编辑、译电、校对、资料人员换班，有时还要加上夜晚归来写稿的记者，室内无转身之地。一张桌子几个人用，没有一个人有独用的写字台，包括总编辑和经理，台上抽屉装的物件，也分不清是谁的。排字房、印刷厂在楼下，也是租用《新生晚报》的。这种窘迫之状，金庸倒并不吃惊。跟多数同人一样，感觉可以自由痛快地说话编报，不须再做违心的事了。

不过，因为未婚妻远在杭州，金庸还是希望能够早日返回内地。

这段时间，金庸和李侠文同住在赞善里八号四楼，是报馆的宿舍。赞善里位于香港坚道，横街小巷，毫无特色。附近有点名气的建筑物只是一座中区警署。宿舍是再普通不过的旧楼，楼高四层，四楼连接天台，活动空间较大，“环境”算是最好的了。同住四楼的“大公人”，年纪最大的是谢润身，人称老谢；年纪最小的是金庸，大家都叫他小查。金庸就居住在走道里，每天李侠文都要侧着身子走过他的床边。

金庸做的还是他的老本行，国际电讯翻译。李侠文当时只有34岁，正当年富力强，精力旺盛，和上海《大公报》时一样，分发稿件，看各版小样、大样；带一位助手，主编要闻版。除写社论外，每天还要写两至三篇短评，毫不觉累。

刚过一年，胡政之病逝，查良镛写了一篇题为《再也听不到这些话了》的文章，其中一段话就是胡政之对小查、老谢说的。胡政之谈到美国人，说："肤浅、肤浅，英国人要厚实得多。你不要看美国现在不可一世，不出五十年，美国必然没落。这种人民，这种行为，绝不能伟大。"金庸写道："近来看了一些书，觉得胡先生这几句真是真知灼见，富有历史眼光。"说的也是，像胡政之这样的智者，思想敏锐，诊断往往超前，预测不会失准，只争迟早而已。

李侠文升任总编辑，宿舍搬到了稍宽敞的半山区。这时他的生活方式有所改变。一般，上午在家用餐后，看书一小时，然后步行下山。他到报馆后就翻看各种报纸，并布置一些工作，然后应朋友之约，去咖啡馆坐一小时，有时还要转几个地方，喝咖啡、谈时局。那时，内地人去香港的很多，咖啡馆中常能听到广东口音，偶然也能碰到一二熟人，他乡遇故知，颇得其乐。

在一切顺利中，也有不足。报纸所受的压制、删减，比上海时更严厉。当时报纸上不准出现"共产党""国民党"字样，更不许写"反蒋"，这是英港当局所谓保持"中立"。更不能批评英国的政策，连"帝国主义"四字都不许出现。在社论中常有成串成串的天窗，甚至还有全文被扣。这对英国人标榜的言论自由实在是讽刺。

这期间，李侠文常常向金庸等人阐释"大公"二字："忘己之谓大，无私之谓公"。这是《大公报》一脉相传的办报宗旨，也是《大公报》的企业文化，更是《大公报》迈向未来的传家宝。

有一天，金庸向李侠文请假，悄悄说："我有一位朋友在外交部任职，听说正在招聘外交官，我想去找一找他。"

临行时，李侠文频频嘱咐，如果报考不顺心，欢迎你立刻回来。

金庸北上应聘，接待他的是时任外交部秘书的乔冠华。乔冠华曾是金庸的朋友，他坦诚地对金庸说："一个受过国民党教育的地主后代，恐怕很难会被吸纳。"并告诉金庸，如果真的很想来外交部工作，必须先受培训，然后申请加入共产党。金庸完全失望了，外交官的梦被粉碎了。

这是金庸最为关键的一次“塞翁失马”，它改变了金庸一生的命运与前途，于是，他老老实实地回到香港。李侠文并不食言，那空缺的位置给他留着。

左起第二位为梁羽生，第四位为《大公报》总编辑李侠文

香港《大公报》篮球队人员合影，后排左二即金庸

后来，《大公报》创立《新晚报》，金庸做了副刊编辑，写作的事项五花八门，电影，戏剧，美食，乃至于芭蕾赌马围棋，无所不包，而金庸也无所不学。再后来，金庸开始连载自己的第一部武侠小说《书剑恩仇录》，自此打开自己最为辉煌的一页，此后一发不可收拾，一直到“飞雪连天射白鹿，笑书神侠倚碧鸳”写完才算完结，再后来，他离开《大公报》自己创办《明报》。

许多年以后，有人问他：倘若当年顺利地进入外交部工作，你会是一种什么样的情景呢？

李侠文替金庸作了这样的回答："正常的话，他可以成为一位外交官，或被派往国外，当一名驻外使节。这虽然也可以为国家民族的外交工作作出贡献，但这怎么可以与今天的金庸的成就相比呢！从另外的方面猜测，他可能面临一个接一个的灾难，甚至是致命的打击。金庸出身于官僚地主家庭，所受的又是国民党的教育，以金庸在香港《明报》写社评时关心国家大事，爱发议论的性格看，他能过'反右'这一关吗？即使'反右'时侥幸过了关，又能过'文革'关吗？那时，只有一个不断受冲击、濒临灭顶之灾的查良镛，何来金庸！何来他脍炙人口的十五部小说！何来他响当当的《明报》系列！何来亿万富翁！"

从1947年到1957年，金庸曾经在《大公报》整整工作十年。这十年，对金庸来说无疑是宝贵的，在这里，他聆听了许多《大公报》前辈的教诲，尤其从胡政之到李侠文的言传身教中，金庸见识到大公人的风骨。

2

后来金庸离开《大公报》，先到了长城影业公司做了一阵子，然后做出了影响他一辈子的决定：自己办报。报纸的名字就是后来被称之为香港《泰晤士报》的《明报》。

20世纪70年代以前，香港报纸成为众多政治力量的角逐场，被港人大致划分为左、中、右三个派别，其中《大公报》《文汇报》《香港商报》为"左派报纸"。

《明报》创立之初，定位不过是娱乐服务型的小报，后来被时势推动，逐渐发展成为香港的一家顶级报纸。《明报》当然不等于金庸，但很大程度上，《明报》的成功就是金庸的成功。有趣的是，《明报》发展最大的契机，恰恰是金庸与"老东家"《大公报》的论战。

1963年的《明报》，已经四岁了，创业初期的艰难已然挺过，报纸凭借金庸的武侠连载、生动活泼的专栏以及言之有物的评论，开始在香港报业市场上崭露头角。此时，金庸等待时机，《明报》要锋芒毕露了。

1964年10月22日，因为《明报》刊登邵氏兄弟（香港）有限公司影片《血手印》的宣传广告中，有一些血淋淋的吓人词句，同时漏印了"广告"二字，而被人误以为是新闻，《大公报》抓住这一把柄发起连番炮轰，指责《明报》发表"妖言和妖术"言论，连续发表陈凡（"张恨奴"）等《明报的妖言和妖术》《再谈明报的妖言和妖术》《略揭最恶毒反华的明报的画皮》《明报主笔的罪恶》《明报何以妖言惑众》《光荣轮不到这些人头上》等大批文章，攻击《明报》和金庸，指责他“造谣生事，大发反华妖论”。从一开始《大公报》单独叫阵，到后来《文汇报》《新晚报》《商报》《晶报》《正午报》《香港夜报》《新生晚报》等联合出击，向《明报》展开了新一轮的围攻。

当年《大公报》有称“三剑”，是陈凡、梁羽生、金庸。陈凡以《大公报》副总编身份分管副刊，金庸和梁羽生则是他手下的副刊编辑，后来三人合写“三剑楼随笔”专栏。“十年萍散”，陈凡当年送给金庸的词，无论从金庸和《大公报》的关系还是从金庸和陈凡的关系来看，都像是一语成谶！巧的是，金庸的《倚天屠龙记》正好就连载在这个时间，想一想张三丰和少林寺之间复杂的恩怨情仇，想一想小说中少林寺的种种人物、故事，金庸自然会生出新的感受。

在这场笔战中，《大公报》做了《明报》的义务宣传员，不仅大大提升了金庸在报界的身价，而且大大提高了《明报》的发行量，从笔战前平均每天62075份，到1964年12月10日达到70516份，当然，与自己过去的东家、朋友，且在《明报》创刊之初曾予其很大帮助的《大公报》激战，令金庸十分难堪。当时他正在写作《天龙八部》，在小说中他借主要人物之口表达了自己的悲怆感受。金庸写了《有什么不对，请原谅》，不无遗憾地说道：“你们辱骂《明报》的口气很恶毒，用的字眼很难听，我们完全没有回敬。然而，我们的语气和词句，还是有许多不够有礼貌、不够忠厚的地方，这一点，请你们原谅。”

尽管有遗憾，金庸却有意外惊喜：报纸发行量一再翻番，跃居《大公报》之上，可谓异军突起，成为香港举足轻重的大报之一，经常卖到断市。作为商人，金庸开始日进万金。

令人不解的是，发起论战的左派报纸戛然收兵，燃烧正旺的烽火突然熄火了。原来，《大公报》总编辑李侠文在说服阻止。

尘埃落定，李侠文检讨当年的那场论战，带着几分愧意，对下属说：“其实，《明报》的立场就是《大公报》‘不党不卖不私不盲’的方针，金庸身在《大公报》十余年，耳濡目染，深得奥秘，而我们自己丢开了这个方针，盲了，党了。”“他（金庸）是不畏强权，敢于讲出人民的心声。”

3

李侠文曾任第五、六、七、八、九届全国政协委员，1988年出任大公报董事长。李侠文学养深厚，爱憎分明，笔下千钧而又文采斐然，素为香港传媒界所敬重。

李侠文年轻时便投身爱国新闻事业，在大公报服务的半个世纪中，不论环境如何困难复杂，爱国立场始终不变，为宣传祖国建设成就、团结香港各界人士起到了重要作用。

李侠文有位朋友叫潘静安，是个神秘人物，长期担任中共中央调查部驻港负责人。当年许多大人物都要靠近他，倚赖他。现在大家，对这个名字却非常陌生，偶闻其名也印象模糊。李侠文与人谈起，说："潘静安是共产党干部中的稀有品种，可以说是绝种了。"[①]1949年国民党大势已去，溃败前夕，两航（原中央航空公司、中国航空公司）大部分飞机及器材留在香港。1949年11月9日，71架飞机在两航经理率领下北飞，当天全部在北京西苑机场降落。周恩来曾盛赞，"这一行动的重大意义和影响，抵得上二百万大军，大大缩短了全国解放的进程"。而在这次起义中起到重要作用的正是潘静安，他协助保护了国家在港的大批资产。新中国成立前他曾担任八路军驻港办事处的机要通讯和秘书工作。

金庸与邓小平的会晤，是由香港大公报原社长杨奇策划后，由潘静安和李侠文共同牵线的一出好戏。金庸多次向《明报》同人介绍潘静安，竭力推荐阅读他的《香港荷里活道谈往录》，夸他是"香港的活字典，他对香港的历史渊源、人文典故了如指掌，讲起来娓娓动听，如数家珍"。

96岁的李侠文于2010年1月12日在香港逝世。当时，金庸患上感冒，已多时在家休息没有外出，接到该报成立李侠文追悼会的函件后，其家人表示，担任筹委会副主任委员就可以了，追悼会就不要参加了。但金庸不同意，他说，我要去给李侠文鞠个躬，在一位女护士和一位男助手的陪同下来到追悼会现场。会上，金庸因精神欠佳而没有上台发言，但在座位上仍向大公报员工忆述了当年和李侠文共事的经过。

金庸说："我在上海《大公报》和香港《大公报》与侠老先后两度共事，前后共12年，那时，我任翻译、编辑，侠老是编辑主任，是我的上司。我把稿件标好题后给他看，他有时会修改一下，侠老的水平是很高的。"

李侠文生前所藏书画文物及其个人书画作品已全部捐赠香港中文大学文物馆，藏品目录画册分赠与会人士，金庸拿着画册一直没有放手，对李侠文画的岭南派翎毛花卉及仿黄宾虹"积墨"山水更用心细看，称赞不已。

---

① 许礼平：《事了拂衣去，深藏身与名》，《纵横》2014年第11期。

《司马卓传奇》作者“郁秋”
——首任《明报》总编辑潘粤生

潘粤生试写的新武侠《司马卓传奇》开始在《明报》副刊连载时，笔名“郁秋”是金庸起的。

“后来，我真有点后悔。”潘粤生在面对媒体记者采访时，淡淡吐出这句话：“想不到报纸会办得那么成功，而且还赚了大钱。”①不错，如果他也是股东，于今何苦再营营役役。

潘粤生不仅是当年《明报》的老总，还是《明报》的创办者，替金庸当了三十多年的助手。三十多年的日子，低调的潘粤生只默默埋首编务，只爱躲在咖啡店里构思、书写《夜话》，就这样度过了他的青春。

1

那年，金庸已写了三部武侠小说：《书剑恩仇录》《碧血剑》《射雕英雄传》，名震香港，名震东南亚。金庸见有机可乘，想借“大侠武夫”的威名办报创刊，打出一片自己的天地来。

1959年3月，金庸离开长城电影公司，与中学同学沈宝新注册登记了野马出版社，原先打算办一份小说杂志，又突然改变主意，改为出版报纸，因为报纸天天出，赚钱更容易。于是，两位股东匆忙着手筹备出版日报。

俗话说“一个好汉三个帮”，金庸还想找一个助手，他立刻想到了比他小11岁的潘粤生。

潘粤生是广东惠阳人，七八岁时，父亲将他藏匿在一艘邮轮的小货舱里带到了香港。后来在长城电影公司，金庸第一次与他谋面时，曾经问他是怎么来到香港的，他说：“我是从潮州游泳过来的。”其实，当年邮轮到达香

① 黄仲鸣：《犹记当年“夜话”时》，《香港文汇报》2005年12月11日。

港靠岸时，潘粤生偷偷下水游上岸，躲过了海关的检查。

1956年前后，在求学时期，潘粤生曾撰写散文和影评，投稿给《新晚报》副刊“下午茶座”的“大家谈”及《大公报》的“大公园”影评。金庸先后主编过这两个版面，虽然与潘粤生素未谋面，但却颇为赏识他的文章，尤其是他的影评。金庸认为潘粤生的影评写得很好，仅次于他自己的水平。因此在潘中学毕业后，介绍他到《长城画报》当助理编辑，成为画报两位编辑之一。另一位女编辑黄夏后来成为潘粤生的太太。

1957年初，金庸离开《大公报》进入长城电影公司当编剧，短短三年就先后创作了《绝代佳人》《兰花花》《不要离开我》《三恋》《小鸽子姑娘》《午夜琴声》等电影剧本，可谓是多产编剧了。后来他又学习导演，好在既有才气又肯下功夫，于是他不久便与人合作导演了影片《有女怀春》《王老虎抢亲》等。当时他的笔名叫“林欢”。

看着金庸又编又导的，本来就喜欢看电影写影评的潘粤生不禁手痒痒了，私下里也写起剧本来了。潘粤生曾经编写过爱情喜剧《我们要洞房》《多谢老板娘》《迷人的假期》等多部电影剧本，其中的《迷人的假期》，金庸推荐给了《信报》前总编辑沈鉴治制片。片子拍完了，沈鉴治在《长城画报》撰文，介绍电影《迷人的假期》制作的经过，说曾经三次修改剧本，把年青的编剧潘粤生“磨得尖瘦”了。四十多年后，潘粤生重看《长城画报》的这段文章，看见自己当年的人像素描，不无感慨。

潘粤生编剧的《少奶奶的丝袜》把一部在四五十年代已经烂套的剧情讲得有声有色。故事描述两家丝袜厂为了推销丝袜各出奇谋，其中不乏安插卧底人员，涉及高智商犯罪。男主角经历翻墙，爬树，用丝袜做绳索，终于把心爱的玫瑰牌丝袜送给了心上人……竞争对手之间的间谍战转变为爱情，略带中国幽默与美式嘻哈的融合，令人耳目一新。金庸看过这个剧本，还说要自己动笔为他写一篇影评刊登在《明报》副刊上，后来因为他去了欧洲开会，也许给忘了，没写。

影片于1972年拍摄上映，金庸观看后，一见到潘粤生，开玩笑地问他：“你是从潮州游泳到香港来的？”这句话是剧中的一句台词。

1959年的香港，充斥了难民、小市民、移民和殖民者，鸡零狗碎的市民文化大行其道。而武侠小说就正好满足了民众的此种需求，金庸的武侠小说一时石破天惊，人手一册，大有“前不见古人，后不见来者”的气势。也因此金庸发现这是一个赚钱的行业，于是伙同中学同学沈宝新筹备出版日报。这就是出资10万于1959年出笼的《明报》。

那日春光明媚，三人聚于尖沙咀弥敦道文逊大厦一个小小写字楼内，密谋大计，为报名煞费思量。才高八斗的金庸，想爆脑袋也想不出一个好名字来。倒是潘粤生灵机一触，说："叫《明报》怎样？'明'有'明辨是非'之意。"

金庸一听，大表赞同，沈宝新也拍案叫好，就这样，一份影响深远的报纸就这样诞生了。"野马"作为报纸副刊，名为"野马小说"。

金庸一生，与"明"字有着无法舍弃的情缘。在他看来，明，就是"明理"，也象征着光明。在《倚天屠龙记》中，他还写了"明教"这么一个组织。他一手创办的明报机构一天天壮大，除《明报》《明报月刊》《明报周刊》外，还有了《明报晚报》和"明河出版社"。1987年，又成立了"翠明假期"，经营美加、澳洲及欧洲的高级旅游业务。

潘粤生提出的一个"明"字，经过金庸的创造性发挥，成为《明报》的办报宗旨，金庸说："《明报》的'明'字，取意于'明理'、'明辨是非'、'明察秋毫'、'明镜高悬'、'清明在躬'、'光明正大'、'明人不做暗事'等意念，香港传媒界有各种不同的政治倾向，在政治取向上，我们既不特别亲近共产党，也不亲近国民党，而是根据事实作正确报道，根据理性作公正判断和评论。"在《明报》当日的发刊词里，金庸即表明这张报纸要维护"公平与善良"的立场。

那时香港的报纸，大体有两类，一类是比较高层次的如《星岛日报》《华侨报》等；另一类是低层次的如《响尾蛇》《超然》等，以色情为招徕，迎合男性读者的低级趣味。早期的《明报》以小说及趣味资料为主，每日出版一张。35岁的金庸希望《明报》成为一份"走偏锋"的小报，利用小市民感兴趣的话题，再配上他的武侠小说吸引读者，发家致富。

金庸邀潘粤生担任《明报》的总编辑，潘粤生便辞了《长城画报》编辑之职。

2

张圭阳在《金庸与报业》中引用了潘粤生的一句话："要是没有金庸，香港也会有一份知识分子报纸出来，但品位会不一样，因为《明报》体现了金庸的品位。"

创刊初期，报社人手很少，连股东及职员在内只有五人。大股东金庸负责编辑部，编辑部之下只有一位员工，就是潘粤生。金庸兼社评主笔及武侠小说专栏作者之职，又要照顾第一版之大样编辑工作。其余的编务工作，一概由潘粤生负责，包括为第一、二、三、四版组稿、约稿、写稿及编辑工作，兼看二、三、四版大样，碰上金庸出缺，又要兼顾第一版的大样。第二股东沈宝新负责经理部的一切事务，包括印刷、出版、发行、广告、总务等。一年以后，人手增多了，三个人的职位才明确下来，金庸为社长，沈宝新是总经理，潘粤生便是首任总编辑了。①

尽管他们不断更改副刊内容，改变新闻路线，金庸更是抱病撰写《神雕侠侣》，但是《明报》还是一步步滑向"声色犬马"之路，销量在千份之间起伏，第一年亏空严重。潘粤生记得："查先生那时候真的很惨，下午工作倦了，叫一杯咖啡，也是跟查太太两人喝。"那时，金庸住在尖沙咀，深夜下班时天星小轮已停航，要改乘俗称"哗啦哗啦"的电船仔渡海。电船仔每次要等齐六个人才能开船，船费比较便宜。如果要即到即开，需要包租费三元。他们夫妇宁愿捱着深夜凉飕飕的风等待，也不愿包船过海。咖啡、渡船不过是其中两个平常的故事而已，当年的艰苦可想而知。

金庸对身边的潘粤生他们说："办报纸很辛苦，希望大家办好《明报》，把《明报》作为自己的事业，永不分手。"②前期创业阶段，《明报》以金庸的武侠小说扛鼎，但编辑路线其实是总编辑潘粤生把握。因为《明报》何去何从，金庸自己心里也没有谱。

从50年代至70年代末期，《明报》副刊一直维持着两个版位，一版为小说，另一版为杂文。马经、足球、读者信箱等，当时并不被视为副刊。潘粤生说："《明报》不倒闭，全靠金庸的武侠小说。"当时金庸的武侠在《商报》上连载已拥有大量读者，许多人为了看金庸武侠，开始关注《明报》。慢慢的，金庸的武侠小说打稳了《明报》基础。此外，金庸还亲任社论主笔，成为吸引读者的另一块黄金招牌。那时他下午写小说，沉浸在虚构的古代江湖刀光剑影里；晚上则写社论，又在现实的世界中"神雕侠侣"起来。

《明报》自然高手如云，首先三位老板查良镛、沈宝新、潘粤生都非同等闲，其中潘粤生就是"余过"，他写的《四人夜话》很快为读者所熟悉。明报副刊自然网罗了不少名家好手，包括张彻、黄霑、哈公、倪匡、林燕妮、亦舒、严沁、王亭之、石瑛、项庄（即董千里）、张君默、何紫等。至于《明报》的编辑阵容，也不简单，采访主任龙国云（即写食经的陈非）、副刊编辑现代诗人蔡炎培、投园版的李翠丽、把影视版搞得别开生面的孔

① 张圭阳：《金庸与明报：武侠名家毕生的事业》，《明报月刊》2007年9月10日。

② 傅国涌：《金庸传》（修订版），浙江人民出版社2013年版，第132页。

昭，全都网罗其中，且不管他们做得是否开心如意，但都为这份报纸携手共进，增添光彩。

1962年5月的移民潮刚结束，6月8日，《明报》第一版刊登了“自由谈”征稿启事。后来，金庸执笔回答读者来信，说：“《明报》尊敬知识高深的读书人，愿意接受他们的指导，但我们真正的朋友，永远的死党，都是广大的小市民。”[①]这是金庸亲自写的，为潘粤生主编的副刊掌舵定向。

副刊作者大多是社长和总编辑的老朋友，习惯于直接与他俩接触，这两个版位的约稿自然由金庸或潘粤生负责了，两版的编辑只是扮演催稿、校对的角色。因而，副刊上的许多栏目名称出自金庸或潘粤生之手，如“一笑会”、“青春”、“童心”出自金庸；“荒谬”、“自由谈”出自潘粤生。[②]

宋玉（王季友）和高雄是香港有名的两位专栏作家，与潘粤生交情不浅，潘粤生说服金庸以加倍的稿酬将两位聘为专栏主笔。宋玉不只为《明报》写了一个副刊专栏，还化名以史得、凌侣为《明报》写杂文，又为《明报》写社评式的“明人闲话”评论；高雄以“三苏”为笔名的怪论杂文，更吸引了许多读者。 如潘粤生所言：“无宋玉不成副刊，无高雄不成副刊。”[③]

这样，潘粤生严格按照金庸的意图，经常刷新版面，更替写手，《明报》一改报格，从一份侧重武侠小说、煽情新闻和马经的“小市民报章”，提升到一份为读书人、知识分子接受的报章。

那一段日子，潘粤生虽然吃苦，但也快乐。尤其是在报端涂写的《四人夜话》专栏，更为他带来名声。《四人夜话》最先在《明报》副刊连载，然后由明窗出版社结集出版。在新一辑的《夜话》里，金庸写序介绍说：“《四人夜话》是人的故事。虽然其中一部分故事谈到鬼，但仍然不是鬼故事。一般鬼故事大多消极、低沉、悲观，看后使人心情抑郁，纯然为传播迷信；《四人夜话》绝非如此。……这些是成人的童话、寓言，浪漫、大胆、激动人心，有时令人低回，有时给人启发，有时会心微笑，有时拍案叫绝，每看完一个故事，读者必略有所得。” 所谓“四人”即是日本人、美国人、英国人、法国人，四种人分别说出一个符合该国国情、文化的玄怪故事。

1967年，新加坡《新明日报》创刊，这是金庸与“驱风油大王”梁润之共同投资创办的一份都市报，金庸出任社长，总编辑是潘粤生。创刊伊始即

① 金庸：《谈“自由谈”》，《明报》1962年7月21日。

② 查沧珊：《金庸与明报》，《金庸吧》2007年11月28日。

③ 许永超：《中间位置的求索与香港〈明报〉的崛起》，《学术交流》2015年，第7期。

以金庸新作《笑傲江湖》为招揽，率先在小说版推出，中国香港的《明报》反而落后一两天才见报。当时新加坡华文报每逢公众假期便不出报，而中国香港的报纸除了华人新年，其他时间都照出不误。因此不用多久，《明报》连载的《笑傲江湖》便追上来，且很快就超过《新明日报》。但金庸仍然每天把在中国香港写好的《笑傲江湖》原稿，和其他港报一起空运来新加坡。

创刊之初，潘粤生标榜《新明日报》具有五大特色：独家刊登金庸武侠小说，副刊名家汇聚，篇篇杰构；娱乐版独有消息，专爆珍奇内幕；通讯网遍布全球，天天有各国现状报道；"天下事"版资料最丰富，包罗万有；名家主编"马经"，当日下午报道大彩结果。当时《新明日报》出纸六大张，售价一角，很快销量上升，成为新加坡的一份大报。

5月，香港因新蒲岗一间塑胶厂的劳资纠纷，而引发"左"派人士借此发动群众要"斗垮斗臭港英政府"。动乱期间，《明报》从社评到新闻以至副刊立场，都在批评"左"派人士，并认为"反英抗暴"运动有违香港人的利益。香港"左"派激进派分子也因此对《明报》及其他立场反"左"的传媒进行各式更猛烈的攻击。

紧接着，中国香港发生暴动，金庸成了左翼分子的眼中钉，生命受到威胁，为避难飞抵新加坡暂居。潘粤生在总编辑室里给他添了一张办公桌。每天下午三时左右，金庸就到报馆来，一坐下便取出稿纸。他的稿纸是特别印制的，每张约五百字，格线是深灰绿色。铺好稿纸，他即开始抽烟构思，在缭绕烟雾中执笔书写。金庸写得并不太快，时不时抬起头，抽着烟，出神一会儿又低头写几个字。他每写满一张稿纸就放在一边；排字工友在外面等着，看到一张写完，即连忙推门进来，拿了出去发排。金庸写小说时，没有草稿，大多当场一面构思，一面动笔。这样《新明日报》和《明报》连载《笑傲江湖》的情形即反转，变成《明报》的小说落在新加坡之后，因为金庸就是在《新明日报》编辑室里续写《笑傲江湖》的。①

在那段日子里，潘粤生与金庸除了互相点头微笑外，他们之间很少交谈。金庸沉默寡言，潘粤生也不善言辞，因此，虽在同室办公，却是各人忙各人的事。金庸若没有写东西就在办公室里阅读。过了约一月余，中国香港暴乱渐趋平息，金庸即动身回去。以后，每年他会来新加坡一两趟，每次都宴请潘粤生和编辑部同事。

回到中国香港以后，金庸下决心办一本独立的周刊。1968年11月，他将《明报》副刊由16开改为8开，增加页码，不再随《明报》附送，而是独立发

① 江迅：《金庸〈笑傲江湖〉手稿狮城发现》，《亚洲周刊》2007年11月19日。

售。他将潘粤生从新加坡召回，任《明报周刊》的主编。

《明报周刊》不是香港第一本周刊，在它之前，已经有《星岛虎报》的《星岛周刊》。一开始，不少人认为金庸的计划一定失败，周刊向来都是免费赠送的，突然要读者自己出钱去买，会影响销路。而且当时的报纸，一份也不过一角，《明周》却要卖五角，势必无法竞争。潘粤生相信金庸的眼光，他觉得香港当时还没有独立的娱乐周刊，如果在周刊内多一些彩色，多登一些适合家庭妇女阅读口味的文章，不但大有销路，而且前途无量。

当时正是“六七暴动”之后，香港的秩序已经恢复，经济开始复苏，《明报周刊》的出现正好符合小市民的阅读趣味，满足他们猎奇、猎艳的心理，休闲享乐的心态，与《明报月刊》走知识分子的高雅路线不同，潘粤生走的是软绵绵的媚俗的路线。他大量聘用女记者、女编辑来采编娱乐圈新闻，因为女性更懂得女性的心理。

潘粤生不断探索，大胆创新，到处挖掘娱乐圈的秘闻，经常刊载独家的娱乐新闻，由于他当过电影编剧，写过影评，与许多影视歌星有交情，不少明星愿意向《明报周刊》披露一些私生活和感情秘密。在他手里，逐渐将《明报周刊》变成了一本娱乐周刊，重点报道娱乐圈的消息，开创了香港娱乐周刊的先河。由潘粤生首任主编的《明报周刊》是香港历史最悠久、发行量最大的娱乐周刊。

1969年12月，《明报晚报》创刊，潘粤生任总编辑。

潘粤生与金庸共事三十多年，彼此很有默契。潘粤生认为，彼此只说一句话，便已能领略对方的全部意图。《明报》的副刊编辑，也一如新闻版编辑一样，经常猜测揣度老板的意图。《明报》副刊成了反映金庸意图的一个园地。这点是外界难以理解的。

也是《明报》专栏作家的沈西城这样评说潘粤生：“处事、行文都有查先生的作风，余过所写的《四人夜话》，虽说是法国人说、日本人说，其实都是余过说的。《四人夜话》类似卫斯理的科幻小说，峰回路转尤过之。我看过一篇叫‘不死之国’的小说，述说人类不死所带来的祸害，寓意深刻，历久常新。余过是出名的好好先生，最爱打牌，输赢笑嘻嘻。不见久矣，偶在地铁车厢相遇，噢！奇怪，岁月从不在他脸上留痕。”

3

1991年初，《明报》副刊的连载专栏突然出现了一部新的武侠小说——

郁秋写的《司马卓传奇》。故事讲述司马卓初入江湖，本是大侠心泛滥，想帮助弱女子，谁知却被卷入一连串谜团，每个人的身份都扑朔迷离，于是，十六年的恩恩怨怨，又将何去何从？

司马卓面世，很快就引起注意。此因当时武侠小说高潮已过，金庸封笔，倪匡改攻科幻，古龙去了"最没有死亡恐惧"的安全地方。突然出现了不知何方神圣的郁秋，创造了司马卓这样一个亦武亦侠亦温文的传奇人物，写作技巧方面又另有一功，一下子获得广大武侠小说读者的万千宠爱在一身。

原来，郁秋就是潘粤生。

金庸知道潘粤生爱写小说，便问他："何不试写一篇武侠？"潘粤生说："武打不容易写。"金庸又问："你不是写过武侠剧本？"潘粤生答："写武侠剧本容易。一如倪匡兄所说，只要情节巧妙，写到打斗场面时，一句'请武师自度'便可。可是写小说，总不能'请读者自度'也。"金庸笑说："那么武打可少写些，但情节一定要紧凑、丰富。"潘粤生被说动了，打算尝试："这点请放心，做不到不收钱。"钱即稿费。

就这样，《司马卓传奇》开始在《明报》副刊连载，笔名"郁秋"也是金庸代起的。

1993年7月，明窗出版社结集出版《司马卓传奇》的第一故事《刀畔胭脂》，金庸和项庄（董千里）为之作序。金庸的序言写道：

> 自从古龙逝世，梁羽生兄和我停笔不再写武侠小说，香港和台湾的武侠小说圈顿时显得十分寂寞，连卧龙生、诸葛青云、司马翎、慕容美、柳残阳他们也都不写了。决不是读者们对武侠小说不感兴趣，我的小说每年在海外的销量都没有减少，以武侠小说改编的电影与电视片集仍然受到热烈的欢迎。
>
> 近年来大陆上有不少人努力撰写武侠小说，出版的数量也相当可观，但都不像读者们所一向喜爱的武侠小说那样。一种小说的形式突然之间居然会消声匿迹，而并非由于任何政府以行政力量予以禁止，实在是一件相当奇怪的事。
>
> ……无论如何，写一本说得上好看的小说并不是一件易事。《司马卓传奇》并不是非常好看，但在许许多多新出版的小说之中，这决不是沉闷、老套，而是相当有娱乐性的。[①]

① 金庸：《〈刀畔胭脂〉小序》，《刀畔胭脂》，明窗出版社1993年版。

《司马卓传奇》是在金庸的鼓励之下开始写的。金庸建议他用一种主角不变而故事互不连贯的形式，就如侦探小说的福尔摩斯探案、梅森探案、波罗探案那样。因为当代的许多读者生活节奏快了，不耐烦连续两三年的在报上追一个长篇故事。

潘粤生确实有创作故事的才能，能将一个故事说得充满悬疑和紧迫性，这种在叙述中带有戏剧感的才能是天生的，即使是大小说家也未必具有。缺乏这种才能的小说仍然可以相当重要，甚至十分伟大，不过通常不大好看。

潘粤生谦称这是“假武侠小说”。他说，少年看武侠小说，每逢武打场面，必定快读越过，只有金庸和少数作家的作品例外。很多坊间武侠小说，你一招来，我一招去，不论什么人遇上，都乱打一番。内容毫无新意，对故事发展又全无帮助，可谓浪费读者的光阴。好的武打描写，必需兼有戏剧成分在内。像金庸的武打场面，不仅每一场都有戏剧性，还兼有主角性格的刻画，全书情节的带动，越看越引人入胜，那才是真正的高手。

金庸评说：“本书的作者不会写武打，因之本书虽然用了武侠小说的形式，却缺乏其传统和重要的一面。但只要是一部好看的小说，不论用什么形式都会是好看的，不管是爱情、社会、讽刺、政治、侦探、科幻、神怪，或者是历史。”

潘粤生以为，滥写武打不如不写。自从50年代初金庸等人为武侠小说开出前所未有的新天地，其中侠士也就不断地推陈出新，不再受传统模式的束缚，连武功方面也不再拘泥于传统招式，以“艺术的真”取代了“事实的真”，作者和读者都丢掉了头巾气，书中人物自然也不必再受条条框框的规范。

金庸评说：“有些颇有意义的小说并不好看，有些相当好看的小说没有什么深度和人生含义，本书是属于后者。我不怕作者怪我这样直率，因为他跟着我学习编报学了几十年。我除了教他要正直客观，无愧于心之外，没有能教他什么真正有用的学识。但至少，他能接受真实的批评而不会生气。”

1993年，金庸宣布辞去明报企业有限公司董事局主席职务，确定退休。潘粤生也同时宣布退休。据说，金庸给了他一笔不薄的退休金，他便离开中国香港，率全家移民加拿大，安度晚年。

他揭开了“金学”序幕

——“代笔”倪匡

“凡是有中国人的地方，都有人知道他的名字。”这是倪匡在介绍金庸时最最令人心动的一句话。

倪匡与金庸、蔡澜、黄霑被并称“香港四大才子”。20世纪60年代初，在金庸的鼓励下，倪匡用笔名“卫斯理”写科幻小说，第一篇小说名为《钻石花》，在金庸主持的《明报》副刊连载。在香港，单凭写作活得不错的，大概只有倪匡和金庸。

金庸是倪匡多年的好友与老板。倪匡曾替金庸代写连载中的《天龙八部》，故意把阿紫的眼睛弄瞎。

金庸评价倪匡：无穷的宇宙，无尽的时空，无限的可能，与无常的人生之间的永恒矛盾，从这颗脑袋中编织出来。①

1

金庸听到敲门声道了一句“请进”，沈宝新与倪匡闻声走了进来。金庸看到倪匡微微一愣，投向沈宝新疑问的目光。

“我过来是想给你介绍 位小朋友。”沈宝新见状向倪匡一打手对金庸笑道。

倪匡心里对沈宝新口中“小朋友”三个字的形容很不感冒，他对着金庸郑重地抱着拳头敬了个江湖礼，表情认真地道：“末学后进倪匡拜见金大侠；晚辈今日叨扰，还请前辈见谅！”

沈宝新与金庸当场愣住，前者早清楚倪匡的鬼马，很快反应过来摇头一叹对金庸道：“怎么样？这小子有点意思吧？”

金庸反应过来笑着点头道：“是有点意思！”说完对倪匡一展手开口

① 佳楠：《香港四大才子的情爱往事》，《八小时以外》2009年第2期。

道："少侠请坐，今日仓促会面，招呼不周还请见谅！"

倪匡笑着坐下："金大侠客气！"

"行了，你们两位别扯了！"沈宝新笑骂一句，接着对金庸道："《独臂刀》就是他写的。"几日前，金庸从《真报》上看到影评，张彻导演的武侠电影剧本《独臂刀》是倪匡编剧的，张彻是金庸的好朋友。

"他又新写了一本小说，我觉得非常好，想和你商量一下能不能给他开个名家专栏？"沈宝新说。

金庸闻言一奇，看了眼倪匡道："《独臂刀》我看过，年轻人很有想法，能给我看看新作么？"

倪匡心里暗自感激沈宝新的提携，对金庸也很是恭敬，将书稿双手奉上，金庸接过手认真翻阅起来……

半晌，金庸放下书稿认真看着倪匡点头叹道："确实上佳之作，文笔虽然较《独臂刀》提高不是很多，但是写作手法和故事结构却比前作高出不止一筹，你可不是末学后进，而是后起之秀啊！"

"查先生过誉！"倪匡谦虚道。沈宝新见状心里一松问金庸："那你看可以设专栏么？"

金庸沉吟片刻道："作品水平的确够了，但……"倪匡心里一跳，沈宝新问道："怎么？"

金庸道："开专栏的名家都是久负盛名之人，你的作品虽好，但毕竟太过年轻，一来怕是惹人争议，二来……"说到这里金庸看着倪匡认真道："倪匡，我希望你不要介意我下面说的话，我的第二个担心是怕给你开了专栏之后，你的作品只是昙花一现，江郎才尽，所谓站得越高，摔得越惨，倪匡你能保证自己灵感不断，创作不止吗？"

倪匡听到这里松了口气，金庸的担心的确有道理，不过自己的主业毕竟是电影，将来电影成就突出了，谁还会记得自己是小说家！想到这里，他轻松道："有劳查先生关心，不过我对自己有信心！"

金庸点点头对沈宝新道："既然他如此自信，就按你的意思办，这个年纪开专栏也不算什么！"

沈宝新正要答应，却听倪匡重重地咳嗽两声，对他挤眉弄眼，沈宝新无奈一笑，问金庸道："你看稿费怎么给？"

金庸也注意到刚才两人之间的小动作，他正色道："那还用说？"见倪匡露出喜色，接着道："一码归一码，我们毕竟是办报纸的，要考虑销量，你毕竟没有名气，作品可以有名家的待遇开专栏，这稿酬就不能照专栏的待遇了，十块钱一千字，每天写两千一百字，可行？”

倪匡目瞪口呆，这可是低稿酬啊!他正要说些什么，沈宝新哈哈一笑，止住他，对金庸道：“行了，别逗他了，这小子一急眼说句话能把你呛死，就千字十元吧，买断影视改编外一切版权，怎么样？”

金庸闻言奇道：“为什么保留影视版权？”沈宝新看向倪匡，倪匡解释道：“查先生有所不知，我现在从事的是电影行业，立志做一个导演，我这《钻石花》将来准备搬上银幕的。”

“如果倪匡没有意见的话，就按你说的意思办吧！”金庸对沈宝新点头说道。

走出明报，倪匡摸摸口袋里的金庸预支的两千港币支票，叹道：“赚钱真难，写小说不挣钱哪，还是得靠电影！”

倪匡是写影评的，还是《真报》的一个编外写手。一日，编辑对他说：“今天影评没有了，上海仔，你来写一篇。”倪匡说：“我还没有看戏呢。”编辑说：“看戏来不及了，你看说明书吧。”两个钟点后，倪匡交了稿。

第二天，后来成为武侠电影巨匠的张彻对编辑说：“《真报》的影评胡话乱篇，完全不通。”张彻刚从台湾来香港，起初写影评。倪匡闻讯不卖账，跟他打起了笔战：“你这位先生真有趣，不是评电影，是评影评，不是影评家，是评影评家。”后来董千里看到了，对倪匡说：“张彻我认识的，找他出来喝咖啡。”一见面，两人竟然很投机，成了很好的朋友。[①]

后来，张彻当了导演来找倪匡写剧本，倪匡说不会写剧本，张彻说你就当小说那样写好了。于是，有了倪匡的第一部武侠电影剧本《独臂刀》，被许多人认为脱胎于金庸的《神雕侠侣》。

当年是武侠小说的全盛时期，《明报》上除了金庸的文章之外，需要人写大块头，两千字左右的长文，金庸一时找不到人写，正巧与倪匡相逢，他便邀倪匡当写手了。

转投《明报》以后，倪匡的小说愈写愈多，中篇长篇都有。第一篇小说名为《钻石花》，在《明报》副刊连载，然后写了两篇武侠小说。金庸说，再写一篇。他说，现在占士邦很流行。金庸说，那你就写时装武侠小说，时代背景是现在，但是主角会武功，很特别的，可以一试。倪匡写第一篇是时装武侠小说，第二篇也是，到第三篇时，他加进一点幻想，至第四篇小说《蓝血人》起开始用上了笔名“卫斯理”，卫斯理系列小说正式走向科幻系列。他说，本来是喜欢写武侠小说的，因有金庸这位老友金玉在前，只好舍

① 陈远：《倪匡：被一阵风改变的人生》，《新京报》2008年7月8日。

难取易，专心从事科幻小说了。

倪匡的武侠小说《南明潜龙传》在金庸主编的《武侠与历史》连载，几十万字，还出了书，金庸替他写前言。这本书销售很好，倪匡赚得了第一桶金。

有一日闲聊，金庸问倪匡："江湖上传闻你从内蒙古骑马到香港，是真的吗？"倪匡笑了："骑马怎么能骑到香港呢？这根本就离奇到极点！"

离奇的倪匡有着离奇的经历。他原名倪聪，生于上海，比金庸小了11岁。童年时喜欢博览群书，养成了一生好读杂书的习惯。1951年，倪匡以16岁之龄进入华东人民革命大学受训三个月，继后至苏北、内蒙古垦荒。在内蒙古，因为大雪阻路，煤运不进去，天寒地冻，很多人都冻死了。倪匡拆了一个摇摇欲坠的木桥当柴火，自以为在挽救同伴生命，结果被冠上了"破坏交通"的罪名，是现行反革命，被关在一间周围没有人烟的小房子里。每天晚上，狼群围着小房子嗷嗷地叫，他很害怕，想逃走。一个朋友给他偷了一匹马，告诉他：骑着马一直往北走。

他说，往北走不是蒙古游牧部落吗？朋友说：就是要去游牧部落呀，到了那里，你学蒙古话，过两年，改个蒙古名字，你就变成蒙古人了，娶个蒙古姑娘更好。那时候，你就可以大摇大摆地回来，不会再有人管你了。听了朋友的话，倪匡骑着马一直往北走，忽然天阴了，下了一场大雪，东南西北再也无法分辨，只好随着马乱走。大概走了几十里路，天快亮的时候，走到了一个小火车站，正好有一辆火车开来，也不知道火车是朝南还是朝北开，爬上去了，几经周折，靠伪造图章和路条，一路从内蒙古逃回了上海。①

因为父母在1950年就到了香港，所以他的目的地是香港。那时候，从上海坐大轮船到香港要450元，偷渡到香港才150元。他就用150元，让人塞进运菜的船上，到了九龙的一个码头上岸。金庸调侃地说："你不是骑马来的，是游水来香港的。"

到香港后，倪匡最初在染厂里做杂工，并开始投稿《真报》，后来被《真报》录用，任职助理编辑，同时用笔名"衣其"写专栏。

当时，有个很出名的台湾作家司马翎，正在《真报》上连载武侠小说，有一天，稿子突然不来了。倪匡跟社长说："这种小说，老实讲我写出来比他好。"社长不相信，倪匡就说："先续下去再说，因为他的稿子可能会来的。"续了两个星期，不仅没有人看出来，而且读者的反应好得不得了。后来司马翎来了，大发脾气："谁敢续我的小说？"倪匡说："谁敢啊？我

① 陈远：《倪匡：被一阵风改变的人生》，《新京报》2008年7月8日。

敢。”司马翎看了倪匡续的内容，笑着跟他说：“续得很不错。”倪匡说：“岂止很不错，简直是写得比你好！”司马翎生气了，不写了。社长对倪匡说：“干脆你开一篇新的好了。”就这样，倪匡开始写武侠小说。[①]

倪匡是最多产、多样化的作家，他自称“自有人类以来，汉字写得最多的人”。倪匡的成名，却是在《明报》副刊连载“卫斯理”小说以后，这套小说写了180种。卫斯理身上体现着传统科幻小说的中心价值观——没有任何功利色彩的探索精神。卫斯理不爱财，不贪权，一辈子就跟定一个叫白素的女人，连点绯闻也没有；也不像007那样以情报部门的指令为正义标准。唯一能让他眼睛发亮并锲而不舍的，就是各种各样的神秘事件。卫斯理成了读者的眼目，专门去探看世界上各种奇闻异事。

有一年，香港书展把倪匡请来与现场观众见面。那天，他身穿一套蓝色的唐装，裤子是宽松的九分长，能看到提得高高的白色毛袜，踏着看起来很舒适的包脚拖鞋，拄着细细的龙头树枝拐杖。79岁的倪匡留着小平头、戴着无框眼镜，脸色红润。他走上台，一屁股深陷在沙发里：“你们提问吧，我自己在台上演讲很奇怪。”[②]

别人还没问，他自己先回答：“坊间传说我写科幻是因为看到金庸、古龙写武侠写得好，赶快转向。其实写作有什么竞争呢，要是我中意写，就一直写下去啦。”对于自己的科幻小说，倪匡评价是“本本都喜欢”；当然“有些结尾草草了事的，就没那么喜欢”。“我有时候无聊，也会看看自己写的书，有些情节印象较深，有些都不记得。常常看着看着想，你完了，情节这样下去看你怎么收尾，后来看到最后，果然收不了尾，哈哈哈哈。”倪匡自己笑得肩膀乱抖，“所以他们说我虎头蛇尾，我写作不负责任嘛，写完都不爱看第二遍”。

有人问：“金庸曾重写自己的作品，卫斯理会不会有个新版？”倪匡摇头：“不要不要，我不想重写了，说了我很懒的。”心态不老的倪匡自言现在常常上网看网络小说。“作者的名字记不住，越取越怪，书名更夸张，长达二三十个字。”倪匡说，现代的武侠之所以难出大师，“大师一要写得好，二要写得多。现在的武侠小说有些写得很好”，倪匡举了一个香港和一个台湾的作家名字，“但是写得多的人，很少”。

“我的人生很平凡，23岁之前在内地，23岁之后来香港到现在。讲完了。两句话。”台下一阵哄笑，倪匡摆出满脸认真。

① 倪匡：《无师自通闯入报界》，《读者》2011年第19期。

② 卢哲：《79岁的倪匡：常看网络小说不想重写卫斯理》，《东南日报》2014年7月19日。

他讲述了他与金庸的往事：当年，倪匡的《地心洪炉》在《明报》连载，有这么一段：卫斯理从飞机上掉下南极，饥寒交迫，见一只白熊跑来，便把它杀了，剥皮取暖，吃肉充饥。读者来信骂倪匡："南极没有白熊! 南极只有企鹅!"

从来不理读者来信的倪匡照样漠视投诉。结果这位读者每天寄给他一封信，越写越长，分析他态度不严谨、对读者不负责任、误导，要他解释，否则再写下去就是厚颜无耻。

倪匡很火，在专栏上回复。原是250 字的篇幅，他放大字体，只回答两句："××先生，一、南极没有白熊；二、世上也没有卫斯理。"

金庸也出来说话："原来南极是有白熊的，现在没有，因为给卫斯理杀掉了。"那个读者气得吐血，最后一次来信，只写着两个大字，"无赖！"[①]

金庸结识满天下，但经常与他在一起的，是倪匡和名导演张彻、名作家董千里，他们四人经常在一起喝酒玩乐。其中金庸与倪匡之间的一些生活趣事，在香港文化界流传很广。

倪匡说，他一生中最好的朋友是金庸。因而，他的小说只在《明报》连载，而大部分的小说也由明窗出版社出版。

2

《倪匡传》一开始就对传主作了这样的描绘："一般人大笑，只是'哈哈'，两声，最多'哈哈哈'，三声。倪匡的招牌大笑，却是'哈哈哈哈'，四声，就是比别人多了一两个'哈'。"接着，传记进一步描述了倪匡的这一性格："倪匡是天生笑匠。读者试闭目一想，倪匡是怎样一副长相，一副深深的近视眼镜，双眼眯着成一条线，配上娃娃型的笑脸，仅仅这一扮相已是天生惹笑的轮廓，声未闻已是笑意生，一张嘴，以绝对不纯的粤语，表述这如珠笑语。"

金庸喜欢倪匡，尤其喜欢他这种"哈哈哈哈"的乐天模样。

1965年5月，金庸以《明报》社长的身份，到英国伦敦参加国际新闻协会主办的会议，顺便在欧洲做了一次长时间的旅游，6月份才回中国香港。启程那天，《明报》各部门的负责人都到机场送行，并向查良镛表示自己工作的重心所在，希望他安心外游，不必牵挂报社的事。当时，报社已上轨道，查良镛并不太担心报社的编务，倒是比较担心正在《明报》连载中的武侠小说

① 冯翰文：《倪匡：人生总有配额》，《外滩画报》2006年第9期。

《天龙八部》。

《天龙八部》是从1963年9月3日起在《明报》连载的，这是一部风格独特的武侠小说，在写法上与查良镛以往的小说截然不同，在结构上采取了写完某一个人之后再写另外一个人的手法，看似脱节，但实际上又前后交错，将不同的人联结一起，相互映衬，绝对不会混乱，堪称绝笔。

在金庸所有的武侠小说中，《天龙八部》的人物是最繁多的，他们有如繁星闪烁在《天龙八部》这部“天书”里。这众多的人物，基本上分属公子哥段誉的故事、和尚虚竹的传奇以及英雄好汉乔峰的经历，他们配衬这三位首脑人物，犹如众星拱月，形成浩瀚的星河。

此时，《天龙八部》的故事还没有完结，也就是说还需写下去、连载下去。但这一外出就是一个多月，金庸已没办法兼顾武侠小说的事。但总不能断稿开天窗，那怎么办？金庸打算找人“代笔”。金庸找来“代笔”的人，就是倪匡。

倪匡与金庸诸多往来，时常在一起品酒论文，金庸找他“代笔”，当然是欣赏他的文才。早在两年前，金庸写完《倚天屠龙记》后，《天龙八部》开始在《明报》第一天开始连载时，金庸约晤倪匡，在座的还有新加坡的一位报馆主人。 这位新加坡人是特地来中国香港找金庸，要求金庸别结束《倚天屠龙记》，继续写下去。而金庸已将全副心神投入创作《天龙八部》，不可能同时写两篇，所以特此约晤，要倪匡代他撰写《倚天屠龙记》的续集。

当金庸一提出这个要求时，倪匡顿觉脑中轰地一声响，几乎飘然欲仙。当时的对话，大抵如下：

金庸：新加坡方面的读者十分喜爱《倚天屠龙记》，希望有续篇。我没有时间，特地约了新加坡的报馆主人来，竭力推荐，请倪匡兄写下去，一定可胜任。

新加坡报馆主人：金庸先生的推荐，我绝对相信，要请倪匡先生帮忙。

倪匡大口喝酒，半晌不语之后，神色庄肃，开始发言。这大抵是他一生之中最正经的时刻。

倪匡：今天是我有生以来最高兴的日子，因为金庸认为我可以续他的小说，真是太高兴了。其高兴的程度，大抵达到一辈子都不会忘记。可是我这个人有一个好处，就是极有自知之明。而且，我可以大胆讲一句，世界上没有人可以续写金庸的小说。如果有人胆敢答应：我来续写，那么这个人，一定是睡觉太多，将头睡扁了。我当然不会续写《倚天屠龙记》，因为我虽然睡觉不少，但幸保脑袋未扁。

这次，金庸又找来倪匡，但不是“续写”，而是“代笔”。

“倪匡，我这趟外出时间较长，你帮帮忙，代写《天龙八部》三四十天吧！”承蒙金庸看得起，倪匡高兴得哈哈大笑：“你说该怎样写？”金庸认真地说：“我看不必照原来的情节，免得不能连贯，最好是写一段自成段落的独立故事。”金庸当时开出的唯一条件是不可以死人，因为个个都有用。

金庸的要求正合倪匡心意，倪匡于是点头答允：“那好吧，我就放胆自由发挥了。”当时在场的还有香港名作家董千里。

倪匡答应“代笔”后，金庸又特别关照一句：“老董的文字功夫很好，你的稿子写好之后，我想请老董看一遍，改过后再见报，你看怎么样？”倪匡也很佩服董千里的文才，所以满口允诺：“这没问题，有老董在旁监督，我还求之不得呢！”就这样，倪匡操笔上阵，为金庸代写《天龙八部》，而金庸则放心去欧洲开会、游玩。①

金庸上午上飞机，倪匡下午就弄瞎了阿紫的眼睛，因为倪匡讨厌《天龙八部》中的阿紫，于是一怒之下，故意将她给弄瞎了。

金庸旅欧回港，倪匡已代写了六万多字。一见面，倪匡就说：“金庸，很不好意思，我把阿紫的眼睛弄瞎了！”

金庸一听，唯有苦笑。接着，他自己就潜下心来，把《天龙八部》写完。

“阿紫的眼睛瞎了，你怎么办？”倪匡不怀好意：我把你喜爱的女孩子弄成了瞎子，看你怎么收尾。金庸说：“我自有办法！”

金庸是大小说家，难不倒他，他做了别出心裁的处理，阿紫眼瞎的那一段里面发展出来一段故事：一个为了痴情相爱，宁愿将自己的眼睛送给爱人，而一个性格倔强，将已复明了的眼睛又挖出来。这是《天龙八部》里面最凄哀的那段故事。

倪匡所写的那一段，在旧版书出版时，收进单行本中。金庸将全部作品修订改正之际，曾特地找倪匡商量：“我想将你写的那一段删去，不知你是否会见怪？”倪匡的回答很妙，先大声说：“见怪，会见怪，大大见怪！”金庸闻言神情踌躇，大感为难。倪匡却哈哈大笑，道：“我见怪的是你来问我会不会见怪，枉你我交友数十载，你明知我不会见怪，不但不见怪，而且一定衷心赞成，还要来问我！”金庸有点忸怩，说：“礼貌上总要问一声。”

倪匡曾自撰一副对联，上联是“屡替张彻编剧本”，下联就是“曾代金庸写小说”，说的是他平生最得意的两件事。

① 费勇、钟晓毅：《金庸传奇》，广东人民出版社2000年版，第71-73页。

倪匡曾经说：《天龙八部》这个名字就是从佛学中来的，故事中的三位主角和佛教也都有着密切的关系：大理段氏累世信佛，萧峰的师傅是少林高僧，而虚竹则是僧人出身，他于西夏皇城冰窖，以三段《入道四行经》驳得天山童姥理屈词穷，真是言简意赅，仁慈之心，远胜雄辩。这一切，正如陈世骧先生所言："有情皆孽，无人不冤"，书中涉及的情缘几乎都是"孽缘"，唯一可以例外的似乎只有那位少林寺的扫地老僧。书中融入作者做人、学佛的感悟，充满着悲天悯人的情怀，没有深究佛理的人，是绝对写不出这种书来的。

倪匡称："以前，世界上未曾有过这样好看的小说；以后，只怕也不会再有了！"往后的两年，金庸与倪匡又做好拍档，他们合作写过两部武侠小说：《血影》及《长铗歌》，都在《明报》连载。至于其后在《明报周刊》出现的"金倪"武侠小说，倪匡坦白承认，小说是他个人作品，与金庸无关，他只是借助金庸名气而已。当然，好弟弟的杰作发表，金庸这个老哥也乐意被利用过桥！

这一年春节联欢，倪匡组织跳舞，上场人是金庸、倪匡、沈西城、王亭之、黄俊东五人，全是生肖属猪辈，金庸笑言"无妨组织一个'猪社'"。

3

倪匡从小就喜欢看小说，各种各类的小说都爱看。一直到看了金庸的小说之后才知道：原来小说可以写成这样子！才知道：原来小说可以到达这样的境界！才知道：原来小说中的人物可以如此活灵活现。

二十多年来，倪匡一直在看金庸的小说。在金庸停笔不再写小说之后，他还重复地看。一遍又一遍看金庸小说，每看一遍，都击桌惊叹，叹为观止。看金庸小说的"段数"只怕已到了"金段"，可以自封"金庸小说专家"了。

1980年5月，在台北，著名出版人沈登恩问倪匡："你以前有没有写过评价金庸小说的文字？"倪匡答："多得很。"沈登恩大喜，说："能不能寄给我？"倪匡说："完全没有剪存，不过不要紧，可以现写。"沈登恩问："可以写多少字？"倪匡不假思索，说："至少可以写五六万字！"

以为说过就算，谁知倪匡返港才10天，沈登恩已托人将六万字稿费带来。得人钱财，与人消灾，写是非写不可，倪匡心中不免暗暗嘀咕：是不是写得了那么多字？踌躇竟夜，第二天一下笔，才知自己太多愁善感，六万字，只是浮光掠影，真要详细写金庸小说，再多三倍字数也还不够。值得他自傲的是，一口气写下来，几乎没有翻动过原著小说，全凭自己积年累月，数十遍看下来的心得写成；而且绝少引用原著文字，九成九是自己的意见。他仅写了五天就脱稿了，本定6月底交稿，变成6月初就将稿寄出，速度之快，一时无两。

这样，倪匡的《我看金庸小说》系列评论横空出世。《我看金庸小说》精彩纷呈，妙趣横生，毕竟有着武侠创作的经验与体会，故而写来丝丝入扣。

“我看金庸”，重心在于“我看”，写出个人见解，与流俗不同。倪匡用风趣而睿智的笔调，信手拈来、娓娓讲述了金庸武侠小说的创作特点，并且依照作品的不同程度，对金庸作品一一点评，排位论次；按人格的高低优劣，对金庸小说中的主要人物“品头论足”，读来情趣盎然，引人入胜。

比如他评价采花大盗田伯光这个角色：“几乎所有的武侠小说，在一写到采花大盗之际，都有一个特点，就是对这类人物，极其不齿，是武侠小说中最坏的坏人的典型，从来也没有一部武侠小说会对一个淫贼特意描写，将之塑造成一个特殊人物的。多是一出场就被杀了，或者作恶之后，再遭惨报，这种传统，自《水浒传》中好汉不好女色，打熬身体开始，不知持续了多少年，一直到《笑傲江湖》中出现了一个田伯光，才算是有了突破。”

又如他评价金庸的写作手法：“《雪山飞狐》中胡一刀、苗人凤、田归农的纠葛是另一段。妙就妙在，两段倒叙，无一相同之处，完全是两种写法。有时，怀疑金庸在《笑傲江湖》中的那一大段倒叙是故意安排的：令狐冲可以不在倒叙中出场，但特此安排他在这种情形下出场，是作者自己的一种享受，写两段倒叙，毫不相同，这是表现作者创作才华的一种最好方式吧！”

再如他评价金庸对仪琳爱情的描写：因为令狐冲向来喜欢自由，“她（仪琳）‘但盼任大小姐将来不要管着他才好！’（一五三八页）这是一个人对异性有真正的爱情时发出的心语。她爱而不要求占有，这是什么样的胸襟。这样的胸襟，在女人身上，可以说是不可能的。仪琳是金庸笔下一个绝顶脱俗的女性，可惜她的命运是如此悲苦，青春妙龄，长伴青灯古佛，真希望她不要太长命，不然，悠悠岁月，如何挨得过去，思之也为之恻然！”

倪匡大胆地为侠正名。他认为，武侠小说是相当个体的，英雄主义的色彩越浓，个体的形象越是突出，就越能为读者所接受，并且从阅读心理来揭示侠文化的特点。倪匡对侠的看法，可以说开武侠评论风气，也开文学评论之风气。

倪匡追忆起某年与金庸同游夏威夷。“一日，街头闲逛，看到一位艺术家在街头用玻璃在创作……发现了一件作品，当时就爱不忍释，由金庸买了下来。这件艺术品的标题是‘心囚’，用玻璃塑造了一个看来极其痛苦、极求解脱的人被困在一张网中。这张网，其实根本网不住这个人，空隙极大，这个人随时可以穿网而出。可是这个人却像是丝毫不知道可以穿网而出一样，在网中苦苦挣扎。这张网，是来自这个人内心的拘束，是一张心网。再不想拘束的人，也突不破这张网。”——以此“心囚”，倪匡补充阐释了金庸写在《笑傲江湖·后记》中的那句“解脱一切欲望而得以大彻大悟，不是常人之所能”，别开生面，雅趣十足。

倪匡早在1958年就用“月川”这个笔名写过武侠小说，但他的武侠评论比起武侠小说更有名气。金庸的武侠小说能够走红港台和大陆，倪匡功不可没。

倪匡的武侠评论和金庸的武侠小说一样好看，但是也有一些偏颇的地方，比如他说《鹿鼎记》是古今中外第一好看小说。不过这正好可以说明，倪匡是一个至情至性的评论家，他的观点尽管不够客观，但也不失为一家之言。

于是，倪匡揭开了“金学研究”的序幕，他以不翻阅原书一气呵成实稿而感到自豪。倪匡的金评，好看。因为没有什么高深的文学理论掺杂其间，而金庸本人，早已经坦承自己“并没有受过什么文学理论影响，也不相信什么文学理论”。[①]

早期“金学”中，倪匡应该算是比较重要的人物。倪匡虽写了10册金庸小说的评论集，品评金庸小说中的人物，但他在集子中从不介绍金庸这些小说的故事梗概，采用了富有中国古代色彩的“九品人物”系统，将金庸15部作品中的人物分为“上上、上中、上下、中上……下下”九等。在倪匡的笔下，金庸是一个非常可爱的人：“金庸本性极活泼，是老幼咸宜的朋友，可以容忍朋友的胡闹，甚至委屈自己，纵容坏脾气的朋友，为了不使朋友败兴，可以唱时代曲《你不要走》来挽留朋友。 十余年前，金庸嗜玩‘沙蟹’，‘蟹技’段数甚高。查府之中，朋辈齐聚，通宵达旦，筹码大都集中在他面前。笔者赌品甚差，有一次输急了，拍桌而去。回家之后，兀生气，金庸立时打电话来，当哄小孩一样哄，令笔者为之汗颜。又有一次也是输急了，说输的钱本是准备买相机的，金庸立时以名牌相机一具见赠。其对朋友大抵类比，堪称一流朋友。”

倪匡对金庸性情的评论，也很有意思：“金庸是属于慢性子的人，涵

① 刘国重：《倪匡温瑞安如何谈金庸》，《第一财经日报》2009年5月19日。

养极好，多少年来，只见他发过两个半次脾气。此话怎讲？因为两次都不是盛怒，只不过表示了他心中的不高兴，而且这两个半次脾气，都发得十分有理。一次，是笔者为了一己之利向他作一个要求，时在汽车之中，金庸‘哼’了一声：‘除非《明报》破产，不然万万不能！’吓得笔者和同车人噤若寒蝉，好几分钟连大气儿都不敢透。另半次是对一个行为十分卑劣的小人，该小人颠倒黑白，造谣生非，金庸当众宣布不与这种人同席——很多人，可能只看到过查先生这半次脾气而已。”

倪匡对金庸以文学及出版的专门知识而致富有此评语：“查良镛是中国五千年来第一个致富的知识分子。除了传说中的陶朱公外，能够同时成为大儒和富翁实在绝无仅有。做生意当然会惟利是图，但这不一定会与良知发生冲突，因为赚钱不是坏事，做好事也可以赚钱。查良镛是一个有知识和商业才能的人。”

1975年6月，倪匡四十周岁，金庸书写长联两副致贺。至今为止，这对长联可称世间孤品，因为舍此而外，金庸再无类似的书法作品。金庸的书法，并不如何高超，绝不能称“家”。但这副对联，却极为有趣：“年逾不惑，不文不武，文中有武，不饥不寒，老而不死，不亦快哉；品到无求，无迂无争，迂则必争，无灾无难，远于无常，无量寿也。”

下方以小楷字附有注解：“匡兄四十初度，撰联自寿，有‘年逾不惑，不文不武’暨‘无欲无求’语。以‘不’、‘无’二字为对，惟有句洒脱，匡嫂不之喜也。谨师其意，以抽笔书二联祝无量寿。举世贝壳藏家，或雄于资，或邃于学，抑或为王公贵胄，似君以俊才鸣者，未之或闻。”下署“匡兄华诞之喜，弟金庸乙卯六月”。

倪匡说：“这副对联，需要解释之处甚多，不然，不容易明白，太过‘深奥’首先，四十岁那年，我自撰对联一幅：‘年逾不惑，不文不武，不知算什么；时已无多，无欲无求，无非是这样。’自觉甚是高兴，在报上发表。惹来的反应，是有人在报上破口大骂：‘自撰挽联式的对联，倚老卖老。’等等，这可以不论。老妻看了，愀然不乐，是因为‘时已无多’四字。人到四十，算是活七十，已过了一大半，‘无多’是实际情况。叵奈人都不愿听真话。金庸知道‘匡嫂不乐’之后，送来这两副对联。”①

① 费勇、钟晓毅：《金庸传奇》，广东人民出版社2000年版，第74–75页。

4

《明报》创刊伊始，倪匡就为之写稿。在香港，倪匡是最抢手的专栏作家和小说作家，稿酬奇高，但《明报》给他的稿费却偏低。倪匡看在老朋友份上，多年来一直不计较。后来，当《明报》每年净赚好几千万以后，他就觉得该想办法叫金庸加稿费了。

一天，一班朋友聚在一起，倪匡乘机对金庸说："金庸，《明报》可真是越办越好啊！"金庸谦逊地说："全靠大家支持！"倪匡紧接着问："听说《明报》赚了不少钱，一年赚好几千万，是吧？"金庸不作否定，只说："不多，赚一点点，赚一点点！"倪匡看时机已到，连忙直入正题："赚了那么多钱，我的稿费也该加一加吧？"

金庸笑笑说："好好，我加！"稿费真的加了，加了百分之五，聊胜于无。倪匡不满，打电话去骂。金庸拗他不过，于是杀手锏来了。"好了好了，倪匡，不要吵！给你写信。"金庸用近乎哀求的语调说。

一听写信，倪匡昏了过去，大叹："我命休矣！"原来以论口才，金庸口才敌不过倪匡，但讲到写信评道理，倪匡绝对不是对手。倪匡怕写信，他是一字千金，写信白写没钱收，只有傻瓜才做。独有金庸愿做傻瓜，偏偏喜欢写信。过两天，倪匡果然收到金庸的信。信中详列十条理由，解释稿酬不能加。倪匡捧着信，只能兴叹："金庸啊金庸，你是一流的好朋友，也是最吝啬的老板。"

过几日，漫画家王司马向倪匡诉苦，表示在《明报》工作以来没加过稿费，仍然是三百元一个月。倪匡听罢，拍拍胸口，表示会在金庸面前替他争取。

倪匡了解金庸的性格，根据过往他追加稿费失败的经验，他知道不能单刀直入，开口就要金庸加稿费；而是要兜个弯，才可跟金庸入正题。倪匡见到金庸，问他："王司马的漫画怎样？是否好棒？"金庸竖起大拇指，说："好棒！"倪匡跟住说："好棒，那应该加稿费了吧？"

金庸又是那一贯爽快口吻："应该！""那你知道王司马月薪只有三百元吗？"倪匡渐入正题。金庸听后大为惊讶："不行，只有那么少，他想加多少？"

倪匡立即说要加至一千五百元。一向吝啬稿费的金庸，这下有点犹豫了，他向倪匡讲价："一千二百元吧！"

王司马原先只要求加至五百元，今次竟双倍提升，倪匡这个中间人还不乐透吗？倪匡不单帮了王司马，还智取了金庸难得的稿费，这回倪匡与王司马都皆大欢喜了。

其实，金庸并不吝啬，他不过是深懂节省之理而已。他不像倪匡乱花钱，也不会富而后骄。他是应用则用，对朋友，有时也很慷慨。这一点倪匡体会很深。倪匡有什么困难，金庸都会帮忙，有时倪匡等钱用，金庸就会预支版税，并不是小数目，通常都过十万。金庸从来没有一趟皱过眉头，顶多会带点劝告的口吻对倪匡说："钱不要乱用啊！"

虽然金庸办报发了大财，倪匡是他的老朋友，但是他没有义务一定要照料倪匡。现今世界，势利现实，像金庸那样对待朋友，是不多见的。

1987年，金庸第一次去北京见邓小平，叫倪匡陪他一起去。倪匡说："他们不会批准的。"金庸不信："他们要我去就得要你去。"果然，新华社的人跟金庸讲："我们没有安排倪先生去北京。"金庸说："你们不让倪先生去，我也不去了。"那人很尴尬。结果过了两天，金庸兴冲冲地来告诉倪匡："他们答应让你去了。"①

1992年，倪匡移居美国，进入隐居状态，直到2006年，他才回到中国香港。回来之前，金庸打电话给他："你搬回来住？太好了，你搬回来我就不去英国念书。"结果，倪匡真搬回来了，金庸还是去英国念书了。倪匡问他："你怎么又到英国去啦？"金庸说："我说过不去吗？"过了两年，金庸从英国返回中国香港，邀倪匡一起吃饭，说："你搬回来了，我就不去英国了，我说了，没有食言吧！"

"也不知这金庸何以要对原来的《笑傲江湖》这样不满意。在此未开始修订之前，甚至曾经提及要将桃谷六仙删去。当时一听之下，我是大惊失色，以为万万不可，几乎痛哭流涕，恳求保存桃谷六仙，总算金庸改了主意。《笑傲江湖》的旧版本，已成绝响，十分难找得到来看了，如今当然只好看新版。"听此话，可知倪匡对金庸武侠小说中的人物用情至深。

2006年7月，《金庸作品集》最新修订版完成出版，这是金庸第三次修订他的十四部小说，立刻出现了金庸小说"新不如旧"质疑之声。倪匡却说："看新版本，几乎有看金庸新作小说的乐趣。三四十年来，只是翻来覆去看旧作，尚且乐趣无穷，总以为不可能有新作品看了。忽然之间，金庸旧作翻新，犹如将百年佳酿，再蒸再酿，酒味陈中出新，新中有陈，稀世奇珍，再增光辉。""曾经一再说过十六字：'金庸小说天下第一古今中外无出其

① 陈远：《倪匡：被一阵风改变的人生》，《新京报》2008年7月8日。

右'，在看了最新修订版之后，发现说错了，真还有人胜过了金庸！谁？金庸！新修订的金庸胜过了原来的金庸！”

2012年4月15日，77岁的倪匡获第31届香港电影金像奖终身成就奖。接受媒体采访时，他坦承，金庸是自己“最喜欢敬佩的作家”，自己“永远不能达到金庸大师的实力”。有人笑问：“金庸小说在文学、哲学、琴棋书画、诗词典章、天文历算、阴阳五行、奇门遁甲、儒道佛学方面均有涉猎，您说我要是把这些也都学会，能不能也写出像金大侠一样经典的武侠小说呢？”倪匡则不客气回说：“不能！懂这些的人多了去，金庸是独一无二。”

有一回，倪匡又如常到金庸家里作客，他看中客厅内一只古董茶杯，便开玩笑问金庸，可否送给他。金庸随即笑笑说：“好，你喜欢就拿去吧！”倪匡满心欢喜，便把茶杯放在一旁，待吃完饭后才拿走。怎知饭后茶杯不见了，倪匡遍寻不获。他问金庸茶杯在哪里，金庸像没发生过事一样，表示茶杯已收好，倪匡登时为之气结。

另一回，倪匡在金庸家里，又看中一本线装书，于是要求金庸让给他。金庸就像平时的口吻一样，笑笑说：“好，你喜欢的就拿去吧！”倪匡跟金庸说声多谢后，捧起书就开门走。金庸被倪匡的突然举动吓一跳，忙不迭问他：“为何走得那样快？都快开饭了！”倪匡立即说：“你们先吃，我将书放好后，再回来吃。”这次轮到金庸为之生怒。

金庸与倪匡虽然经常逗耍，但他们在各自心目中，仍是痛惜对方的。有一日，金庸邀请各方好友，在家里开牌局，玩沙蟹；金庸在这方面可称专家，经常赢钱。当日倪匡赌运甚差，连买相机的钱都输掉。一向赌相不太好的倪匡，一怒之下，拍案而去。金庸见状，事后即电倪匡，当时倪匡仍在生气，金庸像哄小孩一样，还说买部名牌相机给他补救，后来真的买来了一架索尼相机。倪匡竟觉惭愧，其后在文章中，每提及此事就盛赞金庸对朋友疏财仗义，堪称第一流朋友。

倪匡曾在金庸的花园洋房家中，看到过一套分为春夏秋冬的四幅齐白石花鸟画，“大得不得了，每一颗葡萄都大得离谱，晶莹剔透，太好了，是我看到过的最好的国画真品。据我所知，这套画没有在拍卖市场出现过。此前，曾经有人找查先生借50万，那个时候，50万很贵，弄得我很担心他那四幅作品，见到他就问：那四幅画怎么样了？”

早几年，金庸长久没露脸，有人就担心了。倪匡就出来说，乐意分享金庸近况，“听力有点问题，他又不肯戴助听器。不过我们还会一起出去吃饭，他饭量比我好”。“我经常和金庸、蔡澜聚餐啊，我们在一起，什么都谈，就很开心，金庸最可爱处当然是他学问大，就跟‘十万个为什么’似的，什么都懂。”

次日，蔡澜在微博上传了一张名为“查先生和倪匡”的图片，照片里，金庸正用鼻子嗅着碗里的美食，一脸陶醉，倪匡在旁边，眼巴巴地望着，“他们都不给我吃啊，觉得我这么老，这么胖，要得糖尿病的，哈哈哈哈”。“甚惆怅。”倪匡接着幽幽地怨念了一句。这三个字，是倪匡在前段时间的微博里发过的，当时还引发了众网友模仿造句，酿成“惆怅体”。

明明把读者逗得前仰后合，倪匡却非说自己是个矜持的人，“每次都是金庸约我，我从来不会主动去找金庸吃饭。因为他是大名人嘛，我怕他太忙没时间，被拒绝会伤心的哦……”①

倪匡与朋友交谈时说了这样一段话：“做人最好就是醉生梦死。醉生，每天喝醉；梦死，在做梦的时候死去。这样过日子，多幸福。”②

倪匡的这番话是他以幽默的方式表明自己的人生态度，他所说的“醉生”，并非那种稀里糊涂地不问是非，没有志向，浑浑噩噩地过一辈子，而是指充分地享受生活，无拘无束，极大地发挥自己的才干，活出精彩，活出味道来；而他的“梦死”，是对生命终结的最理想的想象——在睡梦中离开这个生活过的世界，既让自己没有痛苦，也不会因自己晚年疾病而拖累家人。

可是，他与金庸有约，“我们两个都要活过一百岁，不到百岁不能离开”。

① 王湛：《77岁的鬼马倪匡，乐坏了90后》，《钱江晚报》2012年7月23日。

② 倪匡、江迅：《风雨任平生：倪匡传》，INK印刻文学生活杂志出版有限公司2014年版，第185页。

第三章 亦师亦友

金庸武侠小说中的人物都是有来历有师承的，而且个个都是尊师重教的好孩子：郭靖和杨过是不用多言的模范生，大理段公子在神仙姐姐的玉像干脆利落地叩首千番，就连惫懒乖张的韦小宝在九难师太面前也不敢造次，而令狐冲对岳不群的崇拜敬重则是让人心痛的迂腐。“一日为师，终身为父”，“名师出高徒，良匠琢美玉”，这样的古老观念在金庸的思想里根深蒂固。

当年的“金庸迷”之中，不乏有陈世骧、严家炎、冯其庸那样的学者。于是，中国文坛涌现了一批因爱好金庸而研究金庸的专家。今天他们仍是金庸小说研究的主力军。

⌘ 金庸的江湖语录 ⌘

⌘ 或许是我过分重视友谊，以致不能想象在友谊之外还有什么更高尚的伦理的与美的情操。纵使是经过了真诚的努力，纵使是对于权威学者的尊敬也不能勉强我自己来接受这种意见。因为我总觉得友谊中没有如恋爱中那样道德上法律的狭隘与限制的意义；友谊不像恋爱那样必得受性别、年龄等的影响，友谊不必如恋爱那样需藉婚姻制度来固定那种易于消灭的情绪。

——《千人中之一人》

⌘ 因为一个爱朋友的人先想到朋友自身，其次方是他对你的爱。一生会遇见很多人，有的相伴一段时间，有的擦肩而过，偶然擦出火花，生出情谊。知遇知交，君子之交，是一种缘。

——《千人中之一人》

最早认识金庸作品“天下第一”
——美籍华裔学者陈世骧

1971年5月24日下午，写完《鹿鼎记》的一个章节，金庸邀来倪匡、张彻、董千里正在家里吃茶谈天，突然，邮差送来一份电报：“陈世骧于5月23日心脏病猝发逝世于加州柏克莱……”一时间，大家感到十分惊愕。

整整一夜，金庸一直大睁着眼。随着远处飘来的维多利亚港的拍浪声，金庸想起的，是陈世骧评论卞之琳的《战火岁月一诗人》中的句子：“浮泛于崩石的浪涛间的一只白鸽，它最能感应到其中的怒潮，但却能翩然地舒展如雪的双翼，溷浊不沾。但他仍然临顾人间，清楚听到自己的脉动。”

是呵，“他仍然临顾人间”，可是，能够“清楚听到自己的脉动”，这其中的机缘，是何等神奇！对于这只浪涛间的一只白鸽，他抱有深切的感念，是自然的。此时的金庸，对陈世骧，正是抱着这样深切的感念！

1

1941年，17岁的金庸因在墙报刊文《阿丽丝漫游记》讥讽训导主任，被浙江省立临时联合高中勒令退学。就在这一年，有诗人之名的陈世骧，跨出了对他有着决定意义的一步——离开北大，赴美留学。这年他29岁，和金庸同属鼠。

陈世骧是河北滦县人，1935年在北京大学外国语言文学系毕业，留校任讲师。金庸念初中时的国文老师王芝簃是陈世骧的北大同学，有一次在课堂上，王老师拿出一册《北京大学卅五周年纪念刊》，选出一篇陈世骧的文章《北大外景速写》让金庸给同学们朗诵。许多年以后，金庸仍清晰记得这篇文章的开头——

太阳渐渐上来了。一张图画于是展开。过去曾是鲜明的，现在！

早晨。八点钟。天空是银蓝色的。

太阳照在红楼上，照在最接近天空的红楼上。光辉，映着朝霞，像一条古代防御胡儿的浩大边墙，退回来，兀立在古老的都城里。燕赵壮士的鲜血，凝紧了，黯淡了，变色了。文明民族的光荣，变成梦的回忆。世道不似从先，零砖碎瓦，看了都使人生愁，使人生惧。胡风卷起三千丈，古旧的京都暴露在风寒里。但是古旧巍大的红楼，特别暴露着，在惶恐中，在危惧里，挣扎着耸起身子。啸啸的风笛，飘来一群白鸽，娴雅，和平，优游；但不知为什么，令人有时感到这是一种恶作剧。谁想不起来，阳春将节，呜呜的，抹着鲜红的太阳的飞机，携着巨弹，凶恶，狠毒，恐怖，在楼顶上昂首翱翔？耸起堆来吧，未烬的劫灰！①

……

“陈世骧”，因为老师，因为这篇描写北大的美文，金庸记住了这个人的名字。

在北京大学读书的陈世骧，非常积极地参与了当时的文学活动。他的先后同学包括“汉园三友”：同系的卞之琳、李广田和哲学系的何其芳。他还是“读诗会”的常客，与会者包括北京大学的沈从文、梁宗岱、冯至、孙大雨、周作人、叶公超、卞之琳、何其芳，清华大学的朱自清、俞平伯、李健吾，还有林徽因等人。当年的《大公报》还刊登了陈世骧写给主编沈从文的信，题作《对于诗刊的意见》，由“读诗会”的聚会谈到大家关心的《诗特刊》问题，又表达了他的文学见解。——这一切，是金庸在《大公报》的时候，叶公超告诉他的。

躲避战乱，陈世骧1941年赴美，在哈佛大学和哥伦比亚大学读书教学，1945年开始在加州大学柏克利分校的东方语言系当中文和比较文学教授，主讲中国古典文学和中西比较文学。陈世骧既有扎实的国学根底和古诗学修养，又兼通西洋诗学及文艺理论，中西贯通，在当时属凤毛麟角。胡适主持北京大学时曾希望陈世骧返北大任教而未果。20世纪50年代，在国际比较文学“平行研究”的转向中，陈世骧率先运用“差异性”理论，提出“中国抒情传统”的构想，开启了中国古典诗学研究的新路向。

① 陈世骧：《北大外景速写》，《北大旧事》，北京大学出版社2018年版，第470页。

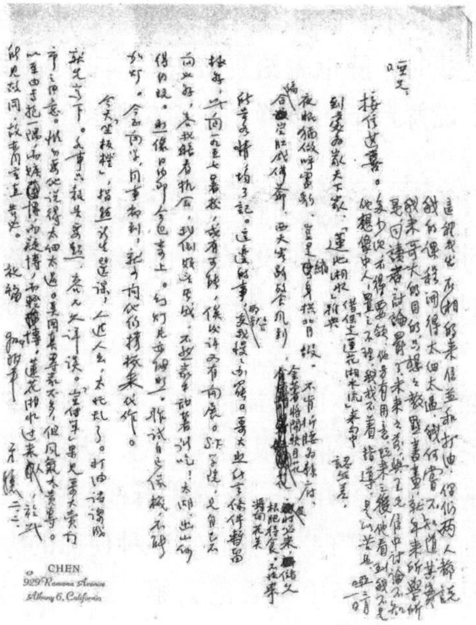

陈世骧的书信笔迹

在美期间，陈世骧与陈省身、夏济安等留美学者相交莫逆，共同开创了美国华人学者人文社会科学研究的新局面。美籍华人夏济安一直从事文学研究方面的工作，同时也非常喜欢看武侠小说。还在20世纪50年代初，梁羽生、金庸尚未涉足武侠小说时，夏济安便预见到武侠小说不可限量的前景，他对好友陈世骧说："武侠小说这门东西，大有可为，因为从来没有人好好写过。"又说，将来要是实在没有其他办法，他一定会去写武侠小说。后来在台湾，一个偶然的机会，夏济安看到了金庸的《射雕英雄传》，禁不住拍案叫绝，连忙给陈世骧写信："查良镛的小说足以催化香港的武侠，实在是新小说的幸运。"受夏济安的感染，陈世骧开始阅读金庸的武侠小说。1960年夏济安给弟弟夏志清写信，讲述了他和陈世骧一起迷恋上金庸小说的情景："（最近）买了两种武侠小说，自己看看亦很出神，且把陈世骧引诱得亦入迷了。他对于武侠小说的知识，只停留在'彭公案'、'施公案'阶段；但是近年来香港所出的武侠小说，其结构文字人物描写等已可与大仲马的豪情三剑客、基度山等相颉颃。……有个名叫做金庸（笔名）的，……台湾人亦等着看香港的武侠小说，其情形犹如当年波士顿的人等英国来船、看迪肯斯小说也。"[①]20世纪50年代末，《雪山飞狐》、《神雕侠侣》分别在《新晚报》和《明报》连载时，陈世骧就通过留美的中国香港学生获得报

① 李怀宇：《夏志清：重评中国小说》，《看历史》2016年第9期。

纸，先睹为快。1963年9月，金庸的《天龙八部》开始在《明报》和新加坡《南洋商报》同时连载时，陈世骧给夏济安写信：“真如你所言，真命天子已经出现，武侠的小说舞台不再寂静了！希望他多写这一类的小说，新武侠前途的光明可以预卜。”

陈世骧说：“《天龙八部》那种‘悲天悯人’、博大崇高的格调，没有作者对佛教哲学的真正的慧心，没有那种体会是很难达到的。”他把金庸小说比作元曲，一种突然兴起、在文学史上突然出现的文学现象，评价非常高。

显然，以陈世骧对武侠小说源流的了若指掌和对武侠小说的热衷、迷恋，不自觉中已具备了相当专业的眼光；于是，当他一接触到金庸的作品，他便一眼看出金庸是个高手；并且，直觉告诉他：这个金庸远不是平常意义上的“高手”，而是“真命天子”，是负有某种使命的大人物出现了！

后来，陈世骧从日本路经中国香港，第一次与金庸见面吃饭时，特别告诉他一件事，夏济安有一天在书铺见到一张圣诞卡，上面画了四个人，神情相貌很像《天龙八部》中所写的“四大恶人”，就买下，并写上金庸的名字，写了几句赞赏的话，托陈世骧转寄给他，陈随手放在杂物之中，结果再也找不到了。夏济安于1965年2月因脑溢血病逝美国后，陈世骧每每想起这张没有寄出的圣诞卡，心里很不安，故写信向金庸致歉。

说起陈世骧对金庸小说的欣赏，可以举一个例子。《天龙八部》连载时，陈世骧的阅读是断断续续的，常与知交杨联陞、陈省身相聚畅谈。一次，有一位以“金庸专家”自居的青年学生，批评《天龙八部》结构松散，人物个性及情节太离奇。陈世骧听了，笑着对他说一大堆道理：“这是一部悲天悯人之书。《天龙八部》涉及人物之众，情节之复杂，内容之丰富，可称为武侠小说的巅峰之作；而其中人物的跌宕命运，身世生死的纠缠关系，不由让人悲叹不已，哀婉久绝。在里面，我们可以看到，金庸仿佛一个冷眼旁观的超世者，用他那深沉含愁的眼睛，悲悯地看完了那一出出生死悲欢的闹剧，然后，喃喃地叹道，冤孽，冤孽。最后，便决然转身离去，只留下一个充满疑窦的背影，有如《红楼梦》中跛足道人般飘然远去。可是，读武侠小说的人，很容易养成一种泛泛而谈的习惯。”

说到此，也许是职业病，陈世骧掉了两句批评的书袋：“你读书可以说是读流了，如听京戏听流了一般，养成一种习惯，所需求的狭窄有限，所得到的也就狭窄有限了。如此，读一般的书听一般的戏还可以，但金庸小说不是一般的书。”

因是喜乐中谈说可喜的话题，那位青年朋友也聪明，居然回答说："对的，是如你所说，《天龙八部》不能随买随看随忘，要从头全部再看才行。"陈世骧觉得，这样的客厅中茶酒间谈话，又像是讲堂的问答结论，可比讲堂上快乐多了。

后来，陈世骧将这段趣事写出登在了《明报月刊》上。

陈世骧、夏济安的赞许令金庸欣慰，他在1969年8月说，"夏先生和陈先生本来是研究文学的人，他们对我不像样的作品看重了，我觉得很光荣，同时也很不好意思。武侠小说本身在传统上一直都是娱乐性的，到现在为止好像也没有什么价值重大的作品出现"。[①]

2

1966年初，金庸创办了《明报月刊》。这本杂志是由散居在世界各地、素未谋面的学者通过书信往来筹划、创办的。办刊的动机却是由金庸与陈世骧初次会面谈论的话题而引发的。

1965年5月下旬，金庸以《明报》社长的身份参加国际新闻协会主办的会议，来到英国伦敦。正在牛津大学讲学的陈世骧也受邀与会，两人便在泰晤士河畔相遇了。

那天会议的主题是"跨越海洋的比较文学与汉文化"。有一位美国学者发言说："假如中国派某某两位文化官员前来参与盛会，那就更理想了。"这句话是开场白，可能带些玩笑性质，但陈世骧听了大不以为然，责问他："为什么我们学人开会，你要捧出官场人物来凑热闹。"

随即，陈世骧也发了一大篇开场白："在座的各位都是一群对西学有认识的学院中人，对中国文学和文化传统都有重新体认的热诚，希望从更宽的视野观照世界，透过中西文化的同异反思当前的路向，于是开展了不离'现代'关怀的'传统'研究。即使身在海外的博学通人，也是无论何时何地，对于博大精深的汉文化念兹在兹，心有所属。我们暂时离开中国，却与中国古有文化血脉相连，不离不弃，我们参加这个盛会，可以用世界的眼光观照中国文化的古今渊薮。我们做学问，只能埋头于研究，不可深陷政治漩涡。我是竭力反对一些本来与文学无缘的人们打着文学的招牌，作种种不文学的

① 费勇、钟晓毅：《金庸传奇》，广东人民出版社2000年版，第379-380页。

企图。"[①]

看似"无端"引出这个"开场白"，从中可以窥见陈世骧的治学路向和独特的学术见解。金庸对陈世骧的崇敬不由增添了几分。

开完会，金庸在英国作了一次旅游。

6月初，英国的初夏，阳光暖暖，早晚微凉，中午那个太阳恨不得把人晒晕。不过西方人倒是很享受这种阳光，道路两边到处都是野花，还有很多开花的树。金庸走在路上就感觉是走到了童话里的哪个小镇，真的是美呆了。

下午，金庸拜访陈世骧。陈世骧将面前的一位学者长辈介绍给他："这位是我的北大老师艾克敦先生。"

三人来到校外，找了路旁的一处"莎莉露"，这是英国最老的茶馆，一边喝茶，一边享受阳光。

因为亲伯父查樊忠是北大毕业生，金庸从少年时代起就向往着北京大学，羡慕北大教授们渊博的知识学问。此刻，他兴致盎然地与这位30年代的北大英籍教授攀谈起来。

艾克敦是20年代开始在英国文坛崛起的牛津诗人。1932年，他先到日本，觉得日本军国主义色彩过重，马上转到中国，受聘于北大。

"先生在中国许多年，怎么喜欢上北大的？"金庸给艾克敦斟茶，一边用熟练的英语问。

"欧战后，我在牛津大学念书的时候，熟读了韦利译的白居易，翟里斯译的庄子，理雅各译的儒家经典，喜欢上了中国文学，到中国以后，我发现自己对中国的一切十分熟悉，于是住了下来。"艾克敦用英语回答。

"艾克敦老师教英国文学，视野奇巧，堂而皇之地讲授艾略特的《荒原》、劳伦斯《查特莱夫人的情人》等作品，这是第一次有人在中国认真地宣讲英美现代派文学。"陈世骧插话，对金庸说："我至少听了艾克敦先生两年的课，初时开的课是英国文学、莎士比亚悲剧和王政复辟时期喜剧，第二年开始教现代英诗。学生中有我，还有卞之琳、何其芳等人。"从1933年7月开始，陈世骧就住在艾克敦家中。不久，两人开展了合作编选及英译现代诗的工作。艾克敦独爱现代中国，同陈世骧一起翻译了第一本英译本《中国现代诗》，同中国戏剧专家阿灵顿一起将流行京剧三十三折译成英文，集为《中国名剧》一书。

"我对现代中国文学的了解主要得自他"，艾克敦指着陈世骧，谦和地

① 思与文：《陈国球："抒情传统论"以前——陈世骧与中国现代文学及政治》，《现代中文学刊》2009年第3期。

说。1935年11月艾克敦在《天下月刊》发表《现代中国文学的创新精神》，这是早期以英文论述“新文学”的一篇相当有见地的论文，当中不乏陈世骧的意见。

艾克敦1939年回英国，在牛津大学执教。此番陈世骧在英国讲学就是由他邀请的。

陈世骧转向金庸，突然问：“查先生跟朱光潜先生熟吗？”

金庸说：“朱光潜？我念大学的时候，读过他主编的《文学杂志》，知道他提倡的‘自由主义文艺’，是位有艺术良心的美学家。”金庸在重庆念大学的时候，与《东南日报》副刊主编陈向平交往，初学小说创作，陈向平赠予的书籍中就有《文学杂志》。

陈世骧端起茶杯，呡了一小口，说：“在北大，与我最亲近的除了艾克敦先生外，就是朱光潜先生了，他也是我的老师。读诗会设在北平慈慧殿3号他的家中，我是常客。朱光潜到中文系授课，我选过他的课，参加了他课外主持的文学活动。出国以后，我还继续与他联络，他主编的《文学杂志》就刊登了我的文章。”

金庸恍然大悟：“哦，陈先生跟朱先生是师生，怪不得那天的开场白，带着他的哲学批评意味。”他对朱光潜和陈世骧的师生关系似乎并不太了解，但他对二人学术路径相近的判断却是准确的。

陈世骧面露喜色：“呵呵，看来你也喜欢上这份杂志了。”一边给金庸斟茶，一边笑吟吟地问道：“你办《明报》成功，是否应该办一份香港版的《文学杂志》？”

“陈先生希望我办杂志，哪方面的？”金庸问。当时，在金庸小说的连载效应下，《明报》已经成为一份有很大影响力、盈利可观的报纸，金庸似乎并不满足于死守《明报》，而是想建立一个庞大的报业集团，当一个报业大亨。

“当然是一份宽大自由而严肃的文艺刊物，对于现代中国新文学运动尽一部分纠正和向导的责任。”陈世骧低头细细品味着茶水，目光却一直凝视着金庸。

金庸闻言大笑，陈世骧也跟着笑了起来。

真是心有灵犀一点通，陈世骧的想法正好与金庸的愿望不谋而合。早在《大公报》《新晚报》当编辑的时候，他曾和几位志趣相投的朋友一起筹划这样一份杂志，但由于经济方面的原因，当时不能成事。

临别，金庸留下香港九龙的家庭地址。

1966年1月，《明报月刊》创刊，每月月初出版，16开本，116页。金庸自己挂帅当总编辑。他在亲拟的发刊词中说："这是一本以文化、学术、思想为主的刊物。编辑方针严格遵守'独立、自由、宽容'的信条，只要是言之有物，言之成理的好文章，我们都乐于刊登。"在金庸看来，办《明报月刊》就是构筑一堵墙壁，用以"保藏一些中华文化中值得珍爱的东西"，意义非凡，他将朱光潜主办《文学杂志》的"自由生发，自由讨论"的原则，作为《明报月刊》的办刊宗旨。

1966年4月，陈世骧就连载中的金庸《天龙八部》在美国学者中的争议，写了一则评论。他在给金庸的信中说："本有时想把类似的意见正式写篇文章，总是未果。此番离加州之前，史诚之兄以新出《明报月刊》相示，说到写文章，如上所述，登在《明报月刊》上，虽言出于诚，终怕显得'阿谀'，至少像在自家场地锣鼓上吹擂。只好先通讯告兄此一段趣事也。"

1971年陈世骧去世后，《明报月刊》特出纪念专号，由编辑史诚之撰写纪念文章《桃李成蹊南山皓——悼陈世骧教授》，连同长篇访谈录《断竹・续竹・飞土・逐宍——陈世骧教授谈：诗经・海外・楚辞・台港文学》一同刊登。

3

香港名作家潘国森说："在'金学研究'的领域里面，现在有两个天下第一。一位是已故的陈世骧先生，他是'明白金庸小说天下第一'，他也是'全场总冠军'，但这个仍然未是公论，只是我个人的观感，不过我以为金庸本人也作如是观。我之所以说陈教授得第一，是认为普天下的'金学研究'文章还未有总成绩比他更好的。另一位是倪匡先生……"[①]

金庸在《天龙八部》后记中这样写道："在改写修订《天龙八部》时，心中时时浮起陈世骧先生亲切而雍容的面貌，记着他手持烟斗侃侃而谈学问的神态。人写作书籍，并没有将一本书献给某位师友的习惯，但我热切的要在《后记》中加上一句：'此书献给我所敬爱的一位——陈世骧先生。'只可惜他已不在世上。但愿他在天之灵知道我这番小小心意。……当时我曾想，将来《天龙八部》出单行本，一定要请陈先生写一篇序。现在却只能将陈先生的两封信附在书后，以纪念这位朋友。"[②]

① 潘国森：《杂论金庸・后记》，明窗出版社1995年版。
② 金庸：《天龙八部・后记》，广州出版社2008年版。

《天龙八部》附录中有陈世骧《与金庸论武侠小说书（两通）》，前一函写于1966年4月22日。

此函，陈世骧评说《天龙八部》至今仍是最经典的评论："读《天龙八部》必须不流读，牢记住楔子一章，就可见'冤孽与超度'都发挥尽致。书中的人物情节，可谓无人不冤，有情皆孽，要写到尽致非把常人常情都写成离奇不可；书中的世界是朗朗世界到处藏着魍魉和鬼蜮，随时予以惊奇的揭发与讽刺，要供出这样一个可怜芸芸众生的世界，如何能不教结构松散？这样的人物情节和世界，背后笼罩着佛法的无边大超脱，时而透露出来。而在每逢动人处，我们会感到希腊悲剧理论中所谓恐怖与怜悯，再说句更陈腐的话，所谓'离奇与松散'，大概可叫做'形式与内容的统一'罢。"①

"无人不冤，有情皆孽"，大意是人生来有情，既然有情，人就必然要受感情的折磨，现实并不总像小说中那么完美，人总要遇到感情，这一挑战总有一天会降临于你，你必将经受一番磨难。这是陈世骧对《天龙八部》全书主旨的揭示，书中所出现的人物无不为自身的贪嗔痴爱所困，造就了一个"无人不冤，有情皆孽"的婆娑世界。

天龙八部是佛经中八种奇异的神怪，金庸以其作为书名，隐喻的，似乎正是他笔下的芸芸众生。在《天龙八部》里，金庸第一次以佛教"大悲大悯"的思想来破孽化痴，用佛教的去贪、去爱、去取、去缠的经义来开导读者，既增强了武侠小说的思想深度与哲学内涵，又充分显示出金庸博大精深的学问。

《天龙八部》完成于1966年5月。陈世骧写这封信时小说连载已接近尾声，金庸请陈世骧阅评，陈世骧便作出如此精妙的评论，无怪乎有人称他为"金学研究"领域的"天下第一"了。

在信中，陈世骧又有一不情之请："《天龙八部》，弟曾读至合订本第三十二册，然中间常与朋友互借零散，一度向青年说法，今亦自觉该从头再看一遍。今抵是邦，竟不易买到，可否求兄赐寄一套。尤是自第三十二册合订本以后，每次续出小本上市较快者，更请连续随时不断寄下。又有《神雕侠侣》一书，曾稍读而初未获全睹，亦祈赐寄一套。并赐知书价为盼。原靠书坊，而今求经求到佛家自己也。"字里行间可见这位学者对金庸小说的喜爱之情。

另一函写于1970年11月20日。

① 陈世骧：《与金庸论武侠小说书（两通）》，《天龙八部》附录，广州出版社2008年版。

函首写道："良镛吾兄有道：港游备承隆渥，感激何可言宣。当夕在府渴欲倾聆，求教处甚多。方急不择言，而在座有嘉宾故识，攀谈不绝，瞬而午夜更传，乃有入宝山空手而回之叹。此意后常与友人谈为扼腕，希必复有剪烛之乐，稍释憾而补过也。"①

在此透露一桩事：陈世骧曾到中国香港金庸家拜访，席间有朋友多人，并且攀谈至午夜。

回美以后，陈世骧常与学生谈及金庸小说，"当夜只略及弟为同学竟夕讲论金庸小说事，弟尝以为其精英之出，可与元剧之异军突起相比。既表天才，亦关世运。所不同者今世犹只见此一人而已。此意亟与同学析言之，使深为考索，不徒以消闲为事。谈及鉴赏，亦借先贤论元剧之名言立意，即王静安先生所谓'一言以蔽之曰，有意境而已。'于意境王先生复定其义曰，'写情则沁人心脾，景则在人耳目，述事则如出其口。'此语非泛泛，宜与其他任何小说比而验之，即传统名作亦非常见，而见于武侠中为尤难。盖武侠中情、景、述事必以离奇为本，能不使之滥易，而复能沁心在目，如出其口，非才远识博而意高超者不办矣。艺术天才，在不断克服文类与材料之困难，金庸小说之大成，此予所以折服也。意境有而复能深且高大，则惟须读者自身才学修养，始能随而见之。细至博弈医术，上而恻隐佛理，破孽化痴，俱纳入性格描写与故事结构，必亦宜于此处见其技巧之玲珑，及景界之深，胸怀之大，而不可轻易看过。至其终属离奇而不失本真之感，则可与现代诗甚至造形美术之佳者互证，真赝之别甚大，识者宜可辨之"。②

从来往信函可知，金庸曾多次给陈世骧寄赠自己的小说合订本。

陈世骧是海外第一代华裔人文学者，一生著述以中国古典文学最为著名。陈世骧中文论文和译文最早由弟子杨牧（王靖献）编选入《陈世骧文存》，大部分以英文写成的论文未结集，但中国台湾早有译介，并流传播布于海内外古典文学学界。2015年1月，学者张晖编选了《中国文学的抒情传统：陈世骧古典文学论集》，这本书可谓集陈世骧先生一生学问精粹。

陈世骧最著名的学生诗人盖瑞·斯奈德描述他的导师："他热爱诗歌，理解深切；他热爱生命情调。他可以凭记忆引法文诗，随便哪首唐宋诗词他几乎都可以默写在黑板上。"如今，我们在这些文章中，除了读到一个学者的学养、观点，亦能看到一位去国离乡的知识分子对母语文学传统的

① 陈世骧：《与金庸论武侠小说书（两通）》，《天龙八部》附录，广州出版社2008年版。
② 陈世骧：《与金庸论武侠小说书（两通）》，《天龙八部》附录，广州出版社2008年版。

眷恋。

人们对陈世骧并非总是赞誉之词。《明报月刊》有篇文章说他是“旧式文人，打麻将、喝酒、唱戏”。五旬的陈世骧爱热闹，不再积极研究写作，闲暇很多，朋友对他家夜夜雀战相当不满，常用被子把电话蒙起来，以免被催去填补三缺一。陈世骧没有重要的英文学术研究专著出版，也没有留下自传。

陈世骧于1971年5月去世时，年仅59岁。金庸在一篇随笔中惋惜地说：“陈世骧先生生活如此丰富多彩，如果没有过早去世，等到七十而从心所欲的年纪，写出自传来，一定很有趣。”

金庸最佩服的“棋圣”
——“大国手”吴清源

有人曾在闲谈中问金庸：“古今中外，你最佩服的人是谁？”金庸冲口而出：“古人是范蠡，今人是吴清源。”

金庸认为，吴清源有“极高的人生境界”，“他的弈艺，有哲学思想和悟道作背景，所以是一代的大宗师，而不仅仅是二十年中无敌于天下的大高手。大高手时见，大宗师却千百年而不得一”。

八十多年前，一位年仅14岁的中国少年东渡日本，艺成之后携剑出山，三十年间笑傲江湖，打败了日本当时所有顶尖高手。有人称之为“大国手”，也有人尊其为“棋圣”。金庸则把他比作自己笔下的风清扬，清灵飘逸，仙风道骨，独孤求败。这位传奇人物就是吴清源。

1

吴清源与金庸的交往一直是人们津津乐道的话题。但吴清源谈起金庸却是淡淡如水，毫无喜怒。“我们认识十几年了吧，他是一直支持围棋，曾经招待过许多棋手。当时他招待我，费用都是他出。他的棋力我让他四子。”

20世纪30年代，当青年吴清源在日本大战围棋高手的时候，比他小10岁的少年金庸才初执棋子。

那时，江浙一带围棋之风很盛，每一家比较大的茶馆里总有人在下棋，经常有一堆堆的人围着看棋。金庸的家乡浙江海宁是围棋之乡，清代曾出过棋圣范西屏、施定庵。旧时他家有一小轩，是他祖父与客人弈棋处，挂了一副对联：“人心无算处，国手有输时。”他小时候看了不解其意。7岁学棋时，父亲就告诉他说，棋界第一英雄的名字就是吴清源，他最初的棋书也是吴清源的《黑布局》和《白布局》。随着成长，金庸渐渐地明白吴清源这个名字代表了什么。他从不敢奢望吴清源会收他做弟子，只想能够有机会见一见自己心目中的神——这位在棋盘上创下了惊天动地战绩的英雄。

在《大公报》工作时，金庸常和梁羽生、聂绀弩等人下围棋。那时，他虽然未曾与吴清源谋面，但他关注着吴清源在日本的一场场对局。他写过《围棋杂谈》等“棋话”，说“前几天看到北京出版的一本日文本的《人民中国》杂志，上面有一篇介绍围棋的文字，还附了范西屏与施定庵的一局对局。范、施是清代乾嘉年间的两位围棋大国手，棋力之高，古今罕有，直到现代的吴清源才及得上他们”。

在“三剑楼随笔”的《历史性的一局棋》里，更是绘声绘色地讲述了吴清源初露头角的故事。

吴清源于1914年6月出生于福建省闽侯县（今福州市）一个盐商家庭，幼时家道中落，随父母迁至北京，住在大酱坊胡同22号。他的父亲吴毅在北洋军阀段祺瑞手下当“部员”闲职，家境很穷，仗着“围棋”有几度散手，常常和别人赌赛，就像香港某些职业象棋手一样，每局赌一两个银元。有一次吴毅和一个胖子下棋，赌注是五块银元。在那时，这赌注是很高的了。吴毅不知是心理紧张还是技不如人，未至中局就给别人占尽上风。他眉头一皱，借入厕为名，躲到厕所去松一口气，并想着下一着的挽救方法。

吴毅去了许久不回来，那胖子等得不耐烦了，嘲笑着吴毅借故遁逃。在一旁的吴清源这时冷冷地说道：“我替父亲下几步好不好？”那时只有12岁的吴清源还未与人对过局，那胖子大笑道：“你输了你爸爸会认数吗？”吴清源道：“怎见得是我输呢？等我输了你再说不迟，我没钱就脱衣服给你。”那胖子本来好胜，见这个小孩子不把他放在眼内，不禁大怒，就和他续下去。

吴清源像小孩子玩石子似的，随手将棋子丢落棋盘，简直不假思索，不过一二十手就扭转大局，转败为胜。那胖子不服气，再和他下一局，赌注十元，结果又输。事后父亲吴毅问他：“我又没教你下棋，你几时学会的？怎么这样大胆？”吴清源道：“我天天看你下棋，不学也会啦！我是看准能赢才动手的呀！”

自此以后，吴清源“围棋神童”之名传扬开来，段祺瑞知道了，特别叫人找他去下棋。段祺瑞的棋力很高，他自夸是“七段”，大约可相当于日本的四段。吴清源就跟他下了一盘。段祺瑞下棋很快，看吴清源是小孩子，就用无理手欺负他，最后被吴清源抓住破绽，赢了那盘。段祺瑞家里请的一些棋手跟他说：“你怎么能赢了他呢？你要让着他，他就高兴了！”后来下棋，吴清源就不敢赢他了，可段棋瑞已经看出他的实力，对他说：“你不要害怕，你能赢我我才高兴呢！”果然，此后再下就都是吴清源赢了。

吴清源被段祺瑞赏识后，家庭境况好了许多，父亲也升了官，他更可以安心下棋了。1926年，日本的井上孝平五段到中国游历，在北京的青芸阁茶楼与吴清源对局，吴清源“打黑手”（下围棋持黑子的先下，打黑手等于象棋中的被让先）胜。继之而来的是岩本熏六段，让吴清源二子，吴又胜。还有桥本宇太郎和吴清源下过几局，互有输赢，那时吴清源才13岁。

吴清源能与高段互有胜负，传至日本，令日本棋手大吃一惊。当时日本的八段濑越宪作看了吴清源的棋谱，叹为天才，遂资助他到日本去学习围棋。

1928年，14岁的吴清源举家东渡日本，拜在濑越宪作门下。天才的吴清源很快便在日本棋坛掀起了一场改变故有观念的风暴，他与好友木谷实提倡“新布局”，革新了受传统桎梏的日本围棋理念。1933年，吴清源在与当时日本棋界的权威本因坊秀哉的“名人胜负棋”中下出了“三三··星·天元”的布局，震动天下，令围棋的发展迈入了一个新阶段。

金庸以“历史性的一局棋”描述了吴清源当年“独孤求败”的情景：

1933年，日本围棋界出现了被称为“吴清源流”（即“吴清源派”）的一群人。

对这样一件大事，日本围棋界的至尊本因坊秀哉当然要表示意见。这位老先生大不以为然，认为标新立异，并不足取。两派既有不同意见，最好的办法是由两派的首领来一决胜负。

那时，吴清源22岁。

棋局开始，吴清源先行，一下子就使一记怪招，落子在三三处。这是别人从来没用过的，后来被称为“鬼怪手”。秀哉大吃一惊，考虑再三，决定用成法应付。下不多子，吴清源又来一记怪招，这次更怪了，是下在棋盘之中的“天元”，两手怪招使秀哉伤透了脑筋，他当即“叫停”，暂挂免战牌。

棋谱发表出来后，围棋界群相耸动。守旧者说吴清源对本因坊不敬，居然使用怪招，颇有戏弄之意。但更多人认为，既然是新旧两派的大决战，吴清源使出新派的招数，也无可非议。

这次棋赛规定双方各用13小时，但秀哉有一个特权，就是随时可以“叫停”，吴清源没有这项权利。秀哉每到无法应付时，立即“叫停”。“叫停”之后不计时间，他可以回家慢慢思考几天，等想到妙计之后，再行出战。所以，这一局棋因为秀哉不断叫停，拖延了四个多月。

棋赛的经过逐日在报上公布，棋迷们看得很清楚，吴清源始终占着上风。日本棋迷对于权威被打倒不免暗暗感到高兴，但想到日本的最高棋手竟败在一个中国年轻人手里，又很丧气。在这几个月中，日本的棋迷们又兴奋，又担忧，心情十分矛盾。

在本因坊家里，情形尤其紧张。秀哉每天召集弟子们开会，商讨反攻之策。秀哉任本因坊已久，许多高手都出自他的门下，就日本传统棋界而言，此战可谓荣辱与共。所以，这一局棋，其实是吴清源一个人力战本因坊派数十名高手。

下到一百四五十手时，局势已经大定，吴清源在左下方占了极大的一片。本因坊的会议开得更频繁了。第一百六十手轮到秀哉下子，他下了又凶悍又巧妙的一子，在吴清源的势力范围中侵入了一块。最后计算，是秀哉胜了一子，大家终于松了一口气。虽然胜得很没有面子，但是，本因坊的尊严勉强维持住了。

十多年后，日本围棋界的元老濑越宪作透露了一个秘密：那著名的第一百六十手不是秀哉想出来的，是秀哉的弟子前田陈尔贡献的意见。这时，秀哉已死，他的弟子们认为这个消息有损老师的威名，逼迫濑越辞去日本棋院理事职务。

此事过去了许多年，有人问吴清源："当时你已胜算在握，为什么还是输了？"因为秀哉虽然下出巧妙的第一百六十手，但吴还是可以胜的。吴笑笑说："还是输的好。"事实上，要是他胜了那局棋，只怕以后在日本棋界就无法立足了。[①]

1939年，在秀哉病逝后，吴清源与木谷实展开了争夺日本棋界第一人的最残酷的"升降十番棋"较量，吴清源以将木谷实在交手棋份上降格为"先相先"的方式获得胜利。在未来的十七年里，饱受战争离乱、外界压力、衣食无着之苦的吴清源在残酷且事关名誉的十番棋中分别迎来了大前辈雁金准一、后辈藤泽朋斋（二次）、师兄桥本宇太郎（两次）、前辈岩木薰、后辈坂田荣男、高川格的挑战。这个对手阵容囊括了当时日本棋坛的最强者，而吴清源将这些对手一一击败，全部降格，开创了围棋史上的"吴清源时代"。

要知道，当时日本是围棋王国，1961年派出一个54岁女棋手"伊藤老太太"就能够横扫中国棋手；更要知道，那段时光正是中日关系一直处于不正常状态，吴清源输棋就将"掉落悬崖"。

棋迷都会用"棋圣"这个词来形容吴清源；如果从"以无法为有法"、

① 金庸：《历史性的一局棋》，《香港大公报》1956年12月8日。

“以无招为有招”的一贯弈棋风格来看，只有金庸笔下的“独孤求败”可以描述吴清源数十年在棋道上的造诣。

金庸说，吴清源将“这门以争胜负为唯一目标的艺术提到了极高的人生境界……大高手时见，大宗师却千百年而不得一”。“在两千年的中日围棋史上，恐怕没有第二位棋士足与吴清源先生并肩。”

2

1985年，吴清源实现了战后第一次访问中国。此后，他每年一次到大陆或台湾，最长的一次，从辽宁的大连到沈阳，又从沈阳到黑龙江的哈尔滨……在东北转了一圈，出席了沈阳等地举行的中日两国围棋爱好者的交流活动。

当年，电影《一盘没有下完的棋》风靡中国，给中国观众留下了极为深刻的印象，这部电影的人物原型就是吴清源。与棋盘上的辉煌相比，吴清源的生活却是颠沛流离、坎坷曲折。他在很长一段时间里居无定所，辗转漂泊，竟然被视作没有国籍没有身份的人，然而对于一心探求棋道的吴清源而言，这些不幸都宛如浮尘。

1986年，吴清源获香港中文大学荣誉博士。在中国香港，金庸邀他到家中下棋，设家筵款待吴清源和林海峰师徒，聂卫平作陪。

吴清源说：“我正式的名字是‘泉’，‘清源’其实是我的字。无论是‘泉’还是‘清源’，都是和水有关，因为我出生的那天正好是雨季，雷雨特别厉害。母亲把两张八仙桌并起来，在上边铺上布垫，才生下我的。所以下棋时我不讨厌打雷，还有点儿喜欢，特别来劲。”

金庸问林海峰：“你在中国台湾，吴先生在日本，你怎么会认识他拜师的？”吴清源代弟子回答：“1952年8月我去中国台湾，台湾围棋协会授予我‘大国手’称号。他们安排了一场测试，让我跟少年棋手下棋。那时，林海峰只有10岁，会堂里来了好几百人。我让他六子，进行到一半的时候，林少年的棋就完全不行了，看样子马上要认输了。但就在这时，他突然拿出自身的力量，将局势挽回了不少。后来才听说，原来事先有台湾的一流高手帮助林少年研究对策，但是结果还是我赢了1目。测试棋之后，棋协理事长周至柔先生问我，如果林少年去日本的话，能不能下到六段或是七段？我回答说，要尽早让他去日本留学。”两个月后，林海峰来到了日本，让他作为日本棋院的院生开始了围棋学习。因为吴清源和他离得很远，所以实行的是通信教学，把他下的棋谱抄下来寄给吴清源评注后再寄回去。1965年，林海峰获得第四期名人战冠军，23岁就成为历史上最年轻的“名人”。

金庸曾拜聂卫平为师。在饭桌上，聂卫平问金庸：“吴先生像你小说中哪个人物？，金庸不假思索地回答道：“风清扬，《笑傲江湖》中的风清扬！”

金庸酷爱围棋，在他的许多小说中都有高手对弈，妙局制敌的描写，如黄眉大师坐斗“恶贯满盈”、木桑道长邀棋而战、“黑沼隐女”以棋作术数，《天龙八部》中的“珍珑棋局”，将“棋心”与“禅心”契合……这些描写以文寓武，张弛有道，成为“金迷”和棋迷心目中的经典。“常有人问起我下围棋的种种来，就直接的影响和关系而言，下围棋推理的过程和创作武侠小说的组织、结构是很密切的……”

金庸迷围棋有一个特殊的癖好，就是拜高手为师。历史上徒弟段数最高的，大家公认是吴清源的好友木谷实，总共超过五百段，与木谷实相比，世界上师父段数最多的现在肯定是金庸，一百段以上。此刻，他又拜吴清源为师。

金庸拜师完全不守武林中人入门以后从一而终的规矩，不分门派，不分辈分，只要艺高，他就要拜师，而且学不学得到本领不论，拜师的仪式却一点不肯马虎，往往坚持要行跪叩的大礼。吴清源受礼后，他又要拜林海峰为师。林是吴的弟子，金庸十分诚意地要拜，林海峰却怎么也不敢受。僵了好一阵，最后还是搬了一张太师椅来，林海峰端坐其上，金庸毕恭毕敬地鞠了三个大躬。然而，吴清源虽已是师父，但此时升格为师祖，又受了三鞠躬。多年以后，金庸、林海峰等人倡办了“炎黄杯”名人围棋赛。

2001年8月，首届中国贵阳国际围棋文化节在贵阳举行，吴清源和金庸相约而聚。与大侠相逢贵阳，金庸十分高兴。他说：“最高兴与吴清源大师见面。”“围棋是很讲天份的，吴清源大师这样的天才几百年才出一个，他的棋艺和人品都是我所崇敬的。”[①]

来到贵阳，吴清源和金庸抽空与筑城棋迷“夜话江湖事”。

吴清源当年在日本曾打败了所有的顶尖高手，被尊称为“昭和棋圣”，世界棋界更把吴先生尊为“一代棋圣”、“棋界泰斗”。而吴清源则对这些名誉一笑哂之。他说，他当年拒绝了中国台湾为他颁发的“棋圣”称号，“孔夫子才能称‘圣’，我觉得我不够资格，圣人等于我们人的最高层次，我不敢接受”。因此吴清源只接受了“大国手”的称号，终生未受“棋圣”之称。

---

① 石新荣、陈志强：《金庸贵阳话围棋，最高兴与吴清源大师见面》，新华社2001年8月10日。

金庸很钦佩吴清源，认为他是千年难出的天才，把吴清源比作自己笔下的风清扬，一个不愿卷入门派内斗，却使得一手绝世好剑的隐士，有着不计胜负的高远意境、独步天下却淡泊名利的宽广胸怀。正是这样的人生修为，才使吴清源渡过他生命中的重重苦难，无论是在夹缝中生存的艰难，生活的漂泊和清苦，遭遇车祸后的精神错乱和棋力的下降，都在他的静心修为中化成笑谈。“独孤九剑，没有定式，变化无穷。他就像风清扬，清灵飘逸，仙风道骨。”

对金庸的赞誉，吴清源不太明白，“风清扬是谁？我不知道，我不清楚武侠小说，但侠客我知道。我喜欢的项羽就是侠客，‘大风起兮云飞扬’……”

也许是因为吴清源的棋风历来都是无拘无束、摆脱成规的，所以很多棋友都说他的棋艺有一种江湖游侠自由飞扬的气质。不知是不是因为对文字理解的不同，吴清源对“侠”的称呼也不认可。他说：“我的棋不是侠。他们日本才好侠客，孔子就看不起侠客。他们日本人推崇武士道，是要拿着刀杀人的，孔子说这是匹夫之勇。”

金庸也侃侃而谈。围棋有两个概念，“厚”和“薄”、“轻”和“重”；“厚”和“轻”本来是好的，“薄”和“重”是坏的，有人说对应起来，是不是有点矛盾？实际上它们是互相补充的观念。宋朝为什么衰弱，老是在议和，这就好像围棋上的原则，宋朝把全国的军队都集中在开封，中央重、四周薄，战略要点上都不防御了。陈毅元帅曾说过，“国运盛，棋运盛”，如果像贵阳这样大规模地普及及提高围棋之道，我们就无敌于天下了。①

有一日，围棋老师王立诚和棋友到金庸家作客。晚上，他们借棋书研究，选中的是平凡社出版的四卷本《吴清源打棋全集》。发现金庸在棋书上画了不少红蓝标志，称赞他钻研用功，问：“为什么吴老师输了的棋你大都没有打？”金庸答：“我敬仰吴先生，打他大获全胜的棋谱时兴高采烈，分享他胜利的喜悦，对他只赢一目半目的棋局就不怎么有兴致了。至于他的输局，我通常不去复局，打这种谱时未免闷闷不乐。”

这一问，金庸明白了自己是以娱乐的心情去打谱，用功自然是白用了，所以棋技一直没有长进。其实，吴先生即使在负局之中也有不少精妙之着，但这些妙着和新颖的构思，也只有专家棋士才能了解。数百年之后，围棋艺术更有无数创新，但吴先生的棋局仍将为后世棋士所钻研不休，因为吴先生的棋艺不仅存在一些高超的精妙之着，更在于棋局背后所蕴藏的精神与境界。

① 杨红蕾：《吴清源金庸陈祖德三位大师谈棋论道》，《春城晚报》2001年8月17日。

3

金庸77岁时，获得“全球中华文化艺术薪传奖”之终身奉献奖，当年赴日本横滨神奈川大学参加金庸小说研讨会。距离东京近100公里的神奈川县小田原市，是一处安静的小城。沿着很僻静的一条半山上的路走上去，便是吴清源的家。这是金庸第一次登门拜访吴清源，两人品茶下棋。

最近这十几年，吴清源已经不再和人正式对局，但是他一颗求道的心却从来没有变过，依然在研究棋，用围棋演绎《易经》，从中体味人生的真谛。

金庸以棋写人、喻人，喻人生百态、人心百态，发挥得淋漓尽致。《天龙八部》中的“珍珑棋局”，不同的人在这个棋局面前，面对的都是自身的命运。

吴清源从小学《中庸》《大学》，后来又精研《易经》，早已把阴阳和谐之道融入他的围棋理论之中。最出人意料的是，吴清源以毕生之体悟，融汇古老的中华文化，提出21世纪的围棋——六合之棋。所谓“六合”，在古文里是宇宙的意思，表示东西南北的四方和上下的天地。也就是说，围棋的目标不是局限于边角，而是应该很好地保持全体的平衡。

正是最后的一笔，吴清源完成了从“一代战神”到“旷代宗师”的转变，也正是这一点使金庸无比敬仰，不吝称赏。

晚年，吴清源出版自传《天外有天》，记录了在动乱的昭和历史上一位旷世奇才在异国他乡独闯天下的故事。金庸为之作序《崇高的人生境界》，开门见山地写道：“《天外有天》这部书写出了吴先生一生弈棋的经历。我们从中可以看到，吴先生毕生所寻求的，其实是一个崇高的心灵。只因为他的世俗事业是弈棋，于是这崇高的心灵便反映在棋艺上。新布石法、大雪崩内拐的定式，以及其他各种为人所称道的创造，其实只是余事而已。在吴先生崇高的心灵中，恐怕在近百局‘十番棋’中将当世高手尽数打得降级，也只是人生中微不足道的过眼烟云吧。”①

于是，同样钟爱围棋、晚年修佛的金庸，用笔墨描绘了一个崇高的心灵：“围棋是中国发明的，近数百年来盛于日本。但在两千年的中日围棋史上，恐怕没有第二位棋士足与吴清源先生并肩。这不但由于他的天才，更由于他将这门以争胜负为唯一目标的艺术，提高到了极高的人生境界，吴先生

① 金庸：《崇高的人生境界》，《天外有天序》，燕山出版社1996年版。

在围棋艺术中提出了‘调和’的理论，以棋风犀利见称的饭田荣男先生也对之一再称誉，认为不可企及。吴先生的‘调和论’主张在棋局中取得平衡，包含了深厚的儒家哲学和精湛的道家思想，吴先生后期的弈棋不再以胜负为务，而寻求在每一局中有所创造，在艺术上有新的开拓。放眼今日中日棋坛，能有这样胸襟的人可说绝无仅有，或者棍原和大竹两位略有近似之处吧，但说到天才，却又远远不及了。佛家禅宗教人修为当持‘平常心’。吴先生在弈艺中也教人持‘平常心’。到了这境界，弈棋非但不是小道，而是心灵修为的大道了。吴先生爱读《易经》《中庸》。他的弈艺，有哲学思想和悟道作背景，所以是一代的大宗师，而不仅仅是二十年中无敌于天下的大高手。大高手时见，大宗师却千百年而不得一。”

金庸说，吴清源所谓“两星之间”的那颗星，正应“北极星”之说。吴清源的贡献远不止在于棋盘之上。一生坎坷曲折的他，淡泊名利、一心求道，而将各种不幸视如浮尘。

及至晚年，吴清源矍铄如故，每日研究围棋不辍，亲身向世间践行了“下围棋，得天寿”的道理。他经常跟人说：“总要活到100岁，事情才能做完。”痛失夫人的吴清源依然顽强地活着，享受着围棋，追随着自己的信念。

2014年12月1日，一代棋圣吴清源逝世，一百岁下完了“一盘棋”。

他首开金庸小说研究课

——北大教授严家炎

严家炎是中国现代文学研究会会长，北京大学中文系教授、博士生导师，从1995年春开始，他在北京大学中文系开设“金庸小说研究”课程。严家炎认为，金庸小说的出现是一场静悄悄的文学革命。

在北大，严家炎有“严加严”的雅号，这是如今老中青三代学人都公认的尊称。其实，严家炎严于律己，宽厚待人；严于学术与思想品格，于日常生活，他很是亲切随意。若你看到他欣然一笑时那纯真的表情，就会知道这是一个善良真诚到骨子里的人。严家炎对学术的“严”，基于他追求真理的坚定品性，这是贯穿他一生的治学精神。

他的《金庸小说论稿》是第一部从学理上研究金庸小说的专著。

1

抱着“守正创新”的北大传统和他严于学术的态度，1991 年，严家炎赴美国旧金山讲学。

严家炎早慧，早年就读于上海吴淞中学时，因酷爱文学，便与八九个同学一道组成文学小组，读左翼文学，并相信要到群众中去，向往火热的斗争生活。他违背家里的愿望，报考华东人民革命大学，先后参加过淮南淮北四期土改，有6年时间在革命实践中锻炼成长。1956年，严家炎得益于周总理“向科学进军”的号召，考取北京大学中文系文艺理论方向的四年制副博士研究生，学成后留校任教，这一教就是近60年。

严家炎在学术上崭露头角，始于他对《创业史》中的“中间人物”的评价，那一年他刚满28岁。1961年，他在《文学评论》第三期上发表《谈〈创业史〉中梁三老汉的形象》。当时，所有评论都聚焦于梁生宝这样的“社会主义新人”，给予高度而热烈的评价；严家炎却认为梁三老汉这种“中间人物”更具有时代的真实性，“虽然不属于正面英雄形象之列，但却具有巨大的社会意义和特有的艺术价值”，是“全书中一个最有深度的、概括了相当深广的社会历史内容的人物”。在当时，这种观点可以说具有相当的超前性。严家炎看出梁生宝这种人物形象是应社会主义时代要求表达历史先进性的理想化人物，其存在有历史合理性和必要性，但难免有概念化之嫌。他强调“中间人物”的艺术价值，也是包含着他对文学的痴情，因为痴情，便容不得作假作伪。

在旧金山一日，有青年朋友鼓动他，为当地一个华文文化中心讲讲金庸小说。为了写好这篇讲稿，他特意去斯坦福大学的东亚图书馆，作了一点阅读量的调查，发现他们馆藏的金庸小说，几乎都借出过几十次、上百次，“借书日期”、“还书日期”栏内盖的戳子密密麻麻。许多书都已被翻看得陈旧破烂。图书馆工作人员告诉他，他们已买过两种版本的金庸小说，结果都相似，因为借阅的人实在太多。

严家炎做人作文认真严谨，一丝不苟，尤其是材料功夫十分了得。他说，他做学问，会“抓住阅读中发现的一些可疑之处，紧追不舍，尽可能充分占有相关材料，深入开掘，最终获得成果”。他重视以材料服人，在学界中有口皆碑。

回国后，他开始关注国内读者的阅读状况。他曾经以为男性青年学生才喜欢金庸小说，谁知一调查，出入非常大，许多女学生照样爱读。而且他们的父母亲和许多上了年纪的人也同样喜欢读，真是到了不分性别、不分年龄的地步。除读者阅读现象非常值得注意之外，金庸小说本身还包含着一系列难以索解的有趣现象，如金庸小说虽然产生在香港商业化环境中，却没有旧式武侠小说那种低级趣味和粗俗气息。又如，金庸自己完全不会武功，却能把武林人物的打斗写得那么吸引人；金庸小说明明是武侠小说，却又有着浓重的文化气息，简直可以当作文化小说来读。再如，武侠小说一般都以神奇、曲折来吸引人，可是金庸小说同时又相当贴近生活、贴近人生，相当生活化。诸如此类，金庸小说似乎充满了许多不易诠释之谜。

他渐渐觉得不为青年学生做点事似乎欠了一份感情债，心里头有重压之感，觉得不开设金庸小说研究课程，自己有愧于文学史研究者的责任，也辜负了年轻朋友的期待。

那时他尚未与金庸见过面。

1992年，严家炎到香港中文大学作短期研究。在文化界一次小型宴会上，他才与金庸真正相识。宴席结束时，金庸邀约到他的山顶道一号家中小聚。几天后的一次相当酣畅的欢聚，他们从各自少年时的兴趣爱好说到武侠小说，又从武侠小说聊到新武侠，再从金庸小说谈到围棋，又从围棋胜负聊到顶尖国手陈祖德以及金庸向他学习棋艺；再从香港将要回归聊到金庸参加香港基本法的起草……严教授向金庸请教了许多问题。一直到厨师送来了下午的点心，两人的谈话才告一段落。餐后，金庸亮出旁边小桌上放着的三十六册第二版金庸小说，送给了严教授，还让司机驾车送他回中文大学的住处。

1994年10月，金庸赴北京大学访问，严家炎放下手头的工作，陪他参观故宫、长城，访问学者，切磋文学。

在中文系，金庸一开口就十分谦逊，“我没资格坐在这里，这里许多老先生的书我都读过，第一次见面，很崇拜，很仰慕”。又对严家炎说：“我今年春天去过绍兴，到兰亭王羲之以前写字的地方。那里的人要我写字，我说在王羲之的地方怎么可以写字呢？但他们非要我写不可，我只好写了八个字：‘班门弄斧，兰亭挥毫’。班门弄斧很狂妄，在兰亭挥毫就更加狂妄了。这次到北大，说好要作两次演讲，我自己写了十六个字：‘班门弄斧，兰亭挥毫，草堂题诗……’在大诗人杜甫家里题诗，第四句是：‘北大讲学。’”

对历史很有研究的金庸说，读《汉书》时，有一个问题让他百思不得其解。刘邦一直想废掉太子刘盈，但被誉为商山四皓的四位老先生劝刘邦后，刘邦就放弃了废太子的想法。“商山四皓没有兵权，没有谋略，为什么刘邦会听他们的话？”一见到严家炎等几位教授，金庸就立即请教这个问题，听了解释他说“现在我清楚了”。

演讲会上，他对人学生们说：“北大是我从小就很仰慕的大学。我的亲伯父就是北大的毕业生，故乡人大多不知道他的学问如何，但听说他是北大毕业生，便都肃然起敬。我念初中时候的班主任也是北大毕业生，他学识渊博，品格崇高，对我很爱护。虽然现在时隔五六十年了，我还常常想念他。……严家炎教授是我半师半友的一个学术同道，我非常仰慕你们能够经常听他讲课，讲述文学的学理。”

在严家炎的诚恳要求下，金庸的“北大讲学”前后有两次。面对中国最高学府的学子和教授们，金庸说：“现在我是北京大学的一分子了，可以称大家为同学了。我衷心感谢北京大学给了我很高的荣誉，授予我名誉教授的称号。……抗战时期，我考大学，第一志愿就是报考西南联大，西南联大是由北大、清华和南开三所大学合办的。我有幸被录取了。或许可以说，我早已是北大的一分子了。不过那时因为我没有钱，西南联大又在昆明，路途遥远，没法子去，所以我不能较早地与北大同学结缘。今天我已作为北大的一分子，跟大家是一家人了，因此感到莫大的荣幸。"

严家炎向金庸转达大学生们的一个要求，听他讲讲武侠小说。金庸婉拒了，说："写小说并没有什么学问，大家喜欢看也就过去了。我对历史倒是有点兴趣，今天我想简单地讲一个问题，就是中华民族如此长期地、不断地发展壮大，到底有何道理，有哪些规律？"

然后，金庸从华夏民族的七次大危机又都是七次大转机开题，讲述了民族的同化、融合和壮大、统一问题。他说："我在武侠小说里写了中国武术怎样厉害，实际上是有些夸张了。中国人不太擅长打仗，与外国人打仗时，输的多，赢的少，但是我们有耐力，这次打不赢没关系，我们长期跟你干，打到后来，外国人会分裂的。如匈奴很厉害，我们打他不过。……有意思的是，匈奴的一半被中国抵抗住了，投降了，另外一半却把整个欧洲打垮了。"①

金庸在北大住了26天，与严家炎几乎朝夕相处，竟然有点难舍难分了。有一天，他说："我的学问不够，真想长住在北大，好好读读书，听听你讲的课。"他晚年留在世界著名大学继续读书的念头由此而生。若干年后，他赴英国在剑桥大学读博三年。

北京大学授予金庸名誉教授，在授予仪式上，严家炎发表贺辞《一场静悄悄的文学革命》，他说："金庸小说的出现，标志着运用中国新文学和西方近代文学的经验来改造通俗文学的努力获得了巨大的成功。如果说'五四'文学革命使小说由受人轻视的'闲书'而登上文学的神圣殿堂，那么，金庸的艺术实践又使近代武侠小说第一次进入文学的宫殿。这是另一场革命，是一场静悄悄地进行着的文学革命。金庸小说作为20世纪中华文化的一个奇迹，自当成为文学史上的光彩篇章。"②此文已经成为金庸研究领域的经典文献。

1994年，对金庸来说是极为辉煌的一年，先是生活·读书·新知三联书店推出了15种36本的《金庸作品集》，接着又有人对"二十世纪中国小说大师"的"座次"进行"重排"，把金庸的位置排到了第四位，一时引起了很大的轰动。

---

① 《金庸的中国历史观》，《明报月刊》1994年12月号

② 严家炎：《一场静悄悄的文学革命》，《明报月刊》1994年12月号。

1995年3月3日，严家炎趁赴港出差之际访问金庸，发表了《金庸答问录》。金庸对他说："我的小说中有'五四'新文学和西方文学的影响，但在语言上，我主要借鉴中国古典白话小说，最初是学《水浒》《红楼》，可以看得比较明显，后来就纯熟一些。我在电影公司做过编剧、导演，拍过一些电影，也研究过戏剧，这对我的小说创作或许自觉不自觉地有影响。小说笔墨的质感和动感，就是时时注意施展想象并形成画面的结果。戏剧中我喜欢莎士比亚的作品，莎翁重人物性格、心理的刻画，借外在动作表现内心，这对我有影响。"

与金庸多次接触，严家炎终于认定，科学地揭示现象背后的诸多原因，深入地探讨金庸作品魅力之所在，解开谜底，把金庸小说放到中国文学发展的背景上加以考察，从而衡定其在文学史上的地位，正是现代文学研究者们共同面对的课题和任务。

就是从这一年的春天开始，严家炎在北京大学中文系开设"金庸小说研究"课程，以"经典文本研究"的方式将金庸引进大学课堂。紧接着，深圳大学、浙江大学、广东社科院相继设立了"金庸作品研究室"，同时出现了以金庸作品为选题的博士毕业论文。

严家炎的课堂讲稿以学术论文的方式，先后在香港《明报月刊》、岭南学院《现代中文文学评论》、中国社会科学院《文学评论》杂志、武汉《通俗文学评论》、广州《东方文化》杂志、北京《中国文化研究》上刊载。

严家炎的《论金庸小说的现代精神》一文，从五个方面论述了金庸小说中体现的"现代精神"：一是根本批判与否定"快意恩仇"、任性杀戮的观念，这与鲁迅等新文学家思想一致。二是承认并写出了中国少数民族及其领袖的地位和作用，用平等开放的态度处理民族间的关系。三是借人物之口表述了他对正邪、善恶的鉴别应以符合大多数群众利益为准，提出"权力产生腐化"。四是在个人与个人、个人与社会的总体关系上，应尊重个人性情与服从总体利益的原则，这正体现了现代意识中人既要有社会责任又应有独立人格的两个重要侧面。五是融现实感受体现在作品中的独立的批判精神。

1999年1月，严家炎将历年讲稿整理而成的专著《金庸小说论稿》由北京大学出版社出版。这是第一部从学理上研究金庸小说的专著。严家炎在这部专著里，从"文化生态平衡与武侠小说的命运"、"金庸小说的现代精神"、"金庸小说的影剧式技巧"以及金庸笔下的"义"、"武"、"情"等诸多方面对金庸小说进行"破解"。书中，他赞颂和推崇金庸小说，认为金庸小说作为20世纪中华文化的一个奇迹，自当成为文学史上光辉的篇章。

2

这之后，在北大、大理、海宁、台北、科罗拉多等地的金庸小说国际研讨会上，以及在华山论剑的活动中，严家炎与金庸多次见面，还一起畅游了九寨沟、峨眉山、青城山，欣赏了壮观的钱塘潮。

1998年5月，世界“武林大会”在美国科罗拉多大学举行，严家炎应邀与四十多名知名学者专家在洛矶山下唇枪舌剑，纵论“百年一金庸”，“比武过招”了整整三天。

在“金庸小说与二十世纪中国文学”国际学术讨论会上，严家炎发言揭示金庸的成功之谜，“随着金庸小说读得越多，我越是觉得自己对金庸的新文学根底及其在小说创作中的作用估计不足。事实上，五四新文学和西方文学的影响，对于金庸武侠小说创作不是起着一般的作用，而是起着决定性的作用。可以说，在很大程度上决定着小说的思想面貌和艺术素质。如果说，中国传统文化构成金庸小说丰富的建筑材料的话，那么，五四新文学和西方近代文学的修养，造就了金庸小说的内在气质。金庸写武功时常常强调内功是各门功夫的基础，我们可以说，五四新文学和西方文学的修养，就是金庸真正的内功”。

在闭幕式上，严家炎代表与会者讲话，他说：“虽然在此之前，我研究过金庸，但通过这个会议，才真正体会到金庸小说的丰富性，明白到研究金庸可以用多种方法，其中比较突出的至少有三类：一类是以知识实证的验证方法；一类是以才气、灵感为特征；另外一种从理论来研究。三种方法各有长处，可以互补。”

严家炎称1998年又是一个“金庸年”，一个月前，他刚刚参加了云南大理的金庸小说研讨会，五个月后他还将出席在台湾举行的一个国际性金庸小说讨论会。

不久，受王蒙之邀到海洋大学讲学，严家炎侃侃而谈，旁征博引，向同学们介绍金庸小说中武侠世界的独特魅力，揭示金庸小说经久不衰，畅销华人世界的秘密。他从四个方面分析金庸小说产生这种神奇阅读现象的原因。

第一，金庸小说是思想性娱乐品。“武侠属于通俗小说，必然是娱乐品。而金庸武侠小说的独特之处就在于金庸本人自觉追求作品的思想性，其每部作品都包含着人生哲理或金庸个人思想。”接下来，严家炎举出《射雕英雄传》中郭靖与成吉思汗探讨什么是真正英雄的实例，体现金庸小说的历史深度。他动情地引述道："自来英雄而为当世钦仰，后人追慕，必是为民造福爱护百姓之人。"

他认为，最能体现金庸小说思想性之深的莫过于《笑傲江湖》，金庸利用武侠特有的荒诞夸张和宗系派别，描绘不同类型野心家以各种名目进行扩张、无孔不钻，无恶不作的丑陋行径。

第二，金庸小说虽为古代题材，但渗透现代精神。金庸对武侠中"快意恩仇杀人如麻"，"狭隘的大汉族统一思想"，"侠客热衷仕途"等毛病进行变革，融入现代人思想。严教授在谈到侠客时，说道："金庸笔下的侠客都是性情中人，他们爽朗热忱，绝不做封建庸臣，为了理想可以全然不顾生命，他们是个性解放，人格独立的大树，并非依附权力依仗武功的藤萝。"

在谈到金庸武侠世界的爱情时，严家炎用"脱俗、纯情、理想"三个关键词概括，并引用胡一刀所言"爱情是两情相悦的愉悦，岂是价值连城的宝藏能比拟的？"他认为这种追求真爱的精神与五四新文学异曲同工，殊途同归。现代社会中，人要承担社会责任，社会应赋予人独立人格，金庸笔下郭靖、乔峰等人将个性自由与社会责任联系在一起，以天下为己任，这是现代精神的融入。

"金庸小说中第一英雄乔峰是契丹人，第一美女香香公主是回族人，第一明君康熙是满族人"，他幽默的概括引来同学们阵阵笑声，接着说道，"这看似偶然的结果蕴含着必然。金庸第一次以平等友善的态度描写少数民族，突破'华夏之辨'，这不仅对武侠精神有很大革新，更对中国文学史有重大意义。"

第三，金庸改革小说创作方法，使武侠由浪漫主义向象征寓意过渡。《射雕英雄传》中的雪白纯洁但带有毒刺的情花是对复杂爱情的深刻写照。《倚天屠龙记》中，一剑一刀的名字分别寓意武侠秘籍和兵法，暗示推翻元朝残暴统治后，替天行道为民除害的理想。严家炎特别强调"天指的是百姓"。《笑傲江湖》是金庸小说中运用象征寓意最纯熟的一部作品，金庸不想影射，但有寓意，他运用丰富表达手段，展示多层次意蕴，扩充小说容量。

第四，金庸小说蕴含中华民族内在精神与深厚的传统文化底蕴。严家炎谈道："见义勇为的义是金庸小说的核心，金庸融合儒家的仁爱民本，道家的深邃博大无处不在，庄子的瑰丽想象和灵动文字，既继承传统白话小说的叙事语言风格，又借鉴近代西方名著之精髓，广泛吸收艺术营养，使武侠生活化，这样的作品怎能不永放光彩？"

紧接着，严家炎结合自身阅读金庸小说体验，满怀感情地说："在令人不敢喘气的刀光剑影后，一阵阵高山流水燕语呢喃之景确实是活泼多变的艺术享受。"最后，他激动地总结道："金庸小说吸收历史、言情、侦探、通俗、滑稽小说的各类长处，是武侠小说的集大成者，是全能冠军！"①

严家炎每次去香港，金庸都与他见面，或在他家中，或在嘉华国际中心25层他的办公室，或是直接在太古广场的夏宫餐馆。他发觉，金庸办公桌上有一个非常特别的木质斜面写字台板，就向他请教，这写字台板有何用处？金庸先是得意地让他猜测，然后才告诉他，这是他自己设计的，写字台板装有可调节斜度的齿轮，能让写字者保持脊椎骨挺直，不致书写时弓腰曲背。严家炎坐到椅子上用斜面台板试写了一下，果然身姿感到轻松、舒服多了。于是，金庸说要把这写字台板送给他。严家炎坚辞不受，金庸说，他已经七十多岁了，使用率不高，而且他如果真还要用，让人再做一个也很容易。这样，严家炎不得不接受了这份极宝贵的礼物和情意。

1996年11月11日，严家炎陪同金庸访问金庸的母校——袁花小学（耕夫 摄）

3

1999年下半年，何满子在《文汇报》《光明日报》《中华读书报》连续发表《为武侠小说亮底》《为旧文化续命的言情小说与武侠小说》《就言情、武侠小说再向社会进言》《破"新武侠小说"之新》等文章，阐述了武侠小说就是旧文学，宣扬的是旧观念，与五四新人文精神是背道而驰的观点。

① 金庸：《北大严家炎教授谈王金之论战》，《中国青年报》1999年11月11日。

北京作家王朔在11月1日的《中国青年报》上发表文章，以其特有的调侃方式批评金庸，认为金庸小说与旧小说毫无差别，主题是以道德的名义杀人，在弘法的幌子下诲淫诲盗，人物大多狭隘、粗野，是很不高明的虚构的中国人形象，而且情节重复，行文啰嗦，讲因果报应，并将金庸小说列入四大俗。

11月10日晚7点，北师大500座阶梯教室。严家炎与北师大学生有一场对话在这里举行，主题是关于金庸。

对话中，有学生问严家炎："您怎么看最近王朔对金庸的评价？"严家炎回答："我今天上午看到那篇文章，是别人传真给我的。读作品有感想很正常。一个作品读不下去，有各种原因。可能作品本身不好，可能作者的某些描写习惯读者不适应，也可能读者存在某种心理障碍。举一个我的例子。我十三四岁时读《红楼梦》，读不下去；十七八岁读后，在日记里骂贾宝玉；20多岁上了北大，重读《红楼梦》，就感触很多。关于金庸语言不行的说法，文艺评论家李陀曾说过，金庸使中断了传统的白话语言起死回生。同一个问题，可能有相反的看法，不少海外华人为吸引子女学汉语，教材是金庸的小说。王朔的一些感触，譬如对段誉的看法，不一定没有道理，但不谈乔峰，而谈段誉，是没好好读《天龙八部》。"①

有学生问："您读金庸的阅读动机是什么？"严家炎答道："是年轻的同学促使我读的。年轻人告诉我，有个金庸的小说他们很喜欢。我读后，觉得喜欢不是偶然的，有作品思想和艺术的原因。年轻人要我讲，又逼着我进一步研究。"

严家炎说金庸的武侠小说是"武侠其表，世情其实"。这句话，是对金庸小说的准确描述，武侠只是他思想的一个传递物而已，而通过众多武林人物的描述，深入地写出历史和社会的人生百态、人性，体现出丰富的现实内容和作者自身的真知灼见，才是其真正的用意。金庸小说的情节结构艺术有五个特点：一是跳出模式，不拘一格；二是复式悬念，环环相套；三是虚虚实实，扑朔迷离；四是奇峰突转，敢用险笔；五是出人意料，在人意中。同时，他也指出金庸作品也有情节上站不住脚的地方。

21世纪初，严家炎与冯其庸等专家参与了《评点本金庸武侠全集》的评点。

时过多年，"金庸热"久久不散，对金庸的批评也随之增多，甚至形成了一种"围剿"之势。2007年5月，中国社会科学院学者袁良骏在中国现代文

① 金庸：《北大严家炎教授谈王金之论战》，《中国青年报》1999年11月11日。

学馆发表演讲，批评严家炎对金庸的评价“不符合金庸小说的实际，是一种廉价的吹捧”。同时，有一些学者批评北大为金庸吹喇叭、抬轿子，实在有辱“北大精神”，是在搞复古倒退，是“自贬身份的媚俗”。

不久，严家炎在中国现代文学馆进行了《我看金庸小说》的演讲，在两个多小时的演讲中，偌大的报告厅座无虚席，严家炎侃侃而谈，幽默风趣，显示了他的博学和睿智。

有读者提出，金庸小说十之九是武打描写。对此，严家炎指出：“只要稍稍读过金庸小说的就知道，金庸小说是文武交错。如果金庸小说十之九以上是武打描写，我敢说，没有几个读者会去看金庸小说——他的小说怎么能够销售上亿册？”

严家炎说，有评论家对金庸的《倚天屠龙记》和《笑傲江湖》的武打描写进行仔细的统计发现，前者的武打描写占全书的18%，后者的武打描写只占全书的15%。“这个距离太遥远了，信口开河的评论是不可信的。事实上，金庸小说在一张一弛的艺术节奏中，给读者很大的审美享受。”严家炎说。

针对有人指责金庸小说“仍然是脱离现实生活，仍然是不食人间烟火”的观点，严家炎予以批驳：“王蒙先生原本不喜欢武侠小说，但一个偶然的机会读了《笑傲江湖》后，却流泪了。像《连城诀》并不属于金庸小说最出色的前五六名，却也深刻揭示了‘贪欲’会使人异化到多么可怕的程度，令读者受到强烈震撼。”①

有一种说法：金庸在武侠小说里写了大量的帮派斗争，金庸是鼓吹帮派斗争的。对此，严家炎指出，江湖世界是社会现实的折射，是社会现实曲折的反映，只不过金庸运用了夸张甚至荒诞的形式。但金庸描写这些极其复杂的帮派斗争，并不是像有的学者指出的“金庸鼓吹拉帮结派”那样，金庸实际上是在揭露和批判这种斗争。

严家炎大赞金庸：“金庸小说的出现，标志着运用中国新文学和西方近代文学的经验来改造通俗文学的努力获得了巨大的成功。”“许多武侠小说大师的长处常常在其某个方面，如古龙长于精神分析的运用，梁羽生则有丰厚的文学气息和对古诗词的运用，他们都是单项冠军，但金庸的成就是全面的，是一个全能冠军。”

2009年秋天，在香港，金庸请刘再复和陈平原吃饭，说起一件事：某

① 严家炎：《批评可以编造和说谎吗？——对袁良骏先生“公开信”的答复》，收入《金庸小说论稿》，北京大学出版社2007年版。

年，因夫人卢晓蓉在香港工作，严家炎也来港，租了房子，住下来写作。写什么？就写《金庸小说论稿》。有一天金庸请吃饭，说起来，才知道那房子正好是金庸的物业。严家炎知道了，马上要求退租，免得瓜田李下，说不清楚。金庸很感慨，说你们北大教授有骨气。别人做金庸研究，跑来要求资助；你们却那么清高，刻意拉开距离。这就是严家炎——有点拘泥，有些古板，他认为，无论做什么事都要求自己心安。

2010年，严家炎主编的《二十世纪中国文学史》出版。作为普通高等教育“十五”国家级规划教材，这部文学史中有单独的一个章节写港台的武侠小说，主要讲的是金庸的成就，这是以往文学史所没有过的。

严家炎说：“文艺评论家李陀曾说过，金庸使中断了传统的白话语言起死回生。”“金庸小说情节紧张、热闹、曲折、合理，大开大合，针脚绵密，因而异常精彩。这是金庸小说的一大成就，也是其他武侠小说家难以望其项背的。”

他认为，“金庸小说从根本上批评和否定了‘快意恩仇、任性杀戮’这种观念。在武侠小说中承认并写出中国少数民族及其领袖的地位和作用，用平等开放的态度处理各民族间的关系，金庸是第一人”。“金庸小说虽也写古代，思想倾向却与旧式武侠小说大不相同，根本告别了‘威福、子女、玉帛’的封建性价值观念，渗透着个性解放与人格独立的精神。”

严家炎比较了新旧武侠小说，发现“金庸小说的现代性，从根本上说，还在于将侠义精神自单纯的哥们儿义气提高到‘为国为民，侠之大者’的高度，从而突破旧武侠小说思想内容上的种种局限，做到了与‘五四’以来新文学一脉相承，异曲同工，成为现代中国文化的一个组成部分”。“金庸武侠小说包涵着迷人的文化气息、丰厚的历史知识和深刻的民族精神。……这里涉及儒、释、道、墨、诸子百家，涉及千百年来中华民族众多的文史科技典籍，涉及传统文学艺术的各个门类如诗、词、曲、赋、绘画、音乐、雕塑、书法、棋艺，等等。”

2012年，年届八十的严家炎在深圳的一次读书会上说：“金庸小说是可能成为经典的，经典就是传之后世，历久弥新，一般是能经过五代人的考验的。金庸小说已经历了三代人。金庸曾经说现在有许多人是在用中文写外国小说，我觉得金庸小说创作中也采用了很多外国的艺术手段。”

听到严家炎的话，金庸立刻解释道：“我说现在有些人是在用中文写外国小说，是说现在有很多人用中文写出来的小说，就像外文一样让人看不懂。”

严家炎一生治文学史，晚年终有两卷本《二十世纪中国文学史》面世，又主编了三卷本《二十世纪中国文学作品选》，书中贯穿了他对20世纪中国文学史的通盘理解，可谓中国文学史研究的重大成果，其中包含了他对金庸小说的研究。而这些重大成果，都是严家炎在临近八十高龄做出的。“老而弥坚，不坠青云之志”，若不是一个痴情者，何以有如此始终不渝的热情呢?

为了“金石姻缘”开张“金庸茶馆”

——“红学”专家冯其庸

他对金庸的小说推崇备至，一边研究《石头记》，一边酷爱金庸的武侠小说，曾戏称这叫作“金石姻缘”。

他是第一个公开肯定金庸的内地学者，是《评点本金庸武侠全集》的主要评点人。

金庸故乡浙江海宁的“金庸旧居”四个大字以及“赫山房”的匾额均出自他的手笔。

他就是著名的《红楼梦》研究专家冯其庸。

1

冯其庸和金庸同生于1924年，可差了一岁。因为冯其庸生于农历癸亥年的大年除夕，属猪，金庸则生于甲子年的二月初六，属鼠。比金庸大八岁的哥哥查良铿是冯其庸的国学老师。

1982年3月的一天，远在江苏六合的查良铿收到一封来自北京的信。信是当年班上学生冯其庸写来的，接着又寄来他的照片，还有300元的车旅费，希望老师去北京一聚。

5月，当火车缓缓驶进北京站时，查良铿一眼就认出了站台上迎接他的当年学生。他住在西苑宾馆，冯其庸每天陪他逛街、看风景。

1946年夏，22岁的冯其庸考上了无锡国专，这是一所大师云集的学校。唐文治校长是清末进士，主张恢复读经，他以几近双目失明之身创立了这所以读经为主的学校，把“正人心，救民命”定为学校的宗旨。给冯其庸深刻影响的却是国学老师查良铿，他所授的课有古文字学和中国古典文学。

第一堂课，冯其庸对查老师说：“我家里很穷，以种南瓜充饥，小时候，我经常挨饿。日本侵华期间，我从日本鬼子的刺刀尖下躲了过来。”

在课堂上，冯其庸第一次听说了古代名著《红楼梦》和旧派武侠小说《荒江女侠》。几十年后，冯其庸还记得查良铿老师讲述《红楼梦》的话。老师说，《红楼梦》最了不起的是里面描写的人物都是独特的，个性非常鲜明。你闭着眼睛想象，晴雯跟袭人就无法混淆，林黛玉跟薛宝钗也无法混淆，王熙凤跟其他人也无法混淆。比如“冷月葬诗魂”，“诗魂”是指林黛玉。林黛玉本身并不仅仅因为漂亮，她有诗人的气质，所以曹雪芹是给她写了一句“冷月葬诗魂”，而且这一句带有一种预言的性质，预示她的悲剧命运，是在凄凉冷落中去世的。如果将这一句改成“冷月葬花魂”就不对了，因为《红楼梦》里美的不光是林黛玉，薛宝钗也长得很美，用牡丹来形容她，牡丹是花王，也是美。《红楼梦》里，曹雪芹创造的林黛玉这个形象，并不是要创造一个绝世美人，而是要创造一个带有特殊个性的，带有诗人气质的这样一个美人，所以她不仅是美，更重要的是她有诗人的气质。所以，不能用“花魂”来形容林黛玉，因为不完全契合林黛玉的气质和个性。[①]

后来，在红学、戏剧、考古、书画、诗词、摄影等领域，冯其庸都有建树。晚年，当别人称其国学大师时，他畅言：“和我的老师相比，我是不敢称国学大师的，要是把大师理解为大学老师，我觉得自己倒是很相符的。”

1948年秋，冯其庸从无锡国专毕业后任教于无锡女中，1954年调往北京中国人民大学，历任讲师、副教授、教授等职。

20世纪60年代中期，正当金庸以《书剑恩仇录》《雪山飞狐》《射雕英雄传》在香港大红大紫的时候，远在江苏六合的查良铿却背上了“里通外国”的罪名。罪证是三年自然灾害时期，有人从邮局寄给他奶粉等食品，还有人从香港邮来物品和外汇。其实，给他寄奶粉等营养食品的是他的学生冯其庸，正在北京工作，从香港寄来钱物的是他的弟弟查良镛。

1970年的一个雨夜，手抄本《红楼梦》完成了，冯其庸开始了对其的研究。

“研究《红楼梦》不光是《红楼梦》表面写的故事情节，它主要是埋藏在故事里头的隐隐约约的家庭的历史和社会的风情。所以，《红楼梦》的内涵太多了，需要读更多更多的书拿过来印证才能把它弄明白。我现在呢，就我所读到的，理解到的，我一点一点批在这个上头，每一回后面我有很长的

---

① 孙逊：《冯其庸：冷月葬诗魂，曹雪芹没打算把黛玉写成绝世美人》，《文汇报》2017年7月31日。

评论。就是让读者知道这一回总的意思。”[①]冯其庸曾经向金庸这样介绍过自己的红学研究。于是，《曹雪芹家世新考》《论庚辰本》《石头记脂本研究》等红学专著悄然问世，《论红楼梦思想》更是冯其庸在点评《红楼梦》的基础上探索其思想内涵的一大力作。

这时候，冯其庸以研究《红楼梦》知名于世，查良镛成了写武侠小说的金庸，均成为大家。哥哥查良铿将冯其庸介绍给了弟弟，金庸与冯其庸开始了书信往来。

1980年，冯其庸从美国参加国际《红楼梦》研讨会路过香港，首次登门拜访金庸。

第一次见面，冯其庸如见故人。那天，金庸赠给他一部《天龙八部》，冯其庸以诗回馈：“千奇百怪集君肠，巨笔如椽挟雪霜。世路崎岖难走马，人情反复易亡羊。英雄事业春千斛，烈士豪情剑一双。谁谓穷途无侠笔，青史依旧要评量。”

冯其庸回到北京，当时未及展读《天龙八部》。

2

1981年秋天，应斯坦福大学之邀，冯其庸赴美讲学，住在同学陈治利的家里。这位老同学和夫人都是金庸迷，家中藏有成套的金庸小说。闲时，冯其庸随手取读。第一部读的是《碧血剑》，他读了一个通宵，第二天白天，稍稍处理了一些事情就将此书读完。这是他读金庸小说的开头。[②]

在美国的几个月里，冯其庸最大的乐趣是读金庸小说。只要一开卷就无法释手，经常是上午上完了课，下午就开始读金庸的小说，往往到晚饭时，匆匆吃完就继续读，通宵达旦，直到第二天早晨吃早饭，才不得已暂停。这样，他把老同学所藏的金庸小说全部读完了，大约已占金庸小说的三分之二，才不得不暂时停止。但是，隔了些时候，突然觉得当初读得太快，来不及品味，于是又回过头来重读了几部。

一天，冯其庸读罢《射雕英雄传》，胸中豪气腾溢倾泻于笔端：“雄才如海不可量，健笔凌云森剑芒。我读金庸新小说，酒酣豪气比天长。”

20世纪80年代初，金庸小说已在内地民间悄然流传，但仍属“下里巴人”，未能进入学术的大雅之堂。1979年，厦门大学郑朝宗首倡“金学”即

① 冯其庸：《用心解读〈红楼梦〉》，《人民日报海外版》2005年11月20日。
② 冯其庸：《瓜饭楼上说金庸》，《读书》1991年第12期。

金庸小说研究，但响应者寥寥。

1984年，冯其庸收到金庸寄赠的《鹿鼎记》，后来回忆说，当时“乃急发而读之，虽在美时已读过一遍，此时重读，如逢故友，颇有别来无恙之感。从此，我读金庸小说之积癖又大发作而不可复止矣”。[①]

1986年，冯其庸在《中国》月刊上发表《读金庸》一文，指出金庸小说具有广博的社会历史内涵和不同凡响的艺术成就，认为把研究金庸小说称为“金学”是有道理的。冯其庸说：“金庸的小说所反映的历史生活面、社会生活面如此之广阔，在他的作品里，各色各样的人物都有，而且也确实不乏穷凶极恶之人，因为他所要写的是社会，而社会是复杂的而不是单一的，由此，他的小说所起的作用，当然也不是单一的。因此，我赞成应该对他的小说作认真的研究，很好地来分析他的作品，引导人们来理解他的小说的积极的思想内容和艺术成就。前些时候，看到一篇文章，提倡要研究金庸的小说，而且他称关于研究金庸小说的学问，叫做‘金学’。我想这位朋友的见解，是有道理的，不应该仅仅把它作为谈资。”

一个“红学”大家竟然大声宣扬“金学”，犹如向水里投掷下一颗小石子，平静的湖面上一下子荡起了涟漪。冯其庸《读金庸》一文后，文坛的有识之士、知名学者纷纷开始公开发表意见，接受了金庸艺术上的成就。

随后，冯其庸在为曹正文《金庸笔下的一百零八将》一书所作的《序言》中，如痴如醉地赞美道：“我是金庸小说的热烈读者，十多年来，我读金庸小说尽管重复了三四遍，但至今仍如初读时的热忱。我一边研究《石头记》，一边却酷爱金庸的武侠小说，我曾戏称这叫作‘金石姻缘’”。

冯其庸赞道：“我可以说，金庸是当代第一流的大小说家，他的出现，是中国小说史上的奇峰突起，他的作品，将永远是我们民族的一份精神财富！”“金庸小说的情节结构，是非常具有创造性的，我敢说，在古往今来的小说结构上，金庸达到了登峰造极的境界。”

紧接着，生活·读书·新知三联书店推出了15种36本的《金庸作品集》，接着又有人对“二十世纪中国小说大师”的“座次”进行“重排”，把金庸的位置排到了第四位，一时引起了很大的轰动。[②]与此同时，中国现代文学研究专家严家炎教授在北京大学开设金庸小说博士生课程。

“金学”热闹的背后有一位“红学”大家对金庸小说的推崇。

---

① 冯其庸：《读金庸》，《中国》1986年第8期。

② 严家炎：《一场静悄悄的文学革命——在查良镛获北大名誉教授仪式上的贺词》，《通俗文学评论》1997年第1期。

1988年元旦，冯其庸和几位学者赴香港参加国际武侠小说研讨会，应邀到金庸家里作客。在那宽敞典雅挂着巨幅名人字画的客厅里，大家纵情畅谈，谈着谈着话题转到冯其庸身上，金庸盛赞冯其庸《红楼梦》评论文章寓意深刻，文字超凡，堪称一代红学大家。

1994年，70岁的冯其庸离休以后即久居京东郊区，他的书斋名为“瓜饭楼”。那是一栋二层小楼，原有6个书房，分别收藏戏剧和明清小说（兼做客厅）、各种古董和艺术珍品（兼做画室）、文学作品、线装书和书画作品、西部和敦煌的文献、历史类和红学类书籍。后来又新加盖了一个专门的两层书房，专门存放佛经和其他图书。

2000年11月，金庸到冯其庸家作客，欣赏他的藏书和文物，然而不解地问：“这栋小楼盖得很雅致，藏书都是珍品，为什么取名‘瓜饭楼’，很俗的名字？”

冯其庸说：“‘瓜饭楼’这个命名，是为了纪念我年少时的一段苦难经历。那时最难过的是早秋青黄不接的日子，一大半时间是靠南瓜来养活的。但我家自种的南瓜也常常不够吃，多亏了好邻居邓季方每每采了他家的南瓜送来，才帮助我们勉强度过。我的书斋起名‘瓜饭楼’，我常常画南瓜，都是因为那段日子让我刻骨铭心。”

然而，贫困中的冯其庸在躬耕的同时也种下了读书的种子。他说：“我很小就下地干农活了。就是上学期间，也是一边种地一边读书。”在读了近80年书后的今天，冯其庸说：“我的生活就是读书。读书是自我造就、自我成才的唯一道路。”当年，他把仅能借到的《三国演义》颠来倒去地读，读到可以背下来很多回目，甚至至今还能背得出一些。《三国演义》《水浒传》《古诗源》、《西厢记》等书，培养了他读书的兴趣。从1969年开始，冯其庸按照《红楼梦》的原行原页，用朱墨两色抄写，一共16本。那时他并没有想到以后会去研究它。但这一年中，“文革”风暴中的抄家经历让他和曹雪芹产生了共鸣，使他对曹雪芹的“一把辛酸泪”有了理解。

后来读了金庸的武侠小说，其中所具有的独特价值和独特魅力总在他心中引起共鸣。细细研究，他发现，金庸小说的价值和魅力有三，一是武侠人物具有的儒家仁爱侠义之精神感人肺腑，二是武侠人物体现的道家逍遥出世之思想动人心弦，三是小说表露出的追求个性自由、反对专制独裁等观念富有现代意义。因而他觉得，金庸小说与《红楼梦》是一脉相承的。

金庸抬头望了望“瓜饭楼”里满架的书，想起了小时候哥哥查良铿和他共用的书房，他明白了眼前这位红学大家“金石姻缘”的深厚含意。

3

1996年11月11日，金庸学术研究会在金庸的故乡浙江海宁成立，学术刊物《金庸研究》创刊，冯其庸任名誉会长和专家顾问。这天，冯其庸、严家炎等专家会聚海宁，参加首次研讨会。历来金庸不参加对他作品的研讨活动，可他听说冯其庸来到他的家乡，立刻改变主意，特意从香港赶回海宁，接待冯其庸一行，以尽地主之谊。会见时，冯其庸题新诗一首赠金庸，在会上展读："奇才天下说金庸，帕米东来第一峰。九曲黄河波浪阔，千层雪岭烟霞重。幻情壮彩文变豹，豪气干云笔屠龙。昔日韩生歌石鼓，今朝寰宇唱金庸。"金庸读着书于宣纸上的诗稿，异常欣喜。

冯其庸还特意为《金庸研究》创刊号写了开篇之作《〈金庸研究〉叙》，满怀激情地写道："金庸的出现，是当代文化的一个奇迹。他是一座高原，同时又是高原上突出的高峰。……而他的十五部小说，就是在这广阔高原上排列着的十五座高峰。"

冯其庸是著名的考据型学者，当年点评《红楼梦》建树颇多，影响深远。从海宁返回北京，他冒出了一个评点金庸小说的念头。1996年底，冯其庸与文化艺术出版社一位副总编赴港，与金庸签订出版《评点本金庸武侠全集》的合同。当时随着"金庸热"的不断加温，书市上出现了许多金庸小说盗版本，错字连篇，印刷粗糙。面对"金庸迷"们的抱怨，金庸决定独家授权文化部文化艺术出版社出版豪华珍藏版。

当日，《明报》较大篇幅地报道冯其庸的谈话。他说，金庸小说已经成为经典，需要注释，需要评点。"几年前，我在评点《书剑恩仇录》的过程中，曾五次到了新疆，上了海拔4900公尺的红旗拉甫，我还到了塔克拉玛干大沙漠和塔里木盆地深处，特别是还去了莎车、叶尔羌河、黑水营遗址和横盘乡，再往前走就是《书剑恩仇录》里写到的玉山（密尔岱山）了，这是小说里十分动人的地方，我越调查越钦佩金庸的盘盘巨才……"早在1988年前后，冯其庸就开始评点金庸的武侠小说了。

过了三个月，金庸致信冯其庸："尊驾来港晤谈甚欢，惜为时无多，殊憾来去匆匆也。所赐茶壶，日夕相对，常感怀吾兄厚谊……"所赐茶壶是冯其庸请宜兴陶匠用上等紫砂烧铸的，所镌图案是《神雕侠侣》中的插图，情趣盎然。

1998年10月，由金庸本人重新点校，冯其庸和严家炎、陈墨等19位专家历时三载评点的豪华珍藏版《金庸武侠全集》由文化艺术出版社出版。4个月后，金庸在杭州拒绝为手持评点本的读者签名，并指责出版社是“聪明的盗版”，还说“像这样的评点，就是小学生也会写的”，酿成风波，冯其庸牵涉其中。

冯其庸不仅是“金学”的倡导者，还写过《论〈书剑恩仇录〉》《〈笑傲江湖〉总论》，评点过《书剑恩仇录》，有此交情，金庸的全套“评点本”才在他的主持下进行。冯其庸对该书的评点包括总评、回评及内文详评，有画龙点睛之妙。

然而，金庸看了评点本以后表示不满，作为文化界名流，冯其庸有何感想？当媒体记者这样询问他时，他却口气温和地表示：“我和金庸先生交往几十年了，没有必要对他过多计较。我不想对他的话再说什么，请大家理解。其实对于‘小学生’之类的话根本用不着辩解，也没有意思，难道我还用证明我是不是小学生水平吗？”

几日后，香港媒体就“评点本”风波采访金庸，金庸开口就说：“冯其庸、严家炎、陈墨三位专家的评点让我心悦诚服。”他解释说：“我去购买了全套《评点本金庸武侠全集》来细细阅读了一下，发觉对我这十五部长中篇小说，有几位评点人确实是花了心血、认真其事地‘评’与‘点’，而且他们有才有识有学问，懂文学、懂小说，指出了原作的优点与缺点。我阅读的时候心存感激，当时对他们的指教就心悦诚服。这主要是指冯其庸、严家炎、陈墨三位先生的评点，他们的评点，我认为是‘批评’与‘指点’。……我个人认为，有些评点的态度很轻率，随手写几句‘此段好’就此敷衍了事。有一本书其中的一页，只写‘妙！妙！妙！’，接连三个‘妙’字，就算评点了。我说‘连小学生也会写’，只是针对这类评点而言，当然不是指所有的人。”

其实，在《评点本金庸武侠全集》中，冯其庸负责评点《书剑恩仇录》和《笑傲江湖》。《〈书剑恩仇录〉总论》一开始就展现了冯其庸的独特眼光：“《书剑恩仇录》是金庸的第一部武侠小说，他创作这部小说时，还只有30岁，恰好是曹雪芹创作《红楼梦》的年纪。”然后冯其庸为乾隆皇帝是海宁陈阁老的儿子传说，记下日本稻叶君山《清朝全史》、萧一山《清代通史》、金兆丰《清史大纲》、冯柳堂《乾隆与海宁陈阁老》中一共四则资料记载，展现了考据的学问工夫。

冯其庸的《书剑恩仇录》评点，多历史和地理考据，注重知识背景和典故出处，另一方面他也注意金庸的文章笔法，补笔、省笔、闲笔、伏笔、收笔、天外飞来之笔、惊人之笔之语，分门别类，看得仔细入微，冯其庸的评点又时而插科打诨，轻松幽默时倍添亲切，咬牙切齿时更添气氛。

冯其庸在每一回过后小结略评，《书剑恩仇录》一共20回，因此有《〈书剑恩仇录〉回后评》20则，冯其庸点出该回的优点妙笔，让读者可以回头细味，想深一层，尤其是冯评特意将《书剑恩仇录》与清代小说对观，如第十七回，关明梅悟出陈正德、袁士霄和自己龃龉不合，始知人生缘法，可与《红楼梦·情悟梨香院》一回对看；又如第十八回，陈家洛与张召重决斗的描写，可与《老残游记·明湖居听书》媲美。

冯其庸也评点了金庸另一部代表作《笑傲江湖》。《人性的展示——论〈笑傲江湖〉》是一篇长文，冯其庸注重小说的人性刻画，例如刘正风和曲洋的人性光辉和思想内涵，比《列子·汤问》和《警世通言·俞伯牙摔琴谢知音》的故事，更丰富鲜明。岳不群的奸诈就可比《三国演义》的曹操，但更加虚伪，而令狐冲、任我行、左冷禅、莫大先生等也有突出的人物形象。

冯其庸勾勒出《笑傲江湖》的大小结构脉络，都不离“武林争霸”的故事核心，至于金庸的文笔，冯其庸更推许为“近得之于东坡，远得之于庄子”。

2001年2月19日，金庸主持的明河出版社发表声明，称三方在友好人士调解下签署和解协议，撤回各方诉讼。

一场连环官司在冯其庸的调和下，最终庭外和解。

4

“评点本”风波并没有影响金庸与冯其庸的友谊，也没有阻碍“金学”的发展。

1999年11月1日，北京作家王朔在《中国青年报》刊载一篇长达3000余字的文章：“第一次读金庸的书，书名字还真给忘了，很厚的一本书读了一天实在读不下去，不到一半撂下了。那些故事和人物今天我也想不起来了，只留下一个印象，情节重复，行文啰嗦，永远是见面就打架，一句话能说清楚的偏不说清楚，而且谁也干不掉谁，一到要出人命的时候，就从天上掉下来一个挡横儿的，全部人物都有一些胡乱的深仇大恨，整个故事情节就靠这个推动着。这有什么新鲜的？中国那些旧小说，不论是演义还是色情，都是这个路数，说到底就是个因果报应。初读金庸是一次很糟糕的体验，开始怀疑起那些原本觉得挺高挺有理的朋友的眼光，这要是好东西，只能说他们是睁眼瞎了。”

四天后，金庸接招，在《文汇报》发表《不虞之誉和求全之毁》一文，继后，各家报刊纷纷转载，一场围绕金庸作品的论争由此打响。

冯其庸担纲首席顾问的金庸学术研究会适时推出《名人名家读金庸》《阅读金庸世界》两本专集，汇集冯其庸、严家炎、陈墨等著名学者的研究文章。冯其庸称赞金庸："笔下的一些英雄人物，具有一种豪气干云、一往无前的气概，给人以激励，给人以一种巨大的精神力量，一种要竭尽全力去为正义事业奋斗的崇高精神！并且他笔下的人物，也使人感到有深厚的民族感情和爱国思想。"对王朔的观点加以驳斥。

话音刚落，南京作家陈东林的长篇评论新著《人妖的艺术·金庸作品批判》匆匆出炉，矛头直指金庸："金庸小说为了猎奇，吸引读者，换言之为了媚俗，在人物形象的塑造上，创造了一系列似人非人、似神非神的一大批各色各样的怪物……以'人妖'一词来形容最为恰当。"他直言批评："一味地替金庸小说抬轿子、吹喇叭，在国内学术界，有两个人是这方面的典型代表，一位是文学批评界大名鼎鼎的'红学家'冯其庸先生，一位是大陆'金学'第一大家陈墨先生。"然而，冯其庸出版了他的《夜雨集》一书，重点谈金庸的武侠小说，以《既是武侠的更是文学的》等文章，漫不经心地回击了一下陈东林的"过招"。

2008年7月，重庆大学出版社采纳冯其庸的建议，出版《金庸茶馆》系列。"金庸茶馆"指的是"金庸小说研究丛书"，"茶馆"二字，为金庸本人所题写，因为金庸本人谦虚不想用"金学"这个名称，于是选择了"金庸茶馆"这样一个非常大众化的名字。《金庸茶馆》最初是台湾著名出版人沈登恩的创举，后来易手台湾远流出版社，已经出版了金庸茶馆丛书40册。令人遗憾的是，这套集合各路名家参与、雅俗共赏的丛书，内地一直没有出版社引进过来，颇令许多金庸迷们心有不甘。2007年，冯其庸多次向有关出版社建议，在内地"开茶馆"。

重庆的"金庸茶馆"精选推出了倪匡的《我看金庸小说》《再看金庸小说》《三看金庸小说》《四看金庸小说》《五看金庸小说》，温瑞安的《谈笑傲江湖》《析雪山飞狐与鸳鸯刀》《天龙八部欣赏举隅》以及冯其庸、三毛、林清玄、柏杨等人的合集《诸子百家看金庸》两册。有评论称："冯其庸从人生的角度、欣赏的角度评说，是对金庸小说很好的导读，他是'金庸茶馆'的斟茶人。"

2017年1月22日，九十四岁高龄的冯其庸在曹雪芹埋骨之地的通州张家湾，平静地走完了他的一生。就在他去世前不久，"金庸茶馆"网站开张，并以"十年之约"向国内外专家征求金庸小说研究丛书。

虽然冯其庸已驾鹤仙去，但关于他与金庸"金石姻缘"的传说仍在江湖继续。

他为镛记做了“射雕英雄宴”

——美食家蔡澜

蔡澜和金庸同被江湖之人列入“香港四大才子”，金庸的“才”是“写”，写武侠小说，而蔡澜的“才”却是“吃”，吃遍天下美食，他是著名美食家、专栏作家、电影监制、电视节目主持人。

蔡澜说金庸是自己的长辈、也是自己的朋友，“他对我很爱护照顾，我们认识多年，也常常一起去旅行、聊天，他生病的时候我也去看他，我跟他家庭的关系也搞得很好。他教了我很多东西，常常告诉我要写作的话就要多看书，因为年轻人不大看书，写来写去都是那些东西，他这句话也是在教我，所以我一直是多看书的”。[①]

金庸说蔡澜，“我喜欢和蔡澜交友交往，不仅仅是由于他学识渊博、多才多艺，对我友谊深厚，更由于他一贯的潇洒自若。好像令狐冲、段誉、郭靖、乔峰，四个都是好人，然而我更喜欢和令狐冲大哥、段公子做朋友”。[②]金庸曾如此评价蔡澜：他是一个真正潇洒的人，见识广博，懂的很多，人情通达而善于为人着想，琴棋书画、酒色财气、吃喝嫖赌、文学电影，什么都懂，于电影、诗词、书法、金石、饮食之道，更可说是第一流的通达。

1

1983年秋，成龙主演的动作喜剧片《快餐车》正在拍摄，蔡澜担任监制一职。有一日，他刚从外景地西班牙返回，休息时读报，读着《明报》副刊上的影评文章，蔡澜突发奇想：到《明报》弄个专栏玩一玩。

---

① 《蔡澜说金庸》，《南方都市报》2006年11月13日。

② 金庸：《走进蔡澜》，《成都商报》2010年5月1日。

拍摄间隙，他去找老朋友倪匡，说了自己的想法，请他帮忙。倪匡一听，当即面露难色，说："蔡兄啊，你让我为难了，你知道吗，金庸将《明报》当成自己的性命，尤其那个副刊，一直以来他死抱着不放。你要写《明报》副刊，真是难过登天。你还是让我请你吃顿饭，来得容易，这专栏的事，太难了！"蔡澜不甘心，恳求道："倪大哥，你还是帮帮我，你不帮我，恐怕普天下没人帮得了我啦！"倪匡最怕哀求，当下便说："让我想想办法，不过，你别太急。"犹豫了一会又说："给个期限，三个月吧！"

《明报》副刊的专栏质地非常之高，当时能够在《明报》副刊上拥有一个专栏都被视作身份象征。金庸虽然早已经将总编辑一职让出，一般的编务他也基本不过问，不过，专栏作者的聘请却一定要通过他批准，别人无权决定，这是明报人都知道的事儿。

此后几天，凡是有金庸的场合，倪匡必谈蔡澜。起初，金庸并不在意，过了一个星期，终于忍不住了，问："蔡澜是谁？"倪匡心中暗喜，嘴上却说："哎哟！文章写得这么好的人，你居然不认得，你快点去买张《东方》看看吧！"《东方日报》是香港发行量最大的报纸，蔡澜是"龙门阵"的专栏作家。过了三天，金庸见了倪匡，主动说："你说得对，蔡澜的文章写得不错，他有多大年纪？"

"四十左右吧。"倪匡答，蔡澜那年42岁。

"这么年轻文章就写得这么好，难得难得！"金庸赞道。

"还不止呢。"倪匡便把蔡澜精于饮食电影、琴棋书画的事，一一告诉了金庸。[①]

蔡澜生于新加坡，家住戏院楼上，自小受电影熏陶。父亲是潮州人，烽火年代移居南洋，以诗文著称。母亲是小学校长。蔡澜小时候，父亲就喜欢买一大包书回来，放在地上，随他们兄弟姊妹挑自己喜欢的书拿去看，并从中观察儿女对哪样的书有兴趣。在这段时间里，蔡澜处于狂热的阅读状态，读了大量古典小说和世界名著，并对写作产生了浓厚的兴趣，中学时代已在新加坡《南洋商报》撰写影评。

十几岁时，一心想当画家的蔡澜，想到法国去学画。但母亲非常担心自小喜欢喝酒的他，到了那儿就成了真正的酒徒，后来蔡澜改变主意决定到日本，母亲很高兴地说："那里好，有米饭吃。"说起这件事，蔡澜非常得意，因为母亲显然忘了日本还有著名的清酒。到了日本，蔡澜读了一些电影课程，并帮邵氏公司选日本片到中国香港播放，开始与香港电影界有初步接触。

① 费勇、钟晓毅：《金庸传奇》，广东人民出版社2000年版，第67－68页。

蔡澜先后旅居东京、纽约、巴黎等地，通晓多国语言。1963年赴中国香港定居，任职邵氏制片经理，1982年出任香港嘉禾电影公司副总裁。曾为多部电影担任监制一职，成龙在海外拍的戏多由蔡澜监制。

在商业与艺术间徘徊，令蔡澜逐渐感到无味，于是他拿起笔来给报刊写稿。他给《东方日报》“龙门阵”专栏每周写两篇，写身边的人与事，多是千字以下的小品文。

“真是英雄出少年，什么时候替我介绍认识他一下？”金庸对蔡澜有了兴趣。

“他很忙，我替你约约看。”倪匡吊了金庸三天胃口后约了蔡澜。

金庸盛装赴会，一见蔡澜，态度诚恳，令蔡澜不知所措。三人欣然就座，天南地北地畅谈，至中席，金庸推了推倪匡，轻声说：“我想请蔡先生替《明报》写点东西。”倪匡一听，皱了皱眉头，结结巴巴地说：“这个……这个嘛……“金庸又推了他一把，倪匡这才勉强说了。

蔡澜欣喜若狂，因为距他求倪匡向金庸说项前后仅两个星期，他就受聘为《明报》副刊的专栏作家。

2

金庸对副刊专栏作者的要求非常严格，一旦察觉专栏作者长期“长吁短叹，风花雪月，艰深晦涩，读之无味”，就会毫不客气地炒其鱿鱼。

初来乍到，蔡澜便遇到这样的事：有几位作者在副刊已经写了几年的专栏，但金庸不喜欢他笔下“言之无物”，便力主停掉他们的专栏，其实蔡澜跟其中一位作者还是朋友，于是跟金庸说情，让给他一个改进的机会，但金庸“炒意”坚决，蔡澜也没有办法。后来，那位作者竟误认为是蔡澜从中作梗，他不知道的是，《明报》副刊专栏作者的约稿大权，始终都掌握在金庸手中。

蔡澜欲为《明报》副刊打造一个“名店”里的“名牌”。经金庸批准，他打算和倪匡、董梦妮三人轮流执笔，撰写游、玩、吃方面的有趣见闻，本来拟好的专栏名字是“三洲书”，专栏出世前一日，金庸通知他，专栏命名为“海石榴手札”。“海石榴”是蔡澜借住旅馆的名称，三人合写的主意是在该处产生的。蔡澜觉得这个新栏名来得亲热，字面上也较有诗意，很佩服金庸的用心。金庸给专栏定下的选稿标准是：“新奇有趣首选，事实胜于雄辩，不喜长吁短叹，自吹吹人投篮。”[1]这个要求正合了蔡澜率真潇洒、不拘一格的性情。

有关生活的吃住用行，蔡澜无所不晓，无所不可以妙笔生花地写，但最广为人知的还是他关于美食的撰文。蔡澜将自己的好吃秉性，归结于父亲起名的“不慎”，他对金庸说，大哥蔡丹，侄子蔡晔，“于是一家人正好拿着菜单（蔡丹），提着菜篮（蔡澜），去买菜叶（蔡晔）”，不爱吃，可能吗？

那时候，翻开《明报》，就会读到蔡澜的文字，简短而清新，美食、旅游、电影、人生，声色犬马，无所不谈。走进街角一家普普通通的茶餐厅，不经意间发现，墙上的菜单旁边标有“蔡澜推荐”。在香港，蔡澜成了家喻户晓的文化名人。

金庸曾经撰文评价他的专栏文章：“蔡澜见识广博，懂得很多，人情通达而善于为人着想，琴棋书画、酒色财气、吃喝嫖赌、文学电影，什么都懂。他不弹古琴、不下围棋、不作画、不嫖、不赌，但人生中各种玩意儿都懂其门道，于电影、诗词、书法、金石、饮食之道，更可说是第一流的通达。他女友不少，但皆接之以礼，不逾友道。男友更多，三教九流，不拘一格。他说黄色笑话更是绝顶卓越，听来只觉其十分可笑而毫不猥亵，那也是很高明的艺术了。”[2]

《明报》副刊办得很成功，但专栏作者却不是金庸用高薪请来的，这在当年的一众专栏作者中已经不是秘密。林燕妮叫查老板加稿费，金庸笑眯眯地说：“你那么爱花钱，加了又花掉，不加。”亦舒也曾叫他加稿费，他依然笑眯眯地说：“你都不花钱的，加了稿费有什么用？”蔡澜在《明报》写专栏，稿酬也十分之低，但本着“只管耕田，不问收获”的原则，他始终不曾跟金庸计较过。因为他相信金庸对他的《明报》有着十足的信心，即使专栏稿酬低，他也以能在《明报》拥有一个专栏为荣。

蔡澜写作多年，出版之书籍超过了60本，有《蔡澜的缘》《附庸风雅》《忙里偷闲》《蔡澜游日本》《一点相思》《狂又何妨》《海隅散记》《二乐也》《放浪形骸》《乐得未能食素》《给成年人的信》《给年轻人的信》等，这些文章大都是他在《明报》和《东方日报》的专栏文章。蔡澜小品文谈吃、谈喝、谈文艺、谈电影、谈老友、谈风物，题材不拘，大受读者欢迎。

十几年间，蔡澜在《明报》开了十几个专栏，同时他在几十家媒体开过

① 石贝：《金庸办报纸副刊“五字真言”》，《羊城晚报》2009年3月2日。
② 金庸：《走进蔡澜》，《成都商报》2010年5月1日。

专栏。有一次金庸问他有没有透支的感觉，他笑着摇摇头：“我经常旅行，看新事物，总能从细微处看世界，我是不会江郎才尽的。我是个好奇的人，如果不好奇，就没资格做写作人。我的书，都是主张要积极地面对人生。我鼓励读者多些好奇心，绝对不能悲观。”他认为一个作家应该圈子放大一点，多旅行、多接触人、多看人生，不旅行也行，看很多很多的书。他绝对与金庸志同道合，意气相投。

蔡澜跟金庸有一个习惯很相似：喜欢写信，即使天天见面的同事，也经常用字条交流。在蔡澜给亦舒的信中，就出现许多金庸的小镜头。如上面所说“三洲书”的拟名：“本来拟好的专栏名字是‘三洲书’，由你大哥、董梦妮和我三人轮流执笔，前几天查先生通知，命名为‘海石榴手札’。这是我们旅馆，印象良好，三人合写的主意又是在该地产生，这个标题来得亲热，字面上亦较有诗意。”

有一信谈到金庸的智慧，他写了一段往事：“有一次到台北古龙家中做客，刚是他最意气风发的时候，古龙说，‘我写什么文字，出版商都接受：有一个父亲，有一个母亲，生了四个女儿，嫁给四个老公，就能卖钱。’返港后遇查先生，把这件事告诉他，查先生笑眯眯地：‘我也能写：有一个父亲，有一个母亲，生了四个女儿，嫁给五个老公。’‘为什么四个女儿嫁五个老公？’在座的人即刻问。这就是叫做文章！”

说到做文章，蔡澜写道：“金庸先生很讨厌人家乱改他的东西，而且我也很讨厌人家乱改他的东西。我跟倪匡聊天的时候说只有金庸的作品一字不漏的照拍已经很好看了，不必再去又加又减的，我们把这个意见跟金庸先生一讲，他大笑，他说那么那些编剧都没有饭吃了。”

金庸曾经这样称赞蔡澜：“论风流多艺我不如蔡澜，他是一个真正潇洒的人。作为一个潇洒文人，他笔下的世界，充满了奇妙与鲜活。美食更是专长，对佳肴盛宴的描写不仅活色生香，更是具有浓厚的风韵情调。对于生活则完全拥有自己的态度，崇尚自由、无拘无束、不假斯文，对异性懂得欣赏也懂得尊重，绝对的风流倜傥。”①

在内地，将蔡澜与金庸、倪匡、黄霑并称为“香江四大才子”。而蔡澜对倪匡谈及：“我最不喜欢的是内地的人将我们称为四个才子，金庸先生是一个巨人，其他三人，永远不能相提并论。”倪匡深表赞同，蔡澜感慨：“今后的数千年，有人提到查先生生平，也许顺道记录了有这么几个朋友，

① 金庸：《走进蔡澜》，《成都商报》2010年5月1日。

这已是我们一生的成就了。”①

3

跟蔡澜接触，金庸看着他活得滋润，玩得潇洒，羡慕他了。1993年2月，金庸正式出售明报企业，宣布退休，打算读书旅游，安享晚年。

退出《明报》、隐身江湖的金庸最喜欢跟蔡澜一起了。金庸说过：“除了我妻子林乐怡之外，蔡澜兄是我一生中结伴同游、行过最长旅途的人。”②他俩结伴共游欧洲，从整个意大利北部直到巴黎，同游澳洲、新、马、泰国之余，再去北美，从温哥华到三藩市，再到拉斯维加斯，然后又去日本，去柬埔寨看了吴哥窟的浮雕。在法国的一条运河上，他们租了一条船，船上有厨师，到了一处就靠岸，去菜市场买菜，做饭。两人共同经历了漫长的旅途，一起享受作伴的乐趣和旅途中所遭遇的喜乐和不快。

1992年蔡澜进军商界。与倪匡、黄霑共同主持电视清谈节目《今夜不设防》，言论坦荡，轰动香江。创办监制的有暴暴茶、暴暴饭焦等暴暴系列产品，蔡澜酱料之咸鱼酱料、榄角瑶柱酱、劲辣酱等。1997年起，主持电视清谈节目《蔡澜人生真好玩》及旅游节目《蔡澜叹世界》。1999年，开办蔡澜美食坊，声称要拯救香港的濒危美食。近年来组团开展美食之旅，成为食界佳话。

蔡澜每到一地均能发现当地好吃、好玩、好看之事物、人物和风景，然后妙手著成文章。《蔡澜叹世界》就是TVB专门为蔡澜制作的旅游节目，赴13个国家拍摄代表了人生最高享受的生活场景。金庸为此写文章称赞：“蔡澜是一个真正潇洒的人。率真潇洒而能以轻松活泼的心态对待人生，尤其是对人生中的失落或不愉快遭遇处之泰然，若无其事，不但外表如此，而且是真正的不萦于怀，一笑置之。‘置之’不大容易，要加上‘笑’，那是更加不容易了。他不抱怨食物不可口，不抱怨汽车太颠簸，不抱怨女导游太不美貌。他教我怎样喝最低劣辛辣的意大利土酒，怎样在新加坡大排档中吮吸牛骨髓，我会皱起眉头，他始终开怀大笑，所以他肯定比我潇洒得多。”③

结伴同行，走过千山万水，蔡澜教会金庸一边品尝美景，一边品味美食。

作为美食家的蔡澜是位烹饪高手，他与香港、台湾的酒楼合作，设计

① 蔡澜：《蔡澜谈倪匡》，山东画报出版社2008年版，第361页。
② 金庸：《走进蔡澜 》，《成都商报》2010年5月1日。
③ 金庸：《走进蔡澜 》，《成都商报》2010年5月1日。

金庸食谱，如黄蓉为洪七公烹调的菜式等，在世界十大名食店之一的香港镛记酒家大规模推出金庸食谱，其中如“射雕英雄宴”就颇受欢迎。金庸所著《射雕英雄传》中，黄蓉为跟洪七公学打狗棒法，为他烹制了不少美食，其中有一道“二十四桥明月夜”。跟写武功一样，金庸写得漂亮，这道菜自己却不会做。有一次两人同游杭州，蔡澜给他做了。其实，制作此菜的原料很简单，一只金华火腿，几块豆腐即可，不过比较费火功。先将金华火腿蒸两个小时左右，蒸软后，将火腿一侧的皮用刀片开，露出平整的一面火腿肉，用刀具在火腿肉上挖24个洞；然后用小勺将豆腐剜成小球状，分别填入火腿上的洞中；最后将片下的火腿皮盖在火腿上，蒸四五个小时。蒸熟的“二十四桥明月夜”，火腿的鲜味已全到了豆腐之中，没加任何调料，材料不过火腿和豆腐，一荤一素，一鲜一淡，可经过蔡澜的巧手，火腿的原汁原味和豆腐的鲜嫩滑爽融为一体，妙极。①

久之，金庸也成了个老饕，在品味美食之余，常下厨博好友一笑。儿子查传倜也好吃，金庸替他找了个美食师傅，就是蔡澜。

2007年4月，由香港无线和深圳卫视联手打造的美食栏目《蔡澜提菜篮》播出，金庸专门送了亲笔题字以祝贺，蔡澜特意展示了一番，幽默地表示：“我想多少能提升点知名度吧。”2009年，金庸曾以《蔡澜此人》为题替《饮酒抽烟不运动的蔡澜》一书作序，说：“相对喝威士忌，抽香烟谈天，是生活中一大乐趣。自从我去年心脏病发之后，香烟不能抽了，烈酒也不能饮了，然而每逢宴席，仍喜欢坐在他旁边，一来习惯了，二来可以互相悄声说些席上旁人不中听的话，共引以为乐，三则可以闻到一些他所吸的香烟余气，稍过烟瘾。”

当年，南方都市报记者与蔡澜有过如下对话：

记者：我看金庸先生写过一篇文章，说最喜欢跟你一起去玩。

蔡澜：我们很合得来，他很看得起我！我们刚刚从柬埔寨回来，去了一趟吴哥窟。

记者：你跟金庸先生交往多年，对他的印象如何？

蔡澜：他是我最敬佩的人，因为那时候看他的小说，看得入迷了。我最近又在翻看，很好看，写得很精彩。

记者：作品之外，他在生活中是一个什么样的人？

蔡澜：他睡得很晚，早上也很迟起床，然后就看书，看很多很多书，我看看书看得最多的人是他了。他看了也能记下来，记下来可以写出来，这个

① 李怀宇：《香港大才子蔡澜印象》，《内蒙古教育》2007年第11期。

让我很佩服。[1]

蔡澜曾经很羡慕金庸有个比他小29岁的太太林乐怡，金庸似乎对此也颇为得意，无论去哪里都爱带着太太。可一次饭局之后，蔡澜再也不羡慕他了——林乐怡对金庸的饮食监管滴水不漏：海鲜不能吃，怕痛风；猪肉不能吃，担心血脂高；浓酱不能沾，会影响血粘度；豆腐不能吃，血酸浓度会增高……一顿饭下来，金庸能吃的只是一份白灼青菜，可怜巴巴。至于餐桌上的美酒，更加绝缘；饭后的一支烟，想都别想。蔡澜很怕跟金庸一起吃饭，看着对方目光灼灼地盯着那些想吃而不能吃的美食，他顿生怜意，还觉得自己落筷如雨极有犯罪感。反观自家太太方琼文，对于他吃什么喝什么抽什么，绝不干涉。或许吃的东西喝的东西不是那么健康，但心中那种无拘无束畅快淋漓的好心情却始终存在。蔡澜说："抽烟伤肺、喝酒伤肝、吃肉伤胃，可是，不抽烟不喝酒不吃肉，伤心！只要吃得开心，精神就会快乐，身体自然会健康、会好起来。"

2010年春节前，蔡澜买到一册由明河社出版的《金庸散文》，"虽然是从旧作收集的，但很多篇文章从前没看过，像那篇《忧郁的突厥武士们》，如果我去土耳其之前能够读到，那么拍旅游节目时便能更深入探讨"。于是，他在博客中写道："来中国香港多年，读查先生在《明报》上的社论长成，每有国际时事，都以深入浅出的文笔分析当地之历史背景、目前政治局面，像在说一个有趣的故事，令我得益良多。书中内容包括了历史考古，诗词谜语，电影京戏，中西文学以及旅游札记等五十篇，可读性极高。查先生谦虚地说是从前浅薄观点，但我觉得已经深奥无比！"

2012年元旦，蔡澜约了金庸和倪匡夫妇来了一个"香港三大才子"的新年聚会。为了这次好友聚会，倪匡和金庸都特别地打理了一番。倪匡穿着最讲究，一身红色唐装外搭红色马褂；而金庸则以白衬衫搭配黑色背心，显得特别有精神。三人虽然年事已高，但依然兴致很高，一边喝着红酒，一边谈笑风生。倪匡还拿出纸笔，跟金庸、蔡澜研究起推背图的第四十九象。

因为金庸几次在网上被谣传"去世"，蔡澜第二天特意在网络上公布了一张三人聚会的照片，引发了无数网友的关注。有人好奇地问蔡澜："这次聚会谁买单？"蔡澜回复："是查太太买单。""听说查太太对查先生管得很严，这个不让吃，那个不让吃，是不是真的？"蔡澜回复："哪一个不是（被太太管得很严）？"这回答让网友们纷纷感叹："好身体都是好太太管

① 《蔡澜说金庸》，蔡澜博客2006年11月13日。

出来的。”[①]

真实情况却是，金庸的美食口味与蔡澜不同，他当面就跟蔡澜讲过：“你讲好吃的东西，我绝对不吃。你是新加坡人，喜欢的东西我全部不喜欢，你美食家再美也跟我没有关系，你推荐的东西我就不吃。”

有一回，朋友问蔡澜：“您怎样看金庸过早的封笔？”蔡澜说：“这当然是一个损失了，我常常跟金庸先生说，为什么你不写佛经的故事呢？但是金庸先生说这个题目太大了，他现在还是想研究历史，想写关于历史的事，我希望能够看到他讲历史的文章。”

蔡澜晚年有随笔集《江湖老友》。这是一本非常有趣又非常八卦的书。里边写的人都是响当当的大人物：金庸、古龙、黄霑、成龙，写的却是他们鲜为人知甚至是不大“光彩”的小事。比如金庸因为身体原因，晚年不能吃甜食，他把巧克力藏在护士的兜里，躲过太太的检查。还有另一个非常有趣的事，这本书没有为倪匡立传，可是每一篇里都有倪匡。

作者蔡澜更是一个难得的妙人，有趣的人写有趣的人，自然格外有趣。

① 夏洪玲：《蔡澜微博“曝光”金庸》，《重庆商报》2011年1月7日。

第四章 武林盟友

金庸小说自诞生之日起，华人文化圈即着手进行研究，时至今日已半个多世纪了，研究可谓硕果累累：由民间而至学界，由大众读者而走向学术讲坛。

在沈登恩游说下，台湾率先“解禁”引进金庸小说，紧接着金庸小说大规模进入大陆，于是，海峡两岸四地立刻掀起全民看武侠小说的狂潮。凡有井水饮处皆读金庸，即使平时再不怎么读书的人，金庸的作品总会看过几套。很多人在学生时代都有废寝忘食看武侠小说的岁月，甚至有上课时把武侠小说放在课桌里偷看的经历。因为有钱理群怂恿学生阅读，孔庆东在电视上大侃金庸武侠，张纪中和董培新，一个拍摄金庸电影，一个画说金庸漫画。

许多“金庸迷”也是“古龙迷”。

⌘ 金庸的江湖语录 ⌘

⌘ 人和人之间的同舟共济、荣辱与共在极端的环境和落难时刻变得分外重要。人生总是漂浮不定的，我们为什么能够稳住呢？好像船上有一个锚，我们有最传统的信条，就是很简单的，孝顺父母、守时、对朋友好。

——与萧蔷对话

⌘ 台湾流行崇拜关公，关公的武艺高强没有话说，但他真正受人崇拜，还在于他讲义气，所以民间社会称他关公，他的地位和帝王爷同高。义气在中国社会中是相当重要的品德，外国人和亲朋好友讲LOVE，中国人讲情之外，还讲义，所以要有情有义，单单有情是不行的。做生意谈不成，没关系，彼此之间的“义”还是在的，所谓“买卖不成仁义在”。武侠小说不管任何情况，这个“义”是始终维持的，历史人物或武侠人物，“义”都是很重要的批评标准。

——在台北参加远流三十周年的演讲

为金庸小说“解禁”而游说
——台湾出版界“小巨人”沈登恩

2018年伊始，一盘语音讲话《我在大陆看台湾》火爆网络。台湾资深媒体人到尾倾情献声：在大陆，金庸两字无人不知，当然在台湾也是，但你肯定不知道之前在台湾，金庸小说到底有多火。[①]

于是，在台湾当局变着花样地“去中国化”的情境下，台湾民众却在怀念一位中华文化的至爱者和传播者，他为文化归宗而“招魂”的行动，给了当年民进党蠢蠢欲动的“文化台独”一记响亮的耳光。

沈登恩著有《解放金庸》一书，将金庸誉为“百年一金庸”。他不仅为金庸武侠小说在台湾“解禁”而四处游说，还首倡“金学”即金庸小说研究。

金庸说：“我跟沈先生是好朋友，除了出版我的书外还有一份情感……”

1

1965年，金庸小说披着“司马翎”的外衣在台湾登陆。1970年，他的小说开始通过非正常渠道悄悄流行，改头换面出现在台湾，不仅改了书名，而且被安到其他作者的名下，如《倚天屠龙记》改名为《至尊刀》，署名“欧阳生”；《侠客行》改名《漂泊英雄传》，署名“古龙”；《笑傲江湖》改名《独孤九剑》（或《一剑光寒十四州》），署名“司马翎”。

1973年春天，金庸第一次踏上台湾岛时，他的武侠小说在那里仍是禁书，除了小说租书店冒着被抓、被关的危险，私下偷偷排印流传的小本书外，一般书店里是看不到的。

① 到尾：《我在大陆看台湾》，中国台湾网2017年11月16日。

4月18日至28日，金庸以《明报》记者的身份访问台湾，跟蒋经国作了一席长谈，还与当地报界、文化界的朋友见面、畅谈。金庸观察到，台湾的政治气氛比以前开明，只是出于当政者主动的开明，既不是源于人民大众，也不是舆论的推动。政治开明源于文化底蕴，是根深蒂固的华夏文化的诱导。在与台湾高层政要的接触中，金庸发现他们没有“唱高调”，没有“浮夸吹嘘”，而是“逐渐地脚踏实地”。首次台湾之行给他最深的印象，“不是经济繁荣，也不是治安良好，而是台北领导层正视现实的心理状态，大多数设计和措施显然都着眼于当前的具体环境”。金庸说，对于海峡两岸，他无所企求，只希望整个国家好，全国同胞生活幸福。他毕生最大的愿望，就是能亲眼看到两岸统一。当年还是“两蒋”时期，还没有“台独”隐患。

访台结束，金庸写下三万字的《在台所见·所闻·所思》。此文从6月7日到6月23日在《明报》连载十天，轰动一时，还出了单行本，仍供不应求。在读者的要求下，《明报月刊》从当年9月起分三期再次刊出，大有洛阳纸贵之势。

这天，正在台北晨钟出版社工作的沈登恩，手捧一册《明报月刊》，读了一遍，饶有兴趣，再读一遍，若有所思……

他，26岁，人瘦瘦小小的，高中毕业，一个没有任何资源的青年，却有梦。他的祖籍是海峡那头的闽南，1948年生于台湾。很小的时候基于一份兴趣，他爱上了书，爱借书，爱买书，爱读书，有了一小书架的书，那是天天将少许午餐费一角一元节省下来，饿着肚子，储蓄起来买的。因为读了些书，就学着涂鸦，在当时嘉义地区的中学生之间，有了小小的文名。高二那年，由他负责主编《嘉义青年》，这是一份由救国团主编的旬刊，十天出一期，每期四万份，它在年轻学子中拥有很大的影响力。主编身份使他得到与文坛联系的机会，进而认识了一些作家，他的编辑经验和淬炼文字的功力就是那时候奠下基础的。

沈登恩服完兵役，只身到晨钟，主要工作是发行与经销，使他在编辑经验之外，又了解到营销的重要。沈登恩很实际，有梦，却从来不做超出自己能力之外的美丽梦想。在晨钟的十个月让他产生一种莫名的自信：我有能力在出版界闯出一番事业。

此刻，沈登恩琢磨着金庸的那句“政治开明源于文化底蕴”的话，偷偷藏在心底之梦的种子开始萌芽了。一年后，沈登恩怀着对文学和出版事业的浓厚兴趣，邀约俩朋友共同创办一家以出版文学书籍为主的出版公司。为励己志，他以寓意深远的“远景”命名店名。著名文学家、台大教授台静农对其“远景就在眼前”的一流广告以及由此寓含的自信和抱负十分赞赏，亲为远景出版题写了社名。

初涉出版，沈登恩除眼观六路耳听八方，留心读者口味和市场信息外，还十分注意抢占先机。那时，正值轻薄型小丛书独领风骚，主流市场都跟随这种版型走，无人敢撄其锋。沈登恩认为这是行不通的，一定要反流行，反时髦，要创出自己的风格。人家已经成功的路，轮不到跟随者分享成果，拣拾余羹，不如不做。于是，远景的书一面世就是32开本，本本都是彩色封面，在外型就给人一种很大气的新鲜感。市面上的书为考虑压低成本，顶多双套色就不得了了，像远景孤注一掷式全彩封面的大手笔，立即引发市场骚动。

但关键是内容的突破。1975年，台湾《联合报》开始连载一部名曰《人子》的作品。《人子》作者乃旅美作家鹿桥，此前他已以一部《未央歌》在台湾红极一时。《人子》连载的第二天，沈登恩便以敏锐的嗅觉预测到此作的价值，想方设法找到鹿桥的电话，和他商谈出版单行本。人气正旺的鹿桥一听对方是无名小社，并未动心，故意夸口说：我的稿费跟海明威一样高，怕你们付不起。当时鹿桥的稿费标准是一字一台币，《人子》约计15万字，而沈登恩创办远景总共投资不过30万台币。结果沈登恩二话不说，通过银行贷款，果敢出手，当天就把稿费悉数汇给鹿桥，签下了《人子》的出版合同。

创办不到一年的远景出版社靠《人子》一炮走红。后来台湾有 7 家出版社不约而同找到鹿桥，商谈单行本的出版事宜，得知已被沈登恩捷足先登而扼腕长叹。

“办出版就跟办报纸一样，最好抢独家，早人一步，成功几率就高。”这是沈登恩后来访问金庸时说的话，是他的信条。

2

1975年初，沈登恩从香港朋友手里得到一套《射雕英雄传》。一天一夜的工夫，他把全书看完了，脑海里全是黄药师、黄蓉、洪七公、郭靖、周伯通、欧阳锋等人的影子，好像跟许多的侠客英豪把臂而游。接着他又想法弄到了几部偷偷流进台湾来的金庸小说，一遍又一遍地狂读，看到妙处便不由击案惊叹。虽然他与金庸素不相识，但领略到了金庸笔下的世界，实在太精彩太浩瀚了，让他叹为观止，辗转难眠。

沈登恩发觉，喜欢金庸小说的何止自己，他听说，蒋经国在年末记者游园会中，曾与海外学人历数《射雕英雄传》中的英豪。在蒋介石之后曾做过台湾地区领导人的严家淦，也派人找民间盗版的《射雕英雄传》来看。孙科在病中还念念不忘金庸小说。沈登恩得知，在我国的港澳地区和新加坡的地铁、渡轮上以及巴士中，不少人的手上都有一部金庸小说，想来其他地方也一样，“有华人的地方就有金庸的小说”。

沈登恩心里有个疑问：世上既然有这么好看的小说，台湾怎么竟然没有出版？他四下打听，才知当时台湾正处于戒严时期，各地的出版品和文物均受到严格控管，当局一直视金庸为“左派”而将其所有小说列入“查禁目录”。至于查禁的理由非常可笑：毛泽东的诗词中有“只识弯弓射大雕”之句，因而金庸的书名有影射毛泽东之嫌，是替毛泽东做宣传的作品。然而，在当局的查禁下，书商巧妙地以改头换面、张冠李戴的方式偷偷盗印金庸小说，“金庸”两字却被湮没了。

1975年9月，沈登恩利用赴香港洽商之便，拜访金庸。三说两说，他把金庸说服了，和他签下作品出版授权的合同书。临别时，金庸赠送了自己在香港出版的全套小说给他。

“沈登恩手里有全套的金庸小说”，消息不胫而走。沈登恩在等待时机，一等就是三年。他感觉台湾的政治气氛起了微妙变化，逐渐倾向解冻，便向国民党当局提出：查禁金庸小说的理由不能成立，应当解禁。

在游说时，沈登恩向新闻管理部门负责人宋楚瑜作过一个精到的说理：明末，在《水浒》争议甚大并遭主流文化禁忌时，文学批评家金圣叹却大胆地把其文学价值拿来和《庄子》《史记》相比，这种超卓见解和胆量，当时吓倒了许多读书人。不仅如此，这位怪杰还摆脱当时“诲盗”的道德批评，亲授此书给10岁之子，让儿子知道此书的好处，其曰：“如此书，吾即欲禁汝不见，亦岂可得？……今知不可相禁，而反出其旧所批释，脱然授之汝手。”

费尽周折，沈登恩终于在1979年9月得到宋楚瑜的一纸公文，言“金庸的小说尚未发现不妥之处”，同意远景出版社在台湾出版金庸的武侠小说。①

得知作品解禁的消息，金庸喜不自禁，写信给沈登恩：“我的小说能在台湾出版，我当然也很高兴。台湾读书风气盛，文化水准很高，任何作者都希望他的作品能接触文化水准很高的读者群，能受到欣赏，得到高层次的反应，希望有更多的人了解，我的小说并非只是打打杀杀而已。”

手握“通行牌”的沈登恩不失时机地施展开行销策略，先是与《联合报》《中国时报》两大报达成默契，邀约艺文学术界名家于两报副刊上强力

① 钟兆云：《台湾出版大家沈登恩》，《人物》2004年第9期。

刊载推介金庸作品的文章，以为前锋；继而，《联合报》于9月7日起连载《连城诀》，《中国时报》于9月8日起连载《倚天屠龙记》；同时，沈登恩在香港《明报》刊登《等待大师》的广告，以扩大影响；最后在台湾分期推出皇皇巨著《金庸作品集》，呈现出袖珍本、典藏本、普及本“三鸡同唱”的局面。金庸小说开始走进台湾民众的家庭，连续数年高居书市排行榜中销售第一名的位置。

远景出版金庸正式授权的《金庸作品集》，犹如一道霹雳响彻台湾文化、出版界的天空。报纸不断连载，评论界闻风而至，影视界磨刀霍霍，要把金庸作品搬上银幕、荧屏。

但是，最受大家欢迎的《射雕英雄传》并没有解禁，在台湾有关部门的眼里，《射雕英雄传》的书名有“政治色彩”，还是要查禁，出版时只能改名《大漠英雄传》。台湾电视公司立即着手准备开拍电视连续剧，交由陈明华导演。由于陈导演的《倚天屠龙记》赢得极高的收视率，《射雕英雄传》开拍消息一传出，立刻震惊其他两家电视台。但是，送审之后即被有关部门封杀。原因是毛泽东《沁园春·雪》里有一句“一代天骄成吉思汗，只识弯弓射大雕”，有人一直认为，这是嘲讽蒋介石不过一介武夫。

金庸为此撰文辩护：射雕是中国北方民族一种由来已久的武勇行为。中国描写塞外生活的文学作品，往往提到射雕，“一箭双雕”的成语更是普通得很。毛泽东的词中其实没有“射雕”两字连用，只有一句“只识弯弓射大雕”。中国文字人人都有权用，不能因为毛泽东写过用过，就此独占，别人就不能再用了。

“世界之大，只有中国才有武侠小说。天下武侠作者奇多，繁星满天，独有金庸才是侠之大者，众星拱月。每一个人都需要童话，每一个人也都将长大。长大的大人要看成人童话。除了金庸的武侠，天下没有第二家成人童话。曹雪芹写成一部《红楼梦》，道尽中国的人生，后人读红楼，感慨系之，生出千百部‘红学’研究丛书。金庸作品集，一十四部，三十六册，读者遍布全世界各个角落，中国人一读再读，左看右看，还是金庸。”这是沈登恩为《金庸作品集》亲拟的广告词，刊登在每本书的封底。这段话，精辟地道出了世界众多华人读者对金庸武侠小说的普遍感受。

金庸的武侠小说已被尊为20世纪中国文学的瑰宝。无论达官贵人抑或平民百姓，不管是学者教授还是贩夫走卒，无论是老人还是妇幼，从中华大地到欧美加拿大，金庸迷遍及各个阶层各个地方。照小说家倪匡来说，金庸的武侠小说是“古今中外”、“空前绝后”。作为在台湾第一位把金庸作品集正式印行、隆重推出继而开“金学”风气之先的人，沈登恩以他独到的眼光和勇气，在台湾文化界、出版界大出风头。

3

1980年5月15日，沈登恩在台北招待来访的倪匡，问他：“你以前有没有写过评价金庸小说的文字？”倪匡答：“多得很。”沈登恩大喜，说：“能不能寄给我？”倪匡答：“完全没有剪存，不过不要紧，可以现写。”沈登恩问：“可以写多少字？”倪匡不加思索地说：“至少可以写五六万字！”

倪匡以为说过就算，谁知返港才几天，沈登恩已托人将六万字稿费带来。倪匡踌躇竟夜，第二天一下笔，一口气写下来，几乎没有翻动过原著小说，全凭自己积年累月、数十遍看下来的心得写成。前后总共写了五天就脱稿。①

10月12日，沈登恩在香港《明报》上刊登了一则引人注目的广告，标题为《等待大师》，宣告“倪匡执笔，金学研究第一集《我看金庸小说》是中国第一部有系统地研究金庸小说的专书，初版早已售罄，再版已经运到”，进而奉告读者：“‘金学研究’预定出版十册，除邀约名家执笔外，特别欢迎读者投稿。”

当“金庸热”在台湾持续升温之际，沈登恩又油然想到了当年金圣叹首肯和拔擢《水浒》文学地位的盛事。从一个文化人和出版家的眼光来看，沈登恩深感自己出版《金庸作品集》的初衷并不仅仅是供人消遣，他希望世人也不要仅仅把金庸的小说当做纯娱乐、消遣的快餐，而低估了其文学价值。在考虑推进金庸武侠小说学术化，进而让武侠小说由在野变在朝的计划后，沈登恩首倡“金学”一词。所谓“金学”，指的是对金庸小说的批评与研究。

倪匡的《我看金庸小说》，确为中国第一部系统研究金庸小说的专书，而将金庸小说研究提升为一门学术专科即“金学”者，则是从这则广告始。以研究武侠小说而成为一门独立的“学”，在中国还是第一次。

果然，在沈登恩的大力鼓吹下，海内外探究金庸作品的文章书籍，很快就洋洋大观。沈登恩主编的“金学研究丛书”不仅继续出版了倪匡的《再看金庸小说》和《三看金庸小说》《四看金庸小说》《五看金庸小说》，其后则是三毛、罗龙治、翁灵文、杜南发等人的研究文章合集《诸子百家论金庸》之一、之二、之三、之四、之五。十册之后，又陆续出版了温瑞安的

① 倪匡：《我看金庸小说·后记》，台湾远景出版公司1980年版。

《谈〈笑傲江湖〉》《析〈雪山飞狐〉与〈鸳鸯刀〉》《〈天龙八部〉欣赏举隅》，舒国治的《读金庸小说》，薛兴国的《通宵达旦读金庸》，杨兴安的《漫谈金庸笔下世界》和《续谈金庸笔下世界》，苏墱基的《金庸的武侠世界》，董千里的《金庸小说评弹》，多达30多种，有赏析，有赞誉，注重可读性和学术意味。每本书的封底，都有沈登恩亲撰的广告词。

随后，沈登恩亲自撰文《百年一金庸》，介绍"金学"的缘起与意义；还以"余子"为笔名，主编两册《解放金庸》，以求对金学研究的整合。沈登恩将"金学"与"红学"相提并论，认为在中国文学史上，只有两位作家的作品，真正做到了家喻户晓，真正做到了写尽中国的人生，那就是曹雪芹的《红楼梦》与金庸的武侠小说。

1985年，广州《武林》杂志连载金庸的《射雕英雄传》，金庸武侠小说首次正式进入大陆。而金庸小说单行本在大陆的正式出版，较早是1985年4月天津百花文艺出版社印行的两卷本《书剑恩仇录》。这是经金庸授权出版的，金庸称此为"一个愉快的经验"。黑龙江省《克山师专学报》1985年第4期发表了张放的《金庸新武侠小说初探》，这是大陆金学研究的第一篇论文，从此揭开了大陆金学研究的序幕。

与此同时，海外成立"金庸学会"，出现研究金庸武侠小说的博士论文，出版金庸研究刊物并开辟网站，有关金庸及其武侠小说研究学术讨论会也接连召开。随着"远景"陆续推出30来种金学研究的专著，金学研究在海峡两岸三地蔚为风气。

4

1980年代中期，大陆对外开放，台港的出版物开始有选择地进入大陆，其中沈登恩主持的"远景"文学书引起了人们的注目。因为"远景"有太多太多的"第一"：第一个把金庸引进台湾；第一个把林行止引进台湾；第一个把董桥引进台湾；第一个把倪匡引进台湾；第一个让出狱后的李敖"重返江湖"；第一个在台湾推出诺贝尔文学奖全集……这些"第一"只要有一项就很了不起，所以大陆出版的《台湾出版史》也辟有专章评述。因为沈登恩人矮，因此获得了台湾出版界"小巨人"的雅号。

1994年12月，沈登恩的台湾远景出版公司和金庸的香港明报出版社联合大陆的一家出版社，同时在两岸三地出版第一部关于金庸的传记《文坛侠圣——金庸传》。沈登恩曾致信金庸："给作家出书就是交朋友，就如同种树需要常常施肥。”他和金庸从陌生到熟悉，到成为经常互发传真道晚安的朋友，正是从出书开始的。

21世纪初，陈水扁担任台湾地区领导人，全面推动“去中国化”运动，在文教领域推出一系列“文化台独”政策，旨在落实“台独理念”，为“实质台独”铺路。与其针锋相对，沈登恩将文化出版的触角伸向了祖国大陆，要为台湾文化的归宗而“招魂”。

2000年，沈登恩带着林行止的几十种著作参加北京国际图书博览会。林行止是金庸向他推荐的朋友，曾与金庸同事多年，是香港《信报》的创始人，以善写政经评论著称。林行止的行文有着深厚的中国传统文化的印迹，他常常借古讽今批评台湾当局，在很长一段时间内，他的书在台湾一直被禁止出版。“其实，他是爱你才批评你。”在沈登恩的游说、争取下，1989年，远景出版社终于率先在台湾推出“林行止作品集”，受到台湾读者的欢迎。

在北京国际图书博览会会场，不少大学生来看这些书。沈登恩诚恳地对大家说：“我是想帮祖国大陆打开一扇窗。”一位学生答道：“你帮我们把大门打开吧。”才过两年，经济日报出版社出版了林行止的《告别厚利时代》《理想生意》，社科文献出版社了《一脉相承》《经济家学》，文汇出版社陆续推出《英伦采风》《闲笔生花》《我读我在》《原富精神》，林行止在大陆的影响日益扩大。这背后，有不少沈登恩的努力。对此，他得意地说：“台湾文化，香港文化，大陆文化是同宗的，为文化归宗招魂，我就是这样一以贯之的人。”

林行止曾向金庸讲述过一个故事：沈登恩在香港看了电影《卧虎藏龙》之后，马上奔赴大陆，在茫无头绪之下寻找《卧虎藏龙》原著作者王度庐的后人购买版权，几经周折，终于得偿所愿。[①]紧接着，他将陈钢的《上海老歌名曲》，金文明的《石破天惊逗秋雨》，黄永玉的长篇自传体小说《无愁河的浪荡汉子》，巫宁坤的《一滴泪》等书引进到台湾。远景出版社以每年四到六种的速度推出了大陆作家作品集。他不计经济效益如何，只为同宗文化唱赞歌，为本土文化寻根，为台湾文化归宗而“招魂”。沈登恩曾骄傲地说：“出版社的成功在于它的风格，不在于规模大小。远景最大的特色，是出版我自己喜欢看的书，很少被市场所左右。”

几年里，沈登恩常到大陆访友，结交了许多学者和出版界朋友，每隔五六天就会联系一次，交换两岸出版信息。每到上海邀请朋友见面，吃饭，喝咖

① 彭伦：《出版社的成功在于风格》，《文汇读书周报》2003年2月25日。

啡，逛书店，聊天，是他的必修课，为的是将大陆学者的书引进到台湾。

比金庸年长2岁的戈革是河北献县人，毕业于北京大学物理系，是中国最杰出的科学文献翻译者之一。他一生所译著作超过一千万字，其中以12卷本的《尼耳斯·玻尔集》最为著名，曾被丹麦女王赐封“丹麦国骑士”，授勋章。他还是个超级金庸迷，不仅写成专著《挑灯看剑话金庸》，还以一年多的时间，为金庸的十五本武侠小说的所有人物治印，刻成《金庸小说人物印谱》。《金谱》动工时，金庸便承诺书成之后由他出资出版发表，并将他推荐给了沈登恩。而这之前，沈登恩已经打算出版戈革的《挑灯看剑话金庸》一书。

已经接了书稿，沈登恩为什么不马上出版戈革的书呢？据说，金庸曾经给戈革写信说明原委：戈革将书稿先投给了某出版社的，而该出版社正与金庸闹着版权纠纷，几年未解开，此时如沈登恩出版这部书，这个纠纷会闹大了，为此将此书搁下了。金庸还惦着戈革那本未出版的书，在歉意中想给予补偿，他向沈登恩推荐了戈革的印谱。

2001年秋，沈登恩自京至沪，随身带了一个大箱子，很沉，里面装着满满一箱“石头”，是几百方戈革所治金庸小说人物印章。一个七八十岁的老人，对金庸武侠小说如此痴迷，著书探讨，别有见地，还先后用时一年有余，篆刻尚无人辑录过的金庸15部武侠小说中的人物，制作印谱凡1200余人共1600余印（重要人物不止一印，还有题名等章）。这部《金庸小说人物印谱》堪称鸿篇巨制，更是“自翻新样论英雄”的特殊样式，开了“金学”的新天地，沈登恩当然识宝，拟在台湾出版印谱和拓本。

受“去中国化”运动影响，台湾的出版业不大景气，市场风险不言而喻。金庸为此提醒过沈登恩，但他不以为然，急于东山再起。他认为祖国大陆有众多的创作人才，广阔的读者市场，他企图立足台湾，依靠大陆，重振“远景”雄风。他不止一次地指着外滩一幢十分气派的大楼，对朋友说，“远景”要在那里设立Office，在上海大干一场。虽然，他也知道这可能只是个“远景”，但他还是不懈地追求。

身为出版人的沈登恩，对金庸文学地位的早日形成具有特殊作用，他也由此和金庸成了好友。新加坡武侠小说家温瑞安曾披露一事：有段时间港台盛传远景周转不灵，有些出版人便开始打金庸作品版权的主意，他拿此事询问金庸的看法，金庸断然道：“我跟沈先生是好朋友，除了出版我的书外还有一份情感，我不想在这时候做任何对他不利的事情。”

2004年是“远景”创立三十周年，沈登恩雄心勃勃，准备出版三十种大陆作家的书以示庆贺，也借此向两岸三地读书界宣布“远景”的宏图大略。计划的新书中就有戈革的《挑灯看剑话金庸》和《金庸小说人物印谱》，还有毛尖的《上海通信》专栏文选，陈子善的《摩登上海》增订本和《说不尽的张爱玲》等，令人遗憾的是，2004年5月，年仅56岁的沈登恩病逝于台北，“远景”计划搁浅了。

现今，台湾远流出版公司接替远景出版公司出版金庸研究丛书，易名“金庸茶馆”。

金庸封笔后宗师传位于他
——台湾武侠小说家古龙

当代武侠小说大家，香港有金庸，台湾有古龙。金庸开创了新派武侠，采自中国古典文化，奇妙丰富，自成一家；而古龙是继金庸之后为武侠小说缔造高潮的作家，他的小说是“意在笔先”，侠客的面貌总是鲜明跳跃，开拓了武侠小说的新形式。

金庸是在江湖外写江湖，而古龙是身在江湖写江湖。因为从经历来看，金庸是个十足的文人，而古龙却充满了江湖气。

早在古龙声名尚未鹊起之际，金庸就认为古龙的作品有过人之处，说他早晚有一天会获得读者的赏识。古龙说他最好的朋友有两个，其中一个就是金庸，所以两人的友谊应该是非常深厚的。

金庸觉得古龙很直爽，而且很罗曼蒂克，“古龙就是这么浪漫的人，与他的作品一样的浪漫，看着过瘾”。因而，金庸1972年封笔后，主动出让《明报》这一方阵地，宗师之位传位于古龙。

1

台湾坊间有一种传说：“古龙”是冲着“金庸”去的，“古”对“金（今）”，“龙”对“庸”。1955年，古龙在《晨光》杂志发表纯文学创作的文艺小说《从北国到南国》，使用笔名“古龙”，开始了他的职业写作生涯。这一年，查良镛以“金庸”为笔名，创作第一部武侠小说《书剑恩仇录》，在《新晚报》连载一年，奠定武侠文学基业。

古龙，本名熊耀华。祖籍江西南昌。生肖属虎，1938年6月7日出生于香港，幼时就读于德声教会小学，曾住过汉口。十四岁时随家人漂洋过海，定居台湾，先就读师院附中初中部，1954年秋考上成功中学高中部。这时，父亲熊鹏声因外遇抛弃妻儿，熊耀华便离家出走，成为一名叛逆少年。

十八岁那年的冬天，古龙独自踯躅在台北市和平东路的黑街上，被无边的寒冷与寂寞包围着。碰巧遇到一位古道热肠的朋友，向他伸出了一双温暖的手。古龙便在浦城街上获得了一处可以遮风避雨的住处，还在国立师范大学找到一份临时工作。四年里，白天他替人誊刻蜡纸，编辑刊物，以维持自己的生活，夜晚他就读淡江大学的夜间英语科。大学毕业之后不久，古龙在台北美军顾问团谋得一份图书管理员的工作，生活仍然十分清苦。

那一段日子，他常听别人开玩笑说："别怕挨饿，大不了改行去写武侠小说。"当时台湾违章建筑的租书业鼎盛，武侠小说的市场需要量极大。古龙想，"我何不试试写武侠小说看看？说不定可以赚些外快"。古龙的父亲曾在年轻时写过武侠小说，他的书房里有不少武侠作品，古龙便是那时受到的启蒙。他看清代近代武侠小说，喜欢《三侠剑》，"二十年前我看这本小说时，只要一看到蒋伯芳亮出他的盘龙棍，我的心就会跳"，同样的，幼时的武侠阅读经历在他心底埋下了种子。于是，1959年动笔，他那试验性的第一部武侠小说《苍穹神剑》就出版了。

接着，古龙又发表了《孤星传》《护花铃》等10余部小说。这时，台湾武坛以卧龙生、司马翎、诸葛青云为尊，三剑客在出版界呼风唤雨，结盟组织武侠作家沙龙，古龙便混了进去。在了解了古龙的武侠造诣及文笔后，三剑客由于常年约稿不断，难以一一应付，古龙便顶替上阵，捉刀代笔，并趁机请教学习。尤其是诸葛青云，可以说是他的入门老师。

从1963年起，古龙接连发表了《情人箭》《大旗英雄传》《浣花洗剑录》《名剑风流》《武林外史》和《绝代双骄》等6部长篇，皆接近或超过百万字，质感也明显提升，遂跃登为"四大天王"之一。1964年至1966年发表的《浣花洗剑录》向《宫本武藏》等日本时代小说取经，探索武道（天道），另辟武侠蹊径。《武林外史》奠定古龙武侠小说的"浪子"风味，强化了《名剑风流》的现代感。《绝代双骄》有明显的寓言化倾向，是第一部大红大紫的长篇武侠喜剧。传为美谈的是，香港知名作家倪匡替明报向古龙邀稿《绝代双骄》，从此，古龙与金庸结识。

1967年初，《楚留香传奇》破茧而出，集武侠、文艺、侦探、推理、寓言于一身，自立门派，树立起"新派掌门人"的标竿。那年5月，香港发生左派大暴动，暴徒烧死了商业电台广播员林彬，声言下一个目标是在《明报》写社论痛斥暴徒的金庸。君子不立危墙下，金庸借着往外国开新闻会议，离开中国香港往欧洲避难。临行前要选择一位优秀的武侠小说作家，代替他写小说来填补在《明报》副刊中那个本来刊登《倚天屠龙记》的版位。他看了

《楚留香传奇》之后选中了古龙，吩咐副总编辑潘粤生去台湾商洽这件事。潘粤生不认识古龙，邀《快报》总编辑邝荫泉一同到了台北，约古龙至饭店吃饭。潘粤生诚恳地向古龙道明了来意，古龙当然很欢喜，立即答允下来。邝荫泉听说选择古龙是金庸的主意，认为金庸一定法眼无差，趁此机会邀请古龙也替《快报》写一篇武侠小说，古龙当然也答应了。自此以后，古龙的武侠小说同时在香港两张畅销的报纸刊登，读者反应十分良好，马星的报纸也争着转载这两篇小说，印成单行本后亦一纸风行。古龙替《明报》写的武侠小说，便是《流星蝴蝶剑》，邵逸夫看中了这本小说，向古龙买下改编电影的版权，由倪匡编剧，楚原导演，这部电影于1976年在香港上映，十分轰动，开创了武侠电影的又一次高峰，也缔造了古龙的电影时代。①

自此，古龙小说如日中天，也开启了往后十余年的黄金时代。《多情剑客无情剑》再接再厉，成为武侠史上惊世艳俗的不朽名著。《萧十一郎》《欢乐英雄》《大人物》《七种武器》系列、《三少爷的剑》《白玉老虎》《碧血洗银枪》和《英雄无泪》等作品均广受欢迎，几乎每一部都被改编为影视作品。80年代，郑少秋主演的港剧《楚留香传奇》在台湾播映时盛况空前，“满城争说楚留香”，成为台湾电视史上的经典作品。因此，古龙自70年代晚期即投入影剧事业，与好友倪匡、导演楚原经常合作，挂名之作品不下数十部，1980年甚至创办了宝龙电影公司。这显然有助于小说文本的激发和创新。

这时期，金庸每到台湾，就会邀古龙一块吃饭、喝酒，聊武侠，说电影。两人也常跨海打电话，诉说寂寞，有时从午后一直聊到天昏地暗。

2

1972年，金庸的封笔之作《鹿鼎记》在《明报》的连载行将结束。他写信向古龙约稿，请他为《明报》连载武侠小说。知名武侠小说研究者陈墨说，古龙的朋友于东楼曾告诉他，古龙接到金庸来信时，于东楼正好在场。那时古龙名头正盛，来函很多，也来不及细看，他漫不经心地让于东楼将信拆开，看看到底是哪个“家伙”从香港写信给他。结果是金庸的约稿信，古龙读罢这封信，难以置信，澡也不洗了，“光着身子躺在椅子上，半天不说一句话”。此后，古龙即开始为明报撰写《陆小凤系列》，在《明报》连载获得空前成功。金庸既是古龙的文坛前辈，也是他的竞争对手，金庸愿意主

① 燕青：《古龙的浓缩人生》，香港《武侠世界》1997年8月号。

动出让《明报》这一方阵地，让他发表代表作，这实在是值得铭记终生的。古龙说，金庸是前辈，他自己与前辈还有某种差距。

对于古龙，金庸表示了很大程度的认可。古龙是一个专业的武侠小说作家，他是靠写武侠谋生吃饭的，而武侠创作对金庸来说，还只是一个副业性的工作。金庸的作品，是经过了十分精细的修改和琢磨的，而古龙的作品大都是在很短的时间内一气呵成地创作完成的，从来没有修改过。金庸作品整体的精致性，人物的完整性使得其作品的阅读构成了一种完整的体验。而从作品的整体来说，古龙作品在创作水平上起伏很大，即使是一部作品里，不同的部分往往也有很大的差异，在文字、情节、人物上有比较大的修改空间。这也就使得古龙作品里一些很精彩的作品和部分受到了影响，形成的是一种残缺的美，不能不影响了读者的阅读兴趣。

然而，时过两年，古龙的《天涯明月刀》崭新“出鞘”。古龙后来说：“一部在我这一生中使我觉得最痛苦，受到的挫折最大的便是《天涯明月刀》。因为那时候我一直想‘求新’、‘求变’、‘求突破’，我自己也不知是想突破别人还是想突破自己，可是我知道我的确突破了一样东西——我的口袋。我自己的口袋。在那段时候唯一被我突‘破’了的东西，就是我本来还有一点‘银子’可以放进去的口袋。”①

金庸是个不折不扣的大师，从《书剑》到《射雕》到《天龙》到《鹿鼎记》，他把“侠”的内核挖掘得一干二净，几乎断了后人武侠创作的后路。可是，古龙仍在求新求变，他剑走偏锋，在形式上不拘一格。从书写人性入手，几乎完全抛开历史，而在纯粹的江湖背景中叙说纯粹的江湖传奇故事。他多用诗化的短句，武打时不再拘泥细腻招式，而是渲染气氛，集中爆发，一招了账。其次，他形成了独特的叙事模式，多采用电影中蒙太奇的镜头剪切手法。

金庸小说其实不庸，化腐朽为神奇，集旧派武侠为大成；古龙小说更非古，辟蹊径而另成峰，成新派武侠之宗师。读金庸的小说如小火炉煮水，慢温慢热，到精彩处便若沸水翻腾；而古龙的小说却若大作坊酿酒，一举火便浓香四溢，令人垂涎欲醉，至完方休。金庸小说为正，古龙小说为奇，奇正相合，方有如此神奇一个武侠世界。

金庸曾笑称自己的小说数量没有古龙的多，不像古龙，可以把一部作品中的故事情节反复写成别的小说——精彩！

其实，自新派武侠小说在民间畅销以来，金庸与古龙的作品始终是最受

① 古龙：《一个作家的成长与转变》，《大旗英雄传·序》，珠海出版社2005年版。

读者欢迎的，俩人在新派武侠小说家中可谓一时瑜亮，难分高下。金庸的武侠作品一共十四部，古龙则近五十部，金庸的小说数量虽少，但态度严谨，古典文化的修养很深，兼以除了当作家之外还是《明报》集团的老板，中年之后无衣食之忧，所以作品一改再改，花在修订上的时间几乎与创作时间相仿，作品呈现出的质量与水平较为均衡。而古龙则一生纯靠卖文为生，早期一些作品模仿痕迹颇重，直到写出《绝代双骄》之后，才步入一流大家的行列。加之古龙本人任性嗜酒，成名后的小说也未必部部都精，更是英年早逝，便不像金庸那样有时间和机会对作品细细修订，故作品的整体水准不均衡，唯此难以与金庸相匹。但古龙小说改编成电影，至少几百部了，单单楚原就拍了几十部古龙电影。港台武侠电影，绝大多数是古龙风格，连王家卫的《东邪西毒》，也只是套用金庸的名字，实质上是纯粹的古龙风格。

《天涯明月刀》在《中国时报》连载时，倪匡感叹道："在古龙武侠小说出现之前，金庸是众人模仿的对象，但只有古龙能突破金庸的模式而另创一种新风格。他的作品构思奇特，人物性格鲜明，如陆小凤、楚留香等，都相当精彩，脍炙人口，人物富有浪漫色彩和激情。"

倪匡是古龙非常好的朋友，古龙生活困难时，他给过钱，古龙被砍伤，他送去医院，古龙小说断档时，他还帮忙写过。

倪匡先后给金庸和古龙代过笔，但古龙的处理方式跟金庸不同。倪匡代金庸写《天龙八部》，将阿紫的眼睛弄瞎了，金庸不开心，却设法用故事来圆满。而古龙写《绝代双骄》时中途临时有事，报社又催得紧，就找了倪匡代笔。倪匡一写写了十万字，古龙回来后，不知道从何写起，他就说小鱼儿做了一个梦，那十万字是一场虚梦。小鱼儿的梦醒了，就接着以前的段落往下写。这样一来，倪匡辛辛苦苦写的十万字，被古龙一句话就"没有"了。跟金庸一样，倪匡帮忙代写的部分，只在报社的连载里有，到正式出版的书里都被删干净了。

金庸向古龙电话约稿，古龙对金庸说："我计划写一系列的短篇，总题叫做'大武侠时代'，我选择以明朝做背景，写那个时代里许多动人的武侠篇章，每一篇都可以独立来看，却互相间都有关联，独立看，是短篇；合起来看，是长篇，在武侠小说里这是个新的写作方法。"他所以想到这种改变，一是自己的体力也无法熬着写长篇；二是时代变了，现代人的生活已经没有人有耐心看连载的长篇。"以前写连载，有时写到八百多天才登完一个故事，写的人有稿费可拿都很烦了，何况是看的人呢？武侠小说不得不变，短篇可能是一条路，它可以更讲结构，更干净、更利落。”①

直到生命的最后一刻，他还在不断超越自己，尽管最后还是没有完成那个《大武侠时代》（即《猎鹰赌局》）。这大概是金庸喜欢古龙并将宗师之位传位给他的一个主要原因。

沈西城曾经评论香港的武侠小说创作境况：“香港因写武侠小说住上半山豪宅的，惟有金庸一人。这当然因为查先生才华高蹈，下笔严谨，视野宽阔，当然也因为他善于经营自己，再换一句话叫爱惜羽毛。一将功成万骨枯，同时代那么多富有才华的武侠小说家为何后来一直默默无闻，不得人知呢？这里有两个原因，一是作品稀少，二是作品粗糙。”他不无惋惜地说：“当然也有另类的，是因为活得不够长，比如古龙。”

3

“冰比冰水冰”是一桩武侠公案。话说这桩公案的大多数版本是这样的：古龙出了一个“冰比冰水冰”的上联，堪称“绝对”，难住了倪匡和金庸，金庸脸上很是挂不住，以“此联不通”推搪了事。

古龙是这样说的：有一天深夜，我和倪匡喝酒，也不知道是喝第几千几百次酒了，也不知道说了多少鸟不生蛋让人哭笑不得的话。不同的是，那一天我还是提出了一个连母鸡都不生蛋的上联要倪匡对下联。这个上联是：“冰比冰水冰。”冰一定比冰水冰的，冰溶为水之后，温度已经升高了。水一定要在达到冰点之后，才会结为冰。所以这个世界上任何一种水，都不会比“冰”更冰。这个上联是非常有学问的，五个字里居然有三个冰字，第一个“冰”字，是名词，第二个冰字是形容词，第三个也是。

“我想不出，倪匡也想不出。奇怪的是，金庸在听到这个上联后，也像他平常思考很多别的问题一样，思考了很久，然后只说了四个字：此联不通。听到这四个字，我开心极了，因为我知道‘此联不通’这句话的意思，就是说：‘我也对不出’。金庸先生心思睿智，倪匡先生敏锐捷才，在这种情况下，如果能有一个人对得出‘冰比冰水冰’这个下联来，而且对得妥切，金庸、倪匡和我都愿意致赠我们的亲笔签名著作一部，作为我们对此君的敬意。”②

---

① 林清玄：《古龙的最后境界与愿望》，收入《不看，是一种自在》，九州出版社 2017年版。

② 古龙：《〈陆小凤与西门吹雪〉注》，《时报周刊》1982年3月212期。

可是，这个侠界文坛传播很久的金古PK，究竟是不是真的呢？

金庸是不承认的。他在1994年1月的《金庸作品集（三联版）序》和2002年4月的《“金庸作品集”（广州版）新序》中都是这样说：“有些翻版本中，还说我和古龙、倪匡合出了一个上联‘冰比冰水冰’征对，真正是大开玩笑了。汉语的对联有一定规律，上联的末一字通常是仄声，以便下联以平声结尾，但‘冰’字属蒸韵，是平声。我们不会出这样的上联征对。大陆地区有许许多多读者寄了下联给我，大家浪费时间心力。”

从古龙的文章中得知，古龙确实出了这么一个“冰水”上联，是在与倪匡喝酒的时候出的，当时金庸并不在场，所以，金庸否定了“合出”和“征对”。于是，江湖上以讹传讹，成了金、古、倪三人对座喝酒，古龙出上联，直接秒杀金庸的传奇。

古龙常到金庸家做客，金庸也常到古龙家看望古龙。古龙说他最好的朋友有两个，其中一个就是金庸，所以两人的友谊应该是非常深厚的。

有一次，古龙和金庸与日本的出版商谈论新书事宜。古龙发现对方在客气的外表下总透着一股傲慢，尤其瞧不起中国当代文学。酒过三巡，对方的酒兴渐渐高涨起来，不停地催服务生上清酒。古龙和金庸两人都有些不胜酒力，开始推辞起来。不料，对方忽然露出了鄙夷的神色：“你们中国的小说家也不过如此嘛！”金庸紧张地看着血气方刚的古龙。让他没想到的是，古龙并没有暴跳如雷，而是走出房间取来三个脸盆摆在大家面前，然后在盆里倒满清酒：“来，用这个，干！”说着，古龙端起盆，仰头猛灌起来，日本出版商看得傻了眼。古龙喝到一半，对方忙跑过来拉住他：“古先生，我佩服你！不要再喝了！”

事后，日本出版商再也没有过傲慢的表现。金庸问酒醒后的古龙，真的能喝得下那么多酒吗？古龙憨笑着告诉他，其实自己也喝不了那么多酒，只是他觉得，对善待自己的人，自己就必须还以善良；对轻视自己的人，就必须坚决反击，何况是事关作家的尊严和民族感情。

金庸曾说：“古龙为人豪爽，我们每次在台湾相聚，都很开心。但是古龙太嗜酒，不顾健康，损失了宝贵的生命，很可惜。”2003年，金庸来到广州中大演讲，谈到与古龙的交往，他说：“古龙是江西人，个性有点侠气，我就没有。他喝酒多年，所以年轻时就去世了。与他交往，我认为他与武侠生活相近，有次他不愿与一帮人喝酒，结果被人砍伤手臂。而我是规规矩矩地做学者，他与我平时谈天说地很好，要生活在一起不容易。”①

① 《金庸痛失一位好友》，《光华日报》1985年9月26日。

金庸提及的“喝酒”便是“吟松阁事件”，导致古龙英年早逝。1980年，当年宝龙影业的开业影片刚刚杀青，古龙手下一个小弟提议去北投吟松阁（风月之地）喝酒，恰好武行出身的柯俊雄（有黑帮背景）也带着一帮小弟在场。古与柯各处一室，小弟们守在外面。双方喝高了之后，柯的小弟让古龙去敬酒，因古龙名气远大过柯，双方一言不合便吵了起来。当时台湾黑道多以日本武士刀和扁钻装备，古龙在雅室内听到动静出来，柯底下的小弟一紧张亮出扁钻，伤到了古龙臂上大动脉，登时血流不止昏死过去。据说古龙送往医院后，失血太多，医院库存不够，不得不往黑市购血，误输入混有肝炎病毒的血液，就此感染。5年后，古龙因肝硬化引起食道瘤大出血，撒手人寰。

1985年9月21日，48岁的古龙留下一句“人在江湖，身不由己”的名言而仙去。因为喝酒丧命的古龙让金庸三天都说不出来话，后来还是说了一句话：“江湖险恶，才子多情。自古才子多风流，风流之人多灾难，这话不得不信。”

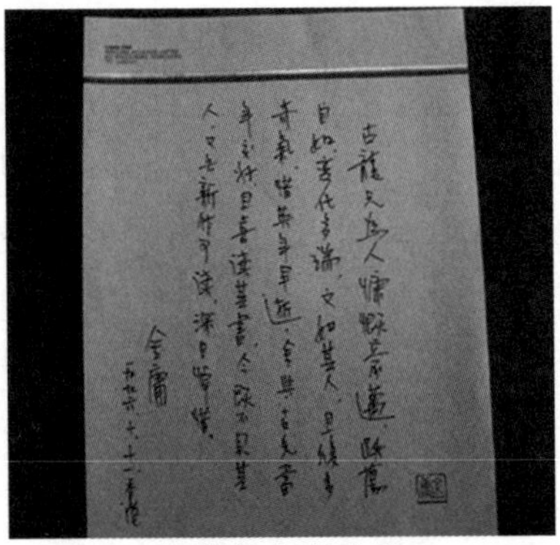

金庸祭古龙手迹

金庸有祭古龙的手迹：“古龙兄为人慷慨豪迈、跌宕自如，变化多端，文如其人，且复多奇气。惜英年早逝，余与古兄当年交好，且喜读其书，今既不见其人，又无新作可读，深自悼惜。”

读不进去鲁迅就读金庸
——鲁迅研究专家钱理群

钱理群是研究鲁迅的，金学研究是他的副业。用他的话说，“读不进去鲁迅就读金庸”，“我对金庸毫无研究，仅仅是他的作品的爱好者”。

钱理群1939年1月30日生于四川重庆，祖籍浙江杭州。北京大学资深教授，博士生导师，并任清华大学中文系兼职教授，中国现代文学研究会副会长，中国鲁迅学会理事，《中国现代文学研究丛刊》主编。主要从事现代文学史研究，鲁迅、周作人研究与现代知识分子精神史研究。20世纪80年代以来中国最具影响力的人文学者之一。他以对20世纪中国思想、文学和社会的精深研究，特别是对20世纪中国知识分子历史与精神的审察，受到海内外的重视与尊重。

钱理群竭力主张将金庸的文学成就写进20世纪中国文学史，并且给予突出的位置。

1

不高的个头，大大的脑袋，光秃秃的头顶，只有周围还保存着些许“植被”，有人说，钱理群长着一副金庸小说里老顽童周伯通的可爱模样。

钱理群最先接触的金庸小说是《射雕英雄传》。

1981年，刚刚硕士毕业并留校任教的钱理群，正在给北京大学中文系的学生讲“中国现代文学史”。那天，一个与他经常来往的学生跑来问他，“老师，有一个作家叫金庸，你知道吗？”钱理群一片茫然，他确实是第一次听说这个名字。

这位学生半开玩笑、半挑战性地对他说，“你不读金庸的作品，就不能说完全了解了现代文学”。并且告诉他，几乎全班同学都迷上了金庸，轮流到海淀一个书摊用高价租金庸小说看。那时候的金庸小说，主要是从书摊借，大多数是盗版，情节删减很多。当时的学校里，很多同学共享一本金庸小说，即便书籍在传阅过程中卷边发黄，仍然是炙手可热的流行品。

令钱理群惊讶的是，学生们公开对他说："金庸作品比您在课堂上介绍的许多现代作品要有意思得多。"

这是第一次有人向他提出金庸这样一个像他这样的专业研究者都不知道的作家的文学史地位问题，钱理群大吃了一惊，却不免有些怀疑：这或许只是年轻人的青春阅读兴趣，是夸大其词的。

后来有一个时刻，钱理群陷入了极度的精神苦闷之中，几乎什么事不能做，也不想做，一般的书也读不进去；这时候，他想起了学生的热情推荐，找来了《射雕英雄传》，没料到拿起就放不下。从此，他开始读金庸的小说，读完了他的主要代表作。①

有一天，钱理群在读《倚天屠龙记》时，看到"生亦何欢，死亦何苦，怜我世人，忧患实多"这四句话时，突然有一种被雷电击中的感觉："这不正是此刻我的心声吗？"于是，钱理群将它抄了下来，并信笔加了一句："怜我民族，忧患实多"，寄给了他的一位研究生。几天后，收到回信，他竟然呆住了：几乎同一时刻，这位学生也想到了金庸小说中的这四句话，并且也抄录下来贴在墙上，"一切忧虑与焦灼都得以缓解……"正是金庸的小说将这对师生的心灵沟通了，震撼了。

对这样的震撼心灵的作品，文学史研究、现代文学史研究能够视而不见，摒弃在外吗？作为北京大学中文系担任现代文学研究的老师，钱理群不得不郑重考虑这个问题。

可是，在当年，金庸小说和邓丽君的歌曲同被归入"精神污染"之列，要在北京大学这座中国最高学府公开研究金庸，以钱理群的身份是不敢造次的。无奈之下，他将自己的遭遇和心境告诉了中国现代文学研究的泰斗严家炎。严家炎也是金庸迷，且在美国讲授过金庸小说。

不久，香港无线电视台拍摄的电视剧《射雕英雄传》在全国热播，万人空巷。在那个娱乐文化苍白的年代，金庸的名字开始在内地变得十分响亮。这时候，严家炎教授打破坚冰，率先在北大开设了"金庸小说研究"课，随后出版了《金庸小说论稿》。

钱理群1985年与黄子平、陈平原共同提出了"20世纪中国文学"的概念，强调新概念的提出，"并不单是为了把当前存在着的'近代文学'、

① 钱理群：《金庸现象引起的文学史思考》，《北大校友》2005年11月号。

‘现代文学’和‘当代文学’这样的研究格局加以打通，也不只是研究领域的扩大，而是要把20世纪中国文学作为一个不可分割的有机整体来把握”。作为一个富有创见的中国现代文学研究者，钱理群承认“对金庸研究，仅仅是他的作品的爱好者”。之所以说对金庸做出思考，是出于建立起自己的文学史叙述体系的需要，是在考察中国现代文学“雅俗关系”中“获得了对本世纪文学发展的某些质的认识”。

钱理群认为，中国的传统文学发展到20世纪，必须有一个新的变革，变而后有新生。“这样，五六十年代，金庸这样的集大成的通俗小说（武侠小说）大家的出现，不仅是顺理成章，而且自然成为中国通俗小说现代化的一个里程碑。”“通俗小说的最终立足，却要仰赖这样的大师级作家的出现。在这个意义上，我们可以说，正是因为有了金庸——有了他所创造的现代通俗小说的经典作品，有了他的作品的巨大影响（包括金庸小说对大、中学生的吸引，对大学文学教育与学术的冲击），才使得今天有可能来讨论通俗小说的文学史地位，进而重新认识与解构本世纪文学史的历史叙述。我们的这种讨论，并无意于在‘新文学’与‘通俗文学’及其经典作家鲁迅与金庸之间作价值评判，而是要强调二者都面临着‘现代化’的历史任务，并有着不同的选择，形成了不同的特点。”

基于此，钱理群观点鲜明地提出了“金庸小说的出现，对我们的现代文学研究提出了严峻的挑战，我们必须认真思考，研究，讨论，作出回答”。而且，他化解了“狭隘的文学观念”的挑战，将金庸写进了他自己的“现代文学史”的叙述体系，他主编《彩色绘图本中国文学史》时，将金庸小说作为“现代通俗小说”成熟的标志，给予金庸在文学史上的重要地位。

1998年5月中旬，美国落基山麓的科罗拉多大学以“金庸小说与二十世纪中国文学”为题举行了一次国际学术研讨会，与会学者从方方面面触及了与金庸小说有关的多个课题。尽管众说纷纭，但是有一点是共同的，那就是几乎所有的学者都认同金庸小说在20世纪中国文学中占有显赫的地位。钱理群的发言，给予金庸小说极高的评价，认为金庸小说是20世纪中国文学的奇葩，而且是一个不可忽视的文学现象和文化现象。金庸小说之所以有吸引力，在于“金庸武侠小说里的江湖世界包含两个成分：一是为了补偿现实的遗缺，而在想象中创造（幻化）出彼岸的、超越的、理想的乌托邦境界；另一组充满杀机（危机）的世界，这是现实世界的折射，是此岸世界对彼岸世界的侵入。两者互相对立又相互依存，从而在世俗社会与理想境界之间，在此岸与彼岸的联结中，实现了文学的审美作用，并在一定程度上起到了‘类似宗教的作用’”[①]。

钱理群认为，“金庸之争”背后实际上是“雅俗之争”，从中可以看到一种十分落后的文学史观还在文坛产生着很大影响。他指出，“五四新文学运动”解决的一个重要命题便是，不再把雅俗文学对立起来，而将雅俗之间的互相制约、互相影响视为文学发展的内在动力。现在一些人仍盲目地鄙视通俗文学，实际上是文学观念的倒退。他特别强调：“率先发现民间文学的意义，肯定其文学史价值，本来就是北大的学术传统之一，也许这可以解释为什么今天北大会成为金庸研究的‘重镇’。”

钱理群甚至提出，从雅俗文学发展脉络的角度，金庸有可能与鲁迅呈“双峰并立”之势。在说明因何给金庸以如此高的文学地位时，钱理群表示：“这并不是单纯对金庸个人的评价，而是对通俗小说在中国现代文学史地位的重新评估。”他进一步解释，“新文学运动”以后，文学发展分为两个脉络，一个是以鲁迅为代表的“雅文学”，一个是沿“鸳鸯蝴蝶派”路子发展下来的“俗文学”（这里的雅、俗之分不含价值判断）。以前“俗文学”一直被排除在文学史研究对象之外，近年来，它的迅速发展推动了文学研究，张恨水、张爱玲、徐訏等作家受到重视。但是，如果没有金庸这样的“大家”出现，这条线索很难成为“史”。有了金庸，它就可作为与“雅文学”并行发展的独立线索被提出来。如果这种提法成立，将是对现代文学史研究的重大突破。金庸的地位也必然是相当高的，因为他是另一条文学发展线索的代表作家。钱先生说：“从这一角度而言，当然也仅仅从这一角度，金庸可与鲁迅‘双峰并立’。鲁迅是‘雅文学’的开端，也是巅峰；‘俗文学’经过一个漫长的发展过程，到金庸成为‘集大成者’。”[②]

2004年，钱理群在杭州大学“金庸学术讨论会”上发言，说：“我对金庸的阅读是相当被动的，可以说是学生影响的结果。”接着，他从文学史研究的角度谈了看法：“如果说《庄子》和上古神话的想象力传统只为鲁迅等少数新小说家继承；那么，或许可以说在以金庸为代表的武侠小说中，就得到了较为充分的发展。我们是不是可以从这个角度去探讨鲁迅的《故事新编》与金庸武侠小说中的某些内在联系呢？——其实，《故事新编》里的《铸剑》中的‘黑色人’就是古代的‘侠’。提出这样的‘设想’，并不是一定要将金庸与鲁迅拉在一起，而是要通过这类具体的研究，寻求所谓‘新小说’与‘通俗小说’的内在联系，以打破将二者截然对立的观念。”

① 伍幼威：《金庸小说进入西方文学殿堂——“金庸小说与二十世纪中国文学”国际研讨会现场报道》，香港《明报月刊》1998年8月号。

② 王鹏：《金庸小说30年》，《京华时报》2008年10月31日。

钱理群把金庸小说放到中国文学发展的背景下加以考察，衡定其在文学史上的地位，从而给金庸研究者们明确了一个共同面对的课题和任务：沿着类似的角度，定位金庸，以期实现文化建构的价值取向。“或许我们可以作这样的一个比喻：在台球比赛中，一球击去，就会打乱了原有的球阵，出现新的组合；金庸的小说也是将现有的文学史叙述结构打乱了，并引发出一系列的新的问题。”

从严家炎的“文学史研究者的责任”，到钱理群的“作出回答”，到《中国现代文学史》的录入金庸，金庸的“挑战”得到一定程度的解决，同时，显示了学界重构出一个新的现代文学史的叙事体系。

曾经向他推荐金庸的学生有的早已经是“金学”专家了，如在央视“百家讲坛”评说金庸的孔庆东。

2

金庸1994年10月到北京大学访问时，钱理群第一次与他谋面。

严家炎教授向金庸介绍钱理群：“老钱是个标准的北大人，从1956年北大读本科，到1978年考上北大研究生，再到后来在北大当教授当博导，他的一生，几乎都打上了北大的烙印。老钱是研究鲁迅的专家，可他也是个金迷，读武侠小说比我还早呢。”

钱理群谦和地笑了笑：“我只是金庸小说的爱好者，说不上有什么研究。”

开始，金庸唤他“钱教授”，后来听师生们都唤他“老钱”，金庸也就唤他“老钱”了，钱理群也乐于别人这么唤他。

两人由闲聊入题。

钱理群说：“我的小时候是在南京度过的。六岁的时候，我参加了电影《二毛流浪记》的拍摄。”

“你演的三毛？”金庸问。凭他那个大脑袋，是很适合演三毛的。

“不是，演一个半大孩子，被一个贵夫人牵着，我脸上的表情显得呆滞，很愚蠢。这个小角色很适合我，因为我的家境原来如此。”

钱理群出身于书香门第。其外祖父项兰生作为维新派人士，一生经历很丰富，办学堂、办报纸、修公路，这都是开时代风气之先的，以后他做了大清银行的秘书官。父亲钱天鹤是安定学堂第五届毕业生，先考取了清华学堂预科，然后从清华毕业后到美国康奈尔大学学农科，成为胡适的同学。国共两党的分裂在钱氏家庭留下了深深的烙印：父亲和三哥选择了国民党，四哥和二姐选择了共产党。

谈到父亲，他只有一个依稀的记忆：南京中山东路一家小吃店里，父亲把自己碗里剩下的汤圆，一个个地夹到他的碗里……当父亲只身到了海峡的那一边，母亲上缴了父亲的一切东西，但仍留下了她与父亲的结婚合影，并且一直保存到她生命的最后一刻。

钱理群说："我的家庭成员中，既有国民党员，也有共产党员，而且我的感觉中，他们都是好人，甚至我敢说他们都是中国最优秀的知识分子。历史就是这样的复杂。"

命运对于钱理群就刻薄了许多，1960年大学毕业，他被戴上"右"派帽子，发配到贵州大渡河畔一所中学教书。从21岁到39岁，他在贵州生活了18年。

回到北大，钱理群被称作"青年学者"，后来，师生们突然发现了他的年龄，又把他叫做"老教授"。钱理群说，"因此我常常说自己没有中年，从青年学者一下子跳到老教授。因而，我的思考、我的学术研究带有跨代的特点，文学观、学术观是上世纪五六十年代的，而学术眼光、研究方法却有八十年代的时代烙印，这就是我的学术背景，比较复杂。"

金庸一边听着，一边随手翻着书架上的学术著作。有一本《心灵的探寻》，是钱理群研究鲁迅的专著，扉页上印有钱理群矮胖身材的照片，双手交叉在腹部，微秃的脑门很是显眼。照片下方有钱理群手写的题词："向青年学生讲述我的鲁迅观，这是做了几十年的梦。现在使命已经完成，我应当自动隐去。但仍期待于后来者——鲁迅的真正知音必在中国当代青年中产生。"①

金庸说："钱教授，听说你的课堂是北大的一景，我想听你讲讲鲁迅先生，可以吗？"

"你要听我的课，欢迎呀！"钱理群曾经被北大学生列为"最受欢迎十大教师"之首。

这天，金庸走进北大中文系的课堂。钱理群开课，讲他心中的鲁迅。

老钱讲课很有激情，他从不落座，而是在讲台上且走且讲，侃侃而谈；此刻，台下是"满坑满谷"（这是汪曾祺形容闻一多在西南联合大学课堂上的情景）的莘莘学子，他们聚精会神地屏息聆听，同时走笔疾书做着笔记——其中有本科生，有研究生，有进修生，也有旁听生。老钱的嗓音雄浑有力，当讲到兴奋处时，他会不觉手之舞之，足之蹈之，纯然一派天趣。老钱的板书很有意思：字大、速快且潦草，喜欢且讲且书，且书且擦；但是他

① 钱理群：《心灵的探寻》，上海文艺出版社1988年版，封面。

擦黑板像他板书一样潦草，这样，他新写的和没擦尽的板书混在一起，看不怎么分明了。老钱擦完黑板并不将黑板擦放归讲台，而是拿在左手，同时右手也捏着粉笔，继续激情澎湃、滔滔不绝地讲课。他双手不时在空中舞划着，这样一堂课下来，纷纷扬扬的粉笔灰落在他的头上、肩上和脸上，和他流出的汗混合在一起。不用说，老钱对一堂课的付出是很多的，而得到的回报是下课时的热烈掌声。

金庸在北大住了26天，几乎跟人文学院的所有教授混熟了，除严家炎外，跟钱理群是接触最多的，品茶聊天，在课堂上听他上课。一日课后，他对钱理群说："听你的课真过瘾。北大是我一直向往的学府，有那么多高学问的教授，我真想再做学生，好好在北大上课，做学问。"

这年，北京大学聘任金庸为名誉教授。此举在社会上引起激烈争论，其中有不少是反对之声。最有代表性的是杂文作家鄢烈山在《南方周末》上发表《拒绝金庸》一文："我的理智和学养顽固地排斥金庸（以及梁羽生古龙之辈），一向无惑又无悔。我固执地认为，武侠先天就是一种头足倒置的怪物，……然而，令我尴尬的是，我一向崇拜的北大却崇拜金庸！……我无法接受金庸，更无法接受北大对金庸的推崇。"

至于目前的"金庸热"会不会促进学术界对金庸的研究，钱理群认为，不会有丝毫影响，现在热的是传媒不是学术界，学术界不会因为有人"拒绝金庸"就不研究金庸，也不会因为"金庸热"就更关注金庸，抬高金庸。

2007年初，金庸收到钱理群邮寄的《我的父辈与北京大学》一书。这是钱理群与人合编的一本书，记录了一批知名"老北大人"后辈的回忆，或是子孙对先辈的零距离的观察，多有历史大叙述所遗漏的具体可触的细节，或是并非目见的家族口口相传的历史，更具一种精神传递的意义，展现了一个更为广大的北大世界。金庸从头到尾读了一遍，爱不释手，写信给钱理群说："我的父辈中，亲伯父是北大的毕业生，我念初中时候的班主任也是北大毕业生。抗战时期，我考大学，第一志愿就是报考西南联大，西南联大包含了北大。我有幸被录取了，因为路途遥远，没法子去，所以我与北大失之交臂。今天我还觉得学问不够，若有可能，我真的要来北大读书。"

果然，2009年秋，金庸开始在北大攻读博士学位。

3

在钱理群家书房的墙壁上，挂着一幅鲁迅的肖像，钱理群将其称为"我家的神”。这不仅因为鲁迅是他研究了一辈子的对象，更因为在青年时期，是鲁迅的书和精神，照亮了他人生中一段最为黯淡无光的岁月。近朱者赤，频繁跟鲁迅“打交道”的他，不知不觉也成了“鲁迅”。他曾说，“我要像鲁迅那样冲出这宁静的院墙，在这沙滩上看着飞沙走石，乐则大笑，悲则大叫，愤则大骂”。他在北大“讲鲁迅，接着鲁迅往下讲”，一讲就是17年，直到退休。

2002年6月27日是钱理群在北大上最后一课。

钱理群退休了，但没闲着，他闲不住，正如他的学生孔庆东所说，“他不是那种从南坡爬上山顶就从北坡坐缆车下去的人，他是上了山顶就不打算下去，要在山顶搭台唱戏的人”。

2004年4月末的一个下午，钱理群站在南京师大附中的讲台上，讲授“鲁迅作品选读”选修课。硕大的头颅上挂了两鬓斑白，额门犹自亮闪亮闪的，仿佛满脑子的“思想”等着喷涌而出。然而，偌大的教室里，稀稀拉拉地坐着二三十名中学生。南师大附中课堂的冷清令钱理群始料未及。

教了大半辈子大学生的钱理群极为重视给中学生讲课，他在北京备了两天课，一个字一个字地重写教案，并提前四天来到南京准备。他回忆，课程的质量和氛围都极佳，每堂课学生都听得极为认真，课后作业也表示收获很大，但听课的人数却渐渐少了下去。

一位学生在写给钱理群的信里说了老实话：“钱教授，我们不是不喜欢听你的课，而是因为你的课与高考无关，我们的时间又非常有限；我们宁愿在考上北大以后再毫无负担地来听您的课。”

对于后辈的“畏难”情绪，钱理群是理解的。他对记者透露，其实他也有读不下去鲁迅的时候。“那是在十几年前，我也曾一度变得心浮气躁。这样的情况下如果还读艰深晦涩的鲁迅作品的话，无异于火上浇油，只能会越来越烦躁。”而他克服烦躁情绪的灵丹妙药，就是放下鲁迅，拿起金庸。“等我把金庸全集读完了，感觉真是舒畅多了。”①

2005年新学期，由人民教育出版社出版的全日制普通高级中学语文读本（必修），首次选入金庸的《天龙八部》节选，同时，鲁迅、朱自清等名家的作品数量逐渐减少，如鲁迅的《一件小事》《祝福》《药》和朱自清的《荷塘月色》《背影》等文章，在各种版本的语文课本中慢慢淡出。这种变化不仅再度引发了关于“金庸能否入教材”的争议，同时也让一些人发出了“金庸要取代鲁迅”的担忧。

① 黄哲：《钱理群：就让刘心武去“揭鲁”吧》，《华商报》2005年12月11日。

这时候，北京师范大学图书馆的专家讲座邀请钱理群讲鲁迅，于是，钱理群借题发挥作了“鲁迅不能走，金庸可留下”的演讲。

首先，他引述了他与金庸的一次对话。在2000年11月北京大学举办的“金庸小说国际研讨会”上，钱理群问：“《鹿鼎记》中你对韦小宝角色进行塑造时，是否加入了对现代人的理解？”金庸回答：“写韦小宝主要是受鲁迅先生写《阿Q正传》的启发。阿Q身上体现了中国人的精神胜利法，这是国人的劣根性。但除了这个，国人的劣根性还有很多，而鲁迅一篇小说不可能都写出来。因此我是利用韦小宝继续写中国人的缺点，结合了现代人的一些事情，比如中国现在造假、骗人的事情还是很多。”

据此，钱理群阐述他的观点：“在现在这样一个多元化的时代里，作为中学课本，当然应该兼收并蓄，鲁迅的伟大地位和金庸在华人中的地位，是任何人都不可撼动的。鲁迅是拯救国民灵魂的一剂猛药，是打破黑暗腐朽的一把利剑，金庸的娱乐性确实又能满足于时代休闲的需要。《祝福》《药》是思想性第一，《天龙八部》是娱乐性第一，两者其实没有可比之处，也就谈不上谁取代于谁的问题，更无需挑起‘鲁迅与金庸’之争。其实，问题的答案本来很简单：鲁迅不能走，金庸可留下！”

他说：“鲁迅对于我们这个社会而言，永远应该是中国的国魂，是一面文化精神的旗帜。对这样一位在国内外有着伟大感召力的文化巨人，需要我们深入领悟他的文化精神实质，从而承担起传承鲁迅先生之不朽精神的责任和义务。然而，随着社会的发展，鲁迅等新文化运动时期的大家所站的视角和理念，与当代人的观念有了比较大的差异，这种差异需要提出一种文化来让紧张的工作之余的人们获得放松的同时又获得一丝感悟，而金庸的武侠起到了这样的作用。”

钱理群意识到，金庸的小说不是在宣扬暴力而是在宣传正义，不是在渲染血腥而是在描绘梦想，在浪漫主义的畅想中爱与恨交织，美好与丑恶并存。这样的社会更接近于当代社会，同时当代社会也需要金庸小说中的侠义精神。鲁迅的时代需要鲁迅那样的战士，当代需要一个武侠中的侠士，这并不是文学地位和精神地位的取代，而是一种社会的必然。

因而，他左手高举鲁迅旗帜的同时，右手又举起了金庸的旗帜：“我只想说，金庸的作品进入学生课本真的是一个极好的选择，我们不必惊慌失措，觉得天要塌下来的样子。语文教学应该有个质的改革，金庸不是代替不代替鲁迅的问题，二者所承担的教学责任不一样，我们在进行语文教学时，也应该正确地解读鲁迅和金庸，让孩子们喜欢上语文，喜欢上用笔，去描绘他们眼里的世界。”[①]当年，钱理群收到金庸的赠书《金庸散文集》。

钱理群夫妇没有儿女，因而2015年他们卖掉了京城的房子搬进昌平新城的养老院。他带上了所有藏书，包括金庸的全套武侠小说和鲁迅全集。他很明确自己选择养老院的目的是为了摒除杂务俗事，集中精力创作。所以院里的活动他一律不参加，跟其他老人也没什么交往，除了每天锻炼一小时和偶尔有朋友来看望，全部时间都拿来拼命写作。两年时间，他在这里完成了七八十万字的著作。自然是写给青年学生看的书，他写鲁迅也写金庸。

尽管自认为如今仍处于比较好的创作状态，但他说，“我现在已经开始有点衰老了，写作速度也开始减慢了，因为年龄是一个客观的存在。而且我真正想写的东西差不多了”。钱理群说，自己必须抓紧时间，拼命写下去，因为创作随时可能因为自己或老伴的身体问题而终止。或许，年近八旬的钱理群真的老了。

① 景华：《教科书“金庸与鲁迅之争”真相》，《国际先驱导报》2007年9月20日。

在百家讲坛上说金庸

——“北大醉侠”孔庆东

他怂恿自己的硕导通读金庸，又向博导推荐开设金庸研究课。他涵融情感与学理的论断是：不废金庸万古流。

他与金庸大侠等人“华山论剑”，成为广为人知的一段江湖佳话。他又数度出现在CCTV“百家讲坛”上，讲金庸小说，讲中国武侠，同时也“夹带”出他自己的故事——中国文化的后天伟力居然让这样一个五大三粗的“糙”人，发散出书卷与学养的风采魅力。

孔庆东于1964年生于哈尔滨，1983年考入北大中文系。1996年留系任教，主攻中国现代小说和戏剧，兼及文化思想评论。学问上喜欢雅也喜欢俗，思想上得罪左也得罪右。坚持平民立场，暗藏贵族精神，自称“北大老工人”云云。

孔庆东性格刚烈，好爆粗口，因辱骂港人引发争议。可是，凭他不凡的经历和独特的思考方式，曾在大专院校讲授金庸小说而广受欢迎，人称“北大醉侠”。

1

20世纪80年代，孔庆东刚当上北京大学中文系学生会主席。因为自幼受到高雅的正统文学教育，他那时对任何武侠小说是不屑一顾的。

就在这时，他发现周围同学不仅仅迷恋钱锺书、沈从文、张爱玲和艾略特、里尔克、波伏娃，他们中颇有些人神气活现地谈论什么三毛、琼瑶、席慕容和金庸、古龙、梁羽生。作为一名优秀学生干部，他觉得有责任有必要了解一下这些同学“思想堕落”的根源。

他问同学：“什么破玩意儿的书？让你们这么没日没夜地糟蹋身子？”

同学说："这可是最伟大的文学啊，比你那鲁迅、老舍、万家宝，一点都不差！"于是，递过来一本脱落了封面的通俗文学期刊，上面连载着两章《射雕英雄传》。这一"验看"，孔庆东立马中招落草了。里面说的郭靖啊，黄蓉啊，还有欧阳锋啊，他们一起想办法，把欧阳克从大石头下面救出来，那一段超人的想象，一下子就把他给吸引住了，也加入了谈侠论剑的行列。

孔庆东的硕士生导师钱理群教授，多年徜徉在鲁迅的世界，对武侠小说一向不"感冒"。孔庆东和他的同学们开导老师的办法是危言耸听："不读金庸就等于不懂一半中国文学！"终于，钱理群读了金庸，后来还写了研究文章，又鼓励他们把金庸当成严肃文学来读。

不久，孔庆东考上严家炎教授的博士生。一年后，两人互相发现对方是金庸迷，不过是巧遇同道而已。有一天，他向严家炎建议一起研究金庸，于是严家炎教授率先在北大开设了"金庸小说研究"课。

孔庆东是个读书看戏都很投入的人。在小学和中学时代，为《红灯记》和《高玉宝》流过泪，为《卖花姑娘》和《金姬和银姬的命运》流过泪，为《雷雨》和《家》流过泪，为《流浪者》和《简爱》流过泪，为《爱是不能忘记的》和《高山下的花环》流过泪。上大学以后，就不曾再为文学作品而流过泪。然而，却一次又一次被金庸感动了。

当郭靖背负着黄蓉去找一灯大师疗伤，当杨过苦等小龙女一十六年后毅然跳下悬崖，当郭襄"渺万里层云，千山暮雪，只影向谁去？"当程灵素为胡斐吸尽毒液而死，当胡一刀把孩子托付给敌手苗人凤，当殷素素用生命告诉儿子张无忌"越是好看的女人越会骗人"，当明教群雄出征前高唱"焚我残躯，熊熊圣火。生亦何欢？死亦何苦？怜我世人，忧患实多"，当香香公主把匕首刺进那世上最美丽的胸膛，当岳灵珊和马春花被爱人害死而临死仍然挂念爱慕着那无情的爱人，当萧峰一掌误毙了世上最爱他最理解他的阿朱，当"恶贯满盈"段延庆得知段誉是自己的儿子，当韦小宝在通吃岛接到康熙画的六幅充满兄弟情谊的"救驾图"……孔庆东几乎每次读到都会热泪盈眶。

1994年北大授予金庸名誉教授称号，那是孔庆东第一次见到金庸，跟他合了影。后来，北大又召开了金庸小说国际研讨会。这时，孔庆东已经三十多岁，有资格说几句真话了，于是开始写点赏析金庸的文字，包括与严家炎、冯其庸、陈墨等先生一起点评了金庸的小说。

说起这段经历，孔庆东说："我学无所长，只好研究文化。在文化里，我重点研究文学；在文学里，我重点研究小说和戏剧；近年来附庸风雅，重点研究通俗小说；在通俗小说里，曾经用心研究过武侠小说；而金庸先生早早地埋伏在武侠小说里等待我这个假面伯乐，于是我们就狭路相逢，悲惨遭遇了。”①

2003年至2004年，他先是在北大中文系的通选课上讲鲁迅，给研究生开设“老舍研究”，下半年再开全校通选课程“金庸研究”。孔庆东说：“通选课一般限定200人，结果报名400人，实际来听课的经常有600人，教室的窗台、门口都站满了人。有本校的、外校的，还有人告诉我是从四川、西安专程来的，不知是真是假。不过学生们的热情让我这个当老师的很受激励，觉得我这个工作真有意义！同时也提醒自己：可不能讲错了，讲庸俗了。”

几年来，孔庆东应邀到大专院校讲金庸，在韩国的大学“客座”两年也寻机讲授金庸。除此，还有新加坡的大学和各种国际学术会议。孔庆东说：“我把金庸讲到了国外。”

在内地众多的“金迷”中，孔庆东充其量算得上“黄埔三期”，他的那些师弟、师妹们早他几年坐了“头班车”。

正值英年的孔庆东，在严家炎、陈墨等金庸作品研究开创者的基础上，“接着讲”。他以自己的悟性和艺术感受力，在这个读者遍布全球华人的作品研究领域，独发创见。孔庆东认为：“金庸以他一个人的功力，就让武侠小说进入了千家万户的普通生活。一个小说家、一个文学家，你成功的标志是什么？是你的人物、你的语言进入日常生活，进入日常语言。”有评论家说，这是孔庆东对金庸作品研究的“个性发现”。

2005年1月，孔庆东的学术论著《金庸评传》出版发行。孔庆东延续了中国古人“评点”“感悟”式的读书方法，比较注重用直觉去体验金庸小说的美。其中最典型的就是他摘选了五十多段金庸“情语”，逐一赏析，美不胜收。也正是因为这种平易亲切的态度，使得许多对金庸有偏见或者对金庸完全不感兴趣的人摇身一变为“金庸迷”。孔庆东在书中说：金庸之用人，有“才”——慧眼识珠提拔英俊；有“情”——真情相待平等共处；有“识”——眼光远大谋划全局；有“度”——宽宏大量不计小怨，尤其为人所称道。金庸的成功在于《明报》的成功，《明报》的成功在于金庸用人的独到之处。此评论精当地道出金庸的人生智慧。

说起金庸小说，他基本可以不看讲稿。他谈金庸，好在通透，不拘泥。从大的方面来讲，他把金庸分析到和鲁迅一样的高度，说金庸继承了鲁迅

① 孔庆东：《在文学丛林中与金庸狭路相逢》，引自《醉眼看金庸·前言》，中国社会科学出版社2005年版。

“国民性批判”的传统，说他是“民族形象设计师”，说“韦小宝”可比“阿Q”；从细小的方面来讲，则分析到具体的情节，比如说《天龙八部》里萧峰和康敏的纠葛延续了中国古典小说里“英雄杀嫂”的模式；甚至具体到单个的词，比如他特意分析了“怜惜”这个词。《神雕侠侣》里小龙女对杨过说：“是啊，世上除了你我两人自己，原也没旁人怜惜。”孔庆东发挥道：“我们知道什么‘你爱我’、‘我爱你’这样的话，是19世纪末20世纪初才从西方贩运来的，我们中国人是不说这些肉麻的东西的，什么是‘你爱我’、‘我爱你’？‘怜惜’！‘怜惜’是一个多么好的词！我们中国人讲怜惜，讲恩爱，我们不说我爱你，在古代，爱甚至可能不是一个褒义词。”

孔庆东的《金庸小说万古传》，从“武”、“侠”、“小说”几个要素对金庸进行了崇高的评价，让人为之折服。“他打通儒释道，驰骋文史哲，驱遣琴棋书画、星相医卜，将中华文化的博大精深和光辉灿烂以最立体最艺术的方式，展现在世人面前。”

《金庸小说情海拾贝》中，那些火花似的对作品人物爱情的闪放，更是让人回味无穷。

孔庆东的脑海中存储着“2003年浙江嘉兴金庸小说国际研讨会”上的一个场景：他在台上发言谈到，已经将金庸小说中“萧峰之死”的章节和自己的专论《武侠小说的革命巨人金庸》，编入大学高等语文教材中。此时台下座位上的金庸先生站起身来，向孔庆东，也向四座说道：“向孔先生表示感谢！”谦谦君子之风，赢得全场一片热烈掌声。

2

那一日，北京大学三角地，在贴满会议通知、讲座布告、房屋出租广告的报栏上，出现了这样一张红纸黑字、别出心裁的布告：“孔庆东男的，大好人装的，北大教授副的，文学博士真的，围棋二段业余的，排球裁判专业的。”来来往往的学子们无不驻足观看，有人笑出声来。

与他熟识乃至半熟的人，随便都能讲出几桩孔庆东的“幽默事迹”。

2003年10月，西岳清秋，金庸大侠莅临“华山论剑”现场，是轰动八方的一则新闻。在聚首的各路豪杰中，有“巴蜀鬼才”魏明伦、西部武侠剧编剧杨争光、“侠导”张纪中和“北大醉侠”孔庆东四位嘉宾登顶华山，与金庸直面对话。[①]

① 贾妍：《金庸昨日华山论剑》，《西安晚报》2003年10月9日。

在镌刻着“华山论剑”四个大字的巨石前，主持人司马南介绍孔庆东：“孔庆东，祖籍山东，系孔子第73代旁系传人，是北大著名教授钱理群先生的开山硕士、严家炎先生的博士，主攻现代小说与武侠小说，有《47楼207》的文集火爆登场，又有《青楼文化》《井底飞天》《金庸侠语》《空山疯语》本本畅销。江湖人称‘北大醉侠’”。

此时，金庸站起来问孔庆东：“孔先生平日经常喝酒吗？”

孔庆东连连退却：“不，我一喝就醉。”

金庸微笑着说道：“你这个醉侠，侠是有的，醉还不行，好饮无量，还要多喝啊！”

司马南问：“你不会喝酒却称醉侠？”

孔庆东侧身将金庸从座位上拉起：“这位金庸先生大家称他为大侠，可是他不会武功也不是侠客。我的确是一个不太能喝酒的人，拿欧阳修的话说就是‘稍饮辄醉’，我对外也说‘稍饮辄醉’，故称‘醉侠’，因为追求尼采所谓的‘酒神精神’，类似于孔子的‘从心所欲不逾矩’。我认为这是一个搞文学艺术的人很理想的状态。”

随即，他将金庸扶上座位，恭恭敬敬地对着他说：“因为我看多了您的武侠小说，所以自己给自己起了个外号叫‘醉侠’。”

总是被人们称为“金大侠”的金庸，很谦虚地说自己难当大侠之名：“侠是有着崇高道德观念的，是那种打抱不平，见义勇为，为了大家的事情可以倾家荡产，牺牲自己一切的人，我做不到这点，所以我不敢担当大侠之名。”但是在金庸的骨子里依旧是有侠气的，金庸说：“我这个人倒是最不怕威胁和压迫，面对这些，我绝不屈服，为这年轻的时候，我曾经被开除过几次。”那么到了当今社会有没有大侠的踪迹呢？金庸的回答很明了：“天地良心让中国一直有侠存在，去年中央电视台做《感动中国》节目，请我做评委，我就选了一位戳穿蓝田股份黑幕的女经济学家，我觉得她的勇气可嘉，就是一位有侠气的人。”

孔庆东接着说道：“在武侠小说家中，只有金庸写出了风雷啸九州的大侠风范，使一干武夫未曾沦落草莽之名，而是成了生动鲜明、血肉清晰，为人所尊崇的侠！”

“华山论剑”分“剑影江湖”、“侠旅萍踪”、“金剧春秋”和“情为何物”四大隘口，“金庸迷”扮作金庸小说中的各种人物，埋伏在华山的各个隘口，以出其不意的方式“刁难”金庸。孔庆东陪同金庸到达第四隘口。有人问金庸：“一见钟情、从一而终、白头偕老，这是理想的爱情吗？至爱是爱自己好，还是爱对方好？”金庸让孔庆东回答这个问题，而孔庆东一句中的地说：“这些问题都是天问，所以才会有这么多作家在不断探索这些问题，其实金庸作品中有很多情，有师徒情、父子情等等，有时人是无助的，梦醒了，无路可走。”金庸说：“我没有遇到一见钟情、从一而终、白头偕老这样的理想爱情，如果有人运气比较好，遇到了，这可以说是人生最大的幸福，这是可遇不可求的。”情总是最能打动人心的，金庸曾经为自己作品中的人物几次大哭，他说：“写的时候，想的比较多的是美学和结构，所以还行，等到了重新修正的时候，我流泪了，我把他们的故事都看成了真的了。”在回答这些问题的时候，金庸多次热泪盈眶，真是不是情痴不写书。

论剑现场，孔庆东适时发表高见：“‘五岳联盟’、‘华山论剑’，这些出自武侠的词汇，现在堂而皇之地成为政府组织的大型活动的名称，这说明金庸小说已达到一个经典的高度。在《射雕英雄传》里，我们一会儿跟着成吉思汗铁骑的队伍，一会儿又跑到江南，看到江南的桃花盛开，整个中国都收入眼底。而这个武林世界，他也尽力把大大小小的帮派、教派都写到，组成了一个非常宏伟的武林乌托邦。自从金庸建立了这样一个武林乌托邦之后，所有的武侠小说家，就都不能摆脱它的魅力。此后所有的武侠小说作家，凡是写武侠小说，就都要在这个乌托邦里面讲故事，来寻找自己的侧重点。金庸已经把武侠小说的乌托邦坐标系固定了，以后任何武侠小说作家写一个武侠小说，一般都是，这个大侠不管他是哪个门派的，他个人武功可能是第一的，但是整体上说，一定是少林寺的武功第一。这已经是不可改变的了。这没有历史上的道理，也没有武术上的道理，它就是文学上的道理，这就叫经典的魅力。”

其时，舆论评价：“孔庆东口才最好”；“北大讲台上那种口才表现得淋漓尽致，韵味十足”。这时，大家才相信他为自己撰写的“广告词”：“文学博士，真的”。

无论是外表还是内在，孔庆东其实都颇像金庸小说里的江湖人物。在《匹马西风》的封底，他曾赋诗曰：“藏冰埋火销神剑，匹马西风听大潮。”活脱脱一副独孤求败模样。2006年9月，他为自己的作品所拟的封面词：“‘北大醉侠’孔庆东最新力作《千夫所指》由中国长安出版社于秋风飒爽之时、作者诞辰之际，叒悄推出。孔庆东，著名坏人，北京大学中文系著名副教授，人称‘北大醉侠’，近来自称‘北大老工人’。以《47楼207》、《笑书神侠》、《匹马西风》等书荼毒社会甚广。其文亦庄亦谐，时痴时颠，为正人君子所不齿。尤以‘左右互博’和‘悲酥清风’两大功夫独步天下。”“本书为孔庆东最新作品集，精选自孔庆东新浪博客‘东博书院’。分为‘温情蛤蟆功’、‘观点流星锤’、‘原创倚天剑’、‘风波疯魔爪’、‘工作扫堂腿’等十辑。所有文字均崭新出炉，鲜蹦活跳，生猛可乐，读者可欣赏该坏人千夫所指之下故作悲愤之惨状也。”

那是一种与生俱来的幽默。

3

2005年元旦才过，CCTV“百家讲坛”的课堂上，照明灯的光束投洒向站在讲坛上的孔庆东，一款藏蓝色“唐装”给这位平日里不修边幅的壮汉，平添几分文雅之气，也与他即将开讲的“金庸武侠小说”系列显得“合拍、配套”。[①]

面对摄像机镜头，纵使久踞讲台的“师爷”，也会有些拘谨或不适，还好，这位“大成至圣先师”的第73代旁孙，一向以口才出众、善于活跃课堂气氛受到学生们欢迎，尽管此时他只将平日北大讲课时的幽默诙谐亮出十之四五，听众席上已不时发出会心的笑声：《神雕侠侣》中的李莫愁，赤练仙子李莫愁，这也是金庸的读者非常熟悉的一个人物。她是一个女性的大魔头，凶狠无情，看上去长得很漂亮，但是下手非常狠。但是我们可以分析，好好一个女人，一个少妇年龄的女人，为什么会这么狠？假如我们周围有这样一个女同事女邻居的话，她一定是有原因的。动不动就把人打死，把人灭门，经过分析我们发现，她作恶的原因是她自己的爱情没有得到满足。李莫愁本来是小龙女的师姐，也是古墓派的，她们从小生长在教育环境不太好的地方，生长在女子学院里边，从来没有男性。因为她的师傅恨男人，所以她的徒弟不能跟男人接触。

这样的讲述，使他的“台风”显得潇洒自如，虽然背负着“中国学界第一幽默”的美誉，但孔庆东常常不以为然，“幽默”不过是他用以调节课堂气氛的手段，是让听众理解物事的“助推”，他的滔滔话语终归要将你带入思考的深层，从更丰厚的文化内涵上去理解金庸：《鹿鼎记》中韦小宝这个人物，是中国20世纪继鲁迅笔下的阿Q之后，第二个最出彩的形象。可以说除了阿Q就是韦小宝，中国人的缺点、优点以及精神胜利法、精神缺陷都集中在他们身上……韦小宝在妓院里长大，下三烂的手段，什么扔个石灰包、在桌子底下砍人家的脚，都很实用。金庸这样写最初不能令人理解，难道你放弃侠义了吗？要把韦小宝写成英雄吗？不是，这里恰恰有一份沉痛的批判。一

① 李俊兰：《孔庆东：从北大讲台到央视讲坛》，《北京青年报》2005年2月22日。

切英雄好汉用光明正大的手段，不能够进步，不能够受到重用，而像韦小宝这样的人“不学而有术”，他却能够一路飞黄腾达，这是为什么？

武侠小说被他如此阐释：社会上有很多人看不起武侠小说，贬低武侠小说。实事求是地说，武侠小说像其他任何一种小说一样，都有精品、劣品、次品。什么是好的武侠小说，什么是不好的武侠小说，有很多标准。其中一个很重要的标准，就是看它是不是人的文学，它是不是以人性为重，以人的生命为重，以人道主义为重。是这样的，那么就在人民性，在侠义性这一点上，它立住了脚跟。所以说，侠义精神不是一种虚无飘渺的神秘的思想，侠义是我们人性的基本需求之一。

连续四天的录播，金庸武侠小说因孔庆东的讲授被人们重新认识和理解，更乐坏了那些熟读“飞雪连天射白鹿，笑书神侠倚碧鸳”的“金庸迷”们。在栏目编导和孔庆东本人接连收到热心观众写信、电话鼓励的同时，出现在CCTV网站上的“帖子”，明确地传达出在校大学生们的心声。

在CCTV“百家讲坛”上，孔庆东每月赏析一部金庸作品，逐部加以介绍分析，分别讲授了《金庸小说的情爱世界》《金庸小说中的奇情怪恋》《金庸武侠小说中的侠义》。2006年1月，他的八次点评结集而成《笑书神侠》一书，由中国海关出版社出版，这是一本孔庆东研究金庸的集大成之作，他独有的“黑色幽默”、“插科打诨”的写作风格在此书中体现得淋漓尽致，延续了其《47楼207》中的“北大醉侠”的笔调。

这一年年底，在今古传奇黄易武侠文学奖颁仪式上，年轻的获奖女作家步非烟在获奖感言中语出惊人：“要写新时代的武侠文学，要突破自身，我们要革金庸的命。”此言一出，很快在文学界卷起风波。她的观点马上遭到了孔庆东的反驳，他谨慎地说：“我读了很多经典小说，但读了金庸的小说后我感到绝望，写得这么成熟全面，后人应该怎么超越？步非烟说要革金庸的命，我的写作水平也不比她低吧，我也没敢这么想。”他认为，现在来说武侠小说的复兴，还为时过早，顶多有一点盛世的气象而已。在武侠小说这个类型文学中，无论从文学地位，还是从艺术成就，金庸都是无法超越的。现在市场上流行的神魔武侠、言情武侠等充其量只是“偏军和骑兵”[①]。

2007年暑假传言，由孔庆东参与编辑的北京高中语文课本将《阿Q正传》撤掉，用金庸的《雪山飞狐》选段代替，对此，孔庆东明确告诉记者，这是一则假新闻，他从来不主张金庸的书进中学课本。“金庸好不好？是好。但金庸的作品很多都是长篇小说，怎么节选就是一个大问题。我知道有些课

① 张守刚：《读了金庸小说我感到绝望》，《北京娱乐信报》2006年11月24日。

本也将金庸的作品选入了阅读材料或者课外读物，很多选的是‘黑风双煞’那部分，但我看这不是金庸的代表作，反而渲染了太多打斗的场景，并不合适。”①

当年秋天，孔庆东访日，应《日本新华侨报》的邀请，与在日华人学者李长声“富士山论剑”。孔庆东说：“中国武侠小说武打部分也是很有魅力的，要打出哲学来，形成了庞大的‘纸上武学’系列。那些功夫不一定是现实武术，很多东西不能在武术界得到印证，是美学意义上的武打。”“金庸、梁羽生的作品中都相当突出‘仁’的精神，金庸强调‘仁者无敌’，到最后功夫往往都是没有用的，最重要的是精神，是仁。金庸小说中的第一英雄不一定是第一武功高手，而是最仁义的人。结局总是把人与人之间的冤仇说成是误会，人与人本不该有冤仇。《雪山飞狐》里讲李自成的四大卫士因为误解而产生矛盾，造成后代的百年仇杀，那样的小说使人思考，战争、纠纷都是起源于隔阂，起源于误解。金庸小说的结尾总是给人一种悲悯，英雄人物不是死了就是出走了，这样的结局对江湖保留了一个质疑，没有什么是绝对的真理，留给人们的思索空间比较大。”②

对当时议论纷纷的金庸再次修改作品的问题，孔庆东说：“我赞成作一些技术性的修改，至于人物的性格和故事情节就没有必要多做修改了。有一句古话叫做‘不悔少作’。今后研究金庸，可能会成为一门单独的学问。”

2014年初，金庸九十周岁诞辰，孔庆东搞了一个叫“金迷群英会”的现场活动，来的“金庸迷”大都是90后，大家手抄金庸作品，最后选拔了三百多人，每人抄一两万字，一章一回，把《金庸全集》八百多万字全抄下来。厚厚的一套手抄本，作为献给金庸九十周岁诞辰的礼物。金庸见到礼物喜出望外，“鲁迅生前也没有这样的待遇，这说明了内地青年们的一片心”。

这年春天，孔庆东飞到了美国纽约，在北美华人科技工商联合会举办的“金庸小说六十年”的专题讲座上侃侃而谈。他说：“中国三十四个省市我都跑遍了，哪个地方请我去讲座，我首先都问：什么人听？人家希望我讲什么？因为今天我不知道在座的要听什么，我估计讲金庸应该是具有最普遍的共同性，金庸的作用就相当于《国际歌》。列宁说：走到世界各

① 巫天旭：《孔庆东重庆语出惊人》，《重庆晚报》2007年8月29日。

② 《关于中日武侠小说的对谈》，《日本新华侨报》2007年10月29日。

地，唱起《国际歌》，就能找到无产阶级的兄弟。他这是作为一个革命导师讲的。我说的是，走到世界各地，只要谈金庸，总能找到华人朋友。现在也有很多外国朋友学中文，我也给他们推荐金庸小说。我虽然去过的国家不多，一共也就十来个，可是我教过二十多个国家的留学生，我给他们推荐的最好的汉语教材，不是《论语》，不是《鲁迅全集》，不是《毛泽东选集》，而是金庸的小说。我说读金庸的小说，可以让你最快最准确地进入中国文化。”“六十年来，金庸小说长盛不衰，成了文学史上一个罕见的现象。大众文学很像流行歌曲，一拨歌星热个三五年就过去了。经典首先要有一个流行的过程，多数都要半个世纪以上才能看出它是经典。……在我看来，金庸小说一个了不起的价值，是在海峡两岸处于冷战对峙的时期，海外人民在文化上彷徨犹疑无法选择的时候，他提供了另一个开阔的视野。海峡对岸蒋经国先生、严家淦先生等都是他的读者，海峡这一面邓小平等人也是他的读者。在那个时代，还有后来80年代读金庸小说，就可以跳出那个冷战思维。在这里我们看到了一个文化中国。所以说金庸小说最立体地展现了中华文化的魅力。”

孔庆东研究金庸的专著还有《醉眼看金庸》（与人合著，中国社会科学出版社2005版）、《江湖·侠客·情》（北京师范大学出版社2007版）、《品读金庸侠语》（长江文艺出版社2007版）等。

2018年8月，孔庆东在朋友圈发帖写道：“孔和尚到京郊，当地土豪龚大哥要送我一对画眉。我说家有三只猫，肯定养不了。龚大哥就把鸟笼放车里，一直陪我游览吃饭。到了下午我告辞要走，龚大哥发现由于高温暴晒，两只画眉已经在车里热死了！孔和尚十分愧疚，如果我收下一路提着，鸟就不会死了。回家三只猫各揍两巴掌，仍然非常难过。”然而，他又一本正经地说道：“遭遇金庸已经二十多年了，金庸已经成了一个有点碎嘴唠叨的老人，金庸作品改编的影视也越来越俗不可耐。但是我忘不了金庸小说带给我的感动和我知道的带给别人的感动。为了休闲，为了备课，为了研究，我肯定还要许多次打开金庸的小说。我不能预料当我四十不惑五十知命六十耳顺七十从心所欲的时候，面对那些段落，还会不会热泪盈眶……”

2018年10月30日，孔庆东在第一时间发出悲叹：“金庸先生仙逝，今年上天不仁啊！”随后，写了一篇沁园春词聊寄哀思：“千古苍凉，骨透罡风，血卷残阳。问春花一落，楼空几载；秋波万顷，心系何方。冷剑飘零，温琴寂寞，酒醒三更闻虎狼。邀明月，作终宵痛饮，情渴如狂。寻芳不过横塘，任啼血刀头余暗香。看乾坤丸转，英雄玉碎；屠龙技短，报国书长。鸿爪无痕，佛颜似铁，独坐幽篁疗旧创。箫声起，有金蛇款舞，满地银霜。”

孔庆东说：“进入21世纪，我们终于用艰苦的战斗拓展了在学术界谈论金庸的空间。金庸开始进入各种文学史。我还把金庸讲到了国外，把研究金庸的文章也发表到了国外。最近我参与主编的大学通俗文学教材中，我专门写了一章《武侠小说的革命巨人金庸》。我今后的研究重点仍是鲁迅老舍曹禺等作家，但金庸还是会经常遭遇的，因为这是一个四通八达的文化焦点。”他未来想做的一件事是，打通20世纪中国文学的几位大家：鲁迅—老舍—张恨水—金庸。他说：“这蕴涵着我的现代文学观。”

“金庸茶馆”沏茶人

——高级记者万润龙

米七身高，百五体重，脸方，耳大，目圆，嘴阔，虎背熊腰，金庸书中一侠客尔？不，他是跟金庸一样“只会动笔不会武功”的媒体人。

金庸称他是“金庸茶馆”的沏茶人，聘请他担任杭州金庸书友会总经理兼《金庸茶馆》（杂志、网站）主编，他还参与策划了“华山论剑”、“五月联盟”等活动。

杭州闻名，浙江蜚声，新闻界名声遐迩。谈起他，金庸喜而爱，同行慕而敬。他采访金庸发表独家专稿50余篇，如“金王论争”的报道，他是主要策划者。

他是上海文汇报驻浙江记者站原站长，高级记者万润龙。

万润龙与金庸的采访合影

1

万润龙第一次遇见金庸是1996年秋。

沿着杭州西湖向灵隐寺方向西行，在杭州钱塘十八景之“九里云松”起点旁，康熙帝御笔西湖十景“双峰插云”之碑侧，曲径通幽处，一间书舍坐落于此。“飞雪连天射白鹿，笑书神侠倚碧鸳”，门庭上这幅囊括了金庸14部武侠小说名字的著名对联，告诉游人这里是金庸读书会友的地方。这里松林繁茂，鸟语花香，十分幽静。

1996年11月5日，金庸为云松书舍落成剪彩。书舍门外放一杆扩音话筒，金庸及家人与省市领导在话筒后站成一排，发言者上前一步即可。

时任海协会会长、上海市老市长汪道涵发表了热情洋溢的讲话。他说，自己也是金庸迷，通读了金庸的十四部作品，从中看出了两个字，“仁”与“义”。汪道涵随口举出了大量书中的故事来论证自己的观点。汪道涵最后说，金庸的小说是可以当做爱国主义的教材来读的。

金庸当时十分感动，在答谢时连说了十几个“不敢当”。

当天，万润龙以《汪道涵论金庸》为题，写了一篇特稿，在《文汇报》上刊出。这篇报道后来成为万润龙独家采访金庸的敲门砖。

典礼结束后，金庸陪同来宾参观云松书舍。从外表看，这庭园并不大，但一迈进门就发觉，主要的建筑物把全园分割为不同景区，层层深入，曲径通幽，引人入胜。书舍是按江南特有的庭院风格建筑的，白墙乌檐，亭台楼阁，水榭池塘一应俱全。迈入第一门，左右回廊，中间是一个天井。一进是会客厅“耕耘轩”，二进是书斋“赏心斋”和主楼“松风明月楼”，还有“玉兰亭”和“听松亭”等楼台廊榭等建筑，其间以回廊曲径相连。回廊墙壁上有展示金庸十五部小说的壁画，回廊还缀以不同花式的窗框，从每一窗框下走过，展现不同景观。庭院深深，花香鸟啭，此处无疑是读书的好地方。

这是金庸耗资千万元兴建的，初衷是“以供藏书写作和文人雅集之用”。金庸说，杭州是他最喜爱的城市，人生第一份工作就是在杭州的《东南日报》，他要回杭州来安度晚年。

然而，万润龙偶然听见金庸说“提前捐赠书舍”的话语，又惊又奇：刚刚盖好还没入住过一天，他怎么就捐赠了呢？

乘隙，他蹭到金庸身旁，悄悄问：“您到杭州来是否在云松书舍居住？”这个问题其他记者也曾问过，金庸不作回答，此刻他却回答得很具体：“柴（松岳）省长也问起过同样的问题，我告诉柴省长，这个地方我不敢住。”

见万润龙惊讶，金庸细细解释：“杭州是我的三大福地之一，我喜欢来，与几任市长都是好朋友。前几年到杭州，市领导请我吃饭，向我提议，在杭州西湖附近选一块地，为我建造一处庭院式住宅，今后我回杭州来就住在这里，我过世后就献给杭州。我认同了这个建议，坚持由我自己出钱，委托杭州市设计盖造。开始是1400万元预算，后来突破了一些，大约花了1600多万元。当时我盖这个别墅的用意就是我退休之后到这里定居，做学问，会朋友。”云松书舍于1994年10月奠基。

“今天的参观，让我改变了主意。我觉得书舍建得太美了，又在西子湖畔，不应该由我一人独享，应公诸同好，让普通人都能分享美景。”他要提前将云松书舍无偿捐赠给杭州市民。

万润龙肃然起敬。

“这已经不是普通的民居，规格太高，造得像行宫了。我如果住进来，一定会折寿的。”金庸信佛，相信因果报应。

如今，云松书舍早已从一人之书舍成为普通游人可随意游览和文艺中人的寻雅之地。据悉，平日里书舍会举办一些活动，如书画展览、诗词吟诵、插花交流等。

时过两年，浙江四校合并成新的浙江大学，邀请金庸担任该校人文学院院长。到任当天，浙江大学安排了一次短暂的媒体见面会，金庸亮相并作简短讲话。主持人拒绝了数十家媒体采访的要求，却于当天晚上，让万润龙独个儿来到金庸下榻的世贸中心大酒店采访金庸。

一见面，金庸就说：“万先生写的《汪道涵论金庸》我看到了，许多朋友也看到了，很感谢。”

坐下，闲谈，一个半小时的独家专访。金庸介绍了自己接受浙江大学邀请担任院长的经过。他说，一直认为自己的学问很不够，希望有机会再进大学深造，“这次到浙江大学任职，也给了我一个学习的好机会。浙江大学有这么多的大教授，有幸与他们成为同事，向他们求教应该会更加方便。”

金庸出资20万港元在浙江大学设立“浙江大学金庸人文基金”，这次应聘到浙大任职，校方给了他最高的待遇(享受院士待遇)，“我小时候家里清贫，读书很苦，现在条件好一些了，应该资助那些清贫的学生。”金庸说，“我每年还要有几个月去英国搞研究(他是英国牛津大学、剑桥大学的名誉院士)，但我会争取在杭州多待一些时间。浙江是我的家乡，在杭州工作我会很愉快，可以交许多新朋友。今后年纪大了，我可能会在杭州定居。”①

4月5日，金庸给他的三位博士生上课，事先他给万润龙打电话，说要约见他，请他到香格里拉酒店吃饭。万润龙十分欣喜，又有一个独家采访的机

① 万润龙：《应邀担任浙大文学院院长 金庸先生将在杭定居》，《文汇报》1999年3月25日。

会，他可以向金庸请教更多的问题。

晚上，万润龙准时来到香格里拉酒店，金庸与夫人正好与另一批来客结束会见，夫妇俩随即请他到餐厅用餐。餐桌上，万润龙把事先准备的几个问题一一端出，金庸有问必答，从容而谈。①

次日，《文汇报》以《“金大侠”杭城自道——浙大人文学院院长查良镛与记者对话》，整版篇幅报道了这次“万金对话”。

杭州雷峰塔于1924年轰然倒塌，民间依然流传着《白蛇传》，“水漫金山”的传说至今仍口口相传。万润龙曾采访园林大师陈从周的弟子陈洁行等专家学者，《文汇报》以四整版的篇幅发表了他采写的《西湖不能没有雷峰塔》等系列特稿。1999年国庆前夕，浙江省政府省长办公会议专门讨论雷峰塔重建的议题，但有一种观点阻碍着大家的思路，就是认为雷峰塔是封建势力的象征，把追求自由的白蛇压在塔下，雷峰塔倒塌了，白蛇才得以解放。如果重建雷峰塔，是否又要把白蛇压住了？为此，杭州市领导写信向金庸求教。

金庸提出，可以在重建雷峰塔时把塔的底部镂空，这样塔可以重建，白蛇也可以自由进出。金庸的建议得以采纳，2002年10月竣工的新雷峰塔将底部建成穹顶式，穹顶下是倒塌雷峰塔的遗迹，穹顶上部是雷峰新塔。

万润龙的新闻报道推动了雷峰塔的重建；金庸的设计建议促成了现有方案的一锤定音。

2

金庸视万润龙为知己，因为万润龙是文人却有武侠之风，见冤屈而心动，闻强暴而愤然，路见不平，拔笔相助，铁肩辣手，实实在在一个笔侠，甚至有读者给他的信写着“万青天收”。万润龙1950年出生在杭州一个市民家庭，初中毕业遇“文革”，随知青下乡到了农村。1971年，他被保送成了第一届“工农兵学员”，两年后，成为人民教师。 一次偶然的投稿，使他发觉，当教师振臂一呼会有数十人应，而记者巨笔一挥会有千万人回应，舆论的力量太大了，当记者多好！于是，1984年，杭州日报招聘记者，“万老师”转身为“万记者”了。1992年2月的一天，万润龙参加《文化交流》杂志聚会，席间，某君忽提起一事：浙江有5位老人即将赴美国访问，邀请他们的是50年前被他们救护的美国飞行员。散会后，万润生立即查资料，得知1942年日军偷袭珍珠港后，美国为了报复，派杜立特尔上校率16架B25轰炸机偷袭

① 俞昼：《万润龙：金庸先生从不摆架子对朋友相当仗义》，《大公报》2018年10月31日。

东京，实施了举世闻名的“东京上空30秒”行动，打击了日本不可一世的气焰。因提前行动，与地面失去联系，在燃料用尽的情况下，飞机在中国沿海迫降。除8位飞行员因飞入日军侵占地之外，另72位美国飞行员被中国百姓救起。这些美国军人成为美国人心目中的英雄。在“东京上空30秒”行动50周年到来之际，“杜立特尔协会”派人来到中国，寻找当年救护过美国飞行员的中国人。他们找到了5位中国老人，向他们发出赴美访问的邀请。

随后，万润龙跑嘉兴、台州，衢州，金华，找到这5位老人，突击采访，通宵写下一万多字，长篇报告文学《“东京上空30秒”之后》再现了半世纪前那惊人的一幕。稿件发给《文汇报》，主持“独家采访”版的著名记者兼报告文学作家郑重大喜过望，马上安排刊出，立马引起轰动，各报刊纷纷转载，万润生瞬间名满江南。

正是这篇报道改变了万润龙的命运，上海《文汇报》将他挖走，成了该报驻浙江记者站站长。1994年3月31日晚上，在浙江省淳安县千岛湖的一艘游船上，3名歹徒手持土枪，对24名台湾游客实施抢劫，后将游客和8名船员赶至舱底，锁住舱门放火烧船，酿成了震惊世界的大惨案。次日，《文汇报》独家刊发了关于千岛湖惨案的消息，万润龙作为唯一冲破新闻封锁，写出独家新闻的记者，他的名字载入新闻史册。①

万润龙说：“所谓新闻敏感，就是从别人的无意之中去发现新闻。”

1999年11月3号，万润龙正在文汇报总部开会。翻阅报纸时突然看到两天前的《中国青年报》上有一篇文章的标题很醒目：《王朔：我看金庸》，仔细一看，是知名作家评说金庸的小说，持总体否定态度，认为金庸的作品“看不下去”，属于“四大俗”。

内地知名作家如此评说金庸小说，万润龙感到很意外。第一感觉是尽快采访金庸，做个专访。当天晚上，他电话联系上了金庸。当时，金庸还没有看到王朔的这篇文章，万润龙便逐字逐句地将此三千多字的全文念给他听。

虽然王朔的语言比较犀利，金庸听了以后反而笑了笑，说：“只要王朔先生说得对，我一定诚恳接受，虚心改正。如果王朔先生的话说得过头一些，我也能够理解，因为从他的小说来看，嘻笑怒骂是他的风格，我不会计较。”金庸表达了三层意思：第一，我不认识王朔，过去没有交往过；第二，我去北京大学讲学时，有学生递条子问我对王朔的印象如何，我回答说，王朔的作品看得不多，只看过一两部，认为很有特色，嬉笑怒骂皆成文章，这个评价应该不是贬义；第三，金庸作品既然是大众读物，理应让人评

① 叶辉：《铁肩辣手》，《光明日报》2018年12月17日。

说，王朔愿意评说，就让他说吧。

11月4日，《文汇报》刊出万润龙写的《金庸大度面对王朔批评》。当天上午，石俊升总编辑表扬了他，并指令他马上与金庸联系，希望再次深入地采访金庸，“让金庸先生敞开说，有一个版的内容我们发一个版，有两个版的内容我们发两个版。我不相信王朔的一篇文章能够撼动有五千万以上读者的金庸！”

当即，万润龙与金庸通电话，转达了石俊升总编的意见。金庸再三询问：“石先生真的这么说？”确认后，金庸很认真地说：“代我谢谢石俊升先生。但有一个数字我想更正一下，我的小说读者不是五千万而是三个亿，而且不包括盗版。”万润龙问金庸：“这三亿读者的数据出自何处？”金庸答，“是国家新闻出版署的一位领导亲口告诉我的。”

随后，金庸说：“在王朔先生评说我的文章发表之后，我不能自己再来评说我自己的小说。我的小说好不好，读者可以任意评说，我会认真看待读者的评说。但既然文汇报如此重视，我一定不会辜负。今天我会写一篇文章给文汇报作参考，但不会太长。”

“估计会写多少字？”他思考片刻后说：“一千字吧！”

晚上6点多，万润龙还没拿到稿件，着急了，打电话去，没人接听。再打电话到金庸家里，通了。金庸说：“稿子刚刚写好，但打字员小姐下班了，香港有《劳工法》，不能够随意加班。可否待明天打印好了再发传真？”万润龙说：“《文汇报》已经空出版面等着您的稿件，还是请您直接将手稿传真给我。”于是，万润龙终于拿到了金庸的手稿。

11月5 日 ，《文汇报》瞬间“洛阳纸贵”，因为发表了金庸对王朔《我看金庸》的回应——《不虞之誉和求全之毁》。

“王朔先生发表在《中国青年报》上《我看金庸》一文，是对我小说的第一篇猛烈攻击。我第一个反应是佛家的教导：必须‘八风不动’，佛家的所谓‘八风’，指利、衰、毁、誉、称、讥、苦、乐，四顺四逆一共八件事，顺利成功是利，失败是衰，别人背后诽谤是毁、背后赞美是誉，当面赞美是称，当面詈骂攻击是讥，痛苦是苦，快乐是乐。佛家教导说，应当修养到遇八风中任何一风时情绪都不为所动，这是很高的修养，我当然做不到。随即想到孟子的两句话：‘有不虞之誉，有求全之毁。’……”

万润龙对中国电影艺术研究中心研究员陈墨的专访——《金庸小说长盛不衰值得研究》在同一版面刊出。

一石激起千层浪，当天出版的《新民晚报》《羊城晚报》及次日出版的《中国青年报》转载了《文汇报》的报道，王朔的《我看金庸》与金庸的“八风不动”迅速激起读者的强烈反响，成为1999年中国文坛的“十大事件”之一。

这场“金王论战”持续了一个多月。《中国青年报》最后以一幅漫画作为结束语，漫画上是千军万马在追打一个人，这个人赤膊赤脚，穿着短裤，背上写着一个“王”字，后面追打的大军中，举着无数面写着“金”字的大旗。

3

2003年刚过春节，金庸在杭州。在一次晚宴上，万润龙见金庸心情挺好，便将自己思考了多日的话题提了出来：“查先生，现在有这个学那个学，依我看，金庸学也应该成为一门学问，汪道涵先生、章培恒教授、陈墨先生都提到过‘金庸先生的作品就是一门学问’。您有那么多的读者，有那么多的学者教授在研究您的小说，您现在又担任了浙江大学人文学院院长，浙大人文学院应该可以来做这件事。”

金庸稍作沉思，说：“北大中文系严家炎教授专门开设了金庸小说的课，也有不少朋友提出过同样的建议。但是，提‘金庸学’恐怕不妥。更何况我担任着浙大人文学院院长，根本不可能请同道来做这件事。”

万润龙接过话题：“如果浙大不方便做这件事，我们可以牵头组建一家公司，任务就是传播您的作品，研究您作品的特色，可以组织书友会，举办研讨会，当然还可以搭建一些平台，比如开一家金庸茶馆，办一本金庸学的杂志，创立一个传播金庸学的网站……”

金庸一听，马上有了兴趣，“台湾有一家报纸开设了‘金庸茶馆’的专栏，蛮有味道。如果能够开一家金庸茶馆，让喜欢我作品的小师弟小师妹们时常到茶馆来喝杯茶，聊聊天，跟我交流交流，倒是一桩好事，我很赞成。”

金庸让万润龙先拟写一份方案，把组建公司的构想，包括公司的名称、公司的具体任务、公司投资的额度、公司股东的构成、公司的盈利方向及风险，等等，理出一份有清晰思路的可行性方案来。

万润龙立即回上海，向总部领导汇报。领导提出，为避免风险，是否可以邀请一两家企业一同参与？万润龙找到了吉利集团董事长李书福和北京吉利大学校长罗晓明，他们一听是金庸的项目，自然乐意。总部领导决定设立文汇新民联合报业集团浙江办事处，聘任万润龙担任主任。

万润龙的方案，很快获得金庸首肯。由金庸、文汇报、吉利集团、杭州文新公司四家共同组建以金庸先生命名的公司，注册资金300万元，在杭州开办一家金庸茶馆，创办一本《金庸茶馆》杂志，设立一个“金庸茶馆”的官方网站，开展读金庸小说的征文和评奖活动，组织金庸与读者的互动。金庸约万润龙到香港来，接着再商讨。

几日后，万润龙赴香港。他第一次走进金庸的办公室，居高临下三面环视维多利亚港湾，对岸可见中国银行的标志性建筑，以及建筑群楼构成的天际线，身处其中，让人心旷神怡。

金庸否定了“金庸会”、“金庸学研究会”、“金庸读书会”等名称，“就叫金庸书友会吧，以书会友，以书交友，以书悦友。金庸茶馆不要以盈利为主，我的小师弟小师妹进来喝茶，可以不收他们的茶钱。”至于《金庸茶馆》杂志，“除了选大家的评论文章，也要选年轻人的文章。我很乐意与小师弟小师妹交流，尤其喜欢他们对我小说提出的批评。”金庸一口答应为《金庸茶馆》题写刊名，为创刊号撰写开篇语。

他坚持要出钱持股，“我当第一大股东，我会出一部分资金，表示对这家公司的支持，也表示自己对这家公司的一份责任。我只当普通的董事，不当董事长。”他希望万润龙任总经理，“如果你推脱不当，我就不出资参与这件事了。”

在杭州西湖曲院风荷入口处有一条小路，穿过小路过一座小石桥，是一个半岛，半岛约有一亩地左右，三面临西湖；石桥旁有一凉亭，相倚着一座二层楼的老房子。这是一处民清建筑，是民国时期孙中山先生的好友、担任过中华总商会会长的王晓籁的私家别墅。万润龙随即连线香港，金庸一听是民国时期的名人故居，当即表示：“万先生，就选这里，很好的。”

万润龙吸取了专家的意见，要让金庸茶馆有茶味、文化味、金庸味，三味融合，装修及室内布局需要体现侠义特色，让茶客入内有置身快意江湖的感受。

金庸对金庸茶馆的装修风格和《金庸茶馆》杂志的谋篇布局很是牵挂。一天，他突然给万润龙打来电话，说他在杭州，在浙江大学，想来看看金庸茶馆，见见《金庸茶馆》的小同事。

当天下午，金庸来到位于杭州众安桥金融大厦的文汇报浙江记者站办公室，跟万润龙一起选定了《金庸茶馆》的12个栏目，包括学者、名家点评金庸作品的“华山论剑”，金庸小说人物分析“人在江湖”，读书笔记“金庸小札”，介绍金庸小说中涉及的兵器、武功招数的“藏经阁”以及“金迷”文章“众言堂”等。金庸表示，他已经封笔多年，但为了《金庸茶馆》再度出山，将为每期杂志撰写开篇。

那天，《金庸茶馆》的一位美编将金庸茶馆的选用照片请金庸过目，金庸逐张审看，最终选定了金庸先生与各界人士的合影及金庸影视剧的剧照等30多张照片。

7月26日，金庸书友会成立暨《金庸茶馆》首发暨金庸茶馆开张。

前一日，金庸在杭州剧院与来自海内外的金庸迷见面。入场观众人手一册《金庸茶馆》创刊号，在开讲前，大家津津有味地翻阅着这本杂志。金庸在开篇之作中写道："自从我写了武侠小说之后，遇到的朋友，不论是旧朋友还是新识的，总是和我谈陈家洛、萧峰、阿朱、小龙女，我不大接口，旁边就有人接上去，谈论不休。有人还兴犹未尽，约了下次再谈。如果有个茶馆，茶客们逢到了，沏一杯茶，谈谈袁承志、青青、阿九，倒也有点味道。……'金庸茶馆'则小至九岁，老至八九十岁，大家都可来泡一杯龙井，指出金庸小说中的错误，我和各位书友谈天说地，高兴之际。既交朋友，又遣雅兴，岂不快哉！'金庸茶馆'期刊，亦以此为宗旨，只谈小说人物故事，不涉时人时事，岂不快哉！"①

金庸与读者互动，这是金庸茶馆开张的第一道"茶"。作为主持人，万润龙从4800余位读者的提问中，选择出40个问题，请金庸与读者现场对话。

一位听众问金庸："您那么大的年纪，冒着这样的酷暑，来为这本《金庸茶馆》造势，何苦？"金庸用了八个字作答，"人在江湖，身不由己"，赢得场上一片掌声。对于刚创办的《金庸茶馆》，金庸由衷地满意，他说，这本杂志比自己预计的要好得多。说到金庸茶馆，他更是高兴，"过去香港有人称我'查博士'，金庸茶馆开张后，我就成了名副其实的'茶博士'。到时候一定会在茶馆提一把茶壶，为客人沏茶，与朋友谈天说地。不过，我常常不在杭州……"稍一停顿，他指了指主持人，"万先生就是沏茶人了，请朋友们常来喝茶，指出我小说中的错误，既交朋友，又遣雅兴，岂不是一件快事？"

有些提问在旁人看来已经很"出格"，但金庸却一脸平静地作答。比如一位北京的记者两次问金庸：您在"百年"之后，希望在自己的墓碑上刻些什么？在旁的记者愕然。金庸却不愠不火，缓缓地说出一段经典之语：这里躺着一位老人，他写过十几部小说，有几亿人喜欢。

对此，金庸兴致盎然，说："万先生，他们提的问题很有水平，我乐意回答这些问题。今后，《金庸茶馆》还可以开一个栏目，叫'金庸答问'，

---

① 金庸：《关于金庸茶馆》，《金庸茶馆》创刊号2003年7月。

专门由我来回答小师弟小师妹提出的问题。”[①]

金庸书友会成立不久，万润龙就揽下了两桩大活：“五岳联盟”和“华山论剑”。

金庸在杭州，万润龙接到一个电话，是湖南衡阳市旅游局局长尹同君打来的，说中国有个“五岳年会”，由东岳泰山、南岳衡山、西岳华山、北岳恒山、中岳嵩山的管理部门联合发起，已经开过四届三次年会，下一次年会将由南岳衡山承办。为此，湖南的旅游策划专家有个创意，打算创立一个“五岳联盟”。金庸小说《笑傲江湖》中，有泰山派、衡山派、华山派、嵩山派、恒山派五大门派，但这五大门派互不服气，争斗不绝，如果现实生活中的五岳能够实现“五岳联盟”，应该是好事一桩。希望邀请金庸出山，到衡山参加“五岳联盟”大会，并担任总盟主。

万润龙将此创意和邀请传递给了金庸。金庸说：“好啊，这是利国利民的大好事。我在小说中无数次写到五岳，也总想上五岳看看。”

衡山之行还没起步，陕西电视台的制片人郭敬宜赶到杭州来了，向万润龙说了“华山论剑”的构想。她说，金庸与陕西华山有着不解之缘。在金庸14部小说中，有12部小说写过华山，《射雕英雄传》《神雕侠侣》《笑傲江湖》等经典更是将华山作为故事展开的大背景。可见金庸对华山情有独钟，小说中有过三次“华山论剑”，一次比一次精彩。

万润龙请金庸定夺。金庸说，“华山论剑”更是自己对古代武学经典的思考，1982年曾经上过一次华山，但是逗留的时间不长，好多想看的来不及看。因此，他愿意参加“华山论剑”的活动，借这个机会好好看看华山。

金庸嘱咐万润龙，“五岳联盟”和“华山论剑”不要相隔太久，最好能够在同一时间段完成。

9月25日，万润龙与金庸夫妇一路同行，从长沙出发，历程3个多小时，来到他笔下秀冠天下的衡山。金庸在磨镜台何氏别墅钻进“神秘洞”；在有“天下法源”之称的南台寺，笑眯眯向僧众合什回敬；在福严寺，围着一株千年银杏走了两三圈，金庸说如果在写小说之前看到，一定会把这棵树写进自己的小说里。

金庸挥毫题词：“南岳天下秀，到此人增寿”。在观众叫好声中，他又写下另一条幅：“山水是财人即富，善用山水国增富”。

9月27日，金庸参加“五岳联盟”大会，并主讲《游侠的游历与侠气》，万润龙撰写的《金秋“五岳”衡山联盟》由新华社发通稿，称“金庸上衡山，

① 万润龙：《大侠旋风掠西湖——记金庸酷暑杭州行》，《文汇报》2003年7月27日。

担任‘五岳联盟’的名誉盟主，算得上是中国旅游策划中的经典个案”。

10月8日上午，“华山论剑”在险峻的陕西华山拉开序幕。

华山前几天还是阴雨连绵，这天早上居然开晴。主办方为金庸设置了由《天龙八部》中王语嫣扮演者刘亦菲的“美人关”、《笑傲江湖》中华山派掌门人岳不群的扮演者巍子的“美酒关”、世界著名围棋高手聂卫平的“棋局关”。金庸连闯三关，于上午10时30分登上北峰之巅，与严家炎、司马南、魏明伦等对谈。

自从金庸茶馆开张后，金庸到杭州的机会多了起来，万润龙有了更多接触金庸的机会，便有了他许多的独家报道。

2018年国庆前夕，有朋友告诉万润龙，金庸身体有恙。这类消息之前已经有过几次，他都会打电话去香港，向金庸的秘书求证，然后辟谣。但这一次他没有向香港求证，而是办理了港澳通行证，准备专程去香港探望金庸，没想到还是迟了一步。金庸逝世的噩耗传来，万润龙的心一下子变得十分沉重，随即走进书房，打开金庸赠予的那幅字画，刚劲的启功体跃然纸上：“季布无二诺,侯嬴重一言。人生感意气,功名谁复论。”金大侠的音容笑貌如同过电影似地浮现在他的眼前……

专挑金庸作品“骨头”的部落

——香港作家潘国森

潘国森常常从香港给笔者发来邮件，说起他与金庸的交集，于是笔者发觉，在“金学”比较冷落的当今，潘国森还依然经常评论金庸小说，十分难得。

他是金庸茶馆网站“诗词金庸”版主，为了专挑金庸作品的“骨头”，他的“潘国森部落”日新月异，引人注目。潘国森称金庸为“小查”，而金庸则视他为“晚辈小孩”。于是我觉得，潘国森是有点儿“任性”的。

作家往往都有点儿任性，即听凭秉性行事，率真不做作或者恣意放纵，为达到自己的目标而执拗使性，无所顾忌。最近，“任性”这个词比较热，人们所想表达出来的有两种意思，一是听任本能的意愿，也就是潜意识的意愿；二是因个人的原因，不屑作利益最大化的选择。其实，任性没有什么不好，任性而行的人必定是一个纯粹的文士。香港作家潘国森也是。

1

1960年，电影《神雕侠侣》在香港首映，这是金庸小说改编成电影的开端。也就是这一年，潘国森呱呱坠地。

那时，他家住在香港上环水坑口街，这是香港最早的街道，在百多年前原是一条水坑，引太平山上的水，注入香港岛与九龙半岛之间的天然深水港。家门口的地铺是姑丈经营的纸料店，父亲在店内当掌柜，对面则是表嫂家开的杂货店，店里有安装接收无线电视节目的天线。潘国森八九岁时，电视台播出《神雕侠侣》，表嫂让他过去看。这是他第一次看电视，观看的是根据金庸小说改编的电视剧。

到了70年代，香港多了一家免费电视，就是只运作了几年的佳艺电视。佳视一出，香港电视业进入了“三国时代”，竞争非常激烈。萧笙叔为佳艺监制的《射雕英雄传》一鸣惊人，捧红了男女主角白彪和米雪。正是因为这出《射雕英雄传》电视剧，展开了潘国森走进金庸笔下世界的一页。还是中学生的潘国森开始读金庸小说，第一部就是《射雕英雄传》①。当年，他看电视剧《射雕英雄传》，见当中有一个称为南帝的人物，便以为大理国是作者杜撰的国家，世界上不会有，然而读了金庸的同名小说，他才知道中国的历史上真的有过一个国家叫“大理”。

后来，潘国森先后毕业于香港圣类斯学校及香港大学工业工程系，可他仍然任性，常花心思在考试范围以外的知识，比如粤语，性教育，音乐和文学，这也好，养成了他的跨学科思维的视野，以至大学里学的是理工科，后来却在文学上崭露头角。他说过：“我是文学世界的槛外人，所以与会的学者都是初会。我说在参与会议众人之中，我是极少数不曾修过文学的。中学毕业之后，就再没有国文老师，离开校园过了好几年，发觉有许多国学上的疑问要请教老师时，才惊觉中学时期的几位国文老师已不在人世。”②“想当年请教国文老师黎恭棣夫子怎样学古诗文，夫子吩咐我先读《古文评注》和《笠翁对韵》，结果买了评注却找不到对韵，后来不了了之，现在便深悔‘选错了科’……到今天不会做诗，只算是还能够拿起线装书来翻翻，除了当年黎恭棣夫子吩咐读《古文评注》之外，当然是因为多读金庸小说之故。”

20世纪80年代，倪匡陆续出版“看金庸”系列，揭开“诸子百家看金庸”的序幕。在大学里，潘国森看完了金庸的武侠小说。有一天见到倪匡的《我看金庸小说》一文，当时第一个印象是觉得这一类“金学研究”的文字他也会写。于是，他上街一下子买齐了三十六册《金庸作品集》，一边精读，一边寻思着写些什么，一时觉得难以下笔。找出倪匡的那篇文章，读后觉得有些地方评论不公，难道倪匡也是爱屋及乌，竟然没有发现金庸小说中的许多错漏之处？寻思之下铺开了纸墨，忽然有了灵感，笔下有如泉涌。这样，他第一篇评论金庸小说的文章就在1984年的某个晚上诞生了。

《话说金庸》是他的第一部“金学”专著，台湾远流出版社在1986年5月出版，共六章三十多篇文章。那年，他二十六岁。

潘国森在《金庸小说影响深远》的自序中说：“许多人认为金庸小说不是正统文学，难登大雅之堂，但是什么才算是正统呢？一件文学作品应该由

① 潘国森：《缘结金庸半百年》，《百家文学杂志》2015年第2期。

② 潘国森：《侧记2000北京金庸小说国际研讨会二三事》，金庸茶馆网站。

谁人去判决是不是正统呢？其实文学作品不必正统，只要好看、有深度便足够了。想《诗经》中的作品甫出世之时，必以颂、雅为正统，诸国风自是刍荛狂夫之议，但是国风的艺术价值却是最高。一件伟大的文学作品除了要写作技巧高明和文字运用精练之外，还应该对人性善良的一面加以表扬，丑恶的一面加以鞭挞，或者二者兼备，我相信金庸小说确能做到这些，至于正统不正统的实在无伤大雅。或许等到有教育界人士敢于选取部分金庸小说作为国文科的教材，就再也不会有人称之为'难登大雅'之堂。"因而，潘国森断言："爱读金庸小说的人，自然常被引导到日常不可达之境界；各种情感亦必常在书中找出相类者；至于友侪间相互感染、终卷后数日不忘，或一刹那间忽起异感而难以自已，或自拟为书中人物而此身如非己所有等等，自不绝如缕。其他作者的武侠小说固亦有此等力量，但若与金庸相比，实难望其项背。""金庸小说以虚构江湖帮派的'个人崇拜'，表达对时事的观点，则是每一个合格的金庸小说读者所熟知。《天龙八部》的星宿老人丁春秋、《侠客行》的天山派掌门白自在、《笑傲江湖》的日月神教两任教主任我行和东方不败，以及《鹿鼎记》的神龙教主洪安通都是此类。而每一例各有特色而不重复，则从中可见作者笔底下的功力了。"

一天，潘国森突发异想，写了一封信给金庸，说想去拜访他老人家。不料，几天后竟然得到金庸秘书小吴的电话：金庸愿意见他，便约定了时间。潘国森暗喜："他一年收到多少读者来信，我会一击即中，想必有两个原因，一是我帮他校正了修订版《金庸作品集》的错字和引用错误，二是我也算一个'金学'专家了，他卖了个脸面给我。"

那时，金庸住在香港岛山顶道一号豪宅，当天在宅中一个小偏厅，潘国森见了金庸。金庸的话语中带有浓重的吴语，潘国森大概只听懂了七八成。因而，首次见面，潘国森说的少，倒是金庸询问的多，比如念书时学些什么、平素读些什么书之类，都是些长辈初次见晚辈时常问的话。潘国森只问了他，《鸳鸯刀》是哪一年发表的，金庸说记不起了。[①]

谈了约一小时已近午饭时间，原以为金庸会留他吃饭，不料金庸频频看表后吩咐司机送客。车程中，司机问他是哪家公司的，他便说"我是查先生的朋友"。这样答会比较体面。后来，他听说有人拜访金庸，因为事忙，金庸不能请那位教授吃饭，见过面之后便给了一个红包当做东。潘国森便笑说，"查先生对我实在不够朋友，人家是教授你就请吃饭，我是'晚辈小孩'你就如此待慢！"

① 潘国森：《与查先生的交集》，《香港文汇报》2014年10月27日。

有一回，金庸的儿子查传倜请金庸前秘书杨兴安吃饭，拉了潘国森当陪客，席间还送了一套《书剑恩仇录》给他，潘国森认为这算是“父债子偿”两无拖欠了。①

当年，香港电台清谈节目做访问，节目中，主持人请潘国森谈谈金庸小说的事，问他有没有跟其他也是研究金庸小说、发表过相关书籍和文章的作者交流，他回答：“没有，且一位也不认识，从来都是孤家寡人光棍儿一条。”那时确实如此。

这个情况很快就打破了，此后不久，他结识了金庸的秘书杨兴安，跟项庄叔叔通过信，并隔空交流切磋。项庄叔叔曾写道，看金庸电视剧，见乾隆皇帝开口讲广东话，感觉很怪。他回信道，这个我可从来没有想过，优秀的中国文学作品，每每能打破地域界限，大江南北各省各地的读者都用自己的方言母语来读。金庸小说亦不例外，因此就从来不觉得《书剑恩仇录》里面出现“乾隆皇帝讲广东话“有什么问题!

潘国森跟人说：“项庄叔叔说我是‘丐帮护法’，若说我的行为似‘丐帮护法’，那就是骂人了。项庄叔叔不谙粤语，不知道广东人说‘某人正乞儿’是骂人的话，只不过项庄叔叔说我还有一招半式像‘一阳指’，这顶高帽子大得很，‘由头壳顶笠到落脚趾尾’，足以抵消有余，就不好意思发作了。”项庄即董千里，曾是金庸的同事，也是潘国森钦佩的金学家。

2

写完了《话说金庸》之后，潘国森的手头还剩下一些零碎的草稿，竟然束之高阁多年，直到1993年，他再着手写新的“金学”研究，一连写了《总论金庸》《武论金庸》和《杂论金庸》三部。他戏称：“虽然是近几年才写成，内中却仍是夹杂着许多属于少年潘国森的感受。现在，当年的余稿已经全部用完，才可以说是正式与少年时的我告别，从今以后的金学研究，完完全全是我人到中年之后的观点和感受。”

潘国森的这些金学论著陆续在台湾远流出版社出版后，虽被指责“抄录小说原文太多，用典太多太僻”，但广阔的文化视野，令其观点与众不同。

2000年，台湾远流出版社的两位编辑建议潘国森多研究点金庸小说中的诗词，可介绍小说中部分诗词的出处，为年轻读者略作解说，包括作者挑选、剪裁和改字以配合小说人物情节的高明技巧等。编辑小姐对他说：“若

① 潘国森：《父债子偿》，《香港文汇报》2014年11月10日。

有暇，可去金庸茶馆网站看看。”他去了看了，发觉那方天地既是一个供读者交流的园地，又是一个中文写作坊。发帖留言的读者主要来自香港和台湾，也有内地和海外的朋友，既有由小学到大学研究院的学生，还有已毕业离校的年轻人，十分热闹。当然不会有人特意替人批改文章，但是若有谁的留言打错字、用错词，很快就有网友提醒。待在那边一段日子之后，发觉许多青年人的文章进步很大，想必是观摩人家作品时随看随学，随学随用之功。一打听，那“金庸茶馆”网站原来由金庸小说台湾地区版权拥有者远流出版社于1996年8月创办，是最早取得金庸授权的网站，以金庸小说评论研究和版本研究享誉金迷圈。其中包括论坛、聊天室、线上购书等多方面内容。

从此，潘国森做起了“金庸茶馆”网站“诗词金庸”版主。“版主介绍”中说：“潘国森，祖籍广东南海，香港出生，香港长大。十六岁开始读金庸小说，第一部是《射雕英雄传》，最喜欢《天龙八部》，是段誉的忠实拥趸。于国学和金学用功甚勤，考证引典功夫一流。已出版《话说金庸》《总论金庸》《武论金庸》《杂论金庸》及解析系列前三部，自忖于金学一道，举世已少有匹敌，自称‘二十世纪天下第二’，只服输陈世骧教授一人而已。”

潘国森为“诗词金庸”版块写下序言：“金庸小说里出现过的诗词何其多！但你可知道，书中主角口中吟唱的词句，究竟是金庸自己作的，还是‘移花接木’引过来的呢？却又是引自何处，原典如何？哈！好奇吧！在阅读金庸小说之际，千万别忽略了这许多有趣的中国传统文化事物。就让我们从古典诗词开始寻根，一探金庸文化宝山，可别空手而回哦！”

数年间，他在“金庸茶馆”网站共发表了百多篇短文。

金庸在武侠小说中巧妙引用古诗词，帮助渲染气氛，烘托环境，描写人物，衬托人物的性格特征。潘国森的解析也很巧妙，颇添魅力，如《月出皎兮，佼人僚兮》一文，这样写道：

> 金庸小说的一大特色是下笔细腻，不会冷落了要紧的人物，而且叙事还很有幽默感。段誉是《天龙八部》第一男主角，故事由他带起，也由他总结。金庸便经常在百忙中忽然间来个分岔笔，写“小段皇爷”的痴，这一段《月出》诗也是用了这个笔法：
>
> 乌老大一声叹息，突然身旁一人也是“唉”的一声长叹，悲凉之意，却强得多了。众人齐向叹声所发处望去，只见段誉双手反背在后，仰天望月，长声吟道：“月出皎兮，佼人僚兮；舒窈纠兮，

劳心悄兮！”他吟的是《诗经》中《月出》之一章，意思说月光皎洁，美人娉婷，我心中愁思难舒，不由得忧心悄悄。四周大都是不学无术的武人，怎懂得他的诗云子曰？都向他怒目而视，怪他打断乌老大的话头。

王语嫣自是懂得他的本意，生怕表哥见怪，偷眼向慕容复一瞥，只见他全神贯注的凝视乌老大，全没留意段誉吟诗，这才放心。（《天龙八部》第三十四回“风骤紧、缥缈峰头云乱”）

这段文字安插在乌老大向众人讲述三十六岛七十二洞怎生受天山童姥“欺压荼毒”故事之中，甚为有趣，而且还不是小段皇爷在这个场合第一次无故吟诗。先前是王语嫣叫他罢斗，忽然间念了白居易《长恨歌》的两句：“天长地久有时尽，此恨绵绵无绝期。”

这首《月出》是男子思念意中人的情诗，很适合这里用。全诗共分三章，每章换五个字，反复以月色比喻心上人的美态，并表达自己思念之苦。这种写法是《诗经》中的特色，近代许多流行曲的曲词也常应用。因为多重复，所以金庸只挑了第一章的四句，并翻成白话。

皎是皎洁，皓是明亮，照是光照，意义都相近。

佼人即是美人；僚与懰都是美好，燎则是明媚。

舒是发语词，没有意义，只用来凑够四个字，金庸却弄个“愁思难舒”来“安置”诗中的那个舒。

窈纠、懮受、夭绍都是窈窕之意，正好给段公子用来喋喋不休的赞美王姑娘。

悄和慅都是忧念，不及一个惨字那么惨。

美人如月，可惜月光不为我照。悄兮！慅兮！惨兮！

潘国森认为，一部《天龙八部》，有英雄，有王子，有绿林，有贪念，有儒，有道，有佛，有色，有空。五十回的章回目录可分为五首词，合起来有《少年游》《苏幕遮》《破阵子》《洞仙歌》《水龙吟》，是金庸的最佳杰作，每首词对仗工整、辞藻华丽、意境深远，都是难得的绝妙好词，显示了金庸深厚的文字功底。现在读起来，还觉得这几首词极有意趣，慷慨豪迈自不必说，亦有温柔缠绵，所谓侠骨柔情。

在“诗词金庸”，潘国森对《天龙八部》的五首回目词作了笺释。每首词的内容固然和情节一致，更令人拍案称奇的是，每首词的词牌名与书中情景相符，均起了提纲挈领的作用：无知少年王公段誉初涉江湖，辞宫远游，自此掀起了江湖腥风血雨，是为“少年游”。姑苏慕容，云山雾罩。慕容世家“以彼之道、还施彼身”在江湖上神秘莫测，让人直想一探究竟，是谓“苏幕遮”。大侠萧峰被迫远走穷荒极北苦寒之地的漠北，回归契丹族人故里。在辽国如鱼得水，帮助辽主耶律洪基大破金兵铁阵，扬名四海，威震九州，因之“破阵子”。小和尚虚竹在洞中逍遥快活，胜似神仙。管他什么胡汉纷争、江湖恩怨；理他什么戒律清规、王权富贵，只愿和伊人洞中长相伴，此生无悔，好个“洞仙歌”。大侠萧峰威慑群雄，来去如电，龙吟虎啸，气贯长虹，端的是矫如水中蛟龙，山中猛虎。威猛勇武直如天神，其大侠风范，古往今来谁人能企及？故称“水龙吟”。

潘国森成为“金庸诗词学”的先驱。

2013年6月，潘国森将先前解说《鹿鼎记》回目联句的旧作结集，题为《鹿鼎回目》。

3

有一年，潘国森参加北京大学的金庸小说研讨会，金庸也到场，事后，潘国森写了三篇侧记。会上，有位教授代她的学生读了一封给金庸的信。潘国森这样写道：“事缘先前几位小姑娘送来一束鲜花，又与查先生拍照留念。查先生每人送了一张名片，这在几位小女生是意想不到的礼遇，觉得很感动，有一位还哭了出来。信中说及几位小姑娘念小学时就开始读金庸小说，从中学习到中国传统优良文化，并说毕生都会视查先生为老师。”①

继“诗词金庸”以后，潘国森对金庸小说的研究主要体现在“找碴”。

金庸武侠小说脍炙人口，受到高度赞誉。但多好的创作，总免不了有瑕疵错漏。潘国森遂撰书一一指出金庸小说的错漏。潘国森曾表白自己的心迹：“大概有两类人用功在金庸武侠小说里找错处，热爱这些作品的读者，希望减少心爱小说中不必要的错处，本人动机即在于此。第二类人不愿见金庸小说取得较高的艺术评价，找出小小‘问题’就如获至宝，以为可以压低金庸小说的成就，或者彰显自己学问……”②

找碴，其实从他成为小读者那会儿就开始了。三十年前，他要清理一下全套《金庸作品集》的错误，希望心爱的作品减少不必要的罅漏。他找到了些什么罅漏了呢？例如《侠客行》雪山派掌门白自在的两大弟子是封万里和

① 潘国森：《存亡续绝之功》，“金庸茶馆”网站。

② 潘国森：《何为修理金庸》，《香港文汇报》2009年11月25日。

白万剑，书中于两人谁是大师兄前后讲得不统一，他按全书脉络，订正为封是大师兄，白是二师兄。又如《神雕侠侣》写杨过在桃花岛用欧阳锋教的蛤蟆功打伤了小武武修文，到后来重述这事，却误作打伤了武敦儒。这些都属于前后“连戏”的问题。又如资料错误的，包括史实和不同部门的学问。如《碧血剑》有一场主角袁承志被温家五老的五行阵围困，金庸以“场外第三者”的视角解说五行生克、天干地支时出错。又如他在小说中经常提到少林寺建寺千年，其实没有做好简单算术题。若以达摩在少林面壁算起（约在公元500年前后），要到明中叶才够一千年。如此种种。

1984年，潘国森将明河社出版的36册《金庸作品集》一字一句、从头到尾精读了两遍，挑出看得到的所有毛病，计有插图错画、手民之误、资料不确，以及前言不搭后语，包括作者的描述和人物的言谈等，他都收在那篇《金庸作品集勘误表》之内。

1996年第一次拜访金庸之前，他将《勘误表》寄给了金庸。几日后，潘国森收到金庸寄来的邮包，里面有一套《鹿鼎记》，卷首贴了张藏书票，上面写道：“国森先生惠存：多承校正错字，感怀良深。金庸。”另外附了一封信。金庸给读者覆信，一般都是口述内容，由秘书代笔，这封信，金庸亲笔补了几句，可能不知道潘国森的年龄，下款自称为“弟”。①

出版了几部金庸小说研究单行本，为了加强宣传效果，潘国森自称“金学研究二十世纪天下第二”（只服输于已故的陈世骧），当时的心态是一半开玩笑、一半认真。后来，他又加封自己为“二十世纪指出金庸小说错误天下第一”，“自觉比起‘佟硕之’和‘霍先生’之流高明了许多。金庸小说的优点，我绝不会比别人知得少；金庸小说的缺点，我却比谁都知得多”。②

就此，《香港文汇报》专设“修理金庸”专栏，刊登潘国森的“找碴”文章。网络上出现一个名为“挑金庸骨头”的潘国森部落。

2010年7月，香港次文化有限公司出版潘国森的《修理金庸》一书，书名还有一个副题：大师不应错的小学问。潘国森在序言中说：“金庸在新世纪陆续出版‘新修版’（我称之为新三版）之后，过去的‘金庸小说研究’可以说要给‘推倒重来’，我亦不打算再花时间写‘金庸小说研究’的文章，所以在‘金庸茶馆’的专栏都停了。2009年，出版人问我是否可以写一部《修理金庸》，我既自认‘二十世纪指出金庸小说错误天下第一’，自然不好推辞，总不能说写不出来吧！而且金庸亲自修改了全套小说，再有错误就‘难辞其咎’了。……虽然希望从金庸小说研究退休下来，但是先前把话说

① 潘国森：《感怀良深》，《香港文汇报.2014年11月3日。

② 潘国森：《杂论金庸·后记》，明窗出版社1995年版。

满了，有人‘点唱’，总得给个‘说法’，万万不能临阵退缩也。”他说：“今天学界十分重视通识教育，通识科着重处理资料，在书中找错处，正好能锻炼出研判文字信息真伪对错的技巧和能力。在金庸小说中找错，或可以作为通识教育科的课外习作。”

有一个夏天，杭州成立“金庸书友会”，《金庸茶馆》杂志发刊，金庸和潘国森一同参加金迷对话会，两人同桌吃饭，且面对面，要提高嗓门才可以把话音传过去。事后，潘国森对人说：“我跟查良镛其实不很熟，只不过，如果你去问他知否世上有一个潘国森，他会有话可说。”

香港文化博物馆2017年开设常设展馆“金庸馆”，展示金庸武侠小说的创作历程与其小说对香港流行文化的影响，并于9月10日举办“金庸、金庸小说与我”分享会，邀请潘国森和香港作家杨兴安主讲。潘国森的讲题是“看金庸、修金庸、论金庸”，细数他与金庸小说结缘四十年的经过，分享他由看改编电影和电视剧、阅读原著小说到著书评论等话题。

同在香港，近几年金庸做了宅男，潘国森见金庸的机会反而少了，不过，每逢金庸生日，他会组织学生祝寿活动，比如写几幅字送给金庸，他自己会到府上去探望一下。

2018年11月13日，潘国森来到杭州，在浙江工业大学屏峰校区现场讲述金庸不一样的“江湖”故事。潘国森笑称自己是金庸讲座的“专业户”，并在现场为师生们带来了一系列辟谣，如“演员林青霞饰演的东方不败是经典，其实不然，金庸本人对这样的评价并不接受，因为在金庸笔下的东方不败是一个丑陋的男人形象，但在影视剧中却变成了一个大美女。金庸真正赞扬认可的影视形象是石坚饰演的金毛狮王，以及周海媚饰演的周芷若。”

潘国森自忖于金庸小说用功最勤，创见也最多，作品有《话说金庸》《总论金庸》《武论金庸》《杂论金庸》《解析笑傲江湖》《解析射雕英雄传》《解析金庸小说》《给我金庸小说》等10部专著。2014年是金庸九十大寿，以书作为贺礼，潘国森主编了《金庸学研究丛书》，已出版了台湾王怡仁的《金庸小说版本研究系列》共两种书，题为《彩笔金庸改射雕》和《金庸妙手改神雕》；他本人的《金庸诗词学系列》，已出版《鹿鼎回目》；以及欧怀琳的《金庸商管学系列》，已出版《基础篇》。这套丛书是从更学术、更严谨的高度将“金庸学”推上更高峰。

朋友么，骂过了还是一对真兄弟

——金庸剧制片人张纪中

张纪中版的《笑傲江湖》真实的山山水水、逼真的打打杀杀、细腻的情情爱爱，给人的感觉就是“江湖，真的离我们不远”。

《书剑恩仇录》里历史情境的厚重与凝练、《侠客岛》中精神探索的自由与超越，总是那么令人回味悠长。

那些被拍了无数遍的《天龙八部》《倚天屠龙记》《碧血剑》、《雪山飞狐》……电影和电视剧，成为一代又一代人理解“英雄”、领悟“侠之大者”、感受挚情挚爱的无法磨灭的人生记忆与青春往事。

金庸说：“我曾把张纪中骂哭了，朋友么，骂过了还是一对真兄弟。”张纪中说：“他不骂我，我怎么能成功。我与金庸是君子之交。”两人的亲密关系可见一斑。

1

张纪中与金庸结缘于1999年。

三月的杭州，西湖的风光特别美。那天，金庸心情特别好，他刚刚出任浙江大学人文学院院长。

张纪中在拍完《三国演义》《水浒传》之后，休息着读书，正沉醉于金庸小说的武侠世界之中。张纪中心中的武侠之火一下子被点燃了——“我要拍金庸的武侠片！”

几天后，张纪中给金庸写了一封信——

查良镛先生大鉴：您五月五日发来的传真已收到。您的第一部小说的电视剧专有改编权，仅以象征性的费用（人民币一元）转授给我们，您对我们的信任使我们感到十分荣幸。同时，我们也感到改编您的作品的责任之重大。我们相信，不久的将来，一部让您及广大观众满意的“金庸作品”会隆重面世，并将为我们的长期合作打下坚实的基础。

经过我们慎重研究，我们将您的杰作之一《笑傲江湖》列为第一部改编剧目。如果您同意，我们将通过有关新闻媒介，向广大的“金迷”朋友进行报道。

另外，如何履行有关您的版权的法律手续，请您知会我们，以便我们尽快投入剧本的创作。为此，我们希望：近期能否在香港或深圳与您见面，请您当面赐教或与您的委托人签署有关法律文书。盼尽快得到您的回音。

不到两天，双方完成了全部合作文书的签署。

5月下旬，张纪中随同电视剧制作中心主创人员前往杭州，与金庸第一次会晤。

一见面，张纪中竟然不知道怎么称呼他，只顾握手，握久了也不放下。金庸说：“我喜欢年轻人，每次看到他们在黑板上写着‘欢迎大师兄来讲课’，我就很开心，我最喜欢听到这个称呼了，在很多场合，我把浙大的学生亲切地称为‘小师弟、小师妹’。”

张纪中笑说：“那我也称您大师兄了！”金庸连说：“好，好！”

张纪中，绰号大胡子，1951年出生，北京人，中央电视台中国电视剧制作中心高级经济师。做过教师、演员，拉过大提琴，写过剧本，当过副导演、导演、制片人。电视制片人是近年来在国内出现的全新职业，它的前身接近于制片主任。制片人的出现，除了加强对于一个节目、影视剧的经济利益、行政管理、社会效益等方面的制作要求外，最重要的是制片人分担了以往由导演一个人承担的艺术责任。当张纪中日益成为中国，甚至海外最有影响的“中国电视制片人”时，金庸的武侠小说正延伸到中国的电视剧。

金庸问他：“你怎么闯进影视圈的？拍电影电视有多少年了？”

他说：“我父母是东北人，我17岁就从北京到山西农村当知青，一干就是6年。山西农村非常苦。我27岁考入山西话剧院，演了十多部话剧和两部电影。37岁又到了山西电视台，开始拍短片，几乎年年获大奖，渐渐有了名声。后来，我胆子大了，就以山西电视台的名义，主动到中央电视台请战，要拍《三国演义》，央视竟真的投资了。《三国》后，我又拍《水浒传》。

《水浒传》成功后，我已40多岁了，才正式调入中央电视台。我现在能成功，最大的财富应该是那6年在山西农村的苦难生活。”

金庸说：“跟你一样，苦难往往是成功的前奏，我也当过导演，拍过电影。”

张纪中从小就热爱文艺，做一个演员是他儿时的梦想。但由于出身不好，前后两次报考解放军艺术学院舞蹈系和中央艺术学院都因为政审不通过而被拒之门外。在文工团试用工作一段时间，结果又被辞退。后来，他考入了山西话剧团，并在话剧《西安事变》中饰演了一位大学生的角色。此后，张纪中又拍过电影、演过电视剧，虽然他常常被导演看好而饰演主角，可他却发现，自己对幕后工作很有天分，于是改行做了编剧、导演、制片人。张纪中以大制作而闻名中国电视圈。1994年，他担任了《水浒传》的总制片主任。在《水浒传》里，张纪中把那些脍炙人口的草莽英雄的故事和充满阳刚之气、悲壮之美的人物与情节拍得酣畅淋漓，为观众献上了一道丰盛的视觉盛宴。随着《三国演义》和《水浒传》两部剧的热播，张纪中迈入了一流电视剧制片人的行列，被誉为“中国第一制片人”。

20世纪末，武侠剧在中国内地盛行，而从小就喜欢看武侠小说的张纪中，又产生了拍摄武侠剧的念头。这个时候，张纪中看到了一则新闻，金庸在内地接受一家媒体采访时表示，如果央视能够把自己的小说拍得和《三国演义》《水浒传》一样好，愿意以一元钱转让版权。

这则新闻让张纪中动了心，他一直喜欢金庸的小说，很想拍一部金庸的作品。在与领导商量后，他决定试一试消息是否属实，马上写了一封信，盖上单位公章，发传真到香港金庸办公室。

果然，金庸是真侠客，爽直干脆地答应了。金庸在传真回复的信里表示，自己“愿意一块钱的价格将小说版权转让给央视，想拍哪部作品都可以。”

正巧，浙大校长张浚生与金庸和张纪中都有私交，金庸应张校长的邀请来浙大，张纪中也就得到了拜见金庸的机会。

为了这值得纪念的第一次见面，为了“一元钱出让了改编权”意气相投的友情，张纪中特意跑到银行去，在一大堆新钞票里，跳了张编号为25666666的一元纸币，然而制作了一件有意思的纪念品“一元水晶杯”：用了一块大小如同A4纸面的有机玻璃，制作成一块小匾，匾右侧刻“查先生《笑傲江湖》电视剧版权转让纪念”，左侧落款“中央电视台中国电视剧制作中心”，中间部分镶嵌上象征性的一元钱纸币，纸币上部写上了CCTV字样，下部刻写着年、月、日。有机玻璃做成的盒子上面写了“笑傲江湖”四个字。

见到这个特别的礼物，金庸非常高兴，马上就在授权合同上签了字，并指定张纪中为制片人。

金庸没有想到，因为喜欢央视版的《水浒传》和《三国演义》，自己随意而说的一句玩笑话，竟然被张纪中当真了。

此后的二十年，张纪中与金庸经常在杭州相见，龙井村，梅家坞，农家小院，多少个秋天相见相伴，留下了许多温暖的回忆。

2

张纪中说："金庸的武侠小说改变了我的艺术生涯方向，如果没有你笔下的江湖世界，就不会有金庸武侠剧的拍摄，也不会有如今为人熟知的内地武侠。"

小时候，张纪中看的第一本武侠书是《儿女英雄传》，后来又看了《七侠五义》《小八义》等旧派武侠小说。他最早接触到的新派武侠小说，就是金庸的《笑傲江湖》，一读就再也搁不下了。因而，张纪中第一次拍摄武侠片，他毫不犹豫地选择了《笑傲江湖》。

《笑傲江湖》是我们内地的首部武侠剧，也是中央电视台首部自己制作的武侠片。文字叙述的魅力是《笑傲江湖》成功的重要原因，比方说男、女两大主角，都是先闻其"传闻"，造成小说很大的吸引力和对人物期待的神秘感，他们再徐徐出场。令狐冲在小说的第五回出现。而任盈盈这位神秘的女主角，直到小说的第二本第十三回才出现。在改编成影视剧时，张纪中从影视剧的欣赏习惯出发，安排男女主角在第一二集登场。

没想到，金庸对此改编并不满意："诸葛亮还出场晚呢！"

张纪中只好跟他解释，诸葛亮并非《三国演义》唯一的主角，而《三国演义》与《笑傲江湖》的叙述结构也不尽相同。金庸不作声了，可内心却未必赞同。

后来，张纪中经常把金庸请到剧组里来，他很开心，高兴地跟大家聊天交谈，展开讨论，争论也更加激烈起来。

《神雕侠侣》杨过与郭靖在襄阳城的那场戏是张纪中颇为自得的一场戏。杨过以为郭靖是自己的杀父仇人，意图趁郭靖不备将其刺杀，而当杨过亲眼目睹郭靖坚守襄阳城的义举，又最终放下了杀念。从戏剧角度来讲，这场戏非常紧张，充满了戏剧化的张力，反映了杨过内心的成长，画面也很漂亮。

一拍完这场戏，张纪中便兴致勃勃地带着片子去找金庸，满心以为会获得表扬。没想到，金庸看完之后却说不喜欢，两人就争论了起来：

“你没有理解我要表达的意思。”金庸质问。

“但我这样的表现也并没有违背原著的描述，是符合原著精神的。”张纪中据理力争。

说着说着，两人站了起来。

金庸大声说：“我就是不觉得你这么做好！”

“你不觉得好，但是观众可能觉得好！”张纪中的嗓门也不低。

……两人的嗓门越来越高。

最终，查太太出面打了圆场：“你不应该这样对待张先生，你应该给张先生道歉。”

金庸的脸上带着不情愿，沉默了一会儿，恢复了往日的温和语调，说道：“张先生，我给你道歉。”

君子和而不同，争执过后并无不快，对于艺术的见解不同，不会影响两人的感情，金庸仍然很开心地请张纪中吃饭。

当然，张纪中的电视剧改编也有很多让金庸喜欢赞赏的片段。如在拍《天龙八部》时，小说结尾在乔峰跳崖之后，交代了慕容复的情况；而在电视剧里，阿紫抱着乔峰跳下悬崖。这样的改编，既将主角乔峰的形象提升得更高，也在“情”字上做到了极致，这样的表达更符合电视剧的特点。

金庸开玩笑说：“这个结尾改得不错，也许我要把小说的结尾改过来。”后来，他确实改了小说的结尾。

按照历史正剧和主旋律风格拍成的《笑傲江湖》在中央电视台8套播出，收视率达到了12%—19%，第一轮播出就给电视剧中心赚了7500万。这部内地新武侠电视剧的开山之作，在创下高收视率的同时也引发了巨大的争议。这是张纪中没有料想到的。

相比网络上排山倒海的网民骂声，张纪中最在意的是金庸本人的看法。在香港播出《笑傲江湖》后，金庸在肯定电视剧的大气和精美制作的同时，对电视剧的改编也公开提出批评。为缓解金庸的不满，也为了继续与金庸合作，张纪中从北京飞到杭州，与金庸当面进行沟通交流。

在此后的六部电视剧签合同时，张纪中和金庸进行长时间的沟通和交流，征询金庸对电视剧剧本改编意见，在故事和情节设置上，完全忠实于小说原著，极少有大的修改。

“金庸把自己的小说当亲生的孩子，我也想明白了，我们改编的毕竟是他本人的作品，那就按照他的意见来，毕竟对我们来说，金庸不是我们的原创作品。”为让金庸满意，张纪中找了金庸最信任的专家陈墨教授出任顾问，专门负责参与、回答编剧的疑问。这使得张纪中版的金庸剧成了最忠实于小说原著的电视剧，令金庸非常满意，索性口头放言让他把作品集全改成电视剧。

到了《射雕英雄传》，张纪中给金庸支付的改编费不是一块钱了，完全按照市场价格来进行的，具体价格张纪中不愿意透露，价格差不多是按照2万一集的标准支付。

虽然不能对作品进行修改，张纪中还是希望自己有自选动作。在《射雕英雄传》里，张纪中企图增加杨康的戏份：“郭靖在草原长大的戏份有很多，而杨康在金国王府里的成长小说里却只有几笔，包括丘处机怎么能够容忍完颜洪烈霸占杨铁心妻子包惜弱，还能够进入王府成为杨康的武术师傅，从人物性格来看不可能。”

张纪中的想法被《射雕英雄传》编剧接受媒体采访时公布出来，不料，金庸看到后勃然大怒，迅速致电张纪中，要求删掉这些增加的场面和戏份。张纪中只得按照他的要求，删除了这些编剧增加的故事和细节。张纪中由此把金庸比作“爱护自己下的蛋的老母鸡”。

在谈到与对自己的剧本很计较的金庸如何相处和沟通时，张纪中用“他是一个非常好的顽童”来形容金庸。“他对我翻拍的金庸剧也有不满意，不满意的我会解释给他听一听，当然解释完了以后，他依旧不满意，那我也没有办法，反正我已经拍完了。但是，这些不会影响我们之间的友谊。”

张纪中对金庸作品十分痴迷，并在过去十来年间亲自导演并制片了7部作品，分别是《笑傲江湖》（2001年）、《射雕英雄传》（2003年）、《天龙八部》（2003年）、《神雕侠侣》（2006年）、《碧血剑》（2007年）、《鹿鼎记》（2008年）、《倚天屠龙记》（2009年）。金庸最满意的是《天龙八部》和《碧血剑》。“《天龙八部》我很喜欢。张纪中在拍电视剧前征求我的意见，我就说，最好不要和小说相差太多。”“后来张纪中对结局进行了修改，只减不加，剔除了一些不必要的人物，让整个高潮都围绕着萧峰来进行。对这一改动我很满意。”

因为《天龙八部》，内地年轻的观众也接受了张纪中版的金庸剧。《笑傲江湖》和《射雕英雄传》一边是收视率奇高，一边网络上都是谩骂和口水。到了胡军、林志颖、刘亦菲演的《天龙八部》播出，网络上的赞扬和夸奖多起来了，价格也上涨到7万1集。

拍《神雕侠侣》时，张纪中问金庸“什么是浪漫？”金庸想了半天回答他说："不常见的就是浪漫，常见的就不浪漫，一对情人站在大海里拥抱着看西沉的夕阳，这就是浪漫。"后来张纪中对他的创作团队的要求就是凄美和浪漫，这使得《神雕侠侣》后来成为一部披着武侠外衣的爱情偶像剧，挑出来的男女主演黄晓明、刘亦菲"青春"、"漂亮"，被观众评为"最不张纪中的金庸剧"。

在金庸的作品里，《碧血剑》是电视剧改编次数最少的。张纪中看中它是因为《碧血剑》实际上是一部历史正剧，既体现了金庸对历史的研究和观察，也让张纪中的正剧特长有了大的发挥。看完《碧血剑》后，金庸对张纪中说了句："张先生拍戏就是认真，把我的作品交给您拍，我非常放心。"

《鹿鼎记》经过反反复复的删减，金庸对这部电视剧一直未发表意见。原来金庸认为韦小宝不该有太多的老婆，给他设计了一个妻离子散的新结局。张纪中对金庸说："升官发财、一夫多妻是中国男人固有的梦想，所以人人想当韦小宝，而你现在把老婆改没了，破坏了读者的梦想。""您现在是查良镛的身份来修改30年前金大侠的作品，用现在的眼光回过头看以前的作品肯定不顺眼，改编味儿就变了。"

最终，金庸放弃了对《鹿鼎记》的故事结尾进行大修改，保留了原来的韦小宝一人领着7个妻子隐居的故事结尾。在内地播出时创下了张纪中金庸剧的收视率新高，本来，张纪中打算在拍完《倚天屠龙记》后就结束金庸剧，但是，金庸一直希望张纪中能够把他的作品集全部拍完。这对张纪中来说，是一个诱惑也是一个挑战。

2005年1月，张纪中拍《射雕英雄传》，赴宁波象山时带金庸去了桃花岛——原来他写小说时并未真的去过桃花岛，只是在地图上看过，便想象出了桃花岛的世界。

1月9日晚9点，金庸携夫人来到张纪中下榻处做客。在《神雕侠侣》部分主创陪同下，金庸观看了"小龙女被迷奸"和"杨过与小龙女在活死人墓习武"等片段。当镜头慢慢转暗，背景音乐消失的时候，金庸带头鼓起掌并不住点头说："很好，到目前为止我很满意。《天龙八部》有豪气，《神雕侠侣》表现出了儿女情长。纪中一部比一部拍得好，我先给你八十五分！"张纪中连忙说："这些片段很简单，但杨过与小龙女的感觉还是表现出来了。"金庸望着张纪中点头赞许道："港台版本不如你的好，你的已经超过他们了。"张纪中说："我增加了小龙女与杨过分别十六年后的情节——夕阳下小龙女登高远望，寄托思念。但我不希望把小说拍走样。"金庸听后连连认同："这可以，我同意。"

一年后的九月，张纪中率《鹿鼎记》剧组移师金庸的故乡海宁拍摄，这次《鹿鼎记》开场和结尾的重头戏都在海宁盐官古城拍摄。其实，按照原著，开场和结尾的故事背景都是在扬州，而张纪中却很意外地选择海宁盐官拍摄，外传张纪中是希望这部金庸剧能够向金庸“献媚”，所以才特地选择金庸故乡来拍摄。

对此，张纪中给出解释，扬州现在变得很现代，根本找不到适合拍摄的地方，所以只好向小地方找外景。正好前阵子探访金庸老家，路过盐官古城，张纪中觉得这个地方与原著所描写的场景很像，于是才会最终选择盐官。为此，他总共花了50万元为盐官古城重新修葺一次，古城主干道石马路都是由剧组出钱重新铺设的。

3

2003年10月8日，金庸首次登顶陕西华山参加“华山论剑”活动。在连过美人关、美酒关、聂卫平的残局关后，金庸与张纪中等人唇枪舌战、大话江湖。正畅快淋漓、相谈甚欢之际，天色忽变，白雨跳珠，风雨潇潇。

金庸说：“突如其来的雨让华山论剑添了几分痛快，几分豪气……”有趣的谈吐，话语寻常却耐人寻味。张纪中仔细琢磨着，体会到其中的深意。

张纪中曾经很喜欢房子，总找机会买房，后来逐渐发觉居住空间其实不需要很大，占有过多的居住空间，完全是浪费。于是在房价上涨最迅速的时候，他将一栋房子卖了出去，减去之前买入的价格，还赚了一百万，他很高兴，得意地跟金庸说：“我卖房子赚了一百万。”

金庸听了，笑眯眯地看着他：“我比你赚得多一点，我赚了一个亿。”

张纪中才发觉，金庸比他有商业头脑和投资意识，房子都买在有升值空间的地段，但并不以赚钱为急，也不以买房置业为乐。

2008年，八十多岁的金庸要去英国，在剑桥大学攻读文学硕士学位。

听说此事，张纪中疑惑：“您的学问都可以教他们了，还要去读啊！”开着玩笑，但他心里清楚，金庸是憋着一股劲儿呢。当年，金庸被授予浙江大学人文学院院长称号，便有人站出来质疑，说他没有上完大学，没有学位。

其实，历来大家不必有学位，鲁迅，沈从文……众多文学文化大家，都不是从学校的系统中走出来的。

但是，金庸大侠偏要跟年轻后生较这个真儿，他辞去了浙江大学人文学院院长的职务，到英国去读文学硕士。

张纪中理解他心中所想，便送给他一支金笔，附赠了八个字："好好学习，天天向上"。

金庸很高兴，带着这支笔读书去了。读书期间，他经常给张纪中传照片，是他在英国读书的身影：金庸斜挎着小书包，拄着拐杖，查太太每天将他送上学，接下学，非常认真地读完了课程。

学业完成时，金庸邀请张纪中参加他的毕业典礼。可惜，当时的签证流程复杂，等签证办好，毕业典礼早就过了，张纪中没赶上，成为他的一大遗憾。

2010年6月和12月，微博上两次传出金庸"去世"的谣传，引起了轩然大波。

时过半年，张纪中特地到香港与金庸见面，第二天，他故意把他与金庸夫妇小聚共进晚餐的合照放在微博。照片中所见，87岁的金庸精神非常好，面容慈祥，不但高举酒杯喝红酒，还吃牛扒与海鲜、生蚝，感觉就像金庸自己笔下的老顽童。在旁的张纪中也不禁惊叹："老人家对往事依旧健谈，胃口也不错。"

过了些日子，他再次上传两人在金庸家中喝茶、相谈甚欢的照片。张纪中写道："昨天（11月16日）下午与金庸老先生在家喝茶，回顾这十一年拍摄金先生作品的得与失。先生仍旧记忆清晰，笑谈与我们在九寨沟趣事。"2004年9月下旬，张纪中率剧组在九寨沟拍《神雕侠侣》，金庸前来探班。金庸夫妇前脚到九寨沟，邵逸夫夫妇随后就赶到了。这倒不是他们事先约好的，纯属巧合。50年的老朋友异地相见，自然要见个面。据张纪中向记者透露，晚上，邵逸夫打来电话，说要跟老朋友叙叙。金庸答应了，叫邵逸夫等二十分钟，容他穿好衣服。谁知等到金庸穿好衣服，从邵逸夫那边传来消息，邵逸夫已经休息了。气得金庸拿着拐杖，从六号楼走到五号楼邵逸夫入住的房间门前，用拐杖"咚咚"的敲开了房门连声说，有钱也不能这样欺负人。还拉上张纪中给评评理。张纪中立刻斩钉截铁地说："你对！"当然，最后两人还是"相逢一笑泯恩仇"。不过张纪中告诉记者，他们俩是多年的老朋友了，邵逸夫不可能做这样的事情，一定是手下的随从传错了话，才导致了这场误会。

张纪中写道："八十七高龄值得庆贺。五一我们见面一次，时隔五月，金庸先生依然谈笑风声。他是一个非常好的顽童，80多岁了还能够去读书，我觉得真是有点意思，蛮逗的一件事情。他去读书我还跟他说，我说你这，你教他们都有富余了，你去读什么书呢？他读完书回来，我也是很逗的送了他一支笔，我说你好好学习。"

这些照片和记述打破了早前金庸身体抱恙的传闻。

翻拍了金庸的几部作品之后，张纪中与金庸成了很好的朋友。“我觉得金庸给我们带来了一个武侠的世界，很多人都喜欢看他的作品，但很多人看完之后并不知道自己为什么爱看，我就来研究。金庸的作品带给人一种侠义之心，他作品中的人物会感染你，比如郭靖，比如乔峰，久而久之这些人物会影响到我们自己为人处世的作风。所以我要把他的文字转换为电视剧，将作品中的侠义之心带给更多的人。”

又过了五年，金庸92岁了。二月初二“龙抬头”的那天，张纪中专程赴香港祝寿。他特别将一个专门定制、写有“金庸”的精美花瓶，作为生日礼物送给金庸，金庸高兴得不得了，仔细观察抚摸。此前，张纪中在网上发起了“不老的金庸”话题，为老朋友祝寿，并征集广大网友对金庸的祝福。十多天里，张纪中收到了大批金庸迷的祝福辞，还印制了一本“不老的金庸——喜庆金庸92岁寿辰”纪念画册，送给金庸。此外，他还特别定制了风清扬、杨过、小龙女等金庸武侠经典人物公仔及兵器雕塑，以致敬金庸，回馈金迷。

“金庸馆”于2017年3月1日在“香港文化博物馆”开馆，张纪中参加了开幕典礼。7月，张纪中担任总制片人的金庸剧《新侠客行》在中央电视台八套播出。

2018年3月，张纪中以微信长文向金庸祝寿：“一十九年，情意深重，结一生良师益友；九十四载，江湖意气，铸武侠文化经典，亲爱的查先生，祝你生日快乐，我永远爱你！”

张纪中说：“说起电视剧创作，我们还因为拍电视剧争执过，想来有趣而温暖。真的怀念当年我们能够一同探讨问题的时光，真的怀念我们可以争执问题的时光。你的人生态度，让我赞叹也让我受益。”

金庸小说被改编成约60部电视剧和40部电影作品。因为不断翻拍金庸剧，张纪中与金庸结下了不解之缘。张纪中用“他是一个非常好的顽童”来形容金庸。“我对金庸的印象挺好的，我和他很对脾气。我觉得金庸是个谦谦君子，很讲义气。他很喜欢热闹，每次我们到香港，他都会陪我们，有时候一陪就七八个小时。”

金庸喜欢“一床娇眷”那幅画

——“御用”画家董培新

金庸有一位妙笔与丹青相遇的朋友，他就是香港人物画家董培新。他用一支画笔，将金庸武侠小说中的各式人物展现得活灵活现，让武林英雄跃然纸上；他以传统的水墨画法融合素描、写生、透视法等西洋绘画的技巧，再现了金庸剧情中的大侠神韵，把读者带进了“武侠世界”。他为金庸小说所作的国画被用做了新修版《金庸作品集》的封面。

金庸对他称赞有加，为他的画集作序，称“长期在心里酝酿的艺术作品，一出来果然不同凡响”。

1

20世纪50年代，《明报》和《新报》相继在香港创刊。1959年，金庸正在撰写《神雕侠侣》并在《明报》上连载，董培新正在《新报》和《蓝皮书》上为武侠小说画插画。当年的《明报》还没有形成自己的风格，还没有成为政治上独立的知识分子所热爱的自由报纸。

自然而然，金庸注意起了董培新，并且开始欣赏他的作品，随即向他抛出了“橄榄枝”：如果你为我的小说绘插画，应当是相得益彰，大家都欢喜。邀请你来《明报》工作，稿费由每月800元加到1000元。

那时，董培新刚到《新报》不久，要是被挖角到另一个地方，他觉得不太好。于是，董培新犹豫着去找《新报》社长罗斌。

《新报》和《明报》都是新起的小型报，都卖一毛钱，都以武侠小说为卖点，在香港这小小的市场上自然发生了竞争。罗斌自然不同意董培新去给金庸的小说绘插画。

私下里，董培新一直是金庸的好友，“那时候金庸先生工作压力挺大的，差不多每个星期六都会有一个牌局，倪匡就邀请我去他家里打牌。”[①]

董培新第一次去拜访金庸，见他细长眼睛，方方正正的国字脸，不笑的时候显得特别严肃，不免有点紧张；但金庸一开口，居然是：“有空到我家来打牌。”就这样，董培新成了金庸家的常客。

金庸本性极活泼，喜欢热闹，他每周六都在家中设牌局，邀请朋友们来打扑克牌。他牌技又好，牌友的钱都被他赢去了，他会请大家吃饭，还买礼物哄输钱的朋友开心。朋友们在他家就像在自己家一样，可以随便胡闹，金庸从不生气。有一日打牌，董培新说：“我16岁的时候就开始画金庸，不过画的是假金庸。”

金庸好奇：“噢，你说说，你怎么会画上假金庸的？”

话匣子一打开，董培新关不上了，便抖出了他的学画故事——

董培新于1942年出生于广西梧州，在广州长大。他排行老二，还有六个兄弟姐妹，小时候生活十分困苦。

董培新从小就喜欢画画，初中就读西关培英学校，带他入门、令他痴迷绘画的老师是何铁良。当时，何老师给低年级上课时，拿着董培新的画作展示，让他大受鼓舞。何老师把学校美术室的钥匙交给他，准许他随时进画室，让他接触了很多名画，如法国印象派的画、齐白石的画作等。

1957年，才15岁的他随着父母来到香港。初到香港，董培新一家寄住在一层挤了30多人的楼宇里，每天守在播音盒子前聆听《书剑恩仇录》，一听立马就被迷住了，哪天要是没听到就茶不思饭不想。但是，广播每天就播一点，很不过瘾，他就跑到街上租书店租借了一套《书剑恩仇录》。从此，董培新与金庸的武侠小说结下了不解之缘。

然而，他不得不直面生活的艰辛，迫切地希望找到一份可以糊口又跟绘画有关的工作。几个月后，朋友介绍他到岭南画派大师高奇峰的弟子蔡大可那里当学徒。抱着有机会继续学画的念头，董培新兴高采烈地去了，然而，现实没有他想象得那般顺利、美好。

在蔡大可的身边，董培新仅仅待了3个月，而生活、工作的环境可称得上十分恶劣。“蔡老师是新会人，父亲是当地的大富绅。当时的有钱人家有一个很不好、很笨的做法，为了防止青年子弟学坏，教儿子抽大烟，以此把他们圈在家里。很不幸，蔡大可先生正是这样一个少爷，他拜了著名岭南画派大家高奇峰为师，可除了画画，几乎没有生活能力。”董培新这样描述当时的状况，解放后，蔡家破败，蔡大可来到香港，只能靠画画为生，十分困

① 吴敏：《金庸“御用”画家董培新“画说金庸”》，《南方日报》2011年8月16日。

顿，董培新正好在这时到他身边当学徒。

这时的蔡大可住在一个鸦片烟馆里，董培新每天吃住在他身边，吸了许多二手烟。屋里的猫狗长期浸淫其中都染上烟瘾，有时大烟被警察查获，馆内随之停业几日，董培新发现猫猫狗狗跟人一样都坐立不安，十分痛苦。

蔡大可除了每月给学徒三五块钱吃饭外，甚至无法支付15元的月薪，扛着养家重担的董培新，只好离去。

董培新的第一份正式工作是到强记书店画插图。画的第一张画是金庸的，不过，那是假金庸。当时连载的金庸武侠小说"洛阳纸贵"，许多出版公司冒名出书，他画的这一本叫《射雕英雄前传》。

那时，他只是一味地根据市场的需求来画画，为了资助家里拼命地工作。为了迎合读者的口味，他用多个笔名，用各种不同的绘画手法来作画，无意中成就了他过人的绘画功力和融汇各派的画法。这个时期，他还画了不少伪梁羽生和伪古龙小说的插图。在这里，董培新开始走上没日没夜的职业创作生涯。

听到这儿，金庸微笑着说："你欣赏我的小说，我也欣赏你的绘画，可惜了，你只能画画假金庸，没有能够画上真金庸。这事不能怪你。"

后来，董培新从事电影美术，为"仙鹤港联"影业公司设计电影主角的造型，再后来，他开始创作漫画，合作过的作家包括倪匡、亦舒、古龙、卧龙生、诸葛青云、严沁、岑凯伦等等，漫画创作有"波士周时威"、"老千王"、"豪放女"、"朱义诚"、"鞋底秋"、"安定荣"等，高峰期拥有读者达一百万，可算是当时香港最知名的漫画家了。

1989年，董培新移民加拿大。

2

1999年，年过八旬的金庸开始了对其武侠小说的第三次大修改，再诠笔下武侠世界。应了那句"缘来天注定，缘去人自夺"的老话，金庸的妙笔与董培新的丹青终于有了合璧的机遇。

以前，给金庸小说绘插画的是姜云行和王司马两位画家。姜云行用"云君"的笔名，他的画风细腻而生动，表现武侠小说中的动作和打斗很见功力；王司马的画风富于人情味，很能表现人物的情感，读者往往为他的绘画所吸引，凝视画中的人物，神驰高山大漠，投入人物的欢乐和哀伤。然而，王司马在风华正茂之时以癌症去世，姜云君也移民美洲，不再以他生动的绘画和读者相见。因而，金庸几次回内地访友，暗中物色着新的“御用”插图画家。

机缘巧合。2003年春，正在温哥华的董培新打算为自己的六十岁生日补办一场个人画展，突然心血来潮冒出一个构思：以金庸小说为题材画一些国画。为此他向金庸问意见，金庸只回复了一个“好”字。

“不可画插画，就画国画啦，没有利益冲突了吧，哈哈……”董培新兴奋不已。其实此时，《明报》与《新报》都换了主人。

当时，香港影视导演程小东从加拿大回到中国香港，他对金庸说：“在温哥华忽然间看到董培新的画，脑中就那么的一闪，他笔下的金庸武侠人物，就直像我脑海中想象的人物，他描绘的场面正如我构思中的电影镜头。”

金庸笑说：“当年他与我擦肩而过，现在他水到渠成，了不得了！”

2004年底，董培新选择在广州这个成长的故乡举办画展，便在广东画院订下了场地。他跑过去一看，当即惊呆了：这个展览厅的展线长达135米，楼高7米多，手头上的画作根本不够。

“没有主题的展览肯定没法办得好，所以我一定要为展览找个主题。”董培新想起了几十年前他和金庸聊的话。他想，金庸的小说素材很丰富，何不画一画金庸小说中的人物画？有了这个意念后，他就立刻画了张“在古墓中的小龙女与杨过”的画寄给了金庸，说了将他的作品故事情节用中国画来表达的愿望。没想到，金庸马上就回复了，“你放心去画吧！”

就这样，董培新一连画了40幅，有乔峰、杨过、小龙女、韦小宝……与小幅插画不同，董培新画的都是三四米的大画，最大的有原张宣纸的大小。一幅画耗时数周之久，他所倾注的心血跟尺素即兴之作是不一样的，视觉效果自然也是不一样的。好在董培新曾经多年从事过电影美术的创作指导，所以，他对于场景的拿捏更是到位，画笔下的那几个大场面更显得出色，看起来让人顿有震撼感。相比之下，他的小品画作，自然是被他自己的大片创作比了下去。

2005年10月，董培新的个人画展先在广州举行，然后赴港澳展出。画展来到中国香港时，金庸亲自为他主持了揭幕仪式。陪着观看画展时，董培新跟他说：“我始终有些遗憾，当年没有接受您的邀请去明报。几十年来我很中意您的小说，但从没为您的小说画过插画。”金庸微微一笑回答他：“我喜欢好的画家。”

金庸一张一张仔仔细细地看着画。看到“韦小宝一床娇眷”那幅画时，他异常喜欢。韦小宝在扬州妓院里和众女眷大被同眠，画面上没有猥亵和色情，读者看到了滑稽、风趣和人物的玩闹，那正是小说所要表达的情调。画面和小说配合得非常合拍，金庸从心底和脸上露出了会心的微笑。

“这幅插图画的是韦小宝跟7个老婆在床上，我用了画家和摄影师一般都不喜欢的角度——从下往上看，从下巴往上画韦小宝的7个老婆。”听了董培新的解说，金庸夸赞韦小宝这张图“很有难度，角度很好”。

画展之后，金庸一锤定音，接受他为新的“御用”插画家。从此，董培新开始创作金庸作品的插画。

提起画笔，董培新精心构思了一系列金庸“侠客”主题的画面，随即一发不可收拾，绘出了不少金庸小说中的场面。萧峰来到聚贤庄外，一场大战还没有展开，但剑拔弩张的气势已充满了画面的每一个角落；华山论剑，用淡淡的彩墨勾勒出群峰叠嶂，几个绿豆大的小人远远地在山顶上飞舞，分明是文人雅士心中放情山水的呈现……这些场面是董培新在心里酝酿了很久很久时日的，有的他已想了几十年，有的他反反复复地修改，改了布局，改了人物。六年里，董培新创作了130多幅金庸小说主题画作。

2008年初，《金庸说部情节——董培新画集》由中国台湾远流出版社出版。“董培新绘作，金庸原著”，金庸刚拿到那本书的时候，就觉得有趣的紧：封面与腰封上的排名，一个年过花甲，一个岁近耄耋，推来让去，“您来坐上首，您来大号字”，难以定夺。初看封面，让读者真不知道这一本书，究竟应该是叫《董培新画集——金庸说部情节》好呢，还是叫《金庸说部情节——董培新画集》才好。

这部画集共收录70余幅画作，横跨金庸十五部小说，均取其脍炙人口的经典场景与人物，如《天龙八部》的“聚贤庄大战”、《书剑恩仇录》的“乾隆西湖点花魁”、《倚天屠龙记》的“张无忌中毒长卷”等巨幅创作，其笔力万钧，气魄慑人，读者翻开拉页，将视觉享受做到最足，气势伴随感动油然而生。并且，根据华人阅读习惯，采用“右翻直排”方式编排，且在每一幅画作之侧，摘录一段相对应的小说原文，透过图文的相互对照，完全体现金庸小说中独特且浓郁的古典蕴味。

在序言里，金庸对董培新称赞有加：“董培新先生提起画笔，绘出了不少金庸小说中的场面。那些场面是他在心里酝酿了很久很久时日的。长期在心里酝酿的艺术作品，一出来果然不同凡响。”“内地有许多画家曾尝试为金庸小说画插画，有的画家功力很深、构图很美，但他们都没有董培新先生的创作成功。只因为，虽然是极好的画家，但缺乏了在心中酝酿数十年的艺术培养。这数十年的酝酿、修正，使得艺术成熟了。这是自然的培养，天然的陶冶。这本册子里的每一幅画，都是董培新先生在读了金庸小说之后，在心中思考数十年或者十几年的成果。”①

董培新却说：“金庸他说好，挺中意的，不过，这因为他近来为人越来越谦逊客气了，比起主持《明报》的那一阵子来，有些场面上的话语，简直让人将信将疑，所以，金庸他老先生叫好，是应该不算数的，众人叫好才是彩头。”这也是谦逊话。

2008年，金庸将第三次修改完成的十五部武侠小说作为最终定本，3月，广州出版社出版《金庸作品集》（新修版），全套36册的封面均选用董培新的金庸小说主题国画，现代飘逸，其中如《乔峰血拼聚贤庄》《乾隆皇西湖选美》等，磅礴惊人，笔力千钧，金庸也叹为观止。

值得一提的是，生活压力并没有让董培新放弃对名师和艺术的向往，他在1991年得以拜岭南画派代表人之一杨善深为师，研习中国画。因而有评论说：“金庸新修版《金庸作品集》里董培新画的既是一张张插图，也是一幅幅具有岭南画派风格的国画作品，以水墨淋漓泼写胸中的侠气豪情，其工笔亦有极为雅气的格调。”

3

董培新痴迷于画说金庸，因为“金庸的书是越看越有味道的，我一直重看都看不厌，重新看的话会有另外一种品味，把所有的人物都融入了社会上，有社会上的人的影子，不过他用了夸张的方式表达社会的缩影、现代人的心理状态、人与人的矛盾与无奈”。

董培新的一幅画引起不少人的热议，那就是小龙女睡在古墓中的图画。画作中的小龙女眉毛甚粗、面色苍白。整幅画面全部冷色，偏偏朱唇一点红，与电视中清秀的小龙女形象大相径庭。

对于金庸作品的把握，董培新有自己独特的见解。对此画，董培新解释说：“小说里并没有对小龙女有太多描述。只是说她是穿白衣的、很漂亮的女孩子。我画画的时候，就加上了自己的想法，小龙女在古墓里长大，环境很阴暗，她也不用去见什么人，她应该不懂得打扮，因为不需要。因此眉毛很粗的时候不会去修，古墓里常年不见阳光，她的皮肤一定很白。这本来是金庸先生给读者留下的想象空间，但我要画的，一定是最原始的形象。”

不多久，董培新到广州的南国书院讲学，透露了一个秘密：这幅画是金

① 金庸：《数十年的艺术酝酿》，《董培新画说金庸》序言，广州出版社2010年版。

庸首肯的。“我读懂了金庸的小说，金庸先生也读懂了我的画。”①

董培新是以中国水墨来描绘金庸小说中的故事和人物，同时也融合素描、写生、透视法等西洋绘画的思想，既展现文人写意的气势神韵，亦见工笔细绘、民俗意趣等多样风格，所以他自称是“中西合璧之作”。虽然他与古龙、倪匡等著名作家都合作过，但在董培新看来，“金庸先生的作品很好画”。董培新说自己曾有7年时间从事电影的美术指导，很重视对人物的造型解读，“一般都要把金庸的书看很多遍，虽然有些人物很早以前就已经熟识，但是还应该细读小说里的描述，再作推敲，力求还原最真实的人物形象”。金庸小说人物个个都性格鲜明，在董培新笔下，这些人物丝毫看不到雷同之感。他说自己绘画时并不需要借助模特，“我都是在生活中观察，每天走在路上也看，坐下来也看”。

是的，仔细读过《董培新画集——金庸说部情节》，也是可以有所感觉的。画家挥毫，自然会有刹那间的心绪感受，所以，那一册子里的七十来幅画作，落笔风格并不一致，如“乾隆西湖点花魁”、“聚贤庄大战前夕”、“韦小宝一床娇眷”，不同风格的笔意尽显，工笔勾勒、设色晕染、泼墨写意，甚或，还可以读到那些许浮世绘的语境，隐约其中，是最绝的。的确，只有如此，方才可以让读者们更仔细地读到董培新的水墨功底，以及其笔下那极具独特构思的画面氛围营造，扑面跃入眼帘的尽是那些个故事多姿多彩、活色生香。董培新用最原始的方式理解着金庸的武侠世界。

在董培新看来，金庸小说除了有很多惊险的斗争，以及对人性与社会的描写，更写尽了人世种种。譬如他画“不识张郎是张郎”，殷离最后见到张无忌，觉得现在这个张无忌，已经再也不是当初的那个。董培新说，有经历的人都会明白这种感觉，所以金庸小说中其实处处都是这种阅尽人世沉浮的哲理。有时，他也会特别选择去画一些小说中很重要的转折点，譬如黄蓉夜晚给小龙女梳头，几句话里道出杨过是否真可以在古墓与爱人厮守一世的疑问，这直接导致了小龙女远走，并引发后面更凄凉的故事。

对董培新来说，他每张画里最想捕捉到的，其实是一种金庸小说的神韵。

他说自己很幸运。“画了这么多年，从开始到现在，从来没人给我指示，过去《新报》的老板没给过，现在金庸先生也从来没给我意见。他喜欢，但又不给意见，所以给了我自由的空间，对创作人来说，这是好事，因为不需要有任何顾忌。所以我也想说，多谢他放心。”董培新明白，金庸是喜欢自己的画的。

① 吴敏、钟慧：《用水墨再现金庸武侠江湖》，《南方日报》2011年8月17日。

人人心中都有自己的金庸，自己的“大侠”，董培新说既然无法统一，就按自己觉得爽快的方式去画好了。金庸近年不断对自己的作品进行修改，董培新称自己的有些画也跟着要变，“要不然读者看了，会吃惊怎么不一样啊，有些衣服的颜色都不一样了”。

4

董培新最近一次见到金庸是2010年9月，86岁的金庸考获英国剑桥大学博士，董培新登门贺喜，并送书——他新出的画集。

董培新这样描述这位前辈：“仍然是那个喜欢热闹的老头，还是喜欢喝酒。他是懂酒的人，懂得品味。耄耋之年，金庸惜墨如金，说得也少了，人们更多看到的，是他平和的笑容。这是一段华丽人生之后的沉淀，一如他笔下的英雄，曾经策马奔腾轰轰烈烈，待到走过沧桑，将红尘看遍，最后便归于恬静淡然。”[①]那晚，两人斟酌交杯至很晚。

2010年是董培新的又一个丰收年。

9月，《董培新画说金庸》一书由广州出版社出版，画册收录董培新绘金庸作品国画88幅。相对于台湾远流繁体版，新编简体画册收录了大量新绘作品，每一张都是“一面墙大小”的大画，包括《天龙八部》中的“聚贤庄大战前夕”、《鹿鼎记》的“韦小宝和他的一床家眷”以及《神雕侠侣》中的“拜堂”和“断肠崖”等为大众熟知的大场面，问到为何专挑大场面作画时，董培新笑说：“我喜欢挑有难度的，把故事里最精彩的场面拿出来，我几十年都在从事这种创作。”

无疑，以擅长的水墨人物画，用情节的动感来表现金庸作品人物、体现金庸作品故事，董培新为第一人。

同月，在杭州举办的“董培新画说金庸”画展，是2010年中国国际钱江海宁观潮节的系列活动之一。每幅画作都凝聚了董培新无数的心血，创作一幅尺寸较长的画，就需要整整三个月的时间。其中最大幅的两幅画作长达4米，分别是《书剑恩仇录》的“乾隆皇西湖选妓”、《天龙八部》的“聚贤庄血战前夕”。

9月22日，董培新访问金庸故乡浙江海宁，参加金庸书院落成典礼。金庸书院聘请金庸为院长。金庸在武侠小说处女作《书剑恩仇录》中，提及乾隆的身世之谜就在海宁盐官，以细腻的笔法刻画了陈家洛离家10年后重返海宁

① 胡婷婷：《与老友的半世纪交情》，《老年日报》2016年3月20日。

观潮的情境，字里行间充满对故园的遥望与思慕。为此，董培新向金庸书院赠送了八尺整幅壁画《乾隆与陈家洛观潮图》。

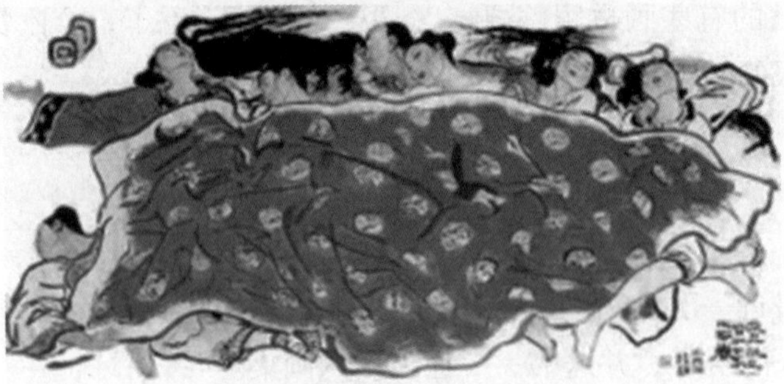

董培新绘金庸

这一年，第16届亚运会在广州召开，中国邮政挑选了董培新的12张金庸小说画作，印行了《第16届亚运会比赛项目武术》“金庸武侠”个性化邮票在全国发行。邮票主票分别代表了亚运的11个武术项目：散打、太极拳、太极剑、南拳、长拳、刀与棍、剑与枪、南棍、南刀，特别将金庸小说中的武侠元素与亚运会武术比赛项目相结合，配以金庸、董培新两位大家的珍贵墨宝，惟妙惟肖地呈现出武术行云流水般的意境，彰显出亚运激情与和谐理念。

10月，董培新新作“朱元璋要和乔峰对打的场面”亮相北京鸟巢，作为《天龙八部》话剧版的海报出现。“我感动的都画了出来了，以后应该还会画，不过要精挑细选。”

在不到五年的时间里，董培新一共画了160多幅金庸丹青，本本小说都画过。现在，董培新画金庸画的时候，几乎可以做到不看原著，轻车驾熟，“那些画面已经刻在脑海中了，信手拈来”。不过，董培新一再说自己看的是旧版本，而新版本的改动有很多，每逢此时，他就把人物资料和场景细节反复核实，做到一丝不漏。

董培新的画进入了金庸和不少藏家的收藏室，金庸本人收藏了两幅，一幅是小龙女和杨过在古墓外练“玉女心经”，另一幅是“任我行被困在水底”。董培新说：“其中一张是我在广州刚开始办展览时收藏的，另一张是前几年。我要送给他，他说不行，坚持要给我钱。”

2014年，《董培新画说金庸》（增订本）出版。2017年2月，《董培新画说金庸》（增订本Ⅱ）出版。画幅增至130余幅，全是电影电视剧中从未出现过的画面。澎湃的张力，细致动人的笔墨，深刻的人物感情表达，鲜活的角色造型，将金庸故事的精华发挥得尽致淋漓。

第五章 君子之交

金庸武侠小说是爱交朋友的人的小说，友情是金庸的骨干，爱情只是点缀。金庸再三指出，他的小说的重心是“男子与男子之间”的友情而不是爱情，实在是很有意义的。每个人都需要朋友；缺乏家庭生活的人更加需要朋友；缺乏家庭生活而又活在不安定的环境、不熟悉的社会之中的人怎样需要朋友，就可想而知了。

金庸笔下的大侠，多是肯为朋友两肋插刀的重情重义之辈；而金庸本人也是广交朋友，朋友中除了同在商界拼搏的著名人士，还有围棋对弈中交往的棋界元老，更有爱情以外的异姓朋友……

贤者之间的交情，平淡如水，不尚虚华，这种“君子之交”显得难能可贵。

⌘ 金庸的江湖语录 ⌘

⌘ 天下没有不散的筵席，有的人厌倦了，转变了，心情不同了，那是必然的事。已经有过几年，几个月，几天的相聚，还有什么不知足的？“一夜夫妻百夜恩，百夜夫妻海样深”，朋友之道亦当如是观。

——致温瑞安信

⌘ 初次偶然相逢，停下车来随便谈谈，也可以成为老朋友，正所谓“酒逢知己千杯少，话不投机半句多”。

——与池田大作对话

⌘ 愉快地为朋友作任何方面的牺牲：地位、权力、财富、生命、名誉、信仰与爱情，以及其他任何物质上精神上的东西……人生相遇相交的朋友，知遇之交也是应当珍惜的友情。

——《千人中之一人》

半个世纪的老朋友
——电影江湖盟主邵逸夫

邵逸夫是享誉世界的香港影视界大亨。20世纪70年代，邵逸夫的影视业开拍了一系列金庸武侠剧，开创了香港武侠剧的潮流。

金庸称邵逸夫为“半个世纪的老朋友”，邵逸夫称金庸“我的小朋友小查”。两人的友谊足足延续了半个世纪。

1

1946年，22岁的金庸从杭州到上海，先在东吴法学院插班修习国际法课程，后被录取为上海《大公报》国际电讯翻译。他在上海生活了两年，常去电影院观看电影，爱看“天一”电影，“天一”是邵逸夫家族在上海成立的影片公司，金庸很喜欢天一的《女侠李飞飞》《梁祝痛史》《义妖白蛇传》和《孟姜女》等黄梅调古装片。1948年秋，金庸第一次结婚，当晚，他和新婚妻子杜冶芬一块走进静安区新闸路的西海大剧院，观看古装片《珍珠塔》。

1946年底，金庸被调派香港《大公报》。邵氏兄弟的“天一影业”也在此时迁往香港，成立了“天一香港公司”，由邵逸夫接掌。

那时，金庸刚调入《新晚报》任副刊编辑，自己撰写影人小传和新片评论，邵氏电影是他评论最多的。有一天，他听说邵逸夫是个影迷，每天要看几个小时的电影，最高纪录一天看9部影片，不但看自己公司出品的影片，也看别人的影片作为借鉴，金庸便打听了他的住所，不请而至。

第二天，《新晚报》副刊“影人小传”专栏登出一篇《邵氏兄弟与白金龙》的文章，金庸用生花之笔点赞邵逸夫。

1907年，邵逸夫出生于宁波镇海庄市朱家桥老邵村一个富商家庭。他的父亲邵玉轩于19世纪末前往日趋繁华的上海“淘金”开设“锦泰昌”颜料号。经营有方，生意红火。在邵逸夫14岁时病逝。邵逸夫排行第六，故后人称他为六叔、邵老六。他早年就读于家乡庄市叶氏中兴学校，后赴上海就学于美国人开办的英文学校，为此练就一口流利的英语。大哥邵醉翁于1924年创办天一影片公司，开始闯入当时尚属草创时期的中国电影业。

“天一”成立之初，清一色是家族班底。老大邵醉翁是制片兼导演，老二邵邨人擅长编剧，老三邵仁枚精于发行，老六邵逸夫则擅长摄影。其摄制的第一部影片《立地成佛》放映后，即深受上海市民欢迎，旗开得胜，邵氏兄弟们为之欢欣鼓舞，随后新影片不断地从“天一”推出。

1926年，刚从中学毕业的邵逸夫，应三哥邵仁枚之邀，南下新加坡协助开拓南洋电影市场，从此与电影业结下不解之缘。那段时间，邵氏兄弟带着一架破旧的无声放映机，在举目无亲的南洋乡村巡回放映，并开设游艺场和电影院。1931年，邵逸夫前往美国购买有声电影器材，途中轮船触礁沉没，幸亏其命大，落水的邵逸夫抱着一小块木舢板，在茫茫的大海上飘泊一夜后终于获救生还，并从美国好莱坞买回所需的“讲话机器”。1932年，邵氏兄弟在香港摄制完成第一部有声片《白金龙》，开创了中国电影从无声进入有声的新时代。经过他们的不懈努力，到1937年抗战前夕，邵氏在新加坡、马来西亚、爪哇、越南、婆罗洲等东南亚各地已拥有电影院110多家和9家游乐场，并建立了完整的电影发行网，称雄东南亚影业市场。当时“天一”在上海，邵氏兄弟在南洋，他们南北呼应，分工协作，共同打造邵氏家族的电影王国。1937年后，日军侵华打乱了邵氏影业的发展进程。邵氏惨淡经营，艰难度日，后来更是难以为继，被迫关门了事。1945年抗战胜利后，正当盛年的邵逸夫决心重振邵氏家业……

《邵氏兄弟与白金龙》署名“姚馥兰”，为金庸笔名，是英文“你的朋友”的音译。

没有写进稿子的是邵逸夫改名字的故事：他原名叫“邵仁楞”。在他的老家浙江宁波，“楞”这个字用吴侬软语来说并无不妥，不过换成其他方言，多少有些不雅。邵逸夫很想改名字，但是父亲给儿子取的名字是不能改的。最后他只好在别号上动脑筋，给自己取了个很雅致的字，“逸夫”。邵逸夫跟金庸解释说：“宁波人从小立志要做大事，头等大事就是经商，一身从商，终身忙碌。取这个名字是希望自己以后能闹中取静，忙里偷闲，安然度过一生。”对了，他的三个哥哥的别名也很别致，分别是：醉翁，邨人，山客。

初到香港，邵氏的发展并不顺利，遭“电懋”和“长城”两大电影公司夹击。1957年，邵逸夫从新加坡回到中国香港，以32万元买下清水湾地皮，兴建邵氏影城，成立了“邵氏兄弟（香港）有限公司”，开始在香港制作电影，邵逸夫任总裁。

这时候，金庸离开《新晚报》在长城电影公司当编剧，曾写出《绝代佳人》《兰花花》等电影剧本。

有时，邵逸夫晚上有空，还会自己开车到街头的电影院去买票看电影。其实，他不光为了看电影，还注意看观众的反应。好的电影和差的电影，他同样注意看，因为他要了解，好电影究竟是怎样好法，而差电影又差在哪里。所以，他看每一部影片都是认认真真从头看到尾，瞪大眼睛注意银幕上的每一个细节。这个爱好和习惯跟金庸差不多，有几次，金庸与他在影院门口相遇，见面一声招呼后就互相不搭腔了。①

邵逸夫每天至少要看两三部电影，最高纪录一天曾经看过9部电影。如果以每部电影放映的时间平均为100分钟计算，那么9部就是900分钟，就是15个小时。这种工作时间与强度，是一般人无法负荷的。我们平常人看电影，是一种享受，一种消遣，或是一种休息，一种放松。而对邵逸夫来说，这是一种工作，一种决策的过程。而且邵逸夫看电影是什么片都看，国语片、粤语片、美国片、日本片、印度片、法国片、英国片、意大利片等。他通过观看这些影片，去了解影业的行情，去研究观众的品位，明白人家的优势与劣势，发现一些新的构想与风格，进一步去引导观众。

有一天，邵逸夫正在自家的样片室看样片，金庸有业务上的事情找来了，看他没闲着，样片又是他从没看过的电影，便悄悄地坐在他前面很远的座位上，一边看电影，一边等待。没想到，此举让邵逸夫很冒火，关了放映机，找来开门的秘书狠狠责备了一顿。原来，他看样片时，不喜欢有人来打搅，也不喜欢有人坐在他的前面。此事发生后，有一段时间，金庸不敢主动求见邵逸夫。直至几个月后，金庸执导两部电影，邵逸夫主动邀他来“兄弟”公司叙谈。

进入60年代后，邵氏公司长期称雄香港市场，曾拍摄过一千多部电影，获得过金马奖、金像奖等几十项大奖。据说最盛时，每天有100万观众光顾他的影院。其中《江山美人》《貂蝉》《倾国倾城》《梁山伯与祝英台》等影片都曾享誉海外，在华人世界掀起黄梅调狂热，而《大醉侠》《独臂刀》《天下第一拳》更掀起功夫片新狂潮，倾倒无数观众。

就在此刻，金庸的武侠小说应运而生。

---

① 胡涂：《电影皇帝邵逸夫》，百度传课第45期，2006年1月。

金庸访问浙江大学时回忆过一件事：那是1974年，李小龙演的电影很风行，可内地没有，毛泽东想看，文化部分管电影的刘庆棠通过邵氏公司的律师向邵逸夫借影片。当时邵逸夫和内地没有什么联系，听说内地要借影片，吃了一惊，以为内地要批判他的电影。他打电话问金庸，金庸安慰他说："怕什么啊，现在尼克松都到了北京，你为什么不能够以电影为纽带，和北京搞好关系呢？"听了金庸的话，邵逸夫将李小龙主演的电影《精武门》《猛龙过江》《唐山大兄》一路快件寄往北京。毛泽东一边看，一边鼓掌："功夫好！打得好！"[①]

2

1966年，邵氏出品第一部武侠片《大醉侠》，口碑虽然不错，但票房不是很理想。对于票房如此看重的邵逸夫并没有为此失去信心。1967年，他请来当时还默默无闻却才气胆识过人的年轻导演张彻、著名的武师刘家良、唐佳等人前来助阵。果然，1967年张彻为邵氏拍摄的第一部武侠片《断臂刀》异军突起，轰动整个香港，尽管当时正值全港大罢工，但上映一周票房便轻轻松松突破100万元，刷新了香港电影史的票房记录。影片在台湾上映也大受欢迎。

其实，影片《断臂刀》巧妙地借用了当时金庸《神雕侠侣》中杨过断臂的创意，融合张彻阳刚的美学风格，以末路英雄反抗命运的故事，引起了观众的共鸣，影片的格式设定，武打设计打破了传统的武侠片的套路，也从此开创了香港武侠片新局面。

1976年，楚原执导改编自古龙小说的武侠电影《流星蝴蝶剑》《天涯明月刀》大受欢迎，与此同时，佳视制作的金庸武侠电视剧《射雕英雄传》也家喻户晓，由此便掀起影视界争拍武侠电影的风潮。邵氏眼见古龙武侠片大卖，遂决意开拍武侠盟主金庸的系列作品，开篇之作便是由张彻执导、倪匡编剧的《射雕英雄传》。随后，《射雕英雄传》《神雕侠侣》《侠客行》《飞狐外传》和《碧血剑》等电影相继问世。

当时电影业开始走下坡，受到来自电视的威胁和挑战，精明的邵逸夫立即收缩电影业务，转而投入无线电视。

金庸的朋友、著名导演张彻在邵的手下工作过，他写的书中回忆说："邵逸夫当年治事之勤，是我生平罕见，他坐的劳斯莱斯是名贵豪华的车，

① 覃炜明：《毛泽东跟香港借影片看》，《羊城晚报》2012年5月23日。

车里有酒吧，他改装成小型办公桌，连途中的时间都不浪费。与他相比，金庸的工作、生活显得悠闲得多，邵逸夫常邀我一块去他家品茶，下棋，邵还送过一套精美茶具给金庸，我也用过，是邵从日本带回来的。”①

1979年6月底，邵逸夫递话邀请金庸到单眼佬茶社喝茶。两位大亨一见面就听邵逸夫长吁短叹，大倒各种苦水，什么员工提议增加薪水，什么经常有人请假去看心理医生之类的。

絮絮叨叨地说了半天后，邵逸夫问："小查啊，现在任何一家企业都是麻烦不断，我怎么感觉你的《明报》没有受到任何影响啊？"

"怎么没有影响？"金庸笑着一边给邵逸夫斟茶，一边说道："六叔，只不过我早在几年前就开始准备应对方案，那时候我可不像六叔你家大业大，只好采取笨鸟先飞的策略一点点地向前赶。"

这个清瘦的宁波男人邵逸夫恍然大悟，想当初金庸以《明报》记者身份访问台湾回来，不止一次提醒过他，香港电影市场将面临萧条，应早做准备转向内地市场，但因自己对内地没有抱太大的希望，反而错失了一次次的机会。邵逸夫这才有点亡羊补牢的觉悟，苦笑着叹口气说："真羡慕你的高瞻远瞩，将武侠小说的市场搬向了台湾，又对着了大陆人的口味，哎，小查，如果说六叔现在想搭上你的末班车，不知道还有没有机会？"

"六叔指的哪方面？"金庸端起茶水喝了一小口，笑吟吟地说道："是电影还是电视方面？"

"当然是电影电视全要了！"邵逸夫嘟囔道："你不是不知道我早就想拍你的武侠电影了，连李翰祥也被我请了回来。"

金庸早等着他说出此话，过去他凭借《明报》推出武侠小说，如今欲将武侠小说打进内地，靠几份报纸是没啥大作用的，只有依靠电影去开拓内地这个大市场了。他只是点点头说："电影方面你有能力去做，电视方面有潜在的大市场，毕竟我跟邵氏合作了许多年，我不能坑了你。"

邵逸夫面露喜色，端起茶壶给金庸斟茶："你已经将小说的改编权给了我，除了拍电影，我还想引进到无线电视，可以吗？"

"呵呵，看来大亨还是属你的了。"金庸耸耸肩说："既然六叔你做的主，我们还是按照老规矩来办吧。"1978年拍《射雕英雄传》电影，金庸给了个人情价，只拿很少的钱。

"按照市场价吧，否则你太吃亏了。"邵逸夫摇头说："你能交给无线来播放已经很给我面子了，我不能不知足。"

① 张彻：《张彻回忆录·影评集》，香港电影资料馆2002年版，第63页。

金庸闻言微微一笑，邵逸夫也跟着笑了起来。

当时电视剧的市场行情是一集1万港元，《射雕英雄传》总共60集，邵逸夫痛快地将60万港元一次性转账到金庸的户头上。[①]

1980年，邵逸夫以最大的私人股东身份出任香港“无线”董事局主席，随后他集中力量经营所属的电视明珠台和翡翠台，将“邵氏影城”的明星和香港演艺的精英都网罗到门下，使“无线”制作的高水平高质量的电视剧集纷纷出笼，收视率急剧上升，压倒其在香港的竞争对手“亚视”，雄视港岛，影响扩及中国大陆、澳门、台湾乃至世界各地华人社会。

《鹿鼎记》是金庸的封笔之作，金庸说他自己的作品中最喜欢的就是《鹿鼎记》，最喜欢的人物就是韦小宝。邵氏电影公司由华山导演了电影《鹿鼎记》之后，香港无线推出了40集和45集的两个电视剧版本，由梁朝伟和陈小春饰演了这两个版本的韦小宝。

由郑少秋饰演陈家洛的60集电视剧《书剑恩仇录》，虽然那时服装、武打设计都比较粗糙，但王牌大姐汪明荃扮演的霍青桐、余安安扮演的香香公主还是给人留下了深刻的印象，在香港播映时收视极高。

1983年，翁美玲主演电视连续剧《射雕英雄传》，轰动华人世界。剧中她扮演冰雪聪明却又刁蛮任性的小魔女黄蓉，成为银幕上永恒的经典。凭着俏丽的外型和出众的演技，她将俏黄蓉这个角色演得活灵活现，也让她的演艺事业达到巅峰。

作为该剧的灵魂人物，黄蓉一角的人选在当时被视为全剧成败的关键，无线为此举行了一个“理想黄蓉”的千人海选，翁美玲也是参选的新人之一。关于翁美玲的胜出，比较平淡的说法是她顺利通过了“千进8”、“8进5”、“5进1”三轮海选，最后以绝对优势获得了评审团的认可。还有一种比较生动的说法：在最后一轮海选中，聪明的翁美玲换上了戏装，折了一枝柳条在手，以一个漂亮的侧翻落在金庸面前，抱拳施礼道：“桃花岛主之女黄蓉，拜见金大侠！”抬起头来，英姿俏丽的面容和明艳无双的眼神让金庸眼前一亮，当即拍板：“这就是我要找的‘黄蓉’！”

《射雕英雄传》播放倒计时一个月，邵逸夫找上了金庸。

“小查，你别闲着啊，赶紧举办个现场签书会什么的，把《射雕英雄传》的封面都换成电视剧版，从电视剧里选几个有代表性的插图出来，这样一来不就是加强金装版出炉了吗？”

金庸闻言拍案叫绝：“这个方法大好，我这就安排出版社办理。”

① 李然：《掌控无线46年》，《香港星岛日报》2011年12月8日。

在商言商，金庸认为邵逸夫出的主意绝对可行，要知道自从金庸封笔之后，他的小说销量开始呈现滑落的趋势，虽然几部电视剧在某种程度上对小说销售有提高，但绝对没有邵逸夫这一次搞得声势浩大，确是一个再掀武侠小说热的时机。

果不其然，金庸亲自盯着出版社忙活了一周，一千册加强精装版《射雕英雄传》全新上市，精装版共分六册，六册封面分别印有翁美玲与黄日华、苗侨伟与杨盼盼、张丹和曾江等人的照片，书中插画不下200余张，每张都是从电视剧中截取的精美照片。

为了配合这次签书行活动，邵逸夫让剧中主演翁美玲、黄日华、苗侨伟、杨盼盼到现场，与金庸同台签售，一千册书籍上市当天被抢购一空，乐得金庸前仰后合，也累得四个主演不停摇手腕子，签名签得手腕酸疼得很。

“不要叫苦，不要叫苦，今晚我请大家去万寿宫吃饭。”金庸见状忙承诺道。

尽管如此，翁美玲一开始依然饱受质疑，直到《东邪西毒》的开播在全港掀起收视狂潮之后，翁美玲才得以翻身，成为外界瞩目的焦点人物。由于该剧是边拍边播，受到观众意愿影响的制作团队给了翁美玲更多表现的机会，当《华山论剑》主题歌《世间始终你好》唱到街知巷闻时，翁美玲已一跃成为无线的阿姐级花旦了。

邵逸夫创办的TVB在20世纪80年代的香港是一个独特而又独立的存在：私人出资，不涉及集团利益，保持政治中立，新闻劲爆，综艺多样，剧集贴近港人生活。

紧接着，TVB版《射雕英雄传》被第一次引入内地电视台，一时间翁美玲、黄日华成为最炙手可热的明星，凡是有电视的人家每晚必人头攒动。正是这套剧集，金庸的名字第一次为内地读者熟悉，TVB自制剧也开始风靡内地。

3

2004年9月23日晚，一个极具意义的会面在九寨沟出现，邵逸夫和金庸，一个是香港电影业大亨，一个是中国武侠小说泰斗，这两位充满传奇色彩的老人在九寨天堂酒店“秉烛夜谈”。

邵逸夫和夫人方逸华一行刚刚在凤凰古城参观考察，后又奔赴九寨。晚7点多，邵逸夫坐一辆中巴车抵达，因为年事已高，腿脚不方便，工作人员专门为他准备了一个30厘米高，用红地毯裹着的踏板，用于下车。下车之后，甘孜州有关领导给邵逸夫献上一条黄色的哈达，表明迎接最尊贵的贵宾。

邵逸夫穿黑色外套，戴金边眼镜。虽然酒店方在门口为邵逸夫准备了两个轮椅，但他没有接受这个建议，决定自己走进去，随后走进酒店大堂。因为酒店里有许多台阶，毕竟年事已高，邵逸夫只好不再坚持，让随行人员取出自备小巧轮椅，铺上随身携带的一个垫子，乖乖地坐在轮椅上。

金庸前一日晚下榻酒店后，得知老友邵逸夫将飞抵九寨，非常高兴，表示："我们是老朋友了，在九寨沟这么美的地方与老友相见，很有意义。"据了解，两人住的都是豪华套房，房间号一样，只是楼层不同，一个楼上一个楼下。

邵逸夫抵达酒店后，得知金庸也在此下榻，表达了想与金庸见面的愿望，两人的会面初步安排在晚上。

游览过九寨美景后，主办方晚上专为金庸一行安排了丰富多彩的歌舞晚会，金庸因要等着晚上与邵逸夫会面，加之邵逸夫第二日一早要外出，怕错过两人的见面，金庸没去看演出，特意留在酒店。

当金庸在房中耐心等待时，未料，由于负责联系的有关人士安排不周，并未将金庸已在房中等待的消息传递给邵逸夫方面。邵逸夫以为金庸去看演出，随即早早休息了。金庸见无人通知，也去睡觉了。等看演出的一行人回来后，才有人通知金庸：邵逸夫已经休息。

听说邵逸夫已经睡觉，一向温和的金庸着急了，"约的是八点钟见面，怎么可以迟到呢？难道他在政府任职，就可以不遵守约定了吗！"说着更加气愤，拄着拐杖径直闯到房间门前，拎起拐杖"乓乓乓"地开始砸门。

"你这是干什么？"查太太追赶上去，但当时的情势，连她也拦不住。

邵夫人来开了门，金庸怒气不减："是他约的八点见我的。"

邵夫人见状忙请金庸坐下，"我去叫他起床。"

不一会儿，邵逸夫起身过来见面，而金庸瞬间转怒为喜："邵先生，见到你很高兴。"

"我有一套家传的方法，是长寿的秘诀，等我回香港教你。"

"好，等回香港我去找你。"

"好，咱们香港见。"

没有握手，也没有拥抱，一切都是老朋友串门似的随意，谈话内容也就是朋友间拉拉家常。金庸满面春风地出了房门，而与邵逸夫谈话的整个过程不超过五分钟。[①] 两位大家的见面，竟是这样的风范。

几日后，香港以及全球众多“TVB迷”又看见邵逸夫和金庸一同出现在无线电视台一年一度的台庆夜里。邵逸夫左右各伴一个如花似玉的新晋港姐。他呵呵地笑着，拍拍刘德华的手，让汪明荃当众亲吻，或被周润发尊称一声“六叔”。

邵逸夫成为香港娱乐圈的“造星人”，1971年倡导开设了无线艺员训练班，成为整个香港演艺圈的“黄埔军校”，输送了大量中坚人才，至今在圈内呼风唤雨的周润发、周星驰、梁朝伟、刘德华、郭富城、刘嘉玲等巨星，以及现在已晋升为国际级的大导演杜琪峰等都是该训练班的得意学生。1973年创办“香港小姐”竞选，赵雅芝、张曼玉、李嘉欣、邝美云、袁咏仪、陈法蓉、郭霭明、郭可盈、佘诗曼、郭羡妮等“港姐”都通过选秀活动脱颖而出。

在邵逸夫的倾力打造下，TVB出品了众多令观众难以忘怀的经典作品。从《万水千山总是情》《上海滩》《射雕英雄传》到《大时代》《创世纪》，从周润发到黄日华、刘德华、梁朝伟、苗侨伟、汤镇业“五虎将”，1980年代的TVB，在邵逸夫带领下，群星闪烁。而1990年代，TVB制作“劲歌金曲”，他更是慧眼识珠点名力捧黎明、郭富城、张学友、刘德华为“四大天王”……

1985年1月，邵逸夫以“邵氏基金会”的名义一次捐款1.06亿港币，浙江大学作为受益者之一，在风景秀丽的玉泉山风景区还修建了一座科学馆，命名为“邵逸夫科学馆”。

1990年6月，南京紫金山天文台发现的一颗小行星被冠名为“邵逸夫星”。2001年7月，国际小行星中心将一颗小行星命名为“金庸星”。

2001年，香港曾评出“十大脸面”人物，其中就有影视大亨邵逸夫和文侠金庸。

2007年4月16日，邵逸夫和金庸一同出现在香港电影金像奖颁奖典礼现场，大会为邵逸夫颁发了“世纪影坛成就大奖”，以表彰他对香港电影所做出的巨大贡献。金庸这样评价老朋友：“这个奖项对这位百岁老人来说，是当之无愧的。他不仅主宰了一个影坛时代，也建立起一个昔日的电影王

① 张心罗：《金庸会见邵逸夫 关起门说悄悄话》，《天府早报》2004年9月24日。

国……邵逸夫在中国电影史上写下了诸多'第一'和'之最'。邵氏家族可以说是中国电影事业名符其实的拓荒英雄，从默片到有声，从黑白到彩色，从古装到武侠，中国电影的每一步变迁都有邵逸夫及其家人献出的心血。香港几乎没有人想过谁可以代替邵氏之位而代之，在当时香港民众眼中，电影即是邵氏，两者无甚区别。如果把香港电影界比作江湖的话，邵逸夫的大佬地位大概与武林盟主少林寺相仿佛。"①

2014年1月7日早晨，邵逸夫在家人陪伴下在家中安详离世，享年107岁。友人在悼念文章中说："金庸刻画了侠义，而邵逸夫却用行动证明了什么才是侠之大者。"

① 周之江：《重涉江湖：邵氏地位堪比少林》，《明报》2008年9月3日。

一面之缘，怨怼三十年

——“自由斗士”李敖

那个夏天，身患重症的李敖得知还有三年的生命，便发出一封公开信：“想和我的家人、友人、仇人再见一面，做个告别。”邀请名单中有他的旧爱胡因梦，也有被他骂过的香港作家金庸，不知金庸在他心目中圈在友人抑或仇人之列。然而遗憾的是，因为病情恶化，李敖没有熬到与金庸等人“相逢一笑泯恩仇”就安然离世，结束了他“人生如歌踏浪而行”的谢幕。

李敖凭借“自由斗士”暴得大名后，曾邀请金庸到他家做客，然而，口无遮拦的他竟然当面揶揄金庸“伪善”，由此开始了两人间三十多年的恩恩怨怨。

金庸说：“李敖先生是一位侠骨柔肠的好朋友，也是最难缠的敌人。”

1

1979年旧历春节刚过，远景书局老板沈登恩拜会了刚从监狱出来的李敖，随之出版了其《独白下的传统》。李敖早年因写《传统下的独白》而闯祸，被追诉多年，还坐了牢。这本《独白下的传统》是他狱中所思，是书名翻身，更是神龙复出，震动了台湾文坛。

这一年，金庸55岁，他的武侠小说先在台湾“解禁”。手握“通行牌”的沈登恩有幸获得了金庸的授权，不失时机地在《联合报》《中国时报》连载《连城诀》和《倚天屠龙记》；同时，沈登恩登出《等待大师》的广告，静候金庸上岛助威。

沐着金风秋色，金庸再次踏上台湾岛，给台湾远景书局出版《金庸作品集》呐喊助阵，顺带参加了台北市的“国建会”活动，做了一回轮值主席。

走下台，沈登恩递上一张请柬，是李敖邀金庸“赴书舍叙谈”。

李敖，1935年4月出生于黑龙江省哈尔滨市，1949年举家赴台，定居台中。读中学时，曾与恩师严侨（地下共产党员）密谋叛逃，严侨被捕后，李敖念师生之谊对师母和三个小孩多有关照，并休学在家自修。1954年考取台湾大学法律专修科，因兴趣不合，主动退学，重考进入台大历史系，开始向《文星》杂志投稿。1959年毕业后以写作为谋生手段，因其文笔犀利、批判色彩浓厚，嬉笑怒骂皆成文章，“以玩世来醒世，用骂世而救世”，著有《北京法源寺》《阳痿美国》《李敖有话说》《红色11》等100多本著作，前后共有96本被禁，创下历史纪录，被西方传媒追捧为“中国近代最杰出的批评家”。

第二日微雨，金庸赴约。李敖的寓所位于台北市中心城区的金兰大厦。一按门铃，李敖很快启门笑迎，迎进书房。

书房约摸百余平方米，沿壁均置几乎达顶的高大书柜，装玻璃门的少，大多敞开，书籍摆得满满当当、整整齐齐。靠窗一侧为低柜，抽屉外贴着标签，柜上亦摆满了书。书房靠里头有两排及腰的长桌，桌也即柜，里面和上面横竖都叠着、铺着书籍，既有硬面精装的，也有软面线装的，中外文齐备，而过道仅似飞机通道的宽度。偌大的书房中唯留下一块铺地毯的“空地”，长沙发两侧摆着双人沙发。墙上散挂有西画、对联之物，一幅大尺寸的本人肖像照特别引人注目——脸容冷峻，戴浅色墨镜正视前端，右手起食指封双唇。这或是最能展现李敖个性的相片，耐人寻味。

李敖短发，穿灰细格长袖衬衫、浅色卡其长裤，系紫酱色领带，戴浅色墨镜，身板稍拘，脸容冷峻。没等坐下，李敖便介绍自己：“我比你小得多，被关押五年八个月，在1976年11月19日无保出狱。狱中光线暗，我又爱看书，害得我眼睛坏了，所以一直戴墨镜。”金庸问：“你的书房藏书有多少？”他答：“大约十万册以上。”两人谈笑风生毫无初识之拘谨。

金庸一眼看到桌面上摊着一大叠猫的图片，形态不一，搔首弄姿，挺有诱惑，便问：“你喜欢猫？”李敖笑说：“我喜欢猫，却不养猫。”他认为养猫容易“玩物丧志”，影响工作成绩，便以搜集猫的图片、阅读关于猫的书籍来望梅止渴。他戏谑自己爱猫研究猫却不养猫，是一个彻头彻尾的“爱假猫家”。

其实，金庸很早就关注过这位“爱假猫家”了。1959年《明报》创刊时，《文星》杂志在台湾风头正劲，已经引起金庸的注意。那年，李敖因维护胡适的关于“全盘西化”的演讲，与反对者进行辩论，在岛内掀起论战，

《文星》月刊的发行量因此大增。那时的李敖不仅仅是胡适的弟子，还是文化英雄。金庸找来他的文章仔细阅读，发现有几篇非常脍炙人口，如《传统下的独白》强调的是西化和反传统，在学生圈里震动很大，他们的眼睛好像一下子睁开了。

李敖将金庸视为朋友，还因为他俩曾经一同反蒋。1962年10月10日，蒋介石接连发表两篇“双十”文告，鼓动大陆军民起来反共，许诺一旦事成，即对有功人员封官晋爵。金庸在《明报》发表《蒋介石的“双十”文告》社评，不无嘲讽地指出：“从这两个文告中可以很明显地看出来，蒋先生没有军事反攻的信心，只是把希望寄托在大陆人民自发的反共行动上。在我们看来，大陆人民如果起义反共，也不至于贪图台方一个‘所光复地区军政长官’的名义。”

李敖也在《文星》撰文揭露：“蒋介石骂别人‘共匪’，而自己的军队被老百姓视若盗匪，未进城已‘店铺打烊’、‘户户关门’！”春节前，李敖居然敢以公开到监狱探望有通共嫌疑的在押犯雷震的方式，抗议对他的长期幽禁。当时台湾在蒋介石治下，媒体噤若寒蝉，自动矮化，猛地看见一个敢说的李敖，一个敢说的《文星》，自然耳目一新，于是李敖横空出世。

蒋介石怒了，1965年12月25日，《文星》惨遭封杀，创办人萧孟能逃往岛外暂避。几年后，李敖进了国民党的大牢，“受了十天酷刑之后，马桶就在床头，吃喝拉撒都在一处，地板时有蜈蚣老鼠出没”。当年，金庸在《明报》上这样评说他：“李敖批评中国传统的文化与社会，基本上是一个文化批评者，比较不谈当代的政治、经济与社会议题。他对中国文化的批判，基本上是站在现代化、西化的角度，当然这个现代化里面有不少自由主义成分。”字里行间，颇有一番开释他的意味。

很多年过去，金庸对李敖的印象已经不很清晰，恍惚记得他坐了很多年牢，出了不少书，骂了不少人，当然也泡了不少妞。

金庸落座，一番寒暄，说着各自的以往，发觉两人早就趣味相投了。

李敖和金庸在大学时学的同是法律，又都热爱历史，但理想都不是做学者，两人要做的是士大夫，是可以出将入相的栋梁。

1959年，金庸离开了《大公报》，投资八万港币创立《明报》，创刊之日起开始连载《神雕侠侣》。李敖遭遇追杀时正是金庸与《大公报》论战最激烈之时。当时的香港虽然号称中立，但是左派的势力早就渗透，甚至准备暗杀金庸，“豺狼镛”是他当年的名号。

他俩的失落是时代的错误，日寇踏破白山黑水，李敖由哈尔滨而北京而辗转台湾，日寇同样炸毁了浙江海宁的查家大院，金庸由杭州而重庆而香港，两人的命运和性格依然都是上一代文人所共有的。于是，李敖在台湾写文章“骂人”，金庸在香港办报纸，也“骂人”。

话题一转，金庸说：“我是第二次来台湾了，上一次是1973年。”李敖接口：“那年头我坐牢，不知道你来了，哦，后来知道了，你夸奖了蒋经国。我读过你的文章……”1973年春，金庸应国民党之邀，以《明报》记者身份赴台访问十天，还与蒋经国等人见面会谈，之后在《明报》连载《在台所见、所闻、所思》。蒋经国是“金庸迷”，但他与金庸所谈的，并非武侠小说，而是时政国事……而李敖的一生功业全在于批判这“两蒋”。

此刻，金庸不语，李敖又责备道：“就说这一次，你不该参加什么‘国建会’，自失你过去的立场。”金庸说：“我参加了，也说了不少批评的话。”李敖说：“这是不够的，得不偿失的，小骂帮大忙的，你参加这种会，真叫人失望。”

接着，谈到金庸的武侠小说，李敖说：“胡适之说武侠小说‘下流’，我有同感。我是不看武侠的，以我所受的理智训练、认知训练、文学训练、中学训练，我是无法接受这种荒谬的内容的，虽然我知道你在这方面有着空前的大成绩，并且发了财。”

很有涵养的金庸听着，微笑着，不以为忤，谦逊地解释着自己的观点。说到《天龙八部》里的佛经教义，金庸说：“大儿子去世以后，我开始研究佛学，如今我是一个虔诚的佛教徒了。”1976年10月，正在美国读大学的大儿子查传侠因失恋而自杀。此后一年中，金庸从书籍中寻求“生与死”的奥秘，忽然领悟到亡灵不灭的情况，于是从佛教中寻求答案。

李敖摇了摇头，一字一句地说道：“佛经里讲‘七法财’、‘七圣财’、‘七德财’，虽然有点出入，但大体上，无不以舍弃财产为要件。所谓‘舍离一切，而无染着’，‘随求经施，无所吝惜’，总体上都是要人舍弃财产的，而你有这么多财产在身边，你说你是虔诚的佛教徒，你怎么解释你的财产呢？”

金庸有点窘，无言以对。

突然，李敖说：“我有一处房子，很大的，想出售，你要不要？我卖给你？”金庸说：“我不在台湾置产业，不购房！”李敖说：“这个房子半卖半送给你，你有了房子可以经常来台湾了。”金庸回答很干脆：“你再便宜我也不要！”①

① 杨津涛：《李敖想卖房子给金庸》，新浪娱乐2018年9月10日。

此时，门铃响，开门进来一位姑娘，手里捧着一盘水果，盛着葡萄、香蕉和一只很大的甜瓜。李敖牵起姑娘的手介绍给金庸："她是我的女朋友，刚交的，才一个月，你看她漂亮不？"

为不让李敖讲下去，姑娘说："我是胡因梦，跟林青霞一块儿拍电影，是演员。"落落大方地自我介绍。

"她今年才二十六岁，比我小了十八岁，是她先给我写情书的……"李敖忙接口。

金庸伸出手给胡因梦："幸会！"

这是金庸第一次见胡因梦，以前只在银幕上见过。半年以后，这间书房成了李敖和胡因梦的婚房。

一谈八小时了，金庸有点怏怏不乐，匆匆告辞。

回到香港，几十年里金庸从没提起过他在李敖家做客的事。

2

初次会面并没有剑拔弩张，李敖开始贬损金庸是在两年以后。

1981年，李敖旧话重提写了《"三毛式伪善"和"金庸式伪善"》一文。先论三毛，"整天以'悲泣的爱神'来来去去，其实是琼瑶的一个变种"，"无非白虎星式的克夫，白云乡式的逃世、白血病式的国际路线，和白开水式的泛滥感情，这种伪善自成一家，可叫做'三毛式伪善'"。紧接着，他侃侃而谈："另一种伪善是金庸式的。……因为金庸所谓信佛，其实是一种'选择法'，凡是对他有利的，他就信；对他不利的，他就佯装不见，其性质，与善男信女并无不同，自私的成分大于一切，你绝不能认真。他是伪善的，这种伪善，自成一家，可叫做'金庸式伪善'。"此短文，李敖将其编入《李敖作品精选》第2辑《西餐叉子吃人肉》中，寓意他的笔是"西餐叉子"，吃的"人肉"中有金庸这样的大佬。

对此，金庸的朋友蔡澜反击说："他（李敖）的书很迷人，年轻时写的，中年以后他到处骂人，一会儿说这个，一会儿说那个，连同居过的女人他也不放过，将她们的疮疤一个个挖出来，这不是真男人做的事，他自个才不像个真君子。"①

学者刘国重也撰文驳斥道："李敖的家产没有金庸那么多，却也是家财亿万，他也像金庸一样'有这么多的财产在身边'。我们知道李敖也并没有

① 《李敖说金庸是伪君子，蔡澜反击李敖不是人！》，爱奇艺2017年10月30日。

捐弃全部家产——当然，李敖不像金庸那样自称‘虔诚的佛教徒’。”①

从那以后，李敖经常在各种节目里污损金庸。有一次李敖做客凤凰卫视的“锵锵三人行”节目，主持人问李敖：“您怎么评价金庸先生？”问这句话的时候，金庸已经名满天下。出人意料，李敖回答：“金庸的小说狗屁不通，完全不入流。”在场观众都惊呆了，怎么说金庸在华语作家圈也是大名鼎鼎，你李敖再厉害，把金庸贬得一文不值，这也太狂妄了吧！这还不算，主持人继续问他：“那你读过金庸的小说吗？”李敖说：“臭鸡蛋闻一闻就行了，用得着全吃吗？”在李敖眼里，金庸笔下的那些侠义江湖，通通就是不入流的虚假的东西，和臭鸡蛋没什么两样。

不久，在另一档电视访谈节目里，李敖把金庸武侠的内容延展到了金庸本人，他说：“金庸笔下的侠义写的非常好，但是全部都是虚伪的，金庸本人没有一样做得到。”“我跟你实话讲，我根本一点都看不起他。他弄的都是些什么乱七八糟的玩意啊！胡适说过，那全都是下流中的侠义，就连金庸他自己都没能够做到，如果信仰这个就要实打实的去实现啊，总在那里研究各种精神，弄各种文艺，一点实践都没有，就像余光中和金庸这些人都是一种人，所以我都看不起。”他不仅开涮金庸，还把台湾诗人余光中也连带上了。

总之，李敖对金庸的痛批主要集中在两点五个字，一点他认为金庸武侠“不入流”，另一点则直接痛批金庸本人“虚伪”。

李敖为什么如此怨怼金庸？这还得从金庸与胡适结下“梁子”的往事说起。

1959年12月8日，胡适在台北木栅的世界新闻学校演讲，主题为“新闻记者的修养”，他说，记者要多看侦探小说，“我们中国文学的唯一的缺点，就是没有翻译的最好的侦探小说。现在有许多报纸都刊武侠小说，许多人也看武侠小说，其实武侠小说实在是最下流的”。“侦探小说是提倡科学精神的，没有一篇侦探小说，不是用一种科学的方法去求证一件事实的真相的。”胡适当然不知道金庸何许人，但他夫人喜欢看金庸的武侠小说，他家书架上就有，所以他这样说，或许不无针对性。

金庸读到演讲内容后，怒从心起，虽然胡适并未表示针对具体某人，但金庸彼时已经凭借《书剑恩仇录》《射雕英雄传》等几部作品，成为新派武侠的代表作家，自然将胡适的表态视作对自己的挑衅和抨击。于是，金庸迅速作出反应，于1959年12月10日在《明报》发表社评《最下流之胡适之》。金庸在文中称，胡适数十年来，始终看不上《水浒传》，贬低京戏，批评中

① 刘国重：《金庸式伪善与李敖式无耻》，微信公众号“刘国重的读金时代”，2008年6月15日。

国人懒惰肮脏不可救药，既然如此，为何不去美国，而要留在台湾，莫非认为台湾非中土么？难怪美国人称“我的朋友胡适之”，那么有骨气的中国人必得称其为“最下流之胡适之”了。

金庸这篇社论被认为是金庸最失水准、毫无节制的一篇。

这还不够。1962年2月12日，《明报》有一条“本报讯”《胡适公开逼蒋下台》，后面还有一条嘲讽胡适的编者按语：台湾地区的大会“开锣在即，胡适却公开要求蒋介石以‘鸡犬不惊’的方式将‘政权移交’出来。‘鸡犬不惊’，反面就是‘鸡犬不宁’。换言之，胡适以此威胁老蒋：如不交出‘政权’，今日台湾就会鸡飞狗走。‘不惊’反衬‘不宁’，句中杀气腾腾。此事足可证明，鸡鸣狗盗之徒在台湾大有人在，而此辈后面盖有使花旗银纸之假孟尝君作老板耳。”李敖也知道，这按语是《明报》总编辑金庸所添写。

就在这一年，胡适去世，作为中国文化界的泰山北斗，应该是值得深入报道的，然而《明报》仅仅在第四版中间登了一篇篇幅不大的报道，金庸本人也没有表示哀悼。由此可见，金庸对于胡适批评武侠的态度，是一直耿耿于怀的。

作为胡适的得意门生，李敖欲报这“一箭之仇”，也是他的性格所致。

3

李敖屡屡怨怼金庸，金庸究竟在什么地方得罪了他呢？

2001年4月下旬，已是77岁高龄的金庸访台，回答记者的提问时，他解释说：“我跟李敖本来要好的，他请我到他家里去。后来因为他跟胡因梦离婚了，《明报》照实报道，他怪我为什么不帮他，我说：我们办报纸的人完全公平讲话，绝不因为私交好就帮你。”

胡因梦，就是金庸在李敖家里见过一面的那位女神，20岁时因出演电影《云深不知处》而走红影坛。金庸的《明报》当年可没少给过她版面。

胡因梦出生于满洲贵族，父亲曾任中央陆军军官学校教官。她从小接受良好教育，从不愿循规蹈矩将自己放在一个框子里。胡因梦从辅仁大学德文系退学去了纽约改学大众传播时，曾流传这样一句话，“胡因梦离开后，从此辅仁没有春天”，因为春天被她带走了。

1973年，胡因梦从纽约大学毕业回到中国台湾，被导演相中，从此进入电影圈。徐克说五十年才出一个林青霞。可当胡因梦当女主角的时候，林青霞只能当女二号。论美貌她更胜林青霞一头，是当年台湾第一美女。

1979年春节过后，远景书局出版了李敖出狱以后的第一部著作《独白下的传统》，李敖由此冲出了因当局打压而造成的阴霾。李敖的复出，震动台湾文坛。电影明星胡因梦也为李敖出山写了一篇叫好的文章，由台湾最有影响的《工商日报》刊发，名为《特立独行的李敖》。

胡因梦和李敖曾是邻居，打小就听说了这个狂人的诸多奇闻异事。9月，胡因梦在朋友萧孟能家里，第一次见到了李敖。李敖这样描述："如果有一个新女性，又漂亮又漂泊，又迷人又迷茫，又优游又优秀，又伤感又性感，又不可理解又不可理喻的，一定不是别人，是胡因梦……"①

胡因梦在自传里，这么描写第一次见到李敖。李敖给胡因梦和她妈妈很规矩地鞠了一个九十度的大躬，后来胡母说，李敖那个躬鞠得怪吓人的，这个年代已经没人行这么大的礼了。她说："在这之前'李敖'两个字，对我而言早已不陌生，不但不陌生，简直就是中国文人里面最令我崇拜的偶像，而且这股痴迷的崇拜是自小种下的因。"可见，李敖的思想文采，胡因梦倾慕已久。

李敖和胡因梦，一个是特立独行的绝代才子，一个是千万男人的梦中情人，两人的倾心相恋马上引起读者和观众的注意。然而，她母亲不满李敖的一些做法，禁止胡因梦与李敖来往。1980年5月5日，胡因梦穿着睡衣从家里逃了出来，深夜出现在李敖家的客厅。第二天，也是穿着这身睡衣，在友人的见证下，与李敖完成了婚礼。友人赞叹"这是最美的脸蛋与最聪明的脑袋的姻缘"。

与此同时，昔日红遍台湾的电影明星胡因梦开始遭遇冷落。就在胡因梦结婚不久举行的台湾电影界盛大的金马奖颁奖仪式上，以往一贯被台湾新闻管理部门出面请来担任主持人的胡因梦，这次却被冷落在角落里！

胡因梦辞了电影演员的工作，做起了家庭主妇。她养了一只小花猫给自己做伴，常有朋友赞叹"美女养的猫也是最漂亮的"。而在李敖眼里，养猫却不照顾猫的胡因梦是个"假爱猫家"。

结果，这段"最美的姻缘"只维持了3个月又22天。

在一次记者招待会上，记者问李敖：胡因梦那么美，对你又那么痴心，为什么你舍得离弃她？李敖回答："我是个完美主义者，有一天，我无意推开没有反锁的卫生间的门，见蹲在马桶上的她因为便秘满脸憋得通红，实在太不堪了。"在场所有人哄堂大笑。

---

① 窦应泰：《我为卿狂（李敖的三次惊世婚恋）》，北方文艺出版社2000年版，第213页。

李敖还把这件事写进了自己的书里，后来，很多记者借李敖的话嘲弄胡因梦，胡因梦却淡然一笑：“同一个屋檐下，没有真正的美人。”

李敖与胡因梦的相恋和相弃是当年港台媒体的热议话题，《明报》也不例外地刊登过李敖的一首打油诗《只爱一点点》：“不爱那么多，只爱一点点。别人的爱情像海深，我的爱情浅。不爱那么多，只爱一点点。别人的爱情像天长，我的爱情短。不爱那么多，只爱一点点。别人眉来又眼去，我只偷看你一眼。”诗句很短，金庸的评语也短：“既保留又腼腆，游戏人间而又魅力十足，情圣也！”

晚年，李敖在自传中，用《胡因梦出现》《从结婚到离婚》《空中小姐》《君君》《“问白云”》《我的快速反应》《婚变》《婚变伏击，原来在此》《路遇胡因梦》9节的篇幅写这一段缘起缘灭，一反之前的痛骂姿态，重现风流才子李敖的倜傥和深情，当然，也还是没有忘了吹牛。

李敖说离婚的原因，是因为胡因梦在他与友人的一场官司中做了伪证，并且参加了批斗他的集会，所以他不能容忍。胡因梦则说，李敖婚后的偏执、敏感多疑，磨掉了当初让人崇拜的光芒。

1999年，胡因梦在自传《死亡与童女之舞》里，用一万多字记述了他们的婚变：1980年2月，《文星》杂志和文星书店创办人萧孟能突然从智利回到台湾，发现自己托管给李敖的“花园新城房子已经被退租，家具和古董全被搬空，天母‘静庐’也换到胡因梦的名下，委托李敖处理的水晶大厦，更被法院拍卖了”。经多方交涉未果，萧孟能于8月26日以“背信与侵占”为由将李敖告上法庭。而李敖则以“诬告”反讼萧。在这场诉讼与反诉讼中，当时还是李敖妻子的胡因梦，以公正的姿态挺身而出，揭露李敖侵占萧孟能家产的丑恶行径，极力帮助维护萧孟能。胡因梦更指李敖并非“具有真知灼见又超越名利的侠士”，而只是“一个多欲多谋、济一己之私者”，乃“暗自在心中打定了去意”。

胡因梦回忆起两人当年的离婚情景仍颇为感伤：“当天下午李敖拿着一束鲜花，打着我送他的细领带，在律师的陪同下来到世界大厦准备和我签离婚协议书。”

而事实上，在那场历时三年的财产侵占官司以及为了离婚而与李敖斗智斗勇的过程中，胡因梦所付出的心力，是外人无法体会的。在经历了快乐、悲伤、背叛、愤怒之后，在感受了李敖人性中的丑与恶并从中学会如何面对之后，胡因梦终于可以放松地谈论李敖，并且毫不讳言，“他是最令我‘感恩’的一个男人”。

萧、李对簿公堂，在当时是大新闻，香港《明报》作了详尽的跟踪报道。

这一案件对双方的名声都不利，对以民主斗士自命的李敖尤其不妥，妻子胡因梦在审判中站在原告（萧）的那一边，更令他颜面无光。他在那场官司中初审胜诉二审败诉，被判六个月有期徒刑，也是他第二次入狱。

《明报》引用胡因梦的原话表达对李敖的看法："李敖是唐璜式的情圣，看起来玩世不恭、游戏人间而又魅力十足，但其实他才是最封闭的、对自己没有信心的，他以阿谀或宠爱来表示对女人的慷慨，以赢得女人的献身和崇拜，然而在内心深处，他是不敢付出情感的。"也许这些话真的戳中了李敖的痛点，李敖在《李敖有话说》节目里有整整70集，反反复复地咒骂胡因梦。

当然，对于《明报》的报道，李敖也是耿耿于怀，大概在他看来，别人看不明白，金庸不该看不明白。

李敖说："金庸的风度极好，他对我的话，不以为忤。虽然他此后在他的报上不断诽谤我。"他似乎认定，因为自己对金庸有所批评，金庸才在一年后的"背信与侵占"案的报道中颠倒黑白，明知李敖冤枉还是站到了对立的一面。

对此，学者刘国重替金庸喊冤，说了公道话："那么其他香港报纸与《明报》的立场基本一致，这又作何解释？《明报》偏重文化，对于一位大出版家和一位大作家的官司，如果《明报》不比其他报纸更关注，那反而奇怪了。"①

4

对于李敖的谩骂，一向以理性、独立、客观自居的金庸很不以为然，从不接招，以沉默相对。

2005年，有媒体向金庸问及他和李敖的关系，金庸的回答是："我跟李敖是朋友，和而不同，很多时候我们的观点是一样的。他爱民主，爱统一，反对独裁，反对台独，我也是。"

1959年7月3日，《明报》创刊不久，金庸即在《蒋介石是否连任》的社评说："不民主固然不妙，但比这更不妙的是，要由外国人来决定他是否连

① 刘国重：《金庸式伪善与李敖式无耻》，微信公众号"刘国重的读金时代"，2008年6月15日。

任。我们反对独裁、反对不民主，但最最反对的，是中国人的事要由外国人来代劳。”7月6日，他在社评《君子动口不动手》中说：“我们根本反对中国人自己打来打去……大陆与台湾问题最后终于要统一，作为中国人，问题的解决，我们希望这日子越早来越好，最好是用君子办法，俗语有云‘君子动口不动手’。”

1973年3月，李敖口出狂言说蒋介石搞独裁，一石激起千层浪，众人皆知蒋介石就是在搞独裁，但没有人敢站出来说，敢怒不敢言，这是李敖在岛内点燃炸药，搞得人心惶惶。要知道独裁可是蒋介石的逆鳞，最忌讳有人抨击他独裁。蒋介石通过媒体得知后，勃然大怒，将桌面的文件和杂物全部挥至地下，然后拍案而起，“给我拿下他！”在蒋介石的命令下，李敖遭到了国民党当局的软禁，并长达十年，1975年被保释后又因为出言不逊被蒋经国逮捕。

陈水扁担任台湾地区领导人时期，李敖题了一首七言诗《台湾无处不中国》：“妄想海峡两地隔，妄想台独自快活。我且当头来棒喝，台湾无处不中国。”他自许是“在台湾的中国人（不是台湾人）”。他毫不隐讳，他的知识结构的基础，就是早年在北京建立起来的，他在台湾文化界有地位，因为他的文化底子别人比不了。“我们都是中国人嘛。为什么两岸很多东西分隔这么多年啊，还这么熟悉，还这么很亲切的原因，就是它有共同的文化、共同的血统，有它历史上的共同背景，很多看法也相距不远，不过解释上可能会不一样……”于是，他高举统一大旗，疾呼“一国两制”，反对“台独”，反对“公投制宪”，反对军购，自称左派知识分子，希望共产党领导中国繁荣富强……李敖骂蒋介石，骂李登辉，骂民进党是一群爬树的猴子。他骂了一辈子，抗争了一辈子。

2005年9月，秋高气爽时节，李敖赴大陆展开“神州文化之旅”，行程包括香港、北京和上海，在北大、清华、复旦三所顶尖高校发表了名为“金刚怒目、菩萨低眉、尼姑思凡”的系列演讲，尤其对自己成长的北京，他特别感同身受：“有城墙的北京，我记忆犹新，但往事，恍然如昨。”在北大，他捐款为胡适塑像。

2011年4月，李敖再次来到大陆，为纪念辛亥革命100周年，在广州暨南大学参加“百年暨南文化素质教育讲堂”，作了题为《黄花岗第七十三烈士》的讲座。在汕头大学讲演完后喉咙发炎，是日在厦门，他胸前挂着卡片，上写“喉咙发炎，只能对你笑”。

对于李敖和金庸，有一句话概括得非常好，“李敖除草，金庸种花”。

他俩的性情有许多相同之处，但也有许多的不同。金庸生性温良恭俭让，是著名的谦谦君子。虽然他创造了许多比李敖更藐视天地，视万物为无物的老顽童，东邪西毒中顽童，令狐冲韦小宝，都是谑浪风尘、游戏人间的怪物，世俗礼法不为他们而设，繁文缛节不为他们而存，肉体已然老去，灵魂永如赤子。这些精神独立，有自己倔强价值观的顽童，岂会在乎别人的只言片语？而创造出这些顽童形象的金庸本人，虽然内心里狂野浪漫激情如少年，可外表上却是温柔敦厚，文质彬彬的“一介书生”。

而李敖性格与金庸恰恰相反，刚烈激愤似火，眼里容不得沙子。早在《文星》时期，还是少年的他就认为“矫枉不忌过正；只要能打倒敌人，嬉笑怒骂，皆成文章。”他的一句名言是：“别人都骂你王八蛋，而我能证明你为什么是王八蛋。”他一生反封建、骂暴政、揭时弊，呼吁政治民主，鼓吹言论自由，嬉笑怒骂、刀刀见血。诚如著名节目主持人杨澜所说：“这是一个有大中华的情怀的男人，虽然偏激，但满腹经纶，然而就是这么一个有才的人，却不得不在一个相对狭小的空间内，在许多无聊的人和事上耗损大量的光影。”

李敖说看不起金庸的小说，可他在台湾主持的电视节目叫“李敖笑傲江湖”，在香港凤凰卫视开播的节目叫“笑傲六十年——有话说李敖”，明显是借用了金庸小说。

《明报》曾经报道，香港著名导演吴思远在一次聚会时谈起香港的“优才计划”，引起李敖的兴趣。由于子女都已不在台湾生活，李敖有意移居香港。金庸听了，别人以为他会反对，而他出乎意料地表示赞同。他对吴思远等人说：“李敖先生是一位侠骨柔肠的好朋友，他和我友好，也是最难缠的敌人。这么杰出的人才移民过来，更加说明了香港的魅力，是香港文化活力的一个标识，我们应该欢迎他。”李敖填写了申请表，吴思远向入境处写了推荐信，力促接受李敖移民。后来，李敖没来香港，金庸深感遗憾。

金庸大度，将“最难缠的敌人”视作“侠骨柔肠的好朋友”。李敖一边令人厌之恶之，一边令人敬之羡之。

2000年，李敖“用血与泪”撰写的史诗式小说——《北京法源寺》，被诺贝尔文学奖审核小组正式提名为诺贝尔文学奖的候选作品。李敖作为我国作家群中获此殊荣第一人，足可被视为中国人的骄傲。

才华横溢、观点犀利、个性张扬的李敖被认为是全球最具知名度和影响力的华人作家之一。2012年8月，美国《侨报》、英国《英中商报》等海外主流华文媒体同步发布的“华人作家影响力和话语权排行榜”上，李敖力压金庸等人，高居榜首。根据百度新闻指数和社会话题指数为主要参考依据的“中国作家媒体关注度”排行榜中，李敖排名第六，排在金庸之后。

2017年6月，李敖自曝罹患脑瘤，只剩下3年生命。在这个节骨眼上，他想办一档谈话节目，见一见金庸和胡因梦等人。他亲笔写信公开邀请：“我这一生当中，骂过很多人，伤过很多人；仇敌无数，朋友不多……我就想，在这最后的时间里，想和我的家人、友人、仇人再见一面做个告别，你们可以理解成这是我们人生中最后一次会面，‘再见李敖’及此之后，再无相见。”其中提到了他所设想的节目流程，“我们可以一起吃一顿饭，合一张影，我去带你看可爱的猫，我会全程记录我们最后一面的相会……”

2018年3月18日，83岁的李敖病况急转而去世。他的好朋友、作家蔡康永惋惜地说，“他一个人身上，有东邪西毒南帝北丐中神通；他不在，那个江湖就不在了”，而这正是金庸在小说中创造的“怪杰”。

有情有义最像金庸小说里的杨过
——台湾作家林清玄

杨过是金庸武侠小说《神雕侠侣》中最有魅力的一位男子，聪明机智，情绪激烈，至情至性，风流英俊。“风陵渡口初相遇，一见杨过误终生”，不止是误了郭襄的一生，也是众多少男少女心中永远抹不去的偶像。

台湾作家林清玄称自己身世辛酸却有情有义，最像金庸小说里的杨过。1953年2月26日，林清玄出生于台湾高雄县一个世代务农的家庭，家里一共有十八个兄弟姐妹，他排行第十二。林清玄曾诙谐地说，“如果生活在金庸的武侠小说里，可以称为林十二少”。

金庸说，“人生就是大闹一场，然后悄然离去”。林清玄则说，“人生不必急水沸腾，只需心如止水，在不经意间离去”。

不一样的经历，不一样的性情，却有一样豁达的人生：一个用武术侠义解释江湖，一个用文学禅意品读生命。

1

清瘦的面庞，温和的微笑，标志性的稀疏长发，台湾著名作家林清玄的谦卑和超脱，一如他的作品，让人印象深刻。

2014年4月，林清玄莅临常州公开课，先说金庸，后说自己。现场听众问林清玄：“在金庸的武侠世界里，你最像哪一个人物？”林清玄毫不犹豫地回答：“我最像杨过。”“因为长得帅吗？”“不是，是因为我和他一样有情有义。”

金庸说“英雄不问出身”，林清玄何尝不是如此。台湾岛内一流的文化名人，居然生于目不识丁的农家。父亲，一身汗、两脚泥，是地地道道的乡巴佬儿；母亲，在日踞年代倒是念到了中学，“二战”一来只能辍学。她酷爱文艺，常翻翻街头出售的通俗读物，《文艺春秋》那样的杂志，使这个乡下女人增进了一点文化上的见识。恰恰是这个机缘，给少年林清玄的创作打开了一扇方便之门。

由于家贫，留在家乡没有发展空间，经济来源非常有限，林家兄姊都是在很年轻的时候就出外谋生。林清玄十四岁那年也离家到远方求学。

十四岁至十八岁，林清玄住在台南，在傍海的瀛海中学读高中，从学校跑到海边只要半个小时。林清玄一边求学一边写作，以投稿赚取生活费。没钱生活时，常帮渔民出海捕鱼、种蚵，甚至帮人在码头搬货，在屠宰场杀猪。十七岁时，在当时影响力颇大的报纸上发表《行游札记十帖》，连载十天的头条，一时轰动，得到三千元台币稿费。

家里穷，没有桌子，他就趴在供桌上写文章。母亲问："你写辛酸呢，还是写趣味？"他回答，兼而有之。母亲关照他："有趣的东西，你多写一点，与别人分享；辛酸的，你就少写一点，留给自己晚上回房间哭就行了。人生已经够苦了，读者读你的文章，应该得到安慰、启发和提升……"这句话让林清云终生受用。

1972年，林清玄考上世新大学电影系，到台北学习。在大学期间，林清玄非常活跃，创办《电影学报》并任社长，创办《奔流》杂志任总编辑，创办《新闻人》周报担任总主笔。

这年，台湾面临退出联合国的风雨飘摇，正式接班的蒋经国，终于决定一改严格管制作风，改以怀柔面对各方挑战，在内部，他采取"吹台青"的用人方式，吸纳台籍青年学者大量进入国民党政府为接班做准备，对外也以开明的态度，企图营造新的形象。

金庸意外地在一篇社评中，称许小蒋起用了不少台湾本省人的新气象值得赞扬。或许这篇文章起了作用，让蒋经国认为可以进一步争取海外文人的支持，在这股怀柔气氛中，1973年4月18日，金庸应国民党海外工作组之邀，第一次登上台湾岛，进行十天的访问。当时金庸已完成封笔之作《鹿鼎记》，等于十七年间完成了十五部经典小说，但他所有武侠小说在台湾全数被禁，没有任何例外，但也就在这种矛盾气氛下，他以记者身份翩然来台与蒋经国会面。

在台期间，金庸此行与蒋经国、蒋介石副手严家淦都有过深谈，气氛良好，尤其蒋经国和金庸都是浙江人，两人以上海话交谈，更谈得津津有味。他也当面问严家淦，台湾是否会发展核武？严家淦则称两岸虽对立，但都是中国人，国民党政府不会对中国人丢原子弹，所以要把预算放在发展经济上，因此金庸对蒋经国的务实作风印象深刻，他甚至特准走访了中南部乡间、台北的大学和战地金门。

一天，金庸做客世新大学“电影与艺术人生”讲堂，从自身经历的多个“转弯”谈起，和未来的电影人分享艺术创作心得和对生命的感悟。当天，林清玄以校刊记者的身份采访了他。一则访问记刊登在《电影学报》第37号上，直言称赞《明报》的超然立场。他写道：“台湾大学生的成长字典里应该有‘世界’这个词，怎么了解世界？阅读和看电影。香港的《明报》可让我们读懂这个世界，香港武打电影可让我们阅读人生？只有一开始就播下种子，你才有办法在阅读世界里打开眼界，变成心胸开阔的人。可怜的我们，读不到《明报》，也少见香港的武打电影。”

大学毕业后，林清玄服兵役两年，在军中接到三张高薪聘书，他选择了当时最能引领风潮的台湾《中国时报》任职，当海外版记者。

二十六岁时，林清玄与陈彩鸾结婚。但是，林清玄为应付台湾报纸激烈的竞争，生活忙碌，内心空虚，陈彩鸾却无法与他进行精神上的沟通，琴瑟不谐。后来，陈彩鸾离家外出不知去向。林清玄和儿子只能以方便面充饥，自己的家如此凄凉，林清玄心灰意冷。

三个月之后，林清玄辞掉了工作，上山隐居，像金庸小说中的居士那样，暂别红尘，闭关参禅，读经悟心，以欢喜心过生活，以平常心生情味，以柔软心除挂碍，开始走进佛教世界。

金庸在《神雕侠侣》中这样描述杨过：于三月初二抵达绝情谷，但见荆莽森森，空山寂寂，仍是毫无曾经有人到过的迹象，当下奔到断肠崖前，走过石壁，抚着石壁上小龙女用剑尖划下的字迹，手指嵌入每个字的笔画之中，一笔一划的将石缝中的青苔揩去，那两行大字小字显了出来。他轻轻地念道：“小龙女书嘱夫君杨郎，珍重万千，务求相聚。”一颗心不自禁的怦怦跳动。这一日中，他便如此痴痴地望着那两行字发呆，当晚绳索双树而睡。这般苦苦等候了五日，已到三月初七，他已两日两夜未曾交睫入睡，到了这日，更是不离断肠崖半步，自晨至午，更自午至夕，每当风动树梢，花落林中，心中便是一跳，跃起来四下里搜寻观望，却哪里有小龙女的影踪？

三年后，林清玄重返红尘。就在林清玄以为自己看破七情六欲的时候，他遇见了方淳珍。

在一个雨天之后，他和陈彩鸾离婚。1997年，林清玄娶了年轻貌美的方淳珍。

顿时，谣言满天飞，有人大骂他是“伪君子”，有人说他“说一套，做一套”，甚至有人当众烧书抗议。

事实上，陈彩鸾和方淳珍私交很好，平时她们相约喝茶、聊天，方淳珍还会为林清云和陈彩鸾已经长大的儿子买电影票，约女朋友。当事的三人，早已相逢一笑不谈过去，林清玄对方淳珍说：“在脆弱中坚强才是真正的强健和坚忍，时间才是评价一个作家作品好坏的最公正的法官。”

林清玄对于初恋的描写感动过很多女子，“把初恋的温馨用一个精致的琉璃盒子盛装，等到青春过尽垂垂老矣的时候，掀开盒盖，扑面一股热流，足以使我们老怀堪慰”。他称呼妻子方淳珍为他的小龙女，庆幸遇见了她。

“传说在北极的人因为天寒地冻，一开口说话就结成冰雪，对方听不见，只好回家慢慢烤来听，遇到谈情说爱，先用情诗情词裁冰，切成细细的碎片，加上酒来煮，如果失恋，就一把大火烧了，烧成另一个春天。”这是林清玄在《寒梅煮雪》中的一段文字，极有意境。他说，他是受了《神雕侠侣》中杨过与小龙女十年生死两茫茫的启发而写出来的。

四十岁时，林清玄完成了“菩提系列”，畅销数百万册，是当代最具影响力的书之一。同时创作“现代佛典系列”，带动佛教文学，掀起学佛热潮，获颁杰出孝子奖。

2

林清玄在《中国时报》任职十年，从记者、主任到总编辑。当年，《中国时报》和《联合报》在台湾报业市场上可是独领风骚。

早年的编辑经历，使得林清玄认识了许多优秀的作家朋友，在香港的文学圈子里，金庸、蔡澜都是他的挚友，林清玄常常以编辑身份向作家好友们约稿。

台湾当局戒严时期，最大的情治机构下令执行“暴雨专案”，专门查禁“共匪武侠小说”，金庸作品也在名单中。由于作品被禁，金庸小说只能在岛内偷偷流行，出版商也改头换面进行盗印，不仅作品改名，甚至书中主角都要改名。

林清玄在一篇呼吁开禁的编后记里写道：“金庸写武侠实属偶然，但他的生花笔却让偶然成为传奇。凡是有华人的地方都看得到金庸小说的影子，衍生的影视作品更不可胜数，堪称当代华人文化经典，从文字到影像，从实体到虚拟，深深影响了不同世代的阅听者。金庸小说里主要角色，无论郭靖、黄蓉、杨过、小龙女、令狐冲、东方不败，都成为华人朗朗上口的个性典型。台湾政界、社会、文艺圈隐藏众多金学爱好者，侠之大者郭靖、笑傲江湖的令狐冲，甚至武功盖世的张无忌，都有人以此自况。”他例举道，马英九因为个性正直敦厚，常有人称他为政坛郭靖，金庸也曾托人赠他一本《倚天屠龙记》，题上“英雄创业九千年，长为两岸谋久安”，让马英九颇为惊喜。台大校长管中闵被民进党卡关，迟迟不让他上任，他以《倚天屠龙记》里九阳真经口诀“他强任他强、清风拂山岗；他横任他横、明月照大江”，形容自己的心境。足见金庸小说对台湾社会的影响力。

他表示不解，“但就是这样优秀的大宗师，作品影响力如此深远，在台湾却被禁三十年之久，当然是因为金庸在左派、右派立场一度与国民党互不兼容，甚至小说与社评对国民党与蒋介石语多批评讥讽之故。同时包裹在武侠与恩怨情仇的外表之下，金庸小说更堪称当代政治影射作品的上乘之作”。

虽然金庸小说还是禁书，但已经卖翻了。时任远景出版社负责人的沈登恩看到了这巨大商机，加上他也是金庸书迷，因此从1977年开始运作，与台湾新闻部门不断沟通，积极争取金庸作品解禁。终于在1979年9月，沈登恩得到一纸公文“尚未发现不妥之处”而获批出版，金庸武侠小说开始火遍台湾，成为“当红炸子鸡”（林清玄语。）随之而来的是，台湾影视圈蠢蠢欲动，引进、翻拍金庸武侠作品。

这时候，金庸再访台湾。1979年11月16日晚，在导演白景瑞家中举行座谈会，邀请了台湾电影界的导演、编剧、演员、影评人、配音人和出版界朋友，与金庸议谈电影，除沈登恩和林清玄外，还有白景瑞、林青霞、胡慧中、高信疆等16人。从《射雕英雄传》的剧本创作，聊到“武侠小说与侦探小说的同异”，从“电影体系的类型”聊到“台港国语片的特点”，从“演戏和对话”聊到“影剧界与新闻界的互动”。一直聊到凌晨，因为金庸返港要赶早上的飞机才散会告辞。林清玄将谈话记录整理成《大侠金庸炉边谈影》一文，刊登于香港《明报》和台湾《时报周刊》。

1980年代，台湾掀起了金庸剧热潮，《中国时报》是竭力推动者。在林清玄的游说下，金牌制作人周游找来了潘迎紫、孟飞主演《神雕侠侣》，该影片在台湾红透半天边。

颇有生意头脑的沈登恩与台湾《联合报》谈妥合作，开始连载《连城诀》，这是金庸小说首度与台湾读者见面。同为台湾三大报之一的《中国时报》不甘示弱，编辑部主任林清玄找到了沈登恩。第二天，《中国时报》副刊整版推出《倚天屠龙记》，配上大幅插画，气势恢宏，一鸣惊人。结果，这场发布金庸小说的比拼，尽管《联合报》首发，却还是让《中国时报》胜了一筹。

两大报同场较劲，坊间大为轰动，金庸小说顿时炙手可热。文学作为社会传感器中最敏锐的一环，早在20世纪70年代末已经涌起思想变革的暗流。金庸小说的解禁，正是这个大时代中的一朵浪花。

沈登恩趁着这股热潮，于1980年推出远景版全套金庸小说单行本，同样立刻轰动全台，也成为金庸小说最畅销的经典版本。只是其中《大漠英雄传》（即《射雕英雄传》）与《雪山飞狐》仍未解禁，所以版权页上没有允许出版的执照。但是书照卖，林清玄一连写了六篇书评，《中国时报》照登，台湾当局就当没看见，也算是台湾出版史的一项创举。

台湾于1987年7月15日解严，不再对出版物进行管制，金庸最后一部禁书《射雕英雄传》才终止了长达三十年的禁书生涯，也不用再改名，终于在《中国时报》上连载了。这时，林清玄做了总编辑，频繁往返于港台，在文化交流的活动中常与金庸相遇。《中国时报》成为连载金庸小说最多的报纸。

林清玄想到许多年前，读的第一部金庸小说是《射雕英雄传》还是香港的版本，是香港朋友想尽办法才夹带进关的。读金庸的小说像是读鲁迅的小说，由于被禁，读起来既紧张又兴奋。

金庸曾欣喜地对林清玄说，蒋经国是他的忠实读者。蒋经国虽未公开证实，但他的床头经常放着一套金庸小说，媒体记者更称他私下对金庸小说人物知之甚详，足见金庸小说的魅力。

3

林清玄和金庸有一个共同的好友，就是古龙。

古龙未服兵役，不能出境，即便如此，他还是与相隔千里的金庸成了朋友。金庸封笔后，为《明报》向古龙约稿，古龙写下了《陆小凤传奇》。于是，宗师传位，堪称一段千古佳话。

当年，林清玄是报社副刊编辑，常常向古龙约稿。当时台湾稿费按行计算，古龙常常一个字占一行，“十八个大汉跳下墙，咚，咚，咚……”一连写十几个，每字一行，多赚不少银子。一次，副刊连载古龙文章，本来说好一年结束，可古龙越写越高兴，愣是连载了八百多天，还不肯收尾。

林清玄佯怒，一个电话打过去，逼古龙“赶紧结束”。古龙反戈一击，道：“没办法，我这小说里一百多位主角，个个都有生命，我没办法控制他们的生命。”林清玄不甘示弱：“好，你没办法，那我帮你结束吧。”

林清玄自己写了一个结尾：小说主角遍发武林帖，邀请了这一百多个武林人物到少林寺推选武林盟主。少林寺地下埋着炸药，所有人全都炸死了。完。小说最后一句是：“从此，武林归于平静”……

古龙大怒，可惜木已成舟，但他另有报复妙法。他的一篇小说中出现一个人物，自小在武当山出家，偷鸡摸狗，无恶不作，长大后奸淫掳掠，放火杀人，最后被砍掉脑袋，挂在武当山上，下场十分悲惨。更惨的是，这人的名字居然叫“清玄道长”。①

弄得林清玄哭笑不得，大发感慨：“千万别得罪作家。”

后来，参加央视的一个青年演讲时，林清玄将这件事当作玩笑一般讲了出来。他一直觉得，像古龙这样的天才，有一点傲气也是在所难免的，自己若不是因为他这一点才傲之气，或许还看不上他呢。

林清玄与古龙不仅“斗文”，还“拼酒”。

古龙如同他笔下的李寻欢、胡铁花、陆小凤，自幼“落拓江湖载酒行”，生性嗜酒如命 。“其实，我不是很爱喝酒的。”古龙说，“我爱的不是酒的味道，而是喝酒时的朋友，还有喝过了酒的气氛和趣味，这种气氛只有酒才能制造得出来！”而林清玄，一派仙风道骨，喜欢“温一壶月光下酒”，于是便“酒逢知己千杯少”了。

林清玄去催稿，古龙说：“你不陪我喝酒，我就不给你写。”林清玄被迫应战，两人“斗酒千杯”，竟然不醉。两人比不出酒量，就比喝酒速度。古龙将绍兴黄酒倒在两个盆子里，一人一盆，别人干杯，他们“干盆”。林清玄惜败，不省人事。自此之后，林清玄几乎每个礼拜都要与古龙斗酒，纵酒狂歌。有一次，两人醉酒，林清玄竟然抱住古龙的大头边拍边喊：“再来一杯，再来一杯！”那时他到古龙家，总是走着进去，躺着出来，大醉一天。

有一次泡温泉，林清玄见他身上有大大小小数十个刀疤，那是因为古龙年轻时在黑社会混过，因而非常重义气。古龙爱酒，但他一点都不吝啬，朋友来了，都把好酒拿出来。

---

① 《开讲啦》，中央电视台2013年7月27日。

在《不放逸的生活》一文中，林清玄回忆了他和古龙在一起喝酒的日子：

“我们坐在日影西斜的暮色里，一起回忆着我们年轻的时候，那时为所谓的豪情所驱，每次会面一定是大醉狂歌而归，有时候一夜就喝掉十几瓶上好的白兰地。”

“有一回，光是我们两人对饮，一夜就喝掉六瓶XO，喝到眼睛不能对焦了，人在酒台一仰身就睡昏了过去。想起来，那已是八年前的旧事，那年我二十三岁，古大侠四十岁。”

金庸对此评点：十几瓶上好的白兰地和六瓶XO，想必是遇到了知己和好酒，一定要喝个痛快。这句“古大侠”叫的，真是万丈豪情了！

后来，古龙因纵酒过度而患病，只好戒酒。林清玄去看他，古龙送给他一幅字：“陌上花发可以缓缓醉矣”，黯然道：“今后要少喝酒。”见老友如此，林清玄滋味百般，盖世英雄竟靠打点滴过日子，禁不住满腹心酸。

古龙不饮酒后，林清玄也不再饮酒。古龙不饮酒因为喝酒吐血，关乎生死；而林清玄不饮酒，却是因为大侠凋零，内心寂寞。[①]

林清玄读金庸小说，也喜欢古龙小说。他发现，古龙作品里的句子都很短，这是因为嗜酒造成的，他在写作时常处于清醒与迷醉之间。他的一些名篇，如《流星·蝴蝶·剑》、《天涯·明月·刀》都是在酒醉状态下写成的。

自从金庸和倪匡进入台湾后，古龙这个台湾武侠小说大家，努力寻求新的突破，陆续完成了几个短篇小说，病后还对林清玄说：“我希望至少能再活五年的时间，让我把大武侠时代写完，我相信这会是提升武侠小说地位的作品，也会是我的代表作之一。”如《猎鹰》和《群狐》就是他颇为满意的作品。

金庸觉得古龙是个不太容易交朋友的人，因为他很直爽，有时容易吓到别人，而且他实在很罗曼蒂克。他惊异于林清玄，“他激烈而豪爽，你温和而安静，能够成为朋友是有趣的，不简单”。

林清玄不仅喜欢跟古龙喝酒，他还想跟金庸笔下的乔峰喝酒，“就像我读金庸小说，恨不得与那乔峰做朋友，痛饮一天一夜”，林清玄对大侠式人物的喜爱，让人相信，在大众都熟知的林清玄禅意、从容、智慧的外表下，他的内心一定住着一个英雄。

① 林清玄：《古龙的最后境界和愿望》，收入《不看，是一种自在》，九州出版社 2017 年版。

4

21世纪初，林清玄回到祖籍福建省漳浦县，在那里找到林氏族谱。作为迁台第十一代的他，在老房子的古井前，想象着先祖背井离乡出去寻找新天地的情景。这让他联想到自己的人生也在不断离开、不断进入新天地：少年时离开出生地高雄，先到台南，青年时到台北，中年时频繁往返两岸作了上千次演讲。他讲人生，讲写作，也讲金庸小说。

林清玄的演讲，没有固定模式。给小学生讲语文写作，主题叫“一头大象长了蝴蝶的翅膀”。他希望孩子们用崭新的思想来写作，让古典文学这头沉重的大象轻舞飞扬。他希望孩子们不要那么世俗，不要那么功利，不要那么灰暗，而是从小有强健的心灵，要有金庸小说中的大侠大义。面对广东富士康工厂员工，林清玄讲“从人生的最底层出发”。他举自己和古人为例，“300多年来，家里人都是农夫，我是第一个文化人。历史上，慧能、玄奘、陆羽等很多人，都是从人生最底层出发。但他们都很努力地生活，变成了影响世界的人物。写小说也能影响世界，影响历史进程，金庸就是。”

一年往返两岸十多次，去过大陆300多个城市，林清玄因出版、演讲、援建希望小学等活动和大陆的艺术界人士有着亲密接触，和很多作家都成了要好的朋友。

2001年，金庸到访台湾。林清玄与他晤谈，其中有一问：“葵花宝典（辟邪剑法）和独孤九剑相较，哪个更强？”

金庸答道：“应该是独孤九剑会赢吧！”

林清玄又问：“你的小说里面谁的武功修为最高？”

金庸答：“这个很难说，不过创武功的人永远比学武功的人厉害，应该有三个人吧，可以说不分上下，如果非得选一个的话，应该是独孤求败吧！”

2009年，重庆大学为了推动金庸小说的研究，由出版社结集出版“金学”系列丛书，名为“金庸茶馆”。林清玄是“金庸茶馆”的常客，和柏杨合著了《诸子百家看金庸Ⅱ》一书。

一日，林清玄被儿子拉去看徐克导演的《东方不败》，儿子是徐克迷，凡是徐克的电影都要去看。林清玄去看《东方不败》则是对金庸的兴趣大过徐克。

看完《东方不败》之后，林清玄心里颇有一些迷思，觉得金庸的小说还是比徐克的电影要有人文精神。在金庸小说里，除了“东方不败”，还有一位“独孤求败”令人印象深刻，独孤求败因为武功太高了，从来没有失败过，使他非常痛苦，到处去与人比武，求败而不可得，一生为此而终日郁郁，失败对他来讲竟是如此珍贵，听到天下有武功高的人，甚至愿意奔行千里，去求得一败。

“一生得不到失败，竟是最大的失败”，这是金庸为独孤求败赋予的寓意，我们生命历程的失败近在眼前，往往避之唯恐不及，独孤求败的失败则远在千里，求之而不可得之。

金庸另一个小说人物老顽童周伯通，由于武功太高了，没有对手，只好每天用自己的左手打右手，感到人生单调，而游戏人间。

“我想到，最好的人生是五味俱全，有苦有乐、有泪有笑、有爱有恨、有生有死、有低吟有狂歌、有振臂千仞之刚也有独怆然而泪下，酸、甜、苦、辣、咸，此起彼落。想一想，如果面对一桌没有调味的菜肴，又如何会有深沉的滋味呢？永不失败的生命与永远在求取失败的生命一样，都将走入偏邪的困局，东方不败与独孤求败正是如此。”①

2015年参加两岸笔会时，林清玄接受了新华社记者的专访，就自己的文学创作生涯和情感生活向记者敞开心扉。

“我一年中有半年在大陆，走过很多地方，碰到很多大陆的作家，每次去都有新的感动，这种感动是，我和这些作家是没有什么分别的。作为中华文化传统下的作家，我们共同的理想就是去创作包容力更强的文化。”林清玄说。

由于受到佛教精神的影响，林清玄的散文往往充满了禅意，体现出一种宗教情怀中的道德观念，展现出佛学慈悲仁爱、普度众生的特点，散发出浓浓的平民情怀及平等意识。正是这一点与金庸小说异曲同工，读者往往将他俩摆在同一个大侠的位置上。正是由于这种立意情怀，林清玄的散文多描绘社会底层人物，如小职员、流浪者等。《有风格的小偷》就讲述了林清玄无心写了一篇关于一个小偷被警察抓到以后，述说偷东西手法和风格的评论性报道，竟使一个小偷在二十年后走向了光明的故事。不仅如此，他在创作散文的过程中，还将“忍让”精神散布其中，通过作品创作体现出感恩及知足的生活状态，就这种状态而言，是与金庸《天龙八部》里佛家的超脱境界相

---

① 林清玄：《东方不败与孤独求败》，收入《自心清净，能断烦恼》，长江文艺出版社2017年2月。

互融合的。

因而，林清玄和金庸一样成了畅销书作家。他的作品曾多次被中国台湾、中国大陆、中国香港及新加坡选入中小学华语教本，也多次被选入大学国文选，是国际华文世界被广泛阅读的作家，得遍了台湾的所有文学大奖，被誉为“当代散文八大家”之一。

最后几年里，林清玄去北京、浙江，参加了几次金庸小说研讨会，去金庸的故乡浙江海宁参观金庸旧居、金庸书院。

在台湾，林清玄和金庸还有一个共同的好友，就是李敖。可是，李敖在参加一档访谈节目时谈起过金庸，开口骂他“伪善”。多年后，有人问林清玄：“李敖为什么没有骂过你？”林清玄幽默地回答说：“我觉得，被他骂是沾光了，因为他骂的都是上档次的人。”他还说，李敖是金庸的朋友，还是很爱朋友的，做他的朋友很幸福。

林清玄的武侠世界可以说一直都是很多人的心结，他跟金庸在武侠小说界带来的震撼绝对不止是一星半点的。有网友感叹：“林清玄和金庸都走了，从此再也没有武侠了，实在是太可惜了。愿他们在天堂好好相会吧！”

曾与金庸研究“珍珑棋局”
——棋界元老陈祖德

众所周知，金庸痴迷围棋，他笔下的高手和大侠，围棋是“必修课”，棋子和棋盘能是武器，也是书中文化气息之所在，比如他在《天龙八部》中写的“珍珑棋局”，很是著名。陈祖德与金庸曾在一起研究“珍珑棋局”。陈祖德称赞金庸“是我见过的最好学的棋迷”。

陈祖德是中国作家群里的围棋泰斗，1965年打破日本九段棋手对中国棋手不败的神话。他是中国棋界的大才子，一部自传《超越自我》获得了20世纪90年代分量极重的“人民文学奖”。金庸戏称“作家堆里混了个棋手”。

陈祖德是金庸最敬重的围棋老师。当他身患绝症时，金庸邀请他赴港，在其家里休养，一住半年，他看完了金庸的武侠小说，两人对弈无数，结下了深厚的友谊。

1

1980年9月中旬，“新体育杯”围棋赛在成都举行。第一天比赛结束，陈祖德晚上开始大口吐血，随后他被送到医院急诊室，后来又被送到北京协和医院，36岁的陈祖德被确诊为胃癌。于是，陈祖德被推进手术室。10天后，他击败了死神，不过这仅仅是第一次生死考验。3个月后，他出院到上海养病，过几天又趴下了。陈祖德突然患上了急性肝炎，做手术时输血输坏了，把别人带有肝炎病毒的血输进去了。如果是正常患上肝炎不要紧，这种肝炎很危险，死亡率特别高，比癌症还可怕。无奈，陈祖德再次住院接受抢救。他命大，经过抢救活过来了。

1981年春夏之交，陈祖德才重新出院。他突然接到一封陌生来信，写信的居然是他从未谋过面的金庸。金庸在亲笔信中称："香港的冬天比较暖和，适于养病，你就到我这里来吧。"[①]陈祖德对金庸仰慕已久，同是江浙一带的人，在脾气上也非常相投，便欣然前往，并一住就是半年。

与金庸闲聊，陈祖德讲了自己年少时的两个故事。第一个故事，他和父亲下棋。幼时的陈祖德与父亲对弈时，他发现每次父亲都坐在沙发上，而他坐在小板凳上。对此，不服气的他向父亲抗议："凭什么老让我坐小板凳呀，不公平！"父亲笑着对他说："只要你赢了，我们俩的座位便可对换。"不到两个月，陈祖德便有了坐沙发的资格。不过，懂事的他还是执意让父亲坐沙发，自己高高兴兴地坐到板凳上。

第二个故事，他和陈毅老总下棋。由于围棋方面超人的天赋，令陈祖德成为上海弄堂里家户喻晓的"小神童"，而且后来还有幸成为老一辈国棋名手顾如水、刘棣怀的得意爱徒。陈祖德十岁时，顾如水曾带他拜访当时的上海市长陈毅。一路上，顾如水一直叮嘱弟子，"跟陈老总下棋要讲礼貌，不能杀得太凶"。然而陈祖德坐在棋盘旁便浑然忘我，落子杀气腾腾，步步紧逼，陈毅指挥若定，从容应对，但棋盘上局势依旧紧张。无奈之下，顾如水等老前辈开始给陈毅支招，最后陈祖德惜败，陈毅笑称："我这个司令如果没有参谋，就要在这个小孩面前摔跤子了。"随后的晚宴上，陈毅叮嘱陈祖德等棋手："围棋是我国的国粹，现在落后于日本了。应当赶上去，超过他们，不这样就对不起我们的老祖宗。赶日本就要靠陈祖德这样的下一代，你们老棋手要好好培养下一代。"

当时在中日两国间，流传着"日本九段不败"的神话。中日棋界对弈，往往以中国惨败收场。就在陈祖德进入国家队当年，一名叫伊藤的日本老太太，跨海东来，横扫中国棋手，击败当时的全国冠军。比赛时，中国选手紧张得手指发抖，伊藤却轻摇纸扇，不时离开棋盘，在场中散步。这一幕让中国围棋界倍感屈辱。

1960年，日本围棋团来访。16岁的陈祖德首次对战日本棋手，虽然最终落败，但其凶狠棋风让日本围棋界记住了这名少年。那一次，日本棋手在中国进行7站比赛，共对局35盘，中国全线溃败。

另外一个故事，是金庸很早就听说了的。1963年9月，日本派出阵容强大的代表团访华。团长杉内雅男九段有"棋仙"之称。当时， 在北海公园悦心殿内，19岁的陈祖德与杉内雅男对弈决战。这场比赛被陈祖德称为"一生中

① 陈宏：《忆陈祖德：曾在金庸家养病半年》，《青年报》2012年11月5日 。

最艰苦的一局比赛”。比赛开始后，一向势如破竹的杉内惊讶发现，他难以在中盘建立优势，而中盘战斗则是陈祖德的强项。杉内屡屡避开陈祖德的进攻，双方精力耗尽、时间耗尽，双双进入残酷的读秒。杉内也意识到读秒是自己最后的救命稻草，使出浑身解数，陈祖德则保持了惊人的冷静，最终，杉内经受不住紧张的气氛，走出俗手。比赛进行了十个小时，此时双方均已疲惫不堪。杉内沉着脸，凝视着棋盘许久才说道：“我认输”。[①]日本九段不败的神话，自此破灭。

时过两年，陈祖德执黑再度以2又1/2子击败岩田达明，成为首位战胜日本九段的国内棋手。这两场胜利奠定了陈祖德国内围棋第一人的地位。值得一提的是，他曾先后九次出访日本，与日本棋手对垒，成绩一直是胜多负少。

来到金庸家，他的作息与金庸不同。金庸夜晚工作，每天上午才睡觉；而陈祖德一早起床，晚上早早卧床休息。金庸劝他“早上晚一点起床，多睡一会儿”，他说一辈子都不曾睡过懒觉。在家时，每天早起后，他都会先做好全家人的早餐，然后再叫醒妻子和两个儿子起床。两个儿子都继承了父亲善良宽厚热情待人的性格特点。陈祖德说：“这两个孩子从小到大都没有说过学校老师和同学的不好。”

陈祖德起得早，为了不妨碍金庸休息，他就待在屋子里读书。以前，陈祖德没看过金庸写的武侠书，这会儿住在人家家里，却不了解人家的作品总感觉不太好，于是，在金庸家中的“藏经阁”，陈祖德如饥似渴地博览群书，并看完了金庸所著的十四部武侠小说，他认为最棒的是《天龙八部》，而金庸自己认为是《鹿鼎记》。原本，陈祖德并不喜欢中国作家的作品，但金庸改变了他的想法。“对于武侠小说，我以前是一点都不看的。”“金庸的书很有趣，跟古龙、梁羽生不一样。梁羽生也喜欢围棋、象棋，但我后来看梁羽生、古龙的武侠小说，都看不下去，他们的武侠小说抓不住我。”陈祖德对朋友说。

1981年冬天至1982年春天，陈祖德在金庸家住了整整半年，1982年冬天，又住了4个多月。在近一年的长住中，两位不同领域的奇侠对弈无数，每次下棋，金庸总是毕恭毕敬，虔诚得让求道一生的陈祖德都很感动。

“金庸是我见过的最好学的棋迷之一，他总是认真复盘，不懂就问，能感觉出来，他非常想提高自己的棋力。金庸并非是没有胜负心，在高手面前，他知道棋赢不了，总是以非常好的心态来下棋，孜孜不倦地从每一盘棋里吸收营养。”当时中国的顶尖高手陈祖德与金庸对弈，授四子，金庸稍

① 刘旭辉：《生命斗士战斗不止 棋坛传奇不朽》，《新民周刊》2012年11月15日。

弱。陈祖德评价金庸的棋力相当于业余五段水平，也有其他棋手评价金庸棋力大概在业四和业五之间。谈到这个问题，陈祖德笑道：“金老德高望重，以他对围棋做出的贡献，我看再加上个一两段也没关系啊。”

金庸是出了名的棋迷，在其武侠小说中，有多次精彩的围棋描写。其中最有名的是《天龙八部》中的珍珑棋局，逍遥派掌门人无崖子整整花费三年时间，摆出一个“珍珑棋局”，令其弟子苏星河守擂。30年过去，黑白两道高手无人能解，最后，竟被虚竹闭着眼以“自添满（自杀一块解放全局）”的手段胡乱撞开。以“自杀”手法破解棋局，这在围棋对局中经常得见。

金庸在他书中将围棋写得那么美好，在陈祖德心中，自然是一家人。他摆过“珍珑棋局”，可是后来发现现实生活中不太成立，他问金庸，这是不是哪本古谱里来的？金庸告诉他：“那是我想象出来的，没见过真的棋局。”陈祖德大赞其想象力丰富。

2

在金庸家围棋是一种艺术，也是一种力量。在陈祖德眼里，棋和书有着共通之处。从小到大，陈祖德就是一个嗜书者。陈祖德家的客厅，一墙是名著，一墙是棋书。从雨果全集，到各个版本的拿破仑传记，从郎咸平到易中天，包罗古今中外。陈祖德最崇拜法国作家雨果，他喜欢阳刚的作品，“那种力量的东西，看了之后让人热血沸腾”。

养病的半年，也是陈祖德认真思索今后人生走向的半年。每天清晨和傍晚，陈祖德都会从金庸位于太平山山巅的大宅子里出来，沿着山顶小路一边散步一边和朋友聊天，而他给人的印象，更像是一位知识分子而不仅仅是一位专业的棋手。虽然很多人感叹，如果没有“文革”耽误，那陈祖德应该是第一位彻底超越日本的棋手，因为他最好的时光都在“和举重队一起到山西打土坯”中浪费了，但陈祖德几乎从不抱怨，他和朋友聊的，都是围棋和棋手的发展。这一点，让金庸也颇为动容。

患病后，陈祖德被迫离开棋坛一线赛场。陈祖德原本想写些棋谱，跟金庸说了，金庸不以为然，建议他把中国围棋发展的艰难岁月写下来。陈祖德一想，“行，万一哪天我没了，也算对得起自己这一生”。于是，他一边养病，一边撰写回忆录。他给自己立了个规矩，每天写五百字，一写就是近三年。在病中，他饱含深情地回忆了自己和周恩来、陈毅、邓小平、方毅等老一代革命家的交往，以及他们对中国围棋事业的呵护。

书写完了，陈祖德用自己心灵涤荡后的感受“超越自我”命名了这本自传。最初《超越自我》这个书名并没有得到出版社编辑的认可，但因为他的坚持最终沿用了下来。

“与围棋爱好者交流总是令人愉快。”陈祖德在《超越自我》一书中的“我多么希望”一节中如此写道。在无数次与棋迷交流、讲解棋局的过程中，陈祖德首先强调的是“学下棋首先要学做人”，只有宠辱不惊，能进能退，方能应变自如。陈祖德说，“围棋十诀”的第一条就是“不得贪胜”，就是说下围棋首先要有一个平常心，淡看胜负，其实这和做人是一个道理，就是任何事情不能贪得无厌。陈祖德对围棋的领悟贯穿人生历程，他曾说：“现在围棋界太功利，只看到眼前的利益。有的棋手甚至一盘棋都不看，只管自己的成绩。我主张棋手多学习，不要太功利，不要24小时时间都在棋上。不一定读书就要读到大学，但是要学一些有益的东西。”陈祖德首创了“中国流”布局，时至今日仍流行于世界棋坛。

1994年，《超越自我》获得了“人民文学奖”，这可是很多大作家都没能得过的奖。金庸得知喜讯，写来贺信称：“作家堆里混了个棋手，好啊！”

“这本书是1984年在《当代》杂志上连载的，后来发现影响很大，人民文学出版社1986年就出书了。1994年，过去10年间的作品参评人民文学奖，《超越自我》竟然获奖了。”陈祖德自己也没有料到会获奖，但他更兴奋自己对棋局和人生的感悟能够被更多人所知晓，“人民文学奖的规格很高，那一年获奖的都是大作家，像王蒙、宗璞、陈忠实，只有我一个不是。”

2003年退休后，陈祖德仍然念念不忘发掘中国古代围棋文化遗产，在强拖病体奔走四方呼吁国人普及围棋之余，他仍挤出大量时间用于整理古代棋谱，并对部分前人对局加以见解精辟的注解，先后有《新版当湖十局细解》《无极谱》《中国围棋古谱大系》等力作问世。直到生命最微弱的时刻，他为人们留下了宝贵的遗产，集中国围棋经典大全的《中国围棋古谱精解大系》。《中国围棋古谱精解大系》全套14册，每册介绍10局棋，全书1120万字，图谱11000多张，是一部凝结了陈祖德毕生心血的鸿篇巨制。在他看来，围棋文化精品需要传承。“要知道中华民族有多智慧吗，围棋古谱告诉你。”他希望，当棋迷捧在手中阅读，与棋相伴时，能受到围棋文化的熏陶。

此后，陈祖德一直在围棋界推崇读书的好处，“多学文化，多读书，对棋手的成长、做人、思想升华都有帮助”。

3

陈祖德抗癌三十余年，曾数度被下病危通知。2011年，陈祖德再度被诊断患癌症后，他必须一周去两次医院接受检查和化疗，妻子每次心疼他要打车带他去，但他总坚持坐地铁。他说："早晨地铁里不挤，坐地铁挺好。"

他感觉到自己时日不多了，非常惦念正在创作的新书《中国围棋古谱精解大系》。他仍坚持撰写，已经出版了八本，一定要在10月底前出完14本。2011年10月27日，陈祖德获陈毅杯中国围棋年度大奖终身成就奖。

在生命的最后时光，围棋大家刘小光一直陪在陈祖德身边。金庸几次向刘小光打听陈祖德的病情，带口信给他："如果需要，还到我家里来养病。"刘小光曾告诉金庸，"陈老的棋以凶狠著称，每一步棋总是要下得很'撑'，都要拼到底，这次他能以那么羸弱的身体，扛了近两年，靠的就是这种精神，陈老的最后一手棋便是14本《中国围棋古谱精解大系》的编写，写书和照顾家人是他坚强活着的最大动力。"

然而，这盘棋终于走到了尾声。2012年3月陈祖德被确诊旧病复发，11月1日仙逝，享年68岁。赶来悼念的出版界人士称，陈祖德逝世前的最后几天，还在打着点滴整理棋谱。在围棋的传说中，有一座烂柯山，有童子观仙人下棋，悠悠不知岁月。在陈祖德辞世后，微博之上，有网友追忆，"天堂里一定有一座烂柯山，大师此去，可忘忧手谈"。

金庸在香港得知消息后，十分悲痛，他让夫人帮他送个花篮给陈祖德，表示哀悼。很快，查夫人又发来短信说，"查生已经想好了两句话，一定帮他写在挽联上：祖德我棋师灵佑永存　授业弟子查良镛敬挽。"①

金庸特别喜欢、尊重会下围棋的人，他不光管陈祖德叫"兄"，自称为"小弟"，在他心目中，陈祖德就是他的围棋授业恩师。

查夫人还说"查生希望花篮有'面儿'。把花篮送到后，想要张花篮的照片"。金庸说的有"面儿"就是花篮的个儿一定要够大，看起来特别漂亮，才能表达他对祖德棋师的情谊。终于，陈祖德的灵堂前摆了一个特有"面儿"的、足有近两米高的巨型花篮。

金庸对夫人说："将来能在天堂里遇见他，我们还会一块儿下围棋，还会谈论文学，谈论人生和棋局。"

---

① 郭婷婷：《金庸巨型花篮别"恩师"》，《北京青年报》2012年11月8日。

他比我这个“大教授”高一辈

——著名经济学家张五常

一头“标志性”的花白卷发，一张古铜色充满智慧的脸，他就是香港著名经济学家张五常。早在50多年前，他就已经凭一篇博士论文《佃农理论》，一鸣惊人，使得他在经济学界中名声大振，初露头角；后来的经济学论文《蜜蜂的神话》更是奠定了他在经济学上的地位。他的这两篇论文，更是被他的老师阿尔奇安认为在产权理论方面是不可超越的。

1957年，金庸的第三部作品横空出世，震撼了整个天下。更难能可贵的是，这部作品不仅让金庸在武侠世界声名鹊起，甚至许多著名学者也纷纷点赞，其中有一个就非常典型，他就是张五常。他肯定地说：“如果《水浒传》是好文学，那么金庸的作品也是好文学了。”

21世纪初，王朔写了《我看金庸》，张五常也来凑热闹，写了《我也看金庸》说：“查老在文坛上的地位，比我这个‘大教授’高一辈……”张五常也是一个金庸迷，因为喜欢，便呵之护之。

1

张五常说：“我与金庸小说的‘初恋’，始于少年时代偷看了《笑傲江湖》，初尝了‘失恋’滋味。”

张五常是一个正宗的香港人，1935年生于香港一个中产家庭，家境不错，却不幸遭逢日本侵华战争，香港沦陷，全家化整为零，往内地逃难。一度，他背着3岁的妹妹“野外生存”，“废田的零碎农植、山溪的小鱼与虾，原野的草蜢与不知名的小动物，生火烤煮后皆可吃”。妹妹曾被医生诊断为“不可能活下去”，张五常硬把不可能变作可能，“妹妹今天还活着”。

1982年返回香港大学时，第一次面见金庸，张五常这样介绍自己。

1941年12月日本占领香港后，张五常随父母先到澳门，经惠州，曲江（今韶关），最后避难至广西桂林，柳州等地，耳闻目睹中国内地农村之艰苦，从小就希望中国国家富强，人民幸福。1945年返港后求学广东佛山，后来就读于香港湾仔书院、皇仁书院。1957年7月末坐邮轮到北美，船程十八天加五天火车，到加拿大多伦多继续求学。

张五常看第一部金庸小说，那是12岁那年，他念小学六年级临近毕业之前。有一天，他在父亲的房间里看到《笑傲江湖》，是所谓的“内部参考”书籍，水墨画的封面，古意盎然。顺手翻开，里面是繁体竖排的排版。这对于一个小学生是不小的阅读障碍，但第一章的《灭门》就已经看得他欲罢不能。

那时他还不知道这种武侠小说在当年被大人列为“禁书”，小孩是不许看的，可他随手一翻就入了迷，就很自觉地转入“地下”。每天六点整，父亲就会起来做早餐，听他一离开，张五常就一骨碌翻身下床，扑到书桌之前拿起《笑傲江湖》，然后站在窗户旁边，借着熹微的晨光来看，当真可以用如饥似渴来形容。听到父亲做好了早餐在呼唤，他只好依依不舍地把书放回桌子上，装出朦胧初醒的样子去洗漱吃早餐。一天，他找不见那书，是父亲把书还了。张五常怅然若丧的心情，简直就跟失恋一般。

幸好，“失恋”没多久，他发现父亲又拿回一本封面一样的《笑傲江湖》，悄悄一翻，原来是第二册。一看封底标注有五册，这么好看的小说有五本之多，张五常高兴得心花怒放。

到了学校，他就向同学复述那天看到的精彩内容，分享着这个开心的小秘密。小学六年级毕业班，就是在这样梦幻般的日子里度过了。终于，再长的小说都有看完的一天，看着任盈盈心满意足地跟令狐冲携手，张五常的心头涌起万般滋味。然而，更大的震撼是看完“后记”之后。原来，在如此曲折离奇的情节之后，作者想要表达的是如此深邃的主题！这是他第一次看小说猛然醒悟到看热闹与看门道的不同。后来，《飞狐外传》也是父亲借回家看，随手扔在大厅里供奉祖先牌位与福禄寿三神仙的长桌上，张五常花了一个中午的时间就悄悄地看完了。

到了初中，有一段时间学校里轰轰烈烈地展开批判武侠小说、言情小说的“运动”，张五常却坚信自己对金庸小说的判断力，向师长提出他的反对意见，在一篇周记中指出，一刀切地否定一切武侠小说与言情小说是不对的，像武侠小说中的金庸小说，言情小说中的三毛小说（三毛小说当时是被“归档”为跟琼瑶小说一样的性质）都是优秀的文学作品，是学生应该看的。

在成绩方面，张五常是个优等生，但不是一个乖乖听话的好学生，上语文课，他把语文课本放在下面，把《天龙八部》压在上面。到了课间，仍然坐在座位上继续看《天龙八部》。没想到一位老师突然走到身边，一把将书翻到封面，说："你也太用功了吧，下课还在看书？"老师翻到的是压在下面的语文课本，对他的"好学"感动万分，叮嘱他"要劳逸结合，不要看坏眼睛"之类的话。①

1957年1月1日，《射雕英雄传》开始在《香港商报》上连载，作品一经刊出，几乎世界各地的华人报纸都纷纷连载，吸引了大批读者，读者之一就有张五常。《射雕英雄传》连载了两年四个半月，张五常在从香港读到多伦多，读了两年四个半月，一天也不落下。这时，他求学无果，便拿着一架照相机到处拍，拍完了胶卷闲着就捧读金庸小说。

有一天，张五常对同学说："《射雕英雄传》是像《水浒传》一样的好文学。"那同学问他为什么，张五常兴致大发，侃侃而谈。他说，《水浒传》成为"文学名著"，当之无愧。可是，《水浒》问世之初，它的作者施耐庵活着的时候，有没有人将它当"古典名著"？当然不是！今天视《水浒》为"巨著"的朋友，倘若早出生一二百年，未必会把这什么施耐庵放在眼里。施耐庵当年跟金庸一样，写出的根本不是什么"古典名著"，而是"低俗小说"。那时，不仅是"武侠小说"，所有的"小说"都被认定为绝对"通俗"，完全不登大雅之堂。《水浒传》被提升到"文学名著"的高度并得到大众普遍认可，已经是施耐庵逝世五百多年以后的事了。因而，"如果《水浒传》是好文学，那么，《射雕英雄传》也是好文学了"。②这部作品之后，武侠文化不再只是不入流的雕虫小技，它已经开始进入主流文化圈。

1959年，张五常进入美国加州大学，师从现代产权经济学创始人阿尔奇安，8年后获博士学位；后在华盛顿大学任教授。1982年返回中国香港担任香港大学经济金融学院院长。

这时候，金庸小说已经风靡全球华人世界。1955年始至1972年终，正是张五常求学的十七年间，金庸完成了"飞雪连天射白鹿，笑书神侠倚碧鸳"和《越女剑》15部武侠小说，紧接着，金庸开始修订旧版小说，1980年，15部36册《金庸作品集》全部修订完毕，台湾远景与远流出版公司相继出版了

① 张五常：《我最喜欢的四本书》，《南方周末》2013年5月17日。

② 刘国重：《大俗大雅话金庸》，鹿鼎记吧2008年7月5日。

“远景白皮版”、“远流黄皮版”、“远流花皮版”。张五常最喜欢的还是旧版，即在报上的连载或是结集成册的初版本金庸小说，他曾经批评金庸的修改“改变了共同回忆”。

张五常说，“我这一代在香港长大的，没有谁不看老查的小说”。回到香港的张五常接着读他以前没读完的金庸小说，读着，常常有了新的感悟。他认为，说金庸要从第二次世界大战后的社会说起。“年年难过年年过，处处无家处处家。当时是一个无可奈何的社会，今天不论明天事，过得一天算一天。市场的取向，是在不知去向的日子中找点刺激。黄色刊物大行其道。广州出了一个雷雨田，其漫画刻划时代，也因为够‘抵死’而销得。还珠楼主乱放飞剑，牙擦苏与黄飞鸿斗个不休，而写到外国，我们有《陈查礼大战黑手党》。老外当时的文化也差不多。从美国运到中国香港的电影，要不是《原子飞天侠》，就是《铜锤侠大战铁甲人》。在上述的文化环境中，好些到香港来的外江佬要写稿为生。其中两个比较特别：一个是梁羽生，另一个是金庸。他们谈历史，说艺术，论诗词；为了生计他们发明了‘新派’武侠小说。大概是一九五二年，梁羽生在报章上连载《龙虎斗京华》，跟着是《草莽龙蛇传》。一九五四年左右，当梁羽生推出他最好的《七剑下天山》的同时，一个叫金庸的在《新晚报》连载《书剑恩仇录》。《七剑》与《书剑》各擅胜场，打个平手，而又因为面目全新，有故事，我们就不再看还珠楼主或黄飞鸿了。”①

张五常用经济学家的眼光看待金庸的武侠小说创作，他拿施耐庵跟金庸作比较，“想当年，金庸为了糊口下笔，争取读者是重要的”。施耐庵写作《水浒传》完全无利可图，赚不到稿费或是版税，《水浒》几乎没有商业目的，而金庸的武侠小说，却使作者获得了商业上的巨大成功，这是两人最大的区别。他认为，金庸小说的商业性绝对是存在的，问题是商业性程度到底有多大。1963年写作《连城诀》之前的金庸，商业动机非常明显。《连城诀》之后的作品，经济上的考虑就很弱化了。第一个三年，金庸写小说，要挣稿费；第二个三年，金庸要靠小说为草创的《明报》吸引读者和订户。第三个三年，他的武侠小说对《明报》已经不那么重要了，因为1963年《明报》已经站稳了脚跟。此后到1972年金庸写完《鹿鼎记》宣布“封笔”之时，就几乎完全不重要了。当时香港200来万人口，《明报》十几万订户几十万读者，市场接近饱和。没有了武侠小说，多数读者还是会订阅《明报》，尤其要看预测时局极准的金庸《明报社评》，继续连载武侠小说，能

① 张五常：《我也看金庸》，收入《学术上的老人与海》，社会科学文献出版社2001年版。

增加的订户怕也有限。金庸早期作品写得也很用心，这是由金庸的个性决定的，一件事不做则已，做了总要做到最好。金庸自《连城诀》之后的后期作品写得尤其用心，因为他的小说在社会上层得到了相当认可，一些大学问家对它们评价也很高，而经济方面的压力与诱惑同时大幅降低，他后期的几部作品的写作以及后来对旧作的认真修订，皆有将其当作“文章千古事”来经营的味道。因此，《连城诀》以前作品，金庸写给读者，《连城诀》以后的作品，金庸是写给自己的。

离开美国后，张五常雅兴大增，除了是“金庸迷”，书法、摄影和古玩收藏也成为他生活中的重要组成部分。张五常的文章好读、耐读，邓丽君、铁饭碗、宋徽宗等皆可入文，让原本枯燥的经济学妙趣横生。他说，“这也许是我早早读了金庸小说的缘故”。

张五常的“武功”，主要是在经济学上，更准确地说，主要是在合约、产权的研究上。这两块对于张五常来说，类似周伯通的两只手，使的两门惊人绝技。在金庸小说《射雕英雄传》中，周伯通学会双手互搏术，武功倍长；张五常也把合约、产权研究透彻，并且把两者加在一起使用，威力倍增，同样是所向披靡。

事实上，张五常最初的兴趣并非经济学，而是文史，在大量的阅读中，他对中国历史有了初步印象，读金庸小说更让他明白，“乾隆之后的中国，输得一塌糊涂”，“近200年的中国历史，翻来翻去，都是泪水”，这可能是他日后斩钉截铁地说“200年来最好的中国即是现在”的一个缘由。张五常对中国文化和中国历史十分钟情，他曾写过《徐孺下陈蕃之榻》，讲王勃，也曾写过《情似梵高才胜梵高的徐渭》，讲徐文长，这些文章笔力深厚，语言精练，得到非常多人的赞赏。他还把一些粤语，如“扎扎跳”、“湿湿碎”、“走宝”等，直接用于文章，形成了自己的语言风格。

“我日日夜夜地写，刚一写完，我就知道，这篇文章一定可以传世。于是我仰天大笑！”这是张五常在中山大学演讲时所说，虽已是八十高龄，顽童本性显露无疑。他的这份天真立刻让人想起金庸笔下的老顽童周伯通，于是感染了全场，使得笑声频频。

2

在《五常学经济》中，张五常写儿时的香港，很神往那种氛围，他的朋友中有很多“奇人”，如金庸。

1979年的夏天，张五常收到伦敦经济事务学社的主编朋友一封短信，说撒切尔夫人要求一个经济学者回答一个问题：中国会走向资本主义的道路吗？[①]问题有趣。

1979年九月，张五常回到阔别了22年的广州，是从香港坐飞机去的，见到姊姊一家，恍若隔世。

广州之行，张五常得到清晰的结论：中国需要的经济改革，要转到以资产界定权利那边去。这是改革的关键，但要用上什么机制才能转过去呢？张五常思索着，寻找着。

1981年，张五常找到了答案，写了《中国会走向资本主义的道路吗？》一书，断言中国会放弃大锅饭而转向市场的发展。三年之后——1984年，他的推断发生了。张五常又作出预测：只要开放金融（这包括取消汇管），上海超越香港应该是十年以内的事。他对中国改革的预测准确得令人震撼！

跟金庸当年预测“文革中国”一样，张五常预知中国未来的能力也使人向往。于是，在中国高层会见金庸的差不多同一时期，中国高层的许多智囊也来拜访张五常。有人评价说：“金庸通过审美、张五常通过理性，带领我们理解这个世界的发展过程。”

《信报》的《新观察》专栏刊登张五常的《卖橘者言》，是他带着香港大学的学生，在春节前的香港市中心年宵市场卖橘子树，发挥他对自由市场的观点。

金庸读了后对人说：“非广东人可能不知道年宵市场的橘子树好卖，原来它是和‘吉’同音，广东人图的是过年吉利。张五常确实敏感，也新奇，他用卖橘者之言解释自由经济的可贵，希望能协助中国改革选走的路。”这种橘子树一般是半人至一人高，所结的是很小的金黄色橘子，广东花农培植这种橘子树，单纯是为了在年宵市场出售，而客户买了这种橘子树，过年以后就丢掉了。

预知未来的能力使人向往，经济学家张五常就有这种本事，很多在内地生活的人都不知道，中国的改革背后有这样一位经济学家事先看到了今天中国，张五常是现代新制度经济学和现代产权经济学创始人之一，他与二战后几乎所有西方著名经济学家都颇有渊源，非师即友。他的博士论文《佃农理论》，推翻了二百年来西方经济学家在此问题上的传统认识，轰动西方经济学界。他曾在内地掀起了三波热潮：20世纪80年代，张五常的声名始播于中国内地，并很快超越了学术圈。其间，两度晤见中央领导人，并向中国高层

① 张五常：《推断与解释中国》，新浪博客2017年10月10日。

领导推荐诺贝尔经济学奖得主米尔顿·弗里德曼等人。20世纪90年代中期，《经济学消息报》开始刊登张五常的文章，沉寂了四年的张五常再次受内地关注。2000年之后，张五常开始在中国的高校巡回演讲，备受追捧，成为“明星”学者。

演讲结束后，有人对他说，有的听众感到他的话语有点“狂”。“是吗，我‘狂’吗？”张五常习惯性地将双手摊开：“我是作为唯一一位未获诺贝尔奖的经济学者而被邀请参加了当年的诺贝尔颁奖典礼。花几十年时间去作研究，这就好似在轮盘赌上下注，我自己已经押了两个号码了，但轮盘很大嘛……”

这是一个有争议的大师，他从不谦虚，自己也承认喜欢信口开河，他张扬、孤傲，性格怪异。然而，也正是这鲜明的个性成就了他传奇的人生。

张五常喜欢金庸小说，已经不仅仅是因为其文学价值，也不仅仅是因为其渗透着中国传统文化，还因为其渗透着经济学思想。

给大一学生上经济学的课，讲到“交易费用”的部分时，他就提及金庸的《射雕英雄传》。

学过传统教科书经济学的人应该都知道，“福利经济学”用“无效率”作为决策对错的评价标准，常常指责这种行为那种决策不是最优选择，存在着“无效率”。然而在经济学的自私或理性假设的笼罩之下，“无效率”其实就意味着非理性，是违反这个基本假设的——实际上经济学里那一堆无效率、非理性、非均衡的带“否定前缀”的术语全是违反自私假设的。“福利经济学”其实是自以为是，根本不了解决策者面对的局限条件（往往就是漏看了交易费用），才会将最优选择错当成无效率之举，可谓狂妄自大、无知透顶，还自以为是，对别人指手划脚。

在讲解这一部分的内容时，张五常提及《射雕英雄传》中的一段情节：郭靖在桃花岛上“偷窥”洪七公与欧阳峰的比武，他身为旁观者感到非常不解，因为他觉得二人似乎都没有尽全力攻击对方，好像是手下留情似的，但这与二人是死对头的关系有明显的矛盾。好比其中一人一拳打过去，明明再往前多伸出一寸就能打倒对方，却收回去了，另一人也有类似的情况。小说写到这里，身为作者的金庸跳出郭靖的视角，开启“上帝视角”进行评论，说其实问题在于郭靖，他的武学经验还是严重不足，造成判断有误。洪七公与欧阳峰二人确实已经是拼尽全力地攻击对手，绝对没有手下留情。但为什么一拳打过去差一点点也没继续往前打倒对方呢？其实那一拳打到那处，已经竭尽全力了，不可能哪怕只是再往前多递进一寸，这就是所谓的“强弩之末”。“金庸如果只写到这一步，我还不会那么佩服他，他令我如此佩服的，是他更进一步地打了个比方：好比一头老鹰飞在半空，观看地上的老虎与狮子打架，于是大惑不解，想：为什么这两家伙那么蠢？不采用‘飞上天再往下扑’的策略呢？要是用这策略，立即就可取胜啊。然而我们都知道蠢的不是老虎与狮子，而是那头老鹰！老虎与狮子虽是地上最强的百兽之王，却也无法做到‘飞上天再往下扑’这样的事情。老鹰是以己之心（能飞）度他人之腹（不能飞），才会提出如此不切实际的战术。”

讲到这里，张五常话锋一转，回到“福利经济学”，说：“福利经济学家就是金庸笔下的这头老鹰，以为自己比市场里的企业家（也就是老虎与狮子）聪明百倍，却不晓得他们才是最愚不可及的蠢货，对市场里的企业家实际面对的局限条件一无所知，就在那里夸夸其谈。要是他们自己亲自下海经商，一定被市场竞争蹂躏得体无完肤，那时他们才能明白自己就只是一介纸上谈兵的赵括。”他引用金庸写的这一段精彩绝伦的“夹叙夹议”的情节，更好地揭示出“福利经济学”的大错特错之处。

有一天，张五常给学生上“国际贸易”的课，讲到国际金融里充满了错误，连貌似很有道理的“利率平价说”其实也是错的，并举了一个银行职员“哄骗”他父亲买美元存款产品被他立即拆穿的真实故事为例。他刻意地与金庸小说联系起来讲课，说撒谎的一大诀窍早在金庸的《鹿鼎记》里借韦小宝之口告诉大家了，那就是把少量的关键谎言混杂在大量的真实却不重要的细节之中，可将之总结为“韦小宝骗人术”。那银行职员的骗术也是如此，只讲美元存款的利率高于人民币存款（这是事实），却不提当时美元兑人民币一直处于单边贬值的下降通道之中，于是存款人在利率方面的获利会被货币汇率方面的受损抵销得干干净净还不够。

特立独行，永不从众，张五常是目前中国最有争议的经济学家之一。这位年过古稀的老头儿，有点像金庸笔下的老顽童周伯通，不滞于物、口无遮拦，招来了骂声一片，但武功高强，更令人叹服。

3

张五常有一个习惯：每周逛一次新华书店。一天傍晚，他如常来到书店，浏览之间一眼就看到一本书——《金庸小说赏析》，这是百花洲文艺出版社首次出版的第一部“金学”研究的著作。

翻看了几页，他已经决定要买下这本书。一摸口袋，傻眼了，没带够钱。可是，只剩一本了，若等上一周一定会被别人捷足先登的。灵机一动，他将只剩一本的书“藏”到非文学类的书架中，然后骑着自行车狂奔回家，带上钱，再狂奔回书店，拿书，付钱，回家，一口气读完。

那本书是将金庸小说的十五部小说按写作的时间先后逐一进行评述，这让张五常大开眼界。直到今天，他仍然认为这本书是“金学”研究中最好的著作之一，作者陈墨是除自己之外最优秀的“金学”研究者。

与他对比，张五常之所以认为自己的“金学”研究比陈墨强，就是因为他有一般化的理论在手，还有成体系的分析框架，简而言之就是有比陈墨更完整的科学性，而陈墨即使在最具理论性的《金庸小说艺术论》一书中呈现出来的也只是初具科学色彩而已，还远远谈不上有完整的科学性。

1999年11月1日，北京作家王朔在《中国青年报》刊登《我看金庸》一文，引起一场笔战。紧随其后，张五常也来凑热闹，于2000年1月13日写下了《我也看金庸》一文。一开头就说：“北京作家王朔，于去年十一月一日在《中国青年报》发表《我看金庸》一文，痛骂‘老金’，称其武侠小说为‘四大俗’之一（其他三俗为成龙、琼瑶、四大天王）。文坛谩骂历来无足轻重，但查大侠竟然下笔回应，而且是两次。戴天等高手群起而出，拳打脚踢，文坛一下子热闹起来了。查先生的两篇回应写得好——我是写不出来的——但我还是同意朋友的观点，认为查先生不应该回应。他应该像自己所说的：‘八风不动。’王朔的文章没有什么内容——‘人之易其言也，无责耳矣。’（我翻为：胡说八道的话，不足深究。）查老在文坛上的地位，比我这个‘大教授’高一辈。但他显然六根未净，忍不住出了手。前辈既然出了手，作为后辈的就大可凑凑热闹，趁机表现一下自己在武侠小说上的真功夫！”

张五常认为，王朔的这篇随笔是一个小说家的批评，他不喜欢金庸小说，反感甚至厌恶金庸小说，并且把这种个人感受用完全个人化的言辞说了出来。他批评金庸小说的艺术性的低劣与庸俗，属于对小说艺术的价值判断，批评金庸小说的社会效果和作家精神世界的落后性，属于对作品思想价值的判断。“首先要说的，是王朔之文大有‘葡萄是酸的’味道。‘四大俗’畅销，赚大钱——王先生说是资产阶级的腐朽。批评赚钱作品不容易自圆其说：收入多少与欢迎程度之间是有一个等号的。‘俗’有数解，其中‘通俗’这一解是好的。说金庸作品通俗，是对的。王先生所说的‘俗’不知何解，但肯定大有贬意。另一方面，要找到四个大受市场欢迎的‘不是好东西’，绝不容易。”[①]

他批评王朔：“是他不懂武侠小说，他捧出一本《水浒》，但看来不知道还珠楼主那类作品，评武侠小说就不免少了一点基本功。“想当年，金庸为了糊口下笔，争取读者是重要的。……我认为在多类小说中，新派武侠最难写得好。作者的学问不仅要博，而更重要的是要杂——博易杂难也。历史背景不可以乱来，但正史往往不够生动，秘史要补加一点情趣；五行八卦要说得头头是道；奇经穴道、神药怪症，要选名字古雅而又过瘾的；武术招数、风土人情，下笔要像个专家；诗词歌赋，作不出就要背他一千几百首。是的，像金庸那类武侠小说，高人如钱钟书是写不出来的。你可能说钱大师不屑写武侠，但‘不屑’是一回事，要写也写不出来是另一回事了。”

“我对金庸的认识则是‘唐宋以来世家子，雪芹而后第一人’，所以不认为金庸有必要对王朔作回应。”

《明报》的朋友说，金庸当时在英国，读到张五常的文章很高兴。大约2002年，在杭州的一次晚宴中，金庸跟张五常坐在一起。他提到张五常《我也看金庸》，要求放进一本文章结集中，张五常当然同意。[②]

后来，张五常以《我的“金学”研究》为名发布2004年期间撰写的金庸小说系列评论文章。

张五常在《我的“金学”研究》的序言里写道：“大学三年级的日记里有‘经济学是我的妻子，文史是我的情人，但我爱情人胜于爱妻子’之言，然而，后来情况发生了180度的大逆转，我爱经济学胜过了爱文学（历史其实也是经济学的一个研究对象，所以它也归入经济学的范畴，继续为我所爱）。现在我对真实世界中发生的人和事更感兴趣，虚构的文学世界再美我都没有太大的兴致投入大量的精力去研究了。2004年那一段时间狂飙突进地撰写了一大批文学批评类的文章，大概是我这一生中最后一次对文学投注巨大热情，是最后一次‘热恋’了。”现在还有多少人真的在看金庸小说呢？时间真的是把杀猪刀，能经得起它蹂躏的东西实在是太少太少了！更要命的是，这场与时间的搏斗还不完全取决于作品是否具有高度的艺术价值。

张五常认为，在“金学”研究的第一个高潮中，只有陈墨的著作能稍稍带点科学色彩，离真正的巅峰还有漫漫长路。不管怎样，关于“金学”，一切只能留待后人……

---

① 张五常：《我也看金庸》，收入《学术上的老人与海》，社会科学文献出版社2001年版。

② 《张五常论金庸》，五常问答室第74期2007年7月9日。

4

张五常见过金庸三次。第一次是1990年的春夏之交，凌晨二时多，他正在睡觉，接到梁凤仪的电话，说查先生要见他。起初张五常以为是查济民，但听下去却是从来没有见过的查良镛，乐了，便叫梁凤仪替他安排时间。殊不知梁凤仪说："查先生要你现在去，在山顶道一号，他在家等你。"

于是，凌晨三点张五常驾车到查宅，是一间独立房子，进门后见到一排一排的线装书，在书架上放得很整齐，仿佛没有人翻过。有女佣款待上佳的茶。张五常游目四顾，什么都很整齐，一尘不染，跟他自己的书桌历来乱七八糟差太远了。

金庸来了，递给张五常看一封英文信，是《南华早报》的信笺，内容是说要购买《明报》，出价可观。 金庸说，他老了，要退下来，因为见到张五常的文章写得生动可读，希望他能转到《明报》来替代他。这么突如其来，张五常不知怎样回应。金庸知道张五常是港大的经济系主任，不容易离职。大家倾谈了约一个小时，约好日后再谈。

大约过了两个月，张五常收到金庸的一封信，说他在比利时看牙医，回港后会再跟张五常讨论过档《明报》的事。再过几个月，张五常邀请了刚来香港的刘诗昆到港大的一间音乐室演奏琴技，请了数十位知音人，金庸也来了。演奏后，张五常见金庸小心地扶着胡菊人下楼梯，心想，外间传说查、胡两人有过节，应该不确切。在自助餐晚宴时，张五常见到林燕妮，却没见着金庸，得知他先行离开了。此后金庸再没有跟张五常联络关于任职《明报》的事，而过了不久大家知道于品海接手了该报。

2002年5月，张五常到北京大学讲学，夫妇俩住在北大朗润园。说也巧，四年前金庸第一次到北大讲学，夫妇俩也住在朗润园。

两年前，张五常重印英语旧作《佃农理论》时，请一位瑞典朋友写序。该书后来译成中文，而该朋友曾经是诺奖委员会的主席，在书袖上介绍了他。这序言竟然误导了中国的传媒。一份报章说他是诺贝尔奖候选人，瑞典有关人士正在搜集资料云云。与此同时，美国著名新制度经济学家诺斯公开说："如果史蒂芬（张五常的英文名）不回中国香港任职，早就拿得诺贝尔奖。"对此，张五常当然并不认同。

张五常是一个很奇怪的人，作为著名的经济学家，他公开表明他的学说不是"经国济世"之道。他说自己不是为了对现实的经济问题产生影响而研究经济；“著书立说纯粹是为了好玩儿，与功利无关，就像别人画画，练书法一样。当然，跟金庸写武侠小说是不一样的”。

紧挨着“金庸热”，张五常“火”了，纵横内地，布道于大江南北，又行走于庙堂和江湖之间。他的中文著作脱销，高峰时期，一年要做几十场演讲。“你喜欢张五常吗？”成为经济学爱好者的口头禅和分类标识。说他是世界上读者最多的经济学者，大概也不为过。

张五常与金庸一样，曾经获得诺贝尔奖提名，却至今未登上诺贝尔奖颁奖台。1969年，他以名为《佃农理论——引证于中国的农业及台湾的土地改革》的博士论文轰动西方经济学界。他的《合约机构与非私产的理论》《企业的合约性质》等论文继续发展了他在交易费用以及产权重要性方面的理论。于是，在中国香港除夕的小摊上看到了张五常的橘子，在香港广东道看到了他请专家开了一道口的璞玉，在美国华盛顿的果园里看到了他的蜜蜂……这些目前都已经变成了《卖橘者言》《蜜蜂的神话》等经济学理论中被频繁引用的经典。张五常把自己的经济学秘笈说得很玄：“我年轻时招数很多，后来渐渐变成只有三招，渐渐又变成只有两招：在局限条件下，任何人寻求利益最大化；需求曲线永远向右下方倾斜。”听张五常谈经济理论，感觉像在读金庸的武侠小说：用简单的招式就成为武林至尊。张五常甚至把追女孩子也说成了“赌博”，“人生本来就是一场赌博，我的老婆就是我‘赌赢’来的”。

可是，张五常有一项“赌注”从来没有中过：诺贝尔经济学奖。1991年，他作为唯一的未获奖人而被邀请参加了当年的诺贝尔颁奖典礼，并且在颁奖仪式上致词，但离最终的夺魁却总有一点距离。对这个举世瞩目的桂冠，张五常也有一点傲慢，只不过这种傲慢里，让人感到一种酸溜溜的味道。有人问他：“如果有人把你的创见用数学方程式表现出来，结果拿了诺贝尔奖，你是否遗憾？”“其实拿不拿奖是无所谓的，我不会为拿奖而刻意地去做什么事情。”张五常回答，“有人说诺贝尔奖给我也不要，这完全是胡说八道。”“他们把奖给了弗里德曼，给了科斯，给了诺斯，为什么不给我？”①

跟张五常不同，金庸公开宣称无意于诺贝尔文学奖。

1999年3月，金庸到杭州，以新任的浙江大学人文学院院长的身份与媒介见面。有记者在仪式上提起，到目前为止诺贝尔文学奖得主没有一位是中国人，而金庸的老同学正为他攀登这荣誉高峰而奔走。他立即说：“我不会得诺贝尔奖。”他回答：“在我看来，诺贝尔奖的评委是西方国家的多，有反

---

① 潘田：《张五常：“诺贝尔奖为何不给我”》，《新闻晨报》2002年4月30日。

共和反中国的传统，我一不反共，二又爱国，所以不会够他们的‘条件’。我不会牺牲自己的信念去迎合他们的喜好。所以，这种奖不可能靠‘奔走’获得，也大可不必‘奔走’。”他说，诺奖评委们坚持很固定的西方评审标准，他们的西方民主自由思想对中国这一套来说基本上是反感的。言下之意即使将诺贝尔文学奖颁给他，他也不会接受。

张五常在治学从教之余，写了大量随笔，这些随笔，跟学问有关，跟教育有关，也跟兴趣爱好有关。张五常的文字，浅白而淋漓，“我的文章总是暗藏杀机”。他说，“因此很多人劝我去写武侠小说，但这太花功夫了，我达不到金庸那般的博杂”。但这却并不妨碍张五常认为自己可以竞争诺贝尔文学奖。

有记者曾问张五常：“有人认为，如果您留在美国，会获得诺贝尔奖，有更多荣誉。”张五常反问对方：“1983年起我转用中文下笔，是为了对同胞的一点关心，是中国的青年重要呢，还是什么奖重要呢？”他接着说：“只有科斯一个同意我的看法，两年前他对一位朋友说，当年催促史蒂芬回中国香港任职，是他平生做得最对的一件事。今天看，如果你说的荣誉重要，那我当年舍英取中的选择是做对了。我是坐上了中国发展的船：这船沉没我会没顶，没有谁会记得我；这船一帆风顺再二十年，我写下的不会被视作粪土。从来没有刻意地争取什么身后声名，历来不重视，但今天看走势如斯也。神州再起，炎黄子孙要沾一下光理所当然，我是买了上佳的座位票的。”

2018年11月6日，张五常写了《日暮黄昏话金庸》一文予以怀念，末尾感叹道：“金庸舞罢歌台，我自己日暮黄昏。回想二十八年前跟他的简短交谈，感受上是在跟他对弈，因为他感染着我要推敲他是在想什么。不是舒适的感受。我平生遇到过的学问高人无数，查先生是其中一个。只他一个给我那样要推敲的不舒适的奇异感。从我的视名头如粪土的个性选择，查先生是个不容易交为朋友的人。”

“明月”照耀下的“香港俞平伯”
——红学家林以亮（宋淇）

“凡是有华人、有唐人街的地方，就有金庸的武侠小说。”林以亮说这话的年代，金庸还未“经典化”，还没有所谓的“金学”。

林以亮是香港红学前辈，在海内外有很大影响，《红楼梦大辞典》将他与蔡元培、王昆仑等并列为八位著名红学家之一。

他最早公开表示对金庸作品的重视和赞赏——在台湾有夏济安，香港有林以亮。林以亮藏有金庸的整套武侠小说的签名书。

1

1967年春，林以亮将张爱玲写的《初详红楼梦》一稿转递给《明报月刊》，并很快发表。

1966年，内地“文革”烽起，金庸觉得传统文化将受到冲击，他创办了文化月刊《明报月刊》，以保存文化薪火。这段时间，香港的《红楼梦》研究十分红火，红学论争迭有发生。于是，金庸邀请林以亮来明报社一谈。

林以亮生于1919年，原名宋淇，又名宋悌芬，浙江吴兴人。1940年，毕业于燕京大学西语系。比金庸年长5岁的林以亮跟金庸差不多同期从内地到香港，先在美国驻香港总领事馆新闻处做翻译工作，后在电懋电影公司担任制片人的职务，近年重回香港中文大学任校长的特别助理。因为工作不太忙，他开始写文章，成为《明报》的特约撰稿人。

这天，林以亮跨进金庸的办公室。

“感谢宋先生的推荐，张爱玲其实也是个红学家。”金庸带着敬意说道。

“应该是吧。她研究《红楼梦》是在香港起步的，现在她在美国还惦记着中国香港。我写信跟她说了《明报月刊》，她就嘱咐我将这篇文章给了明报。”林以亮说道。金庸很高兴：“我们需要这样的大家文章。听说张爱玲跟你同事多年，她跟你们夫妻的情谊很不一般，是不？”

1952年，海明威发表中篇小说《老人与海》，刊登这篇小说的美国《生活》杂志在48小时之内竟售出了530万册。也就在这一年的7月，张爱玲离开上海到达香港。她先在香港大学文学院注册，准备继续未完的学业，终因种种原因未能如愿。后来，张爱玲来到美国驻香港总领事馆新闻处找了一份翻译工作，受到同事林以亮与邝文美夫妇诸多照顾，彼此成为下半生最要好的朋友。[①]

与林以亮共事，张爱玲参与了大规模的美国文学作品中译计划。两年之后，张爱玲翻译了《老人与海》，中译本于1955年由香港中一出版社出版。林以亮对金庸说：“海明威1954年因创作《老人与海》荣获诺贝尔文学奖，这大概是张爱玲翻译这部作品的缘由，何况这还是《老人与海》最早的中译本。同年秋天，张爱玲就漂洋过海移居美国了。”

1955年张爱玲移民到美国，第二次结婚；1961年她的第二任丈夫赖雅患病，她急需要钱。当时最快赚钱的方法就是来中国香港帮电懋电影公司写剧本，于是她重返香港。当时，林以亮是电懋的监制，可以帮她安排工作。很快，张爱玲写出《南北一家亲》剧本初稿，因她不了解南北文化的冲突，林以亮遂帮她修改，可以说是两人合编，但为了张爱玲可以拿取全部编剧费，最后只署了她的名字。“其实，这一次做同事只有三个月，两年后她又回了美国，写她的《红楼梦魇》去了。”林以亮说。

金庸自幼就读《红楼梦》，并影响了他日后的创作。如今有一位红学大家坐在面前，他欣然说：“清朝的时候流行一句话，开卷不谈《红楼梦》，纵读诗书也枉然。就算你四书五经读了很多，你不读《红楼梦》的话，你的知识还不够。我一直感到《红楼梦》这样一部好的小说，为什么没有一位真正的小说家来批评、评论一下呢？是真正小说家的文学批评。我觉得很好看。”因而，他明示《明报月刊》主编吴菊人，“《红楼梦》研究应是月刊的开卷大作，可多约学术大家的文章。”

金庸突然转移话题，问：“胡适先生当年与你父亲有交情，你见过他吗？”

林以亮回答：“年幼时，家中来了一位笑眯眯的客人，教我下了一下午的西洋棋，后来才知道那便是大名鼎鼎的胡适。”

金庸笑了笑说：“胡适先生不认可我的武侠小说，可他的红学观点跟我是一致的。他反对我，我不反对他。”

---

① 陈子善：《张爱玲译<老人与海>》，《文汇报》2003年9月8日。

话题又被拉回到《红楼梦》研究上，两人热烈地讨论着。金庸说："胡适先生认为《红楼梦》这部书是曹雪芹的自叙传，这几乎已经成为学界的共识，而张爱玲的文章却称'《红楼梦》是创作，不是自传性小说'，简直是对整个新红学的彻底否定，你怎么认为？"

"不，细读她的论述，随处可见《红楼梦》小说情节与曹雪芹家事关系密切的说法，其实她所否定的只是将小说一切情节、细节都与曹家故事印证的做法，她和我的观点一致：《红楼梦》是一部以曹雪芹家事为故事原型的具有自传色彩的小说。"林以亮说："张爱玲之所以强调《红楼梦》是创作，不是自传性小说，或者与她对自己小说读者的期待有关。张爱玲早期的小说，尽管也有家族亲朋的故事原型，但总体上与她个人的生活经历没有什么直接的关系，也可以说是没有自叙色彩。"

林以亮告诉金庸："当年电懋公司有多人争着写《红楼梦》剧本，我和张爱玲也想写，可我让给了她，但未曾预料，编剧《红楼梦》最后却演变成张爱玲挥之不去的梦魇。"张爱玲编剧的《红楼梦》被弃拍的主要原因，源自邵氏、电懋竞争的白热化。电懋宣布拍《红楼梦》之后，邵氏也宣布拍彩色《红楼梦》。

林以亮回忆，当时邵氏手中三个大牌是乐蒂、林黛和李丽华，迎战电懋抢拍《红楼梦》时邵氏集所有片场之力，全力拍《红楼梦》。"邵氏有现成的古装片场，素来也有黄梅调电影，只要往里填词就可以。但张爱玲写《红楼梦》弃用黄梅调，改用国语，全部台词是从无到有，我们都知道张爱玲对《红楼梦》一直以来的敬重，从年少创作《摩登红楼梦》，到晚年写出整本考证，你可以想见她态度之慎重。张爱玲当时甚至写到眼睛充血。"可就在这时，香港很多电影公司也群起拍《红楼梦》，潮语片、粤语片，上海也传来消息要拍王文娟和徐玉兰主演的越剧《红楼梦》。在这种形势下，电懋决定放弃拍《红楼梦》，已有的剧本胎死腹中。[①]这样，张爱玲的红学研究从剧本创作转向原著注评了。

金庸起身递上一份聘书。林以亮成为《明报月刊》的特约撰稿人以后，他更加关注香港的红楼梦研究，与金庸的关系更加亲密了。

1973年3月，林以亮在《明报月刊》上撰文《喜见红楼梦新英译》一文。1973年初，英国企鹅出版社出版了五卷全译本《石头的故事》，是牛津大学讲座教授大卫·霍克思根据程乙本《 红楼梦》翻译的。这是70年代英国文坛上的一件大事，也是《红楼梦》翻译史上的重要一章。林以亮给予高度评

① 陈晓勤：《张爱玲写<红楼梦>没收到剧本费》，《南方都市报》2013年5月21日。

价，指出："霍克思译本有几个特点，其中之一是把男女主角译音，而把丫头及次要角色译意。宝玉、黛玉等当然译音，袭人译为'香气'，平儿译为'忍耐'。这是一个极聪明的措施。""另一个特点是把'此开卷第一回也'从第一回的正文中提出来，另译入序中。""最重要的一点是译文将每一字、每一句都译了出来。这才是翻译文学名著的不二法门，而霍克思在这一方面确煞费心思。译者文笔流畅且又忠于原著，甚至连原小说中的双关语都没有阙失遗漏，这给精通英文的读者留下了极其深刻的印象。"①这篇文章是《明报月刊》当期的开篇，引人注目。

当年秋天，林以亮邀请历史学家、汉学家余英时赴香港中文大学讲学，学术报告会以"《红楼梦》的两个世界"为题。林以亮将讲演稿《近代红学的发展与红学革命》《红楼梦的两个世界》拿给了金庸，刊登在《明报月刊》1976年6月号上。此时，林以亮的红学研究已经初露锋芒，在《明报月刊》发表的论文有《新红学的发展方向》《论大观园》《论贾宝玉为诸艳之冠》等，每一篇文章都在《红楼梦》研究领域产生很大影响。据说余英时《红楼梦的两个世界》的基本观点，就来源于林以亮的《论大观园》一文。

2000年底，中国书店出版社将林以亮历年来的红学论文结集出版，名曰《红楼梦识要》，其中有大量篇章是当年应《明报月刊》所约而写。人们通常把红学流派归纳为索隐派、考证派和文学批评派，林以亮无疑是属于文学批评派。他研究《红楼梦》的一个基本出发点，就是认为《红楼梦》是一部文学作品，是小说，因此他十分注重对《红楼梦》的文学成就、艺术特色、人物形象及在世界文学史上的地位的研究。

中国红楼梦学会副会长蔡义江在《红楼梦识要》一书的序中，称林以亮是"香港的俞平伯"，这自然是一个很高的评价。如果说得确切一点，应该是"'明月'照耀下的'香港俞平伯'"。

2

1969年初春，在明报社长办公室里，金庸为林以亮泡了一杯茶，说："宋先生，你的父亲宋春舫，戏剧家的名声我是知道的，而且我还知道，你还从事电影，真的不简单。"

"谢谢查先生看得起我。说实话，在这几年，我看明报，读你的小说，在你身上学到了很多东西。"林以亮谦虚地说："我在上海念书时有位同学

① 林以亮：《喜见〈红楼梦〉新英译》，《明报月刊》1973年6月。

夏济安，他非常喜欢看武侠小说，并且认为武侠小说的创作大有可为，他就跃跃欲试也想写武侠小说。后来，在台湾，有人给他看了你的《射雕英雄传》，他就给我写信说：‘真命天子已经出现，我只好到扶余国去了。’可见，夏济安先生对你真是佩服得五体投地。”

“哪里哪里，你在上海圣约翰大学附中念书时，我的哥哥查良铿与你同学，由此说来，宋先生，我应该尊你为师。”说着，金庸深深地向林以亮鞠了一躬。

林以亮看的第一本金庸小说是《飞狐外传》，再看《雪山飞狐》，后来才看《射雕英雄传》。1960年，金庸创办了一份小说杂志《武侠与历史》，1月11日的创刊号，《飞狐外传》连载于此。作品以主人公胡斐除暴安良为故事的中心，讲述了胡斐为追杀凤天南在路上所发生的一切，特别是主人公与两位女性程灵素、袁紫衣所发生的恋爱关系，让人觉得惋惜与无奈。 如果说郭靖是金庸笔下的“为国为民”的“侠”的理想的化身，胡斐则是金庸“锄强扶弱”的理想的化身。他可以为素不相识的一家三口打抱不平，不为所爱之人的恳求所动，体现出江湖一代大侠在爱情面前是那样的脆弱与无奈。“我每天看《明报》，看《飞狐外传》一篇不落下，我以为，陈家洛忧郁不言，坟前洒泪，比《书剑恩仇录》中可爱得多。”林以亮评论道。

金庸哈哈一笑说：“我早想把你请来一块儿聊聊，今天终于见到你了，我很高兴。只是这感觉有点怪怪的，哈哈。”

林以亮笑笑说：“昨晚偶遇倪匡和古龙，他们看见我也是感觉怪怪的。于是两个人合力把我灌倒，他们的感觉就开始好了起来了。所以查先生看看有没有必要，也这么灌在下一次？”

“哈哈，难怪你遇到了那两个老顽童，不醉才是怪事了。”金庸笑得很爽朗，突然又正色说：“宋先生，你不会是专程来找我聊天吧？”

林以亮正色道：“不错，我的确有事有求于先生，是这样的，我的朋友打算出一本杂志，创刊号上有一则对你的访问录 ，所以请你帮忙，安排出时间，我们在一块聊聊。”

金庸眉头一皱道：“是你访问我，还是你的朋友？看来我是非答应你不可啊。”

林以亮道：“我想，查先生是会给我这个情面的。”

金庸点点头说：“呵呵，我都想不出拒绝你的理由了。那好，我会给你约定时间的！”

半年以后，在林以亮的朋友王敬羲创办的《纯文学》第10月号刊登了林以亮对金庸的访问记。摘录其中的片断：

林以亮：宋朝有一个词人柳永。当时流传这么一句话：只要有井水的地方，就有人会唱柳永的词。现在，我们也可以说同样的这么一句话：凡是有华人、有唐人街的地方，就有金庸的武侠小说。那么，请问金庸先生，你是怎么开始写武侠小说的？

金庸：最初，主要是从小就喜欢看武侠小说。八九岁就在看了。第一部看《荒江女侠》，后来看《江湖奇侠传》、《近代侠义英雄传》等等。年纪大一点，喜欢看白羽的。后来在新晚报做事，报上需要有篇武侠小说，我试着开始写了一篇，就写下去了。那篇小说叫做《书剑恩仇录》。

“凡是有华人、有唐人街的地方，就有金庸的武侠小说。”这是作家林以亮先生对金庸武侠小说流传之广的一种描述。这绝不是夸张之言，金庸小说的读者数以亿计，“金庸热”是当代中国不可忽视的文化现象。

紧接着，林以亮用研究《红楼梦》的口吻探索，他问金庸：“一般写小说、写戏剧，总有两个不同的出发点。有人说，应该先有人物，后有故事。另外也有人说，应该先有故事，然后根据故事，再写人物。那么，请问你写小说的时候，是人物重要呢？还是故事重要呢？”

金庸愉快地回答道：“依我自己的经验，第一篇小说我是先写故事的。我在自己家乡从小就听到乾隆皇帝下江南的故事，关于他其实是汉人，是浙江海宁陈家的子孙之类的传说，这故事写在《书剑恩仇录》中。初次执笔，经验不够啦，根据从小听到的传说来做一个骨干，自然而然就先有一个故事的轮廓。后来写《天龙八部》又不同，那是先构思了几个主要的人物，再把故事配上去。我主要想写乔峰这样一个人物，再写另外一个与乔峰互相对称的段誉，一个刚性，一个柔性，这两个性格相异的男人。”

“所以我看你的小说，就有一个印象，觉得你那些小说与别人不同的地方，就在于你的人物创作，非常成功，很有个性，而故事情节，则随着人物的性格而发展，这样就避免了所谓‘庸俗闹剧’的倾向。”[①]林以亮分析道。

这一期的《明报月刊》刊登了林以亮《金庸访问记》，文末写道：“与金庸先后写作武侠小说的作家不可胜数，其中有些作家在特殊的气氛、谲异的情节、新奇的武术招数的创造上，可能超过了金庸。可是以总成绩、影响和号

① 林以亮：《金庸访问记》，《纯文学》1969年第10月号。

召力，以平均的成就而论，我们不得不承认：金庸值得我们特别注意。”

林以亮的“特别注意”，没有“注意”错，事后证明，金庸不但风靡了香港、海外的华人社会，连台湾、大陆也卷起了“金庸风暴”。他之慧眼，证明他有别于一般的批评家。

这是文学批评家对金庸武侠小说最早予以肯定的文章，而在这之前，金庸的武侠小说一直受到人们的苛评，弄得他不得不撰文承认自己“只是一个讲故事的人”，好比宋代的“说话人”、近代的“说书先生”。为了这件事情，金庸一直没有忘记《纯文学》，没有忘记林以亮对他的仗义支持。

六年以后，在《纯文学》摇摇欲坠快撑不下去时，金庸派人找到王敬羲，说是要买全套的《纯文学》，如果凑不齐全套，有多少本，就要买多少本，并附来一封短笺，“似乎是想表示一点支持之意”。当然，购买全套的《纯文学》，杯水车薪，只是象征性的支持，并不能挽救香港《纯文学》停刊的命运。

3

1981年3月初，林以亮探亲返乡以后回到了香港。踏上岸，他感觉海风吹拂下，温暖的感觉浸润了整个身体。这种久别的温暖，让他舒服得差点呻吟出来。没有感受过浙北地区的冬天，是不会觉得香港的冬天居然是如此的舒适。

浙江湖州老家的乡村，苕溪众多，民风淳朴，生活节奏很慢，在农闲时节，每天有用不完的闲暇时间。在那里，人们是不会想象得到城市中的人，尤其是经济发达城市中人，生活节奏是多么的快，个人的空间被压缩得多么的少。

回来后，林以亮还未躺在床上休息，首先就打电话问候了金庸。

金庸显得非常的高兴，同时极其关心内地的情况，事实上，从50年代来到香港之后，他已经有快30年没有回过中国内地了。

“改革之后的中国正在发生变化，深圳那边，发展的很快。不过在中部发展的却很慢，尤其是乡村人少地多，农闲时候无所事事。同时，农民收入很少，安徽那边的农民，一年只有200元的收入，到了过完年之后，多半也就用完。很少家庭能够拥有储蓄。”林以亮对于内地的真实见闻，很有感触。

金庸深深思索片刻说道：“有进步就好！特殊时期时，我在香港发文大骂内地。改革开放后，我写稿称赞内地政府。虽然我自认为了解内地，但是却总是通过文字和图片来理解，而没有机会真正回到内地去深入体验。真羡慕你啊，想去就去。”

金庸虽然交友广阔，不少的朋友已经在内地身居高位。而办《明报》更让金庸的大名落入中央政府高层的法眼。不过正是因为办了《明报》，使得他一举一动被视为舆论、政治行为。因此进入内地，不是他想去就去，得需要有正式的邀请，他才方便到内地。几个月后，金庸如愿获得邀请，带着妻子儿女赴内地探亲。

听说金庸带着妻儿回内地探亲，林以亮也高兴，关注着他们的行程。这天傍晚，他一边观看着电视，一边品味着金庸馈赠的龙井茶，这茶叶听说是他的弟弟从内地寄过来的。突然，一段画面让林以亮差一点儿从座位上蹦了起来：1981年7月18日上午，邓小平以中共中央副主席的身份会见了香港《明报》社的创办人和社长金庸。一见到金庸，邓小平就立即走上前去握着他的手，满脸笑容地说：“欢迎查先生回来看看，我们已经是老朋友了，你的小说我读过，我这是第三次‘重出江湖’啊！你书中的主角大多是历经磨难才终成大事，这是人生的规律。”

邓小平是金庸（查良镛）武侠小说在中国内地最早的读者之一。1973年3月，恢复工作不久的邓小平从江西返回北京，托人从境外买了一套金庸小说，并对其爱不释手。

金庸回到香港后，立即给邓小平寄去了一套全新的《金庸小说全集》。当年9月，《明报月刊》同时发表了金庸和邓小平谈话记录及《中国之旅：查良镛先生访问记》，此书出版后，一时间洛阳纸贵，出版3天后就告罄，连续加印了两次。

这天，林以亮去见金庸。

金庸述说着内地之行的见闻，忽然，林以亮插了一句：“你应该继续写下去！”

金庸说：“我觉得继续下去，很困难。虽然为了报纸，有这个必要。……但是我每多写一部书，就越觉得困难，很难再想出一些与以前不重复的人物、情节。我想试试看是否可以再走一些新的路线。”其实，大多数读者在当时并不要求金庸不重复以往的人物与情节，只要重复的内容不很多、不十分显著，也就可以了。好像也没有哪位读者明确要求金庸“再走一些新的路线”，“《射雕》三部曲”的旧路线反而是他们一直喜欢的。这些，都不是读者的要求，是金庸对自己的要求。

“呵呵，闲着也是闲着。亦舒笑话我说，我是靠‘江南七怪’和乞丐们撑起早期的《明报》。现在《明报》红火起来了，就忘本了。其实，我没有忘本，一直没有丢掉武侠小说。从写完《鹿鼎记》后，我的笔并没有停下来。新作是没有的，但是这些年都在修改以前的书。修改付出的精力，比以前连载时候赶稿子时也不逊色多少。当然了，我也是看武侠小说的，但是除了古龙等人写的之外，也没有什么特别引人注意的小说。你在内地发现有新的武侠小说吗？”金庸显得语重心长。

“书摊上有古龙的，许多青年学生喜欢看。噢，广州出了一本叫《武林》的新杂志，创刊号开始连载《射雕英雄传》。听说一期就卖了300多万册，很火！”

金庸咧嘴笑了。

林以亮的散文是他学识才情的真实而自然的流露。怀人忆事在他只是偶一为之，但一经出手，便文情并茂，感人至深，如传诵一时的名文《私语张爱玲》和《毛姆和我的父亲》等。金庸更喜欢他的序跋和读书札记，如他为《四海集》（夏志清、林以亮、余光中、黄国彬合著）写的序《秀才人情》，以武侠小说的“武功”术语贯穿全篇，出人意外又辞理俱胜，已被公认为台港学者散文的佳作。他那些短小隽永的《文思录》《再思录》和《三思录》（均收入《更上一层楼》），古今中外，书艺武术，无所不谈，熔知识、见解、机智和幽默于一炉，活泼生动而又甘醇可口，令读者回味无穷，金庸赞叹“像用精致的银杯盛的陈年佳酿”。

4

在邓小平会见金庸后不久，金庸小说在内地开始销售，并很快成为畅销书。金庸研究也从香港翻滚至内地而汹涌不息。1987年，张彻和董千里主编《金庸百家谈》一书，内有林以亮的长篇访谈录《金庸的武侠世界》。

有一天，林以亮和金庸从早晨谈到中午，又从午后谈到傍晚，晚餐后接着访谈。两人从小说人物说到武功，延伸到人生的境界。林以亮一连说了三个“印象”，肯定金庸小说不同凡响的成就。在当年来说，实是“破天荒”；于今读来，仍觉趣味盎然。

林以亮说：“另外我还有一个印象，觉得，你一连几本小说的男主角，都有一个同一的发展原则，即集大成者。譬如《书剑恩仇录》的陈家洛，《碧血剑》的袁承志，《射雕英雄传》的郭靖，《神雕侠侣》的杨过，《倚天屠龙记》的张无忌，以至现在《笑傲江湖》里的令狐冲，他们的武功，都并非从一派而来，他们的师父，总有好几个，意外的机缘，也有很多，然后本身集大成。这算不算是你个人的一种信念呢？”

金庸回答：“倒不是故意如此，大概只是潜意识地，自然而然就是这样吧。又也许因为，一般写武侠小说，总习惯写得很长，而作者又假定读者对于男主角作为一个人的成长，会比较感觉兴趣。如果我们希望男主角的成长过程，多彩多姿，他的武功要是一学就学会，这就未免太简单了。而且，我又觉得，即使是在实际的生活之中，一个人的成长，那过程总是很长的。一个人能够做成功一个男主角，也绝不简单。”

紧接着，林以亮刨根问底：“还有一个印象，也许只是我个人的印象，就是你那些武侠小说的男主角，在他的成长过程当中，不管是人生的成长过程，或是武功的成长过程，发展到最后，每个男主角都总会发展到一个最高的境界。这最高的境界，也许我们可以借用王国维《人间词话》那三种境界的最后一种来说明一下：‘众里寻他千百度，蓦然回首，那人正在灯火阑珊处。’这境界，似乎是那男主角自己悟出来的。譬如说扬过，发展到最后，起先是用铁剑，后来是用木剑，最后是根本不用剑。还有张无忌，跟张三丰学太极剑，最后目的竟是要把学来的剑法都忘掉了。师徒两人练剑的时候，张三丰问他：‘你忘掉多少啦？’张无忌回答：‘忘掉一半啦。’后来又再问，总之是要把剑招全部忘掉。现在《笑傲江湖》的令狐冲，最后‘独孤九剑’，也是没有招数的。甚至陈家洛也是看了庄子，而悟出来了一种道理，达到武功的最高境界。这都是不约而同的，有这么一个相同的倾向。关于这点，你私人的看法怎么样？”

“这大概是有一点受了中国哲学的影响吧。”金庸说：“中国古代哲学家一般都认为，人生到了最高的境界，就是淡忘，天人合一，人与物，融成一体。所谓‘无为而治’其实也是这种理想的境界之一。这是一种很可爱的境界，所以写武侠小说的时候，就自然而然希望主角的武功也是如此了。”

金庸曾说：“我是一个讲故事的人。”林以亮问了一个讲故事的技巧问题：“讲好故事并不容易。在你的武术小说里面，有好些因素，都是中国的旧小说里面不曾有过的，譬如把现代西方侦探小说的技巧，也运用武侠小说里面去。这里我不妨举一两例。一个是《射雕英雄传》，譬如起先好像东邪下毒手杀人，到头来却是西毒下的毒手，而一路下来，不但郭靖给瞒过了，连读者也是疑信参半，最后才揭晓。第二个例子是周芷若，起先读者都以为她是正派，最后揭晓才知道她是反派。不过关于周芷若你刚才也解释过，那是故意表明环境可以使一个人变好或变坏了。第三个例子就是《笑傲江湖》

的聋哑婆婆，起先大家都不知道她是谁，最后揭晓才知道原来是仪琳的母亲。这些，我都觉得你好像是受到了一点西方侦探小说的影响。”

“呵呵，你读小说读得很细心。不错，侦探小说我一向都很喜欢看。侦探小说的悬疑与紧张，在武侠小说里面也是两个很重要的因素。因此写武侠小说的时候，如果可以加进一点侦探小说的技巧，也许可以更引起读者的兴趣。”金庸郑重其事地说：“其实，武侠小说虽然也有一点点文学的意味，基本上还是娱乐性的读物，最好不要跟正式的文学作品相提并论，比较好些。不过老朋友一起谈谈，也无所谓。”

紧接着，林以亮从《神雕侠侣》中的杨过，《倚天屠龙记》中的赵敏和周芷若等人物的正反角色转换，询问金庸的这种安排，算不算是故意为自己出难题呢？抑或只是一种文字上的游戏？譬如“神龙摆尾”这一招，夏济安先生对他的学生说过，拿粉笔向后面一摔，就是“神龙摆尾”。这是说笑话啦。你自己设计的时候又是怎样的？有没有像武侠片那样，也有一个武术指导呢？

谈起小说中的武道，金庸滔滔不绝：“关于武术的书籍，我是稍微看过一些。其中有图解，也有文字说明。譬如写到关于拳术的，我也会参考一些有关拳术的书，看看那些动作，自己发挥一下。但这只是少数。大多数小说里面的招式，都是我自己想出来的。看看当时角色需要一个什么样的动作，就在成语里面，或者诗词与四书五经里面，找一个适合的句子来做那招式的名字。有时找不到适合的，就自己作四个字配上去。总之那招式的名字，必须形象化，就可以了。中国武术一般的招式，总是形象化的，就是你根据那名字，可以大致把动作想象出来。”

“我觉得你最近的《笑傲江湖》实际上是又达到了一个新的高峰。我们当然希望你能继续写下去，不能够休息三年五年。还有关于《书剑恩仇录》，我觉得其中人物的刻画，情节的发展，有些地方，太像《水浒传》了。也许这是你的第一部小说，所以尚未达到你后来自成一派的境界，不知道你自己以为怎样？”林以亮问了一个新问题。

金庸说：“我不会写就模仿人家。在写《书剑恩仇录》之前，我的确从未写过任何小说，短篇的也没有写过。那时不但会受《水浒传》的影响，事实上也必然受到了许多外国小说、中国小说的影响。有时不知怎样写好，不知不觉，就会模仿人家。模仿《红楼梦》的地方也有，模仿《水浒传》的也有。我想你一定看到，陈家洛的丫头喂他吃东西，就是抄《红楼梦》的。你是研究《红楼梦》的专家，一定会说抄得不好。”

林以亮说："我不知道你自己知道不知道，在美国，有很多地方，都成立了'金庸学会'。中国籍的大学教授、学生，都参加了。我想主要的原因，有以下几点：第一点，你的小说，经常谈到中国儒家、道家、佛家的精神和境界。第二点，里面也经常讲到中国文化传统道德标准：忠、孝、仁、义。第三点，你的文字，仍然保留了中国文字的优点，很中国化，并没有太像一般文艺作品造句的西洋化，这在异乡的中国人看来，就特别有亲切感。在这种情况下，我觉得你应该继续写下去。"

金庸摆了摆手："这事，我真的不好意思讲了。一些本来纯粹只是娱乐自己、娱乐读者的东西，让一部分朋友推崇过高，这的确是不敢当了。我觉得继续下去，很困难。虽然为了报纸，有这个必要。有些读者看惯了，很想每天一段看下去。但是我每多写一部书，就越觉得困难，很难再想出一些与以前不重复的人物、情节，等等。我想试试看是否可以再走一些新的路线。我想任何一种艺术形式，最初发展的时候，都是很粗糙的。像莎士比亚的作品，最初在英国舞台上演，也是很简陋，只是演给市井的人看。那个有名的环球剧场，都是很大众化的。忽然之间，有几个大才子出来了，就把这本来很粗糙的形式，大家都看不起的形式，提高了。假如武侠小说在将来五六十年之内，忽然有一两个才子出来，把它的地位提高些，这当然也有可能。"①

后来，林以亮离开香港去内地养病 。若干年后，金庸归乡探亲，专程看望过他。

晚年，林以亮多病，在给金庸的信中幽默地署名"五湖废人"，这是金庸小说《射雕英雄传》中一名角色的别号。

1996年12月，林以亮在香港逝世。

① 林以亮：《金庸的武侠世界》，收入《金庸百家谈》，春风文艺出版社1987版。

记得金庸窗前那一盏孤灯
——香港女作家亦舒

亦舒跟金庸一样自称“说故事的人”，出道以来笔耕不辍，至今已出版作品300余部，代表作包括《玫瑰的故事》《我的前半生》《喜宝》《圆舞》《朝花夕拾》《天若有情》等，其中多部作品被改编为电影。亦舒是华语世界独具影响力的作家，擅长以简练文笔书写动人故事，开启了现代女性独立爱情观与价值观，影响了半个世纪以来的城市女性。

亦舒曾在金庸创办的《明报》任职记者，除小说外，她还撰写散文和人物访问稿，以笔名“衣莎贝”在金庸主编的《明报周刊》撰写专栏。亦舒创作的《玫瑰的故事》曾改编为电影，故事中就有金庸作品人物的影子。如果说，金庸有仗剑而歌、侠义的胸怀，那么，亦舒也有愤世嫉俗、悲天悯人的心地。

亦舒多次提到过自己的二哥，这个“二哥”不是别人，正是亦舒的亲哥哥——那个替金庸代笔《天龙八部》连载、将阿紫的眼睛弄瞎了的倪匡。倪匡是金庸的文朋挚友，因而，他妹妹亦舒的写作受到过金庸的指教。于是，有人将三人并称为“香港文坛三大奇迹”。

1

亦舒，祖籍浙江镇海，1946年9月25日出生于上海，五岁时随父母到香港定居。亦舒从小酷爱文艺，崇拜哥哥倪匡及其文友金庸、古龙等流行小说家，14岁在《西点》杂志上刊登第一篇小说《暑假过去了》，17岁出版了第一本短篇小说集《甜吃》。

1965年中学毕业，亦舒凭着文学青年的姿态，跑到《明报》找金庸，说要当记者。当年，亦舒在《明报周刊》写过一篇《金庸的孤灯》，讲述她初见金庸时的情景：想起来， 并非那么遥远的事，当年明报馆在湾仔谢菲道，我去见工，完了之后，有人说："你去看看查先生。"

亦舒发觉，那真是最奇怪的办公室。简陋到极点，门虚掩着，一盏孤灯。一位中年男子伏案疾书，闻声抬起头来，寒暄几句。

"少年的我根本不愿走近，随即下了楼，心里想着：做老板要如此刻苦，真划不来。"

其实，金庸当年才40岁左右，可是不知怎的，年轻之际，他已像个中年人。 亦舒感慨：成功当然有所得，可是付出的代价只有当事人才最明白，创业所费时间精血，不足为外人道。

"后来他的办公室装修得美轮美奂，书房面积也非常宽敞，可是我总是记得那一盏孤灯。"①因为亦舒和读者一样最开心，所费无几，捧住《射雕英雄传》读了又读，每次都兴奋得搔头拍腿，说：都会背了，不知为何激动，没有这几套书，不知如何是好。

那时，明报的新闻室在三楼，社长室在四楼。不知怎地，19岁的亦舒每晚收工，都会静静走上四楼，去张望坐在社长室里的金庸。大大的眼睛望着金庸，那长长的睫毛，黑漆漆的眼珠透着灵气和慧黠。笑起来，整齐洁白的牙齿，衬着嘴角边两个小酒窝，很甜很甜。

这么灵巧的女孩，又有哥哥的引见，亦舒当然很轻松地进入《明报》了。倪匡是金庸多年的至交，是《明报》最早的作者之一。那时的倪匡已经很了不起了，通过天分与勤奋，从一个小混子摇身一变成了炙手可热的大作家，甚至1965年金庸赴欧漫游期间把《天龙八部》的连载重任给倪匡，可见倪匡当时的地位与影响了。当然亦舒自己也是很有才气的，否则在明报也不好混的，金庸的眼里可不揉沙了的。

金庸眼里的亦舒，"活生生的，很真实，没有梦，但有眼泪，没有幻想，不过仍有浪漫"。②

移居香港后，亦舒先后就读于苏浙小学、嘉道理官立小学、何东女子职业学校。那时候，她是家里的"小妹头"，有四个哥哥一个姐姐和一个弟弟，她承受了兄弟们的许多温情。二哥倪匡更有意思，小时候叫她"小咪"，长大了则戏称她为"大文豪"。当然，那个时候倪匡还不叫倪匡，也不叫卫斯理，

① 亦舒：《金庸的孤灯》，原载《明报周刊》，转引自《视野》2011年第10期。
② 邓霭霖：《把歌再谈心——亦舒空中签名会》，香港电台第二台2001年12月5日。

他叫倪亦明，亦舒也叫倪亦舒，虽然差点被母亲改成了倪亦容。

17岁读中学时，《明报》的星期日特刊刊登了以她为主角的一组照片，因为金庸喜欢上这位未曾谋面的少女作家。

亦舒被金庸钦点录用，在《明报》当记者，让她时常出入于影视圈，兼写名流专访，这对她后来写言情小说很有帮助。这时， 亦舒喜欢上了金庸的武侠，倪匡的科幻，柯南道尔的侦探，以及勃朗蒂、狄更斯等作家的作品，而且一如既往。

后来，亦舒回忆，在明报社任职，最优越的是金庸教她如何写作，“要用浅白的语言写易懂的故事”。亦舒如是说：“写文章应该尽量写得浅白，改十次也要改得它最浅白最易懂。当年金庸是这样教我们的。” 那时，她梳个妹妹头，将有色眼镜架在头上，左手抓记事簿，右手抓钢笔，用过“玫瑰”、“梅肝”、“络绎”、“陆国”、“叽哩抓啦”等笔名，金庸喜欢“玫瑰”、“叽哩抓啦”，审稿时常给她换上这两个笔名。

亦舒后来著文回忆：“我开始写稿的时候，徐訏与徐速都还在，也见过两位，说过话，都十分可亲，印象中徐速比较嚷，徐訏比较冷，倪匡唯一的爱情小说《呼伦池微波》，就是由徐速的高原出版社出版。我不大出去，认识的人不多，倪匡才是写香港这半个世纪以来报纸副刊诸事的最佳人选，他喜欢热闹，交游广阔，一支笔又活络，写起来一定好看。他曾与十三妹打笔仗，与金庸打沙蟹，相识遍天下，通统亲身经历。也许，不是众编者未曾想到这么一个专栏，而是，读者会不会爱看？只有少许副刊读者才会记得从前的笔名吧，他们著作，也早已绝版。这从来不是一个重文的社会，富户五十年前如何发迹，人人有兴趣知道，文人五千年前著作，湮没算数，该淘汰者无谓费心挽留。不过，只要喜欢写，稿酬又能维持合理生活，目的也已经达到。留名与否，有什么重要。”①那时，亦舒的月薪才380元。

当时，除了以金庸、梁羽生为代表的新派武侠造成很大影响外，还有另外一个文学事件，那就是琼瑶言情小说的横空出世。五六十年代港台的文学创作，以武侠、言情文学为代表性，开始了新言情文学的辉煌时代。琼瑶的第一部作品是出版于1963年春天的《窗外》，那时琼瑶25岁，亦舒17岁。《窗外》是琼瑶以自身的经历为基础创作的，亦舒很喜欢。

学琼瑶，亦舒起初有过一段写来写去都是写自己的时光。金庸对她说：“亦舒，你只晓得写你自己，只是写自己，题材会写到尽头的。”她不服气，开始学习写剧情。金庸传授自己的创作经验：“全真，不好看；全假，

① 亦舒：《文坛》，《明报周刊》2011年2月5日。

行不通。一个好的故事，包含了想象力和个人生活体验，在虚构和纪实中找到美妙的平衡。”①

这样，亦舒风尘仆仆地活跃于人生舞台上，白天写新闻、专访，晚上写杂文、小说。

1968年11月，金庸创办《明报周刊》，以娱乐新闻、电影、旅游、时装潮流及文化趋势的报道，受到香港演艺界及知识分子的青睐，从第一期开始，亦舒就是《明报周刊》的撰稿人。

亦舒在《明报》认识的最后一位明星是林青霞，林青霞为《窗外》到香港，刚巧，亦舒离开香港的前一天，《明报周刊》硬是拉她去访问林青霞。那天见完她之后，亦舒被编辑锁在社长室内写了五千字的林青霞。亦舒写道：“那么多人的面孔当中，林青霞的五官最奇怪，拆开来看，没有一样合标准：眼睛不够圆不够大，眉毛太粗、鼻子小小，嘴角下垂，一副薄情倔强，就算脸型，也不入格局，非尖非圆，说不上来，还要加一个那么奇怪的下巴。可是当这一切都归队，组成一个林青霞的时候，不知道为什么，就在庸脂俗粉中鹤立鸡群，无论是多少女人的群体照，最标青的面孔永远属林青霞。有时候匆匆忙忙翻画报——咦，这妞不错，啥人？一定神，永远是林青霞。而且她美得长久。”②

第二天，亦舒离开了《明报》。至于原因，她说那时自己“组织能力松散，生活心不在焉”，“也因当时明报薪酬低于当时行情，二哥倪匡多次为自己和小妹与老板金庸交涉，无果”。亦舒要求加稿费时，金庸则回答：“你又不花钱的，加了稿费有什么用？”亦舒气不过，为此在她的专栏里“骂”金庸吝啬，说他就是刻薄的爬格子动物。虽然文辞尖刻，但金庸看了，不仅不生气，还笑着说：“骂可以骂，稿照样登，稿费照样一点不加。”总之，说什么也不加稿费。亦舒明白靠自己这点本事，根本没法混了，怎么办呢？亦舒冷静下来思考，觉得还是得再去读书。

1973年，亦舒以27岁高龄留学英国，“抛开中国香港的一切，只身拿着两只箱子就去到英国求学”③。生活的逼仄，异乡的孤苦，让她的创作欲望陡升，事业达到顶峰。身居异乡拿小说当作泄愤的她不知道，在中国香港，她的小说被少女们奉作盛典，给了年轻少女们“不要沉迷于爱情的幻象，多些独立奋斗的历程”的感悟。

---

① 钟晓毅：《走入人间的玫瑰——我看亦舒》，《传记文学》（台湾）2003年3月号。

② 亦舒：《岂有豪情似旧时》，香港天地图书有限公司1985版，第 页。

③ 何江西：《和倪匡亦舒做邻居》，《澳门日报》2008年12月1日。

2

1977年，亦舒自英国读书回到久别的中国香港，除了一纸文凭两只箱子一无所有。其实在英国那三年，她对人生对世态甚至对自身的看法改变很大，只有一个没变，就是她仍然充满很强的创作欲望，那时她处于积累阶段，乃至有留学归来后的厚积薄发，一发而不可收之势。她的很多小说都是以英国为背景的，比如《喜宝》《人淡如菊》《家明与玫瑰》等，好像连《流金岁月》里的南孙都抽空跑了趟英格兰与巴黎。

亦舒找的第一份工作是担任富丽华酒店的公关，之后，转任香港地区新闻官员7年，还曾经当过电视台编剧。那时，亦舒在经历过两段不成功的婚姻以后，仍是单身女人，每天微明即起，伏案写二三千字，一手写小说，一手写杂文。

亦舒“总是记得那一盏孤灯”，金庸的《明报》，仍将她作为主要撰稿人。

金庸在《明报》上辟一块豆腐干大小的方块，让她“孵豆芽”，每篇寸寸长数百字，而在数百字内说出要义来其实谈何容易。她有次说，专栏女作家在报刊的一角找到自我，什么琐碎的事都拿出来絮叨一番，不知是否自嘲，因她自己何尝幸免于此。彼时的亦舒，二十五六岁的年纪，写的东西里，还是充满着趣味与性情。有意思的是，行文里依稀还有张爱玲的味道。久之，她“孵豆芽”竟然孵出了两本《豆芽集》来。

这时候，金庸写完《鹿鼎记》后早就宣布封笔，并开始修订全部武侠小说作品。有一回，亦舒问金庸：“你写小说是先想好人物性格，还是先有故事？”金庸答：“我的小说是随写随登的，事先往往只有一个大纲。”“大纲是长是短？”亦舒问。“只有一张纸。”金庸答。金庸还跟她说，文章越简单易懂越好。亦舒果然如此，她的语言风格最为人称道，看似简洁平淡的语言里，用词遣句犀利辛辣直击人情世事底蕴，于混沌或清醒中都鞭辟入里。

金庸告诉她：“写文章是讲故事给人家听，所以故事要编得好，让人家意想不到结果，喜欢听下去。”亦舒琢磨着这话，仔细阅读金庸小说，发现他的作品中貌似不经意的小线索，往往贯穿始终又似引线，早早预示了故事的结局。于是，亦舒有些文章，只要看了标题，就知道故事会怎样发展——却又篇篇平中出奇，让人感叹，噃，原来是这样子的啊！大约这就是她的魅力所在。

多少个清晨，不论寒暑，亦舒黎明即起，伏案苦写。金庸看重她，还因为她有一个好的写作习惯，从不拖稿，也不会“临时抱佛脚”，一天交一段稿。小说连载，往往能一气呵成，尽量不给人以断裂感，这在香港是很难做到的。有的写作人一天好几个专栏，A专栏的稿子飞到B专栏的事，并不是没有发生过，而上一段与下一节联接不上，更是经常招人非议的事。亦舒不是这样。金庸也知道，她会有许多存稿的，不劳担心。

金庸对白岩松说过亦舒的文字，“我擅于讲故事这个是天赋，好像不是学得来的，倪匡、亦舒也都是编故事的天才，倪匡的想象力，似高于亦舒，至于语言文字的运用，则不得不让乃妹出一头地。”①

亦舒走红的时候琼瑶也在走红，于是人家说：“香港有亦舒，台湾有琼瑶”，她却说“那个琼瑶，提了都多余”。但她承认琼瑶有琼瑶的本事，把“那一路”小说写到了尽乎顶点。如果说琼瑶小说是写给青春萌动的小女孩看的，那么亦舒小说则是写给经历过感情挫折的大女孩看的，也有一群有职业有家庭的主妇纷纷将她的小说奉为至宝。

亦舒的一篇短文，记下她“喜欢与乐意见到的人”，包括“二哥亦明，他的理智与能力，他的科学幻想小说”，此文结尾极简约，只有四个字，“金庸，偶像。”倪匡与金庸平辈论交，而他的妹妹亦舒视金庸却在父、兄之间。

她的小说、散文谈到金庸的地方很多，口气间很不把金庸当外人，也尊崇，也调侃。“我最爱听金庸讲他当年写《雪山飞狐》每月稿费七百港元的故事。”②

仅仅是《红楼梦》中的一句对白“纵使举案齐眉，到底意难平”，就让亦舒以此作底子，写出了一个又一个凄艳的爱情故事，诸如《玫瑰的故事》《香雪海》《风信子》《寂寞鸽子》《蔓陀罗》等。

她的二哥倪匡说过：“一直知道亦舒的小说写得好，中间也看她的小说，可是说起来奇怪，真正集中力量，把她的小说详详细细一口气看完却还是最近的事。记得那天晚上，一口气看完了《玫瑰的故事》之后已是凌晨四时，坐在地上，半晌作不得声。同样的情形只有当年看完了金庸的《雪山飞狐》之后才发生过，这是第二次。”

确实，亦舒那迷倒不少读者的《玫瑰的故事》自有金庸的位置。1981年出版的《玫瑰的故事》，讲述的是玫瑰由少女至28岁的故事，这个年龄段正

① 熊诚：《访谈：白岩松与金庸对话——迷人的“金大侠”》，《生活时报》1999年9月16日。

② 亦舒：《偶像君子艺术家》，《豆芽集》，香港天地图书有限公司1980年版。

是亦舒在明报社工作受教于金庸的时候。小说故事由玫瑰身边或近或远的四个男人来述说。溥家明很像《笑傲江湖》里面的黄钟公。时代、经历自然大异，二人的气质，却是出奇的相似。书中庄国栋读《射雕英雄传》不知多少遍，以至于几乎可以背下来，当他回到香港登报寻找玫瑰，自然选择了金庸的《明报》，居然很快就有回音，这里，亦舒可能跟“星宿派”门下弟子学了那么一招半式，给“《明报》广告”做起了广告，借罗振中之口，颂扬道：“《明报》广告，效力宏大！”庄国栋、罗振中亟亟赶到明报社，“看到一个中年人步入编辑室，长得方头大耳，神态威武，面容好不熟悉——”这个人，当然就是金庸。

至于那位接待庄、罗二位的“瘦瘦高高，戴黑边眼镜”的明报人员，也应实有其人，亦舒在《明报》做记者时的旧同事，此人自供“小姓蔡”，那会儿，蔡澜给《明报》写稿。《玫瑰的故事》又说这位蔡先生“口气像个诗人”，那不奇怪，因为蔡澜本来是诗人。为此，金庸称亦舒“是一束带刺的玫瑰”[①]。

除《射雕英雄传》外，亦舒也熟读金庸其他小说，例如《天龙八部》。她的小说《刹那芳华》的题目，就出自《天龙八部》回目（第三十五回“红颜弹指老，刹那芳华”）。《风信子》与《天龙八部》存在种种微妙的对应。宋家明对应慕容复，宋老夫人对应慕容博，宋榭珊对应王语嫣，宋总管的四个儿子（约翰、路加、马可、保罗）正对应慕容家族的四大家臣（公冶乾、邓百川、风波恶、包不同）。

二哥倪匡专门写了一本《我看亦舒小说》，特别向读者提及：何以在她的排列组合之下，这七八千个汉字可以如此生动而吸引人，很多人看了就去买亦舒的书？说她的作品是：“显示出现代人的困惑和两难选择，鄙视富裕的冷漠，于是想回到原始温馨，而一旦真的得到了患难中的真情，却又要贪婪地追求那高贵和奢华。”到底还是一家人，倪匡一番话真的点破了亦舒作品背后的谜底。

亦舒作品结集的《风信子》《喜宝》，还有一部《我之试写室》，均由金庸晚年主持的明窗出版社出版。金庸能够想到，善编故事的亦舒总有一日会将“我的前半生”写进她的小说里。

① 刘国重：《关于金庸与亦舒的随想》，微信公众号“刘国重的读金时代”2011年10月11日。

3

《我的前半生》是亦舒的代表作，1982年11月由香港天地图书社出版，写作时间当在《玫瑰的故事》之后，即20世纪70年末或80年代初。

亦舒讲述：有一天，结婚十多年的全职太太罗子君，像往常一样晨起。她揉着睡眼，料理好一双儿女的书包、衣装，送他们出门去上学，然后便照常去了美容店做Facial，顺便给下个月过生日的丈夫买一条鳄鱼皮带做礼物。突然，丈夫涓生掷过来一句话："子君，我要同你离婚！"说完，涓生拎起一只皮箱走出家门，再也没有回来……

小说里主人公的名字是"子君"和"涓生"，来源于鲁迅的小说《伤逝》，甚至可以说小说《我的前半生》就是对《伤逝》的扩大篇。《伤逝》是鲁迅唯一的一部爱情小说，探讨了爱情与婚姻、女性与个性解放等问题。亦舒想给子君的人生一个更加完满的结局，所以延用了《伤逝》中男女主角的名字，让他们在新时代里寻求另一种人生。

这是亦舒与鲁迅的隔空对话！亦舒12岁就开始读鲁迅的《野草》，后来还在一家文学杂志社里，将整套《鲁迅全集》全部读完。师承甚殷，以致不惜把鲁迅笔下的主人公的名字用到自己的作品中来，虚构了一个别出心裁的"子君"与"涓生"的香港传奇。更不用说行文中的一针见血、爽快犀利的风格，亦源于此了。

金庸在央视访谈时说过，亦舒的情感小说写得好，文学之路走的顺畅而成功，而她自己的情感之路却并不顺利，前两段短暂而狼狈的婚姻铸就了《我的前半生》。

亦舒的第一段恋情，算得上风花雪月，那时她才17岁，疯狂地倒追才华横溢的穷画家蔡浩泉（著名诗人蔡炎培的儿子），并未婚先孕，生下了儿子蔡边村。金庸评说："情绪化的女作家遇上了忧郁的男画家，双方太过年幼，自己还是孩子，承担不起家庭的重担，因钱生怨，加上年轻气盛，婚姻也就没有了结果。"三年后刚性的亦舒抛家弃子决绝而去。

多年以后，儿子蔡边村长大成人，意外得知自己的生母竟是大名鼎鼎的亦舒，便在2013年左右自编自导一部纪录片《母亲节》，希望能够见自己的母亲一面。但是亦舒拒不相认。对于拒绝相见的原因，或许可以从小说《妈》中找到一丝端倪，书中写道："你父亲已经浪费了她的前半生，现在你又要去浪费她的后半生？"她选择抹去这段回忆。

1971年的《明报周刊》封面，亦舒身旁的岳华是她当时的男朋友。有一篇评论亦舒的文章写道：“亦舒跟岳华也有过一段情，凶终隙末，分了手。原因何在，自然是由于亦舒的脾气。亦舒不发脾气，很令人喜爱，一发脾气，便不可收拾，据说，有一回她跟岳华吵架，竟把岳华的西装全剪烂了。”两人的热恋和分手成了全城的热议话题。

当年，岳华与郑佩佩合演《大醉侠》而一举成名，成为当年邵氏最赚钱的男星。岳华透露，真正拆散两人婚姻的是一封信，远在美国的郑佩佩因为琐事缠心，在给岳华的信里说了一些对新家庭的抱怨。亦舒十分生气，将这些信向报章杂志公开，弄得郑佩佩的家庭出现了问题。后来亦舒跪下来求岳华复合，岳华说：“你伤害人家太犀利了，是不可以的。”据说，金庸得知此事后劝过岳华，岳华说：“我认为她的做法太过分了，伤害我不重要，但伤害人家的家庭就是太过分……”①离婚之后，亦舒去了台湾。多年后，岳华与亦舒碰巧在同一个电台工作，相见情如陌人。

后来，亦舒以岳华为原型写了小说《家明与玫瑰》。金庸评论说，亦舒的小说之所以出彩，大概就是因为她所写的往往不是爱情中的甜蜜，而是爱情中难以被捕捉以至于很少人发现的悲哀。如果不是亦舒经历了这许多激烈的感情，又怎能得到之后对感情通透的认知呢？又怎么能够有如此多的灵感，保持每年写六本小说的习惯？

鲁迅在小说《伤逝》中说：“人必生活着，爱才有所附丽。”这句话适合所有的“子君”。亦舒在《我的前半生》中说：“我的前半生可以用数十个中国字速记：结婚生子，遭夫遗弃，然后苦苦挣扎为生。”她写道：“最佳的报复不是仇恨，而是打心底发出的冷淡，干嘛花力气去恨一个不相干的人。”或许正是这两段恋情，让亦舒吃了太多的苦头，所以她挺过了前半生之后，性格改变了许多，她对爱情的追求不曾消减，但是心境却平和得多。

亦舒的第三段爱情低调许多。40岁时，她遇到了生命中另一个重要的男人，就是她目前的丈夫梁先生，曾为港大教授，现为北师大客座教授。《明报》有文章称，“亦舒的丈夫是一位专业人士，也是一位充满幽默感的中年男人，一位专业人士和一个艺术家，可能普遍人觉得他们拉不上关系，但是亦舒与丈夫相处了五年期间，关系一直维系得相当和睦，可能两个都属于不拘小节的诙谐人吧，他们的关系维持得非常之好，亦舒现在的婚姻生活可以说是相当快乐啊。”《明报》记者采访亦舒，描述其住处：“顺着弯弯曲曲，柔肠百折般的山路，一直往上爬往上爬，才到达亦舒的家。亦舒避静在

① 刘晓宁：《亦舒：每个人总有不愿意公开的秘密》，《武汉晚报》2014年5月27日。

加拿大卑诗省西温哥华半山，前院参差花树，车道和通往大门的小径，都半掩在绿荫之中。”细心的记者还看到“她洁净的指头下，套着相当大的一只结婚钻石指环”。

或许她的感情经历，正是她灵感的缪斯，她笔下的人物，大多都会经历一段人生起伏之后而变得更加通透，成为越挫越勇的亦舒女郎。这也如同她自己所说：“我的归宿就是健康与才干，一个人终究可以信赖的，不过是他自己，能够为他扬眉吐气的也是他自己，我要什么归宿？我已找回我自己，我就是我的归宿。”

亦舒在《我的前半生》尾声中展现：涓生再见到子君，同样被她惊艳到了。涓生很懊悔：“是，你说得对，是我不好。我一直嫌你笨，不够伶俐活泼，却不知是因为家庭的缘故，关在屋子里久了，人自然呆起来……离婚之后，你竟成为一个这样出色的女人，我低估你，是我应得的惩罚。”

亦舒也算是借涓生的口，替所有被失婚的女子讨要了一点公允的评价。

4

香港与内地只隔一座罗湖桥，但改革开放前去一趟香港很难，更遑论文化交流了。但有一个例外，金庸和亦舒的小说带着几分神秘，悄悄地广泛流传，成为内地读者最早看到的香港小说。

1980年10月，广州的《武林》首先刊登了金庸的《射雕英雄传》，从此金庸等人的武侠小说便如雨后春笋般地出现在书市上，读者之多、阅读热情之高，前所未闻。金庸的武侠小说以民族利益为重，与旧武侠的“冤冤相报”有质的不同；它既吸收古典小说的精华，又借鉴西方现代派艺术手法。其作品气势恢弘、场景壮阔、情节跌宕、形象鲜明、语言典雅，具有很高的文学价值。

紧跟金庸而来的是亦舒的言情小说。亦舒善于把笔伸进上层女性知识分子的爱情婚姻生活，写她们对婚姻的追求，爱情的失落、痛苦与挣扎。亦舒认为爱情与金钱息息相关，她作品里的主人公常说：“谁送的钻石最大，谁就最爱你。”亦舒对世间是否有真爱情是持怀疑态度的。她认为公园里、海滩上，男男女女抱身拥腰的所谓恋爱，“决不是爱”，真正的爱情是很少有的。所以我们很少看到亦舒作品里那种要死要活的生死之恋，更多的是丈夫偷情、妻子别恋、情人分手。亦舒的小说虽然读起来苦涩，但由于内地改革开放之前的二十多年间很少有感情缠绵悱恻的言情小说可看，读者正渴望着感情的滋润，因此亦舒的小说也很畅销。

亦舒在《明报周刊》的“衣莎贝”专栏里说过金庸与夏梦的一则逸事：“大家都知道，金庸，年轻的时候钟情美丽的女演员夏梦，后来，他对老友倪匡说起当时情况，他用沪语形容：“想是想得来”。真有点荡气回肠。欣赏过《三看御妹刘金定》与《王老虎抢亲》的观众，多数都会肯定，比夏梦更具气质与美貌的女演员，大抵是没有的了。而上海人口中的“想”，除出思念之外，其他的弦外之音包括渴望、爱念、以及相思，是一种十分缠绵的思维。因为只是想，放心里，可假设有什么激烈实际行动，肯定羞怯踌躇。……不过讲起来，到底不如这个想字浪漫与美丽。”

移民后的亦舒相夫教女之余，仍是笔勤不倦，仍有大量新作上市，虽然很多题材风格有变，但痴迷的读者们还是不停地搜集她的新作。

亦舒曾经在某篇散文里说，假如金庸晚10年封笔，她这辈子就不用结婚了，有金庸的书作伴即可。金庸的作品，她是一本本地买，重重复复地买，到了今天，大概已第十次买《鹿鼎记》。看《书剑恩仇录》照例看得泪如泉涌，虽然它并非是金庸最好的一部，可是浪漫缠绵的细节特别多，故此使喜读爱情小说的她潸然泪下。

对金庸的作品，亦舒的评价甚高，认为它们甚有传世的可能，因为“阁下最初看《射雕》是几岁？二十八岁，令郎在高中时也读《射雕》，什么，令孙今年十一岁，也已对《射雕》感兴趣？所以，一本书卖了三十五年还是一直畅销，一纸风行，已经踏上传世第一步”。金庸也说：“在我所写的诸部武侠小说中，《射雕英雄传》是销数比较大的一部。相信由于《射雕》的内容与人物最接近传统武侠小说，不太接近现代派的新小说，忠奸分明，一般读者最容易接受，少年读者比较易于了解。也因为这样，所以改编为电视连续剧之后，也得到观众的盛大欢迎，在香港、台湾、大陆等地，广大观众竟对之如痴如狂，观赏《射雕》成为生活中一件大事。”①

亦舒还写过散文集《秃笔》，评说金庸小说中的女子：“金著中，可爱女性实在不少，老派人会喜欢双儿、小昭，新派人则属意任盈盈、郭襄，她们不但长得美，而且心地好，善解人意，还有一个非常重要的共同点，那就是，在适当的时候，她们懂得视而不见，听而不闻。讨厌的女子有没有？有，当然有，怎么没有，个人首选，乃《鹿鼎记》中的阿珂。也只有韦公小宝那样的人，才会对阿珂神魂颠倒，此女一点灵魂也无，空长着一副好皮相，性格如风摆柳，毫无情义同宗旨，哪里好哪里去，反反复复，一见势头

① 金庸：《李志清漫画射鹏英雄传序》，台湾远流出版公司2002年版。

不对，立刻屈服，真叫读者齿冷。……现代功利社会中更有无数阿珂，李阿珂张阿珂，林阿珂赵阿珂，那样年轻美丽的面孔专门侍候名同利，根本不是真人。”

她还拉了金庸做挡箭牌：“金庸发达，实在害惨了他的一群读者。”

但，亦舒还是亦舒，有话她还是清心直说，在她的一部又一部源源不断的小说散文中，她完完全全地“出卖”了自己：“要表达什么，大可在私家专栏中大方地说明，何劳别人一支笔。”于是，我们在她近期的《随意》《随想》等结集中，依然看到她对流行小说的看法，对作品传世条件的阐述，对自己性格的剖析，对世事的洞明，对爱情婚姻的迷恋，还有其他诸如对金庸作品的高见。

近年来，亦舒定居在温哥华，处事低调，甚至谦称自己是家庭主妇。连《中国文学家辞典》问她要小传，她也“抵死不从”，反而将话题扯到其他同文身上，包括金庸和她的二哥倪匡，说“中国香港作家多的是，轮也轮不到我这不折不扣的家庭主妇”。

金庸执弟子礼向他鞠躬

——洋导师麦大维

麦大维教授是金庸在剑桥大学攻读博士学位的老师，年龄比金庸小15岁。

麦大维用“金庸先生”称呼这个老学生，认为他“非常可靠，谦逊而有学问。我能成为金庸先生的指导老师非常荣幸”。

金庸非常尊敬这位比他年轻许多的老师，说他“非常爱护学生，乐于助人且谦和，遇到这样的老师是我一生运气很好的事”。

1

麦大维年轻时长得很帅，是现代人经常挂在嘴边的那种“高富帅”，如今头上呈现的“地中海”状况，依然是他的学生们喜欢的这一款，金庸说了，英国的“万人迷”威廉王子不也这样吗，头上智慧的光环定能盖过这个瑕疵。

麦大维是英国代表性的中国古代史专家，1988年以剑桥博士身份出版的《唐代的国家与知识人》很有名。1957年，他和早他九分钟出生的双胞胎哥哥一起参加英国空军，奉派到中国香港，住了23个月，打下中文基础。那时，麦大维以读报看电影学习中文，金庸写的《射雕英雄传》连载于《香港商报》，《雪山飞狐》连载于《新晚报》，麦大维便是这两份报纸的热心读者。金庸与人合作导演的电影《有女怀春》和《王老虎抢亲》上映，他是第一批观众。金庸的《明报》创刊后不久，麦大维兄弟俩都进入剑桥大学，哥哥攻读日本史，而麦大维攻读中国史。为了继续阅读《神雕侠侣》的连载，他让香港的朋友每月三次邮寄报纸到剑桥大学。

在剑桥大学，麦大维的老师杜希德是著名的唐史研究专家，长期出任中国史讲座教授。他在剑桥培养了两个杰出的学生，一是杜德桥，一是麦大维。两人后来都在唐代文史研究上有出色的表现。杜德桥后来转任牛津的汉学讲座，这个剑桥的中国史讲座便由麦大维担任，可谓师徒相传。从1968年到2006年的38年间，麦大维任剑桥大学圣约翰学院特别研究员，潜心研究中国史。他师承汉学家浦立本、崔瑞德，以中国隋唐史研究闻名，如今是欧美最被认可的中古史研究的权威专家。

20世纪80年代，香港《大公报》副总编辑曹骥云找了金庸，让他替儿子曹捷（陶杰）购买一本与中国历史、法律相关的英文工具书，在英国长大的曹捷当时在英国伦敦大学修读国际关系，父亲要他补上中国文化这一课。几日后，金庸送上一部《中国文献工具书》，是麦大维1975年的著作，介绍中国文史丛书类书辞书的用法，因为它是用英文写作的，所以对于西方汉学人士入门很有实用价值。后来，金庸在剑桥大学图书馆里找过这本书，却没有找到。麦大维说，年轻时的作品，谈不上学术性，他并不看重这本书。

麦大维十分看重中国的史学文化，他对金庸说过，文化是无国界的，不同国家、不同种族的人们都可以了解异于本民族的文化，正如中国人可以理解莎士比亚的戏剧、小说，西方人可以了解中国的《道德经》、日本的《源氏物语》一样。他认为视角转换和新史料发掘在史学研究中有重要意义。他强调利用唐代墓志铭考证以往唐书记载真伪的重大意义。作为重要的史料来源，墓志铭为唐代历史研究提供了许多重要而有价值的历史信息。他自己也在这方面有了精心研究的成果，撰有《唐代的国家与学术》等书。以武则天当政时期的宰相狄仁杰为袁公瑜撰的墓志为例，麦大维广泛收集、对勘其他各种类型的史籍，重新考察了狄仁杰在世时的政治立场和政治作为，并指出此与后世评价之间相异甚至相反的地方，从而也分析了后世历史记录中流传的狄仁杰形象和评价话语的形成原因。金庸称："在文本细读和史料辩证方面，麦大维教授显示了不俗的能力。"

20世纪90年代，麦大维多次到中国香港讲学，对金庸只闻其名，并不相识。

麦大维成为金庸的老师，有一个牵线人叫王秋桂，是麦大维在英国剑桥大学读博时的同门师弟，现是我国台湾东吴大学教授。1998年11月，金庸正在台湾访问。由汉学研究中心和远流出版公司在台北举办"金庸小说国际学术研讨会"，来自美、英、澳、以色列及两岸三地的二百多位学者，聚集一堂，共同研讨金庸小说在华人世界中无远弗届的魅力。作为汉学研究中心的顾问，王秋桂不仅结识了金庸，还将会上交流的26篇研究论文收录在他主编的《金庸小说国际学术研讨会论文集》中。《论文集》于1999年12月由远流出版公司正式出版时，随书附有两张纪念光碟"现场答辩实况有声书"

和“金庸1998访台旋风”，读者可身临其境，一睹金庸访台时的“射雕英雄宴”、“夜探金庸茶馆”等盛况。金庸看到《论文集》，只说了两个字：“特棒！”

2003年秋，金庸邀王秋桂同赴长沙衡阳参加“五岳联盟大会”，闲聊中说起自己欲赴英国剑桥大学读博的愿望，王秋桂将师兄麦大维教授推荐给他。

2

麦大维与金庸都与北京大学有缘。

时任剑桥大学东亚系主任的麦大维教授，曾于2001年访问北京大学，在历史系作演讲。后来，他的演讲稿刊登在英国的一份学术刊物上，影响很大。2005年春，北大获悉麦大维教授即将退休，便聘请他做客座教授，常来北大讲学，麦大维欣然接受了聘任。

差不多同期，金庸被授予北京大学名誉教授，多次向历史系学生作中国历史的讲座。新世纪初，一个规模宏大的“金庸小说同际研讨会”在北大举行。这座中国的最高学府将两位大师级的学者拉到了一起，可是，麦大维与金庸从没有见过面。

过不多久，已经81岁的金庸，从剑桥大学名誉校长菲利普亲王（英女王伊丽莎白的夫君）的手中接过了“荣誉博士”的证书 。此前，剑桥大学校长理查德女士阅读了《鹿鼎记》英译本，她对金庸小说赞叹不已，亲自向学校的荣誉博士提名委员会推荐了金庸。然而。金庸对此学位并不满足，他向剑桥大学提出了一个愿望：正式入学剑桥，用4年的时间攻读硕士和博士学位。

金庸返回中国香港，等待剑桥正式通知。谁来做这位大师级学生的指导老师呢？金庸写的武侠小说将历史事件、人物信手拈来，处处可见史识，在中外学界名头之响，剑桥教授也有所闻，纷纷推说不敢当。“他们很多都是我的朋友，说大家讨论可以，但‘指导’则不行了。后来找到现在的导师Prof. David McMullen。他是唐史专家，不认识我，终于答应了。”

后来，麦大维问他：“你已经得到了学位，为什么又打算在同一所大学读博士呢？”金庸笑答：“抗战时期，我读了两个大学也没毕业；后来浙江大学找我去当院长，我自觉没有什么资格，常觉得学历不够。有人说我学问不好，不够做院长。别人指责我，我不能反驳，唯一的办法就是增加自己的学问。我一直仰慕剑桥大学，虽然申请的过程很困难，但我一定要凭自己的能力，读一年硕士，再攻读博士。”1999年3月，金庸正式受聘浙江大学人文学院院长，尽管金庸非常受学生的欢迎，但有媒体披露，金庸正式向浙江大学提出，辞去担任了5年之久的人文学院院长的职务，同时还辞去在浙江大学的教授职位。此番对话，麦大维明白了，金庸从浙江大学文学院的位置上退下是为了去剑桥读博。

2005年10月1日，金庸偕同夫人飞往英国，开始了留学生的生活。

金庸初到剑桥便引起骚动，麦大维回忆，剑桥为欢迎金庸举办的“花园派对”上，挤满了华人学生。他说，金庸的“同班同学”有八位，来自中国大陆、中国台湾、新加坡、韩国等，大家相处和谐，并没有把金庸当“明星”看待。

曾说最大心愿是“做个历史学者”的金庸，如今心愿得偿，他收起年少的狂傲，规规矩矩地听报告、做学问，拒绝媒体到剑桥采访，也不在图书馆、课堂上为粉丝签名，因为此刻他是“学生查良镛”。

麦大维与金庸，这师生关系有些另类。麦大维用“金庸先生”称呼这个老学生，认为他“可靠、谦虚，很少迟到早退，是个好学生，金庸很喜欢跟剑桥的学生接触”。在老师眼里，金大侠仿佛从杨过摇身变成了郭靖。

金庸的同学经常会在上课时提问，麦大维就会停下讲课对全班同学说：“这个问题，请查先生来给你们讲解，他可以当你们的半个老师。”

麦大维记得，一次圣约翰学院的学生为金庸搞了个派对，有些来参与的华裔学生，特地装扮成金庸小说的角色，郭靖、黄蓉、杨过、小龙女一同出场，向眼前的武侠小说大师表示敬意。麦大维说，平日在圣约翰学院的饭堂里，金庸会和一般大学生一同吃饭，为人亲切友善，并乐意与来自世界各地的华人、研习汉学的外国人，分享心得。

刚上完麦大维教授的读书课，硕士班的同学共五人，读的是拓本的《李邕墓志铭》，铭文头两句是：“物寒独胜，高不必全”。麦教授让大家讨论，金庸举了毛泽东爱写的两句话“木秀于林，风必摧之；堆出于岸，流必湍之”为例解释，这是中国人传统的处世哲学，俗语所谓“人怕出名猪怕壮”“枪打出头鸟”，教人以养晦为上。

金庸看导师麦大维颇有几分《笑傲江湖》中莫大先生的味道，“拘谨中有些莫测高深，不过，莫大喝了酒还会放纵一下，而酒量奇佳的麦大维教授就算三杯黄汤下肚，依然正襟危坐，保持英国绅士的礼貌”。麦大维经常踩着自行车，到金庸的剑桥家中授课。有时，金庸好几次插嘴打断老师的话头，麦大维不以为忤，总是微笑着倾听学生谈笑风生。“其实，金庸也是我的老师。”麦大维与金庸亦师亦友，对自己能够担任金庸的指导老师深感骄傲。

看到金庸爱读书，麦大维介绍说，汉学藏书重镇当然是东亚科学史图书馆，藏书很丰富，比如中国古代宗教史方面的图书就很齐备。金庸一去就喜欢上了，这里的阅读环境极佳，图书馆馆长莫弗特以前曾在北大中文系留学，中文相当好，人也很热心。

金庸选定的硕士论文题为《从玄武门看早唐皇位继承》，唐太宗与“玄武门之变”是焦点。金庸根据大陆最新发现的考古资料，发现当时太子建成的东宫与唐高祖的宫殿之间有一条更近的通道，与历史记载中的弯道远路不符，因此，他推测玄武门之变的“正史”可能是史官替唐太宗掩饰弑兄罪名所杜撰。与麦大维一谈起这个历史推理，金庸便眉飞色舞。

从以乾隆身世之谜为背景的《书剑恩仇录》开始，金庸在武侠小说融入大量历史背景，甚至在《碧血剑》中加入《袁崇焕评传》的历史论文，让历史人物与虚构小说参差对照。这会儿，他又以考古发现推敲出“玄武门之变”可能是史官伪造的，连身为唐史权威的麦大维，也忍不住赞叹金庸开启了他“对历史的想象”。他开玩笑地对金庸说：“将来你会不会写出一本精采的历史推理小说来呀？”师生两人最欣赏的中国皇帝是女皇帝武则天。

2007年1月底，麦大维赴中国台湾作三个月的学术访问。他于1963年来台学习中文，在台北住了十个月。麦大维前脚刚到，金庸随后赶来了。过去金庸来台，多是为了新书与读者见面，此次目的却是为了“探访老师”。访台期间，金庸陪着麦大维欣赏台北国际书展，举办麦大维签书会，参观台北故宫“北宋大观特展”、“大英博物馆收藏展”，以及于台湾博物馆展出的“俄罗斯文学三巨人特展”。

那天，麦大维向媒体透露，金庸完成了长达两万八千字的论文，并以“高于平均”的分数通过了口试，5月份将取得剑桥大学历史硕士学位。

金庸的表哥徐志摩当年一篇《再别康桥》，让剑桥大学闻名华人世界。徐志摩的表弟金庸现在也写了个对子，“诗声书声缱绻书院道；桨音歌音缠绵叹息桥”。麦大维找人将书法作成碑刻，要放在圣约翰学院河畔，“叹息桥”是圣约翰学院出名的桥。

2007年5月中旬，金庸亲赴剑桥大学领取学位证书，并表示要读完博士课程。

3

麦大维教授原本在2006年6月正式退休，为了当好金庸的指导老师，他已经将退休日期推迟了，金庸继续攻读为期两年的博士学位，他的退休日子还得往后延。金庸有点歉意。麦大维说："我的两个女儿正在上大学，家庭有比较大的经济负担，晚几年退休也好，多挣点薪水养家。"其实，麦大维不缺钱，这话是安慰金庸的。

有一次，金庸接受媒体采访时说："像我这么大年纪，又在浙大当院长，现在再来读书，可能中国历史上从来没有过。也许能树个典范，鼓励现在的年轻人学到老。"麦大维告诉金庸："你并不是剑桥最年长的博士生，因为不少外国人退休后都回到校园，活到老学到老。剑桥最老的博士生是一位91岁的英国退伍军人。"

2008年9月中旬，金庸书院在金庸的家乡奠基，许多国际学者相聚评论金庸最新修订的武侠小说，金庸以东道主的身份回乡。王秋桂特意从台湾赶来见金庸，受麦大维之托来给金庸布置博士作业。尽管他比金庸小了18岁，金庸仍以师叔视之，谦逊恭敬有加，充分体现了中华民族尊师重教的优良传统。

金庸的硕士论文《初唐皇位继承制度》，英文版经过金庸与麦大维的修订后，2008年11月发表于英国的一份学术学报上。至于中文版，金庸希望重新写过，不再拘泥于硕士论文格式，而是"有学术研究基础"的历史作品，形式与字数都未定。

剑桥大学取录金庸的条件是：博士论文一定要有创见。

经过麦大维与金庸的反复讨论，金庸的博士论文研究的还是唐代盛世时期东宫太子继承皇位的制度问题。由开国的唐高祖说到唐玄宗，不单生动刻画了古代太子的礼节、职责、继位仪式及东宫的影响力，更透过整合正史、野史，分析太子继位牵涉的宫廷政治及权力斗争。麦大维同意了这个研究方向："你这个意见蛮好的，可以写，尽量找点历史根据。"

金庸思考说："从唐太宗开始，到宋元明清，都是所谓'枪杆里出政权'，哪个人兵权在手，就是哪个人做皇帝。"金庸认为："我的基本论点是中国的皇位从来不讲传统或宪法，宪法是讲皇帝的皇位应该传给嫡长子的，实际上是哪个有兵权，哪个会打仗，就传给哪个。古代中国是不讲宪法，讲兵权，外国也讲兵权，但是外国做的表面上漂亮一点。"

"没有学者对此作过如此深入的研究。"麦大维对金庸透彻分析唐代政治权术，深感佩服。

金庸和其他博士生一样，撰写论文的过程中会拿着草稿跟麦大维多次讨论修订，"当金庸住在剑桥时，我会去他家倾谈论文，他的妻子会帮忙将修订部分打字记录。”麦大维说，他在金庸的论文中更深入了解唐代的政治文化，“金庸有见地解构唐宫政治，对我的研究有很大启发”。

麦大维忆述，金庸在剑桥时和普通学生一样，每周参加读书会，“有次我们讨论到一个中国古墓穴的题辞，来自北京大学及欧洲的学者都不明白，金庸就向我们解释内容，他的古文修养真是一流”。

2010年9月初，金庸以86岁高龄顺利完成博士论文《唐代盛世继承皇位制度》的答辩。9月10日，剑桥大学校长和麦大维前往香港，为金庸颁发博士学位。据台湾《苹果日报》援引剑桥校长本人的发言称，这是历史上剑桥校长首次去海外颁发学位。当时，金庸意欲执弟子古礼下跪，在现场观众的劝说下，他才作罢，但还是向导师麦大维深深地鞠躬致谢！

在剑桥大学，除了克莱尔学院的孔子像、国王学院的徐志摩《再别康桥》刻字石以外，2012年7月，作为“花园委员会”主席的麦大维积极促成了金庸的题字石永久矗立在圣约翰学院的后花园。金庸的题字是：“花香书香缱绻学院道，桨声歌声婉转叹息桥”，这成为中华文化在海外的又一标志性元素。

2013年12月12日晚，在英国剑桥大学圣约翰学院第12届烛光故事会上，既有《奥菲欧与优丽狄茜》这样的古希腊神话，也有英国作家班森《另一张床》这样的现代作品。值得一提的是，在著名汉学家、金庸的导师麦大维教授的竭力推荐下，中国清代短篇小说集《聊斋志异》第一次登上了这个舞台。

这个故事摘自《聊斋志异》第十卷《三生》中的第一段，讲述了一位落第秀才的冤魂与考官之间的有趣纠葛，以及落榜群鬼的恶搞式复仇。其中，充满幽默感的对白和生动的场景描写、两位考官之间费尽心机的相互推诿、成千上万落榜考生冤魂的群情激奋等都是重要的潜在笑点。麦大维和金庸参与了话本的修改。

饶宗颐
杨振宁
黄永玉
马　云
黄　霑
夏　梦
季羡林
柏　杨
聂卫平

金庸
自个儿的江湖（下）

蒋连根　著

人民东方出版传媒
People's Oriental Publishing & Media
東方出版社
The Oriental Press

目录

金庸自个儿的江湖

引子

庄子讲过一则寓言：有两条鱼生活在大海里，某日，被海水冲到一个浅浅的水沟，只能相互把自己嘴里的泡沫喂到对方嘴里生存，这就是成语“相濡以沫”的由来，指的是“少年夫妻老来伴”的夫妻。但是，庄子说，这样的生活并不是最正常最真实也最无奈的，真实的情况是，海水终于要漫上来，两条鱼也终于要回到属于它们自己的天地，最后，他们要相忘于江湖。

相忘于江湖，江湖之远之大，何处是归处和依靠？人在江湖，总会有许多的无奈、寂寞、冷清。金庸说，“友情是我生命中一种重要至极的宝贵感情”。人生在世，总要或多或少地依靠来自自身以外的各种帮助——父母的养育、师长的教诲、朋友的关爱、社会的鼓励……所“依”甚广，所“靠”甚多。

在金庸生命的各个时期，他的身边总是围绕着一群人，一群爱他敬他，愿意为他无私奉献，助他一臂之力，在他需要时挺身而出，替他扫平障碍或是进行善后工作的朋友。若是没有这样一群铁杆儿朋友在身边，恐怕这个大侠必定当得十分吃力。所以说，金庸的生命离不开他的朋友圈，是一群朋友在背后默默支持他，才让他成为大侠，在人前光鲜亮丽受人尊重，令人敬仰。也正是这样一种深厚的情义，才衬托出了大侠的光辉形象。

20世纪50年代，金庸虚实相间的新派武侠小说大大拓展了香港人阅读的想象空间，纵深了历史记忆。武侠行踪在江南、中原、塞外、大理国、帝都之间铺展游移；小说里的人物与思想，在朝与野、涉政与隐退、向心与离心、顺从与背叛、大义与私情之间寻求着平衡，思考着普遍的人性和古代历史的规律。种种时局的因缘际会，在向来被视为“文化沙漠”的香港，开出了一朵绚烂的花。

挟一腔豪情，聚千古江山。金庸创造的武侠世界气势恢宏、波澜壮阔，布衣英雄热血肝胆，重情重义，为国为民，震撼人心！他用丰富的学识和深厚的文化修养，宏大的气魄和娴熟的笔法，融历史传奇故事，写中华文化传奇！读过金庸作品的人，肯定会在其刀光剑影中体会到友情的浓烈。金庸以生花妙笔描写了人与人的形形色色的友情，那些路见不平拔刀相助、不打不相识、点头之交、生死相许、忘年之交、超越性别的知己之交、危难之中的莫逆之交……无一不让我们深深感动并心向往之。那些真情，在关键时刻经受住了考验，变得更加坚不可摧，固若金汤，在经历了劫难的洗礼后焕发出了人性高洁的光芒。

金庸的武侠小说为什么能在华人中流行这么广泛，影响这么深远？究其根本，情节和历史图景是一回事，更深层的原因是金庸的武侠小说突出了一个乃至中华民族最关键的问题，那就是友谊的最核心问题——义气！从生死相依到共创江山，从书剑恩仇到武林剑啸时的惺惺相惜、倾囊相授，这种坦荡和崇高，让人看了热血沸腾，这就是友情加上重义。金庸采取了一个完全不同的角度，他把负面化为正面，他写神州大地的万里河山，英雄人物任意驰骋其间，与天下豪杰互相结交，气味相投，便成莫逆，一同出生入死，共谋大事。生活多么自由，人生多么丰富，只要朋友之间有情有义，世上的艰难险诈又有什么可怕之处？

金庸虽然多次老实坦白自己与书中男主角并不相像，“我肯定不是乔峰，也不是陈家洛，更不是韦小宝”，但爱交朋友这一点，倒是毫无二致的。金庸大名满天下，金庸朋友也是满天下。

每个人背后都有他的故事，金庸写的故事已家喻户晓，而他自己和朋友们的故事，跟他的武侠小说一样引人入胜。

这就是金庸自个儿的江湖。

第一章 患难知己

1955年，金庸创作出第一部小说《书剑恩仇录》。小说中，红花会的英雄们个个是侠骨柔肠的英雄好汉，但陈家洛是他最喜爱的。在这本书的后记中，金庸提到王国维等人，“他们的性格中都有一些忧郁色调和悲剧意味，也都带着几分不合时宜的执拗。陈家洛身上或许也有一点儿这几个人的影子”。这是金庸喜欢陈家洛的原因。“救人危难，奋不顾身，虽受牵累，终无所悔”，这16字倾入金庸在所有小说中难以表现出的激情，这就是所谓“不合时宜的执拗”。

金庸在北大演讲时说：“我一生主要从事新闻工作，办《明报》占了大头，之前在《大公报》《新晚报》做副刊编辑，罗孚、李侠文两位前辈提携我，帮助过我。我的大公朋友中有黄永玉，我写文字，他插画，跟我很好的。在《明报》的朋友就更加多了……”董桥、潘耀明、林山木、王世瑜是他的明报朋友。

¤ 金庸的江湖语录 ¤

¤《史记》中说："谚曰：'白头如新，倾盖如故'"如果互相意见不投合，即使从小做朋友做到大家白了头发，仍如新相识的陌生人一样；如果意见一致，即使是道路上初次偶然相逢，停下车来随便谈谈，也可以成为老友，正所谓"酒逢知己千杯少，话不投机半句多"。

——与池田大作对话

¤何谓"知己"？就是能互相理解、信赖、尊重对方、引为朋友。我们常说"士为知己者死，女为悦己者容"。女性化妆、打扮的目的，乃是为了令喜欢自己的男性高兴，得到满足；男性，则以相知者为重，可以为知己者牺牲自己的生命。

——与池田大作对话

金庸梁羽生的“催生婆”

——“间谍报人”罗孚

中央编译出版社为《罗孚文集》加的腰封写着：“金庸梁羽生的催生婆”，话一点没错。生第一个孩子总是比较艰难的，需要催生婆，生完第一个，后面就顺了，可以接二连三地生。“没有罗孚就没有金庸，没有罗孚就没有梁羽生”，这句话是真的，罗孚是新派武侠小说的“催生婆”。

罗孚曾是《新晚报》的总编辑。没有罗孚的欣赏和提携，金庸的文学道路也许真要大大改变也未可知。文人之间，形成这么深厚情感的并不多，罗孚与金庸几乎可作为一个典范，一段传奇。

金庸的《明报》与他的原“东家”《大公报》有过旷日持久的论战，罗孚明斗暗助，落了个“间谍报人”的名声而离开香港十年。晚年，他写了《金色的金庸》一书，夸奖金庸。

1

罗孚是金庸的旧上司，这个上司有点儿神秘。

罗孚的神秘，源于他特殊的人生经历。他原名罗承勋，1921年出生于广西桂林。1941年，20岁的罗孚在桂林加入《大公报》，一干就是41年。这份中国现代历史上最具影响力的报纸成就了罗孚，也是其走上革命道路的平台，从这里起步，开启了一个知识分子与革命政治漫长的蜜月与纠结。1947年在重庆，他与“江姐”有过文缘，暗地里参与江竹筠领导的中共地下党刊物《反攻》的创办和编辑。

新中国成立后，罗孚作为当时《大公报》唯一的中共党员继续留在香港从事宣传和统战工作，曾主编过《大公报》《文汇报》的文艺副刊。

《大公报》子报《新晚报》初创时，罗孚任总编辑，出于对陈文统和查良镛文笔的欣赏，便将他俩揽到了自己手下。

罗孚认为，《新晚报》是以“知识性、趣味性”立足香港报业市场的，有了好文采的笔头才有好看头的报纸。因而，他的手下“唐宋金梁”最为有名，唐是笔名唐人的严庆澍，著有《金陵春梦》，宋是笔名宋乔的周榆瑞，著有《伺卫官杂记》，金是笔名金庸的查良镛，梁是笔名梁羽生的陈文统，梁金开创了新派武侠小说。这四人的作品在《新晚报》上连载，成为该报的销售利器。

1954年1月中旬，香港太极派掌门人吴公仪和白鹤派掌门人陈克夫因门户之见发生争执，互不相让，最后陈克夫向吴公仪下战书，以比武分高下，两派掌门人签下了“各安天命”的生死状。因为香港禁止擂台比武，所以地点设在一水之隔的澳门。此事在香港引起很大的反响，有八九千乃至一万人赴澳门等候开场，不仅成为街谈巷议的热门话题，也是当时报纸争相报道的题材，《新晚报》几乎每天都有相关报道。1月17日下午，这场引人注目的比武在澳门新花园拉开帷幕，两派高手在擂台上只打了短短两个回合就以吴公仪一拳击中陈克夫的鼻子，血流如柱而告终。但是，比武所引起的轰动却是罕见的，各种报纸更是大肆渲染，当天的《新晚报》出“号外”，报道比武结果，一出市就被抢售一空。

拳师比武触动了《新晚报》总编辑罗孚，他脑海中闪过一个念头，既然市民对比武的兴致如此高涨，何不趁热打铁在报纸上推出武侠小说连载，以满足“好斗”的读者来扩大发行量呢？《新晚报》从来没有登过武侠小说，罗孚便找陈文统商量。1月19日，即比武结束的第三天，《新晚报》就在头版显著位置刊出了“本报增刊武侠小说”的预告。20日，《龙虎斗京华》就在“天方夜谭”开始连载了，“梁羽生”由此诞生。这是陈文统的处女作，也是他的成名作。报纸一出，同事们就已围在一起看，查良镛也大赞“好看，很精彩”。

梁羽生的《龙虎斗京华》一共连载了七个月，跟着是《草莽龙蛇传》，引起了意想不到的热烈反响，《新晚报》销量大增，大有洛阳纸贵的势头。罗孚喜上眉梢。

拳师比武以太极派打得白鹤派鼻子流血而告终，而迷乱命运的转弯，也就是在不经意的一瞬间发生。1955年2月初，罗孚和“天方夜谭”的编辑忽然找到金庸，紧急向他拉稿，说梁羽生的《草莽龙蛇传》已登完，必须有一篇“武侠”顶上。此时梁羽生正在北方，与他的同门师兄“中宵看剑楼主”在“切磋武艺”，所以必须有人顶替写武侠小说。可是，金庸从来没写过武侠小说，甚至任何小说也没有写过，所以迟迟不敢答应。

罗孚一而再、再而三地鼓励他："拳师在比武，有勇则赢，你写武侠小说陪武，也要勇气的。"那亲切的笑容、诚恳的态度使他难以推辞，查良镛便答应下来了。"于是一个电话打到报馆，说小说名叫《书剑恩仇录》。至于故事和人物呢？自己心里一点也不知道。罗孚很是辣手，马上派了一位工友到我家里来，说九点钟之前无论如何要一千字稿子，否则明天报上有一大块空白。就请这位工友坐着等我写，那有什么办法呢？于是第一天我描写一个老头子在塞外古道大发感慨，这个开头下面接什么全成，反正总得把那位工友先请出家门去。《书剑》的第一篇就是这样写的。后来情节慢慢发展，假如第一天写得豁边，第二天马上想法子补救，东拉西扯，居然读者们看得还有点兴趣。"①

《书剑恩仇录》横空出世，查良镛的"镛"字一分为二，"金庸"由此诞生。

用罗孚的话说，那场擂台"一拳打出了从五十年代开风气，直到八十年代依然流风余韵不绝的海外新派武侠小说的天下"。金庸由影评转而武侠，一发不可收，而其起始，罗孚功不可没。

这话一点儿没错。生第一个孩子总是比较艰难的，需要催生婆，生完第一个，后面就顺了，可以接二连三地生。金庸"生"了十五个，梁羽生呢，"生"了三十五个。

罗孚说，"金梁并称，一时瑜亮。也有人认为金庸后来居上。这一步，大约是两年"。指的就是这一段时间。罗孚曾回忆说，香港人是怪，在金庸武侠风靡香港的那个年代，街头巷尾的人"谈到正事，谈到政事，也往往要引用金庸武侠小说里的人和事来教训。仿佛那些武侠小说，都是现代社会的《资治通鉴》，而且他们谈得非常正经"。②

罗孚不但催生了新派武侠小说，还催生了最早的对新派武侠小说的评论。1966年，罗孚在香港创办了文艺月刊《海光文艺》，这是一份不分左右兼收并蓄的文学期刊。当时的金庸，已经脱离《大公报》，自创《明报》，且政治立场与办报理念与左派的《大公报》《文汇报》迥异其趣，特别是，《明报》与左派报纸曾经爆发过旷日持久的激烈论战，俨如敌国，不相往来。鉴于武侠小说不登文学殿堂的现实，罗孚决定找人写梁羽生与金庸武侠小说的合论，以满足读者的兴趣，提请人们重视武侠小说。

① 金庸：《书剑恩仇录·后记》。

② 莆实：《金庸传奇香港和辽阔江湖》，《三联生活周刊》2017年第29期。

罗孚让梁羽生写，梁羽生说："哪有自己评论自己的？"罗孚说："可以化名，不署自己的真名。"梁羽生答应了，但提了个条件，"如果有人追问，你得替我担当起来"。罗孚同意了。这样，1966年1月，近两万字的《金庸梁羽生合论》便在新创刊的《海光文艺》上连载，署名"佟硕之"。这篇评论实事求是地分析了两人各自作品的特色和优缺点，是最早的对新派武侠小说的评论文章。

几日后，《海光文艺》刊登金庸的短文《一个"讲故事人"的自白》，含蓄地对梁羽生的批评提出了辩驳。

后来，有人将此两篇文章视作"金梁笔战"，罗孚为此写了《两次武侠的因缘》一文，反驳了坊间的"金梁失和论"。他说："当时文章（指《金庸梁羽生合论》）是我提议写的，让梁羽生执笔。他说我不好写自己啦，我说那你用化名吧。写这篇文章的时候，就有人说梁羽生，'你不该写这篇文章，要是写了，将来死无葬身之地！'那时候金庸办《明报》是'大右派'，但这篇文章大部分是'捧'金庸的，这是犯大错误的。但梁羽生还是写了，未料到当时没怎么惹政治上的麻烦，却在几十年后成了他'贬金庸褒自己'的一个罪证。"罗孚透露，金庸的回应文章也是他所约，为了"做一个清清淡淡的回应"。

当年，罗孚主持的《大公报》副刊《新晚报》有声有色，不仅促使金庸、梁羽生的武侠小说大行其道，也让更多优秀作家如聂绀弩、叶灵凤、董桥、巴金、周作人等一大批作家的作品得以发表，从而人所皆知。

金庸后来离开了《新晚报》，创办《明报》，由小变大。罗孚看着高兴，说："《明报》的成功，不是金庸一人的功劳，也毕竟是他一人的功劳。"在为《明报》前雇员石贝的《我的老板金庸》一书作序时，罗孚对金庸开创《明报》事业的过程，有这么一段话："武侠小说的流传初期是依靠报纸的连载，他（指金庸）就想到要依靠武侠小说来办报，为报纸打开销路，就创办了《明报》，以他自己新的武侠小说做号召，用每天的连载来吸引读者。武侠，加上别的手法，《明报》终于在剧烈的竞争中站得住，站得稳，从一份小报发展成为一份有影响力受到读者欢迎的大报。"

2

罗孚是金庸的老朋友，这个老朋友有点儿奇怪。

金庸离开《大公报》自创《明报》。不久，那场政治风暴波及香港，两报便分成了两个对立的阵营。那个时期，罗孚与金庸，在公开场合是论争对手，私下里却是亲密朋友。亲密归亲密，机密还是机密，罗孚的地下党身份，金庸一直被蒙在鼓里。罗孚在统战工作上的活动，虽然静悄悄，但却同样风云满袖，紧锣密鼓。中共当年在香港统战工作的重点，一方面是对台湾、对国民党工作，另一方面是对香港的上层人物、特别是民族资本家和金庸等类型的媒体人，则是他努力团结的对象。那时的罗孚，经过多年历练，开始变得活跃，喜交朋友和喝酒，常与文人聚会，高谈阔论。报馆附近的一些北方餐馆是南来文人的聚会之所，罗孚常邀金庸在此共餐。

据罗孚幼子罗海雷撰文回忆，在20世纪70年代，罗孚与金庸的联系很多时候是秘密的，一般在金庸家里见面，每个月至少一次，罗孚去找他。当年金庸创办《明报》时也通过罗孚与新华社打过招呼，希望以《大公报》中庸之道作为经营方针，但在1961年《明报》无法保持中立立场，与《大公报》关系才开始紧张。“文革”初期好长一段时期，《大公报》与金庸论战，骂金庸的人可不少，甚至说他拿了美国新闻处的钱，但罗孚主持的《新晚报》从来没有与金庸笔战过。金庸说：“后来我去办《明报》了。在政治上和《大公报》处于对立的位置。但《新晚报》编辑部的诸位旧友仍和我很好，没有敌对，包括罗孚兄、文统兄等人，不过平时也较少来往了。”①

由于经常涉及敏感问题，观点尖锐，立场鲜明，《明报》在金庸主政时踢爆了不少火药桶。当时，“左”派发飙，金庸甚至被一些人骂为“豺狼镛”，列为第二号要杀的人，他才不得不去新加坡避难。作为中共地下党的骨干，身负香港文化新闻界统战使命的罗孚，暗地里与金庸保持着联系。金庸也曾说过，因为林彪事件，他特意到罗孚家求证，结果得到一个不小的独家新闻。《明报》以“林彪谋反内幕”为标题，以特别醒目的手法，在第一版连续刊登了五天，引起了读者的关注。

罗孚十分赞赏《明报》“大事不糊涂，立场很鲜明”，“金庸的‘中立’其实是有原则的，爱国，为人民”。中苏交恶，金庸一直称颂毛泽东和中国的立场。他在1969年3月5日的社评《这次要赞一赞中共》说：“中共以强硬态度对付这北方之熊，那是好汉子的行径。”1976年9月10日，他在《毛泽东去世》社评中说：“他对于中国国家人民的功过，则依各人的政治立场，而会有截然相反的看法。但有一件大功劳，全国人民都必须承认，那是他领导中国，坚强不屈的抗御苏联对中国的侵犯。自从开始对苏联斗争以来，他这坚决反苏的立场始终没有丝毫动摇。”

① 金庸：《痛悼梁羽生兄》，《明报》2009年2月1日。

金庸一直主张两岸统一，反对台独，反对“两个中国”。1964年1月23日法国与中国大陆建交，到2月11日半个月中并没有与中国台湾当局断交，他在1月29日、30日、31日接连发表《法国正式搞“两个中国”》《法国“阳谋”，天下共见》《一个中国，两个政府》等社评。读了后，罗孚拿了报纸给《大公报》总编辑李侠文看，说：“他（金庸）是敢讲真话，一个不会怕死的人。”

罗孚的一生，做了许多事情，也有许多成就。报人，似乎是他的主业，也是他一生唯一的公开职业，但他一生中付出最大精力和对他影响最大的工作，也可以说是他最重要的职业，却是那个后来被称为“间谍”的职业，准确地说，是中国共产党的地下工作者。他的“间谍”生涯的一大业绩，是拉拢和保护了金庸之类的“大右派”。罗孚入党的监誓人是黄作梅，黄作梅是香港土生土长的共产党人，也是新华社香港分社的创办人之一和第二任社长，也与金庸友好。

罗孚的个子不高，他说，金庸的头极大，张彻、古龙，这三个大头的朋友，头都大得异乎常人，事业上也各有成就。和这三个大头朋友在一起，常有一种极度安全感：就是天塌下来，也有他们顶着！

20世纪50年代至80年代，内地文化动荡，可谓刀斧沟壑，相较之下，香港无非杯水风波。这样平淡的命运，除了白领财经，简直没的可写。罗孚的文字——《风雷集》（1957年）、《西窗小品》（1965年）、《繁花集》（1972年）不遗余力地为主旋律讴歌，似乎还有那么点儿风花雪月。有人称他是香港左派文化阵营中的一支健笔，他说：“40多年来我写了不少假话、错话，铁案如山，无地自容。”萧乾评论说：“这是巴金《真话集》问世以来，我第二次见识这样的勇气，这样的良知，这样的自我揭露。”是画魂之谓。

这时期，罗孚以丝韦、辛文芷、文丝等笔名，著有《南斗文星高——香港作家剪影》《燕山诗话》《西窗小品》等，编有《聂绀弩诗全编》《香港的人和事》等，被廖承志称作“罗秀才”，活跃于文学界、新闻界。罗孚说：“看人看事看他们是看热闹，人和人打交道，可以衍化出无尽的命运机缘。势态有点像金庸和梁羽生下围棋，摆布的几颗棋子，初看时漫不经心，煞尾时却命运攸关，高下立判。”

3

1982年，北京文化界忽然来了一位香港异客，他是罗孚，年纪五十有余，不时来往于香港与内地之间，今天在这个场合看见他，明天又在另一个会议上见到。来了，就与相识者招呼，并在不远不近处坐定。他不记录，也很少发言，与邻座耳语时，态度也是不卑不亢的。他这次不是住饭店宾馆，而是郊区一幢普通的民宅，似乎有长住的迹象。

其实，罗孚遭遇的扑朔迷离的“间谍案”，如今不再讳莫如深，且已轮廓昭然：当年他与金庸这个“大右派”秘密交往，是出于党的统战工作的需要，保护金庸也是保护香港的未来。

罗孚之女罗海吕透露了一件她默守了40年的秘密：1972年夏季的某天，母亲跟三个男孩说，翌日下午放学不要回家，父亲在家里要和朋友见面。那时罗海吕只有12岁，父亲允许她回家，但要求她待在房间做作业，令她有幸见证了这次秘密约会。“那天下午，父亲特意买了一个超群西饼店新推出的芒果慕斯蛋糕，那时候，这种高级的蛋糕，我们一年也吃不到一次。父亲就把这个蛋糕放进了大厅冰箱。客人来了，只有一个人，每人一块。”罗海吕也有。父亲与客人谈得正热烈，都把面前的蛋糕给忘了。“蛋糕实在是太好吃了！”罗海吕每隔一段时间就忍不住口，又出来切一块吃。这次密谈，持续了大概三个小时，到客人走的时候，蛋糕也几乎被罗海吕吃光了。事后母亲曾得意洋洋向罗海吕提到这次见面的背景，她才知道客人就是金庸。见面目的是要恢复因“反英抗暴”时损害的新闻界相互之间的关系。①

“间谍报人”罗孚在北京一住就是十年。迎面墙上挂着一副对联：“闭门千古事，面壁十年书。”他住在北京双榆树南里，当时他的名字叫史林安。十年间，罗孚以“柳苏”的笔名在《读书》杂志发文。柳、苏，就是柳宗元、苏东坡。罗孚自谓：“我安敢自比柳、苏，只是取了其中的贬谪之义罢了。”柳被贬在广西，苏被贬在广东，笔名就取这“贬”的意思，说他自己被贬到京城来了。

罗孚的书架因承受了太多重量而歪斜，书架上有很多书，其中有香港出版的金庸全集，每一本都有金庸的亲笔签名。书架上摆放着《罗孚文集》七册，中央编译出版社为每册加了一条红底挖白推荐腰封，上面文字显赫：“香港文学界的伯乐、金庸梁羽生的催生婆、大陆文人眼里的两栖作家、董桥风靡大陆的推手”。

一回到北京，罗孚的身份也就原形毕露了：他是金庸的好朋友，不用遮遮掩掩躲躲闪闪了。于是他写了《话说金庸》，初次向内地读者介绍金庸。他开门见山地说道：香港有一种特产，既是许多人熟悉的，又是许多人说不出来的。人家追问他，他就说：那是侠客，“因为只有香港才有，而香港也

① 罗海雷：《罗孚与周恩来的文化统战》，《明报月刊》2012年8月。

只有一两名，还能不特？”“一名是金大侠，或查大侠；一名是梁大侠（没有陈大侠）。金大侠是金庸，也就是查大侠查良镛；梁大侠是梁羽生，没有人叫他陈大侠，尽管梁羽生原名陈文统，正如金庸原名查良镛。”——这就是罗孚的够好读又好玩的文字。

他还写过一篇《金色的金庸》。罗孚说，金庸的博学多识在《三剑楼随笔》的28篇随笔散文中崭露头角，内容谈及中西影片、书画音乐、诗词舞蹈、围棋谜语、京剧历史、民谣文学、摄影宗教等，娓娓道来，深得其中三昧。金庸有着深厚的中国传统文化的积累，他在1955年2月8日开始撰写武侠小说《书剑恩仇录》后，才能在这偶然性的“无心插柳柳成荫”的机遇下，欲罢不能地陆续写出了15部脍炙人口的武侠巨著。

罗孚笔下的金庸却非神圣之人，更像只有香港才能出产的一个敢于打拼的人：虽然不会武打，却不仅对电影感兴趣，还曾经学习芭蕾；50年代甚至雄心勃勃地北上求职。罗孚写金庸的时候已经不再需要去介绍金庸的成就了，但他在汇集了众多知名作家的《香港人与事》文集中，以罗孚式幽默来描述金庸作品：“明知道他们不会武功，但他们写出来的武功却是人人爱看，而且看得入迷，废寝忘餐。明知道那是假的，看得比真的还要认真。他们就是这样以假哄人，编造假的武功，加上形形色色的包装，骗了许多读者，或骗了许多人成为读者。他们不仅骗孩子，厉害之处更在于骗大人（武侠小说被大数学家华罗庚称为‘成人的童话’，他老先生就是这样的‘成人’）。最厉害的是能骗那些身居高峰以至颠峰的大人。”这样的评论今天就很少见，是罗孚风格。

1986年1月，罗孚在北京写信，希望通过金庸和黄永玉向高层打招呼，“争取松动”：“黄（永玉）和查（良镛）的为人不同，对他多请托几句无妨。在查面前，话要说得适可而止，不要给他一个苦苦哀求的印象。他如推辞，那就算了……”罗孚对这两位《大公报》老同事的个性真是蛮了解的。

金庸有没有帮罗孚说话，不得而知，金庸自己不说，恐怕永远没人知道了。

《读书》杂志主编沈昌文对金庸小说有兴趣，罗孚专门写了一封信，让他于1989年1月去见金庸，洽谈出书。沈昌文不久退出出版舞台，没时间在任内办成此事，但金庸小说在《读书》杂志着实热闹了一阵，以至人们戏说，这家出版社的经济来源全来自“吃菜”（蔡志忠）和“拾金”（金庸）。

北京双榆树南里是一个新盖的小区，住着文化体育界的不少名人。“向东有北京师范大学的钟敬文、启功；再向东，则有和平里的陈迩冬，继续向东则有团结湖的楼适夷、黄苗子、林墉；向西，偏南，有昌运宫的丁聪；向南，有皂君庙的舒芜，更南有百万庄的杨宪益，再南有三里河的黄永玉，更南有木樨地的萧乾；向北，有许良英。方、许是好朋友，是自然科学家，都住在中关村，东西南北四条线，东线伸得最远，南线较密，西线、北线较少熟人。”[①]罗孚在北京展开自己的交游，他乘坐公共汽车一站站走，等临近哪一位名人之家就下车，推开附近的住家之门，随后就是他对这家这位的采访。

北京十年“休假式”生活中，他依然是位新闻人。他不能忘情于在《大公报》与《新晚报》的工作。那才是自己本来与终极的职业。他还写了介绍香港形形色色的《香港，香港……》。他说，在双榆树的居所里，香港的人和事像电影一样一幕幕在脑中闪过，香港文坛“座中多是豪英”，“金庸和梁羽生横空出世”，常让他“吹笛到天明”。

在给儿子罗海雷所著的《我的父亲罗孚》一书所作的序言中，罗孚在文末写下这样的话：“我缅怀不羁的、荒唐的岁月以及逝去的至爱的朋友、文化人，也怀念那些咫尺天涯的老朋友们。”此时的罗孚已经九十高龄，人生暮年，他最珍视的，是曾经同命运共呼吸的朋友、同道，而不是荣华与事功。从某种程度上可以说，此时的罗孚，经历过波诡云谲的时代大潮洗礼之后，已完全回归知识人的身份认同，与其他一些卷入革命浪潮的知识分子一样，走出了“两头真”的生命轨迹。在罗孚眼中，金庸虽贵为商界巨擘、文化要人，仍然不脱儒巾气，书生味。他内向、害羞，爱独处而恶群体生活，性沉默而不喜议论滔滔。平时与知己三五，打沙蟹，推牌九，黄汤三碗下肚，或会有“一时风发”；不然，在人多的场合，众多陌生人的面前，他仍然是惯性的木讷、腼腆。名利双收的金庸以好学驰名。他有跑车而不浪游，有游艇而不放逸。相反，他从日本买回一部《大藏经》，规定自己每天读佛经八小时，直至把此佛门圣典啃完为止。

2011年，中央编译出版社出版罗孚的《北京十年》一书，书中罗孚记叙了从1982年到1993年他在北京被软禁的生活，自称“不妨当野史来读，野史可以是正史的补充，也可能比正史更加真实”。著名记者、作家曹聚仁评论道：“一九四九年前的《大公报》自然卧虎藏龙，群星闪耀，但四九年后的香港《大公报》，包括罗孚在内的一些人，身上依然可见到《大公报》的流风余韵。”

罗孚的最后十年在香港。金庸对《时代周报》记者李怀宇说起他晚年与罗孚在港“常常见面”。由此来看，金庸1967年收到的那颗贵重的炸弹与罗孚一家是没有关系的。

① 罗孚:《北京十年》，转引自徐城北《罗孚的“北京十年”》天津日报2011年8月8日。

到了晚年，罗孚与金庸的立场各自发生变化。罗孚倾“右”而金庸靠“左”。约十年前，罗孚谈金庸的办报：“金庸以《基本法》草委、筹委的身份，担当了重任，却以偏于保守，渐为群众不满，于是而发生了群众到《明报》门前示威，焚烧《明报》报纸的事，这应该算是他办《明报》的一次失败吧。”

2011年，刚从英国剑桥大学归来的金庸看到《明报月刊》上对罗孚的介绍，对学生说：“北京给罗孚出了书，是一件好事，你一定要看罗孚。”北京十年，罗孚从香港左派文化阵营中的一支“健笔”，变成了华语大文化圈里的一支“生花之笔”。2009年年底，罗孚和金庸一同应邀去香港《大公报》社新址参观，这是两位老同事好友的最后一次会面。

2014年5月2日凌晨，93岁的老报人罗孚带着一生的秘密走了。

依恋旧时月色

——“明月恋人”董桥

20世纪80年代初，金庸邀请董桥出掌《明报月刊》，董桥后来转任《明报》总编辑，两人合作多年，相交相知。

和他的老朋友金庸一样，越老越要享受，但不是膏粱厚味，而是那些渗着古味的情趣，读闲书，喝闲茶，聊远事，怀故人，这是董桥文字不变的主题。

金庸说董桥：“没有他，不可能有《明报》的今天。”

1

1979年胡菊人的离开，使《明报》集团失去了一位可以独当一面的要角，金庸极为痛惜。无奈他亲自兼任老总，觉得十分不便，便四处找寻适当人选，结果找到了董桥。董桥那时在香港中文大学有教职在身，不想放弃。金庸看过董桥的翻译，视为第一流高手，因而一定要把他请到才甘心。他知道董桥是为了中大的丰厚薪资，方始犹豫，于是答应董桥给予同样的待遇，终于“挖角”成功。

那是1979年年底，董桥37岁，有过在英国BBC电台中文部工作的经历，1979年到香港后任职于美国国际文化交流总署，曾打算去广州的中山大学任教。

“挖角”之前，金庸与董桥有过一次谈话。

金庸先问他：“听说你是福建晋江人，怎么会在印尼出生的？”

董桥回答：“那时福建乡下地方很穷，没有什么生路。父亲一早就跟当地许多百姓一样，下南洋闯荡，20世纪20年代左右在印尼落脚。侨居南洋，我在严父督导下天天临帖练字，临的是文人气浓郁的何子贞。后来，我随亦梅先生读书念诗，如沐春风。先生曾教我读一本《博物要览》，书中描写各种珠玉犀象，可珍可玩的雅品，每则只有三言两语，言简意赅。先生说，你学会用简洁的笔墨描摹眼前的景物，以后作文不致累赘。因而我反复诵读，默记于心。这样，煮梦庐里的岁月养成了我的人生底色。”

“怎么我觉得你写的文章有明清小品文的味道，大概是你听从先生的教导磨砺成的结果？”

“还有南洋土地遗民种子的营养。我的父亲与舅舅合伙开书店，做商务印书馆的代理商，这让我从小就能泡在书堆里。后来父亲开办工厂，又让我的童年过得相当富足。我上小学就有私家车接送，我比同辈的同学生活优越很多。”

董桥也聪明，他的上一代都是老派文人，包括自己的父亲，小时候出于好奇，他硬生生把父亲藏在柜子里的宋元古画看了个饱，因而，古意之于董桥，并不是虚无缥缈。文章千古事、修齐之道在董桥这里很难找到，他文字里多的不过是对古人的一份终极向往，于自己，深沉内敛，聚气凝神，于他人，谦恭和善，温文有致，和社会打交道的时间一去，剩下的便是自己的天地，所以，董桥最大的优点或者说文字风格是闲逸，不温不火，不过，他的文章很容易腻，原因是主题的重复和感觉的堆砌。

金庸说：“我读过你的《书房窗外的冷雨》，你的文章描摹父亲书房里雅致、古典的气氛：紫檀书桌，乌木书橱，窗外荷塘蛙鸣……”

董桥陷入回忆：“父亲的书房内是静谧的，书房外却是多事之秋。1958年印尼‘排华’，我读到高中便读不下去了，只身到中国台湾求学，攻读下成功大学外国语文学系的科班。1964年刚毕业便结了婚，太太是在外文系的同班同学。”

“你才20多岁吧？”

“还不足22岁，当时年轻气盛，早早就把自己拴住了，一拴就是四十多年。因为在台湾找不到像样的工作，我便带着妻子到香港找谋生机会。当时香港经济还不景气，最多的时候，我一天干三份工作，当过商铺记账的，干过公司文书，日子过得很艰难。”

金庸笑了：“跟我初到香港时差不多。”

董桥接着说：“大女儿出生后，经济压力增加，我不得不寻找更高薪水的工作。刚巧英国广播电台在中国香港招聘，既能去英国，也算一份优差。于是去考试，没想到考上了。70年代初，我将一家迁往英国伦敦，我半工半读，开始了在英国的8年留学生涯。小儿子在英国出生了。”

金庸似乎早有准备：“你写的《中年是下午茶》，很有绅士味道，就是那时候写的吧？”

董桥应答自如："是的。我喜欢喝下午茶，我觉得这是英国人挺好的一个习惯，很惬意。"

"我觉得你的文章很雅致，有情趣，我觉得有一种意境与巧思。你不在英国喝下午茶，怎么跑到中国香港来了，想吃夜排档了呢？是否因为你有学贯中西的知识背景？"金庸给他面前的茶杯加了一点水。

"哎呀，学贯中西是绝对谈不上，只是我的经历、学历一直都是一半中文，一半外文的。因为我发觉香港经济在腾飞，便动了回来的念头，为了觅一只称心的饭碗。以前是我读英文书读得最用功的十几二十年，先是进了香港的美国新闻处编译美国书，上头说：你没住过美国，赶紧追读美国书报，免得误了前程！我憋了一肚子怨气夜夜恶补，边读边学，学出半个脑子的美式文化。后来放洋蹲在伦敦，处处情致一新，仿佛掉进文化深渊，陌生、刺激而亲切。学院正规重头书的魅力经不起三两年温存就淡了，反而那些杂书恒常是路边的闲花异草，每次走过忍不住要驻足瞧上几眼……"董桥有点滔滔不绝。

金庸打断他的话："所以，你还是要回到中国书本上来？"

"不，我是要用西学改造我们的国学。英国人天生内向，一辈子拿书做幌子：说的话尽是书中珠玉，不说话的时候也会装看书避免寒暄，日子一久，腹中难免饱藏万言，人也眼空一切了。我不甘心自我矮化半截，铁了心肠钻进仇家眼皮底下的字里行间看个究竟。好胜如此，险中求得一知加半解，倒也划算。匆匆80年代了，我回香港主编那本高眉月刊，自觉书生编给书生看的读物最怕迂腐，最怕孔夫子情意结，加上义和团的头巾气，取胜之道在于洋为中用，西湖边上多找苏姗桑塔来聊天。我于是不敢一日不洋化，翻遍西书西报化解受国学内伤的瘀血……"董桥站了起来，又说多了。

"好啊！《明报》这只饭碗给了你，你称心就好好干下去。"金庸挨了挨董桥的肩头，让他坐下。

董桥自喻是文化遗民，他那遗民的种子植根于南洋的土地。金庸选择董桥出任《明报月刊》总编辑，看中的是他的经历：董桥生在南洋，学在中国台湾，常居中国香港，他的身上融合了中西古今的太多种元素。金庸曾评价董桥："经历培养学识，董桥的文章文化品位高，涉猎中西，文字上多属中，气质上多西化，行文独具一格；中西文化的影响，是董桥形成个人风格的真正成因。"[①]董桥正是靠个人的学识、才情才免于沦为快餐文化，提升了品位。

① 李文：《董桥风雅只此一家》，《广州日报》2008年3月23日。

在《明报》，董桥亲近知识避免酬酢，生活在办公室、书房逼仄的方寸天地间，既当《明月》总编辑，又是专栏作家，在香港这块被人称为文化沙漠的荒原上耕耘，培植绿洲。

与此同时，董桥结识了一批围绕《明报》的文人雅士，丰富了人生阅历和素养，最终养成心中“长剑一杯酒，高楼万里心”那一缕乾坤清气。

2

从1980年1月起，董桥做了近七年《明报月刊》总编辑，共编了80期，在他手里继续将《明报月刊》发扬光大。1999年8月12日，董桥这样回忆：“1980年我接编《明月》的时候，‘文革’过去了，邓小平拖着重伤的中国踉踉跄跄走回国际舞台，月刊的政治文化取向面临新的考验，我不断参考英美各类杂志的编辑方针，不断修葺自己的视野。”①

有人比较《明报月刊》的三任总编辑，认为胡菊人的使命感强，张健波的社会触角广，但文化、学术的联系，则是董桥的优势。

董桥认为，杂志和人一样，气韵之间既要有窗前寒梅的体贴，也要有雪中送粥的涵濡，不必轻加类别。因而，从窗前寒梅到雪中送粥，关怀社会秩序与文化秩序中的和谐境界，实际上就是《明报月刊》的风格。对此，1985年12月，董桥写过一篇题为《静观的固执》短文：“接编《明报月刊》的这六年里，我看到中国大陆痛定思痛，埋头修补人类尊严的一块块青花碎片；我看到台湾经济拖拉机机件失灵，大家忙着清理大观园内物质文明的污水；我看到香港的维多利亚陈年披巾给拿掉，政治着凉的一个喷嚏喷醒了多少高帽燕尾的春梦。就在这个时候。我也看到朝秦暮楚的个人信仰随随便便篡改价值观念；各种政治宣传向商业广告看齐，利用现代传媒科技的视听器和印刷品，日夜不停骚扰中西文化中静观冥想的传统。于是，我和我主编的《明月》也都生活在两个世界里，一个是热性的政治世界，一个是冷性的文化世界；我和我主编的《明月》也有两个声音，一个是对文化之真诚与承诺，一个是站在政治边缘上的关怀和呼吁。”1981年英国公布新国籍法白皮书，260万具有英国国籍的香港居民只有国民身份而无公民资格，《明报月刊》以此为题组织讨论，使香港舆论哗然，逼迫英国政府改变主张。80年代中英两国为香港前途展开谈判，香港几百万人都抱祸福难卜的心情过日子，深深体会到自己的命运不在自己掌握中的无奈。董桥在《明报月刊》上每期写一

① 董桥：《没有童谣的年代》，文化艺术出版社2001年版，第140页。

篇“编者的话”，写得跟别人不一样。有一期，只用了一英一中两段文字对照，英文是英国著名小说家、诗人劳伦斯的长篇小说《查泰莱夫人的情人》的开场白，中文则是董桥的译文：“我们这个时代根本是个可悲的时代，我们偏偏不肯认命。狂澜既倒，我们都在断瓦颓垣之中，慢慢养成一点新习惯，抱一点新希望。费劲是相当费劲了，此去并无坦途，可是重重障碍，我们也有法子绕路走，甚至手脚并用攀过去。反正我们不管天塌了多少下来都只好活下去。”金庸赞赏他将原文中的sowerefuse化作“偏偏不肯认命”，说董桥的译文如影随形，十分高妙。

董桥执掌《明报月刊》六年后，应林语堂之女林太乙邀请，赴《读者文摘》任中文版总编。1986年10月离开《明报月刊》前，董桥在21卷10期发表了《“八十”自述》一文：“当年，查先生给我的聘书上提醒我必须‘遵照《明报》一贯中立、客观、尊重事实、公正评论之方针执行编辑工作，在政治上不偏不倚，在文化上爱护中华民族之传统，在学术上维持容纳各家学说之宽容精神’。……我虽然无权判断自己是不是做到了查先生给我的提示，我却一直没有轻心淡忘那几句话的重量和真谛。政治要有用世的寄托；文化要有高洁的灵机；学术思想蕴蓄的应该是人情所系的关爱。一本综合性的思想、文化、生活杂志有这样一股毫不凝滞的气质，也许足以在时代思维地大道上留下一星半点的脚印了。”① “八十”是指他主编了80期的《明报月刊》。

1988年，金庸再次伸出橄榄枝将董桥招回，全面接手《明报》。到1995年，董桥又做了七年多《明报》总编辑。“我在《明报》的时候因为查先生在，他是马首之瞻他说了算。我们可以学到很多东西，大家就看着一个报纸的主管，他每天写社评，本身就已经是知识分子了，所以这个报纸不用伪装也是一份知识分子报纸。查先生不在后，我也离开了，我就不再介入一个所谓知识分子报纸的东西，我觉得查先生不在了就没什么意思了。《明报》是查先生一手创办的文人报纸，是很正统的一个知识分子报纸，可以说我是搭最后一班车，在我之后就没有像我那么大的运气，会跟查先生这样的人，跟他学，跟他做，这个是比较难得的经验。”董桥还说过：“办报纸要永远有危机感，有如履薄冰的感觉。查先生金庸就有这种感觉。”

文人身份之外，办报其实才是董桥的主业。《明月》副刊的三个新专栏，体现出董桥掌帅后《明报月刊》编辑方针的不变和编辑风格的变化。

《大讲堂》承继的是20世纪早期梁启超的《新民丛报》，以及其后的《新青年》《语丝》《新月》《创造》《小说月报》的遗风，秉持独立自由

① 傅国涌：《金庸传》，北京十月文艺出版社2003年版，第236页。

的人文精神传统，以期成为海内外学者发布重要学术研究心得的主要平台。在金庸的倡导下，就国家、历史、民族与当时的社会重要问题，以访谈、演讲甚至问答的形式，请文、史、哲、音乐、电影等领域有巨大影响力的学者分题作答。那些被遮蔽掉了的大师的声音，让它们重新颤动起来，其要旨，乃思想独立是最高的真理。在此意义上，诸多文化界、思想界名人为表述学术、思想自由而发出的多元化“声音”，弥足珍贵。

《出入山河》则是《明报月刊》的专栏作者如饶宗颐、李欧梵、林海音等名家的国内外散文游记，其文字栩栩如生，优美有趣，曲径通幽，不乏哲理。且不论恢宏的山川沙漠令人胸怀开阔、新丽瑰异的域外风光使人耳目一新，就是最为普通常见的京城胡同、江南小镇，也同样散发出闻所未闻的清幽之香，别有味道。

另外，《茶酒共和国》谈酒说茶，不能不说人，尤其是爱酒茗茶的人，酒中知己，壶里春秋。此专栏刊登的是名人大师们关于茶饮养生和酒里人生的美文精华。

“金庸最信奉一句格言：‘事实是神圣的，评论是自由的。’在相当长的时期内，他办的《明报》恪守了客观、独立和公正的原则，也就是追求新闻自由的理想。”①董桥这样描述自己与金庸结交后的幸运。

2012年8月，董桥接受上海纪实频道的系列纪录片《大师》的访谈，再次表达了他与金庸与《明月》的那份依恋之情。他说：“到《明报月刊》跟查先生做了很久，大概有十几年，当然学到很多东西，因为查先生是非常聪明、非常重要的一个作家，我可以跟在他身边，对于我来说是一种荣幸，有机会跟他学做人，学做文章，都是很好的。他也不会教你什么，总之是潜移默化，你天天跟他来往，天天看他上班、下班，跟他一起，你慢慢就知道查先生这个人怎么会写出那么多书，武侠小说、社评会写那么好啊，慢慢你就会摸到一些东西。”

董桥刻过一枚“董桥依恋旧时月色”的闲章，想是从锻句炼字中感觉到旧时的美好，旧时的美好当然包括了金庸和他的《明报》。《旧时月色》是由别人编的董桥散文集，多是董桥在《明报》所写的专栏作品汇集。散文清丽娴雅，或点或染，着墨成情。多年后，依然在董桥心中挥之不去的，是《明月》的印记。董桥自喻“明月恋人”：“我真正觉得我的东西人家会重视，就是在做《明报月刊》期间，我开始觉得可以写得好，之前我不会感觉到我自己会走

① 腾讯：《董桥：他们那一代人的风采》，《大师》访谈录2012年第80期。

这条路。那时我的文章，我不用签名，人家也知道是董桥写的。”[①]

董桥在《旧时月色》里提到他老板金庸只有三回。最后一页有人问金庸怎样回头看自己的作品，查先生说“找到不少错字”。有一节是写宋淇对金庸《鹿鼎记》作了一些评论，金庸只露了半脸，也没有什么话。还有一节是写饶宗颐给《明报月刊》题了一副对联，查先生在《社评》里写了评论。董桥是《明报月刊》的主编，却没有吹捧老板查先生，着实可敬。

3

后来，董桥被《苹果日报》以300万元的高薪挖走，但也只是被当作花瓶摆设而已，毕竟他已七十多岁了。

从1999年5月起，董桥在香港《苹果日报》开设“时事小景”专栏，每日一文，每周五篇，淡墨白描，顺手装点，挥洒自如。香港中文大学出版社于2000年出版了他的《没有童谣的年代》，收录的是这两年里董桥“时事小景”专栏中发表的文章，包括《没有童谣的年代》《人民的寻梦园》《记者是吟游诗人》《心中石榴又红了》《保住那一发青山》《你不一定要爱英文》等百余篇散文。从文字里，可以看到中国文人的传统影子，比如林语堂，周作人，上推去，明人的小品，再往上，《世说新语》，一篇篇短文中往往让人很动情。看他写的张爱玲，在那段引自《五四遗事》的文字中，可读出这上海女子的才情和刻薄来。正如刘绍铭所说，读董桥的散文要读出味道，“中西文化得有点底子还不够，你还要像他一样对文字迷恋得‘丧心病狂’”。

1999年12月2日，董桥在《苹果日报》发表《我们头上没有光环》一文：“‘有容乃大，无欲则刚’虽然是他办报的格言。我始终觉得那只是他最愿意与报馆同仁共勉的理念；我在查先生学到的最实际的东西，是他对新闻写作与评论的技巧，以及他对编采人员的专业的尊重与宽容。”

作为金庸的下属、同事、文字之交，他对金庸的了解远超过一般人，他写过一篇《为天龙八部所见》，以特有的“董桥体”写出了他眼中的金庸：“这是金庸十四部小说的神髓：每一部小说里无处没有金庸；每一部小说里处处不见金庸。……金庸和查先生是矛盾的杰出人物，他在困厄的环境中培养出坚毅的反叛精神，他在芬芳的书香里享受才士的大名盛举，他在财富的殿堂上乐于亲近浅俗的欢笑，他在情感的风雨下不辞暴戾脆弱的心灵。千万读者从他的小说政论中传燃侠义的薪火，他却始终没有滥用他的侠骨丹心。

① 王绍培、王昉：《董桥：“我是一个很自负的人”》，《出版日报》2012年3月12日。

千万读者从他的小说政论中培养至情至性的气魄，他却始终保持冷静淡远的气度。金庸的旅程是心路的旅程，不是躯体的旅程；他的文字胜过他的口才。”“我追随查先生做杂志、做报纸那么多年，期间当然也经历过很多很多风风雨雨，我看到他真的做不到‘八风不动’的佛家教导。可是，他对每一场风雨的反应，确实让我得到好多启示。”①

金庸当年在《明报》天天写社评议论世局国事，有口皆碑。董桥说：“查先生是小说家，写政论往往穿插一些说部的笔触：添一些对白，描几幅景象，说两句自己，行文里顿时多了三分情趣。……金庸精于论世，在报刊上撰写政论，历时三十余年，最大的特色是‘喜作预测’，常常公开对未来事情的发展提出明确而肯定的判断。‘我作的许多大胆推断，后来事实大都应验了，并没有重大失误。这不是我眼光好，只是运气不错。’金庸说。这些大事包括林彪倒台、邓小平复出、香港回归等。”

金庸判断政情为什么那么准？董桥说得更到位：“利己之心的确是人类秉赋之自然也。查先生私底下总爱说，人是自私的，推测个人或政府的用心和行动，必须推己及人，先从其自私的角度衡量其得失，然后判断其下一步之举措，一定不会离题太远。这就是洞察世事人心。”

董桥说：“金庸先生的武侠小说那么成功，就是因为他有商业头脑，查先生是一个非常精明的商人，也是一个非常了不起的文人，这种结合，我看跟他的成功有很大关系，如果他一味地做文人要做的事情，或者看文人要看的东西，只限制在一个文人的小圈子里面，他就不会变成现在的金庸了。”对金庸的学识、著作，董桥亦时作佳评。他说：“金庸于‘文’能‘化’，具见他的小说。金庸于‘史’能‘化’，具见他的《明报》社论。他对当时中外情势的把握、预测，令人惊叹。”“金庸先生的成就不是奇迹，是他的用功他的博学和他的毅力的成绩。我跟随他做事十数年，领受他的教导也目睹他的行止，在时局风涌云起的时刻，他的政论始终保持知识人的良知和传媒人的天职，不亢不卑，字字入骨。金庸先生一生读书，晚年还去英国读博士，那是他的抱负他的心愿。其实，金庸坐在那里不说一句话依然是金庸，不必任何光环的护持。”

他进一步阐释：“一个作家最失败的地方，往往是他没有商业头脑，他没有社会的触觉，那他就很难在作品里有通透的东西。你被逼着做商业的决定，你要注意报纸的销路，你要关心读者的成分，你要想新闻这样处理的话读者会怎样反应，你要留意这个新闻可以卖那个不能卖。你天天在这个环

① 转引自傅国涌：《金庸传》，北京十月文艺出版社2003年版，第404-405页。

境里处理东西，那你不是就多了很多在书房里完全学不到的东西了吗？你看英国诗人艾略特，他也要编杂志，要面对市场；伍尔芙嫁给一个开出版社的人，也要管这些东西。这样的例子很多。我觉得做报纸的好处，是你接触外界的东西太多了，随时有最新的消息，你跟人、跟生活、跟世界的关系因此非常紧密，天天如此，你就会把一个人的心灵从一个虚无缥缈的境界里拉到脚踏实地的花园里来。”这一点，他跟金庸相似，写文章精彩，做生意精明，都是商业化的报纸总编辑。

对金庸的文字，董桥更是向来佩服，他在《声音与愤怒》一文中说，金庸在1981年的一篇社评中对英国前贸易大臣的一句话“译得很传神”[①]。1999年8月28日，他在《香港的两枝健笔》一文中诚挚地说：“我未必同意查先生的一些保守观点，可是，他的每一篇文章我都细读，读的是那毫不保守的文字和气势。跟随查先生十几年，我从他的原稿中注意到字斟句酌而不留斧痕的功力。”“他的文章好看，他会懂得怎么安排会好看，所以武侠那么多人看，一代一代流传下去。他的文字不是很讲究的，他讲究他制造出来的气氛，制造出来的情节，让你去追，这是他了不起的地方。”[②]

但董桥就是董桥，即使对亦师亦友的金庸，在关键时刻，他也能坚持原则，毫不含糊，如1999年12月发表的《金庸在杭州的谈话》，尽管他的批评是那么婉转、那么含蓄、那么有节制、有礼貌，是非却是分明的。

金庸说：“董桥在《苹果日报》，我跟《苹果日报》这些人都不往来。他年纪大了，兴趣在古董字画上面了。”

2014年春，在西泠印社中外名人手迹专场中，金庸致董桥的一封亲笔信手迹以5.5万元的高价被拍走。该手迹信笺长27.5厘米、宽21厘米。信笺的抬头是“明报有限公司”及附带的公司标志及翻译英文。信笺中的内容值得玩味，与金庸办报相关。信笺中有三处识文，第一处识文为“董桥兄：月刊作者唐文标先生自台赴美过境，一二天内即离港，我已见过他。他想和你一晤，请洽。电话H-730363。又：有两篇文章的稿费尚未给他，请问他详情况，查明，以新标准补奉。弟查”。

金庸在这封信中提到了两个人，第一个是董桥，第二个是唐文标。唐文标是广东人，是文学评论家，最著名的就是1973年的“唐文标事件”，当时他在台湾陆续发表《什么时候什么地方什么人——论传统诗与现代诗》、《诗的没落——台港新诗的历史批判》《僵化的现代诗》三篇文章，强调文

① 董桥：《文字是肉做的》，文汇出版社2005年版，第142页。
② 董桥：《没有童谣的年代》，文化艺术出版社2001年版，第153页。

学对社会的功能，批判余光中、周梦蝶、叶珊对现实的逃避，这三篇文章使得台湾诗坛激起千层浪，直至20世纪80年代，唐文标几乎成为台湾最首要的文化批判者。

这封金庸写给董桥的信笺，应写于董桥任职《明报月刊》总编时期，内容是关于与唐文标会面及支付其稿费之事，信笺左部的英文应是唐文标在美国加州旧金山居所的地址。董桥接手《明报月刊》后，请余英时来写文章。20世纪80年代初，中英两国就香港前途作谈判之际，两人信件来往频繁，探讨文稿之余，余英时常惦记着香港的近况，让董桥告之。

2010年时，有朋友问董桥："金庸年龄跟你也差不多，他现在退休了就读博士，到处拿学位……你怎么看？"他回答："哎呀，这是他自己的一个心魔吧。他总是觉得自己的武侠小说不够高贵，不够学术，他要去剑桥牛津去学术一下。其实他大可不必啦！我以前就整天跟他说，查先生你就坐在那边吧，你都已经是金庸了，你还怎么着，你还求什么。他总是耿耿于怀，觉得武侠小说人家看不起，觉得武侠小说不是文学，那简直是开玩笑。"

2014年4月27日，香港《苹果日报》社长董桥宣布退休，他在《苹果日报》上开设的专栏"苹果树下"也随之终稿。董桥的封笔之作名为《珍重》，这个英语无法确切翻译的词语有着太多含义，文末尾一句"曾经牵念也是福份，此去山青水绿，珍重千万"，说得轻轻浅浅却意味深长。

过了一年，是董桥的七十大寿，生日在新年元月。香港牛津出版社、海豚出版社、广西师大出版社三家联合重印他的旧作，所集文章是从董桥33本单行本中精选70篇而成，有《记忆的脚注》《白描》《绝色》《今朝风日好》和《字里相逢》等。文人气十足地一路看，一路写，各家融在一起，化在墨里，便成自家气象，泽古功深。文字是董桥一生赏玩之事，玩之弥深，便是字字珠玑，行行绣锦。也不知那一水深秀的墨迹隽永了几多朵云轩浮水印的花笺，散发出旧时月色的清气。

香江健笔师出“明”门

——著名专栏作家林山木

如果说金庸是20世纪60年代“自由”知识分子的一代宗师，那么系出“明门”、师承金庸的林山木则可说是80年代的个中翘楚。

在香港，最为文化界、知识界推崇的两大报刊，一是《明报》，一是《信报》。《明报》的创办者为著名的大侠金庸，而《信报》的创办者则不太为国内读者所知，他就是曾经追随过金庸、后又自立门户创办《信报》的林山木。

金庸说过，《信报》的影响力主要来自一支笔杆子，指的就是林山木几十年从不间断的政经短评和专栏。他于1973年创办香港第一份财经报纸《信报财经新闻》，于1975年创办《信报财经月刊》，主持两刊笔政长达24年之久，成为香港文化人办报的翘楚。所撰国际政治经济评论学识丰赡，观点尖锐，充分显示知识分子的良知和道德勇气，被誉为“香港第一健笔”。金庸将他的专著推荐给了台湾书商沈登恩。

1

《明报》大楼，金庸办公室里，大班台上放满了书和文稿，墙壁周围也全部都是书柜，书柜中整整齐齐地装满了各种书籍。墙上挂着一副对联：“无欲则刚，有容乃大”，堪称金庸文人办报的真实写照。

金庸端坐在大班椅上，神情严峻地注视着他对面的两个人。他的手边放着一叠书稿。那是1969年秋天，林山木学成归来，回到明报社。

对面，坐着沈宝新和潘粤生。沈宝新与金庸年龄相仿，都是45岁上下，他是《明报》的另一股东；而潘粤生却还只有30多岁，他是《明报》的主编。这两个人是《明报》的重要人物，也是金庸的左膀右臂。

“我花了一整天时间，读完了林山木这些文章。以我的眼光来看，这是他在英国求学时写下的文化随笔，这些文章有着浓重的书卷气，给人一种雅致温厚之感。我想，让林山木来主管我们的《明报晚报》决不会错！”金庸讲话很慢，似乎每个字都要经过深思熟虑才说出来的。这一年，金庸将娱乐性的《华人夜报》停了，创办《明报晚报》。

潘粤生也感慨地说：“林山木师出‘明’门，他的文字风格也是师承查先生的。”林山木，1940年出生在广东潮州地区一个艺术之家，父亲为画家，母亲为音乐教师。林山木到香港后初在《明报》工作，做资料搜集员，聪敏好学而深得金庸赏识，1965年赴英国剑桥工业学院留学，主修经济学。在留学期间，他一边课余打工，一边为报纸撰稿。此刻，金庸手头拿着的就是他后来集成四册出版的《英伦风采》的书稿，是他这个时期留学生活的写照，对英国的饮食住行、风土人情、文化传统等有其独特的视角和观察，比如写大学流行的板球、划船运动及其悠久传统，写求学期间租房、下厨的生活经历，写搭顺风车、住青年宿舍的旅途趣事。

“问题是，我们该给他一个什么位置呢？总编辑还是编辑主任？”沈宝新似乎有点担忧什么，他叹息一声道：“王世瑜也是查先生一手提拔上来的，还不是一走了之。”《明报晚报》的前身是《华人夜报》，这两份报纸的总编辑一度由王世瑜担任，走的是软性路线，内容主要以吃喝玩乐为主，还带有一些色情成分。报纸一出版，销路尚好，但不久却停办了。《华人夜报》停办的原因，是因为王世瑜辞职不干了。潘粤生建议让林山木顶上这个缺位，将《明报晚报》办成一份综合性报纸。

“林山木是个人才，当年是查先生保送英国读研的，这番回来，他能够在《明报》安心干下去吗？”沈宝新提醒说。

金庸沉吟了一会儿，然后慢条斯理地说：“该启用的，终究是要启用的。我们不应该忘记，我们《明报》发展这么迅速，得于‘北望神州’版的内地报道，林山木虽然不是编辑，可他提供的情报是起了决定性的作用的。”

沈宝新和潘粤生都不说话了。他们的思绪仿佛回到了几年前。

1959年5月，金庸出资8万，沈宝新出资2万，共同创办了《明报》。《明报》创刊初期，沈宝新管营业，金庸负责编务，潘粤生做他们的助手。尽管他们不断更改副刊内容，改变新闻路线，金庸更是抱病撰写《神雕侠侣》，但是《明报》还是一步步滑向“声色犬马”之路，销量在千份之间起伏，第一年就亏空严重。

1962年，林山木到了香港，他以中学生的学历进入《明报》的资料室，为“北望神州”版搜集内地的消息，为金庸撰写社论提供参考资料。林山木提供的内地情况比较真实而透彻。金庸拯救《明报》靠的就是这个时候的社论。

《明报》副刊的约稿工作，传统上由金庸或总编辑潘粤生负责，编辑只是扮演催稿、校对的角色。许多栏目名称都是出自金庸或潘粤生之手，如“一笑会”、“青春”、“童心”出自金庸；“荒谬”、“自由谈”出自潘粤生。不少栏目名称还是林山木在搜集资料的同时为他们出的点子，如金庸让《明报》主笔徐东滨设置一个资讯性的专栏，以提供事实为主。金庸认为香港读者喜欢资讯，不大喜欢意见和感想，林山木建议用“东张西望”为栏名。

《明报》有“三宝”：社论、副刊和中国问题，其背后有林山木搜集资料和分析资料所给予的开阔视野，启发思维。金庸的社论，以“言论独立”的形象在香港赢得清誉，特别是“北望神州”版每天刊登有关内地的消息，满足了香港人对内地一无所知的需求。从此，《明报》成为报道内地消息的权威，金庸成为自由知识分子的偶像。1966年下旬，《明报》通过银行按揭，用600多万元买下了位于北角的全幢共九层的南康大厦，并改名为明报大厦。一时间，《明报》成为香港举足轻重的一家传媒企业。

“我同意粤生的意见。我们虽然是报人，应有商业心眼，但是我们首先还是文人，文人最讲究的是独立的人格，宁可人负我，我决不负人！对于《明报》的用人之道，我是主张唯才唯贤的，用人不疑，疑人不用。”金庸说话很果断，不容置疑地说道：“老沈，我们1959年至1962年，那么困难的时候都咬牙挺过来了，除了我们三人精诚合作以外，难道不是因为我们还使用了许多文化精英和经营人才吗？”

沈宝新一愣，他想说什么，但是最后还是忍住了。

金庸继续说道：“不是说林山木一回来就到《明报》了吗？我想见见他。”

潘粤生连忙说：“这个林山木回到香港，没有落脚之处，他说请我们安排他工作，只要在查先生手下，有个安生之所就行了。我看他这个人还是比较勤奋的，而且与人相处也非常好……”

“好了，不要说了，把他叫进来吧。我马上见他。”金庸果断地说。

这次会面，金庸跟林山木谈了些什么，不得而知，可以肯定，如何办报是主要话题。

2004年6月，林山木著文谈办报与读书，说到了他常去金庸的书房：“笔者的友人不少是爱书之人，唯最有气派的书架，在查良镛先生渣甸山巨宅书房，其时此书房有‘最昂贵书房’之称，书房面积千方英尺以上，‘楼价不菲’，记忆中查宅花园中还有一储书室，只是笔者没参观过。后来查氏搬进旧山顶道新居，藏书似已转移至其公司，相信亦有部分捐给图书馆、迁移至杭州西湖畔的‘云松书社’或当废物扫地出门。再后他迁居半山公寓，地方小了，料又淘汰不少旧书，有的还流传海外。”①

2

林山木先任《明报晚报》副总编辑，主管经济版，不久即升为总编辑。

上任伊始，恰巧遇上香港经济起飞。那个时候，一般的新闻报纸都不设财经版，《明报晚报》则独辟蹊径，以报道财经新闻为主，深受广大股民欢迎，很快《明报晚报》就成了民众心中的“财经权威”。1972年，又逢战后第一个股市狂潮，首十个月有55种新股上市，股市成交总额为239.2亿元，比对上一年同期的123.3亿元为多。新鸿基证券负责人冯景禧还预测，1973年香港股市灿烂无匹。他这个预测，被证实是错误的。不过，在1972年年初，受了当时气氛影响，林山木经金庸首肯，《明报晚报》马上改变路线，转为经济晚报，紧随股市起舞，以吸纳关注财经股市的读者。

财经专栏作家曹志明毛遂自荐给《明报晚报》写一些投资分析的文章，林、曹组合遂初告形成。

《明报晚报》改版，包括三个元素：一是股市行情表，高十栏；二是专栏，有“股市漫步”，有“金鱼缸内外”及“投资者日记”；三是经济新闻，包括上市公司业绩报告，市况走势及分析。林山木办《明报晚报》的手法，与金庸当年办马经版的手法相近。一是重视股评，一如重视马评一样；二是卖专栏作家的名气，如股评名家思聪君；三是借《明报》日报为新创刊的《明报晚报》促销。如《明报》日报上有如下宣传字句：“要知股评名家思聪君对鳄鱼恤的看法，请读今午出版之《明报晚报》。”

林山木是潮州人，有潮州人的固有狠劲，办报纸作风大胆泼辣。《明报晚报》在他的主持下，销路直线上升。主要原因是他提供股市消息十分准确。股市狂潮时，买股票等于买马票，要讲究贴士。《明报晚报》就等于马经，专向股友提供贴士，作隔天预测：汇丰好市，会升多少；和记下挫，理

① 林行止：《书痴》，《万象》2004年6月号。

宜抛出；……股友就根据提示去处理明天的买卖。由于所作预测命中率很高，《明晚》就成了股友心目中的明灯，销路哪能不好！

林山木有什么法子获得那么多贴士呢？原来，股票市场里的许多大户，如李嘉诚、廖烈文等，都是潮州人，跟林山木有同乡之谊。加上林山木的外表长得气宇轩昂，风度翩翩，而又口齿伶俐，身份又是《明晚》老总，许多大户都愿意跟他来往，酒醉饭饱，谈起明日股市，自然会说出个人观感。

香港的股市交易，主宰权只受两种情况控制，一是国际形势，二是本港大户。国际形势并不是天天在变，所以大户的力量，反而显得突出。林山木根据他们透露的口风，第二天一早回到报馆，便写成文章发表。《明报晚报》是在下午一点多钟出版，股友看到林山木的提醒，仍可赶得上下午的交易，所以有段时间，全香港的股友都把《明晚》奉为“财经权威”。销路就这样越来越好，林山木借着他的关系，也在股票市场上赚了一大笔。

那些大户之所以自愿向林山木提供消息，无非志在宣传。想着某只股实开，最好的方法莫如能在事前通过传媒制造消息，那么，股票就一定会升。这是先利人后利己的做法。

在这段时期，林山木在报纸上撰写的投资分析与管理意念介绍使他在财经报道领域中崭露头角。香港是典型商埠，不讳言是“经济人”的港人数不胜数，他们对能够解释经济行为的经济理论，只要不是满纸术语、程式及生硬的“外来语”，是有兴趣阅读的。纵情犬马声色的香港人有兴趣阅读笔锋不带感情又干涩难明的经济学文章。林山木深知香港民众亟需客观的经济报道与分析，萌发了创办一份专业财经报纸的念头。

1971年，林山木与骆友梅在香港结婚，骆是香港第一位做电视新闻现场报道的女记者。主持《明报晚报》数年之后，林山木的财经文章炉火纯青，自己创业的基础也水到渠成。林山木为人沉着，同时对商场也相当了解。他暗中筹备，一切成熟后，他便向金庸摊牌。金庸自然再三挽留，但创业的激情使林山木决然他往。于是，林山木与夫人骆友梅创办的《信报财经新闻》在1973年7月3日创刊。

《信报》初期只是出版一张，社址在摆花街中环大厦，由于报社没有机房，像《明报》创办时一样，《信报》也是交由慎记印刷公司承印。他在创刊号的“政经短评”《这是一个开端》一文中说：“经济新闻报道，这几年来已蔚成一种时髦的风尚。不管报纸的性质如何？读者的对象是什么？几乎所有的报纸，都非来一版经济新闻不可。”

《信报》创刊不久立遭困难，报社落魄到自买面粉自煮浆糊贴稿。这时候，金庸主动向他伸出援手，许多《明报》专栏作家甘愿做“二主一仆”，如原本在《明报》经济版写“股市漫步”的陈昆仑、“香港股市”的思聪、“投资者日记”的曹仁超（本名曹志明），也为《信报》撰写同名专栏；《明报》报社同仁如陈非（本名龙国云，《明报》采访主任）为《信报》写“千金集”；《明报》港闻编辑江之南（本名王陵）为《信报》写“商场趣异录”；碧琪（本名韩中旋，《明报》编辑主任）为《信报》写“中区丽人”。林山木也在发刊的社评中向金庸和《明报》的旧同事致谢，坦言在筹备期间得到他们的指导和鼓励。

林山木凭掷地有声的社论，以及全港唯一一份财经报纸的独特位置而慢慢站稳脚跟，同时也力邀著名经济学家张五常为其撰写专栏文章。由于林山木与李嘉诚、香植球、詹培忠以及银行家李国宝等私交甚笃，时有独家新闻爆出。

林山木和李嘉诚为潮州老乡，两人可直接用潮州话通电话。20世纪70年代，《信报》因经济危机而迁入的北角工业大厦四层，便是李嘉诚私人物业。1979年9月，李嘉诚以6.3亿港币从汇丰银行手中买入和黄的控股权。消息公布前，李嘉诚急电林山木，林则亲自对其做专访。次日，《信报》是唯一刊出李嘉诚访问的报纸，此事令同城媒体瞩目，轰动一时。

林山木的“政经专栏”和曹仁超的“投资者日记”专栏，成为《信报》闻名香江的两大品牌专栏。“林行止”是林山木的笔名，“曹仁超”则是曹志明的笔名。

林山木于1977年又创办《信报财经月刊》。《信报》成为《明报晚报》的最大劲敌。许多人认为林山木太过忘恩负义，但金庸说：“人望高处，水往低流，林山木有这么好的成就，我也高兴。”①

在许多社交场合，金庸都会跟林山木碰头。金庸一见林山木，一定会走过去握手，很客气地称呼他“林先生”，而没有一般老板名人的习气，总是将别人当作自己的昔日“马仔”看待。

对此，林山木在文章中解释：“办报哪有不重盈利，或是故意开罪别人的道理？我只是不会曲意行事，没有为利益改变我对新闻工作的一些基本态度罢了。”

① 费勇、钟晓毅：《金庸传奇》，广东人民出版社2000年版，第60页。

3

《信报》是香港文人办报的传奇之一，林山木夫妇与创办《明报》的查良镛，同被认为是香港文人办报年代颇具公信力报纸传奇的特殊人物。

一份报纸，搞一两期“洛阳纸贵”效果或许并不难，有机遇或一时猛下功夫或可致之。但能长期维持下去，并可谋不菲之利，这就是林山木作为一个报人的功夫了。自1973年至1996年的24年间，林山木每天在《信报》撰写社论《政经短评》，分析评论香港及世界政经形势。1997年年初，林山木主持《林行止专栏》，以深入浅出的方式写经济理论，题材广泛，不限于政经，也包括各类嗜好、古今中外所见所闻，其客观和深入分析，加上过人洞察力，获得高度评价，被誉为“香江第一健笔”。他多年的文章，更被结成2000多万字的72册作品集。

师出“明”门的林山木，其文字功夫已见传承。国际知名经济学家张五常推崇香港报纸四十多年来的两支健笔是金庸和林山木。他说，金庸文章与史识都上乘，以史论政，独步文林；林山木少引历史多用理论，题材溥洽，创意丰富。那是说对了，林山木所撰国际政治经济评论学识丰赡，观点尖锐，充分显示知识分子的良知和道德勇气，他早年作品真刀真枪，坚壁清野，绝不含糊，后来才慢慢放松，悠然见南山，多了事外的水声树影。

林山木叫我们大开眼界的是，他看的虽是“闲书”，但事事要问缘由，求水落石出的脾气不改。更难得的是他涉猎的范围绝对是“雅俗共赏”。这边厢他向你细诉曼陀林之恋，你听得入神，方留恋处，他已换了嘴脸，煞有介事地引经据典给我们讲“趣不可当的西洋屁话”。林山木知识广博，视野广阔，信手拈来，涉笔成趣，无论是谈“便便”还是谈“那话儿”都给人耳目 新之感。如他在《“屁”话连篇》 文中说：“金庸在《笑傲江湖》里写岳不群运行真气时，可随心所欲放屁排气。可惜一笔带过，没有深入写下去，如果开创出‘浑天罡气’，一放连绵不绝、山呼海啸、震耳欲聋，断人经脉于千里之外、瞬息之间，大约也不用‘欲练神功，引刀自宫’去练什么劳什子的《辟邪剑谱》了。”金庸阅读后说：“以严肃的学术精神来探讨不入大雅之堂的话题，恐怕只能林行止才能做到。”

在台湾远景出版社的出版书目中，结集发行的经济及政治评论集等有70余册的林山木著作，如《经济学家》《一脉相承》《经济门楣》《身外物语》等，是金庸将他推荐给了台湾书商沈登恩。

早在1975年，沈登恩赴香港拜会金庸时，得到林山木的第一本结集作品《英伦采风》，一见如故，从此沈登恩成为林山木的固定读者。当时《信报》还不能空运台湾，他就托朋友每周给他寄《信报》上林山木的社论“政经短评”剪报。由于林山木的政经评论常常批评台湾当局，在很长一段时间内，其书在台湾一直被禁止出版。

金庸小说开禁以后，沈登恩故伎重演，向“上头”展开游说。几经争取，远景公司终于1989年抢得先机，率先在台湾推出《林行止作品集》，立即受到台湾地区读者的极大欢迎。

“林山木这人呐，可爱到极点！”因为要极力推荐林山木其人其书，沈登恩每逢新朋友，便少不得要谈林山木的趣闻逸事。譬如：林山木年轻时在金庸《明报》工作，和女友首次约会，本来说好去看电影，到了约会时间他却先带着女友去报馆交社论再去影院；从周一至周五，他躲在家里闭门不出，埋头读书写作，早睡早起——凌晨两点睡觉，早上六点起床；他离开金庸报馆自创《信报》以来，一贯低调，鲜有召集手下开会之事，偶尔去办公室都是“偷偷摸摸”的，以至于不少报馆职员甚至不认识老板。一讲到林山木，沈登恩精神毕现，坦陈自己的钦佩之心。其实，林山木的不少趣闻轶事，远在台湾的沈登恩是从金庸的来往信件中获知的。①

2000年，沈登恩带着林山木的几十种著作参加北京国际图书博览会，诚恳地说：“我是想帮祖国大陆打开一扇窗。”如今，这扇窗无疑已经开了。林山木著作在大陆读者中已有渐领风骚之势。沈登恩谈起出版生涯中的感念时说：“书要畅销，须具备两个因素，一是好看，就像金庸的武侠小说；二是能给读者带来某方面的帮助，比如经济类的书，林山木重塑了经济和日常生活的关系。”

1997年，林山木把《信报》管理工作交棒给儿子林在山，但仍然继续在《信报》撰写专栏。2006年8月，《信报》被证实被香港首富李嘉诚二子李泽楷收购。②

可以说，林山木的文人办报风格，也是师承金庸的。因此，当年金庸将《明报》卖盘给于品海，就顺理成章地成为今日林山木向李泽楷出售《信报》的写照。一位曾经历事件经过的资深记者这样回忆道：日前刚好与人谈及当年金庸把《明报》卖给于品海的掌故，金庸一世英明，竟失手在此，老查与小于后来都搞得非常狼狈，今天重看，真是离奇。大侠小侠不外如是，

① 钟兆云：《台湾出版大家沈登恩》，《人物》2005年第2期。
② 姚瑞伦：《信报转手结束香港文人办报时代》，《外滩画报》2006年8月3日。

命运有意将一大群曾经自命不凡的人捆绑在一起。

据说，金庸当年卖《明报》时，曾提出三个要求，一是要善待《明报》旧部，二是不要改变《明报》既有风格，三是准时分期付款，结果是事与愿违，令当事人感到非常尴尬。翻看这三个要求，竟与传闻中林山木对李泽楷购入《信报》的要求十分相近，令人不敢相信，文人卖报会遵循相同的原则及方式，而且可能遭受相同的失败。

2014年9月，林山木向李泽楷售出剩余《信报》股份。金庸和林山木一前一后画下文人办报时代结束这一历史句号，做出了令香港新闻界为之唏嘘的决定。

“我没有什么新的打算，不拘一格的继续写作外，行山、旅游、看书、听音乐、玩玩乐器（背乐谱有助强化记忆力）之类的生活内容不改，但是会有调节，耆老之年，如今及时行乐与弄孙为乐的心情，已经远比写作意欲来得高涨。”林山木说。

五天校对升编辑的“神仙阿乐”

——“报坛鬼才”王世瑜

1967年，金庸被指为“头号汉奸”险遭暗杀。他家中收到一个邮包，王世瑜发现邮包可疑，于是报警。警方在金庸的家门口引爆了这枚炸弹。

多亏王世瑜的警觉，金庸躲过一劫。

金庸对王世瑜始终如一的优容宽待，相当程度上，是出于一种感恩。

1

王世瑜也是金庸喜欢的人，只做了五天的校对便升任为编辑，又于短短数年间跃升金庸身边最受重用的副手，过程多少有些传奇。

1939年出生的王世瑜，7岁便随家人从老家山东烟台移居上海。从高中一年级开始的半工半读的三年里，他每天仍然要打工赚钱，打扫面包店的窗橱，派送星期六早上的报纸，周末下午到车站卖冰水，每天晚上替报纸传递以女性为主的聚会消息——他自幼就是一个“工作狂”。高中毕业后入读香港珠海书院文史系，不过，最终因家贫而被迫辍学。1960年的一天，他走在街头，发现报摊上的《明报》刊登招聘校对员广告，前途才渐露曙光。“记得60年代初《明报》上下只有12名员工，当年我写信应征校对一职，后来才知道是150人争一个职位，最终跑出的不是我，但在我准备离开之际，编辑叫停了我，他说‘请多一个啦’，就这样，我开始了40年传媒人的漫漫长路。”[①]

王世瑜初入明报，职位只是信差，替社长金庸送稿传信，替总编辑潘粤生送样版，还得替各位副刊编辑打差——找专栏作家拿稿。那时候，金庸住在尖沙咀，明报报馆则在中环，这个信差，套句广东话是“话头醒尾”，兼

① 张慧燊：《王世瑜随心逐乐潇洒人生》，《文汇报》2006年7月2日。

且“做事勤力”，因此，甚获金庸欢心，很快就由信差升为校对。

王世瑜在2005年时忆述：“45年前，因一次无心插柳，我踏进了《明报》，可是一个没有新闻工作经验的小伙子，当时只能当上校对员。第一天上班，我这个职位不高的校对员居然有机会跟大老板对话，令我喜出望外。记得，金庸走过来问好，又问我，‘你有没有写过稿？明天拿给我看看’。第二日，他看了我的稿子，二话不说：‘写得不错，明天升你做编辑。’就这样，我只当了五天校对员，便做了编辑，后来更成为社长的第一私人秘书。这位老板对做新闻非常严谨，从不容许报纸有错字，他对工作的热诚，令我十分敬佩。”

王世瑜自小就疯狂爱上文字，中学时代已投稿至各报章的学生园地，连抽烟也是为了扮作家，入《明报》后，他不断地自修写作，更省下车钱、午餐钱，买新闻写作书阅读。

这时期，《明报》立足未稳，发行量一直徘徊不前，报馆的经济状况十分不佳。有时候金庸在同一个版面上连载两部武侠小说，除了《倚天屠龙记》，他的另外两部中短篇小说《白马啸西风》《鸳鸯刀》也相继登场。这是他对读者展开凌厉的武侠小说攻势，可效果并不明显。金庸同时写两部作品，还得写社论，几乎成了“写稿机器”，没日没夜地运转。王世瑜说：“那时候，我们看见报馆经济不好，也不奢望有薪水发，只求渡过难关，便心安理得了。”

过一年，由于受“大跃进”影响，内地有大批人员偷渡香港，被香港警方堵截于新界与沙头角的交汇处梧桐山。被困在梧桐山一带的人员越聚越多，达到了数万之众，港英当局却一筹莫展。那日，王世瑜将记者们拍摄的照片、采写的稿子摆在金庸的桌面上，沉静地问：“这样的大消息登不登？”金庸顺手拿几幅图片和稿子看了一会儿，问他：“你说登不登呢？”王世瑜说：“这可是热门新闻！”金庸说：“你是说要登，那就登吧！”

于是，1962年5月8日，在《爹娘子弟哭相送，尘埃不见罗湖桥》的大黑标题下，《明报》首次报道了此次事件。紧接着几天，王世瑜负责编辑的港闻版移向头版，几乎都是此次事件图文并茂的报道，大标题，大图片。

同时，金庸在社评中大做文章，对于此事发表了与众不同的看法，引起了读者的注意。以《大公报》为首的几家大报，对于金庸的观点进行了抨击。《明报》当然不示弱，你来我往，一场激烈的笔战引得读者大看好戏，欲罢不能。本来并不怎么著名的《明报》在笔战中人人皆知，而更重要的是，金庸的社论引起了高度注意，不管赞同还是反对，谁都无法忽视它的存在。

这次笔战后，《明报》扩展至两大张，形成了中型报纸的规格，同时也有了盈余。“难民潮”结束之后，《明报》一改报格，从一份侧重武侠小说、煽情新闻和马经的“小市民报章”，提升到一份为读书人、知识分子接受的报章。1962年7月销量跨过3万份。到1963年，《明报》已完全摆脱经济窘境，平均日销量5万份。

1966年1月，《明报月刊》创刊，初期只有一位主编，是金庸，一位编辑，是王世瑜。创刊初期，《明报月刊》的办公地点并不与《明报》在一起，而是在礼顿道2号A二楼，即金庸日间写稿休息的书房。这本以“文化、学术、思想”为主的月刊，金庸表明要“企业化经营和管理”，但一开始的运作还是很精简、很原始的，王世瑜承担着工作量很大的约稿、编辑任务，还兼着校对。王世瑜编辑了《明报月刊》二十多期之后，转而协助潘粤生筹备出版《明报周刊》。

1966年9月，《明报》通过银行按揭，用600多万元买下了位于北角的全幢共九层的南康大厦，并改名为明报大厦。一时间，《明报》成为香港举足轻重的一家传媒企业。

1967年春，金庸南下狮城与人共同创办了《新明日报》，《明报》原总编辑潘粤生去了新加坡任职。这时，金庸点名由王世瑜担任《明报》总编辑。

王世瑜说，他刚上任，金庸经常与他谈论副刊，面授机宜。“我办《明报》时，《明报周刊》登了香港小姐的情书，我找编辑来骂，说是人家的隐私，不能登。如果传媒只为赚钱，倒不如开个舞厅、妓院赚得更多。那时人家买《明报》，便是因为它不咸湿，不下流，不侵犯隐私。如果其他报纸也不咸湿，不下流，不侵犯隐私，《明报》还有什么特色，人家为什么还要买你？”金庸一席话说得正气凛然，理直气壮，令王世瑜茅塞顿开。

金庸喜欢写字条给《明报》同仁，而王世瑜也有不少珍藏，其中两份金庸的真迹，可说是“明教秘籍”，一是《明报副刊廿四字诀》：“新奇有趣首选，事实胜于雄辩，不喜长吁短叹，自吹吹人投篮。”这二十四字真言，已经是非常显浅，但金庸深思熟虑，再以“副刊选稿标准”为题，将它阐释如下：“事实胜于雄辩者，并非不用议论文字，而是夹叙夹议比较受欢迎。最劣之文字是自我吹嘘，无原则的利用本报作广告；其次则为风花雪月，无病呻吟，或伤小猫之死，或叹写稿之苦。”二是为“短、趣、近、快、图”之五字真言：“短，文字应短，简捷，不宜引经据典，不尚咬文嚼字；趣，新奇有趣，轻松活泼；近，时间之近，接近新最，三十年前亦可用，三十年后亦可用者，不欢迎，空间之近，地域上接近香港，文化上接近中国读者；

物，言之有物，讲述一段故事，一件事物，令人读之有所得，大得小得，均无不可， 无所得，未免差劲；图，图片、照片、漫画，均图也，文字生动，有戏剧舞台感，亦广义之图。”①

两份秘籍，共二十九字，已成为《明报》之编辑金箴，而王世瑜将此秘密公开之后，新闻界中人有不少皆以之为借镜，争相效法。

金庸大力改革《明报》副刊，当然也是为了增加销量，《明报》当年是知识分子报纸，香港很多中学规定学生看的报纸就是《明报》。但金庸并不满足于此，他对总编辑王世瑜说：“读者就像金字塔，所谓知识分子只在金字塔最上边的那一层，我们要做的是底下那一大片读者。”

于是，在王世瑜的策划下，《明报》增加了很多彩页，最令人注目的是每个星期天推出的彩色粉纸版，叫明虹版，整页粉纸一面是性感美丽的女明星照，另一面是广告和优质生活介绍，夹在报纸中随报赠送。当时，不少明星被请到《明报》拍照，将《明报》大厦六楼一个房间设置成摄影沙龙，好多年轻记者也趁机一睹明星风采。据说很多原本不看《明报》的读者，冲着每个礼拜天的彩色明星照，也会去买一份《明报》，更有不计其数的打工仔将这明星照贴在床前，每个礼拜换一张，很是过瘾。这大概就是金庸所说的——争取金字塔下面的那一大片读者了吧。

《明报》的销量又进了一步，金庸很高兴，他跟王世瑜说：“做报纸跟做其他生意一样，都是生意，不能一味扮清高，曲高和寡啊！”

王世瑜在谈及《明报》的成功时说：“《明报》的成功，可归功于查良镛个人的远见。由早期以武侠小说的金庸作号召，迈向20世纪60年代以政论闻名的查良镛年代，以至目前上市以企业手法经营《明报》，金庸成功地将《明报》塑造成一份备受知识分子尊敬的报纸。”

2

1967年，“文革”波及香港，酿成了“六七风暴”，由5月6日工人自发地静坐罢工开始，到左派工会介入，号召各行各业工人起来声援。

5月10日，金庸发表社评《住下来了，不想走了！》，“香港尽管有它一千个不好，一万种不是，……我们都是来自五湖四海，走到一起来了，住下来了，不想走了”。

当天下午，工人、学生及各界代表手持红本本举行游行示威。最后工人

① 张圭阳：《金庸与〈明报〉》，湖北人民出版社2007年版，第155页。

与警察发生冲突，警察动用警棍、防暴枪和催泪弹，不少工人遭到拘捕。金庸在这一天的社评中呼吁居民“力持镇定，共渡难关”。

面对越来越激烈的“反英抗暴”骚乱，金庸连续发表了《每个香港人的责任》《命运相同，同舟共济》《香港居民在恳求》《十二天来的噩梦》《岂有他哉？避水火也》等社评。

金庸的态度一直很明朗，反对暴乱，维护稳定，所以，“左派”暴乱分子称他“豺狼镛”，将他列入暗杀黑名单。

8月24日，香港商业电台播音员林彬（真名林少坡），由于在“大丈夫日记”、“欲罢不能”节目中猛烈抨击“左派”暴乱分子，切中时弊，结果，林彬在上班途中惨遭左派分子投掷汽油弹攻击，被活活烧死。他的死震惊了整个香港，新闻界人人自危，《明报》还是接连发表了《烧不灭正义的声音》《敬悼林彬先生》等社评，沉痛哀悼林彬的死，愤怒谴责左派令人发指的暴行，郑重表示为了维护香港和平与稳定，愿意与同业一起坚决斗争，决不妥协、退缩。

几天后，金庸家中收到一份邮包。金庸后来回忆道：“我家曾经收到一个邮包炸弹，王世瑜发现邮包可疑，于是报警。”这枚炸弹，可不是闹着玩的，不像“菠萝炸弹”仅仅意在恐吓，而是实实在在的“真家伙”。金庸说：“警方就在我跑马地家门口引爆了那个炸弹。”①

若非王世瑜警觉，后果将如何？死？伤？重伤？各种可能性都是有的。为此，原本得到金庸重用的王世瑜更加被另眼相看了。

“炸弹事件”之后，《华人夜报》创刊，金庸的太太朱玫任社长，王世瑜出任总编辑兼督印人。

《华人夜报》走的是软性路线，内容主要以吃喝玩乐为主，还带有一些色情成分。报纸一出版，销路尚好，但不久却停办了。停办的原因是朱玫不满《华人夜报》的办报方针，色情内容太多，对王世瑜很有意见。有一次，两人曾就某个问题发生口角，朱玫就要求金庸辞掉王世瑜。金庸左右为难，最后迫于无奈，就把朱玫的意思跟王世瑜说了。谁知，王世瑜听了，一气之下就辞职不干了，带着几名记者离开了《华人夜报》。王世瑜一走，《华人夜报》也停刊，代之而起的是《明报晚报》。

王世瑜去了《新报》，很快创办起《新夜报》。王世瑜离开《明报》是怀着满腹怨气的，因而常常在《新夜报》上不停地制造新闻，欲贬低金庸，并每天亲自写《射鸡英雄传》与金庸“唱对台戏”。《明报》收集了证据，

① 张圭阳：《金庸与报业》，香港明报出版社2000年版，第288页。

本来要与王世瑜对簿公堂，可是被金庸阻止了，只是笑笑说："小孩子么总是这样的！"不放在心上。当时金庸44岁，而王世瑜还不到30岁。

王世瑜虽然身为《新夜报》老总，助手却只有号称零零八的雅伦方一个，可他一手包办撰稿、约稿、编辑、排版等工作，当时真是辛苦，整份报纸的工作只由两三个人分担，每天一写便四万字。《新夜报》一上市便销售几万份，替《新报》老板罗斌赚了不少钱。

1972年，王世瑜创办以黄色小说、马经为主的《今夜报》，销路居然盖过《新夜报》，成为小报之王，一枝独秀，王世瑜赚了不少钱。1983年，他将《今夜报》放盘卖掉变现钞，举家移民加拿大。

金庸对王世瑜念念不忘，一听王世瑜不办报了，立刻请他回来主持《明报晚报》报政，衔头是《明报晚报》社长兼《财经日报》社长，风头之盛，一时无两。

金庸气量之大，真是罕见！

王世瑜坦言曾与金庸因办报宗旨出现分歧而争执，但金庸无可置疑是他人生中最举足轻重的伯乐。对于金庸，他曾有这样一句评语："金庸深懂用人之道，懂得放手让下属办事，30多年来从未见老板辞退过一名员工，甚至骂过一名下属，跟他并肩作战的同事都对他毕恭毕敬。"他认为金庸的知人善任，与事业的成功是不可分割的。

3

王世瑜任《明报》总编辑的时候，开始以笔名"阿乐"撰写专栏。

王世瑜说："金庸先生问我为何会有阿乐这个笔名，其实连我自己也记不清楚，只知这个'乐'字太有意思了，所以我的专栏名称也叫'不亦乐乎'，生活本来就是为了快乐嘛！""做人不要戴着放大镜，要学会知足常乐。"不愧为师承金庸的报坛奇才，王世瑜40多年来在报界写下无数掷地有声的专栏。当年的王世瑜，可说是报界的"万能侠"，他会以不同的笔名撰写专栏，例如武术的袁铁虎、生活趣事的冯佩蒂，用过的笔名不计其数，不过最广为读者熟识的则非"阿乐"莫属。

金庸很善于引导副刊作者的写作方向，如王世瑜写了许多有关中国内地气功及特异功能的事情，而居中介绍特异功能人士给阿乐的，是金庸。鼓动阿乐撰写这类稿件，并预见稿件会很受读者欢迎的，也是金庸。

王世瑜闲时喜欢钻研医、卜、星、相之术，又爱与奇人异士论交，而且与高人们特别有缘，亲睹许多惊世异象，便谙灵测异能，当与友人聚头酒酣耳热兴之所至，常会露两手，他曾给金庸测过八字，看过相。所以，金庸等朋友给他封了个绰号“神仙乐”。

王世瑜回归《明报》担任《明报晚报》总编辑后，金庸曾经问他：“你学懂命理占卦最大的得着是什么呢？”王世瑜哈哈大笑说：“学懂命理最大的得着，是娶了我的太太。”不说不知，原来当年王世瑜在《新报》任总编辑时，已对命理占卦颇有心得，以致每天都有数十位记者、编辑排着队等他指点迷津，而王世瑜就在此时邂逅了他生命中的另一半：“世间上有没有一见钟情？答案是有的。不过我跟太太的相遇却很怪，当年她任职《新报》经理部，而我是总编辑，有一天，一班女同事又排队嚷着要我替她们看掌相，现任太太便是其中一位，记得她排在第三位。看见她的那一刻，我的灵感再次强起来，然后看看手掌跟着对她直言：‘我不是占便宜，但你就是我老婆’，太太当时以为我信口雌黄，不过9个月之后我们不单成为恋人，她还是乐嫂了。”

金庸十分喜欢驾车，更喜欢驾跑车。最早，用过凯旋牌小跑车，后来，换了保时捷。保时捷跑车性能之佳，世界知名，到了金庸手中，平均驾驶时速略为提高，大约是三十里。王世瑜问金庸：“你驾跑车超不超车？”金庸答：“当然超车，逢电车，必超车！”其性格中的“稳”字，由此可见。

与金庸不同，王世瑜也喜欢驾车，却喜欢飙车。20世纪80年代，每当夜半人静，西贡一带的山弯路径，总不时传来汽车引擎的轰隆声、急速拐弯时车胎与地面强烈磨擦的嘶哑声。制造声音的不是非法赛车集团，更不是专业的赛车手在练习，而是王世瑜驾着他的爱驱，载着文笔辛辣的倪匡、邵氏电影粤语片明星岳华一起飙车，原来他们三人都是“飙车族”。传奇作家倪匡，笔下的卫斯理身手非凡，但自命是个糟老头的他，却不敌王世瑜狠辣的驾驶技术，王世瑜更不时以此自豪。有一次，“飙车三剑侠”一如以往相约飙车，可是不知是王世瑜的飞车技术突飞猛进，或是那天倪匡的身体状态不佳，车开了不久，越开越快，向来天不怕、地不怕的倪匡也吓得一脸青涩，晕头转向。

1990年，王世瑜移民温哥华。2002年，获发加拿大卑诗省注册中医执照，成为北美洲首批合法中医师。其后在温哥华成立非牟利机构“乐健会”，为海外华侨义诊。他有一本医学书籍《阿乐珍藏秘方》1998年在中国香港出版，至今已加印至第29版，连续多年被列入十大畅销书之一。

不过，他凭着杂学本领，身披传媒人、中医师、命理学家等多重外衣，运用其笔触至今在当地多份报章撰写专栏。

他在《苹果日报》撰写“乐在其中”专栏，其中一篇为《预批恋情》，说金庸对佛学有颇多研究，在作品中临摹过佛教世界，塑造了众多的佛界僧侣形象。一次和王世瑜聊天，金庸认为，中国近代高僧太虚法师和印顺法师都提倡“人间佛教”，主张佛教要入世，要为社会、民众做贡献，即大乘佛教所提倡的“普度众生”，他认为是顺应时代发展的思想。实际上，在他的作品中，对于佛家的“功德”就另有一番解悟。乔峰一生杀人无数，酒量过人，奈何少林无名神僧赞之“菩萨心肠”，被誉为“最有佛性”的人物，保境安民，以一人换两国数十载安宁，正是佛门最上乘之“无畏施”。雕侠杨过，襄阳城下飞石而毙蒙哥，杀一独夫而息两邦苦战，救万千黎民于水火。此等功德，岂是吃斋戒酒可得？

王世瑜引用金庸的话：“在中国佛教的各宗派中，我心灵上最接近‘般若宗’。我觉得开悟之前，是见山不是山，见水不是水，开悟之后，见山还是山，见水还是水。”金庸这话是说人许多时候看山看水，因为心境的不同，山和水都被赋予了人的感情色彩，等到明白了世间真谛之后，山就是山，水就是水。

王世瑜说，交朋友是以兴趣为契机，性格作为本钱，合则一起玩，不合则疏远。他的人生目标就是享受，由一杯啤酒到写一篇好文章，他都满怀喜悦。“人生苦短，何不潇洒走一回，想到什么便做什么，只要能触到生活的本质，闲时与知心好友擎杯纵谈，便已不枉此生！”王世瑜的精言警句，大智若愚，超然境界的人生观，令人敬服。

《明报》最年轻的秀才
——消息发布人潘耀明

十多年前，早年做过金庸秘书八年的作家莫圆庄（笔名圆圆），从加拿大返回中国香港，某日到《明报》找潘耀明。两人在会客室打对面而坐，聊了片刻，她倏地对潘耀明说："我怎么越看越觉得你的样子像金庸。"临走，她又很认真地重复了一遍这话。

晚年金庸的活动，消息往往最先由潘耀明发布，因而内地传媒把他冠以"金庸的秘书"、"金庸的代言人"的名衔。对此，潘耀明不敢掠美。他发表过无数声明、澄清启事，甚至对每一位来访者和电话访问的传媒记者一再表白："我既不是'金庸的秘书'，也不是'金庸的代言'，金庸是我的前辈，我顶多可以说是'金庸的小字辈朋友'"。

作为明报的文化品牌象征——《明报月刊》，广受知识阶层的推崇。《明报月刊》屹立香江51年，一半时间由潘耀明掌舵，成为海内外华人作家、学者发表作品的重要阵地。金庸称："潘耀明是《明报》最年轻的秀才。"

1

1991年，《明报》总编辑董桥有一天突然给潘耀明打电话："查先生要见你。"潘耀明有点意外，也有点兴奋。在此之前，他给《明报》副刊写了一个"每天"的专栏，与金庸大都是在文化聚会上遇见，只是点头之交而已。

潘耀明诚惶诚恐地跑到当年北角明报大厦查先生的办公室，金庸与董桥已坐在那里。寒暄过后，金庸让他坐下稍候片刻，他则移步到办公桌去伏案写东西。时间一秒一秒地过去，空气静寂得像凝结了。为了打破这闷局，潘耀明偶尔与董桥闲聊几句，都是不着边际的话题。

大约过了半个钟点，金庸从书桌起身走来，亲自递了一份刚誊写好、墨香扑鼻的聘书给潘耀明，请他负责《明报月刊》，而且给了潘耀明在出版界少有的高待遇。潘耀明意外受聘，颇感惊奇，十分感动，还没有提前三个月向香港三联书店辞职，就答应了金庸。金庸手写的那份聘书，潘耀明专门拓了影印本，保存至今。①

《明报月刊》由金庸创刊并主编，后来历任的胡菊人、董桥等七八位主编，都是赫赫名流。在他们的前后经营下，这份杂志已经建立了相当高的学术水平和文化品位。作为著名报人，金庸能毫不犹豫地将自己心血浇灌的名牌杂志托付给潘耀明，想来他的专业学习训练和在出版业界的优异表现，他广阔的国际视野和丰富的人脉资源，都是为金庸看中的原因。

潘耀明，福建南安人。儿时，潘耀明就憧憬着外面的世界，父亲满足了他看世界的愿望。20世纪50年代后期，下南洋到菲律宾的父亲把妻子和儿子从福建南安贫瘠的山村，申请到了大都市香港。那年，潘耀明10岁。

在摩天大楼肩摩踵接的香港，潘耀明与母亲住在一间连一扇窗也没有的中间房里，房中只能放一个衣柜和一张双层床。他住上铺，书桌是一块架在床沿两头的木板，只能盘脚坐在床上读写，累了也不能站起来，站起来就会碰上天花板。他一边完成小学课程，一边到公立图书馆借阅文学著作。18岁中学毕业后，潘耀明到《正午报》工作，从见习校对、校对、见习记者、记者、助理编辑、编辑一路做起。

曹聚仁当时正为《正午报》写专栏，戏称“一天赶三场”：一个是跑马场，他喜欢赌马；一个是菜市场，他喜欢做菜；一个是舞场，他喜欢跳舞。潘耀明记得，曹聚仁的住所到处都是书，洗手间、厨房、床底下也是书。某次谈话中，曹聚仁勉励后辈：从年轻开始树立自己的文学志向，确定一二个长远的研究课题，将来肯定会成为这方面的专家。这番话对潘耀明影响深远，他决心致力于中国作家的访问和研究。

离开《正午报》后，潘耀明编辑过两份杂志：《风光画报》和《海洋文艺》。《风光画报》使潘耀明足迹遍及大江南北，写下了大量游记。《海洋文艺》则为潘耀明研究中国作家提供了方便，曾多次回内地采访，幸晤了钱锺书、巴金、沈从文、俞平伯等当代著名作家。他陆续撰写访问记，向海外报道。在此基础上，他结集出版了50万字的文学评论集《中国当代作家风貌》。

1983年秋天，潘耀明应邀参加美国爱荷华国际写作计划。那一届的写作计划人选中，台湾请了陈映真、七等生，大陆请了吴祖光、茹志鹃和王安

① 胡晓：《潘耀明蓉城澄清误会》，《华西都市报》2010年4月14日。

忆，大家相处融洽。潘耀明待了三个月，大受触动——他的人生不是那么顺利，只念了中学，毕业就出来做事，后来念函授课程，不顺利的人生在爱荷华终于拥有最重要的拐点：写作计划结束后，潘耀明留在爱荷华大学念英语，考了托福，后由聂华苓推荐到纽约大学攻读出版杂志学，第一年是试读生，1985年拿到硕士学位后回到中国香港，后担任香港三联书店的副总编辑兼董事。至今，他在中国大陆、香港、台湾出版了20多本著作，并多次获奖。在他的创作中，丰富的写作题材，紧扣着他的生命律动和人生足迹；散文、随笔、记游、海内外作家作品研究，涉猎广泛文类驳杂的体裁，体现了他作为编辑家和出版家的职业特点。可以说，是编辑工作推动了他的研究和写作，反过来，也奠定了他从事编辑出版业的丰富过硬的人脉资源。

作为作家，他多以笔名“彦火”名之；作为编辑家和出版家，他则以本名“潘耀明”面众。

2

潘耀明的办公室向海，藏书多，字画多，名家手札多，但一见难忘的还是金庸的题字：“看破，放下，自在。人我心，得失心，毁誉心，宠辱心，皆似过眼云烟，轻轻放下可也。”[①]

第一天上班，潘耀明向金庸报到，希望他就办《明报月刊》作一点指示。令潘耀明感到意外的是，金庸说话不多，依稀记得，他只淡淡地说了一句：“你瞧着办吧！”当潘耀明向他征询，除了之前他在《明报月刊·发刊词》揭示的“独立、自由、宽容”办刊精神外，他在商业社会办一份亏蚀的文化性杂志有什么其他特殊原因吗？他回答得简洁：“我是想替明报集团穿上一件名牌西装。”因为当时《明报月刊》亏本，作为文化杂志，没有广告，稿费也很低。1966年金庸创办《明报月刊》，是因为当时他觉得传统文化要被彻底摧毁了，所以有必要办一份文化月刊，保存文化薪火。

换言之，办《明报》是为了赚钱，《明报月刊》是文化杂志，提升了明报集团的文化地位。金庸有一套理念，比如《明报》从来都不是全香港销量最大的，过去是第三，到现在还是第三；《明报》的读者是受过高等教育的专业人士，是优质读者，广告效力相对大。后来，金庸在另一个场合对潘耀明说，《明报》当初上市的股票，实质资产只有一幢北角明报大厦，每股港币一角，上市后第一天的股值跃升了二元九角。换言之，有二元八角是文化

① 李怀宇：《潘耀明点评香港文化生态》，《时代周报》2011年8月11日。

品牌的价值。他说，文化品牌是无形财产，往往比有形资产的价值还要大。

潘耀明接手《明月》时，正是杂志最困难的时候。社会变化的大背景，新兴读者群口味的变幻，都对这个老牌的杂志造成冲击。“金庸先生委任我当总编辑的同时，还交给我一个总经理的位置，这也是一种双重期许。”过去胡菊人、董桥只当《明报月刊》的总编辑，都没有兼任总经理一职，他悟出意思来了：除了办杂志，还要对它的销量负责。

潘耀明觉得，杂志初创刊，肯定要有名家的稿子，才能将品牌打出来，到一定时候，就不一定要用名家了，自己可以培养名家。《明报月刊》可以“我有你没有”，才能突出风格，人家才对这份杂志感兴趣。杂志的个性化是很重要的。1991年接手时，《明报月刊》只有一个封底是手表广告，稿费也非常低，一千字一百块。潘耀明跟金庸讲，“我们不如还是登广告，将稿费提升一下”。稿费逐渐提高到一千字三百块。多年以后，《明月》一直保持水准，而且广告量时有上升，殊为不易。

从金庸创办开始，以至潘耀明一路用心经营的《明报月刊》，潘耀明谦称它是“文化小屋”；海内外的作者和读者，则盛誉其五十年来的卓越成就和广远影响，而可称为文化大楼。它以传播知识、思想、文化为责任，力求不党不私，发扬“自由之精神，独立之思想”，其文章应符合唐代白居易主张的“文章合为时而著，歌诗合为事而作”原则。潘耀明的卷首语守护、阐明月刊的宗旨，其内容配合月刊内容、紧贴时代，是大楼观景的窗户，是刊物明亮的眼睛。一篇篇卷首语独立来读，辞理兼胜，堪称明隽的小品。其文章“为时而著”，如果二十多年串连起来阅读，则可看作一位文化人对时代感应的记录。潘耀明这样的书写，无形中更为文化刊物的卷首语提供了范例。

在潘耀明任下，《明月》销量大为攀升，这当然归功于他的市场眼光，他自称是当年留学美国，发现人家的出版管理和编辑思想很是灵活机动，也学了一些招数。

金庸每次的约晤，大都安排在黄昏时段。他往往先让秘书打电话来，表示潘耀明如得空，让他过去聊聊。从柴湾的明报大厦到金庸办公室所在的北角，也不过是十分钟的车程。金庸的办公室，像一个偌大的书房，估量也有近二百平方，两边是从墙脚到天花、排列整齐的一行行书柜；其余的尽是大幅的落地玻璃。从玻璃幕墙透视，一色的海天景观，可以俯览维多利亚港和偶尔划过的点点羽白色的帆船和渡轮。

那当儿，金庸和潘耀明各握一杯酒，晃荡着杯内金色的液体，酒气氤氲。彼时彼刻，两人拿目光眺望玻璃幕墙外呈半弧形的一百八十度海景，只见蔚蓝的海水在一抹斜阳下，浮泛着一条条蛇形的金光，澌澌粼粼地向他们奔来……心中充盈阳光和憧憬。两人在馥郁酒香中不经意地进入话题。在喝下一大杯后，金庸操他的海宁普通话，潘耀明讲他的闽南国语，南腔北调混在一起，彼此竟然沟通无间，一旦话题敞开，天南地北，逸兴遄飞。①

金庸先讲了一个故事：一位将军在家中拿出他所收藏的珍宝古玩来，欣赏把玩，一不小心，差一点把一只玉杯打碎。幸亏他手快，抓住了滑下的杯子，但已经满头大汗了。待他定下心来，他想："我率领千军万马，出死入生，从来没有害怕过，为什么今天一只小小的杯子就让我惊吓成这个样子了？"他由此悟出，有了爱憎之心，有了贪恋之心，才让他如此惊怖，如此失常。于是，他把那只玉杯打碎了。

金庸说："这故事，告诉了我们，人，应该'放下'什么。可是生活中，许多烦恼，许多执着，许多不开心，有几个肯放下，有几个能放下？人总会遇到难堪的处境，最怕的是对自己产生了怀疑、郁结，不肯放下，就留在心上。留在心上，又承受不了内心的压力，那就麻烦多多了。人的内心世界真奇妙。有时候难以理喻，有时候又无法用'情'字来概括。"接着，他写了一幅字送给潘耀明。

1993年，《明月》曾做过一个特辑，当时中英关系不协调，为了探讨中英政治和香港的前景，在金庸的主导下，潘耀明请了彭定康，也请了新华社分社副社长张浚生为《明月》撰稿，发表他们的见解。这样，读者看到，两方虽然见解不同，但他们都不希望将香港引向一个危险的边缘。这个特辑大家都觉得很有价值。

潘耀明主编《明月》，刊登关于中国传统戏剧的文章是不少的，这大概跟金庸本人的爱好也有些关系。《金庸散文集》里面，开篇就是"看戏"，七篇文章，《姚期》《除三害》《空城计》……听得有板有眼。

2006年9月，潘耀明主编"明月四十年精品文丛"，他在这套文丛的后记里面说："从一九九八年起，我第二度接任编务。胡菊人历时达十二年；其次是董桥，也有七年；我在前一时期做了四年，后期也八年了，合共十二年，与胡菊人一样。《明月》最初十多年是黄金时期，销路很好，她的创刊号还要再版哩。但正如查良镛先生所说'前十年是相当艰苦'，一面倾尽心血与汗水，一面还要遭受攻击与炸弹。我不过是一个接棒者，以个人的知识水平来编这一本誉满海内外的杂志，自问力有不逮，对尺度的拿捏甚至具体编务，难免有不周全的地方，期间又经历了金融风暴和香港经济衰退时期，

① 卫毅、吕品：《金庸的被动人生》，《南方人物周刊》2018年第34期。

读者阅读心态十分飘忽，香港杂志销路日渐萎缩，甚至个别名牌杂志也在这场狂飙中没顶了。《明月》还能够维持下去，订户不跌反增近一倍半，销路在稳定中发展，这可以说是一个异数。”“金庸在武侠小说中长袖善舞，写尽了中国传统文化的魅力，原来底子都在这里。一本散文集中，看戏、听歌、品舞、赏画、翻书，虽也偶涉西学，骨子里却是中国传统文人的路数。以这样的背景创办《明月》，难怪成了‘文化中国’的代表。”

当有人说金庸写小说发了大财时，潘耀明立即予以否定：“金庸先生的确不是靠武侠小说起家的，他真正起家靠的是《明报》。他办报是很赚钱的，每年的利润就有2亿多港币，而他小说的版税，台湾和香港的全加在一起，每年大约只有1千万。所以，我说，金庸是从《明报》得到经济效益，从武侠小说得到名声。”“金庸先生的办报理念就是‘有容乃大’，《明报》不会偏重一家之言，无论什么新闻，我们都会尽量采访各方意见和声音。金庸先生把《明报》的读者群定位为受过良好教育的中产阶级，事实证明，这是非常正确而有远见的。《明报》能一直保持良好的发展，与金庸先生倡导的‘传媒要真实、有见解，文章要短小、生动、有趣’是分不开的，人说《明报》有‘三宝’：社论、副刊和中国问题，这些都是金庸先生费心血最多的部分，常常都是他亲自主笔。当然，金庸先生的报业经营头脑也是十分令人佩服的。1966年，文化类杂志《明报月刊》创刊，他说，《明报月刊》要穿‘名牌西装’。也就是说，这本杂志要打品牌；他也看到文化类杂志是不赚钱的，为了养自己很喜爱的《明报月刊》，他又于1968年创办了娱乐杂志《明报周刊》，这份周刊是很赚钱的，明报每年利润两亿多港币，有一半是这份周刊赚的。”

潘耀明说：“查良镛先生虽然出售了《明报》企业，但他一直关注《明月》的成长，他所撰述的文章，绝大部分优先给《明月》批载，他希望《明月》越办越精彩，并相信一个‘群星灿烂月华明’新局面的可期。”

3

1995年3月21日早上，香港下了暴雨。刚辞去《明报月刊》主编的潘耀明心烦意乱地开着车，乌黑的天空压下来，令人喘不过气来。前一天晚上，他接到查太太的电话，说查先生要做个心脏搭桥手术。

潘耀明在养和医院的走廊里焦急地等待了8个小时。手术不太成功，淤血进入脑部，金庸甚至一度丧失了语言能力，“讲不出话来，对他打击蛮大的。后来他们通过找的三个香港最有名的脑科专家会诊，清理了淤血，但元气大伤。”潘耀明回忆。[①]

他担心，金庸此前的一系列计划无法再实施了。这一年，金庸71岁，全部武侠小说的修订已完成20年之久，他没有再写的意愿；《明报》卖出去了，全部职务都辞掉了，尽管接班人不那么尽如人意。他该向前看，做些一直以来自己真正想做的事情。

那时，金庸卖了《明报》，曾想过另起炉灶，做一番文化事业。首先他想办一份类似历史文化的杂志，他准备写长篇历史小说，并在这份新杂志连载。于是他找潘耀明过档到他自己经营的明河出版社集团有限公司，为他策划新文化杂志和管理出版社。须知明报集团卧虎藏龙、人才济济，金庸单挑了潘耀明，令他受宠若惊。意外进手术室半年前，金庸让秘书给潘耀明打电话，叫他来位于香港北角的办公室聊天。每一次聊天，金庸运筹帷幄，兴致很高，他从一个隐蔽的酒柜取出瓶威士忌来，亲自给潘耀明斟酒。伴着威士忌和窗外港口的海风，金庸构建了新蓝图。

两个人都很兴奋。潘耀明愿意继续追随金庸，不止是因为一签五年的合同和更加优厚的待遇，还因为他相信金庸的创作要迈向一个新的阶段，“他对明清史和隋唐史都了解颇多。你看他的小说很有历史感，《书剑恩仇录》是历史的大架构，就在清朝么，《鹿鼎记》也是。而且我觉得他的文字是很纯粹的，继承明清文风，可读性很高。”

不料，金庸动了心脏大手术，后来就写不出历史小说了。不久，潘耀明回到了换了老板的《明报》，再次主编《明报月刊》，并担任明报出版社和明窗出版社总编辑及总经理。金庸卖了《明报》，也曾想过另起炉灶，做一番文化事业。

明报出版社亏损严重，潘耀明有压力。因为明报集团已经是上市公司了，股东就要看杂志有没有赚钱，倒不是看杂志有什么好文章，这跟以前金庸在的时候不一样了。“未曾尝试不轻言败”，这是潘耀明一向做人和做事坚持的座右铭。他使出浑身解数，既满足股东们的“向钱看”的要求，又不能放弃自己和金庸的文化理想。为此，他特别成立了明文出版社，推出“培养作者计划”和“成就学者出版计划”，帮助作者自费出版，既可以降低投资风险，也可发掘新进作者、帮助年轻学者圆出版梦，并能利用《明报》的优势宣传推广。

1996年4月，潘耀明陪金庸到日本签合约。德间出版社的老板德间康快

① 荆欣雨：《金庸的一生有哪些遗憾》，《人物》2018年第12期。

（他最早曾通过于品海洽谈购买《明报》），拥有包括电影、出版、报纸的综合大企业，他们决定斥巨资出版《金庸全集》，组织了日本一批汉学家翻译，准备花五年时间出齐，第一阶段先出精装文库版，再出平装。两年后第一部《书剑恩仇录》日文文库版出版后，很快便告售罄再版。

潘耀明有一个朋友，在巴黎开一个大书店，潘耀明向他推荐了金庸小说，可他不晓得金庸的书在法国是否销得了，就向法国教育部申请一笔钱翻译金庸的武侠小说。这位朋友通过申请到的一笔翻译金翻译了《射雕英雄传》，潘耀明向金庸介绍了这位朋友，金庸对他很好，只象征性地收他一块钱的版权费。这本书后来得了奖。于是，潘耀明牵头一个法国出版社，将金庸的全部作品都翻译成法文，并在法国出版了。[①]“此前金庸作品被翻译成西方文字，都只是节选，这次是内容最全、规模最大的一次翻译工程。这位翻译家还为此成立了一个‘金庸翻译工作室’。在欧洲，法国人最喜欢金庸的作品，很多读者将金庸比作‘东方的大仲马’。”潘耀明说。

在他的努力下，明报出版社终于扭亏为盈，如今，从出版物的品质和社会影响看，这家出版社，以及他主编的《明报月刊》，不但是香港，也堪称是整个华文世界出版业界的翘楚。

潘耀明对金庸小说推崇备至，当有学者将金庸作品列入“四大俗”时，他发表长文称“金庸是根深叶茂的大树，是扳不倒的”。“金庸的武侠小说之所以广受欢迎，重要的一点是故事情节好，扣人心弦，读之令人废寝忘食。亦舒有一段话可以作为注脚：金庸小说里充满流行因素，通篇都是俊男美女凄迷的爱情故事，出人意表的诡秘奇突的情节，书中好人坏人与怪人都性格分明，惹人注目。又不断加插稀奇古怪的学武过程，刺激读者观感，看他的小说，情绪没有片刻静止，完全被文字操纵，脑海一幕幕尽是五彩缤纷的画面，鲜明的描述加读者想象力，比看电影还要精彩，看得入迷。”[②]

后来，他在内地接受记者专访时说：“有道是‘逢山必有派，逢水必有帮’，金庸的武侠小说除了引人入胜的故事情节，笔下还大量地描写了塞内塞外风情、名山大川、古寺名刹，所以，我说阅读金庸先生的武侠小说，形同做了一次纸上风光的旅游。他小说中写到的许多景点，以前都名不见经传，可是因为他的小说，这些年都‘走红’了，比如浙江的桃花岛、天山的灵鹫宫、大连蛇岛、黄河源头的星宿海、云南大理等。”“金庸小说的最大魅力在于他将中国的白话文典雅化了，他已经将中国传统的白话小说、笔记

① 王嘉：《金庸全部作品将在法国出版》，《成都日报》2011年11月10日。
② 彦火：《扳不倒的金庸》，《收获》2000年第1期。

文学提升到一个全新的境界，他的小说中的许多段落只要单独抽出来，都可以成为一篇优美的散文。”在他眼中，金庸首先“是一个具有多方面才能的人。一个文人办报，继而成为大亨，这是古往今来都没有过的，他具有多重身份：一个成功的报人、作家和企业家。同时，他又是一个知识相当渊博的文化人，他很重感情，对于中国传统的儒学、佛学甚至琴棋书画，都有相当精深的造诣。金庸的成功，除了天分之外，勤奋也是很重要的，我们以前经常在一块出差，在机场候机时，他从来不会干等，总是到处找书店去看书，你们没有见过金庸的办公室，那才是真正的坐拥书城”。

2004年，潘耀明筹划了金庸的福建泉州之行，引发各界关注，轰动一时。潘耀明之所以力劝金庸访问泉州，不仅仅因为泉州是自己的故乡，更因为家乡文化底蕴深厚，人文荟萃，“泉州有它的魅力，它是世界海上丝绸之路的起点，航海家马可·波罗曾惊艳于泉州的繁荣，把它与亚历山大港相媲美”。

“其实，泉州对于金庸先生而言并不陌生，因为他的小说有泉州元素，也有很多泉州的读者。”潘耀明说，当年一行，金庸对泉州评价甚高，而让金庸流连难忘的则是晋江摩尼草庵，“摩尼教其实就是他《倚天屠龙记》里的明教，明教的教主的石雕竟然在泉州，而且是迄今为止世界上发现的最大石雕，他觉得这是一个意外的收获。”金庸在《倚天屠龙记》中着墨最多的明教，当初是根据零碎记载编撰而成的，之前，有不少人讥讽他笔下的明教子虚乌有，没想到竟然在泉州找到了佐证。

在为家乡文化古迹保存完好而骄傲的同时，潘耀明也看到了问题，“北京大学有学者估算过，金庸先生在全球拥有超过六亿的读者，这是很大的一个群体。但是，金庸笔下的明教根源在泉州晋江摩尼草庵，我们没有主动向外宣传，这是很可惜”。潘耀明以浙江著名风景区舟山群岛之一的桃花岛为例，作为《射雕英雄传》中东海桃花岛的原型，浙江桃花岛不仅建成了“射雕影视城”，目前还在规划建设“金庸武侠文化村”，早已是热门的影视拍摄外景地，同时也吸引了许多“金庸迷”，潘耀明说：“我们一直在说文化产业，那文化怎么和产业相结合呢，我觉得泉州还没有好好发挥。《倚天屠龙记》多少人在看，大家都非常熟悉，如果说明教的教主雕像在泉州晋江，会有很多人专门来看的。”

如今，潘耀明任职香港作家联会会长。为了推动文学事业的建设和发展，他策划过不少文学活动。尤其策划组织的“世界华文报道文学”和“世界华文旅游文学”的征文活动，更将繁荣世界华文文学创作，纳入到他的文化理想和实践之中。

金庸说，如果将香港文化圈比喻成梁山泊，潘耀明就是宋江式的角色，统领人家一齐上山干事。这一方面金庸说他为人敦厚，甘为香港文化人做嫁衣，另一方面，则夸他有聚集各方才学的气度。

2018年10月30日晚上，潘耀明得知金庸离世的消息，十分难受，他说：“我和金庸先生是亦师亦友，他的高尚品格和文学才华，影响了我的一生。”“我一直非常敬重他，对他的知遇之恩充满感激。

对金庸的评价，潘耀明非常坚定：“查先生这样的大家，五百年之内不会再有第二个。”

俩老头见面，还唤他“小查”

——“快乐画家”黄永玉

著名画家黄永玉与金庸曾经是同事，那时两人初闯香港、举目无亲，却结下了深厚的友谊，可谓“患难知己”。金庸对黄永玉赞不绝口，夸他是个“最接地气的画家”，是个全才。

1981年7月，两位老朋友在北京相见，万分高兴，追忆起30年前的往事，不禁感叹岁月匆匆。

1

1948年，参加了左翼运动的黄永玉，为了逃避迫害，不得不离开上海远赴香港。一个未来与黄永玉交集很深的人，同年抵达香港，那就是金庸。《大公报》在香港复刊后，金庸被派往香港，以一个异乡人的身份，远赴香江，开拓未知的人生旅程。

24岁的黄永玉一来到陌生而充满竞争的香港，一边忙于生计，一边参加“人间画会”，从事木刻创作兼自由撰稿人。不久，他进入《大公报》，非常凑巧地和金庸同一间办公室，黄永玉任美术编辑，金庸任国际电讯翻译。

在黄永玉眼中，金庸真是了不起：“我俩的年龄是一样的。我们以前不叫他金庸，我们当时在《新晚报》大家都叫他小查，他叫查良镛，我到现在也叫他小查，他说现在香港叫我小查的没有几个了。”①

“金庸是大侠，黄永玉是怪侠。”《大公报》的另一位同事梁羽生这样评价他俩。

确实，黄永玉的经历有点儿怪。他是土家族人，跟金庸同龄，1924年7月9日出生在洞庭湖西岸的“世外桃源”常德，半岁后随父母回到凤凰县城沱江镇。因家境贫寒，黄永玉12岁时就背着小包裹独自离开家乡，到外地就读。

① 李辉：《黄永玉谈金庸：怎么弄成武侠小说家了？》，《中国文化报》2003年10月24日。

16岁的黄永玉就能靠木刻养活自己。在苏州写生时，他被司徒庙中有“清奇古怪”之称的四棵汉代古柏吸引，连续三天早去晚归为其写生。日后，面对被他用准确而流畅的白描线条展示在丈二大纸上的这四株阅尽人间沧桑的古柏，人们无不称奇叫绝。

那年，黄永玉在泉州开元寺巧遇弘一法师。这段奇缘后来被人们演绎成他对法师持弟子礼、得真传。而他自己的说法则是：上树摘玉兰花时被一老和尚发现，极不情愿地下来后随之来到禅房，开始时并不知道这位貌不惊人的和尚竟是赫赫有名的弘一法师。虽然并没有真的拜师学艺，但短暂的交往仍带给他一些启迪和不小的震撼。后来，弘一法师临终前曾留给他一张条幅，上面写着：“不为众生求安乐，但愿世人得离苦”。

18岁时，黄永玉来到江西一个小艺术馆里工作。在那里，他碰到了一位美丽大方的广东姑娘张梅溪。为了将这位国民党将军的女儿追到手，黄永玉做了个小号，每天对着张梅溪呜哩哇啦吹。半个月下来，就把姑娘的心吹软了。有一天，他对张梅溪说：“如果有一个人爱你，你怎么办？”她就说：“要看是谁了。”黄永玉说：“那就是我了。”她回答：“好吧。”两人对着傻笑，这一笑就笑了一生。张梅溪冲破家中阻力，与黄永玉私奔成婚，流落到了上海。后来，金庸听说这段极具戏剧性的爱情故事，对黄永玉说：“如果换成今天，这是一段不错的电影对白。”

当一座城市给一个人足够的归属感，我们往往会说，这个城市有了属于我的一扇窗。在异乡，香港的九华径，黄永玉拥有了这么一扇窗。九华径为香港新界葵青区的一个地方，在黄永玉记忆里它的名字还叫狗爬径——因为旧时山路极陡斜，村民及野狗上山时都似爬行模样，后来因名称不雅而改作九华径。九华径村，是当初不少左派文化人士在香港避难时的聚集地，租金便宜。

黄永玉说：“那是一个海湾，主要的是便宜，很多的重要的文化人都在那，郭老（郭沫若）、茅盾都在，各种各样来的人，我都帮他找房子，后来他们开玩笑叫我作保长。香港的本土作家同我都有来往，比如蔡澜、金庸。”

当年，荔枝角九华径所在的小海湾还不热闹，不少星期天前来游玩的人都提了渔网、水桶、钓竿之类的东西，把这里当作是荒芜人烟的探险寻宝的地方。村外邻海湾的土地还是农田，春夏秋冬都有村民劳动，牵着黄水牛来来往往。

黄永玉在香港九华径的家很小，屋内唯一的窗口上装有铁栏杆。他特意买来一些彩色的印度窗帘，挂在窗户上，把窗户布置得非常漂亮，连妻子张梅溪也禁不住赞叹不已。黄永玉甚至给香港栖居的屋子取了诗意的名字：破落美丽的天堂。其间，乔冠华、胡风、臧克家等人都是常客。1950年，金庸新婚不久，曾带着妻子来黄永玉租住的地方与朋友聚会。

黄永玉说起过那时的情景："他们不会讲广东话，谁要租房子，我就帮他们张罗。他们都叫我'保长'。"黄永玉还说，当年批判胡风的《论现实主义道路》，在香港开了座谈会，晚上胡风就来找楼适夷发牢骚。"当时只有一层隔板，但我也听不懂。到半夜时聊得饿了，他们就来找我借点点心。"①

《新晚报》总编辑罗孚讲过一件趣事：一家店名叫"美利坚"的童子鸡做得很出名，黄永玉约金庸、梁羽生等朋友经常去，有一次吃到一半，大家发现口袋里都没有钱，大家显得很尴尬。这时，黄永玉对着饭馆里饲养的热带鱼画了一张速写，用手指头蘸着酱油抹在画上，算是着色，画完后，金庸给在《星岛日报》工作的叶灵凤打了一个电话。没过多久，叶灵凤笑眯眯地来了，黄永玉交上画，叶灵凤预付稿费付清了饭钱，大家尽欢而散。

黄永玉名义上是编辑，实际上也承担记者的工作，主要为新闻报道做插画——大街上的汽车辗过一个小孩之后跑了，他马上跑到现场画个速写，回来刻个木刻；赶上电车工人闹罢工，他马上就画罢工；有个美国兵跑去找妓女，偷了妓女的东西跑了，他就画一个哭诉的妓女。

对于因写武侠小说而在华人文化中影响深远的金庸，耿直风趣的黄永玉却是如此评价："那时写影评是我先写的，写武侠小说也是陈文统（梁羽生原名）先写的。那时大公报所属《新晚报》销路不好，为了吸引读者，陈文统就到街上买了几本武侠小说回来看，边看边写。我们都当作笑话。"不过，黄永玉十分赞赏金庸和梁羽生后来在创作上取得的成就。

黄永玉回忆："那时刚解放，他（指金庸）呀，就穿个花衬衫到北京，找乔冠华他们，要到外交部工作。我们知道后当作笑话讲，其实他那是爱国和进步的表现。那时我们觉得他不懂事，一个党外人士，怎么可能当外交官呢。"当然，幸亏金庸没当成外交官，要不，文学界也便少了一位大家。

有一次闲聊，金庸得知《边城》作者沈从文是黄永玉的表叔，便对黄永玉说："你的老家在湘西，抗战时我在湘西住过两年，当地汉人苗人没一个不会唱歌，冬天的晚上，我和他们一齐围着从地下挖起来的大树根烤火，一面从火堆里捡起烤热了的红薯吃，一面听他们你歌我和地唱着，我就用铅笔一首首地记录下来，一共记录了厚厚的三大册，总数有一千余首。湘西民风淳朴，风景也美，你可以写写他们，写写你过去的生活。"于是，黄永玉写

① 姚勇：《黄永玉的大公故事》，《大公报》2012年4月24日。

的一组家乡特写《火里凤凰》在《大公报》副刊上连载。文章描写1937年以前的凤凰人，自在地打发日子有如时时刻刻过年玩花灯，太阳下的风景在红尘中自由、放荡地活出真我。文中插图由黄永玉亲自执刀木刻，意韵无穷。

黄永玉的文章与他的绘画风格相似，总要落到实处。中国画一般讲究实从虚生，飞白是最显示功夫的地方。黄永玉的画却经常反其道而行之，很满，他追求虚从实生，画面中隐藏的趣味常常让人难以捕捉。金庸在添加的编者按中写道："这组散记反映的是画家的眼光、诗人的心灵，及小说家的手腕和笔触，其间那种别致的美、深邃的情，有与其表叔沈从文文笔暗合之处。"①

针对溥杰称中日关系恰如夫妻吵架、过一晚就好的说法，经历过八年抗战的黄永玉怒不可遏，忿忿然以毛笔写下一篇《狗杂种，溥杰》，刊登在金庸主编的《大公报》副刊上。

还有一次，作家端木蕻良写了一篇文章《毕卡索致张大千书》，金庸打算刊登，请黄永玉画插图。黄永玉给起了笔名叫"张大毛"，还画了个小报头。孰料，文章尚未见报，有人跑去告密，还叫个律师来警告时任《大公报》社长费彝民，说不得刊登这篇文章，要登的话就告你。后来才发现这告密人是个特务。

自从《大公报》连载《火里凤凰》之后，黄永玉跟金庸更加亲近了。

2

一天下午，黄永玉和金庸、关怆两位朋友一起坐在咖啡馆里，商量着该如何应对一场狂风暴雨。那是1951年年初，内地掀起知识分子思想改造的高潮，此风迅速刮到香港，黄永玉成了首批"枪打出头鸟"的目标，因为1948年5月下旬，初到香港的黄永玉在香港大学图书馆举办了他人生中第一个正式的个人画展，画作有于印木刻集《烽火闽江》，自印木刻集《春山春水》，诗歌刻画等二百多幅。两年之后，香港《文汇报》《大公报》连续发表四篇批评文章，指责他1945年前后在江西信丰时，为诗人朋友野曼、彭燕郊、黎焚薰的诗歌刻插图，朋友的诗歌如今成了"毒草"，他的插图也就成了"毒画"。黄永玉被推到了一个特殊的场景中，不得不为之否定自己，批判自己。

金庸因为欣赏黄永玉的画作和文章，被视为一伙；后来成为香港名医的关怆当时是香港大学的学生，因为帮助黄永玉办展也遭受批评。三个年轻人

① 李辉：《黄永玉：黑白之间，指责与自辩》，《书城》2000年7月号。

不得不为之的同时，又有困惑与怨气。金庸说：“大丈夫能屈能伸，暂且屈一下吧，我想，永玉兄能写能画，总有伸展出头的那一天。”

三个人喝着咖啡，一起聊天，帮黄永玉出主意，商量着这份检讨书该怎么写。

过几天，黄永玉在《大公报》上撰文《检查我这次的画展》，作自我解剖，自我鞭挞。他违心地写道：“我的生活思想，还沿袭于二十年前旧家子弟的那种小趣味，和江湖浪荡汉的、不负责、闲散的反严肃生活；感情上，无强烈的阶级爱憎，有革命的愿望，无坚定的立场，是自由主义和个人主义混合着的，登峰造极化身。因此，反映在作品上只能是一些贫弱的、架空的艺术形式。我很希望早点结束我这种创作生活，我将毫不可惜地抛弃我那些腐化发霉了的意识形态的作品，我将重新学习创作表现新的生活、新的主题的木刻。”①后来，黄永玉说，他的检讨实际上可算是三人合作的成果。

相对于“文革”后期遭遇的批判猫头鹰“黑画”风波，香港的最初批评，对于黄永玉来说，仅算是一场让人觉得意外的冷雨。但是，即便一场冷雨，却也让人措手不及，紧张万分。黄永玉后来回忆说：“当时我熟悉的聂绀弩、臧克家他们那些人都到北京去了，感觉没有人能保护我。八年抗战，我一个人背着行李到处走，从来没有感到孤独过，虽然人不在一起，但心在一起。这时却感到孤独。我留在香港，那么卖力地工作，总想跟上时代，但却给我泼冷水。我感到很委屈。那时没有经验，还是有些害怕。”②

除了心理上的害怕，还有生活上的压力。此时，《大公报》的薪水在交了房租后已所剩无几，黄永玉还得靠刻木刻、画速写、写点散文投稿过日子。尽管生活依旧清苦，但黄永玉总是一个善于发现快乐的人。他居住的屋子很窄很小，但窗口很大，他骄傲地称这个栖身之所为“破落美丽的天堂”。

黄永玉打算离开《大公报》时，金庸请求一位电影界的朋友帮忙，介绍他去了长城电影公司，让他一边参加美术活动，一边担任业余编剧。由长城电影公司主办的《长城画报》，创刊于1950年8月1日，主编为长城公司的经理袁仰安。黄永玉在《长城画报》上，分别以“黄永玉”、“永玉”、“张观保”、“观保”等笔名，发表了数十幅速写，包括风景、演员肖像漫画、影人日常生活等内容。刘琼、龚秋霞、顾而已、夏梦、石慧、舒适、韩非、陈娟娟、万籁鸣、万古蟾等，这些当时活跃于香港影坛的明星与导演，都成了黄永玉速写的对象。

① 黄永玉：《检查我这次的画展》，《大公报》1952年8月17日。
② 黄永玉：《与李辉的谈话》，转引自《检讨与辩白》，《济南时报》2010年9月27日。

其间，黄永玉编剧的《海上故事》《儿女经》被拍摄成电影，女明星石慧因在喜剧《儿女经》的表演而当选为最佳女演员。[1]金庸因为撰写影评喜欢上了电影，后来也在长城电影公司任编剧，还导演过几部影片。

1953年年初，黄永玉的艺术灵感奔涌而出，他的木刻画在香港渐渐有了名气，很多人争相购买。这时，黄永玉接到了表叔沈从文的来信，信中说："你应速回，排除一切干扰杂念速回，参加这一人类历史未有过又值得为之献身的工作。"1953年的早春二月，黄永玉和张梅溪带着七个月大的孩子离开香港到了北京，从北京火车站坐着古典的马车到了沈从文的四合院。

从此，黄永玉与金庸各分南北，难得一见。然而，黄永玉却是金庸第一部武侠小说《书剑恩仇录》的第一读者，他是捧着《新晚报》读这部连载小说的，并且长期收藏着当年金庸漫谈《书剑》的那张报纸。金庸在文章中说：

> ……
>
> 后来情节慢慢发展，假如第一天写得豁边，第二天马上想法子补救，东拉西扯，居然读者们看得还有点兴趣。前天遇到中联公司的刘芳兄，他说，他与他太太天天争来看，中联很想拿它来改编电影。我一听之下，颇有点受宠若惊的感觉。前几天缅甸仰光一位曹先生写信来说，仰光说书的人，有好几位以《书剑》为压轴，颇得听众欢迎。此书在海外并有两家报纸逐日转载，想不到游戏文字，居然有人喜爱，难道：挥拳打斗，竟是人之同嗜么？朋友们常问我，书中人物是否全部凭空捏造，还是心中以某人为模型？我的答案是：有的写生，有的想象。如俏李逵周绮，那就是我认识的一位小姐的写照，此人绰号"胡涂大国手"。天真直爽，活泼可爱。这位小姐常读《书剑》，常赞周绮有趣，而不知其有趣乃从她身上取出来者也。有一位朋友尤为热心。他把《书剑》逐句细批细评，什么"草蛇灰线法，横云断峰法"把这部小说详加分析，说得作者满腹经纶，成竹在胸，此书出单行本时准备附印他的评注，这是由于他的文思周密，笔调雅致，而不是由于他的"乌龙"——把我的胡思乱想说成刻意经营。有时文思忽告枯竭，接连数日写得平淡乏味，此时最为难过。幸亏常接读者来信，讨论一场，鼓励一番。写武侠小说之乐，除了让想象力自由发展之外，大概以此为最了。[2]

文中所说的"朋友"，就是黄永玉。

---

① 李辉：《黄永玉：香港电影的"搬运夫"和"鼓手"》，《北京晚报》2009年12月21日。
② 金庸：《漫谈〈书剑恩仇录〉》，《新晚报》1955年10月5日。

3

黄永玉离开香港到北京，被安排在中央美术学院教授版画。这段日子里，黄永玉创作的木刻《春潮》《阿诗玛》轰动了中国画坛。后来，黄永玉开始学习国画，他喜欢上了梅花与荷花。他笔下的荷花，在形态、色彩、风韵上都独具一格，令人眼前一亮。他喜欢养狗，喜欢音乐，喜欢玩，喜欢一切新鲜的事物，就像金庸笔下的"老顽童"。

在中央美院，黄永玉曾记下首任院长徐悲鸿和一位裸体模特老头的对话。当徐悲鸿得知老头曾是厨师时，说："喔！厨房的大师傅，了不得！那您能办什么酒席呀？"老头眼睛一亮，从容地说："办酒席不难，难的是炒青菜！"徐悲鸿听了这句话，肃立起来说："老人家呀，你这句话说得好呀！简直就是'近乎道矣'！是呀，炒青菜才是真功夫，这和素描、速写一样嘛！"

徐悲鸿和裸体老头的故事，经黄永玉转述而为金庸所知。1958年，金庸在《射雕英雄传》中写了这样的情节："黄蓉噗哧一笑，说道：'七公，我最拿手的菜你还没吃到呢。'洪七公又惊又喜，忙问：'什么菜？什么菜？'黄蓉道：'一时也说不尽，比如说炒白菜哪，蒸豆腐哪，炖鸡蛋哪，白切肉哪。'洪七公品味之精，世间稀有，深知真正的烹调高手，愈是在最平常的菜肴之中，愈能显出奇妙功夫，这道理与武学一般，能在平淡之中现神奇，才说得上是大宗匠的手段……"两个故事，一真实，一虚构，实在太相像了。黄蓉如裸体老头，小姑娘以精于"炒'白'菜"自矜，老头子则以"炒'青'菜"为最难事。洪七公如徐悲鸿，皆认同所闻奇谈。洪七公由厨艺联想到武艺，徐悲鸿则由厨艺想到了画艺。

1967年，"革命"的风暴刮起来之后，黄永玉被指控为反动学术权威受到批判，被遣送回家乡凤凰城。1973年，周恩来总理把一批所谓下放的画家都请了回来，黄永玉参与北京饭店壁画的创作。在启程前往长江沿线写生之前，在老朋友画家许麟庐的家中，偶然间，黄永玉随手在一个册页上画了一只猫头鹰——"睁一只眼闭一只眼"的猫头鹰。

采风写生结束返回北京后，黄永玉听到一点风声，说北京正在开展一个"批黑画"运动，且扩大到全国追查"黑画"，其实主要"黑画"就是一张猫头鹰。黄永玉听了之后居然一点都不在乎，还懒洋洋地说："唉，画一张猫头鹰算什么呢？我也不经常画猫头鹰的嘛。"后来，他自己跑去看展览，看看到底是幅什么画。一看，这只惹祸的"猫头鹰"正是出自他的手笔。当时，台上的批斗者说："你这个人创作上从来不严肃，从来都是玩！"黄永玉大笑："你小了要平时这么说我，我一定请你吃西餐。你算是说出了艺术的真谛，画画当然是玩，不快乐的话，画什么画呢？"

因为"黑画"，黄永玉被关进了"牛棚"。一家人被赶进一间狭小的房子，房子紧挨别人家的墙，光线很差。张梅溪的身体本来就弱，加上黄永玉进"牛棚"的打击，就病倒了。黄永玉心急如焚，请医生给妻子诊治，却不见好，他灵机一动，在小屋的墙上画了一个两米多宽的大窗子，窗外是美丽的花草，还有明亮的太阳，顿时满屋生辉，张梅溪心情一好，病也好了。

"文革"结束之后，步出炼狱的黄永玉当上了中国美术家协会副主席，盼来了他的黄金创作期：创作设计的金猴邮票成为炙手可热的珍藏；在美国大都会博物馆举办个人画展；获意大利总统颁发的"最高司令勋章"……1980年，《黄永玉画集》由香港美术家出版社出版。

金庸获知老朋友复出，非常高兴，在《明报晚报》撰写了《读黄永玉的画》一文，深情地写道："黄永玉最爱画的就是这些角色，就是平民老百姓，即使曾经英雄过，但现在倒霉落魄生活着的一些人。正因如此，黄永玉之画的能量在香港是最接地气的。""他在造型、色彩上的运用，讲故事的方法，都很有个人的特点，真有些让人意想不到。但更想不到的是，离开大公以后，他进步了，还是一位文采风流的作家、诗人，是个全才。"①黄永玉先后出版了《罐斋杂记》《芥末居杂记》《太阳下的风景》以及长篇小说《无愁河的浪荡汉子》等多部作品，一本散文集《比我老的老头》风靡读书界；其散文和小说笔调深沉，语言诙谐，寓意深刻，嬉笑怒骂皆成文章。

20世纪80年代初，金庸访问北京。一对老朋友相见，万分高兴。得知黄永玉30年间屡遭劫难，金庸无限感慨，十分敬佩黄永玉这样的知识分子，觉得他们有胆识、有骨气。回香港后，当有记者提起《明报》因长期以来反对"左倾"遭恐吓时，金庸又想起黄永玉，深有感触地说：比之内地大多数的知识分子的遭遇，我们是幸运上万倍了。在内地如黄永玉那样反对"极左派"，那才是真正需要风骨和气节。在香港抨击"四人帮"和"极左派"，算不了什么。"大陆成千上万的人为了反对'极左派'而惨遭迫害，闹得家破人亡，妻离子散。我们是躲在庇护所里叫叫嚷嚷，有时慷慨激昂一番，有时冷嘲热讽一番，那绝对不能跟人家相比。"②

① 沈杰群：《"凤凰城浪子"黄永玉，在香港曾和金庸成同事》，《中国青年报》2018年7月16日。

② 冷夏：《文坛侠圣金庸传》，广东人民出版社1995年版，第237页。

1988年，黄永玉携妻子回到阔别了35年的香港。在这个宽松的环境里，黄永玉有了新的创作，也有了新的住宅。黄永玉的家位于香港太平山的半山腰，故取名为“山之半居”。“山之半居”成了香港的一个文化沙龙，黄永玉每天工作完了就会召朋友来聚聚，跟金庸一起喝喝咖啡聊聊天，觉得是一大乐事。

作为旧时同事，金庸在黄永玉的眼中是个“普普通通”的“杰出人物”，不爱说话。香港有一家电视台采访黄永玉，他评价金庸说：“这个人是个很聪明、很有魄力的人，……他是很有意思的一个人……他是很内在的人……他是很可爱的人，很温和的人，而且那种神奇的力量你都很难想象，他在念中学的时候，就出过全国发行的一本书，他在做中学生的时候就出版《中学汇考指南》，真是了不起，脑子真是好，同我们就不一样了，我们看‘汇考指南’也看不懂。”不过，与黄永玉一同在历史波涛中起起伏伏的“武林高手”金庸，在黄永玉的嘴里说出来，充满了不可思议的意味：“我觉得以他的才能和智慧，怎么去写武侠小说呢？他应该做比这个重要得多的事情，这个人是很聪明，很有魄力的人，怎么最后弄得成一个武侠小说的著名作家？在我来讲是可惜了。”黄永玉对金庸武侠小说的评价，可不是一般的低，只是他看不起所有的武侠小说，金庸小说，他干脆就没看过。不看，并且为金庸惋惜不已，“直到现在，我还认为他不是写这个东西（武侠小说）的料。”黄永玉说。①

金庸（右一）、黄永玉（左一）与罗孚（右二）（1993年）

1999年，黄永玉在香港大学博物馆举办《流光五十年》个人画展，金庸去捧场。两人相见，黄永玉感慨万分：“时光待人，快慢各不同……十几岁的人一下变成七十岁的老头。”他指着身旁的金庸，对大家说：“他比我大几个月，那时我们都叫他小查。”金庸笑道：“现在恐怕没有几个人叫我小查了吧。”黄永玉说：“我还叫你‘小查’得了！”

① 李辉：《黄永玉谈金庸：怎么弄成武侠小说家了？》，《中国文化报》2003年10月24日。

其时，黄永玉完成了大幅作品《春江花月夜》，画的是夜晚的沱江。这幅画以红、绿、蓝为基本色调，大家开始十分纳闷，“夜晚的沱江有这么绚烂吗？”但是等到大家夜泛沱江时，灯火倒映，才发现沱江真是画中的样子。这幅《春江花月夜》以100万元的价格被金庸订购。有人开玩笑地对黄永玉说：“你和金庸是老朋友，你就不给他打点折优惠一点？”黄永玉原则性很强：“朋友是朋友，但是画价钱该多少就多少。”

对前来求画者，黄永玉在凤凰的家里曾贴着一张有趣的告示，其中有这样的妙语：“……画、书法一律以现金交易为准。严禁攀亲套交情陋习。人民的眼睛是雪亮的，老夫的眼睛虽有轻微老花，仍然还是雪亮的。钞票面前，人人平等，不可乱了章法规矩。当场按件论价，铁价不二，一言既出，驷马难追，纠缠讲价，即时照原价加一倍。再讲价者放恶狗咬之，恶脸恶言相向，驱逐出院。”这绝非是玩笑，多年前，一位香港商人慕名前来，欲求购一幅画收藏，谈好十万一幅。小气的商人大概是为了省下些银两，突然向黄老提出，他和香港的金庸是好朋友，朋友的朋友自然也是朋友，看在这一缘份上，画价可否再降一些。叼着烟斗的黄永玉眼睛都没眨一下，“十五万！”香港商人傻眼了，他以为是黄永玉不相信自己跟金庸是朋友，忙掏出手机拨通了金庸的电话，如此这般地说了一通。和黄永玉交往多年的金庸在电话那端早急了：“你赶快交钱吧！不然就涨到二十万了！”[①]

到了晚年，金庸和黄永玉一同想到了死。金庸说：“老了以后，回到杭州去，死在浙江”，“在自己的墓志铭上会这样写：这里躺着一个人，在20世纪、21世纪，他写过十几部武侠小说。他的小说有几亿人喜欢，他自己觉得这是一件好事”。[②]

听说此事，黄永玉说：“如果我死了，我的墓碑上应该刻这几个字：爱、怜悯、感恩。”“鲁迅说，如果一个人不活在人的心上，他就真的是死了。为什么要活在人的心上？有什么理由你要活在人的心上呢？好像也没什么意思嘛。且不管这个，既不要骨灰，又不想活在人心上，你还想干嘛呢？所以我对死有几个方案：我死了，立即火化，火化完了，骨灰放到抽水马桶里，就在厕所举办个告别仪式，拉一下水箱，冲水、走人。可是，这个方案我的爱人反对，说会塞住水管的，还要找人来修，多麻烦，那就说明第一个不能用；第二个方案就是一小包一小包地包起来栽花，送给朋友。但是有个问题，就是这个朋友晚上睡觉的时候知道骨灰在花盆里，会害怕，睡不着

① 唐藩：《他，黄永玉，笑死个人》，《湖南广播电视报》2004年8月11日。
② 吴蒂：《金庸夜谈墓志铭》，《钱江晚报》2003年7月24日。

觉。那也没有意思。我说，那只好让朋友永远痛恨我，咬牙切齿地骂我。我把骨灰糅在面粉里头，包饺子给大家吃。哈哈！——完了宣布：你们刚才吃的是黄永玉的骨灰！”说完，他仰头大笑。①

现在的黄永玉，在意大利或中国的北京、香港和湘西的故乡凤凰游走，意大利画家达·芬奇故居隔壁，就是他的别墅。北京数十亩占地的“万荷堂”里有他的狗和满堂的荷叶荷花，愈老愈纯真的老人，感受着童年般的快乐。2014年4月，黄永玉入围第12届华语文学传媒大奖“年度杰出作家大奖”。他的自传体小说《无愁河的浪荡汉子》被称为“一部宏大的交响乐”，雄壮、低回，抒情、思辨，古典、先锋，样样容纳其中。

黄永玉与金庸同龄，抽雪茄、玩跑车，说起话来声如洪钟；大笑起来，隔几百米都能听见。开心时，便满地打滚，常常深夜读书写字。

① 江华：《黄永玉：愈老愈纯真》，《南方人物周刊》2005年第2期。

第二章 亦师亦友

金庸79岁时说，“学问不够是我的最大缺陷”。一个持有亿万资财的传媒大亨，一个拥有几亿读者的小说作者，一个因为自己的小说而走上学术岗位的学者，能在高龄时历数自己的缺陷，实在是难能可贵的。其实，一个人自称学问不够本来是很平常的事儿，生也有涯，知也无涯，严格说来没有谁的学问是够的。

因为他不够，所以他十分敬重文化大家，有的几十年与之交往，有的仅有一面之缘，如巴金、柏杨、饶宗颐……从他们身上散发的独特魅力，始终吸引着金庸，于是他徜徉在无尽的故事中间，留恋不已不忍离去。

⌘ 金庸的江湖语录 ⌘

⌘ 刘关张三人结义成为友谊的典范，《水浒传》中的一百零八将的结为兄弟，更是后世秘密会社的标准方式。另外，不管是《三国演义》还是《水浒传》都强调：不但讲“友谊”，还讲“义气”，友谊主要源自感情，义气则包含了理智的判断。即使和一人感情并不深厚，但为了“应当这样做才合道理”，往往会做出重大牺牲，那是所谓“义气”。

——与池田大作对话

天上有颗星叫“巴金”
——金庸最喜欢的作家巴金

巴金原名李尧棠，字芾甘。据他说，“巴金”的“巴”字出于对客死他乡的巴恩波同学的纪念。巴金说：“我和他很熟，但是他自杀的消息使我痛苦。我的笔名中的‘巴’字就因他而联想起来的。”“金”字则是一位学哲学的安徽朋友替他找的一个容易记住的字，取自巴金当时正在翻译的《伦理学》一书的作者克鲁泡特金。小行星8315正是以他的笔名命名的。

金庸称巴金“是我最钦仰的文学家”。金庸博览群书，书里最喜欢的是小说，小说中最喜欢的作家是巴金。

1

2004年9月，金庸在“四川魅力之旅”接近尾声时，听说成都龙泉驿区有个巴金文学院，他在欣喜之余提笔为巴金文学院题词，以表达他对巴金的敬意：“巴金先生是我最钦仰的文学家，他的作品给了我最多的教导与启发，不但在艺术上，而且在人格上。后辈小作家金庸敬书。”

巴金比金庸年长20岁，金庸刚进小学课堂时，巴金已经完成了第一部中篇小说《灭亡》，创作了“激流三部曲”中的第一部《家》。金庸最初读巴金的小说，是念小学六年级的时候，正在浙江海宁家中，坐在沙发中享受读书之乐。哥哥见到他正看着《家》，说道：“巴金是我们浙江嘉兴人，他文章写得真好！”

金庸说：“不是吧？他写的是四川成都的事，写得那么真实。我相信他是四川人！”

哥哥说：“他祖上是嘉兴人，不知是曾祖还是祖父到四川成都去做官，就此住了下来。”哥哥那时已在读大学，读的是中文系，意见很有权威，金庸就信了他的。同时觉得，《家》中所写的高家，生活情调很像江南水乡的，不过他家的伯父、堂兄们在家里常兴下围棋、唱昆曲、写大字、讲小说，《家》中高家的人却不大干这些事。

金庸觉得，巴金在《家》中写得最精彩的是觉慧和鸣凤，不过，家里的丫头们不好看，不及学校里的女同学美丽，他觉得觉慧与鸣凤恋爱不合理。年纪稍大时，他才认为觉新、瑞珏和梅表姐三个是写得最好的，因为多懂了些人情世故才这样想的。

金庸念中学时，巴金的长篇小说《春》和《秋》出版。当时，金庸最爱读的是武侠小说，因此觉得《家》《春》《秋》《春天里的秋天》这一类小说读来还不够过瘾。直到自己也写了小说，才明白巴金功力之深，才把他和鲁迅、沈从文三位列为他最佩服的现代文人。

2008年1月，金庸撰文纪念《文汇报》创刊70周年，回忆说：“后来年纪大了些，知识也增进了。反右运动期间，我感到十分惶惑，从《文汇报》中去找寻指导，许多政治性的文章我看不懂，我只从《文汇报》中寻找知识分子有关的文字。那时候巴金先生充满了感情的文章仍然对我具有重大的吸引力。到了香港，当时我办《明报月刊》，除了巴金先生的文字外，我开始觉得《文汇报》的内容有些格格不入。后来才了解了《文汇报》被夺权后的情况，再结合《大公报》上连载的巴金先生的《随想录》，才了解到一家报纸在‘文革’中受打击、受摧残的可怕情况。”

《随想录》是巴金晚年最广为人知的著作，这部鸿篇巨制，被誉为中国散文史上的一座丰碑，体现了一位知识分子对历史的担当，也为他的创作生涯画上完美的句号。很多人都曾拜读过该书并由此得到思想的启示和心灵的涤荡，却未必知道，这部对当代中国产生了巨大影响的著作，最早是在《大公报》上与读者见面的。

1978年，时任香港《大公报》副刊“大公园”编辑的潘际垌向巴金约稿。巴金欣然应允，写下一篇随笔《谈<望乡>》，一经发表，即在香港引起好评不断。潘际垌就再次向巴金约稿，并希望能在“大公园”上为巴金专门开设一个随笔专栏“随想录”。

自1978年年底到1986年八月，巴金带病写作“随时随地的感想”，以罕见的勇气，挣脱思想枷锁，直面“文革”带给他个人的灾难，也不避讳自己人格曾经出现的扭曲。他在文章中直言中国过去“太不重视个人权利，缺乏民主与法制”，痛感“今天在我们社会里封建的流毒还很深，很广，家长作风还占优势”，集中批判“长官意志”。巴金在“文革”后撰写的《随想录》，内容朴实、感情真挚，充满着作者的忏悔和自省，巴金因此被誉为“二十世纪中国文学的良心”。可以说，在《大公报》提供的这个园地里，巴金“掏出自己燃烧的心，要讲心里话”的愿望终于得以实现。1987年，在《大公报》副刊“随想录”刊登的这些文章，由香港三联书店集结出版，共分《随想录》《探索集》《真话集》《病中集》和《无题集》五册。

巴金一片真诚感动了香港的青年读者，金庸曾在《明报》上借用香港青年的话献给了这位慈祥的老人：“没有人因为多活几年而变老，人老只是由于他抛弃了理想。”

从1979年到1986年，巴金一共写了五集《随想录》，其中颇大的篇幅，是责备自己在“文化大革命”期间意志不坚、骨气不够坚强，在政治压力之下，写了一些“违背良心”的检讨与批评，不少更是指控自己，也指控了朋友与其他的文艺工作者。

1996年12月中旬，金庸以香港作家的身份，受邀到北京参加中国作家协会第五次代表大会，巴金因高龄患病而无法出席大会，但仍被选举为作协主席。

返港不久，金庸与池田大作进行了第三次对话。两人同声称赞巴金为“笔的斗士”。金庸回忆，在中学之时，男女学生读得最普遍的是两位作家，一是巴金，二是俄国的屠格涅夫。

“对于我们这一代的青年，巴金几乎是唯一喜爱而敬佩的当代中国作家。那时，我们是一群生活在山温水软、环境富裕的江南，不知天高地厚的幸福青年，若非经历八年抗战的艰苦生涯，恐怕到现在还是浑浑噩噩，过着醉生梦死的生涯。巴金先生所写的《家》《春》《秋》，和我们的生活、思想情感很接近，他笔底充满温情，所描述的爱和同情，直接触到我们的心灵。”[①]

金庸出身于一个地主和银行家的家庭，社会地位和小说《家》的高家差不多，不过地处江南小镇，和高家在成都这座大城市不同。江南小镇接近上海，风气之开放比成都为早，所以家庭中的封建色彩和高家类似却不如其浓厚强烈。他的家里也有不少丫头，似乎没有鸣凤那样美丽而伶俐之人。金庸读到《家》中觉慧和鸣凤的恋爱时，当时的心情和读《红楼梦》差不多，对鸣凤的同情，相当于对晴雯、芳官的同情。

“巴金先生以‘所有破坏爱的东西’为敌人，决心与封建落后的制度作战，这个目标，他的小说是达到了的。他写觉新的懦弱与悲剧，也表明都是腐朽的封建制度所造成。当时我年纪虽小，却也深受其感动，与他看法一致。”[②]

① 金庸：《正直精神，永为激励》，新华社2005年10月25日。
② 金庸：《正直精神，永为激励》，新华社2005年10月25日。

金庸说，巴金的《灭亡》与《新生》描写革命青年的思想情感，那时他就不大懂了，只对其中一些戏剧性的情节感到兴趣。印象最深的是他的两个中篇：《春天里的秋天》《秋天里的春天》。一部是创作，一部是翻译，因为抒写的是少年人的心怀和轻淡的恋情，少年人觉得是自己的事，对于真诚之爱受到挫折的不幸，感觉是极深的。

金庸向池田大作推荐巴金的《随想录》，“这些自我揭露和自我批评，读来真令人感到惊心动魄。巴金先生骂自己这种行为可卑可耻，如此直截了当的公开自责，中国历史上完全没有先例。”巴金写《随想录》纯粹是一个正直善良之人的真诚忏悔。相信与他一生十分佩服法国大作家罗梭有相当关系。”

2

1997年11月25日，是巴金先生93周岁的生日，这天深夜，北京天文台施密特望远镜一直在进行宇宙观测。凌晨4点的时候，科学家通过它在巨蟹座靠近狮子座的方向上一个编号为Mr04的天区中发现了一颗小行星，经报国际小行星中心确认，它是一颗新发现的小行星。1998年2月，国际小行星中心确定该小行星永久编号为8315。1999年6月，北京天文台施密特CCD小行星项目组以8315号小行星发现者的身份向国际小行星中心申报，经国际天文学联合会下属的小天体命名委员会批准，该小行星被命名为“巴金星”。

1998年2月6日，金庸74周岁的生日，由参加北京施密特小行星计划的科学家在河北兴隆县观测到一颗新发现的小行星。2001年7月8日，国际小行星中心确定该小行星永久编号为10930，被命名为“金庸星”，并向金庸郑重颁发了小行星命名证书和金庸星轨道运行照片。

此刻，茫茫宇宙，浩瀚星空，又多了两颗由中国人发现并以中国人名字命名的星星——巴金、金庸一起遨游太空。小行星是目前各类天体中唯一可以由发现者进行命名并得到世界公认的天体，用杰出文学家和科学家等知名人士的名字命名小行星，是一项崇高的国际性永久荣誉。在全世界只有极少数人获得这种名扬宇宙、永垂史册的殊荣。

当天，金庸透露了小行星命名的背景：“本人没有半点功劳，当之有愧。给我颁发证书的陈建生院士告诉我，他们天文台同事有时候在研究天象时，恰遇乌云遮日，观测不到星星，就坐下来神聊我的小说，他们中有我的铁杆武侠迷，这就是为什么会以我名字命名这颗小行星的内幕消息。”①

① 张乐：《金庸透露小行星命名内幕》，《扬子晚报》2001年7月8日。

2000年，李国宝和许多国际知名教授极力推荐金庸提名诺贝尔文学奖，心清如水的金庸却预知不会得奖，轻描淡写地分析原因说：“诺贝尔文学奖，我得不到的了。第一个原因，诺贝尔评审委员有政治偏见。第二，他们不钟意讲故事，爱讲意识，讲心理，所以一定不会把奖颁给我。可能得到诺贝尔奖的话，我的小说也没有人看了。”金庸轻松自在的幽自己一默。

他认为巴金先生是最应得奖的中国作家，巴金的文章不纯以故事为主，还对中国社会的演变有深刻的思考，如今巴金年纪已是过百，应快点颁发给他，否则便来不及了。正是识英雄重英雄，金庸并不执着自己的成就，反而推荐另一位文学家，可见他的心胸开阔。

3

香港回归前，巴金关注着《明报》的时政报道，尤其是金庸的评论，几乎每篇都阅读过。据女儿李小林回忆，巴金那一阵子情绪特别好，天天收看电视、收听广播、读《明报》。香港的回归，激发了老人无比的激情。他说：“中国人真正站起来了。”

香港即将回归，让巴金兴奋不已。虽然写字困难，但为了向更多人表达心中的喜悦，就在距回归六天前的早晨，巴金为《文学报》一笔一画地写下了“为香港回归而欢呼”八个字。而在此前几天，巴金在给冰心的信中也写下了这句话。

巴金身边的工作人员还透露了一个鲜为人知的细节：1997年5月16日，在从上海前往杭州的火车上，巴金听医生说起沪港列车即将正式运行，立刻接口说：“在杭州休养好，如果身体允许，我想十月或十一月去一次香港，在自己的国土上走一走。”一旁的李小林也接着说：“我们可以住在新华社香港分社，住上个把月，这样可以免除疲劳，干扰也少一些。”

香港回归前接受采访时，巴金还清晰记得自己最后一次赴港是在1984年，接受香港中文大学授予的荣誉文学博士学位称号。当时，巴金共逗留了18天。其间，他把大部分时间都花在了接待青年读者的来访和座谈会上，希望亲耳听听青年读者的声音。

2005年10月17日，102岁的巴金逝世，得到此噩耗时，金庸正在剑桥大学学习，第二天他给新华社亚太总分社发传真，以一篇题为《正直精神，永为激励》的悼念文章，表达对巴金辞世的哀悼。

悼文说：“刚上完麦大维教授的读书课，硕士班的同学共五人，读的是拓本的《李邕墓志铭》，铭文头两句是：‘物寒独胜，高不必全’。麦教授让大家讨论，我举了毛泽东爱写的两句话‘木秀于林，风必摧之；堆出于岸，流必湍之’为例解释，这是中国人传统的处世哲学，俗语所谓，‘人怕出名猪怕壮’‘枪打出头鸟’，教人以养晦为上。……巴金先生是文学界的大作家，不论是非，当然免不了中枪，正如《李邕墓志铭》中所说……巴金先生‘文革’时遭受批判，幸而精神坚毅，得保性命，不致如李邕那样‘年七十三，卒于强死’，巴金先生坚持到今日，写了一部掷地作金石声、惊天动地的《随想录》。他多活了三十几年，实在是中国文学界的大幸事。巴金这样的英豪之士，正如孔璋对李邕的评价：‘文堪经国，刚毅忠烈，烈士抗节，勇不避死，难不苟免。’”

“我一直想到上海医院去看望这位我从小到大都钦佩的人，只是想到他老人家病中不宜劳神，这才就此永远失去了机会。他女儿李小林小姐曾送我一张印有巴金先生肖像的瓷碟，我放在书房的架上，一转头就可见到他慈祥的笑容。巴金先生去世，我深为悲悼，写这篇悼文时我在英国，但我知道，他的肖像仍竖立在我书房的架上，巴金先生正直的精神永远是我的激励！”

金庸称赞巴金：“他的文字中充满了激情，他说他写作的宗旨是‘把心交给读者’。的确，在他所有的文章中我们都能接触到他的心，领会他丰富而充沛的感情。以古典主义的观点来看，似乎是不够含蓄，发泄过分。我自己创作，当常喜欢文静一点，清淡一点。不过我确曾为读巴金的文字而流泪，少年时是读到鸣凤的自杀、瑞珏的难产而死，最近是读到他写妻子萧珊的逝去。作者并非单纯是感情的奔泻，而是在深刻的哀伤和痛楚之中，忍住了自己的眼泪。他在写作时忍住了眼泪，我在阅读时却忍不住了。”

他跟金庸争辩秦始皇之好坏

——台湾著名作家柏杨

柏杨文学创作经历了漫长的岁月：十年小说，十年杂文，十年牢狱，十年历史。柏杨一生著述丰厚，《柏杨版资治通鉴》在台湾被誉为最有价值和最畅销的书，《中国人史纲》被列为对社会影响力最大的十部书之一，《丑陋的中国人》在当代华人世界中流传最为广泛。

“柏杨第一次来香港，我跟他辩论了一次。他认为秦始皇很好，我认为秦始皇坏到透顶，我们辩论得好剧烈……”这是金庸的话。

“金庸先生笔下的民族大义澎湃如潮。”这是柏杨说的。

1

金庸结识柏杨，牵线人是为金庸武侠小说“解禁”的台湾远景出版社创始人沈登恩。1975年9月，沈登恩赴香港见金庸，签下在台湾出版金庸小说的授权合同书。洽谈时，沈登恩说到正被囚禁中的台湾作家柏杨，说到柏杨不同寻常的经历。

柏杨，原名郭衣洞。1920年生于河南省开封市，后赴台湾从事教育工作。1953年，柏杨的第一篇散文在《自由谈》上刊出。1960年，在台湾横贯公路通车前，他曾应邀前往参观，当时最后一站位于“古柏杨”的隧道尚未竣工，他回家后提笔有感，开始使用笔名“柏杨”，并开始在《自立晚报》撰写专栏“倚梦闲话”。

1966年夏天，柏杨接下《中华日报》家庭版翻译《大力水手》漫画，有一幅画的是波派和他的儿子流浪到一个岛上，父子竞选总统，发表演说，开场时，大力水手说，“Fellows……”，这个词，被柏杨译成“军民同胞们”，此为当时蒋介石发言中常见的对民众的称呼，留下联想空间。1967年

1月，《中华日报》刊出这幅漫画，触怒了台湾当局，柏杨因此遭到长达9年的监禁。在狱中，他写成《中国历代帝王皇后亲王公主世系》《中国历史年表》及《中国人史纲》三部书稿。

沈登恩告诉金庸，他打算向台湾当局提出：查禁金庸小说的理由不能成立，应当解禁；查禁柏杨书稿的理由也不能成立，也应当解禁。

1978年柏杨出狱后，与女诗人张香华结婚。1980年，他到马来西亚和新加坡演讲，回程的途中，曾在中国香港住了一个星期。

此时，《中国人史纲》刚在台湾出版，《七十年代》月刊发表了柏杨的一封通信，柏杨的书立马在香港书店出现。这部狱中著史，“不为帝王唱赞歌，只为苍生说人话”，以近80万字的篇幅，讲述和评论了从盘古开天地的神话时代到20世纪第一年八国联军入侵北京的整部中国历史。作者常常开门见山又一针见血地进入历史中最重要的事件和最关键的人物，分析勾勒，寥寥数笔，便使历史中那些老朽的事件和人物神采顿生，也使隐藏在历史积尘下的规则与真相昭然若揭。书中对秦始皇着墨不多，但是很有观点，从秦始皇到李斯，再到他的一朝大臣，都有很细致的点、面、体的描述，功是功，过是过。

那天，柏杨来访，金庸刚读了《中国人史纲》，正和张彻、董千里谈论着柏杨的这本书。于是，两位大家初次见面便发生了一场辩论。

金庸问柏杨：“你在书中说，秦始皇是好人，还是一个英雄？”

柏杨说：“是啊！公元前221年，秦王嬴政吞并东周，扫灭诸侯，建立历史上第一个大一统的封建王朝。他不再称王，而改称皇帝，代表国家最高元首和不受任何限制的最高权力，把君权上升到超越一切的位置。秦始皇把一些乱七八糟的小国统一成为一个国家，天下一统，此功劳特大。”

金庸却说：“你讲秦始皇好，你是受了毛泽东的影响，我可认为秦始皇坏到透顶。在《笑傲江湖》里，我说任我行一旦一统江湖，也会像秦始皇那样焚书坑儒摧残文化，也会穷兵黩武不顾生民死活。”

1973年8月5日，毛泽东写诗批评郭沫若尊儒反法的倾向，诗曰：“劝君少骂秦始皇，焚坑事件要商量。祖龙魂死业犹在，孔学名高实秕糠。百代都行秦政法，十批不是好文章。熟读唐人《封建论》，莫从子厚返文王。”诗中含有为始皇帝翻案的意思。其实，长期生活在台湾的柏杨并没有读过毛泽东的这首诗，更说不上他的史学观受其影响了。至于金庸，他所反感的不是“天下一统”，反对的恐怕是秦始皇那种伴疆域一统而偕来的思想钳制、精神奴役。《笑傲江湖》中的任我行所追求的“一统江湖”，乃是“君师合一”的“一统江湖”。

董千里接过金庸的话头：“如果秦始皇没有像任我行那样猝死，活过七十三或是八十四的年龄，那就有另一番情景。两千多年以来，秦始皇在世人心目中的形象相当负面，出于‘民本’思想，就没几个人肯为他说好话。”

正在执导拍摄电影《射雕英雄传》的张彻，对秦始皇也没有好感，他说：“秦始皇要烧尽普天下的书籍，只保留极少数的医卜种树之书。这强力的摧残，使得春秋战国时代百家争鸣的学术、黄金时代风消云散，然而，中华文化并没有给他毁灭。只因为秦朝统治的时期很短，来不及毁灭一切，有些书籍给人藏在墙壁里，后来找了出来；有些书籍给人记在心里，后来默写了出来。如果秦朝延长到二三百年，很难想像今日的中华民族是否依然存在。”

对朋友的争辩，柏杨不以为然，坚持自己在书中的观点：“过去我们说起秦朝，就一笔带过，就略说，或者用残暴导致灭亡这么简单的概念去解读秦朝，现在看来，秦朝的内涵远比我们想像的丰富，我们得好好重新解读这一复杂的朝代，重新解读秦始皇这个人。我的意思不是想替秦始皇翻案，这个案实在没有必要去翻。历史所作的结论，老百姓在口碑中所作的结论，虽然并非完全是一种定论，但大致也八九不离十，总体来说，对秦始皇的评价还是较为全面的。”

最后，金庸引用柏杨书中的一句话来结束争辩：“嬴政大帝的生命是多彩多姿的。”后来，张艺谋执导的电影《英雄》上映，有人问金庸：“很多中国历史学家跟柏杨一样说秦始皇是英雄，好的，你为什么说不好？张艺谋拍《英雄》不就又说秦始皇好吗？”金庸仍坚持自己的观点：“张艺谋拍《英雄》一塌糊涂，秦始皇不应该是英雄。

过几年，柏杨在回忆录中写了这次香港之行，感慨道：“出狱后的第二年，曾在香港住了一个星期，看到了世界上另一种强势文化。”

柏杨第二次到香港是1987年3月，香港电台举办了青年阅读奖励计划的“开卷有益”的文化活动，邀请柏杨到香港出席颁奖典礼，他的《丑陋的中国人》一书被评为年度畅销书。

柏杨的《丑陋的中国人》一书1985年年初版于台湾。在书中，柏杨以“恨铁不成钢”的态度，强烈批判中国人的“脏、乱、吵”、“窝里斗”、“明哲保身”等国民劣根性，将中国传统文化的种种弊端喻之为“酱缸文化”，称其中有一种滤过性疾病使中国人的子子孙孙受感染，至今也不能痊愈。这本书通过非正式渠道从香港进入大陆之后，立即掀起了一股“柏杨热”，“窝里斗”“酱缸文化”等成为流行语，沿用至今。柏杨在书中对中国人民族性格的深刻观察和尖锐批判引起巨大争议。

随后，香港电台记者告诉柏杨，胡耀邦曾对《丑陋的中国人》这本书加以肯定，所以大陆出版了五种版本。那记者问他："你是否知道大陆对《丑陋的中国人》的反应？"柏杨回答说："那时，大陆太遥远了。我是来到香港才听说的。有思维一元化的人是难免的，在台湾以及海外的华人也一样，有几个人能闻过则喜、闻善言则拜？"

隔日，《明报》对此作了报道，金庸评论说，"柏杨自称是野生动物，不受传统的教化，很多感悟是从生命出发。他写《丑陋的中国人》一书，让中国人知道自己的缺点，痛心中国的'酱缸文化'，反省中国人的'丑陋'，就是要中国人活得有尊严。他只是叙述事实，所谓爱之深责之切，并无丑化之意"。①

此行，柏杨还结识了在金庸身边工作的潘耀明，时任《明报月刊》总编辑。1999年，柏杨应潘耀明之约，在《明报月刊》开设专栏，他的文章多对当代人的亲情、婚姻、衣食住行表现出一位智者的思考。2002年7月，《明报月刊》将柏杨的专栏文章合集命名为《中国人活得好没有尊严》，由金庸主持的明河出版社出版；2002年12月，台湾远流出版公司重新命名为《我们要活得有尊严》并出版；2003年1月，春风文艺出版社在香港版与台湾版的基础上，增删了一些篇章，推出漫画版《我们要活得有尊严》。

2

在没读到金庸小说之前，柏杨对武侠小说的印象不佳。他说过："中国武侠小说始终在神怪中打滚，不能脱离它的窠臼。""我们最不能忍受的，是流行的武侠小说，几乎每一部都跟人生和社会脱节，一批或一群武林高手，像幽灵一样，只在深山大泽中现身，为一己的恩怨或利益，反复打斗。这些事迹，说他们发生在印度可以，说他们发生在非洲也可以，反正，他们跟芸芸众生无关。呜呼，武侠小说竟与芸芸众生无关，它的价值就太低矣。以致人们发出一种感叹，流行武侠小说，带给读者的是一阵一阵空虚，当放下书本的时候，往往怅然若失，自己恨自己白白杀了这么多宝贵时间。人生苦短，又有多少宝贵的时间，允许被如此谋杀？"②这番话似乎没有过时，今天的许多武侠小说不正是这种情况吗？从这段话可以看出，作为一个读者，

① 江桦：《柏杨睇衰过香港》，《七十年代》2008年5月。
② 柏杨：《武侠的突破》，引自《金庸百家谈》，春风文艺出版社1987年版。

柏杨对武侠小说有两个要求：一是武侠小说不能“跟人生和社会脱节”，二是武侠小说不能“跟芸芸众生无关”。否则，武侠小说的价值就太低，就会“带给读者的是一阵一阵空虚”，使人读后“往往怅然若失”，浪费了许多“宝贵时间”。

然而后来，柏杨读到了金庸的武侠小说，立马对武侠小说的印象豁然一变。他说：“金庸武侠小说的兴起，使武侠小说以另一副崭新的面貌出现——它迥然不同，不仅与今人的武侠小说迥然不同，也与古人的武侠小说迥然不同。第一，金庸先生的武侠小说是真正的武侠小说，有武，尤其有‘侠’。第二，金庸先生的武侠小说是完整的文学作品，像大仲马的《三剑客》是完整的文学作品一样，它的结构和主题给你冲击力，同等沉厚。这是一个突破。”

柏杨称赞金庸道：“几乎所有武侠小说的作者，都只是为钱而写，只有金庸先生别有抱负，他运用熟练的历史背景，对暴政下被迫害的农民与暴政蹂躏下的人权与生命，充满了爱心和不平，对那些贪官酷吏卖国贼，则恨之入骨。尤其值得注意的是，金庸先生笔下的民族大义，澎湃如潮。”①

这只是柏杨的解读，并不是金庸的初衷。金庸一直在追求和平安宁和幸福的生活倒是真的，尽管他细致入微地描述大量的暴力打斗场面，想象了无数惊心动魄的杀人武功，但在本质上他是个反暴力主义者。他曾不止一次地说：“我祖父、父亲、母亲的逝世，令我深深感觉不遭侵略、能和平生活的可贵，不论是国际间还是国家内部，最重要的是避免战争，让人民在和平的环境中争取进步，改善生活。暴力常是许许多多不幸的根源。”创作之时，他并没有着意于“暴政蹂躏下的人权和生命”，或许那只是不经意中的流露。而有了这些，他的娱乐品就不仅仅只是简单的娱乐了。不同的人完全可能从中读出不同的内涵，这是其真正价值之所在。

柏杨的这些赞词，赞的都是金庸小说的灵魂，也就是小说的主题。而今天的许多武侠小说，恰恰缺少这样的主题或灵魂，这无疑是它们难以达到金庸小说水准的重要原因之一。

台湾著名出版人沈登恩推动了金庸小说的研究。倪匡的《我看金庸小说》，就是在他的鼓动下横空出世的。于是，金学研究一发不可收拾，蔚为大观。随后加盟金庸小说研究写作的有温瑞安、三毛、冯其庸、柏杨等文化名人，对金庸作品各抒己见。如此，金学研究在港澳台地区渐成一片大气象。后来，金庸茶馆易手台湾远流，丛书规模更加宏大起来。2009年1月，柏

① 蒲华：《名家读金庸》，新浪博客2012年8月26日。

杨和林清玄等人合著的《诸子百家看金庸Ⅱ》由重庆大学出版社出版。

篇首，柏杨介绍："金庸小说是与历史结合的武侠小说，也是一部武侠小说的当代传奇。众多著名作家、学者各抒己见，各逞才情，'天龙之卷'讲贯穿全书的爱与罪，讲人物性格的悲剧；'碧血之卷'中探寻黄蓉的初稿——温青青；'散评之卷'中笑谈《笑傲江湖》中的武林盟主，等等。书中文体不限，论文、奇谈、随想、考证，兼容并包。充分呈现了金庸小说在华语世界的影响力。"

柏杨撰文说，或许有人以为，侠义精神与今天的法治精神相抵触，但正如金庸先生自己指出的那样："武侠小说中的人物，决不是故意与中国的传统道德唱反调。路见不平，拔刀相助，是出于恻隐之心；除暴安良，锄奸诛恶，是出于公义之心；气节凛然，有所不为，是出于羞恶之心；挺身赴难，以直报怨，是出于是非之心。武侠小说中的道德观，通常是反正统，而不是反传统。"因此，金庸小说中的侠客，大多可亲可爱，如令狐冲，如洪七公，如胡斐，如杨过，他们见义勇为，他们光明磊落，在武侠世界里，他们代表正义与善良。柏杨说："一个人的高贵，主要在于危难时显出他的善良，而（金庸笔下的）男主角做到了。武侠，正是这种坚守原则的气质。"

3

20世纪80年代中期，中国的出版界十分活跃。花城出版社在内地率先出版柏杨的《丑陋的中国人》，是偶然，也是必然。说偶然，是因为"金庸的代言人"潘耀明将这本书推荐给了大陆出版界的朋友；说必然，当时中国大陆学界反思国民性，出版界也十分活跃，柏杨严厉抨击中国人的"酱缸文化"、"婆媳文化"，振聋发聩，而花城在中国出版界历来以敢为人先著称。

柏杨于1968年因言获罪被判刑12年。出狱后，他四处发表演讲，最想讲的题目是"丑陋的中国人"，但当时台湾没人敢请他讲。直到1984年，他受邀到美国爱荷华大学做短期访问，终于发表了题为"丑陋的中国人"的演讲。1985年8月，台湾林白出版社出版柏杨《丑陋的中国人》，立即引起轰动。

1985年前后，花城出版社在深圳两次召开东南亚作家座谈会，也正是在其中的一次会上，潘耀明对时任花城出版社社长兼总编辑的王曼说，柏杨出了一本《丑陋的中国人》，在台湾影响很大。然后将香港版的书给了他一册。回到广州，王曼仔细阅读后，很受触动，经过反复斟酌，他决定出版这本书。[①]

此书出版以后引起的反响出乎工曼的意料，尽管花城出版社特别在版权页上标明“内部发行”，但一经面世，还是成了一大热门，街头巷尾几乎人手一册，当时印行了几十万册，举国震动，一时洛阳纸贵。在柏杨之前，鲁迅先生曾经对中国人的国民性进行过批判，从二十四史中看出“吃人”二字。到了柏杨这里，《丑陋的中国人》如同一把银针，穿透了中国人麻木不仁的面皮，直抵脆弱敏感的神经丛。

1988年秋，柏杨离乡近40年后重返大陆，专门取道上海，上海是柏杨40年前最后离开的城市。柏杨说，“大陆可恋，台湾可爱，有自由的地方就是家园”。此后，跟金庸不约而同，每隔三五年，柏杨总要回大陆，在北京、西安和上海访问。

1993年秋，金庸书房的书架上新添了精装36册的《柏杨版资治通鉴》。

2005年9月20日，台湾远流出版社成立三十周年，金庸和柏杨同时受邀参加庆祝茶会，现场通过一些实物的展览来述说其三十年的故事，有多位作家的手稿，包括《柏杨版资治通鉴》的手稿，金庸编辑《天龙八部》新修版多次反复推敲的真实记录。

10月，查氏家族同乐会。金庸请来了柏杨、张香华夫妇，台湾远流出版社社长王荣文等，由潘耀明作陪。“镛记酒楼”的老板弄了一条很大的鳗鱼，请大家品尝。席间，畅谈起两岸三地的历史文学写作。金庸说，他正在修改《碧血剑》，并讲到他的武侠小说其实也是历史小说。因为他虚构的那些人物，其实都活跃在一个真实的历史时代中。某个特定的历史事件，某个特定的历史朝代，都会衍生出一段曲折离奇的故事。他虽然写了那么多令读者喜爱的侠客武士，但他其实一点也不懂武术。

柏杨说，碰到一位武林中人，还是某个门派的掌门人，对金庸书中写到的降龙十八掌情有独钟，并言说这就是他的门派的独门秘籍。金庸听了笑了笑，缓缓地说：“这个降龙十八掌，其实是我编造的。”柏杨说：“你编造的一招一式，却被武林中人奉为秘籍，可见你对中国武术的认识和感悟是何其独到。”

2006年2月，柏杨对外宣称封笔，他写的最后一篇文章发表在香港《明报月刊》二月号上。

那天，柏杨午睡醒来。夫人张香华轻轻走进卧室。递过金庸的一本口袋小书《书剑恩仇录·古道荒庄》，翻开扉页，上书：“柏杨兄：病中消遣，

① 蒲荔子、周豫：《〈丑陋的中国人〉大陆出版内幕》，《南方日报》2008年5月8日。

偶来台北，深盼前来探访，因事未果，常在念中，盼珍摄。弟金庸敬候。”落款日是2007年2月3日。柏杨翻看着小书，一阵感慨，当即回复一信：“金庸兄长：谢谢你托荣文老弟带来温暖的信，我是老病交集，提笔发颤，记忆力日蚀，但感谢之情，与日俱增。柏杨。”落款日是2007年2月5日。他用颤抖的手写下几行歪歪扭扭的字。“荣文老弟”即台湾远流出版社总经理王荣文，他同是柏杨和金庸的朋友。

三个月后，正在台湾参加政治大学八十周年校庆的金庸，前往柏杨府上拜会老友。这是他们的最后一次长谈，聊起天来妙趣横生。

柏杨居住在台北的新店花园新城，金庸夸他家的风景好，柏杨马上回答：“我想出租它，要收钱呢！”他要金庸把隔壁的房子买下来，两人做邻居。

听到金庸来访，柏杨的左邻右舍都跑来串门子，围着金庸要签名。金庸掏出笔要签，柏杨立即出言提醒：“不要随便签名，他们要拿到银行去提钱的。”两人皆年过八旬，相较于金庸的沉稳，爱开玩笑的柏杨像个老顽童。

金庸获颁政治大学名誉文学博士，柏杨半年前也获颁台南大学名誉教育学博士。有意思的是，两人求学时期遭逢战乱，金庸大学毕业却没拿到文凭，柏杨更“惨”，小学、高中、大学的证件都没有。金庸以史学大师陈寅恪都没有证书来安慰柏杨，柏杨则笑答：“我很需要，因为打工要用！”

台湾政大的前身是1927年在南京成立的中央党务学校，1929年改组为中央政治学校，抗战期间搬往重庆，1946年中央政治学校与中央干部学校合并，改名为政治大学，1954年政大在台复校后，成为招收普通大学生、以人文社会领域为主的综合大学。金庸怀念起当年在重庆仅读3年的政大岁月。他说，自己那时算是用功的学生，每天必读一本中文书和几页的英文书，中文读的是《资治通鉴》。“自己若有什么小成就，就是来自当年在政大念书时不放弃的精神。”

英雄相惜。金庸与柏杨也互相倾慕。两人都是彼此的书迷。柏杨说，自己多年前从出版社拿到一部金庸小说，“一个晚上就读完了”。他说，写武侠小说很容易泄露作者的笔力、胸襟与对理想的追求，金庸之外的武侠小说，多半“只是杀来杀去，谁是贼、谁是王都不晓得”。而金庸也表示自己正在读《柏杨版通鉴纪事本末》一书。柏杨说，柏杨版《资治通鉴》得重新修订，可是工程太浩大了。光是年号便要对很久，因为“从前的皇上没事就改年号，一年可以改两三遍！”

柏杨说：“昨天你和政大的孩子们聊得很开心，我听说了。”

金庸说，昨日座谈，透露了一个小秘密：在《神雕侠侣》中，小龙女睡在绳床上的绝技，其实写的是他年轻时睡在板凳上的故事，他说：“在重庆政大，我每天下午拿个长板凳，窝在那边睡午觉，一个多小时也不会掉下来。后来我就把它写进《神雕侠侣》里，小龙女睡在绳子上。”有着深厚历史知识的金庸，十分注重考据。尽管小龙女睡绳子的神功来源于他睡午觉的灵感，但并非每一项功夫都是胡诌出来的。据说，金庸真去过少林寺藏经阁，见识了少林绝学《易筋经》。

金庸说：“毕竟这里全都是学弟学妹，身为大师兄总是要做一个典范，让师弟师妹们学习。”

柏杨两个月前刚过米寿88岁，因为“八十八”合起来像一个“米”字。金庸说，香港称108岁是茶寿，因为“茶”字的草头代表“二十”，下面有“八”和“十”是“八十”，一撇一捺又是一个“八”，加在一起就是108岁。他说，待到柏杨“茶寿”时，自己一定要来祝寿。这句话逗得柏杨咧嘴笑了。

柏杨反问金庸几岁，听到金庸比自己小5岁后，他立即以老大哥的口吻说：“你要好好读博士哟！”[①]

2008年4月29日凌晨，柏杨病逝于台湾新店耕莘医院，享年89岁。

“柏杨第一次来香港，我跟他辩论了一次。他认为秦始皇很好，我认为秦始皇坏到透顶，我们辩论得好剧烈，他认为秦始皇统一中国，把一些乱七八糟的小国统一成为一个国家，所以秦始皇对中国有贡献。那时候张彻、董千里都是我的好朋友，大家围攻他一个人。后来我们不谈了，去吃饭。讨论学术问题也不损害友谊，后来我们也是蛮要好的。柏杨生病的时候，我去看过他。”[②]金庸说这话时，有点儿歉意，更多的则是怀念。

① 陈宛茜：《金庸来访，柏杨像个老顽童》，《联合报》2007年5月21日。
② 李怀宇：《金庸：办报纸是拼命，写小说是玩玩》，《时代周报》2009年1月8日。

相识在机缘，相知于佛缘

——“镇港之宝”饶宗颐

国学泰斗饶宗颐是金庸小说的读者之一，他夸奖金庸：“身如芭蕉，心如莲花。百节疏通，万窍玲珑。”

饶宗颐经常在《明报月刊》发表文章，是金庸亲自选定的“大家堂”特邀作家之一。金庸叹服饶宗颐的治学成就，说他是“最博学的香港人，有了饶宗颐，香港就不是文化沙漠”。

香港大学专门为饶宗颐建了“饶宗颐学术馆”，并成立了“饶宗颐学术馆之友”学术组织，金庸是成员之一。

浙江海宁博物馆为金庸大家族修编《海宁查氏族谱》，饶宗颐欣然为这套族谱题签。

2018年2月6日凌晨，饶宗颐在香港逝世，享年101岁。

1

1952年5月，饶宗颐受聘为香港大学中文系讲师，接着担任高级讲师、教授。不久，金庸与他相识了。那会儿，金庸第二次恋爱，对象是香港大学中文系女学生朱露茜（朱玫）。朱露茜读了《新晚报》上的连载小说《书剑恩仇录》，着了迷，便给金庸写信，金庸约见了她。临近大学毕业，朱露茜在《商报》当了一名见习记者，经常与金庸见面。这些，她的老师饶宗颐却一点也不知情。

直到第二年的5月1日，金庸与朱露茜结婚，饶宗颐应邀赴宴，这是他第一次与金庸见面，是在香港湾仔港湾道一号的君悦大酒店。饶宗颐生于1917年8月9日，比金庸大7岁。

婚后几日，金庸夫妇拜访饶宗颐。金庸说：“饶先生，您的治学之道博大精深，文史哲艺融会贯通，是一个‘业精六学，才备九能’的全才，可是，我听说您从来没有上过大学，这是真的吗？”

饶宗颐笑眯眯地答道：“从幼年起，我朝夕浸泡在天啸楼读书，家藏十万部书，我究竟读了多少，现在无法想起。这样一来，上正规学校反成为副业，我总觉得学校里老师讲的，我早已知道。还有我喜欢无拘无束的学习环境，家学正适应我的学习特点，不上学也变成顺其自然之事，父亲也就同意了。”

即时，两人一边喝茶，一边聊起童年求学的情景。

饶宗颐说：“我的老家在广东省潮安县。父亲为我取名‘宗颐’，是希望我效法北宋理学名家周敦颐。至于‘选堂’是自己起的号，是我作书画和题词时落款用的，因为我读书喜欢《文选》，绘画喜欢钱选，还有道教的创世纪遗说‘选擢种民留伏羲’里讲到‘选民’，我将这一个发现作个纪念，起号‘选堂’。”饶家是清末民初潮安地区的首富，父亲饶锷毕业于上海法政学校，参加了“南社”，倡设国学会，是当地的名学者；伯父是名画家，又是收藏家，收藏的拓本、古钱，数量多达数千种。家族浓厚的文化学术氛围，为幼年的饶宗颐启蒙心智、开阔视野，为他后来在学术与艺术天地纵横驰骋提供了强大的原动力。

“父亲对我的影响很大。我有五个基础来自家学，一是家里训练我写诗、填词，还有写骈文、散文；二是写字画画；三是目录学；四是儒、释、道；五是乾嘉学派的治学方法。”饶宗颐说，他3岁读杜甫《春夜喜雨》和周敦颐的《爱莲说》；6岁开始练书法、学国画；9岁已能阅读《通鉴纲目》等古籍；10岁便能诵《史记》篇什，历阅佛典经史和古代诗词曲赋；16岁已经出口成诗……

1932年，饶锷病逝，留下《潮州艺文志》未完稿，饶宗颐继承父志，用了两年时间续成此书，刊于《岭南学报》，于是一鸣惊人，从此崭露头角。23岁时，他受聘为中山大学研究员。“我是一个自学成才的人，宾四（钱穆）也是，不过他没有我的条件好。其实陈寅老（陈寅恪）也是这样，他到外国留学是游学，随便听课，不一定注册，不拿文凭。包括康有为、梁启超、王国维、陈援庵也都是这个类型的，不受框框的约束干扰，自由发挥。”饶宗颐说。

金庸说：“我来香港多年，竟然不知道饶先生也来了，而且早就与香港结过缘了。”

饶宗颐说，家学是做学问的方便法门。要做成学问，“开窍”十分重要，如果有家学的话，由长辈引入门可以少走弯路。1938年广州沦陷，中山大学迁往云南澂江，途中，饶宗颐因病滞留香港，因祸得福，得到了两个意想不到的机缘，一是协助王云五编撰《中山大辞典》的书名辞条和编甲骨文的八角号码，一是协助叶恭绰编《全清词钞》。王云五和叶恭绰都是民国时期介于政治和学术之间的重要人物，又都是著名的藏书家。饶宗颐在协助他们编书的过程中，得以遍读两家的珍版藏书，得以“开窍”，为以后的学术发展开拓了一片新的广阔天地。饶宗颐学术中的古文字学、甲骨学、词学、敦煌学等学科的研究，都植根于这个时期。而饶宗颐从此也由一个研究乡邦文献的才子一跃而成为进入学术研究前沿的学者。

金庸笑说：“如果当初你去了云南，就没有你的今天了。”

“是啊，在一个关键时刻，也是老天有眼，我生了一场病，去不了云南便离不了香港，得到了这个机会。这说明学问之事，也是有些机缘的，师友都是机缘。”

1941年，时局动荡，日军正在猛烈攻击香港，沦陷的阴影笼罩着香港居民。饶宗颐回到潮州老家，编辑《潮州志》，后来到广西，在内迁的无锡国专当了教员。

1949年年初，饶宗颐为《潮州志》是否继续编写出版一事，专程赴香港咨商，在朋友的挽留下定居香港。香港是一个自由港，这样的国际位置，使它成为全世界各色各样的精英自由交流的一个胜地。饶宗颐也因此获得了更多的机缘。

说起在香港大学教书，饶宗颐说，这是他整个学术生涯中一个最大的转折点，他没有学历，没有上过大学，完全是自学，而林仰山先生（时任香港大学中文系主任）有一双慧眼，不拘一格请他到港大去教书，这个是非常了不得的事情。“港大给我一份薪水，还让我做我喜欢的事，到港大之后眼界也开阔了，有机会接触到世界的文化。”1954年他就开始出国了，在法国国家图书馆里，饶宗颐第一次阅读了原版敦煌经卷，想到当时中国的敦煌学已经落后于外国，他暗下决心，一定要好好研究，为国人争一口气。

“敦煌各种艺术，尤其是壁画，是我最喜欢的，由于长期旅居海外，无条件来做长期考察，无法深入研究，只得就流落海外的遗物做不够全面的局部探索。”饶宗颐说：“所谓敦煌学，从狭义来说，本来是专指莫高窟的塑像、壁画与文书的研究，如果从广义来说，应该指敦煌地区的历史与文物的探究。汉代敦煌地区以河西四郡为中心，近年出土秦汉时期的简册为数十分丰富，尚有祁家湾的西晋十六国巨量陶瓶。所以广义的敦煌研究应该推前，不单限于莫高窟的材料……”

告别时，金庸相约："饶先生喜欢书画，我也是，有一些收藏，您可来我府上，一道欣赏。"

20世纪五六十年代是饶宗颐学术上的丰收期，他先后完成了十几种著作，其中《老子想尔注校笺》《殷代贞卜人物通考》《词籍考》等是最重要的。1962年，法国法兰西学院因饶宗颐在甲骨学方面的杰出贡献而授予他"汉学儒莲奖"，这个奖在汉学界非常有名，被称为"国际汉学界的诺贝尔奖"。

饶宗颐对金庸说："香港这个地方，从地图上看，只是小小的点儿，但是它跟中国学术的关系实在是非常大的，跟我今天的成就也有非常大的关系。我经常说，是香港重新打造了一个饶宗颐。"

2

饶宗颐与金庸的交往，多与《明报月刊》有关。

《明报月刊》，在报界中简称"明月"，创办人金庸后来回忆说："当年下决心出版这本杂志的时候，我是决定把性命送在这刊物上的。当时心里只有一个念头：人总是要死的，为了中国文化而死，做个读书人，心安理得……"《明报月刊》于1966年元月创刊，金庸亲任总编辑，邀全球华人文化界知名人士为顾问。当时，饶宗颐在法国研究敦煌写卷，他收到了金庸聘请他为特约撰稿人的信函。

过不多久，饶宗颐前往莫高窟，自此与敦煌结缘。归来了又去，一共去了三次。金庸问他缘何如此，他致信回答："熟读禅灯之文，于书画关捩，自能参透，得活用之妙，以禅通艺，开无数法门。甲骨、词史、目录、楚辞、考古、金石、书画等学相融贯通，若长河落日之景，须臾而永恒；若大漠孤烟之状，恍恍而缅邈。"

莫高窟别称千佛洞，始于东晋，经北魏、西魏、隋、唐、五代直至宋、元，历代增修。现存洞窟550余座，其中492座尤值称道。饶宗颐有幸而览，提笔作律诗一首《莫高窟题壁》，曰："河湟入梦若悬旌，铁马坚冰纸上鸣。石窟春风香柳绿，他生愿作写经生。"也是机缘巧合，敦煌白描画作中，竟然有一名绘者也名"宗颐"。

从敦煌归来，他为《明报月刊》撰写《禅窟——佛教圣地》一文，简述他在莫高窟的所见所思："禅窟，又称毗诃罗式窟，源于印度，本是僧侣们坐禅修行的地方。在新疆地区、中原北方地区、西藏地区的石窟中均有禅窟。莫高窟南区现存有编号的禅窟三座。……莫高窟第285窟是保存最完好、壁画绘制最精美的禅窟代表窟：方形覆斗顶窟形，西壁开三浅龛，中间塑主尊一身，两侧各塑一禅僧；南、北壁各开四个小禅室，洞窟中心有一低矮的小方台，其形制将禅修与殿堂及右旋礼仪的内容集于一窟之中。禅之被普遍采用作为人们生活的点缀品，有如中药开方之配上甘草。诗人拿禅作他断句的切玉刀，画艺家建立他的画禅室，禅被挂在人们的嘴边，真的是所谓口头禅、杜撰禅了。”①

饶宗颐与金庸在《明报月刊》上的文字交往，有太多相通甚至相同。“古人说读万卷书，行万里路。1962年，我第一次跑去莫高窟，当时环境很艰苦，但是乐趣无穷，因为我亲自印证了我所知道的东西，而且受此启发，又有新的问题产生了。研究问题要穷其源，源清楚了，才能清楚流的脉络。”饶宗颐说。

饶宗颐除了数度考察敦煌外，还考察了榆林壁画及楼兰、吐鲁番等地木简，故垒残壁，流连忘返，著成《敦煌白画》一书及一批敦煌学著作。著书之余，他常有考据随笔、考察小记和诗赋在“明月”上发表，如《题伍蠡甫长卷八段锦小景》《浙东游草》《古村词》《宋元行吟图题诗》《云冈绝句》等。

1974年年初，《明报月刊》总编辑胡菊人主掌“大家堂”，作为海外华人沟通心声的一个桥梁。饶宗颐应金庸邀请担任顾问和特邀作家。金庸说：“饶先生是国际公认的一代巨匠，港台学人视其为第一流国学大师、南派文化宗师。无论甲骨文、简帛学、敦煌学、佛学、道学、史学、哲学、古文字学乃及印度梵学、西亚史诗、艺术史、音乐、词学、书画及理论，学无不涉，涉无不精。他史识高深，文辞透辟，笔墨精湛，学养殷实。有了饶宗颐，香港就不是文化沙漠了。”

1974年7月，《明报月刊》刊登饶宗颐的《海上丝绸之路与昆仑舶》一文。在此文中，饶宗颐提出了“海上丝绸之路”的学说。他说，我们中国是一个非常“奇怪”的国家，自古以来就在不断地接受外来的文化。在西北方向的西域，有一条“丝绸之路”，它是中外文化交流的桥梁与纽带。而在海上，还有一条“丝绸之路”，那便是“海上丝绸之路”。从时间上来看，海上的“丝绸之路”或许会更早些。这样，饶宗颐成为最早提出“海上丝绸之路”的学者。

“我说这些，都是从考据的角度讲的，我们讲究考据，主张让事实来说话。”“中国丝绸，自古迄今，闻名海外，故以‘丝路’或‘丝绸之路’，

① 饶宗颐：《禅窟——佛教圣地》，引自《明报：出入山河》，新星出版社2008年版。

作为中外交通的象征，尤为恰当。‘海上丝绸之路’实际上是古代中国与海外各国互通使节，贸易往来，文化交流的海上通道，中国古籍早有记载，只是并未冠以‘海上丝路’的美称，后人有或称‘香料之路’、‘陶瓷之路’‘白银之路’的。”饶宗颐论述了“海上丝路”的起因、航线、海船与外国贾人交易的情形。

据此，饶宗颐是最早提出“海上丝绸之路”的学者。若干年后，建设21世纪“海上丝绸之路”被列入国家对外开放的战略构想，饶宗颐倍感欣慰。

从此，每逢饶宗颐的学术著作出版，都会引起金庸的注意，而《明报月刊》“大家堂”会及时跟进刊登特约文章。饶宗颐的主要学术论著已整理结集成14卷20大册，于2009年9月以《饶宗颐二十世纪学术文集》为名，由中国人民大学出版社正式出版。该文集几乎涵盖国学研究的所有领域，是20世纪国学研究的一座丰碑。

3

饶宗颐的家位于香港跑马地，在赛马日从阳台望下去，可一览骏马竞逐英姿。饶宗颐常在躺椅上看着，当成一个休闲节目。晚年他很少出门，几乎不应酬，每天清晨四五点醒来，写字、读书，读的是佛学经书，还有金庸的武侠小说，然后睡个“回笼觉”，中午就到附近一个潮汕饭馆用餐。饶宗颐曾引用元代诗人的一句话“一壶天地小于瓜”，比喻自己“每天坐在葫芦里”。在小小的天地里，读经看书，清静达观，身心愉悦，自然长寿。

读金庸小说，饶宗颐发觉金庸对佛学颇多研究，在他的作品中临摹过佛教世界，塑造了众多的佛界僧侣形象，比如《笑傲江湖》之中，仪琳为求令狐冲早脱苦海，念诵《观世音菩萨普门品》，慈悲之情，发自肺腑。比如《倚天屠龙记》之中，张无忌为救义父与少林二僧苦战，而谢逊于地窖中念诵《金刚经》妙法，劝无忌弃了人我之分，毋着世相。比如《射雕英雄传》里的《九阴真经》，其实就脱胎于佛教中的经典《愣严经》。而其中着墨最多的当属《天龙八部》。

一次逢面，饶宗颐问金庸：“你怎么读佛经？”金庸答道说：“我是看着英文版的佛经来研读的。我看经书很多时候是看不懂的，我就去看注解，结果，那些唐宋时代的高僧的注解也都很难懂，越看越糊涂，我就只好看英国人直接从印度佛教翻译过来的，南传佛经内容简明平实，和真实的人生十分接近，像我这种知识分子容易了解、接受。”过两天，饶宗颐让人送上一册他的《佛教渊源论》。饶宗颐也看了不少佛书，对佛教深有研究，这本书可以说是代表了他的主要佛学思想。

由佛教说到生死，说到金庸家乡的国学大师王国维。饶宗颐说，王国维是一位了不起的学问家，只可惜未能真正超脱，这对他做学问乃至词学创造上的成就，也有一定限制。

“首先，他未曾走入西方大教堂，不知道宗教的伟大，而且对于叔本华的哲学也不可能真正弄明白。其次，王氏对佛教未曾多下功夫，对道教也缺乏了解，不知道如何安顿自己的心灵。所以，王氏做人、做学问，乃至论词、填词，都只能局限于人间。一个人在世上，如何正确安顿好自己，这是十分要紧的。”他说王国维自杀是一种糊涂，对人生的糊弄，对生命的糟践。

他认为，陶渊明比王国维要明白得多，陶渊明生前就为自己写下了“死去何所道，托体同山阿”的挽歌，由人生联系到山川大地，已有所超越。王国维学康德，对其精神并未真正悟到，所以他讲境界，讲到有我、无我问题，虽已进入到哲学范围，但无法再提高一步。王国维如果能够在自己所做学问中，再加入释藏及道藏，也许能较为正确地安排好自己的位置。

刚到中国香港，饶宗颐认识了印度学者白春晖，是印度驻香港领事馆的一等文秘，和英国著名汉学家霍克思是同学，印度开国总理尼赫鲁与毛泽东会面时，他曾任翻译。白春晖是正宗的印度婆罗门，他的梵文造诣很高。饶宗颐便和他交换条件：白春晖教饶宗颐梵文，饶宗颐教白春晖《说文解字》，一周两次，彼此一个钟头。如此三年，风雨无阻。饶宗颐因此而学到了正宗的印度梵文，为他后来研究佛教和中印文化奠定了基础。

学此先例，金庸晚年为了能直接读懂佛经，也曾与一名英国汉学家结交，潜心学习全世界最复杂的文字梵文。

饶宗颐读完《天龙八部》，将《东坡志林》的话略加改动，移用于评论金庸：“身如芭蕉，心如莲花。百节疏通，万窍玲珑。”（原文为“耳如芭蕉”）苏东坡是金庸衷心企慕的一个人，饶宗颐借用了大苏的这几句话，对金庸来说，算得是最高的赞美。

金庸和饶宗颐的佛学思想十分类似。悟是佛家很玄妙的字眼。金庸说：“在中国佛教的各宗派中，我心灵上最接近‘般若宗’。我觉得开悟之前，是见山不是山，见水不是水，开悟之后，见山还是山，见水还是水。”金庸这话是说人许多时候看山看水，因为心境的不同，山和水都被赋予了人的感情色彩，等到明白了世间真谛之后，山就是山，水就是水。金庸进一步论证道：“德国康德的本体和现象，其实说的就是这些。”当问及金庸为什么如此喜欢对佛学的研究时，金庸解释说，研读这些佛经之后，我觉得看待许多事情都变得清朗，连死都不怕了，不再计较名利得失，心里坦荡荡的，无所挂碍。

在平时的生活中，饶宗颐对佛学的见解也是非常深刻的，例如关于缘遇问题，饶宗颐说：“佛教就讲因缘的问题，缘是外面的条件，你自己有某种内在的条件可以同外缘结合，能够配得上的才会有可能搭得上，要不然也搭不上，因为你的条件和它的条件不合，它没有需要你，所以缘要两方面内外的结合。我碰上很多缘，我自己也不大明白为什么要这样子。”

对于佛教的“定”，大多数人认为，所谓“定”就是排除诱惑的意思。饶宗颐说：“多少年来我把我的心态养成一个宁静的心态，都摆在这里，所以我没有什么烦恼，我不会太多地想这一类的事情，我会排除掉。养成自己心里头的干净，心里头的安定，所以才能有‘定’。要自己心力的高度集中，培养一个定力。”①

1991年，金庸终于将自己一手创办的《明报》出售予人，宣布退休，随后，游山玩水读书讲学。

香港大学专门为饶宗颐建了“饶宗颐学术馆”，并成立了“饶宗颐学术馆之友”学术组织，金庸是成员之一。2003年，饶宗颐将个人积累的数万册贵重藏书，包括非常珍贵的古籍善本，以及180多件书画作品，捐赠给香港大学，借以回馈香港。这些藏书绝大多数都有饶宗颐的批注，今后的研究者可以沿着阅读史的思路对饶宗颐的学术源流进行细密的剖析。现在，该馆不仅已经成为香港大学重要的研究机构，也日渐成为全球汉学界的学术文化交流中心。很多汉学家，不分国界、种别，就像饶宗颐原来不断前往法国远东学院、日本京都大学人文科学研究所一样，来到饶宗颐学术馆做研究，汉学的视线在往复中熠熠生辉。

2010年4月27日，86岁的金庸手持拐杖、缓缓步上香港大会堂舞台，从香港政务司司长唐英年手中接过了“2009香港艺术发展奖终身成就奖”。香港艺术发展局以此奖表彰其对香港学术界、文艺界的卓越贡献。在颁奖仪式上播放了上届“终身成就奖”获得者饶宗颐的一段话：“作为著名作家和学者，金庸博古通今，涉猎极广，所创作的武侠小说构思精奇、广为传诵，将历史、哲学、文学共冶一炉，为武侠小说开创了一片全新天地，在华人世界有巨大影响力，多年来更成为电视剧、电影、舞剧等文化创意产业不竭的源泉。”饶宗颐盛赞金庸小说“想法出神入化，令人想象不到”。

① 印永清：《饶宗颐与佛学》，《人海灯》2007年第3期。

2011年10月，国际小行星命名委员会将南京紫金山天文台新发现的一颗小行星命名为“饶宗颐星”。一个月后，杭州西泠印社迎来时年95岁的饶宗颐为新掌门。正式执掌西泠半年后，饶宗颐重访孤山，巧遇正在杭州讲学的金庸。谈笑间，饶宗颐对金庸说：“不知这颗星离地球有多远，该不会撞击地球吧，否则，我岂不成了灾星啦！”

他对浙江大学的学生说，做学问和做人要耐得住寂寞，要有平常心态，要“守株待兔”，不能急功近利。“积极追兔子的人未必能够找到兔子，而我就靠在树底下，当有兔子过来的时候我就猛然扑上去。我这一辈子也不过就抓住几只兔子而已。”

多年前，浙江海宁博物馆编《海宁查氏》族谱，金庸曾为之过目修改，而为这套族谱题签的，即是饶宗颐。

饶宗颐最后一次出现在公众面前是2017年11月18日，中国美术馆的“莲莲吉庆——饶宗颐教授荷花书画巡回展”，他参加了开幕式，并将10件（套）书画作品捐赠给国家。

金庸晚年足不出户，拒绝一切社会活动，但悉知老朋友获殊荣的消息，还是让家人打电话代为致贺。

第一个读金庸小说的科学家
——诺贝尔奖得主杨振宁

杨振宁比金庸大两岁。

有些男人，似乎越老越有魅力，金庸如是，第一位华人诺贝尔奖得主杨振宁亦如是。两人的魅力各有千秋，相同的是两人有一个“忘年之恋”，晚年婚姻都是“老少配”，因而，杨振宁与翁帆和金庸与林乐怡同被媒体列入“中国最著名的老夫少妻”名单。

杨振宁爱读金庸作品，他的床头经常放着一套金庸小说。

1

杨振宁与金庸初次见面是在1965年年初。

金庸之妻朱玫的母校——香港中文大学邀请诺贝尔奖得主杨振宁前来香港讲学。动身之前，杨振宁写信给父母，希望能和家人在香港团聚。12月底，杨振宁赴港，在香港中文大学大会堂演讲，引起轰动。几天后的1月3日，杨振宁与由内地到港的父母及弟妹相见时，金庸夫妇在场。

寒暄从各自的家乡说起。金庸说：“我的家乡是浙江海宁，离上海很近，所以我在上海念过书，工作过。你的名字中有一个‘宁’字，跟我的家乡有关吗？”杨振宁笑了笑说：“这个‘宁’不是你的家乡。我是安徽合肥人，合肥在历史上曾经出过宋朝廉吏包拯和清朝重臣李鸿章。”此时，杨振宁的父亲杨武之插上了话：“他出生的时候，我在安庆当中学老师，安庆旧名怀宁，是安徽当时的省会城市，杨振宁的‘宁’是这样来的。”1945年，杨振宁得到庚子赔款奖学金去了美国。普林斯顿大学接受了杨振宁，可是他要拜才华横溢的意大利物理学家费米为师，因此去了芝加哥大学，并在以后被称为氢弹之父的泰勒的指导下写了博士论文。1957年，杨振宁和李政道合作推翻了爱因斯坦的“宇称守恒定律”而获得诺贝尔物理学奖。

金庸说："听说你的大学是在西南联大念的，本来我和你应该是同学，早就见面了，因为我改变主意去了重庆，这个缘分才留到了今天。"抗日战争期间，杨振宁在西南联大物理系毕业后考进了研究院，跟随王竹溪做统计力学的研究。1943年，金庸在重庆参加高考，同时考取了西南联大和政治大学，因西南联大在昆明路远，而国立政治大学是公费待遇，金庸放弃西南联大进了重庆的政治大学，也就与杨振宁失之交臂了。

谈论起诺贝尔奖，杨振宁告诉金庸，他的奋斗源自一个游戏——填字谜。他说，在芝加哥大学时，有一个填字比赛在美国很受欢迎，冠军有5万美元奖金。"当时我与另外四个同学凑了5美元交了报名费。一个月后，比赛主办方通知说我们排第一，但还有别人并列第一，因此要破解一个更大的谜，以决胜负。很快，我们收到另一个复杂得多的填字谜，我连续一个礼拜昼夜在图书馆里翻字典，找适合的单词。"根据游戏规则，由英文字母W、H串连而成的英文字可得最高分，他们经一番努力终完成并获奖。由于关心比赛结果，杨振宁每天留意报纸，但到第七天早晨，杨振宁回到住处，看到地上一份《纽约时报》，头版写着"汤川秀树获得物理学诺贝尔奖"，这是首位获得诺贝尔奖的日本科学家，令他十分震动，他反问自己："杨振宁，你到底在做什么？"日本人获得诺贝尔奖，激励了他的斗志，成就了他往后要走的路。

金庸知道，亲密合作获得诺贝尔奖的杨振宁、李政道后来决裂，一直为人关注。杨振宁从1946年和李政道见面认识，1957年因共同缔造了"宇称不守恒理论"同获诺贝尔物理奖。不过，他们的友谊随着分享荣誉份额大小开始出现裂痕，表现之一是论文的署名究竟应该是"杨和李"还是"李和杨"，分歧越来越多。1962年，杨振宁和李政道有一次长谈，积累的情绪得到集中宣泄，两个人都哭了。几个月后，他们正式决裂，不再来往。这是杨振宁不愿深谈的话题。也许，金庸有过关照，《明报》记者在采访中没有提起这个事。

握手告别时，金庸对杨振宁说："你远在美国，与家人分隔两地，应该常常回来，中国香港是一个最适合你们团聚的地方，可要常来呀！"

第二天，《明报》头版刊登了特写《温文尔雅杨振宁》，报道了杨振宁的香港之行，另有金庸授意的社评《杨振宁挥泪别父》，金庸在文章中曾为杨振宁父子解锁。1964年，杨振宁加入美国国籍，父亲杨武之认为儿子背叛祖国，一直耿耿于怀。社评说杨振宁此举"曾经有过挣扎，申请美国公民的决定，是因为持旧中国护照到国外开会旅行，申请签证常碰到困难，而有实际的需要。他不是抛乡弃国"。文章中还透露，当时美国的驻香港总领事，不止一次打电话给杨振宁，说如果杨振宁的父母和弟妹要到美国去的话，他们可以马上替他的家人办手续。杨振宁告诉他们说，父母和弟妹都要回上海去。金庸借他们父子团聚后惜别的场景，赞赏了杨振宁对祖国的挚爱之情，特别欣赏杨振宁的一句话："我为我的中国血统和背景而自豪"。

与金庸的交谈，给杨振宁留下了美好的回忆，因而他与香港结下了缘分，与香港中文大学又特别有缘。1970年年底，应中大邀请讲学，杨振宁再到中国香港，据说曾两次到金庸家作客，与金庸下围棋。杨振宁向金庸透露了想回中国内地走走看看的愿望。

1971年7月和1972年6月，杨振宁两次回到中国内地，皆受到高规格礼遇。1973年7月，杨振宁第三次回内地时，见到了毛泽东，两人在中南海的书房里谈了一个半小时，毛泽东表现出惯常的自信，话题多是与科技有关的哲学问题。谈话结束，杨振宁快到门口时，毛泽东和他握了手，并且说他年轻的时候也希望在科学上能够有所贡献，不过自己没有做到，很高兴杨振宁能够对人类的科学有所贡献。①

1986年年初，杨振宁应香港中文大学校长马临之邀，出任特别为他开设的中文学博士讲座的教授。此后每年春夏，他到香港中大讲学，几乎年年与金庸碰面，两人在金庸的家里下几盘围棋。应金庸邀请，杨振宁担任《明报》大家大讲堂的特约撰稿人。1993年9月，杨振宁在中大发表演讲说，到了21世纪中叶，中国极可能成为一个世界级的科技强国，因为一个国家的科技发展需要有四个条件：人才、传统、决心和经济支持，而此四个条件中国已基本上或即将具备了。金庸让《明报月刊》将演讲稿《近代科学进入中国的回顾与前瞻》全文刊登。

2003年年底，杨振宁回北京定居，出任清华大学教授。他卖掉自己在美国纽约的一处大房子，向清华捐了100万美元，把诺贝尔奖金的一部分，也捐给了清华。在清华的年薪为人民币100万元，但他分文不取，捐给了清华大学高等研究院。清华大学高等研究院一直坚持他所倾力的基础物理学的科研。

杨振宁在金庸家附近购了新宅，他对金庸说，每年九个月住在北京，三个月住在香港。

2

1996年9月30日农历八月十八，传统观潮日，正在内地访问的杨振宁欲到

① 郑书、何强：《杨振宁与中国五代领导人》，《新京报》2016年12月9日。

浙江观赏钱塘江大潮。金庸获知此讯，立刻从香港赶到浙江海宁，以东道主的身份陪同他登上观潮亭候潮。

站在杨振宁身旁的是夫人杜致礼，另一侧是英语翻译翁帆，当时她是广东汕头大学英语系学生。

不知谁叫了一声“潮来了”，大家立即被江上的奇景所吸引。金庸拿起桌上的望远镜向远方那条白线望去，似乎望见了自己的少年时代，他当童子军在石塘边露营的情景。这时，一个声音在金庸耳边响起：“潮声愈响，两人话声渐被淹没，只见远处一条白线，在月光下缓缓移来。蓦然间寒意迫人，白线越移越近，声若雷震，大潮有如玉城雪岭，际天而来，声势雄伟已极。潮水越近，声音越响，正似百万大军冲锋，于金鼓齐鸣中一往无前……”杨振宁背诵着金庸在《书剑恩仇录》中描绘海宁潮的字句，然后说：“你在书中描述的钱塘大潮，实在出色精彩，还有一段侍卫白振为乾隆取扇、勇斗怒潮的片断，绘声绘色，你的想象真的很神奇。”金庸笑说：“我描写的钱塘江大潮，全凭着少年时候的经验，并不算神奇。”金庸知道，杨振宁也是他的小说痴迷者，在著名科学家中，他可能是第一个。

1994年，北京三联书店获得金庸的独家授权，开始在中国内地出版《金庸作品集》。此后每逢新版本的金庸小说出版，金庸必寄给杨振宁一套。2010年1月，央视主持人白岩松在《新闻1+1》里有句话：“他（杨振宁）是疯狂的金庸所有小说的爱好者”。

杨振宁曾经回忆起第一次香港行与金庸谋面，补充了一个情景：“我在香港街头看见许多人在读《明报》，也买了一份来读，竟然被连载的小说着了迷，这是我第一次阅读金庸先生的小说，以后在床头上经常放一本他的小说。”当年，金庸的《天龙八部》正在《明报》连载。

《天龙八部》小说以宋哲宗时代为背景，通过宋、辽、大理、西夏、吐蕃王国之间的武林恩怨和民族矛盾，从哲学的高度对人生和社会进行审视和描写，展示了一幅波澜壮阔的生活画卷。所谓“天龙八部”，是佛经用语，包括八种神道怪物，作者以此为书名，旨在象征大千世界之中形形色色的人物。大理段氏累世信佛，萧峰的师傅是少林高僧，而虚竹则是僧人出身，他于西夏皇城冰窖，以三段《入道四行经》驳得天山童姥理屈词穷，真是言简意赅，仁慈之心，远胜雄辩。书中融入作者做人、学佛的感悟，充满着悲天悯人的情怀，没有深究佛理的人，是绝对写不出这种书来的。

杨振宁在大学读书时及毕业后就对佛学兴趣日浓。2007年春，他与金庸聚会时谈论起佛教。金庸向杨振宁讲述了自己皈依佛教的心路。金庸与佛有缘，对佛学有很深的造诣，为了能够直接读懂佛经，他还潜心学习全世界最复杂的文字梵文。事实上他并非由于接受了哪位大师的接引，而是亲历了非常痛苦的过程。1976年10月，金庸19岁的长子查传侠突然在美国纽约哥伦比亚大学自杀。这对他真如晴天霹雳，伤心得几乎自己也想跟着自杀。当时有一个强烈的疑问："为什么要自杀？为什么忽然厌弃了生命？"此后一年中，金庸阅读了大量书籍，探究"生与死"的奥秘，详详细细地研究了一本英国出版的《对死亡的关怀》，但并不能解答他心中对"人之生死"的大疑问。金庸最终把目光投向了佛经。

金庸说他是看着英文版的佛经来研读的，他向伦敦的巴利文学会订购了全套《原始佛经》的英文译本。

杨振宁问金庸为什么如此喜欢对佛学的研究，金庸说："研读这些佛经之后，我觉得看待许多事情都变得清朗，连死都不怕了，不再计较名利得失，心里坦荡荡的，无所挂碍。"于此，金庸以佛教中的"大悲大悯"思想来开导读者，从而增加了武侠小说的思想深度与哲学内涵。难怪杨振宁给予他如此高的评价："金庸武侠借助人物故事的命运，增强了佛教的劝戒功能，使读者徜徉在奇幻的故事情节同时，心有所思，心有所悟，对是非黑白有一个自我的判别，从而形成对人生的冷静思考、理性思辨。"

3

2004年10月的一天，秘书小吴给金庸递上一份打印笺，是杨振宁从北京发送的一封电子邮件。邮件内容写道：

"这是一封重要的信，向你介绍我的未婚妻。

她的名字叫翁帆，她的朋友叫她帆帆。我现在也这样叫她。

我们在2004年11月5日订婚。

翁帆28岁，出生在广东省潮州。致礼和我1995年夏天到汕头大学参加一个国际物理学家会议时碰到她。那个会议有四位我也知道，虽然在岁数上已经年老，在精神上我还是保持年轻。我知道这也是为什么翁帆觉得我有吸引力的部分原因。诺贝尔奖得主参加，因此学校挑选学生来作接待向导，当时还是大一学生的翁帆是我们的接待向导。那是一个只有上帝才会作的安排。

致礼和我立刻就喜欢翁帆。她漂亮，活泼，体贴而且没有心机。她是英文系学生，英文说得极好。离开汕头之后，我们和她偶尔有些联络。

大学毕业后，她结婚了，几年以后离婚。几年以前她进入在广州的广东外语外贸大学，很快要得到翻译系的硕士学位。

有如天意，因为好几年没有联络，她今年二月给我们一封短信。信是寄到纽约石溪，后来转到我所在的香港。也因此我们在过去的几个月中逐渐熟识。

我发现现在已是一个成熟妇人的翁帆，依然保有九年前致礼和我特别欣赏她的率真。在我最近写的一首关于她的诗，其中有下面的几句：

没有心机而又体贴人意，
勇敢好奇而又轻盈灵巧
生气勃勃而又可爱俏皮
是的，永恒的青春

青春并不只和年纪有关，也和精神有关。翁帆既成熟又青春。我深信你们看到她都会喜欢她。

我也知道，虽然在岁数上已经年老，在精神上我还是保持年轻。我知道这也是为什么翁帆觉得我有吸引力的部分原因。

我们当然都清楚地知道，我们有很大的年岁差距。但是我们知道我们都能够也将会以许多不同的方式，奉献给我们的结合。我们的亲人都祝福我们。

请读一下下面的句子，这些句子说明了我对于她在我生命中扮演的以及即将要扮演角色的感觉：

噢，甜蜜的天使，你真的就是……
上帝恩赐的最后礼物
给我的苍老灵魂
一个重回青春的欣喜……”①

2004年，杨振宁已经82岁，他的结发妻子是国民党著名将领杜聿明的女儿杜致礼，2003年10月因病去世。

在海宁有一个未经证实的传言：当年翁帆寄了一封信到纽约大学石溪分校给杨振宁，但杨振宁当时在香港和金庸下棋消遣，信转到香港由中文大学

① 《杨振宁和翁帆订婚后，给亲友的一封信》，《明报》2007年9月22日。

交给了林乐怡，再由金庸转递给杨振宁本人。因而，金庸无意中成了“杨翁情缘”的牵线人。

此刻，金庸看完杨振宁的信，将信笺丢给身边的妻子林乐怡，紧接着，两个人对望着哈哈大笑。金庸娶了个比他小足足29岁的妻子林乐怡。金庸对两人的相遇讳莫如深，传言他是在一间茶餐厅遇到当时不到20岁的林乐怡。据说，当时金庸经营的《明报》陷入瓶颈，林乐怡鼓舞了他，也点燃两人的爱情火花。如今，杨振宁竟然要娶比他小了54岁的女研究生。金庸连说“爱情经典，爱情经典！爱情来了，他无路可逃！”金庸想到了自己小说中的事，“老顽童周伯通娶了瑛姑，老夫聊发少年狂”。又是一阵哈哈大笑。

杨振宁与翁帆订婚的消息立即引发媒体追踪，杨振宁索性与翁帆办理了正式的结婚手续，然后到海南岛度假。两人在饭店晒太阳以及同骑脚踏车的照片，一时成为报刊头条。

高达54岁年龄差的婚姻实属名人“忘年恋”之最，自然引来众多的非议。不久，《明报》刊登一组照片，介绍杨振宁的婚恋，他与两任妻子的罕见合影曝光。她俩都是他的学生，彼此又长得十分相像。有人看后留言：“现在我理解杨振宁和翁帆的婚恋了。”《明报》此举，也许得到了金庸的授意。

与金庸不同，再婚后不久，杨振宁曾与翁帆联名撰文，回应一位香港女作家的批评。公开信说“我们现在就告诉你我们相处的真相：我们没有孤独，只有快乐。与你所描述的、或所期望的完全不同。我们认为我们的婚姻是天作之合”。

读完这封信，金庸对朋友说：“有什么好怀疑呢，你听闻的是一曲爱情之歌。”

2005年1月，几乎与杨振宁携夫人去海南度蜜月同时，一篇关于金庸辞去浙江大学人文学院院长和博士生导师职务的内幕报道，将同为文化名人的金庸打入冷宫。有人这样形容：新年的第一束阳光打在杨振宁脸上，第一弯夕阳却斜向金庸。然而不久，金庸被英国剑桥大学授予荣誉文学博士学位，杨振宁和金庸同时出现在颁授学位的庆典上。

2007年9月22日，杨振宁在中国香港庆贺85岁生日，出席香港中文大学举行的杨振宁铜像致赠仪式后，携妻子翁帆拜访金庸夫妇，轻松地谈起与翁帆的浪漫情事。当年他是通过电话向翁帆求婚的。现在的家里有个沙发，恰好容得下两人一起坐下，两个人经常坐在上面看电视。以前，翁帆没来的时候，家里只有一把一个人坐的椅子。

第二天，金庸看到了《明报》的报道，杨振宁与太太翁帆结婚两年多，至今仍恩爱非常。这对忘年夫妻昨日便齐齐穿上黑色的“情侣装”，十指紧扣，出席名人访谈电视片《音乐天空》的珍藏版发布会。剪了个“Bob头”的翁帆，配以一条设计简约的露肩裙子，增添了成熟韵味。她早前跟随香港青年钢琴演奏家孙颖学钢琴，昨日更首次公开作钢琴表演。有个大名鼎鼎的丈夫，过去翁帆大都比较低调的伴在丈夫身旁，昨日却成了“主角”。杨振宁说，夫妇俩的共同话题很多。参观美术展后，他们会分别找出最喜欢的作品，再看与对方是否一致。这是二人之间的小游戏。金庸的读后感是一句话：“他的人生和爱情都是一个圆。”

2008年新年，金庸收到杨振宁赠送的一本《曙光集》，这是一本他们夫妇合作刚出版的新书，书中精选了杨振宁所写的五十多篇文章，包括论文、演讲、书信、访谈、散文等，涉及杨振宁深刻的科学观点、独特的社会见解和丰富的个人情感，书中还有十六幅绚烂的彩图。

杨振宁和翁帆经常在一起朗诵诗歌，甚至将一些经典诗歌进行改编。徐志摩的《偶然》就被两人改成了：“我是天空里的一片云，偶尔投影在你的波心，你不必讶异，更无须欢心，在转瞬间消灭了踪影。你我相逢在晚霞灿烂的海上，你有你的，我有我的方向，你记得也好，最好不要忘掉，在这交会时互放的光亮。”

与金庸80岁选择去读大学一样，杨振宁93岁拿出自己未来20年的职业规划。2015年9月，杨振宁携妻作了一次“回乡之旅”，在故乡合肥，与中国科技大学的老师和学生畅聊学术问题。

那天，杨振宁坦言：“我一生在很多的关节点上，都不自觉地走了非常正确的道路，这包括十一年前，我跟翁帆求婚。”“不管今天大家对我们的婚姻是什么看法，到三十年四十年以后，大家会觉得，是一个非常好的罗曼史。”

回望11年的婚姻，翁帆认为自己选择了一条更加“人迹稀少”的路，但是这是一条正确的路。因为杨振宁给了她一个很纯净的世界，让她一直生活在象牙塔中的象牙塔中。两人共同生活的11年，杨振宁的价值观和人生观也影响了翁帆，她说：“潜移默化中，我觉得他是创造了我，创造了现在的我。可以说他是我生命中的带路人。”

挥剑而舞，始终是一介书生

——老报人董千里

董千里和金庸，虽然彼此的政治观点颇有距离，董千里写文章却称金庸是一个和而不同的谦谦君子，所以并不理会闲言闲语，与之保持交往几十年。董千里喜欢金庸的小说，写过很多有关评论，著有《金庸小说评弹》，对金庸小说除了赞誉，也有批评。

金庸说："《诸子百家看金庸》的'诸子百家'，包括了柏杨、三毛、董千里、林清玄、林燕妮、叶维廉诸氏，其中董千里先生写得最多，感觉也是评得最到位的一个。"[①]

1

董千里和金庸是浙江同乡，结识很早，在《"书剑"的两条主线》一文中，董千里说："'书剑'最初在报上连载时，我从头到尾均未错过，深佩作者之才，由此结识。"1960年，他开始为《明报》写专栏，1969年到1974年，他断续为《明报》撰写社评。

董千里又名项庄，他是30年代的文艺少年，40年代的大学生，做过《申报》记者、编辑，1950年到香港，任国泰电影公司编剧主任，1970年任邵氏影片公司副经理，还参与过一些电影的编剧。

金庸称董千里为"老董"，除了比他年长三岁有尊老之意外，还含有"古董"的意思，是为人所珍视的古代器物、珍奇物品，说他的文章颇有古意，沉积着无数的历史、文化、社会信息。而董千里自谦少年生活简单，性喜中国古典文学及传统戏曲，但始终没有学会作诗填词，也不曾粉墨登场。平生三愿：国泰、民安、本身无疾而终。董千里笔耕数十年，著有《董小宛》《马克·波罗》《柔福帝姬》《成吉思汗》《玉楼金带枕》等长篇小

① 刘国重：《读金时代》，《第一财经日报》2009年3月24日。

说，也写杂文、散文，行文简洁，历史知识丰富，人物有真实感，有《舞剑谈》《读史随笔》等随笔集问世。

《明报》创刊不久，董千里为《明报》撰写专栏，曾以“千里”、“项庄”为笔名，间歇性为《明报》撰写社评，属于《明报》长期的文胆之一。同时还为《星岛晚报》编副刊。当年，一条瘦削的人影在《星岛晚报》的新闻大厦和《明报》的南康大厦两边走，即董千里也。两报只隔一条马路，自是来往便利。

1962年6月，金庸要办一个开放言论的副刊。由于董千里曾在上海《申报》待过，他便想到了《申报》的“自由谈”副刊了。6月8日，《明报》第一版刊登的《“自由谈”征稿启事》是董千里初拟金庸改定的：“本报定本月十七日起，每星期增出‘自由谈’副刊，内容自由之极，自国家大事、本港兴革、赛马电影，以至饮食男女、吸烟跳舞，无所不谈。来稿思想意见极端自由，极左极右，极高极低无不拜嘉。本港迄今为止，当无如此‘真正自由之至’的报纸副刊，《明报》不受任何政治力量的影响，为纯粹的民间报纸。”①

话虽如此，“自由谈”出到第三期，就已经没有了征稿启事中“赛马电影、饮食男女、吸烟跳舞”的内容了，有的只是国家大事，尤其讨论内地问题为主。

金庸和董千里在创“自由谈”时，就希望能够用这样一个开放的园地，争取知识分子投稿《明报》，从而阅读《明报》，甚至在朋友圈子间互相介绍，宣传《明报》。

“自由谈”面世不久，便受到知识分子的注意。“自由谈”的出现，很大程度上改造了《明报》的报格，使《明报》从重武侠小说、煽情新闻和马经的“小市民报章”，提升到一份为读书人、知识分子所接受的报章。当时知识分子纷纷向“自由谈”副刊投稿。

70年代，《明报》有两大名专栏，一是简而清的《东拉西扯集》，另一就是董千里的《舞剑谈》，署名项庄。当日，金庸称赞他：“取其意是‘项庄舞剑’的故事，栏名起得好，笔名起得也好。”

《舞剑谈》后来结集出版，跋说：“‘项庄舞剑，意在沛公’，这是初中学生都知道的典故。当日所以题此篇名，确因对世上大大小小的沛公看不顺眼，明知杀不了他们，至少也可吓他一下或割裂他们所戴的面具。”董千里报上舞笔，其意原来如此：志在靠吓！

1964年，金庸赴欧洲前夕请倪匡代写《天龙八部》连载，曾当着董千

① 张圭阳：《金庸与〈明报〉》，香港明报出版社2007年版，第78页。

里的面对倪匡说："老董的文字，较洗练，简洁而有力，文字的组织能力又高，你的稿子写好之后，我想请老董看一遍，改过之后再见报！"可见金庸对董千里文字的肯定和对他的信任。结果，倪匡代笔一月有余，得文约6万字。《明报》当时的订户数约10万，追读《天龙八部》连载的，总在20万人以上。数十万读者竟被倪匡轻轻骗过，无人觉察，似乎有点悬！

倪匡自己说道，"我的作品和金庸作品之间有好几百万光年距离"，这是谦辞，其实，倪匡的想象力只在金庸之上，只是要他模仿金庸那种雅洁隽永的文字，终究太难。遵照金庸的嘱咐，倪匡写出《天龙八部》稿后，董千里确实作过非常细致的再加工，即金庸出人物，倪匡出故事，老董出文字，这才令几十万《明报》读者在几十天的阅读中完全看不出有人在为金庸捉刀代笔。

董千里的文字有古意，读来铿锵。五六十年代他曾写过小说，是历史小说之类，坊间仍偶见他的《成吉思汗》《董小宛》，不过就仅仅这几部而已。做了"项庄"后，他便很少再写小说了。在创作力方面，当然难望金庸项背，想像力更及不上倪匡。金庸是伯乐，知道他们两人的长处，于是将他俩扯在一起，一人操笔，一人润笔。《天龙八部》阿紫瞎眼就是这样产生的。

董千里治史，每有心得，即写成札记。香港文艺书屋为他出过一本《读史随笔》，所录随笔共一百零六条。金庸问他："何不编成一百零八条，凑成梁山泊好汉之数？"董千里答："下回再出《读史随笔》，就录一百一十条，多出的两条可补在这里。"

2

董千里写过一篇《和而不同的老友——金庸》，他说："我和金庸订交逾二十年，勉强可以说是老友，在这二十年中，几乎不曾间断为他所创办的香港明报写稿，有一个时期而且担任实际职务。当我们相识之初，彼此的政治观点颇有距离，但我在金庸的作品中和谈话中体会出他是一个彻头彻尾的自由主义者，是可以和而不同的谦谦君子，所以并不理会闲言闲语，不仅保持交往，而且发生业务上的关系。后来的事实发展证明我判断无误，虽然我们迄今在若干问题上仍然和而不同。"[①]

董千里是刁钻派的，而金庸属于温和派，两个人对待历史和现实常常有不尽相同之处。如金庸笔下的成吉思汗是"你要战，便作战"，他对成吉思汗作过这样的评价："他是人类历史中位居第一的军事大天才，他的西征

① 傅国涌：《金庸传》，北京十月文艺出版社2003年版，第400页。

南伐虽然也有沟通东西文化的功劳，但对于整个人类，恐怕终究还是罪大于功。《射雕英雄传》所颂扬的英雄，是质朴厚道的平民郭靖，而不是灭国无数的成吉思汗。”

而写过小说《成吉思汗》的董千里反对金庸的观点，他说：“成吉思汗七年西征，确实杀了好多人，可是他是杰出的，是伟大的军事家、政治家，不只是只识弯弓射大雕。成吉思汗深沉有大略，用兵如神，是一位伟大的政治家、军事家，他顺应社会发展的趋势和人民渴望和平与安宁的愿望，统一了蒙古草原，建立了强大的蒙古国。成吉思汗不是罪人，他是英雄。”

香港回归之前，有人猜度金庸颇有意于香港特区首任行政长官的职位，董千里也认为他想弃文从政，曾委婉道之：“我追金庸小说，大概自从《天龙八部》以后已不如何关心……也许正为他力求上进，又一心一意要突破前期的面目，因而窒息了和读者之间的共鸣度。”

金庸起而辟谣：“当行政首长有什么好？金庸的名与利相信都不会差过港督。今日全世界知道金庸的，会多过知道不论哪一位港督呢！一百年之后，恐怕相差更远吧？”[①]话说得很大，却非骄狂。

曾经一对好朋友也有几次正面冲突，每一次都很难简单的用胜负来衡量，他们之间的关系可用倪匡一句曾经很有感触的文字来形容——“难为知己难为敌”。

金庸自1955年闯入武侠世界，至1972年9月封笔，前后17年写了15部作品。70年代中期，金庸对其作品作了逐字逐句的修订；有些作品删改较大，某些章节甚至重写，至80年代中期才完成全部修订工作。董千里觉得“这个就没有必要了”，他曾当面批评金庸“多此一举”。

董千里认为金庸最好的作品是《射雕英雄传》和《神雕侠侣》。在《玉像与裸女图像》一文中，他说：“重看《天龙八部》，一些关键处竟有看新书的感觉，不知是因为自己记忆力衰退得厉害，还是金庸修订得厉害，总之两‘害’必居其一，更可能的是‘害’不单行。”其实看《射雕英雄传》又何尝不是如此。修改工作做到老读者有“看新书”的感觉，可见手术之大。情节都面目全非，更不用说文字了。

阅读“修正本”之时，董千里曾一再掩卷思索，“同一作者于差不多同一时期作品所创造的英雄人物，虽云各尽其妙，却为何儒雅潇洒总是不如粗放质朴者？在金庸所有的小说中，陈家洛乃儒雅潇洒型的魁首，却也是所有男主角中最不讨好的一个。袁承志有一半像他，也就不怎么可爱。然而也有

① 刘国重：《谈笑傲江湖的金庸与金庸的〈笑傲江湖〉》，《北京文艺》2006年第8期。

例外，《天龙八部》中的段誉虽然华贵儒雅风流潇洒兼而有之，却是个十分讨人喜欢的人物，或因作者本来不把他当作英雄写，这个人物就显得内外和谐。可见倒不是一定硬性比软性好，至柔可以不逊于至刚。”

他认为，金庸当时写得神采飞扬，尽管是每天写一段，可能有些废话，有些矛盾，但是不妨碍小说吸引人。后来一改再改又三改，为了前后逻辑完整，牺牲了很多当年的精彩部分，成了一个没有棱角、没有缺陷的东西，让很多读者感到失望。“比方说加入的黄药师和梅超风的感情，就摧毁了读者对东邪的印象，本来东邪对他夫人是非常深情的，他怎么会在心里的某处背叛了夫人呢？金庸是否有权力来破坏这些老读者的认知？在这点上面，我不是很认同。”①

对此，金庸在不同场合有过解释，董千里还是固执己见，“以一个读者的立场来讲，我仍然喜欢原来我所熟悉的那个世界、那一个空间、那里面的人物”。

1984年4月，台湾远景出版社出版《诸子百家看金庸》一书，其中董千里的评论被金庸看作“评得最到位的一个”，所谓“到位”是因为有赞赏，有批评。1997年出版的董千里的《金庸小说评弹》一书，董千里对金庸作品更是又评又弹，有挑剔，也有调侃。

董千里认为，金庸最好的作品是《射雕英雄传》和《神雕侠侣》。《射雕英雄传》写出了“东邪西毒南帝北丐中神通”的传奇故事，以笔掀惊涛的巧妙安排和细腻入微的心理描写，使武侠小说变成一种令人读之不忍释卷、回味再三、击掌叫好的艺术品。《神雕侠侣》的主题是一个“情”字：“问世间，情是何物，直教生死相许？”这说明金庸小说除了表现传统武侠小说“忠奸”、“恩仇”的主题外又有了新的变化。金庸塑造了社会叛逆杨过与任情而为的小龙女（武侠世界中的两大艺术典型），并通过杨过与郭靖的矛盾冲突，去表现社会与人的本性的不可调和。就主题而言，此书是令人刮目相看的佳作。

他在《武戏文唱与雅俗共赏》一文中说：“金庸作品也能够做到雅俗共赏，层次或不如《红楼梦》之多而且高，亦已为以后所仅见。他数年前之所以辍笔，恐怕也因发现自己逐渐离开了这一原则。”

董千里说，《碧血剑》里那个温青青，原来只是黄蓉的初稿，以人物性格和艺术范式而论，本该有个为情而死的悲剧结局，像是林黛玉那样。结果金庸心软，给了温青青一条生路，让她和袁承志一起到海外逍遥去也——只

① 周超：《金庸拟第四次修改小说遭质疑》，《香港文汇报》2008年9月27日。

苦了袁承志，后半辈子只好跟一个随时会爆炸的醋坛子一起过活了。

闲暇时，董千里曾与金庸谈皮黄，发现彼此有一同嗜，那就是偏爱净角与旦角的戏。“净角至刚，旦角至柔，在舞台上为两个极端，在整个艺术领域中也是一样。或者正因此故，金庸书中人物也总是以净角与旦角写得最活灵活现，尤其撒娇撒痴的花旦已集舞台艺术之大成。‘金派花旦’以黄蓉为花魁，‘金派青衣’则以《飞狐外传》中的程灵素为祭酒。自来总是花旦易于讨俏，而青衣只能在平凡中见功夫，所以严格地说来，造程灵素更难于造黄蓉，便如造郭靖更难于造杨过。所以黄蓉虽绝代而仍然是人，程灵素几乎便是不食人间烟火的仙子。小龙女也不食人间烟火，但太美太纯，占尽人世便宜，不能让她成仙了。”

董千里读得认真，批评也尖锐，“《倚天屠龙记》中的赵敏以蒙古郡主身份，结果成了‘蒙奸’，还有一个《射雕》中的华筝公主，看情形如果能得郭靖真心相爱，日后助守襄阳可能有她一份。作者于各书中极力表扬民族主义，却似乎持‘汉族沙文主义’立场，倒并非不让少数民族有它本身的民族主义，而是以华夏为中心，从华不从夷。”①

金庸在一次演讲中曾说：“我的朋友项庄写过一本书，说金庸小说中女主角有一些是花旦，有一些是青衣。金派第一青衣程灵素不漂亮，但很能下毒。她是第一流人物，我是很喜欢的。她对情郎有着刻骨铭心的爱，品格高尚，下毒也是刻骨之爱的一种表现形式。”董千里写的那本书就是《金派青衣花旦》。

虽然，董千里和金庸的历史观和艺术看法有许多不同，而更多的是不约而同，即“和而不同”。

3

20世纪80年代，中国友谊出版社出版了董千里五册历史小说，有《董小宛》《马克·波罗》《柔福帝姬》《成吉思汗》和《玉缕金带枕》，作品中有鲜活的人物形象，将人物置于一个宏阔的社会历史背景之下加以刻画，情节生动，文采盎然，将知识性、趣味性、艺术性融为一体，颇受读者欢迎。

董千里作传不着眼于面面俱到，而是截取历史风云片段，将历史、爱情、人物、政治融为一体，行文如行云流水，文字崇古而洗练，章回命名古雅而率性，感情真挚而充沛，小片段与大历史无缝接准，红颜情感与江山政

① 董千里：《金派青衣花旦》，《金庸百家谈》，春风文艺出版社1987年版。

治自然结合，读来令人唏嘘。

《董小宛》一书开头恰如长剑龙吟，将人们早已附丽无限遐想的冒辟疆、水绘园和秦淮风月一笔荡开，不事铺垫，红颜直入江山，董小宛的美丽、柔情、才气、宏阔依旧，然而全置入洪承畴、多尔衮、孝庄太后、顺治帝的权力斗争之中了，小宛入宫、顺治驾崩、承畴叛汉等情节均与历史有异，然而在董小宛的一腔襟怀中，都可转圜释然。而在一种新的历史可能性与人生可能性的推演下，董小宛竟能直接置身于权力斗争的漩涡，当面酒鸩豪杰多尔衮，更是将红颜红泪与江山刀剑直接触碰，迸发出别样的紧张、胶着和豪放来，令人神往。

《柔福帝姬》捧出花团锦簇的李明妃、秦少游和周邦彦，不想，却很快宕开一笔，将浓墨泼于高世荣和赵瑗瑗这一对才子佳人身上，久久不散，历史烟云顿消，仿佛天地一下子简化为自古以来不过就是青春、才情、美爱与誓言了，然而，董千里又很快将梁山泊、靖康耻、岳宣抚、赵康王等众多人们熟知的典故与任务绘出，弦音顿紧，一册小书顿时摇荡起来，直至九州不足盛放，每隔一段情节，辄可见作者对于各种可能性的探索，实可谓用心良苦。

《玉缕金带枕》说的是“三曹”与美女甄氏的故事。父子三人争抢一个有夫之妇，曹操心中早存觊觎甄氏美色，可曹丕亦有此意，曹操虽有些心疼，但也还是顺了长子的心愿。曹植七步成诗，可谓独步天下，但是他与自己嫂嫂甄氏互相爱慕，情投意合，恨不能日夜相守。然而甄氏乃其兄长曹丕妃子，这种感情既悖伦违理也碍于魏文帝权势，因此二人终未敢越雷池半步。其结果，甄氏相思成疾，抑郁而终，死后化为洛水之神。活着不能相依，死后也要相会，于是这两个多情的男女便在梦中相会了……

金庸在《明报月刊》著文说：“《玉缕金带枕》读起来似乎并没有过于明显之处，然而到了曹植梦洛神一节，直可称最动人文字，最感情漠漠的人、最铁石心肠的人也会为之动容，那一刻，文字、爱情都不再软弱，而与政治、军事有了同等的力量……”董千里“从文学角度，将一二历史可能性的灵感思维与文学情节推演完美结合，不注重历史真实性，作品情节发脉于存疑历史细节而自圆其说，情感描摹与智谋构筑都能入木三分，足见作者对于人生、世界、历史和社会观察、体悟之深”。“董千里的文字，颇有古意。这些历史小说虽写作于六七十年代，但较之现在的所谓历史小说不知胜出多少。如《玉缕金带枕》一书，写甄氏与曹氏父子三人之间的情感纠葛极细腻入神，即使是一些情欲描写也极具古典小说风韵，并不一味地写性欲，而是通过文字引人无限美好的遐想。”

90年代，《明报》最早的总编辑潘粤生写了武侠小说《司马卓传奇》，董千里和金庸为之作序。董千里认为，自从50年代初，香港的金庸等人为武侠小说开出前所未有的新天地，其中侠士也就不断地推陈出新，不再受传统模式的束缚。连武功方面也不再拘泥于传统招式，以“艺术的真”取代了“事实的真”，作者和读者都丢掉了头巾气，书中人物自然也不必再受条条框框的规范。

董千里去世于2006年6月。金庸谈论起这位亦师亦友的老报人，感慨地说：“用‘和而不同’来形容董千里亦颇恰切，如果要加一句，我必定选‘威而不猛’。目如鹰，鼻如鹰，其相独特，何其威雄哉，但其人不猛，虽挥剑而舞，始终是一介书生而已！”

“在徒弟当中我最喜欢金庸”
——金庸行过大礼的棋师聂卫平

聂卫平是中国围棋史上唯一正式获得“棋圣”殊荣的人，他是金庸的围棋老师，金庸行过大礼。他俩和林海峰、沈君山共同发起举办了“炎黄杯”名人围棋邀请赛。

聂卫平对金庸的欣赏，完全是在棋盘之外。他说，“在徒弟当中我最喜欢金庸，虽然他的棋是我徒弟里最臭的”。

金庸则喜欢聂卫平的性情，“至于他喜欢打牌与喝酒，我觉得一个人性格是这样，劝不过来的，我自己的性格也是这样”。

1

1983年，聂卫平正在广州进行“新体育杯”的卫冕战，突然有人转告他，金庸要在从化拜他为师。

几年前，聂卫平听说金庸是一个不折不扣的围棋迷，在他的小说里经常有关于围棋的描写，甚至还把棋子当成大侠的暗器，甚为有趣。不仅如此，20世纪80年代，金庸时常把书送到国家围棋队。年轻国手每天躲在被子里，打着手电看他的书。聂卫平便向队友借了几册金庸小说来读。金庸得知后，特意从香港寄了一套小说给聂卫平。聂卫平虽然读过他的小说，可并不认识他，今天他怎么要拜他为师了呢?

聂卫平以为他不过是想跟他学学棋，而且也想认识金庸，于是就赶到了从化。

一见面，金庸真的就要像他在小说里描写的那样行大礼，三叩九拜，举行拜师仪式。金庸比聂卫平大20多岁，这让他怎么受得了。聂卫平大大咧咧，不客气地说：“鞠三个躬就行，现在不是古代了。”金庸果真照做，恭恭敬敬鞠了三个特别深的躬。就这样，聂卫平成了金庸的老师，金庸一见到聂卫平就以“师傅”相称。[①]两人也就成了很好的朋友。

“此后，一有机会就跟他下棋，不过他的水平……这么多年没什么提高，还是在很业余的阶段徘徊，还好他不怪我这个师傅。有一回，我跟林海峰一起跟金庸先生下棋。开始我和金先生搭档，他走一步接着我走一步，对阵林海峰，我们没有赢。之后金先生和林海峰搭档走棋，也没有下赢我……”聂卫平与人说。

经常让聂卫平手足无措的是，每次金庸与他下完棋，都要从口袋里拿出一个小信封，必恭必敬地双手呈上，里面装的是或多或少的指导费。“不收都不行，金老态度特别认真，他认为职业棋手以此为生，不收学费便是破了规矩。”聂卫平说。

不仅如此，金庸还有一个爱好，只要是棋力比他高的棋手，有机会金庸都要拜于门下，而每次拜师，全是仪式庄重，要行拜师礼，并恭敬地奉上礼金或礼品。“有一次，金老一看常昊，喜欢得不得了，拉着就要拜为师傅，我就暗自叫苦，常昊是我的徒弟，金庸也叫我师傅，现在他要拜了常昊，岂不是乱了我们的辈分？好在江湖人士都知道金庸的师傅多，不会取笑于我。”如今，金庸的师傅可谓遍天下，据说加起来百段都不止。

1984年，“新体育杯”的决赛在香港金庸的家中进行。金庸知道聂卫平爱吃螃蟹，专门在家里设了螃蟹宴。这顿饭，从下午5点一直吃到晚上10点半，聂卫平一共吃了13只螃蟹，金庸一直在旁边陪着。那天，有两个菲律宾佣人对聂卫平稍有怠慢之意，第二天，金庸的太太就把她们“炒”了。[②]

金庸和沈君山也是很好的朋友，由金庸介绍，聂卫平认识了沈君山。1987年夏天，聂卫平和沈君山在香港参加“应氏杯”青少年围棋比赛，香港方面知道他俩喜欢打桥牌，特意安排了一场桥牌比赛。那时，大陆和台湾的关系正处于微妙时期，而沈君山是台湾对大陆决策机构的重要人物，而且时有传闻他可能出任台湾当局的重要职务，所以，聂卫平和沈君山两个搭档打桥牌成了很敏感的一件事。

比赛那天，沈君山对记者讲了一句话：“政治是随时都有可能发生变化的，而围棋和桥牌是不会变的。”聂卫平以为他讲得很好。据说，这话传到蒋经国那里，蒋听后勃然大怒，说沈君山被聂卫平“统战”了，下了一道手令：沈君山这人永不录用。这件事使沈君山受了很大的连累，聂卫平多次问他，“是否和我接触，对你仕途上的影响很大？”沈君山说他不在意这些，他还讲

① 郭婷婷：《三九段神侃金庸》，《北京青年报》2004年2月7日。
② 聂卫平：《围棋人生》，转引自《棋艺》2017年7月20日。

了金庸小说中的一个故事，有两大对立的教派，其中每个教派都有一名担任高级职务的人，虽然教派之间杀得你死我活，这两个人却是知音，经常悄悄地跑到一块儿谈论音乐。他的意思是他们两人之间的接触交往，将来历史会证明是非常有远见、也非常纯洁的，绝不像有些人说的那样是“捞取政治资本”。后来，他们经常一起搭档，参加各种桥牌比赛，成了莫逆之交。

有一次比赛后，聂卫平对金庸说：“你的介绍，让我认识了沈君山，你的小说让我和沈君山成了知己。”金庸则说：“让我们成为知己朋友的是围棋，中国的围棋。”

金庸这样评说他的围棋老师：“聂老师的性格能看得出来，他的上进心很强，任何有竞争性的、有胜负的比赛他都喜欢。围棋很讲究随机应变的，聂老师的棋就是中国传统的，与人对杀时经常杀得昏天黑地，日本人很怕他，叫他聂旋风。下棋与武侠是两回事，武侠讲风度，围棋就不能让，一定要杀到底的；武侠讲正义，围棋没有什么正义非正义，讲究技艺高超就行了。”

2

2000年4月下旬，作为浙江大学人文学院院长的金庸来到杭州，聂卫平因为中央电视台为他拍摄一部名为《围棋人生》的专题片，也由郑州赶到了杭州。

在浙大金庸的办公室，两个老朋友一见面就叙起了“旧情”。金庸说，他与国内和日本的许多围棋高手，如武宫正树、林海峰、大竹英雄等都有往来，同时，他也多次受到好友聂卫平的指点。金庸说，每次下棋，聂卫平总是让他四五子，并且手下留情，开局时多照顾，杀到好处，便住手了。“否则，我可就颗粒无收了”，金庸谦虚地说。

说话间，有人摊开了棋盘棋子，要两人当众厮杀一番。于是，被誉为武侠小说“一代宗师”的金庸很老实地依次在天元和星位上放下5颗黑棋。聂卫平于是快速“挂角”，大侠则以“尖顶”应对。在棋盘前，金庸显得有点儿拘谨，不像在学子面前那样谈笑风生，倒是聂卫平不时地称赞“下得好”。

因为都有要务在身，这场对抗不得不暂告一个段落，聂卫平建议择时再战，并总结性地点评发言：“下得好，直到现在白棋的劣势尚未化解。”

2001年8月初，金庸与聂卫平一起来到天山，在美丽如画的天池“论剑”，是为了出席“炎黄杯”名人围棋邀请赛的开幕式。金庸曾经在《笑傲江湖》中描写一段天池“呕血谱”，显示出他在围棋和文化方面的深厚底蕴。

开幕式上，谈到围棋文化，金庸更是滔滔不绝：“围棋是从上古流传下来的古老游戏。”“围棋不像中国象棋和国际象棋那样以杀子为重，而带有中国古代哲学的平和色彩。”“围棋讲究对弈双方互相调和。”“新疆是中国多民族聚居的地方，围棋是一种不需要语言文字的文化交流。”“古人说以棋会友。两盘棋下来，对弈双方就可以成为很好的朋友，好朋友之间就没有什么事情讲不通了。”

或许，金庸的“围棋平和论”也影响到了参赛的各位棋手，尤其是以稳健棋风著称的聂卫平。随后，分别以“大侠”和“棋圣”为首的“炎帝队”和“黄帝队”进行了一场友好联棋比赛。六十手棋过后，聂卫平宣布不分胜负，他还称赞了棋手们表现出的平和。“天池论剑”就在这样没有刀光剑影的平和氛围中画上了句号。

有人问聂卫平，金庸的棋艺究竟有多高？聂卫平说，说个小故事吧，在丽江，三个高手加在一起，与金庸一起对弈一个高手。当时就像跷跷板一样，我们下一步，起来啦，金庸下一步，就下去了，和过山车差不多。年过八旬的金庸下的是快乐围棋，并不在乎胜负。

3

1993年起，聂卫平开始带徒弟，他的第一批弟子包括常昊、周鹤洋、王磊、刘菁。当时这些棋手都只有十六七岁。1997年年底，他又收了王煜辉、刘世振、古力、刘熙四个新徒弟，除此以外，还有不少小棋手有着聂卫平弟子的名分。在如此众多弟子中，老聂最满意的又是谁？聂卫平的回答多少有点出人意料。“我那些徒弟都差不多，没什么特别的。”老聂说，他最欣赏的，还是自己的“外家弟子”金庸。

当然，聂卫平对金庸的欣赏，完全是在棋盘之外。金庸对围棋的涉足最早可以追溯到20世纪30年代。当时他就已经在香港围棋界小有声望了，经常用笔名发表一些颇有见解的评论文章，自己的棋艺也颇佳。不仅如此，金庸还不惜重金收藏围棋棋盘、棋子及其他棋具。聂卫平听说他曾花数百万港元买了一个棋盘，便上金庸家去观赏。金庸向聂卫平介绍：“榧木棋盘最名贵，棋敲上去，棋盘会微微下凹，这样棋子便不会移动。收盘时，用毛巾醮热水一擦又会恢复原状。”说着，两人在这个棋盘上对弈一番。

1993年3月19日，金庸第三次成为中南海的座上客，在会谈后，丁关根在钓鱼台国宾馆宴请他，特地请了聂卫平作陪。在宴会中，丁关根问聂卫平：“你有几个围棋弟子？”聂卫平答：“最好的弟子是马晓春，但真正拜过师的只有查先生一位。”丁关根说：“你怎么叫徒弟为查先生？”聂卫平回答：“我崇拜查先生的小说，他的年纪又比我大得多，我们是两头大。”丁关根又问：“查先生的围棋在香港是不是最好的？”聂卫平沉吟半晌才说：“在香港知名人士中第一。”众人大笑。但金庸自言，“这句外交辞令其实还不是很准确，即使在香港知名人士之中，我的围棋也决非第一”。[1]

出于对围棋的酷爱，1999年，金庸和聂卫平、沈君山、林海峰等发起“炎黄杯”名人围棋赛。

2001年8月，金庸到贵阳参加“国际围棋文化节”。一下飞机，他就和围棋节组委会主任、贵阳市委副书记辛维光“杀”了起来，聂卫平在旁观战。金庸常使出后发制人的招数。聂卫平感叹：“降龙十八掌，最后一掌最厉害。”说起自己的围棋水平，金庸说：“我很喜欢围棋，但是水平很低，连小孩子都下不赢，有人曾为我题字‘良光’，我的理解就是下棋全输光。”

金庸最大的贡献，聂卫平认为是“对围棋支持很大。武侠小说里相当于在作普及，还赞助了许多比赛，我都去过几次”。中国围棋队每次赴港参赛，金庸几乎每次到场迎接。中国围棋协会为了感谢金庸对围棋事业的这份热诚，特授予他荣誉六段称号。

2017年1月4日下午，年逾花甲的“棋圣”聂卫平迎战横扫网络的“网红旗手”Master，结果以7目半落败。在对弈结束后，Master还打出了一句话：谢谢聂老师。至此，Master已取得惊人的54连胜。

据说，金庸在家观看了这场人机大赛的直播，只说了四个字，“没有意思”。

① 费勇、钟晓毅：《金庸传奇》，广东人民出版社2000年版，第66页。

第三章 武林盟友

从通俗小说来讲，武侠小说曾经长期为主流文坛所不屑。金庸小说扭转了这一局面，其作品固然有一些武侠小说的套路，如报仇、寻宝、江湖派系恩怨等，但主人公并非无所不能的大侠，如郭靖面临家仇国恨困境，杨过面临情感伦理困境，乔峰面临身世困境，正是这些主人公的困境，才使得他们身上的侠义凸显，更能打动人心。无论是季羡林、陈平原，还是沈西城、陈墨，不约而同地认为，金庸小说不仅继承了武侠传统，汲取中国历史文化营养，还借鉴了西方文学经典、中国现代文学名著，才成就了一座武侠高峰。

凡是江湖儿女无人不读金庸，但是，只有对小说中的一言一景、一招一式如数家珍者，才堪称金学专家。

⌘ 金庸的江湖语录 ⌘

⌘ 现实社会人与人之间有阶级、背景、贫富、利益等种种鸿沟，获得推心置腹的知交谈何容易。或许是我过分重视友谊，以致不能想象在友谊之外还有什么更高尚的伦理的与美的情操。我始终认为，友情是人生最大的安慰，而广交天下寻觅志同道合的人，怀着诚意和尊敬去结识各式各样的新朋友，乃是一大乐事。

——在湖南岳麓书院“千年论坛”的演讲

“金庸小说研讨会”的荣誉顾问
——语言学家季羡林

如果在20世纪末，在北京大学，只要向任何一个人提问：“你喜欢读什么书？”他会毫不迟疑地告诉你：“《牛棚杂忆》。”如果再问他：“你最敬佩的北大教授是谁？”他同样会毫不迟疑地回答说：“季羡林。”从香港来到北大访问的金庸就曾这样回答过提问。

季羡林说过，他需要老朋友，需要素心人。“在我为数不多的朋友里，都是君子之交淡如水的。”季羡林和金庸“淡如水”的友谊，是两位著名文化人之间的友谊，体现着一种沉重的文化承载，更反映了那个时代知识分子鲜活的文化灵魂和人格魅力。

1

季羡林比金庸大了13岁。季羡林出生那一年，中国还有皇帝。宣统三年闰六月初八，即1911年8月2日，他生在山东省西部最穷的清平县（今聊城临清市）官庄村。

金庸初到香港在《大公报》谋职时，季羡林因为精通12国语言，在语言学、文化学、历史学、佛学、印度学和比较文学等方面都有很深的造诣，早已声誉鹊起。他早年求学于德国哥廷根大学，学的是偏僻冷门的印度学，研究梵文、巴利文，归国之后，在陈寅恪的推荐和当年北大代理校长傅斯年、文学院院长汤用彤等人的赏识下，季羡林被聘为北大教授，创建了北大东方语言文学系。当金庸开始写作武侠小说并创办《明报》时，季羡林正以中国文化使者的身份出访印度、缅甸、东德、苏联、伊拉克、埃及、叙利亚等国家，他的学术成就最突出的表现在对中世纪印欧语言的研究上颇多建树。

季羡林与金庸何时相识？怎么相识？还没有看到明确的记载。然而，两位文化人之间的文字交往，早在20世纪六七十年代就开始了。在不适宜的年代里，季羡林写了三篇纪念印度诗人泰戈尔的文章，在内地文坛均遭封杀，而金庸任总编辑的《明报月刊》却最早予以刊登。

季羡林的这三篇文章究竟有什么“犯禁”的问题不能在内地发表呢？说起来是一件令人啼笑皆非的事情。1961年是泰戈尔诞生一百周年，各国都开展了纪念活动。人民文学出版社也出版了一套十卷本的《泰戈尔作品集》。季羡林参加了这项工作。同时，他在半年间写了《泰戈尔与中国》《印度文学在中国》《泰戈尔的生平、思想和创作》三篇长文，介绍了印度大诗人泰戈尔的作品对中国作家的影响，还介绍了泰戈尔1924年访华的盛况，对泰戈尔的思想和作品进行了详尽的分析，并且提出了自己的看法。然而，在那个极“左”思潮泛滥的年代，正是阶级斗争要天天讲、月月讲、年年讲的时候，报刊上每天都在大张旗鼓地批判“资产阶级人性论、人道主义”，而在泰戈尔的作品中，除了有反帝反殖的“金刚怒目”的一面，还有赞扬母爱、童心、人类之爱的“菩萨慈眉”的一面。季羡林写文章宣扬泰戈尔自然是“犯禁”了①。

还有一个更敏感的问题，也妨碍了季羡林文章的发表，就是泰戈尔1924年访华这件事跟金庸的表哥徐志摩有关。1924年4月12日印度诗人、诺贝尔文学奖获得者泰戈尔应北京大学之邀来华讲学并访问，作为翻译的徐志摩一直陪伴在他身边，两人结成了忘年交，徐志摩写有《泰戈尔来华》《泰戈尔》等散文。后来，徐志摩更引借“新月”的含义，将自己主持的诗社和诗刊命名为“新月”——泰戈尔出版有诗集《新月集》。然而，1924年我国文坛上正在开展一场所谓“两个文化阵营的斗争”。“新文化阵营”指左翼作家，“旧文化阵营”则指胡适、徐志摩等“右翼文人”。一些左翼作家曾著文委婉地批评泰戈尔的思想和作品，金庸的表哥徐志摩因为写了《泰戈尔》一文也被鲁迅讽刺了一番。60年代初，泰戈尔访华时对立两派的代表人物大都健在，作为“新月派”代表人物的徐志摩正遭遇着批判，而季羡林文章的一个重要内容便是介绍和评论泰戈尔访华这件事。这样一来，季羡林的文章遭到“封杀”，也就顺理成章了。

最早让“被毙”三篇文章“复活”的人是金庸，而牵线人则是季羡林和金庸共同的朋友饶宗颐。饶宗颐比季羡林年幼6岁，是广东潮州人，1949年移居香港，在香港大学中文系任教授，于考古、甲骨文、金石简帛、敦煌学、诗词书画等领域均有卓越建树，被视为一位百科全书式的学者。饶宗颐与季羡林相识数十年，两人在语言学、中西文化交流等方面研究颇有交集，惺惺

① 班固志：《季羡林与泰戈尔》，《南亚研究》2008年第1期。

相惜，“北季南饶”已成学界佳话。季羡林说他“心目中的大师就是饶宗颐”，金庸说“有了饶宗颐，香港就不是文化沙漠”。1965年1月，《明报》旗下的《明报月刊》创刊，金庸亲任总编辑，向饶宗颐组稿。饶宗颐在写给季羡林的信中，介绍了金庸和《明报月刊》，并代为索取文稿。多年后的70年代末，季羡林从“牛棚”回归北大不久，将三篇与泰戈尔有关的文章寄给了饶宗颐，饶又转递给了金庸。

季羡林在给金庸的信中写道：“我于1924年夏季在济南首次目睹泰戈尔的风采。当时年龄幼小，还无从明白一位来自遥远国度的诗人的意义，但却出于好奇而前往讲堂聆听泰戈尔的演说。他的白发从前额两侧轻柔地垂下来，太阳穴下面的鬓发亦长似两丛胡须，与他面颊上的胡髭连为一体，一直延伸到他的长髯之中，所以他给当时还是一个少年的我留下了类似古代东方圣人的印象，在内心深处认识到泰戈尔是一个不同凡响的诗人和思想家。到了高中阶段，我开始读泰戈尔的作品，曾翻译过泰戈尔的诗，还模仿泰戈尔的诗体写过一些小诗。后来，我又走上研究印度语言、文化的道路，这使我对泰戈尔的思想和作品的理解，比一般人更为深刻。曾阅读过泰戈尔的主要理论著作和作品，这不但是因为我喜欢读泰戈尔的书，而且研究泰戈尔已经成为我的份内工作。”季羡林作有八篇评述泰戈尔的长文，翻译了《泰戈尔名作欣赏》等若干作品。

1980年的第3号、第7号、第11号《明报月刊》分别刊登这三篇文章。同年，《季羡林选集》由香港文学研究社出版，这三篇文章收入其中①。

1987年，76岁的季羡林应邀参加在香港中文大学举行的“国际敦煌吐鲁番学术讨论会”。闲暇时，他特意赴金庸寓所拜访。初次见面，时间很短。两人由泰戈尔谈及徐志摩、许国璋。季羡林说：“我交了一辈子朋友，其中有机遇，有偶合，有一见如故，有相对茫然。友谊的深厚并不与会面的时间长短成正比。往往有人相交数十年，甚至天天对坐办公，但是感情总是如油投水，绝不会融洽。天天‘今天天气，哈，哈，哈！’天天像英国人所说的那样，像一对豪猪，必须保持一定的距离，天天在演‘三岔口’，到了成不了真正的朋友。反观我同国璋兄的关系，情况却完全不同。我们并不在一个学校工作，见面的次数相对说来并不是太多。我们好像真是一见如故，一见倾心，没有费多少周折。我们也都并没有清晰地意识到，我们终于成了朋友，成了知己的朋友。”许国璋也是语言学家，跟金庸同为浙江海宁人，在北京外国语大学任教。

① 张曼菱：《季羡林：“为自己不是右派而愧疚”》，《长江文艺》2016年第23期。

金庸也是个极重友情的人，他对季羡林说："我的小说是讲男人间的情谊，友谊对我来说是第一位的。"

季羡林和金庸不仅借鉴弘扬了泰戈尔的和谐思想和理想，而且赋予它们新的境界与意义。季羡林选择散文作为自己发表见解和指导青年一代走上善与美之路，金庸则通过武侠小说这一媒介宣扬"侠之大者，为国为民"的民族道义，两人同时既有慈悲菩萨的一面，又有怒目金刚的一面。

2

1994年10月，北京大学授予金庸名誉教授。

金秋，金庸走进了位于北京大学朗润园十三公寓的一幢老宅，季羡林在门口相迎。那天，黄了很久的银杏叶，在飒飒秋风中萧萧而落，吹起老人满头白发。两位老人各自撇开陪护，互相搀扶着走进宽大的堆满书籍的书斋。

金庸是前一天到达北京的，得知北京大学唯一的终身教授季羡林住在朗润园，便登门拜访来了。

这一年，季羡林主持校注的《大唐西域记校注》、译作《罗摩衍那》获中国第一届国家图书奖；赴曼谷参加泰国华侨崇圣大学揭幕庆典，被聘为该校顾问；获中国作家协会中外文学交流委员会颁发的"彩虹翻译奖"；任《四库全书存目丛书》主编纂；先后担任《传世藏书》《百卷本中国历史》等书主编。

落座后，金庸打听起对方的童年往事。"听说您出生在山东农村，小时候的生活十分艰苦。"

季羡林说："我6岁离开山东农村老家官庄。祖父祖母死得早，父亲兄弟三个，一个送人了。父亲与叔叔相依为命，在家没饭吃，就去枣林拾落在地上的枣吃。兄弟俩后来去济南闯天下，混不下去又回到乡下。再后来叔叔闯关东混得还是不好，买彩票却中了奖，一下子暴富了，可没多久就挥霍没了。我就是在又穷了的时候出生的。"

按理说，大师的童年都风光无限，天赋高，家教好，成绩优异，自有上天眷顾，人生就像开挂一样。但季羡林不是，季羡林不但普通，甚至还有点笨。按季羡林的说法，他读书时，就从未考过第一名，只是中上水平，甚至因为珠算打得不好，还挨了板子。挨板子就算了，还上课偷偷看小说。桌子上面摆着课本，桌子下面却摊着小说，甚至连《金瓶梅》都拿来了，老师在上面苦口婆心，吐沫横飞，季羡林却直瞪着西门大官人的巫山云雨而想入非非。

难怪考试的时候，季羡林的数学只考了4分，原来都是《金瓶梅》给害的。

或许正是那种宽松的环境，不用为考试所累，才让季羡林有更多的时间和机会，去培养自己的兴趣与爱好，去挖掘那颗深藏内心的文化火种。

高中毕业后，季羡林考上了清华，选择了最火的西洋文学系，并有幸结识了恩师朱光潜和陈寅恪。也正是陈寅恪，让季羡林爱上了佛教史。1946年，留德十年的季羡林终于归国，在恩师陈寅恪的推荐下，任教北京大学。恰巧遇到胡适和陈垣在论剑。几十年后，胡适退隐台湾，曾跟手下的学生讲："做学问，应该像北京大学的季羡林那样。"这句话算是对季羡林最好的总结了！

金庸说："您在清华大学念书的时候，陈寅恪先生是您的老师。陈寅恪先生也是我崇拜的历史学家，有一次到香港中文大学做报告，我说是陈寅恪先生的私淑弟子。"所谓"私淑弟子"，指的是"未能亲自受业但敬仰其学术并尊之为师"。

季羡林接口说："我是1930年入清华西洋文学系，研习莎士比亚、歌德、塞万提斯等西洋名家，此后到德国哥廷根大学，一头钻进了梵文、巴利文和吐火罗文的故纸堆，而这个转变来自寅恪先生的影响。那是在清华时旁听陈寅恪的佛经翻译文学，渐渐地萌发了对佛学的兴趣。说也巧，在哥廷根大学，我师从的瓦尔德·施米特教授，恰恰是陈寅恪在柏林大学攻读时的同学。如果没有陈寅恪先生的影响，我不会走上现在的这一条治学道路，也同样来不了北大。他对我有提携和知遇之恩。"

金庸特别崇尚陈寅恪的一句名言："不求学位，只求学问"，后来，到剑桥读书，他自称"志在求学，而非为求学位"。有一年，他在天津观看京剧汇演，见有一位"样板戏"大师登台，金庸即时退场，对记者表示："学问好不好不重要，人品要紧，要有风骨。'文革'时看到很多人向权势跪下来磕头，这种人学问再好也没用。陈寅恪先生就讲，做学问最重要的是人品，要讲真话。"

季羡林的书斋很大，大小房间，加上过厅、封了顶的阳台，共有八个大小单元，藏书甚丰。书架上有一套北京三联书店出版的《金庸作品集》，是金庸于两个月前才寄赠给他的。

季羡林说自己也是个"武侠迷"，高中之前比较贪玩，喜欢看三侠五义等武打小说，希望成为绿林好汉，杀富济贫。光看书不行，他还真练过。在装满绿豆的大缸里插手，练了几天，手都练出血来了；还练隔山打牛。他看得最多的是《水浒传》《三国演义》。后来金庸的小说出来了，他一本本地都翻看过。①

由读书谈到了北大。季羡林说，从80年代起，金庸小说一直是北京大学内持久不衰的热门话题。许多北大学子不论文科、理科都对金庸小说如醉如痴。不仅学生爱读金庸，许多教师包括一些著名教授也是“金庸迷”。中文系把金庸小说艺术的研究正式纳入教学科研体系，在全国高校中率先开设了“金庸小说研究”选修课。一些教师每年都在校内外进行有关金庸小说的学术讲座，相继推出了一系列颇有学术分量的武侠小说研究与金庸小说研究论著，如陈平原教授的《千古文人侠客梦》、严家炎教授的《金庸小说论稿》等。这几年，中文系每年都有不止一名毕业生以金庸小说研究作为毕业论文内容。

这次见面，两人从中午聊到了晚上九点多，晚餐也是在书斋里用的。

1999年春，金庸收到季羡林的签名书，那是中共中央党校出版社刚出版的《牛棚杂忆》一书。这是季羡林的“文革”回忆录，以幽默甚至是调侃的笔调讲述自己在“文革”中的不幸遭遇。《牛棚杂忆》薄薄的一本，还不到20万字，与季羡林等身的著作相比，只能算“小菜一碟”。可是，该书出版以后，洛阳纸贵，引起巨大社会反响。一时间，京城内外，全国上下，出现了人人说“牛棚”的奇特社会现象。金庸很欣赏季羡林对“牛棚”一词的发明。季羡林则说：“在北大，‘牛棚’这个词儿原来并不流行，叫做‘劳改大院’，有时通俗化称之为‘黑帮大院’，含义完全是一样的。”季羡林发明的“牛棚”一词更生动，更具体，因而在老百姓嘴里就流行了起来。

2000年，印度总统K.R.纳拉亚南访问北京大学，向北京大学图书馆赠送泰戈尔半身铜像，季羡林应邀作为主宾出席仪式。一位记者得知季羡林和金庸、饶宗颐的文字因缘后，问季羡林：“香港是饶宗颐厉害，还是金庸厉害？”季羡林笑了笑，巧妙地回答：“唐代诗人有诗仙诗圣，我问你，究竟是诗仙李白厉害还是诗圣杜甫厉害？我可以告诉你，李白和杜甫两个是好朋友，在诗坛上不分仲伯，只是风格不同。”②季羡林解释说，金庸和饶宗颐，两位同在香港，都是有大学问的学者，差异在于一个是研究学术，一个是文学创作，路子不同，自然就风格不同。一定要比较的话，金庸就像“李白”，饶宗颐好比“杜甫”，两者有互补精神。季羡林是比较文学的倡导者，常拿古代诗人作比较。

2000年11月2日，金庸应邀参加由北京大学、香港作家联会共同主办的

① 《季羡林日记》第一卷，江西人民出版社2014年版，第186页。
② 唐师曾：《季老往事》，新华社专稿1995年8月2日。

“北京金庸小说国际研讨会”，季羡林担任这次会议的荣誉顾问。开幕式上，季羡林和金庸紧挨着坐在主席台上，受到了北大学子的格外关注，他俩的一颦一笑成为台下慕名赶来的学子们议论的话题。

研讨会开了四天，金庸听说了几则故事。

1935年，季羡林来到德国哥廷根大学留学，房东女儿名叫伊姆加德，时年23岁。1937年，季羡林开始写博士论文。论文在交给教授之前必须打印成稿，这可难住了季羡林，因他买不起打字机，更不会打字。几天后，伊姆加德首次造访季羡林：“我父亲的工厂淘汰了一部打字机，而我正好想练习打字。”季羡林高兴得跳了起来，他窘迫地问：“你不会要很高的报酬吧？我可是个穷学生。”伊姆加德笑了：“我要的报酬，是让你陪我走遍哥廷根。”接下来的四年，季羡林在伊姆加德帮助下完成了数百万字的论文集。一天，两人相约去森林咖啡屋，伊姆加德突然问季羡林：“当我们70岁时，你还会带我来喝咖啡吗？”季羡林立即明白了对方的爱意，低头不语。

经过无数次痛苦的思量后，季羡林作出了选择——回到中国去。那天凌晨三点，论文终于打完了，季羡林对伊姆加德说：“累了吧，让我帮你揉揉肩。”他按在她双肩的手有些颤抖：“我要离开了。我的祖国需要我。”伊姆加德哭着央求：“留在这里好吗？我也需要你！”季羡林仰起脸不让泪水流出来，他痛苦地摇了摇头：“我要回到祖国去。将来，一定会有一个比我更好的呵护你一生的男子出现的。”伊姆加德没有再说什么，然后在论文稿的最后打上了一行字：“一路平安！请不要忘记。”

2000年，一位女导演拍摄季羡林传记片，专程前往哥廷根打听伊姆加德的下落。依然是那个地址，开门的是一位满头银发的妇人。她笑盈盈地向来客问好。女导演激动地问：“还记得六十多年前那个中国留学生吗？”她迟疑片刻，潸然落泪：“是季羡林吧，我一直在等他。他还好吗？”得知季羡林尚在人间，而且是德高望重的国学大师时，伊姆加德欣慰地笑了：“我一直在等他回来，我的手指依然勤快灵活呢，我还能打字！”

这是一个荡气回肠感人肺腑的爱情故事。当金庸从季羡林口中得到证实，便脱口而出：“你做的比我写的小说还美丽啊！为了等候您，这个德国女孩支付了一生的光阴和爱情。”

金庸在北大住了八天，与季羡林朝夕相处，有时一盏“泡子灯”照着两人彻夜长谈。

3

季羡林从2003年起长住北京301医院。2007年6月18日上午，金庸前来探望。

香港《明报月刊》报道说：“走进北京301医院的病房，第一个映入眼帘的，是一双平摆在一张小矮桌子上洁白细致的手。再往上移，见到的是仁慈、亲切的脸孔，他的腰杆笔直地坐在木椅上，虽然已届96岁高龄，但你感觉到他的灵魂是年轻的，他的思想是丰富的。”

有客人来，季羡林正襟危坐。提起武侠小说，两人谈兴颇浓。

什么是中国的侠呢？金庸说：“中国的‘侠’（繁体写作‘俠’），下面是两撇，是两个人在打架；路见不平，拔刀相助，在中国人看来天经地义。西方人不如此看，他们崇尚拳头里出真理，力大者为王。”

季羡林是不赞成“弱肉强食”的。他说：“中国人的传统美德之一就是助人为乐，路见不平，拔刀相助。故带刀的人就不会是我们平常所讲的白面书生，即带刀就与武术有关，中国古书上常常有侠这个字，我想，侠就是带刀的侠客。”①

季羡林的家乡临清，侠客很多，他们杀富济贫，仗义执言，这种响马的风格影响到季羡林的父亲季嗣廉。其实，季嗣廉一辈子是农民，本来没有见过什么大世面，但是炫耀却是天生的本事。他逢集必赶，到集上，他拿出钱来谕告：今天来赶集的午饭，我请了。集市搭了棚子，下雨天避雨，晴天在里面唱戏。不仅本村的乡里很多人吃过他的宴请，外村被请客的也不算少。他这一掷千金的风格，在绿林好汉那里，有了“季七爷”的好名声，属于仗义疏财的人物，和“侠”同类。这样，慕季嗣廉之名去赶集的人越来越多，他请客的范围也越来越大。天长日久，手中积存的那点银子不但全部花光，还欠了人家的钱。没办法，60亩良田被 亩 亩地卖掉，房子整个地卖。季家的财富如同过眼烟云，来得快，去得也快。

季嗣廉的侠气远近闻名，去世十多年以后，季羡林还从别人口中听到了父亲的侠名。季羡林说：“从中国文化的传统来说，我们也是不讲弱肉强食的。中国宋朝思想家张载在《西铭》中说：‘民，吾同胞；物，吾与也。’民，都是我的同胞兄弟；物，包括植物都是我的伙伴。这就是中国的思想。”

在他看来，中国侠文化的精髓就是“和”。自古以来，中国人主张“和谐”，“礼之用，和为贵。先王之道，斯为美”。

① 卞毓方：《一位文化老人的“和谐观”》，《人民日报》2007年7月27日。

季羡林说："我们讲和谐，不仅要人与人和谐，人与自然和谐，还要人内心和谐。""关于和谐，我目前正在写一篇文章，题目就叫《漫谈和谐》，岁数大了，慢慢写，不着急。"这些年来，"和谐"一直是他思考的话题。他十分推崇钱穆的"天人合一"观，说："我很喜欢陶渊明的四句诗，实际上这也是我人生的座右铭，即：'纵浪大化中，不喜亦不惧。应尽便须尽，无复独多虑！'我觉得这首诗中就充分展现了顺其自然的思想。我觉得'顺其自然'最有道理，不能去征服自然，自然不能征服，只能天人合一。要跟自然讲交情，讲平等，讲互相尊重，不要讲征服，谁征服谁，都是不对的。""我也喜欢金庸小说。在金庸的小说里，大凡真正的大侠都有自己的独门功夫，即便是本门派传承下来的，到了大侠手里也都有所发扬，比如令狐冲，比如张无忌，比如杨过，都是如此。用现在的话说，就是要有所创新。而这些真正创新的大侠，在过招之际又每每是手中有招，心中无招。"

听说季羡林担任2008年北京奥运会文化艺术顾问，金庸说："奥运会在北京，作为东道主，我们要把中国文化中美好的一面向全世界充分展示出来。"

"是啊，这是一个扩大中国文化影响的绝好机会。办好人文奥运，不是建几座模仿外国的大楼，而是对中华民族文化的传承和发扬。"季羡林说，"我建议在开幕式上将孔子'抬出来'，因为他是中国传统文化的典型代表。"

下午，金庸来到北大，参加国学院成立日纪念活动，并作演讲。一开口就说："今天上午我去医院探望了季羡林先生，我们谈论了'侠'。……中国的学问博大精深，外国人不太懂，也不太重视我们。国学，就是中国的文化，中国的文化高深莫测，无穷无尽。对于几千年来的文化积累，如果我们要用新的方法来研究，必然前途无穷。对于北大的学生，无论是学物理，还是学数学，多懂一点中国学问，一定会对将来的科学研究有很大的帮助。北大国学院是我衷心佩服的一个机构，它的发展必然很有前途，我也希望今后能到这里来学习。"

北大国学院是2002年在季羡林的主持下成立的。金庸很赞赏他的"大国学"观点。季羡林认为："今天我们所要振兴的'国学'，绝非昔日'尊孔读经'的代名词或翻版，而是还中华民族历史的全貌，真正继承和发扬由生活在神州大地上的各民族共同创造的传统学术文化。我们有绚丽多彩的地域文化，如齐鲁、荆楚、三晋、吴越、巴蜀、燕赵、河陇、青藏、两淮、新疆、草原等等；也有多民族文化交融风格鲜明的学问，如敦煌学、西夏学、藏学、龟兹学、回鹘学等等，也属于国学。"①

2008年是奥运会来临的年头，纪念孔子诞辰2559年曲阜孔庙祭孔大典在

① 舒晋瑜：《季羡林的国学观》，《中华读书报》2010年9月29日。

孔庙大成殿隆重举行。祭孔大典是2008国际孔子文化节中特色鲜明的核心活动，具有很强的感染力。祭孔大典的祭文出自金庸之手，可说是祭孔的一大亮点。

季羡林称赞金庸写的祭文：“显得深邃有力，表达了后世子孙对孔子的膜拜，不仅有虔诚，更有一份文化心灵上的感应。”[①]

曾有一名山东的学生向季羡林求教：“做学问可有捷径？我的论文实在憋不出来了。”季羡林一听，笑了：“论文岂是憋出来的？”然后补了句至理名言：“水喝多了，尿自然就有了！”

话糙理不糙，尤其是出自季羡林之口，更多加了几分趣味和深意。终其一生，季羡林能取得如此之高的地位，全在于他的独门武学——“多喝水”。

季羡林被许多人尊奉为“国学大师”、“学界泰斗”、“国宝”。然而，他却在《病榻杂记》中写道：“环顾左右，朋友中国学基础胜于自己者，大有人在。我连‘国学小师’都不够，遑论‘大师’！三顶冠一摘，还了我一个自由自在身。身上的泡沫洗掉了，露出了真面目，皆大欢喜。”

学术界的一名同行或出于嫉妒，或出于哗众取宠，竟公然挑衅道：“季羡林是个很弱很弱的教授，就是语文能力还不错。别人全死光了，他还没死，所以他就变成国学大师了！这三个桂冠，他都不及格，根本轮不到他！”

如此大不敬的言论在网络上炒得沸沸扬扬，然而季羡林却一笑而过，并未回应，可谓修“八风”不动之身，足见其内心之泰然平和。

后来，王朔开骂“四大俗”怼金庸，金庸同样坦然面对，“八风不动”，瞬间令他人的攻击变得苍白无力，彰显了金庸淡泊名利的人生态度和豁达的心胸。

2009年7月11日，季羡林在北京301医院辞世，享年98岁。

7月14日，香港《明报》在金庸的授意下刊出署名文章《季羡林为什么说他“不是大师”？》，说：别人用加法来介入社会，老去的季羡林用的却是减法，要把强压在头上的浮夸荒诞摘走，与其说是争取个人心灵自由，不如说是欲对社会有所启蒙。这才是季羡林的真精神、大精神。欲纪念季羡林，理当表扬和发扬其自重和进取精神于治学、做人、接物，皆如此，才是还其本来面目的正途与大道。

① 胡洪林：《金庸撰2008祭孔大典祭文》，《齐鲁晚报》2008年9月28日。

曾经当年“龙雕之战”
——武侠作家张梦还

武侠小说界除了金梁古温四大家以外，还有不少名家，如香港就有张梦还，曾经与金庸论剑，武林争霸，“战况”之激烈，被传播界称为“龙雕之战”。

在香港众多武侠作家中，张梦还的文字功力直追金庸，而与梁羽生在伯仲之间。其争夺武学秘籍而导致各大门派对立的写法则别开生面，领先潮流，当与金庸首创争夺“天下第一”的写法有异曲同工之妙——虽然此后这种“花招”被人一用再用而流于公式化。他结集出版的武侠小说共有12部，尽皆新派武侠的经典之作。

1

1957年1月1日，《香港商报》开始连载金庸的《射雕英雄传》，风头正足时，《武侠小说周报》以张梦还的《沉剑飞龙记》抢夺读者。霎时，香港升起两道冲霄剑气，那就是金庸和张梦还两位小说家的崛起武林。

三年前，《新晚报》发表梁羽生的《龙虎斗京华》，以一场擂台争胜赢得了全港轰动，人称“新派”武侠小说。而后梁羽生又续以《草莽龙蛇传》，两部小说一前一后，使报纸的销量骤增，然而，在这紧要关头，梁羽生却突然终止创作，向报社推荐金庸。而金庸亦不负众望，一部《书剑恩仇录》尚未写毕，就有《香港商报》上门邀稿，如此遂有金庸的第二部小说《碧血剑》。直到《碧血剑》发表九个月后，《书剑恩仇录》才告结束。《碧血剑》年底结束，次年的第一天，《射雕英雄传》就见报了。依然是《香港商报》，依然是金庸的小说，内容和主题却有了天壤之别。

《射雕英雄传》一出，鬼神震惊，风头很快盖过了梁羽生的《七剑下天山》。由于反响奇佳，其他报刊群起效尤，纷纷寻访“武林高手”。原本服务于文化界的张梦还，立即弃文从“武”，策马挥戈，跃上武侠文坛。

1959年春天，南湘野叟的长篇武侠小说《玉珮银铃》风行一时。这部后来被小说史家叶洪生在“奇幻仙侠派”里点名的作品，激起了张梦还的写作动机。张梦还从小嗜爱武侠小说，凭着满腔热诚，执笔写了《沉剑飞龙记》。小说以明初学士方孝孺后人方龙竹复仇故事为经，武林门户之争为纬，文情跌宕有致，状声状物均极见精神。

金庸写《射雕》，张梦还写《飞龙》，几乎同时落笔，纯属巧合。

此前，金庸的两部长篇《书剑恩仇录》和《碧血剑》都未臻成熟，虽然写法绝妙、扣人心弦，毕竟不够淋漓酣畅；只有《射雕》才是金庸的第一部超重量级的巨著。小说以宋、金、蒙古三国对峙作为背景。南宋偏安，君臣昏聩，朝政日衰。大金国虎视眈眈，而蒙古雄鹰成吉思汗表面联宋伐金，但暗地则酝酿着一统江山的野心。靖康之耻阴影下的中原江湖，武林至宝《武穆遗书》和《九阴真经》成为人们匡扶大宋江山、追求武学颠峰的寄托和目标。东邪、西毒、南帝、北丐四大绝世高人，以及全真派、丐帮等数大门派纷纷卷入其中……忠良之后、成吉思汗的“金刀驸马”少年郭靖承母命从蒙古草原南下寻找杀父仇人，他偶遇桃花岛主“东邪”黄药师的女儿黄蓉，两人一见倾心，结伴闯荡江湖。在聪慧机敏的黄蓉的扶助下，憨厚朴实的郭靖遍识天下高人，并拜得丐帮帮主“北丐”洪七公为师，得七公传授武林绝学“降龙十八掌”。在机缘巧合下，郭靖又得“九阴真经”与“武穆遗书”，卓然成为一代大侠和用兵大家，他在饱览南宋人民遭受的家国之苦后，立誓报国。这位昔日淳朴憨厚、木讷愚钝的射雕英雄终于成为上华山论剑、救襄阳国难、为国为民、充满浩然正气的英雄人物……

《射雕英雄传》一露脸，立刻引来喝彩不绝。当时在台湾声名鹊起的武侠奇才古龙也忍不住追读，可因人在宝岛无法购买《香港商报》，便请人将每日报纸上的更新内容用电报发给自己。这件事也成为坊间最为读者们津津乐道的趣事，《射雕英雄传》的巨大魅力由此可见一斑！

《射雕英雄传》连载红火之时，1957年《武侠小说周报》创刊，将张梦还的《沉剑飞龙记》作为扛鼎之作。开头第一期连载已经非常惊艳：“在西南的贵州省内，距离苗山约上十天路程的一个荒村小店里，这天来了一老一少两人。这老人年纪六十岁光景，穿一袭布袍，相貌清奇，精神矍铄。那小童大约只有十四五岁，长得尖脸削腮，活像一个猴子；可是两眼精光四射，一看就知道是个聪明顽皮的孩子，这两人没带什么行装，通共只有一个小包袱，由那小童背着。包袱里又露出一把剑的剑柄，令人容易猜到他们是武林人物……原来这老者乃是名满江湖的怪侠，姓卢名吟枫、外号人称闹天宫，乃是天台剑派名家……”

故事跌宕有致，既有还珠楼主的仙侠意境，又有王度庐的慷慨悲情。

张梦还的《沉剑飞龙记》篇幅不长，四十余万字左右，主要叙述的是，明初大儒方孝孺之后、南海岛主方继祖，因其手下吴璧、吴璞兄弟劝其放弃反明，以致双方反目，吴氏兄弟误伤其命。方继祖之妻林咏秋负伤而逃，在西湖边客栈产下一子后身亡，临终之际，其子方龙竹被路过的昆仑掌教门赤阳子所救，并收入门下。18年后，方龙竹与其姐方灵洁下山，到苗疆碧云庄找吴氏兄弟寻仇。恰值吴璞寿诞之日，华山、点苍、泰山等派好友至碧云庄为之贺寿，双方展开比试，方龙竹与方灵洁接连打伤各派高手，各派与昆仑派结怨。后武当掌门卧云道长派大弟子俞一清持书调解，却又与方氏姐弟的师姐徐霜眉发生冲突，俞一清一怒之下，离开碧云庄，而后吴璧身死，吴璞逃走。至此，昆仑派几成武林公敌。随后各派议定，在泰山召开武林大会评定是非，最后各方在泰山顶化干戈为玉帛。此书故事情节跌宕起伏，几无冷场，十分引人入胜。

此书虽然写的是明朝初年的事情，但是除了双方结怨的原因之外，其实是纯写江湖恩怨，武林争斗。冲突焦点有两个，一是方家姐弟向碧云庄的吴氏兄弟寻仇；二是昆仑派与武林各派之间的冲突矛盾。

一部小说成功与否，与其笔下塑造的人物是否鲜活息息相关。在《沉剑飞龙记》这部书中，张梦还塑造出大量人物，这些人物性格各异，气质不同，如卢吟枫的古道热肠；甘明的顽皮好面子，却又颇具侠义心肠；卧云道长淡泊名利等。张梦还都能够恰如其分的表现出其性格气质，使人物形象生动传神，如在眼前，此等功力，绝非庸手能为。然而奇的是，这部书中，冲突的双方，没有绝对的正反派之分，看似正派的人物，其行为颇有可议之处，而看似反派的人物，其遭遇亦颇有可悯之处。

在《沉剑飞龙记》中，张梦还以争夺武学秘籍而导致各大门派对立的写法而别开生面，领先潮流。1949年，近300万军民涌入台湾，数十万人涌进弹丸小岛的香港。这批万里投荒的游子，在他乡草建家园，生活虽日趋安定，但精神食粮仍极贫乏，于是，一些藏在箱底、渡海而来的武侠小说和言情小说就被当作奇货般的搜求出来，加以翻印出售。一时间，台港两地的书摊以及刚兴起的小说出租店都摆满这些翻印版本的武侠小说。这批寄旅天涯的游子，就全靠这些侠义恩仇、才子佳人的故事来排遣那满怀乡思、无尽离愁。随后有一段时用，台湾当局为了“安内”、为了防止“思乡毒素”影响“民心士气”，许多新旧小说在“暴雨专案”之下遭到封杀，包括香港版的武侠小说不能谈“剪除贪官污吏”、不能提“朝代兴亡”、不能“引起思家、思乡”等。这时，武侠小说里的侠客，既无贪官可除，当然毋庸“替天行道”，只好一个个去挖“宝藏”了，被人诟病为“武而不侠”，甚至干脆将时代背景全抛开，而进入一个“不知今夕何年”的迷离幻境。在此禁忌下，张梦还另辟新径，在《沉剑飞龙记》中设置了一个各家门派争夺武学秘笈的悬念。后来，众多写手仿效，门派争斗夺武学秘笈也就成了武侠小说的流行“秘笈”。①

出版商人南华馆的孙老板，读到《沉剑飞龙记》心情澎湃，难以抑制地发表文章称：“《飞龙》的作者，张梦还的境界之高，足以开宗立派。我敢说，争夺武学秘笈是小说类型的一个全新的突破，一个集文学、武学于一身的新武侠小说宣告诞生了……”

在小说连载之前，《武侠小说周报》只能卖出3万份，而在张梦还的《沉剑飞龙记》连载之后，周报的销量节节攀升。连载的第一周，周报能卖出7.5万份，等到《飞龙》连载3万字之后，周报发行量已经超过了10万份。而到了《飞龙》连载到6万多字，周报的发行量已经打破了历史记录，达到12万份的新高。整个香港，媒体、各大出版业人士，几乎没有不议论《沉剑飞龙记》和张梦还的。

张梦还的“天罡三十六总参”，实可与金庸的“九阴真经”相互辉映，一时间，《飞龙》与《射雕》招来式往，各显神通，斗到了白热化的程度，时人称之曰“龙雕之战”。②

毕竟，金庸才是武侠的真命天子，下笔如有神，越写越漂亮，终以一部《射雕》横扫千军，一统江湖，登上了武林盟主的宝座。诚然，以通俗文学所要求的可读性与趣味性而言，《射雕》除若干情节未能自圆其说外，无疑具备了一切成功的条件——其故事之曲折离奇、人物之多种多样、武功之出神入化乃至写情之真挚自然，均为同辈作家所不及；即或偶有败笔，亦瑕不掩瑜。在这部罕见的巨著中，金庸将历史、武侠、冒险、传奇、兵法、战阵与中国固有忠孝节义观念共冶于一炉；信笔挥洒，已至随心所欲的地步。

金庸以《射雕英雄传》一书建立了他在当代武侠小说界的权威地位。虽然他自己并不满意这部“开宗立派”之作——70年代初曾大肆修改，增删为今传之四十回新版本，颇失原味——但持平而论，此后他力求自我突破、创

① 胡正群：《神州剑气升海上》，“台港新派武说精品大展”总序，1993年秋。
② 沈西城：《被遗忘的武侠作家张梦还》，转引自“天涯论坛”。

新的武侠名著，尽管各有声华惊海宇，然以通俗文学所要表达的生命意义、价值及其整体规模、气象来看，均不逮《射雕英雄传》之博大精深。

《射雕英雄传》在《香港商报》连载了两年四个月之久，至1959年5月19日才结束收尾。其间，可惜了张梦还，《武侠小说周报》猝然停刊，《沉剑飞龙记》只能虎头蛇尾，草草收场了，影响大大削弱。

不过，作为张梦还代表作的《沉剑飞龙记》，的确称得上是武侠名著。除了故事情节精彩、人物塑造较为成功外，文字功力亦直追金庸。在港台众多的武侠小说作家中，以文笔典雅凝练著称的不过数人而已，如众所周知的梁羽生和金庸，而张梦还亦为个中翘楚。该书写景状物极见精神，武打场面扣人心弦，体现了作者深厚的文字功力。

1958年5月，23回40万言的《沉剑飞龙记》由香港武林出版社结集出版，香港作家于式在序文中说："张梦还先生的《沉剑飞龙记》，曾在《武侠小说周报》连载过数万言；后来周报停刊，各地读者莫不深表惋惜，特别以不能读完《沉剑飞龙记》为憾，现在单行本问世，全书将陆续刊行。这本书在张先生的作品中，固然是精彩的杰作，即放在全部武侠小说作品中来看，也是有超迈群伦之地位的。原因是《沉剑飞龙记》是能兼取各派之长的武侠小说；在某一个意义上，它最接近武侠文学的标准。"①

后来，金庸主持明窗出版社时将此小说再版，易名为《碧云恩仇记》，取自故事发生在碧云庄，以庄为名，分上下两卷。

可是，金庸这座山太高，与他同时代的武侠小说作家是不幸的，如张梦还或以主观条件不足，便难以为之，此后只能遵循既往"帮会技击派"的路数，在江湖仇杀中讨生活了。

2

金庸真不愧是天纵英才，聪明绝顶。"龙雕之战"之后，他一看香港行情，自不甘为人作嫁衣，遂于1959年毅然创办《明报》，次年又创办了香港第三本武侠杂志《武侠与历史》，他的《飞狐外传》连载于此。

1961年腊月初，张梦还穿过几条人潮人海的街道，步行来到中环德辅道中。这是《明报》早期的社址。

怔怔出神之间，张梦还忽然被唤声惊醒。

"请问，您有事吗？"接待员是一名30多岁的女子，端庄而儒雅。

① 于式：《沉剑飞龙记序》，香港武林出版社1958年版。

张梦还有点紧张地说道：“前些日子，我收到查先生的信，他说《明报》旗下《武侠与历史》在征稿，寻找武侠小说作者，让我投稿给他，所以……我就写了一部稿子，想要交给他。”

“是吗？”女接待员保持职业性的微笑。

张梦还有点尴尬地笑了笑，道：“请问，我能够亲自递稿给查先生吗？”在这之前他还没有见过金庸。

女子微笑道：“稿子给我就可以了，我会帮你转到他手中的。”

不能亲自递稿给金庸，张梦还难免有点失望。

“那么，需要多久，才能够回复呢？”张梦还好奇地东张西望，希望从中发现金庸、倪匡之类的重量级人物。

“一个星期吧，如果你的稿子合适，查先生会在一周以内跟您联系。”这位端庄美丽的接待员已经显得有点不耐烦了。

“哦，非常感谢，这是我的家庭住址和电话号码，放在稿子第一页。”张梦还解释道。

带着忐忑不安的心情，张梦还离开了明报社。

过了两天，张梦还正忙着过腊八节。电话铃响了，是金庸打来的电话。

这个年代，电话机在香港也是奢侈品，很多的普通家庭，如果不是工作必须使用到家庭电话，就根本不会安装电话。如果换做以前，每年需要额外花费超过千元的通讯费，张梦还是无论如何也不会考虑去安装这件奢侈品的。不过，“龙雕之战”后他成为武侠小说名家了，没有这部电话还真不方便。

“张先生，我读了你的《青灵八女侠》前两回，我们见面商量一下，好吗？”金庸开门见山说道。

第二天早上，张梦还早早地来到了金庸的家中。“你来了，张先生！”金庸脸上带着笑意，“吃过没有？”

张梦还一愣说道：“路上吃了一碗饺子。”

“没有吃饱吧？你嫂子已经在厨房煮好了稀饭，一起吃吧！”金庸说道。

两年前的决战对手，此刻面面相对，一边喝着稀饭，一边聊着家常。

张梦还又名张灵，这两个别有怀抱、包藏隐喻的名字想必不是真名。张梦还告诉金庸，他的本名叫张扩强，比金庸晚生4年，是四川隆昌人。隆昌是一座青石城，随处可见雕工精细的青石桥、青石建筑、青石雕塑，有多个庞大的石牌坊建筑群，十分古典有魅力；隆昌的客家歌谣也别有一番韵味，以其特有的民俗色彩，不但通俗，更蕴藏了丰富的民族幽默。张梦还少小离家，从军中退役后蛰居香港。他从客家歌谣、大鼓书以及《彭公案》《七侠五义》等侠义小说里汲取到精华，加上他得天独厚的才情，试写了第一部小说《蜀道青天》。哪知牛刀小试即名动江湖，于是，《金腰带》《大力神》《湖底少年》等书与读者见面。

“梦还，你取这个笔名是不是有还梦于己的意思？”金庸笑眯眯地问他。

“还珠楼主李寿民是我的同乡、学长，我写武侠深受他的影响，我崇拜他，取名梦还是寓意醒里梦里都追忆他。”

“所以你的这部小说明显有《蜀山》峨眉派女子的影子。你擅长描述女侠，那种婉约阴柔的侠气是与众不同的。”金庸赞道。

在“龙雕之战”惨败以后，张梦还决心再写一部像样的拿得出手的作品作为弥补。从1960年秋初开始，他广为搜集资料，架构故事，酝酿情节，阅读和参考借鉴各种武侠说部，对其影响最为深远的，即是还珠楼主的《蜀山剑侠传》和《青城十九侠》。到了1961年夏天，张梦还终于完成了第二部“艳女名剑”故事，这就是长篇武侠小说《青灵八女侠》。

“这篇稿子虽然我本人非常看好，不过原则上，我只能先给你千字50元的稿酬。如果高于这个价格，则需要《明报》多名主编审批，程序上有点麻烦！当然了，50元不是最终的价格，如果你的稿子连载一段时间，读者反响不错，那么，杂志社可以提升你的稿酬！”金庸解释道。

当下，两人签下这部作品的连载授权。

《武侠与历史》1963年第3期开始连载张梦还的《青灵八女侠》。这部书开篇就写得引人入胜：“归鸦阵阵，满山猿啼，笼罩在云雨中的神女峰，正在这苍苍暮色里逐渐隐去。这时，一艘停泊在江边的木船上，飘起了一阵悠扬的笛声。这艘孤独的客船船头上立着两个人，一个是短衣轻装的汉子，另一个便是那临风吹笛的少年书生。这书生年约二十四五，丰神俊朗，飘逸脱俗，但眉目之间却似有重忧，吹出的笛声也十分清亮激越，似乎满腹的悲愤不平都要借这支笛子发泄出来。这时正是明熹宗甲子年的秋天……”

这部书每月连载3万多字，张梦还立马可得1500港元的稿酬，后来加到3000港元。这个价格已经大致等同于金庸、古龙这样的金字塔顶端的稿酬了，张梦还自然觉得满意。

那日，张梦还揉着酸麻的手腕，看着这几个月用笔过度，手指间摩出几颗水泡，不禁摇头，自嘲道：“这年头，哪怕是抄写一遍自己的稿子，也不是一件轻松的事情！”

誊写完稿子后，张梦还走出家门。散步，如同上班一般，定期向明报社送稿子。

金庸的小说是无数的武侠小说作者的启蒙读物，众多的武侠小说名家都是从模仿金庸的小说开始入行的。但是，金庸一生之中并没有收过任何衣钵传人。这倒不是金庸不喜欢指点新人。事实上金庸小说中所喜爱的一些女性角色中，博览群书的神仙姐姐王语嫣就好为人师、喜欢指点旁人，不善交流的小龙女也悉心教导杨过。除此之外，金庸小说中，侠客也非常重视师承，很少有野路子自学成才的大侠。从这一点也可以看出，金庸心里，有着希望收徒的想法。

不过，金庸太高傲，地位也太高。他不但是中国最具影响力的武侠小说作家，更是《明报》的老板。这样的身份，使得大多数的新人作家望而却步，高攀不起。何况张梦还是与他同时代的作家。

凭借《青灵八女侠》，张梦还得到了金庸的认可。

《青灵八女侠》连载了一年两个月。其间，他还写了《名剑情深》《艳女飞琼》《玉手补金瓯》作为《青灵八女侠》的续集。《十二女金刚》在《武侠世界》连载以后，由香港武林出版社出版。

此时，梁羽生的巅峰之作《萍踪侠影录》《白发魔女传》以及《云海玉弓缘》均已完成，金庸的《天龙八部》和《笑傲江湖》果真是笑傲江湖，睥视武林，俨然有主盟武林天下的雄姿。

1965年，香港武侠小说市场开始暗淡，《武侠与历史》停刊。张梦还悄悄退出武林去做专业骑师了。香港赛马历史悠久，作家中喜好赛马赌马的很多，甚至写马经、赛马专栏。张梦还名噪一时，可与另一位武侠名家蹄风相辉映。

3

80年代初，香港作家沈西城成为《明报月刊》的特约撰稿人。有一次交稿时，金庸问他："你知晓张梦还否？见着了告诉他，可以到明报来找我，我请他做编辑。"

于是，张梦还进入《明报》，从事专栏编辑，成为沈西城的亲密朋友。

说起来，张梦还与金庸的情谊，中间还有另外一层：张梦还从军时的校长关麟征将军也是金庸的挚交。

1983年的《明报》副刊上，有一篇张梦还的文章《怀念恩师关麟征将军》。张梦还说，关麟征将军是黄埔军人中少有的名将，生平恶战无数，战必胜，攻必克，参加过古北口、台儿庄以及湘北第一次大捷等战役。张梦还并未亲历此战役，他是关麟征当黄埔军校校长时的得意门生。1948年7月7日，张梦还从四川双流入伍，考入陆军军官学校第二十二期炮兵科，时年20岁。

“我搞出了用枪榴弹发射照明弹，外带一个小降落伞，照明功效不错，得到了评定第二名。”让张梦还“毕生难忘的日子”是毕业典礼，在中正堂踢正步去领奖。毕业分发时，发现关麟征校长流泪，也让张梦还“说不出的感动”。

国民党兵败大陆后，1950年张梦还来到香港。关麟征此时亦已退居香港，过着“隐士”式的生活。有一次张梦还拜望校长，谈起当年流泪之事，关麟征说：“我当然难过，不单是惜别，我知道情势已经坏到不能再坏，一切都错。你们上战场只有送死，我没有办法改变这种情势，又不能对你们说。你们身上有我多少心血，多少希望，眼看就要白白地断送，怎么能够不伤心！”这句话让张梦还伤感，也曾经让金庸很伤感。金庸念高中时抗日战争爆发，金庸参加了战时青年训练团接受军训，关麟征是教官，分别时也对同学们流过泪。70年代，关麟征曾与金庸一道赴台湾访问。

创作武侠小说以外，张梦还还做过骑师，对马匹认识精确，难有人及。一次赛马会后，他指着一马对人说：“这是好马，将来定是马王。”那人跟别的马评家们说了，人人掩嘴笑，这样的马是马王？白痴！结果白痴的是他们。有个时期，金庸邀张梦还去写马评，他分析深邃，所予贴士十中其九，可他不愿以写马评为生，金庸说“中国文人的头巾气，张梦还总不能甩掉”。

沈西城也写武侠，与张梦还常见面，地点多约在北角和富中心那家“七重天”西餐厅。那时，张梦还很不得意，囊中羞涩，每趟喝咖啡皆由沈西城结账，有一天，他腼腆地说：“西城，过两天张大哥拿到台湾版税后，请你吃饭，要吃一顿丰盛的！”

1996年，沈西城受《蓝皮书》创办人罗斌的赏识，当上《武侠世界》的总编辑，他邀张梦还投稿。有一日，张梦还拿来一部《血刃柔情》的书稿，沈西城看了，那飞扬的文笔，属辞比事，点缀渲染，跃跃如生，一点不逊金庸。张梦还笑了笑说：“老弟！当年我可是跟老查齐名的呀！他请我在他主编的《武侠与历史》里写连载，我的读者数目不少于他呢！”沈西城当时半信半疑，将此话跟金庸说了。金庸不答，找出一篇介绍张梦还的文章给他看。沈西城信了。

此后，《武侠世界》刊载了多篇张梦还的短篇“历史传奇轶闻”和“现代技击掌故”。张梦还在《王度庐和卧虎藏龙》一文中写道：“就我个人的意见，虽然四大名家（宫白羽、郑证因、王度庐、朱贞木）各有千秋，但仍然应推王度庐为首。”“他笔下的玉娇龙创造得最为突出，慧黠、多智、倔强、任性，却又极重情义，对于人物——特别熟女人——的塑造，无人能出其右。”张梦还的成名作《沉剑飞龙记》《青灵八女侠》等也曾在《武侠世界》上连载。沈西城喜爱张梦还之才，不怕“炒冷饭”，推荐其作品特色为结合史实，创意独特、布局严谨、人物刻画细致鲜明，且全书气势磅礴，十分引人入胜。

张梦还写作之余，还担任过香港退伍军人协会副理事长、黄埔军校同学会理事、香港黄埔军校同学会会长。迄今已结集成书的武侠小说共有12部。1962年由冯志刚导演的电影《八大女侠闹江湖》，故事就取自《青灵八女侠》。张梦还最擅长描述女侠，这《青灵八女侠》更开创了婉约阴柔的武侠小说宗派。

2008年3月14日早上，张梦还突然晕倒，送抵律敦治医院，延至晚上不治，病因是脑里血瘤迸裂。他一直不知道自己有这个瘤，眼睛一闭，悄悄走了，这是他的福份！享年80岁。

校园侠客研究“刀光剑影”

——学界独行侠陈平原

陈平原说，“我眼里的金庸，比许多新文学家更像中国‘读书人’”。他以北大中文系教授身份著书《千古文人侠客梦》，从文学及文化史的双重角度透视“刀光剑影、江湖情仇”。

对于盛行于20世纪80年代的武侠小说家，陈平原对金庸无疑是青睐有加。他撰写的《超越雅俗》，以金庸小说为例谈论武侠小说的出路。他这样评价金庸，“不只是具体的学识，甚至包括气质、教养与趣味，金庸都比许多新文学家显得更像传统中国的‘读书人’”。

1

1991年，陈平原在香港中文大学从事中国小说史研究，将从古到今的中国小说变迁作为研究课题。武侠小说作为一种小说类型，同时作为一种通俗文学形式，引起了他浓厚的兴趣。至此，他将金庸作品研究当作自己的一片“自留地”，努力开垦。

在香港，他有机会与金庸见面，一起聊，聊的最多的是武侠小说。

初夏，万木披绿。刚刚将明报企业挂牌上市，从繁琐的事务中脱身的金庸特地抽空接受了陈平原的来访。陈平原走进金庸宽敞的书房，笑声爽朗，金庸眼镜后的眼睛也洋溢着笑意，回忆家乡生活与求学经历，畅谈读书和学术著述感受，如与老友叙旧，快语如风。

从潮汕农家到未名湖畔，从北大首批文学博士到博士生导师，陈平原数十年来书卷未曾释手，他说：“读书是一种生活方式，唯愿一辈子读书”，“学问应该做得有趣，学问也是人生，我希望能把学问和人生结合起来”。

“少时山村里昏黄的灯光，深夜中遥远的木屐，盼望雨季来临以便躲在家中读书的情景，仍不时闯入梦境来。”陈平原忆起少年时期，感慨万千。

他1954年生于潮州，1969年初中毕业，由于父亲被批斗，不能再继续念书，1969年秋冬之际回到潮州磷溪旸山村老家插队。父老乡亲对于这个15岁的孩子十分关照，只让他帮忙扛锄头。

每天劳动之余，读书成为陈平原最大的快乐。“晚上读书，有时有电，有时没电。最向往的是下雨天，这样可以躲在家里读书。”陈平原的父亲是汕头农校的语文教师，喜欢写诗和散文，买书藏书。“在当时，他的藏书算是很多的了，尤其是文学和史学，所以我的趣味偏好于此，也是有渊源的。‘文革’期间，学校关门，图书馆也关门了，幸亏父亲的那些藏书，让我那些年头并没有荒废。”

一年后，陈平原被安排在小学教书。16岁的他登上讲台，俨然就是农村“孩子王”。他笑言：“一辈子从小学一直教到博士班。”1978年，陈平原考上中山大学，硕士毕业之后在北大王瑶门下求学，成为北大最早培养出来的文学博士。

迄今，家乡人对陈平原记忆最深的，是他的高考作文为《人民日报》所刊登。“这是一篇并不出色，但影响很大，乃至改变了我整个命运的短文。15年后重读当年的高考作文，颇有无地自容的感觉；可我还是珍藏当初得悉作文发表在《人民日报》时的那份惊喜、惊愕，以及平静下来后的沉思。那是我治学生涯中迈出的关键性的第一步。”

当年，陈平原“拜读”了好几遍自己的作文，却始终没品出味来，直到有一天，看到好几种《高考作文选评》中，把这篇文章说成一枝花，这才恍然大悟。“入学前我在中学教语文，作文自然有章有法，那些才气比我大的小作家们，写的都是文艺性散文，不大合高考作文的体例。”陈平原笑着说：“父老乡亲夸我的高考作文写得好，似乎我一辈子就会写高考作文。大概，无论我如何努力，这辈子很难出比‘高考作文’更有影响、更能让父老乡亲激赏的文章来了。”①

1984年秋，30岁的陈平原孤身北上，成为北大中文系最早的博士研究生，然后留校任教。他不会预料到，跨长江、渡黄河，从红豆葳蕤的南国，到雪花如掌的北国，成了他人生最重要的转折点，由此开始进入了自己的学术生涯的辉煌时期。他曾以《中国小说叙事模式的转变》享誉国际，自成一家，尤见功力，为中国小说叙事学不可多得的专论。

他问过北大中文系多名在读博士生，得知他们小时候也曾迷恋过武侠小说，因而对金庸其人其文相当熟悉。但在魔幻小说、宫廷戏以及穿越剧中成长

① 陈平原：《我的高考作文上了人民日报》，《人民日报》1978年4月7日。

起来的新一代，是否还能欣赏大侠那高傲而孤独的身影，他并不抱多大希望。

那年那月，金庸作品如江潮般席卷内地，封闭已久的人们突然发现，小说原来可以这么好看，文学可以如此轻松。金庸小说完成了令人惊讶的转身，也同时开启了通俗小说解禁的时代潮流。小书摊上随处可见金庸作品，陈平原却一直没有认真翻阅，倒不是故示清高，不屑一顾，而是没读出门道来。他明知武侠小说的流行，是当今中国重要的文化现象，值得认真研究，可就是打不起精神。在小说史研究中，他阅读了一些清代的侠义小说和二三十年代的武侠小说，也没引起特别的兴趣。每当友人眉飞色舞地谈论某部精彩的武侠小说或某位武功超群的大侠时，他总有一种茫然的感觉，不知道是别人疯了还是自己读书读歪了。

那天，他参加中文系八四级的毕业纪念聚会。有同学说，大学四年有三年是躺在宿舍的蚊帐里面看金庸小说。那同学说得很感动，陈平原禁不住眼泪汪汪的。一日无事，他随意翻阅了好些金庸小说，或许是因为心境不同，居然慢慢品出点味道来。直到今天，他仍然认为现有的武侠小说是一种娱乐色彩很浓的通俗小说，没必要故作惊人之论，把它说得比高雅小说还高雅。只不过对于关心当代中国文化的人来说，武侠小说确实值得一读，因为“不看不知道，武侠真奇妙”。

后来，他说：“正是在‘游侠’与‘宝剑’基本成为古董的时候，武侠小说风行全国，而且历久不衰，于此不难见出现代人对自身处境的不满与困惑。明知这不过是夏日里的一场春梦，我还是欣赏其斑斓的色彩与光圈。或许是多了点人世间的阅历，我对武侠小说的流行颇表同情。”

不久，他提着装有书稿的皮箱到广州，刚刚下车走出火车站，手中的皮箱突然被身后骑着摩托车疾驰而过的歹徒夺了去。他不心疼里面的财物，倒是对里面的书稿十分惋惜，却也无可奈何，只当那“梁上君子”做了他此书的第一位读者。当时，他想，要是自己是那武侠小说中的一位侠客多好！能腾飞自如，追上摩托，惩治歹徒一番，夺回心爱的书稿；或者有一位真正的侠客在自己的身边也好啊，替天行道，人世间也就少了像他此时的尴尬啊[①]。

这就是陈平原阅读金庸、研究金庸的真正的动机。在北大中文系，他开设专题课，讲中国人的游侠想象，讲金庸的侠客梦。《千古文人侠客梦》就是那时写下的，1992年由人民文学出版社出版。

乍看，这本书是在梳理武侠小说的历史流变。书中谈论“游侠”，从司马迁一直讲到金庸，兼及史学、诗词、戏曲、小说以及电影等。“游侠作为一种

① 陈平原：《我与武侠小说（代序）》，《千古文人侠客梦》，人民文学出版社1992年版。

潜在的欲望或情怀，在好多人心里面都蕴藏着，只不过表现形态不一样而已。中国人的理想境界是‘少年游侠、中年游宦、晚年游仙’。少年时代的独立不羁、纵横四海，是很多人所盼望的。浪迹天涯的侠客，对于中国人来说，是一种对于现实生活的超越，或者说对于平庸的世俗的日常生活的批判。在这个意义上，‘侠’跟打斗本领没有直接关系，也不见得非‘快意恩仇’不可。这更像是一种超越日常生活的愿望与情怀。”若此说成立，即便“天下”永远“太平”，也都有游侠“长剑横九野，高冠拂玄穹”的存在价值。

“武侠小说之所以能在各文化层次的读者中广泛流传，除了其自身力图融会（或称迎合）各种文化心理，因而具有多种解读的可能性外，很大程度上应归因于读者的期待视野。有人读出了刀光剑影，有人读出了谋篇布局，有人读出了人生感悟，有人读出了哲学意蕴。”具体到金庸，陈平原认为，金庸武侠小说“章回小说的结构方式、简洁高雅的文学语言、再加上描写的是传统中国的社会生活、小说中体现的又是国人乐于接受的价值观念，金庸的武侠小说于是不胫而走”。此书胜义颇多，如论侠客为何必佩剑、侠骨为何香如许，均予人启发。他认为，金庸小说中的山光水色、世态人情、琴棋书画、寺院道观、民俗礼仪、历史文物等，一句话，武侠小说中的文化味道，主要就靠侠客游荡中的所见所闻所思所感来表现。金庸说过，“我认为武侠小说应该正名，改为侠义小说。虽然有武功有打斗，其实我自己真正喜欢的武侠小说，最重要的不在武功，而在侠气——人物中的侠义之气，有侠有义”。

他认为，金庸小说吸引读者之处，除了打斗场面的惊心动魄，还有情节发展的变幻莫测。最能使情节发生戏剧性变化的场景，莫过于“悬崖”。有趣的是，武侠小说中的悬崖很少成为侠客的葬身之地，像阿紫那样抱着萧峰的尸身走向悬崖的毕竟很少（《天龙八部》第五十回）。而小龙女自知中毒难愈跃下断肠崖，16年后杨过苦等不及，同样跃下此百丈深崖，居然于潭底与妻子重逢，却是《神雕侠侣》最吸引人的一段。此等“悬崖”，只要作家稍微注意一下“伏脉”与“照”，很容易成为武侠小说叙述上的一个诀窍，起码可以使得故事发展摇曳多姿，不至于一览无余。

很快，《千古文人侠客梦》一书传播于专业圈外，掀起阵阵阅读热潮，许多大学学子的案头枕边都有此书相伴，至今名家学者仍不时从中引述观点。

2

20世纪90年代中期是陈平原研究金庸最火热的时候，可他很少见金庸，即使他曾在浙江大学与金庸合招博士生（虽不成功），但总是敬而远之。一是年龄及地位悬殊，不敢谬称知己。二是他的老师王瑶曾告诫，不要跟研究对象走得太近，以免影响自己的学术判断。第三纯属私心——心目中的大侠，连同大侠的创造者，都应该有某种神秘感，最好是神龙见首不见尾，遥望可以，细察则不必。

1998年，陈平原撰写了一篇《超越雅俗》，是他长久“遥望”金庸后的感慨，却特别地将金庸推到了聚光的前台，以金庸文学的雅俗之辨与经典之争为例谈论武侠小说的出路。

金庸小说自20世纪80年代初进入内地以来，一直风行不衰。随着大量的论文、专著问世，金庸研究成为当代文学研究最热闹的一块。所谓热闹也就是争议，争议主要围绕着雅俗与经典两个问题展开。在金庸被授予名誉教授称号、被称为20世纪的文学大师之后，围绕金庸小说的雅俗之争变得热闹起来。有人认为金庸小说是通俗文学里面的武侠类型，价值不高；有人认为金庸的小说对武侠这个类型来说是有创新的，对金庸小说的评价也应限定在这个范围内；也有人坚持认为金庸小说超越了雅俗，不能在通俗小说的范围内进行评价，因为它的传统文化和现代精神而成为文学经典。

陈平原阐述了金庸小说超越雅俗的原因，认为金庸本人对于作为一种“娱乐性读物”的武侠小说评价并不高，这是因为金庸“长期坚持亲自撰写社评，实际上认同的是新文化人的担当精神”，“撰写政论时，自是充满入世精神：即便写作‘娱乐性读物’，金庸也并非一味‘消闲’。理解查君的这一立场，不难明白其何以能够‘超越雅俗’”。“正是政论家的见识、史学家的学养，以及小说家的想象力，三者合一，方才造就了金庸的辉煌。”

他坦然地指出：“金庸的成功，对于世纪末中国的文坛和学界，都是个极大的刺激。”在他眼中，金庸是个有政治抱负的小说家。也正是这一点，使其在20世纪无数武侠小说家中显得卓尔不群。撰写“娱乐性”的武侠小说，只是文化人查良镛的一只手，他的另外一只手，正在撰写“铁肩担道义”的政论文章。据他猜想，在很长时间里，金庸更看重的是后者，而不是前者。有了《明报》的事业，金庸与无数武侠小说家拉开了距离。一个武侠小说家，不只是娱乐大众，而且可以引导社会舆论，在金庸奇迹出现以前，实在不能想象。在金庸创作的高峰期，左手政论，右手小说。这种写作策略，使武侠小说家金庸一改“边缘”姿态，在某种程度上介入了现实政治与思想文化进程。陈平原说：“查氏起步之处在新闻，现代中国的新闻事业，恰好与武侠小说有千丝万缕的联系（绝大部分武侠小说，都是先在报刊连载，而后才单独刊行的）。金庸之自办报纸，下午褒贬现实政治，晚上揄扬千古侠风。有商业上的野心，但更有政治上的抱负。”

陈平原和友人一起主编的人文学术集刊《学人》，完全依靠民间力量运作，在许多官方学术刊物都生存维艰的环境中，它却坚忍地生存了下来。它的出现和存在，无声地规范了90年代学术的发展，一个新的知识秩序也围绕它默默地生成。整个90年代的中国人文知识界的学术走向和学人形象，可以说是通过《学人》这样一个刊物来凸显出来的。于是，有专家评论说：“《学人》是学者独立办刊，如同香港金庸主办的《明报月刊》，以中国传统的‘学为政本’引领一个时代的学术风尚。”

1996年11月11日，金庸与陈平原再次相聚是在金庸的家乡浙江海宁举办首届金庸学术研讨会。这是陈平原唯一一次参加的金庸小说研讨会。中午，金庸在盐官海神庙会见了陈平原和冯其庸、严家炎等教授。

虽然和金庸是老友，可陈平原对金庸的贡献却有着学者的理性、客观的认知。

通过他的深度探究，他认为金庸的某些小说明显是在影射政治，读他的小说要和他的社论对照着读。比如《笑傲江湖》一看就在影射“文化大革命”，他将社论写作时心里面的郁闷和情怀，和中国想象、政治立场带到小说里面。另外，武侠小说是一种特殊的文类，读者必须承认他的假设，然后才能阅读。在这个假设里面来思考他的故事、人物还有大的背景。

陈平原建议大家，“倘若有一天，《查良镛政论集》出版，可将其与《金庸作品集》参照阅读，我们方能真正理解查先生的抱负与情怀”。[①]

不仅仅对于金庸的武侠小说，对金庸的个人学养，陈平原也抱以欣赏的态度。“不只是具体的学识，甚至包括气质、教养与趣味，金庸都比许多新文学家显得更像传统中国的‘读书人’。”

陈平原之所以如此赞誉金庸的个人学养，是源于他对“五四”新文化思潮以后，中国人往往以西方文化为裁剪标准，对传统中国文化没有信心与兴趣，低估了自己祖先的智慧和才华的现象十分担心。他说：“在这新文学家主动放弃的大片沃土上，金庸努力耕耘，并得到丰厚的回报。”

---

① 陈平原：《超越雅俗》，《金庸评论小辑》1998年。

与之对照，金庸曾在《文人论武——香港学术界与金庸讨论武侠小说》中回答为什么如此众多的读者喜看金庸的小说时说，“我觉得最主要的大概是武侠小说比较根据中国的传统来着手”。

可见，两人在艺术观点上的不谋而合。

在研讨会上，陈平原有一句评语是：“金庸的意义在于：超越了精英与大众。”他说：“他把儒释道、琴棋书画等中国传统文化通俗了，所以金庸小说可以作为中国文化的入门书来读。金庸以佛教中的大悲大悯思想来开导读者，从而增加了武侠小说的思想深度与哲学内涵。倘若有人想借助文学作品了解佛道，不妨从金庸的武侠小说入手。”

3

2008年，陈平原成了北大、香港中文大学的双聘教授。起初是香港中文大学聘他当讲座教授，他去工作了，然后，北京大学希望他回来，让他当中文系主任，最后，两个大学的校长协商，请他作为两个学校双聘的教授。“半年在北大，半年在香港中文大学，在北大的拿北大薪水，在香港拿香港薪水，说起来很惬意。”陈平原说。

生活中的陈平原，好饮浓茶，而不亲烟酒，据说这样的人性近于散文而远于诗。如当年金庸左手写小说、右手写时评一样，陈平原为人称道的也是他有“两副笔墨”，既写厚实的专著，也写洒脱的小品，轮流坐庄。用他自己的话说，是“干脆左手捧芝麻右手抱西瓜”。这“两副笔墨”之于陈平原，也可以套一句他评论金庸的原话，即“双峰并峙，二水分流”。前者给人的印象是传统儒林中的学者，后者给人的印象是现代文苑中的书生。作为书生的一面，他有雅趣有热情，又有学养作才情的底色；作为学者的一面，他有足够的冷静，也有书斋无法局限的人间情怀。

陈平原的大名，是靠13部学术专著累积起来的。学界与江湖的一个共通之处在于，扬名立万只能靠自己的真才实学闯荡出来。《学者的人间情怀》《老北大的故事》《北大精神及其他》都不属于学术专著，当然也不能算小品或随笔，因为小品或随笔没有这样厚实的学术底蕴，而专著又没有这么文笔讲究的风致。这种无法用普通文类命名的“半学术半文章”，他称之为“第三种笔墨”。对于学界之外的普通读者来说，陈平原的《大书小书》《书里书外》《书生意气》《阅读日本》《游心与游目》，乃至主编的《北大旧事》《触摸历史》无疑要比专著影响更大。

从1999年起，封笔20年的金庸“重出江湖”，着手修订15部武侠小说。经过大规模修订，许多广为人知的小说情节有所改变，比如《射雕英雄传》中的黄蓉在桃花岛的经历有不同，《神雕侠侣》中小龙女在绝情谷的遭遇也补充新情节，改动最大的是《碧血剑》。金庸小说新一轮修订本的推出，在读者中褒贬不一，不少金庸迷痛心疾首，认为金大侠是自废武功，但也有金庸迷力挺金庸修订小说。

在20世纪新修版《金庸作品集》出全之际，凤凰卫视播出《锵锵三人行》。主持人窦文涛与嘉宾陈平原、许子东讨论金庸小说一再被改编的原因，分析他在整个华人世界的影响。

早在1985年5月，陈平原与钱理群、黄子平三位学者联合发表“二十世纪中国文学三人谈”名噪京城。“二十世纪中国文学”这概念一经提出，给学界带来广泛而深远的影响。它努力打通文学史断代格局，把二十世纪中国文学作为不可分割的有机整体，意义十分重大。此刻，作为当代中国第一个以北大中文系教授的身份研究武侠小说，把中国武侠文学引入学术殿堂，给予以金庸为代表的武侠小说家以有力支撑的著名教授，二十多年后再说金庸，陈平原倒是显得十分平和。

北大既然有这么多师生喜爱金庸，聘请金庸做名誉教授本来是一件很好的事情，为什么会引起这么多反对意见？陈平原认为，恐怕许多议论不是冲着金庸来的，而是冲着北大来的，“可能是这几年大家对于通俗文化泛滥过于反感，借金庸当战场”。

陈平原说：“武侠首先是一种城市化，所有的通俗者都是城市化的，侦探小说也是这样的城市化，警匪片也是这样的城市化，他是一种特殊的文类，你必须承认他的假设，然后才能阅读，然后在这个假设里面来思考他的故事、人物还有大的背景。其实，金庸恰好是对侠客的形象做了很多的丰富，郭靖，令狐冲，其他的几个所谓的侠客的形象是不一样的，而且可以这么说，郭靖有点高大全的味道，可是后面的几个武侠的，包括自由的韦小宝是不一样的。恰好是金庸打破了以前的一般认为通俗小说人物的扁平化，或者说只有一个面向的那个状态，他基本上努力用各种各样的方法来丰富小说的人物形象。”

说到“金庸会不会得诺贝尔奖”，陈平原说：“我说不可能，我知道那个海外的就是比如说国外的评委不会给金庸诺贝尔奖，但是他在华人世界的影响力是特别特别值得我们推崇的，以前我们固守于纯文学或者是雅俗等等，对他的作品是有偏见的。其实，金庸改变了武侠的这个小说类型，只有他到现在为止还能成为我们所说的畅销书，说梁羽生，现在的年轻的很多不知道了，当年我们认为金庸梁羽生应该是差不多，今年看出来金庸站住了。”①

4

陈平原好久没读金庸小说，也没拜见金庸了，突然收到香港大山文化出版社的《侠之大者——金庸创作六十年》一书，迫不及待地翻阅起来。一个晚上下来，他心情很是复杂，对以金庸为代表的游侠想象，又多了几分理解。

早晨起床，坐到桌边，他写下一行字：我眼里的金庸，比许多新文学家更像中国“读书人”。紧接着，浮想联翩——

六十年来，月有阴晴圆缺，但金庸始终没有完全淡出公众的视野。现代文学史上，如此有个人魅力，不靠政府或商家做后台，而能红透半边天，且持续这么长时间，实在是个奇迹。单凭这一点，金庸就该值得研究者持续关注。

陈平原指出，现实生活中的小说家，无论你如何“特立独行”，怎样“性情中人”，也都有世俗的一面。比如，金庸喜欢自己创造出来的令狐冲，但现实生活中的查良镛，不可能总像令狐冲那样散淡、洒脱、率性、不羁；作为成功的报人兼作家，查良镛也有他精明、狡狯、洞察人心乃至擅长商业计谋的一面。作为读者，尤其是对“千古文人侠客梦”情有独钟的读者，最好保持那个美好的记忆。基于此判断，我主动放弃了进一步接近“大侠”的机会。直到今天，还是认定自己的选择是正确的。

然后他写下一句：“在我眼中，查先生是个有政治抱负的小说家。”

他指出，这里包含两个关键词，一是“政治抱负”，二是“小说家”。金庸不喜欢人家称他是“著名武侠小说家”，因为，这等于降格以求，只承认你在“武侠”这一类型小说中的价值及地位。我同意金庸的意见，应该在“中国小说史”的框架中谈论金庸——其学养、想象力及语言功夫，都值得大说特说。至于“政治抱负”，主要指《明报》事业。那两万篇社评与政论，使金庸与无数武侠小说家拉开了距离。我甚至称：“倘若有一天，《查良镛政论集》出版，将其与《金庸作品集》参照阅读，我们方能真正理解查先生的抱负与情怀。”将查良镛的政论与金庸的武侠小说对读，这可是要下死功夫的，不知道现在的研究者有无这种耐心。

他再写下一句：“不只是具体的学识，甚至包括气质、教养与趣味，金庸都比许多新文学家显得更像传统中国的‘读书人’。”

① 《陈平原：金庸小说有政治语言的性质》，凤凰卫视“锵锵三人行”2013年5月27日。

他指出，“博雅”与“通达”，乃传统中国读书人的最大特征。在这方面，大学里专治文史的名教授，也都不见得能在查先生面前昂首阔步。我敬佩查良镛的，不仅是学识渊博，更包括极为强烈的求知欲望。有幸听他眉飞色舞地谈论“考博”及“读博”的经历，那种投入感与幸福感，让我深深感动。在很多人看来，早已功成名就且年事已高的查良镛先生，根本没必要正儿八经地注册念剑桥或北大的博士。可这正是“读书种子”查先生可敬可爱的地方。

好的小说家，一般都特能洞察人心。看透世态人情的结果，有三种可能性：或居高临下的傲慢，或普度众生的慈悲，或愤世嫉俗的绝望。多次听查先生演讲，说实在话，不算太精彩；但答问很得体，确能显示大智慧。现场感觉如此，回头读各种报道及记录稿，证实我的直觉。愿意认真倾听粉丝稀奇古怪的提问，给予真诚的回答，而不是敷衍了事，这对一个见多识广的名人来说，除了智商，还得有足够的情商。

不止一次见到这样温馨的场面：演讲结束，热情的读者捧着书要求签名，金庸很配合，问人家叫什么名字，顺手写两句勉励语或俏皮话。在那么疲劳的状态下，始终保持笑容，且变换笔调为读者题词，是需要情感及智慧的。这在早年是为了推销作品，如今名满天下，根本用不着讨好一般读者，可金庸还是那么认真，丝毫没有懈怠，一笔一画地签上自己的名字，这着实让人感动。

金庸的成功，对于20世纪末中国内地的文坛和学界，都是个极大的刺激。陈平原在各种场合一再强调自己并非合格的武侠迷，虽然他已经读过许多武侠小说。他笑言：“作为学者，整天手不释卷，如果只是为了找资料写论文，也会走向另一极端，忘记了读书是一件很愉快的事情。为了撰写《千古文人侠客梦》，我猛读了很多好的、坏的武侠小说。读伤了，以致很长时间里，一见到武侠小说就头疼。而且，尽管阅读了数量颇为可观的武侠小说，也曾废寝忘餐读武侠，可从来不曾当真，基本上把它当寓言读。”[①]

① 陈平原：《我眼里的金庸，比许多新文学家更像中国“读书人”》，澎湃新闻2016年4月24日。

写武侠是模仿金庸
——“浪子”文人沈西城

沈西城的身份很多：作家、《武侠世界》出版社社长、金庸倪匡古龙三大侠的朋友，同样也是辉煌武侠时代的见证者。

沈西城曾用“浪子”的笔名在《花花公子》撰写《红尘回忆录》，提到了港台不少八卦掌故，很有趣，包括金庸的趣事。沈西城称自己是“浪子”，也许他想做“浪子”，但“浪子”无根无求，漂泊萍踪，沈西城却有很多追求、太多思想、更多牵挂，所以他不是“浪子”。

1

1976年8月的一个凌晨，在香港九龙的一间寓所的书房里，沈西城在书桌上的稿件上画下了最后一个句号。

一个电影剧本又算是完结了，他给自己制定的今天的任务算是完成了。他搁下笔，站了起来，伸了伸懒腰，然后他打开了电唱机，屋内顿时响起了袅绕的音乐，一个清脆的女声正在深情地唱着《渔家姑娘在海边》。这是电影《海霞》中的插曲，唱片是金庸送给他的。那时候，沈西城刚从日本留学回香港。

沈西城原名叶关琦，上海人。从刚刚学会说话开始，他就开始“创作”了。当然，刚开始的时候，是他的家人，即他的爷爷、奶奶、外婆、爸爸妈妈和其他亲人，以听写的方式完成了一些诗歌、小说和剧本。四岁时，他随家人到了香港，定居北角。念中学三年级时撰写鬼怪、侦探、武侠、爱情等小说，投稿到《明灯日报》的“日日小说丛”专栏。十九岁时被介绍到《新报》当晚间兼职校对，后来只身到日本游学，主攻日文。留日期间沉迷于红灯区内的舞厅、酒吧及色情影院，上课时间甚少，几乎不能毕业。在日本时仍不时投稿到《新报》描述当时日本人的生活，自诩“下层社会日文第一”，与日本作家颇有往来。他以笔名“沈西城”撰写杂文。在作品自述中，他称“厌恶一切假道学，对挂羊头卖狗肉之士尤为歧视”，耻于与这些小人为伍。当年许多人问他，为何一个年轻人起这个古怪的名字，他说沈是小时一个同学父亲的姓，他偏爱电影《梦断城西》。

回到中国香港之后，沈西城租了一套公寓。

那天是他28岁的生日，他的那帮兄弟过来为他庆生。老朋友倪匡给他送来一套金庸小说，并递上金庸的话：“如果还是以写稿维生，可以来《明报》工作。”1970年新都城酒楼开张当日，沈西城认识了当时在香港文化界已颇有名气的倪匡，之后便常以倪匡的干弟自称，又常把“倪大哥”三个字挂在嘴边。其后沈西城更写了《我看倪匡科幻》《细看卫斯理科幻小说》《妙人倪匡》等多本与倪匡有关的书籍。

70年代末，沈西城从日本学成回中国香港，在当时《明报月刊》与《明报》国际版担任日语翻译，《明报》经济版的编辑毛国昆找他协办“中日反霸权”讲座，请来日本驻香港的特派员，如《每日新闻》《朝日新闻》《产经新闻》的驻港记者到于仁行（现为遮打大厦）开会，金庸是那次会上的嘉宾。

“你不是很想见查先生吗？你很快就会见到他了。”毛国昆带着笑容对他说。沈西城顿时紧张起来，心仪已久的人物，到底是怎么一个样子的呢？在金庸未踏进翠园前，他心念电转，把各式各样的样貌都在脑海里打了个转……风流潇洒？神采飞扬？飘逸俊雅？文质彬彬？

沈西城不停地想着，直至耳边听到有人喊：“查先生，你好吗？”才醒转过来。他的视线循着喊声望过去，立刻看到一个身形不高而略显肥胖的中年男人，正在跟本池在握手，而毛国昆正站在他身边。不用说，这个肥胖的中年人就是金庸了。

然而，当沈西城第一眼看到金庸，他真有点失望了，因为眼前的人完全不是他心目中那个形象。不要说风流潇洒、飘逸俊雅搭不上边，就是文质彬彬也似乎不在他身上出现。他只是一个十分普通的中年人，如果走在街上，谁也不会相信他就是金庸。

金庸比他年长了足足二十多年。那天，他穿了一袭西装，款式是60年代的。襟边很阔，那件白衬衫的领子，一面微微上翘。领子上的那根领带，也拉得斜斜的，没有安稳地结在领中央。还有他那双皮鞋，相信已没上油有一段时期了，以致灰尘布满了鞋面，把黑色都遮掉了。

如果说，眼前这个金庸还有一点像文人，便是他那副“不修边幅”的卖相了。

金庸开始发福，长了一张国字脸形，戴着金丝眼镜。他坐着只是听，没有发表意见，后来沈西城猜测，大概是因为他的广东话不太好，不喜欢说话。

第二次晤面，沈西城说，“查先生曾经为我斟过一杯茶”。

那个中午，沈西城匆匆忙忙到《明报》交稿。平日金庸不在公司，那天两人却难得遇上，因为《明报月刊》的老总胡菊人要走，金庸回来压阵。他见到沈西城，把他唤了过来，说：“小叶啊，你要多多支持，多写点稿。”说完，倒了一杯茶给沈西城喝。沈西城接过来，小口呷着，多少年都记得那杯热茶的味道。当时他才30出头，因为原名叫叶关琦，人人取其姓，都用上海话叫他小叶。

沈西城就用上海话跟金庸说话。

“我发现金庸正如倪匡所说，并不善于辞令。他讲话很慢，似乎每字每句都经过细思才说出来。有时，给问得急了，他便会涨红了脸，讷讷的，半晌说不出话来，真叫旁人替他着急。”[①]这是沈西城第二次面见金庸的情景。

往后两人多以书信往来。

“沈西城先生！我是三苏！”一天早上，沈西城接到一个电话，男人的声音有点儿沉，报上姓名后，他吓了一跳：三苏《怪论》是《明报》的名牌专栏，声名炙手，众口交誉，他打电话给我作啥？

三苏说，沈西城在《明报》副刊翻译的日本推理小说，他喜欢看，约他去茶聚聊聊。

第二天中午，沈西城跑上“珠城”酒楼，三苏早在，同座还有王季友，以前见过。季友笑说：“你的三苏叔叔老早就嚷着要跟你喝茶，他喜欢你译的日本推理小说！”沈西城受宠若惊，嘴里忙谦逊。三苏原名高德雄，祖籍浙江绍兴，他说沈西城以前也写过侦探小说，读者喜欢，编者更喜欢，因而，金庸社长让三苏找他聊聊，请他赐稿。

“七十年代《明报》副刊，台柱有三，金庸、倪匡、三苏，惟其他作家，也是红极一时的名家，其中余过更是佼佼者。余过，就是潘粤生，《明报》总编辑，处事、行文都有查先生的作风，余过所写的《四人夜话》，虽说是法国人说、日本人说，其实都是余过说的。《四人夜话》类似卫斯理的科幻小说，峰回路转尤过之。”[②]沈西城与他们相聚喝过茶，同品过咖啡。

沈西城在回忆文章中说：“说上世纪最好的月刊是《明报月刊》，这

---

① 沈西城：《金庸与倪匡》，利文出版社1984年版，第65页。
② 沈西城：《旧日明报三作家》，《苹果日报》2006年3月4日。

不是夸赞，而是事实。我跟《明月》有点渊源，既是它的读者，也是它的作者，当年《明月》作家阵容中，我是渺小的小辈。”《明月》创刊时，编辑部设于礼顿道的一幢旧式大厦，创业维艰，金庸自任总编辑，大教授许冠三、大作家司马长风襄助，构成“三头马车”，而编辑仅二人，便是克亮（黄俊东）和阿乐（王世瑜）。重用许冠三，意旨明显，乃是宣示《明月》走的是较高档的学术路线。在这感召下，四方八面投来的文章自然都是学术水平高的文章，用词专门，文笔艰涩，不好阅读。办了几期，读者反对声音纷至沓来，要求改革。金庸一向民主，参照过读者意见后，认为不无道理，与许冠三商议，希望能多容纳非学术性文章，许冠三并不同意。两头马车意见相左，教授挂冠而去。司马长风、王世瑜也因稿事、工作繁忙，不克兼顾，引身而退。金庸只好单挑保帅，一边物色适当人选。[1]

《明月》声名远播，日本学术界、新闻界都予看重。1975年，日本朋友相浦杲教授在中国香港任“港大”客座教授，沈西城带他参观《明月》编辑部，当他看到只有胡菊人、黄俊东两个编辑时，那瞪眼如桂圆、吐舌回不转的惊讶表情，令沈西城觉得好笑，信口问他，相似的月刊在日本要用多少编辑？相浦教授想也不想就回答：“至少二十人吧！”咦！《明月》岂非以一敌十？以两人之力办出这样一本出类拔萃的刊物，岂能不佩服金庸！

金庸对沈西城说：“你可以去写电视电影剧本。”意下他可以离开《明报》。

沈西城站在阳台上，仰望广袤的天空，心潮澎湃，思索着自己今后的路。

金庸为什么辞了他？沈西城在《妙人倪匡》一文中提到，金庸曾说沈西城做事不集中，写不出长篇来，因而《明报》不愿用他，后来连他写作的地方也被删去。而老友倪匡亦曾在《说人解事》一书中说到，这小弟工作量不少，除各种类写作，亦兼有翻译日本小说，但性格却不是很肯努力专心工作的。金庸喜欢他的为人，却不欣赏他的工作态度。倪匡称其“创作瓣瓣皆能”，这并不为过。由此看来，不是金庸不重用他，而是他“一山望着一山高”的性情不适合在《明报》工作。

不做秘书了，沈西城成为《明报》的专栏作家，还是《明报月刊》的特约撰稿人，仍然有机会近距离接触金庸。他写过一篇《金庸趣事》，说“早已讲过写金庸并不容易写，因为他没有倪匡那么风趣。既不风趣，趣事自然不会多。但有时又不尽然。金庸也有他风趣的一面。比方他请人写稿，有时也会奇招迭出。有一回他请我替《内明》杂志写稿，为了怕我拒绝，便给我

① 沈西城：《金庸心中的明月》，《明报月刊》2007年第1号。

来一封信。信有一定格式，把要求的事列成几点，最后以弟自称。所列几点，包括稿件性质，字数，稿费若干，为着怕我担心稿费，另加小说稿费由弟负责追讨。接到一封这样的信，叫人怎能不写？”香港《内明》是一本佛学文化杂志，主编沈九成法名熙如，跟金庸是好朋友。原来，金庸对佛经一直很有兴趣，时常跟沈九成过从，研讨佛经。尤其在他的长子在哥伦比亚大学里遇事后，金庸更醉心于佛经的研究。

沈西城说：“金庸很爱才，有才的人，在明报服务都会受到他另眼相看。”沈西城描述了《明报》局内的人事变动及其所产生的高低起伏，当中提到的人物包括后来的《信报》创办人林山木、前《明报月刊》总编辑胡菊人及资深报人王世瑜等。他们都曾经是《明报》编采阵容中的中坚分子，但之后又因种种原因而离开了《明报》。其中谈到林山木的一段，虽然篇幅不是太多，但已能重点的描述到金庸与林先生的渊源。文中提到林山木最初在《明报》资料室工作，其后受到金庸赏识而出资给他到英国进修经济，学成后再回到《明报晚报》任副总编辑，后来更成了总编辑。因着林山木的个人能力及他在金融财经界的江湖地位，令主打财经新闻的《明报晚报》办得有声有色；但就在这时候，林却决定另闯天下，离开《明报晚报》创办《信报》。最后，《明晚》在90年代初结束。沈西城在文中用两句话分析当时形势，“因为林山木太熟悉《明晚》了，而《明晚》并不熟悉林山木”。其实，这句话还有另外一层意思在内：“因为沈西城太熟悉金庸了，而金庸并不熟悉沈西城”，对自己离开《明报》作了自我安慰。

侠骨柔肠，豪侠风度，宽容，一向是金庸笔下人物最大的特点之一。金庸认为，这是中国民族性中很重要的因素，也正体现了他的人格精神和处世原则。几桩被倪匡讲成如趣闻的往事，在沈西城看来，“这二十年来，明报人才辈出，是因为金庸爱才”。

沈西城提及金庸与稿费的几则小故事：《明报》的稿费一向定得不很高，至少它没有《东方》与《成报》那么高。他在《明报》翻译日本推理小说，每天800字，稿费只有650元，比《东方》少了350元。他没有提过抗议。但倪匡和亦舒就不同了，兄妹齐向金庸抗议，电话、信件齐飞，要求加稿费。金庸总是左推右挡，以太极卸劲化去倪氏兄妹刚猛凌势。倪匡气他不过，趁着一场宴会，带着几分酒意向金庸当众提出，金庸没有当众说不，只说会以书信回倪匡的要求。据倪匡忆述，金庸的信写上数页纸，提到不能大加稿费的理由时，就连当时石油危机及环球局势变化这些大事情也用上，并且言词恳切。最后倪匡唯有妥协了事，只是轻微调高一点稿费作罢。

沈西城笑称，《明报》稿费虽低于同行，但能与金庸共事，不少撰稿人仍感无上光荣，视报馆为“少林寺”。

“在本港文化界里，倪氏兄妹素以辛辣出名，居然都给金庸弄得服服贴贴。你说金庸的本领有多大？木蚤虽恶，遇上糯米也是变不出戏法的。”[①]沈西城作了一个形象的比喻。

这里，沈西城写得非常有趣，其中的金庸显得非常平易可亲。

2

离开金庸以后，沈西城开始尝试多元化写作，作品涉及政论、杂文、推理小说、电视电影剧本及译作等。80年代写了不少小说。1981年，沈西城将金庸的《天龙八部》改编后搬上银幕，另外还撰写及改编过多部脍炙人口的作品，如《京华春梦》《红颜》，1987年编写的《龙虎风云》获第七届香港电影金像奖提名。

沈西城记得两件事。在他留学日本期间，认识了日本毛泽东研究权威学者竹内实。回中国香港后，竹内实介绍了相浦杲教授给他认识，相浦正在香港大学当客席教授。有次两人谈天，沈问相浦有否看过香港小说，当时日本人对中国当代文学认识不多，只知道近代文人如鲁迅、郁达夫或老舍，于是他告诉相浦，香港有个作家叫金庸。

沈西城写了一封信寄到《明报》，跟金庸说有日本学者想看他的小说。金庸收到信后送了全套小说给相浦。相浦看后，急急打电话给沈西城，说写得真好。沈西城问他有没有兴趣把小说翻成日文，他说好。但这桩事最后却没有成事，因为金庸开了条件，说译稿费用要待书出版了再从版税中抽，相浦不想冒险，最后没有译成。

如果当年谈成，金庸的武侠小说早在70年代就已被翻译成日版，如此错过，待到90年代才由冈崎由美开始翻译。

第二件事发生在1978年，沈西城在佳艺电视台工作，剧组想制作推理剧场，于是叫他到日本找推理名作家松本清张买下书的版权。那天，他在车站旁买了水果，按下门钟，甫进大宅会客室已见到一屋派头，又是象牙又是古玉。松本带他上二楼的书房。松本清张是日本名作家，得过芥川龙之介奖、菊池宽奖与日本推理作家协会奖。沈到了他的书房，却见房中无书，只放了一张书桌，地方极大，地砖冰滑。松本说，他的书放在大屋的地库，地库开

① 沈西城：《妙人倪匡》，艺苑文化工室1998年版，第73页。

了空气调节，防书纸发霉。沈西城心想日本大作家排场真不是香港作家可比，可是当下不服气，便向他提到金庸，说金庸就像日本的司马辽太郎，他很富有，书房也很大，写的时代小说（武侠小说在日本的称呼）深深影响华文文坛。松本一听，把自己的书题上了金庸名字，交给沈西城，叫他把书转交金庸。后来，金庸收到书很高兴，又寄了自己的书给松本清张。

1996年，第一部金庸小说日译本《书剑恩仇录》出版，紧接着，一些日本翻译家将多部金庸小说翻译成日文，在日本出版，很受中国读者喜爱的《神雕侠侣》《射雕英雄传》等在日本也是一版再版。当然，就像中国人翻译西方名著，常常带有“中国视角”和中式思维，有时甚至有点不伦不类；日本人对金庸小说的翻译及其与中国读者的不同喜好，也渗透着日本人的视角和日式思维，流露出日本人特殊的文化心理特征，以至于某些地方在我们中国人看来，也颇有些不伦不类，令人喷饭，如香香公主被日本译者称为“维吾尔族的美少女”，将掌门人翻译为总帅，把任大小姐翻译为魔教之美姬，日本译者似乎很为“狗杂种”这个名字伤脑筋，竟然将其译为“野狗君”，对此，金庸很不满意。

金庸对沈西城说：“我读过你翻译的日本小说，译得很好，比如松本清张的《日本的黑雾》用纯文学来写推理，你是有翻译能力的。”这样，沈西城便成了金庸的私人秘书兼翻译。不久，蔡澜受聘为《明报》副刊的专栏作家，开了十几个专栏，专门谈吃喝玩乐。沈西城曾经着手编译《雪山飞狐》，因蔡澜也在日本旅居过多年，金庸嘱沈西城与蔡澜合作，一同开辟日本的金庸小说市场。然而，蔡澜才子没空陪他“玩”，此事也就不了了之了。

沈西城写的《香港三大才子——金庸、倪匡、蔡澜》一书，提到金庸的部分，内容亦颇为详尽，其中讲到《明报》的发展时，也可说是甚为仔细，除了《明报》本身之外，更分析了《明报》系内其他刊物的发展情况，犹如一个《明报》发展的小概览。其中没有附上传媒学上的学术观点及研究角度，只是讲求事实，也没有加上太多个人喜恶及想法，这样，反而令读者能够更具体、客观地掌握到一段非常真实的《明报》发展史；也令传媒界内的《明报》局外人，能对这个在行内享负盛名的机构有进一步的了解。且文中记载的，并非只是一帆风顺的历史，反而对《明报》在发展中出现的种种危机及困难有所提及，可见他是力求中肯的。

“金庸不同倪匡，他冷静寡言，喜怒不形于色，令人不期然觉得跟他之间有一段不长的距离，尤其是像我这样年纪跟他差上一大截的，更是没有什么可谈的。不过，要写一个人物，不一定要跟他有密切的来往。道听途说，当然不可，但旁敲侧击，加上缜密的分析归纳，也未尝不能把那人物的神勾勒出来。我写金庸正是采用这种手法，跟写倪匡略有不同，希望能获得同样的成功。”沈西城说。

多年后再见，金庸身边已众星拱月，沈西城不便叨光，自此二人少了往来。有一天他突然收到电话，说查太太看了他在报章写的短文，为梁羽生与金庸的关系下了个公允的说法，想请他吃顿饭以表感谢。

那次吃饭，他们谈到查先生、倪匡和沈西城三人生肖都属猪，各差十二年！查先生大倪匡十二年，倪大哥又大沈西城十二年，确是有缘。网上资料写金庸生于1924年，应属鼠，沈西城说是查太太亲口所言，那年头的人来港把出生年份报早报迟一两年不足为奇。

金庸、古龙、梁羽生等大师的名字，已成为“武侠”的代名词，与之相应而生的则是那些流传在坊间、被读者津津乐道的段子，比如，古龙拖欠稿费，出版商找倪匡用同样的稿费帮古龙续写完，倪匡骄傲地说：“我的稿费从来都是比古龙贵的。”其实，这些段子的“主人”是沈西城。

谈及古龙的段子，沈西城信手拈来，他说：“有人打古龙，古龙就会说，这不是儿子打老豆（爸爸）吗？”讲到古龙一直不回香港定居的原因，沈西城称，因为古龙喜欢台湾的蛋炒饭什么也不加，而香港的蛋炒饭要加葱。

最能体现古龙精灵的，则是他的创作之路。在金庸之后，古龙结合日本的悬疑推理，用紧凑式描写及其独具特色的短句风格，在传统的武侠小说之外另辟蹊径，成为一代武侠大家。

讲到倪匡的精灵，沈西城分享了一则故事：有一次倪匡给《成报》写稿，发现稿费中竟然有几毛钱，一问才知道，依照广东人的习惯，《成报》的标点是不算钱的。听罢，倪匡立刻“反击”：“你是广东人，为什么请我上海人写稿。”

说金庸，他不再调侃：“查先生爱文人多于商人，尤其欣赏有真才实学，博学又爱看书的人，像汪际先生。查先生不太喜欢我。不是因为我衰，而是说我不定性，小叶心野，不会安静坐下来写稿。”

3

除了《明报》，沈西城在多间报馆工作过，主编过八卦周刊《翡翠周刊》，也办过成人刊物《奇艳录》。后来，他将老牌艳情小说杂志《蓝皮书》重新包装复刊，并以“本世纪全球唯一中文潮流小说杂志”为宣传号召。1995年在倪匡允许下，他开始以原振侠和罗开为笔名，续写倪匡的《原振侠》和《亚洲之鹰》两系列小说。1996年，受《蓝皮书》创办人罗斌的赏识，沈西城当上有52年历史的武侠小说杂志《武侠世界》的总编辑。

沈西城用钦佩的语气述说金庸小说的魅力。即使当初家长不喜欢他一直读“闲书”，但并没能阻止他一直追看金庸的小说。用他的话说，这就是金庸小说的“魔力”。沈西城认为，这个魔力是金庸小说文字的重要性，以及金庸小说超强的故事性。一个好的故事，吸引人的桥段再加上生动人物的刻画，使得金庸的小说成了一座武侠小说世界不能被人翻越的大山，很难被人超越。

“每个时代的武侠小说，都有它们的支持者，因为那是人们追求的梦想与渴求。”虽然，沈西城的作品未必本本全城大卖，但数十年来，他却一直执着于这种大众化文字。就如他所言，武侠是不分年代的。“侠以武犯禁”，为公义挑战强权这种行为，不一定是天地会反清，也可以见诸于占士邦大战魔鬼党，甚至是阿凡达火拼地球人。

金庸介绍了不少好友给他认识，沈西城也就认识了很多小说名家。金庸曾笑话他不专致，屁股坐不定，写不出长篇。沈西城偏偏要长志气，写出了一部长篇，后来这部长篇中的主人公又在另外的故事中出现，行成了一个系列，这个系列就是《四大名探》。在小说中，沈西城利用了阿瑟·柯南·道尔推理小说《福尔摩斯探案》中的故事人物及时空背景，让著名的推理侦探福尔摩斯和倪匡科幻小说中的卫斯理碰头。

沈西城的强项是擅于模仿其他当红作家或名著的写作手法。沈西城坦承：“我什么种类的小说也曾写过，奇情、艳情、武侠、鬼怪、侦探、推理，对我都没有困难。写爱情我是模仿依达，写武侠是模仿金庸，写科幻是模仿倪匡，至于侦探则模仿希治阁，而鬼怪小说则是把聊斋内的故事予以现代化。”①

沈西城看金庸小说，发觉有着浓厚的章回小说的味道，但是情节却悬疑诡秘，构写方面也颇有心理描述，他说：“还有一部武侠小说，是金庸特别喜欢的，《三侠五义》，经晚清大儒俞曲园整理改写，成《七侠五义》了。”金庸认同他的观察，说自己“年轻时很喜欢看《水浒传》《七侠五义》一类通俗小说，到了大学又接触到西方小说”，后来的创作，不免吸收了中西小说两方面的营养。这里，金庸把《七侠五义》放到了与《水浒传》并列

① 若水：《自称最叻模仿》，香港《东周刊》2002年第478期。

的位置。1956年，金庸在《新晚报》发表文章，谈书的“续集”，也谈到了这本书，“《七侠五义》之后有《小五义》和《续小五义》，……我一直看到了《九续小五义》”，虽则“除了无聊与胡闹，在这些续书中再也找不到什么别的”，但仍是捏着鼻子读完了十部《七侠》续书。在《韦小宝这小家伙》一文中，金庸说：“《三侠五义》中最精彩的人物是反朝廷时期的白玉堂。我看《三侠五义》，最精彩的篇章，是白玉堂与颜查散的遇合故事。”

同样，沈西城对《七侠五义》也有着超乎寻常的偏爱。他说，写动作小说（有了金庸，再不敢涉足武侠小说，只好写一点动作小说），先是受中国古代《七侠五义》的熏陶，后受外国现代推理小说的影响。《原振侠—魅琴》写得不是很精彩，倒是后来推出的《新亚洲之鹰》，写得紧张曲折，如“追凶”故事中有一段写罗开和飞机大战，非常干净利落，加上一只虎头海雕，真是“人、兽、飞机大战”，拍成电影一定很好看。在《新亚洲之鹰》中罗开似乎更“凡人化”，经常落入别人的圈套，也受伤过多次，对女人也“好多了”，如和阿田有一段似有似无若隐若现的感情，这在以前是没有的，在这方面，沈西城好像努力突出一些罗开的“独立性格”。尤其，《新亚洲之鹰》的几个故事如“黑婴”“替身”“追凶”几乎没有科幻成分，完全可作为武侠小说来看。早期的港台小说喜称某国为A国，某人为A君，也许那时候很流行此种称法，现在就显老套了。金庸就给他指出过，你某些地方还是很老派的，“追凶”中的H国，当然指的是“韩国”，就写“韩国”好了，看起来也舒服。

“会写小说”的金庸在沈西城眼里也是个“狡猾”的“古惑仔”。“如果金庸是个一板一眼的作家，怎么能创作出韦小宝这样的角色呢？”沈西城坦言，金庸先生骨子里是充满反叛精神的：杨过冲破世俗眼光，选择和姑姑小龙女在一起，黄蓉古灵精怪，令狐冲最终与魔教教主相伴终生，还有小混混出身的韦小宝，这些反传统的代表，如同金庸先生的化身——反叛传统，却带有一丝顽皮。

粤语影片《鹿鼎记》是沈西城和司徒安编剧的，1983年上映时，金庸去看过，沈西城告诉他，自己是个练家子，少年时代就学过螳螂拳，是跟一位游方僧人学的，是因为他身材修长的原因。“现在，年纪大功夫都荒废了”，他说。

1989年，沈西城出了本短篇小说集《夜惊情》，倪匡替他作序。金庸看了后说：“倪匡这篇序写得是非常中肯的，我看沈西城作品也有多年了，我感觉到，沈西城的性格写散文好过小说，写短篇好过长篇，而散文中尤以写文坛掌故为佳。很多人不了解沈西城，认为他跟在倪匡后面拍马屁，其实这对他来讲是不公平的。倪匡先生非常聪明，看别人作品，如果写得真的好，他会真心表扬，如果写得不好，就哈哈哈打个马虎过去，不会多啰嗦，但心里有本账。”金庸此话不错，倪匡当年是很喜欢沈西城的，主要还是喜欢他这个小兄弟是来自上海，而且人又聪明，后来有些因为外界加入的误会，导致两位不多见面，但金庸知道沈西城心里是很佩服倪匡的。和金庸谈起香港的文坛掌故，沈西城如数家珍，而他本人又是资深编辑，谈各家之得失，甚至对不少外界久负盛名的名家，也不置可否，唯对倪匡是打心眼里佩服的。

金庸写完《鹿鼎记》后宣布封笔，退出侠坛。为什么他不再写武侠小说呢？倪匡的解释是：“他写不出了！”沈西城却说：“以我看来，写不出则未必，但会否比旧作写得更好呢？恐怕金庸没有十足把握。一个作家做到金庸的地步，可谓苦乐兼尝。他一方面享受成功带来的乐趣，另一方面又受着精神压力煎熬的苦处，正是茫茫然不知所措。日本著名作家川端康成便是受尽这种心情的煎熬而踏上自毁之路的。金庸比川端康成聪明得多，在事业上，他有《明报》，让他享受成功的果实，在精神上，他藉自潜修佛经和围棋来得到解决，所以他能超脱，不会有任何困扰。有许多认识金庸的人，都以为近年金庸变得孤家，不爱交际。孰不料这正是他自保之道，他实在比任何人都了解自己，只有这样的人，才能写出那样的小说。”

后来，金庸修改自己的小说，倪匡在他论述金庸小说的专著里，曾提出抗议，认为有时斧击之根实在太深，反而减弱了阅读的趣味。对这一点，不独倪匡如此，许多人都有同感。但是，沈西城认为：“有时也得替金庸想一想，他的武侠小说发表时都是一天一天的刊在报上，结集成书，碍于时间，也未必逐一看清楚，所以有些情节往往出现首尾不接的现象。如果不加以修改，实在有碍小说结构的完整性。就是修订过后的小说，情节也有不如人处。”他回忆：“八一年，我在‘无线’工作，创作组决定把金庸的《天龙八部》搬上银幕。我们一队工作人员跟随萧笙去澳门‘度桥’，每人事先精读《天龙八部》，这才发觉漏洞百出，编剧人员唯有想尽办法修补，同样情形，相信一定出在《射雕》和《神雕》身上，可见长篇小说并不易写，强如金庸，经过修订，仍有瑕疵，何况未修订之前。”

沈西城夸奖金庸绝顶聪明。他的文字雅俗共赏，三教九流都能读懂。他的文字也简洁，容易看，不会觉得无聊。所以他文字的魔力，在很大程度上帮了他的武侠小说。其实，金庸的文字就是江湖体，从《水浒传》传承过来的，再加上他自己的特色。他的文字很浅白，但又不是白开水，是有韵味的。有些人写文章会放很多形容词进去，但他不需要，他用两三句就可以，浅白，但有味道，好像饮茶，有回味。就他小说的桥段来讲，就更加丰富了：有爱情，有人性刻画，有推理，有场面，有细节……小说吸引人的元素，都能在金庸的小说里见到。在与他同代或之前的人中，很难有人能与他比。

事有凑巧，他2018年年初有感世人对金庸的私生活多有误传，经查太太同意后，刚写成《金庸逸事》待出版，金庸却已离世。

“金庸今年才五十岁”
——大陆“金学”第一家陈墨

“金庸今年才五十岁？”2005年某日，陈墨说了此话。

中国大陆金庸研究称“金学”，最重要的人物当是陈墨。他既是影视艺术理论家，又是金庸研究专家，被称为大陆“金学”研究第一人，曾出版《陈墨评金庸》系列专著三百万言。

陈墨是多部金庸电视剧的文学顾问、编审，他对金庸小说的评点颇受金庸推崇。他还参与《评点本金庸武侠全集》的名家评点，对《天龙八部》和《神雕侠侣》的评点让金庸心悦诚服。金庸在台湾远流版《神雕侠侣》的后记中特别提到陈墨，赞赏他是个聪明之人，与其交往为“友聪明”。

1

1984年，刚刚考入中国社会科学院研究生院的陈墨，跨出了对他有着决定意义的一步——阅读金庸小说。一天，陈墨与一位朋友相聚，说起彼此最近读的书，那位在安徽一所大学教书的朋友推荐说：“你是研究文学的，应该读一读金庸的武侠小说。”说着递给他一本《神雕侠侣》。

不到两天，陈墨将小说读完了。书中男女主人公杨过、小龙女的情感与人生经历了极为奇异的重重劫难，组成了一个充满悲剧意味的故事。作者的笔真像是陈墨梦里的一只小艇，在波纹鳒鳒的梦河里荡漾着，荡漾着一片碧波。于是他在碧波中寻梦，再读《射雕英雄传》，接着读《倚天屠龙记》，一本接一本地读完了金庸的15部武侠小说，然后读梁羽生、古龙、卧龙生、温瑞安等人的作品。

陈墨当过知青，下乡岁月是一个缺少书籍的年代。1960年8月，陈墨生于安徽望江县，1976年中学毕业后下乡，1978年首次恢复高考，他以优异的成绩考入安徽大学中文系，1982年毕业后分配到徽州师专（现黄山书院）任教。这样的经历，让这个爱读书的学子寻读的是经典名著和纯文学的小说，自然而然地对武侠小说等通俗文学不屑一顾。此刻，读完金庸作品，他对武侠小说简直有些刮目相看了，一看、再看、三看，金庸的一些作品他已记不清看了多少遍了。

一般人读武侠，看到的是书中描述的武功和书中人物所表现的侠骨义肠，而陈墨却从书中发现了"奇迹"——金庸小说已不再是一般意义上的武侠小说，更不是一般人心目中的武侠小说，而是一个中国通俗文学史、中国白话文学史以及中国文学史上的奇迹，一个历史上不多见的、自元曲及《红楼梦》以来的中国文学的奇迹。于是，25岁的陈墨产生了专门研究金庸的念头。那时他还不知道在海外已经有了所谓"金学"的创立与开拓。他攻读的专业是中国现当代文学，自然不包括金庸及其武侠小说。然而，研究金庸这一"大逆不道"的念头非但不能抑制，相反却日益明确而且坚定。陈墨的观点是，当下主流文化非常功利，我们格外需要童话。每个成年人心里都藏着一个五岁孩子的童真。因此我们要向鲁迅致敬，也要向金庸致敬。

在坚持不懈的努力下，陈墨的文章渐渐零星地为几家报刊所接纳。1988年，陈墨发表《金庸赏评》一文，比较全面、系统地阐述了"金庸之谜"，希望以此打破评论界对金庸的沉默，为大陆的金庸研究揭开新的一页。[①]最早给予陈墨以充分认可，最大限度激发陈墨研究金学信心的是一位文学老编辑，他是百花洲文艺出版社主编蓝力生，成为陈墨的良师益友和研究金庸小说的领路人。正是由于蓝力生的鼓励和指点，他潜心于金庸小说评论和研究，不到三年时间写了五本书。1990年7月，陈墨的第一部研究金庸的书《金庸小说赏析》由百花洲文艺出版社出版，责任编辑是蓝力生。

其后，金庸研究蔚为热潮，"金学"被提到了一个新的高度。《通俗文学评论》于1993年2月开始特辟"金学经纬"专栏，陈墨发表《"金学"引论》作为该专栏的开场白，他从雅俗之辨、名实之辨、冷热之辨三个方面谈金庸研究的学科建设。大陆"金学"自此"正式"成立。

陈墨攻读文学硕士的指导老师是著名文学评论家陈骏涛。早先他从未注意到陈墨对新派武侠小说的迷恋，及至1990年深秋，陈墨将第一部研究金庸的书赠予老师时，着实使他大吃一惊：自己的学生已经成为一个"金学"家了，我这个当导师的居然一点不知道。遗憾之后，陈骏涛给陈墨的《金庸小

① 丁进：《中国大陆金学论著目录》（1985—1996），《通俗文学评论》1997年第1期。

说人论》一书作序，写道：“陈墨对金庸和新武侠的研究虽然起步较晚，但无疑已成了大陆屈指可数的‘金学’家和‘新武学’研究家——他已出版了《金庸小说赏析》、《金庸小说之谜》和《新武侠二十家》3部书，还有5部论金庸的书也将陆续由大陆的3家出版社出版。这在大陆的研究者中恐怕是没有人能企及的。有的学者尽管涉猎金庸和其他武侠小说很早，但至今却未写出一本书来——也许是不屑于写，也许是写不出来，而陈墨却后来居上，俨然成为‘金学’家和‘新武学’家，而且是大陆‘金学’第一家——这是客观事实，不管你承认它还是不承认它。”

虽然金庸小说是世界华人圈子中最普及的中文读物，但其在学术界的地位却一直不被承认，这是因为在人们印象中，武侠小说基本上是“打打杀杀”的代名词，缺乏文化含量。但陈墨却以大量例证推翻了这一说法。陈墨认为，金庸的小说提升了中国通俗文学的地平线，达到了“俗而能精”的境界。同是武侠小说，梁羽生的作品体现了历史与传奇的二维，古龙作品体现了传奇与人性的二维，而金庸的作品却是历史、传奇和人生的三维结合，从他的第四部小说《射雕英雄传》开始，这三个维度水土交融，人性与成长成为其作品的核心。

陈墨力图改变人们对金庸小说和新武侠小说的偏颇观念，但绝没有廉价的吹捧。可能是因为金庸小说确实成就很高，也可能是陈墨对金庸有特殊的偏爱，他对金庸的评价是很高的，但这种高评价也是立足于分析基础之上的。

陈墨指出金庸小说的主人公的人格模式有儒之侠、道之侠、佛之侠、无侠、浪子、反侠等六种模式。他还在专著《新武侠二十家》中论及金庸小说的情节模式，有复仇模式、抢宝模式、情变模式、历史传奇模式、反异族抗暴政模式等，并认为金庸小说情节结构不是单一的模式，而是几种模式的融合。

正如陈骏涛所言，陈墨是大陆研究金庸小说最投入的学者，如果不是第一个，至少也是第一批敢于“吃螃蟹”的人。

不过，金庸本人对“金学”这名称有点抗拒，认为有高攀钻研《红楼梦》的红学之嫌。有一次两人在浙江相遇，金庸曾当面对陈墨说：“大家也未必要把我的作品作为什么了不得的东西来研究，其实累了的时候，躺在床上翻一翻，然后睡着了，也挺好的。‘金学’这词太高攀了，还是称金庸小说研究为好。”

2

1988年，在“金学”研究上已有相当名气的陈墨，进入了中国电影艺术研究中心，成为该中心研究室研究员，研究方向有中国电影史及金庸小说。

对金庸情有独钟的陈墨，为了搞学问废寝忘食已成家常便饭，因而年纪轻轻就闹了个胃病。他的生活日程表几乎都是“早晨从中午开始”，晚间人们熟睡的时候往往是他工作最专注的时候，他以牺牲自己睡眠的黄金时间来换取工作时间，而且数年如一日。他脑子灵活，对外在事件反应很敏锐，但他居然可以做到“不管风吹浪打，我自岿然不动”——不管外面和世界发生什么变化，他可以依然搞他的学问，极力鼓吹“金学”，致力于“金学”的学科建设。他结合历史、艺术等知识为《倚天屠龙记》《射雕英雄传》《神雕侠侣》和《天龙八部》这些被烂熟于心的金庸武侠小说“解码”。

陈骏涛夸奖他，“他读书很多、很杂，上至天文地理，下至街谈巷语，几乎都有所涉猎。他又才思敏捷，博闻强记，只要他读过的东西，即令是过了很长时间也能记起；在我的印象中，他读书是很少做笔记的，材料全在他的脑子里——他着实有一个很好使的脑子。最令人惊叹的是，陈墨写文章从不打草稿，总是一气呵成，一稿完事，而且写作速度极快，一天或一夜写万把字是常有的事，写完以后甚至连自己都不愿看一遍就交卷了”。

1997年，陈墨参与《评点本金庸武侠全集》的名家评点，他对《天龙八部》和《神雕侠侣》的评点让金庸心悦诚服。

作为研究金庸的先驱，陈墨的《金庸小说赏析》是大陆金学研究专著的第一种。《金庸小说赏析》对金庸15部小说逐部评介、赏析，对于金学研究，是一项深厚扎实的基础工程，亦可视为一部导论。陈墨认为《红楼梦》与金庸小说是中国文学史上的两大奇迹，金学研究将会蔚然成风。之后他又接连推出《金庸小说之迷》《金庸“武学”的奥秘》《金庸小说的情爱世界》《金庸小说人论》《金庸小说艺术论》《金庸小说与中国文化》等九部金学系列论著。陈墨的金学研究系统规范，条分缕析，夹叙夹议，文字典雅，从历史背景与文化背景来探索金庸。此时担任着中国电影学会副会长的陈墨原本是想“九九归一”，放言“不再写金评”。

然而，21世纪初，陈墨却不知不觉地写下了关于金庸的第十本书《金庸小说神游》。因为《金庸小说赏析》与出版社的合同到期，他动了修订再版之念，偶尔在电话中与上海三联书店的编辑谈及，一来二去，这件事就算是说定了。动手修订的时候却发现，十年前的旧作，许多观点与他现在的想法已相去甚远，甚至一些表达方式也不是他现在所能“容忍”的了。于是，不如干脆重打锣鼓另开张，重走一次神游金庸小说的浪漫之旅。

陈墨在后记中自述，他写这本书还与女儿陈小墨有关。小家伙当时刚刚上初中一年级，早已将金庸的小说看过一遍，她的看法与父亲的大不相同。父女俩常常在家里谈及金庸小说中的人物，小丫头喜欢的竟是老顽童、岳老三甚至丁不四一类邪门人物，往往还有她的一番歪理邪说，又常常是振振有词。陈墨虽不至于张口结舌，但却常常哭笑不得。于是他写《金庸小说神游》，希望与女儿和她的同代人作些平等而又深入的交流。

金庸1994年“退休”以后，用十年时间修订他的15部小说。新修版的出版引起了金庸迷的兴趣，也出现了许多争议。陈墨阅读过一些作品的新修版，有些话想说，就有意识地将以前几年阅读金庸小说新修版的札记整理出来。这时候，电视连续剧《神雕侠侣》剧组聘请陈墨当文学顾问，制片人张纪中收到金庸尚未付印的《神雕侠侣》新修版校样，立即拿给陈墨参考。陈墨发现其中几处该改而没有改，就发电子邮件告诉了张纪中，张纪中立即将他的电子邮件转发给了金庸。当晚，陈墨接到金庸从澳大利亚打来的电话，让陈墨将全部校样看完，给他直言不讳地提出意见和建议。陈墨答应了，给金庸写出了《〈神雕侠侣〉吹毛求疵录》，这是他的第11本书，其中大部分意见和建议被金庸采纳，新修版的很多细节都做了改动，比如金轮法王的名字为回避一些严肃问题已被改名，小龙女出场时间、杨过练功过程以及两人谈情说爱的情节都做了更为合理的改动。

2003年，金庸在台湾远流版《神雕侠侣》的后记中写道：“古人说：‘益有三友，友直、友谅、友多闻。’我觉得益友还可再加一项：‘友聪明’。‘聪明’与‘多闻’并不相同。陈墨兄曾坚决要求‘后记’中不可提他的名字，但对帮助了我的人必须感谢，既是为人道，又是国际通例，因此书此致谢，但为尊重陈兄意愿，中国内地版中此段删去。”那份知遇和感恩的心情，表现得再明白没有了。从实际看，陈墨对于金庸的崇敬和支持，也当得起金庸的这番肺腑之言。

后来，陈墨给金庸就《天龙八部》的修订版提过许多意见和建议，其立论功力颇受金庸推崇。

3

2005年，《武侠小说》杂志开出专栏纪念金庸小说创作50周年，陈墨撰写文章，题目是《恭贺金庸先生50岁华诞》。开头写道：“您先别吃惊：金庸今年才50岁？我说，是的。金庸这个名字，确实是生于1955年，即是在1955年2月8日起随小说《书剑恩仇录》开始在《新晚报》的‘天方夜谭’栏目中连载，金庸之名才登记注册。这岂不正是金庸诞生的标志？”正在英国读博士的金庸看到这篇文章，马上拨打陈墨的电话，幽默地说：“查良镛31周岁的时候，生下一个孩子取名金庸，现在这个孩子已经五十岁了，可查良镛刚刚背起书包去上学。”

2005年年底，陈墨赴台湾在淡江大学作有关金庸小说新修版的专题演讲。他说：“金庸小说的‘四佳’中，《神雕侠侣》的人性探索，《天龙八部》的宗教寓言，《笑傲江湖》的政治象征，以及《鹿鼎记》的历史文化品鉴，无不超越了武侠小说的一般规范，而为金庸所独有。”

作为金庸小说和武侠影视专家，陈墨还著有《中国武侠电影史》《刀光剑影蒙太奇——中国武侠电影论》等专著，于是他理所当然成为多部金庸电视剧的文学顾问。陈墨说过，中国人的心理上有四大梦想：神仙之梦、明君之梦、清官之梦，还有就是侠客之梦。现在的影视作品中还是这些，使人不能不疑惑：历史在哪里？人民在哪里？个人又在哪里？神仙、明君、清官、侠客都是理想道德人格的典范，那么，历史与人性的真实及其人生的美感又在哪里？因而，他要在金庸武侠影视中找回这些失去的梦境。

央视版《碧血剑》制片人张纪中评说道：“陈墨金学研究精深，他的指导文字，思路明晰，规整大气，对我们在宏观上把握《碧血剑》的拍摄和改编起了重要作用。”

《碧血剑拍摄秘笈》2007年1月出版，书中文字选自陈墨《碧血剑》改编备忘录、分集大纲、剧本初稿、三稿阅读随记手稿等。陈墨以透视般的敏锐，评解《碧血剑》的主题、风格、人物以及拍摄难点和要点；以精当的文字，批点该剧拍摄改编的诀窍与得失。读者将随着他进入该剧的故事之中，不仅看到许多“热闹”，看清许多“门道”，还可以将这许多的“热闹和门道”，与读者看到的这部电视剧，乃至这部小说作有趣的比较，从而开启自己的想象力，获得多方面的快感与满足。

后来，张纪中拍摄电视剧《鹿鼎记》，剧本创作也邀请陈墨当顾问，尤其对台词和故事颇为用心。谁都知道要想《鹿鼎记》成功，必先拿下小宝与康熙这两个重中之重的人物，所以这版中对两人的塑造相当出彩。

2007年的春节长假，陈墨是在电脑前度过的。出版社欲将他过去曾在不同出版社出版过的金庸小说批评研究著作集中出版。陈墨觉得，都是旧书再版，多少有点对不住读者，也对不住出版社，在这个系列中，总该有几本新书，才会感到心安。为了赶写出新书稿，陈墨不得不调整原定的去外地休假过年的计划。如此，妻子和女儿也不得不放弃外出度假的机会，陪着他在家中过年，有时候还要帮他查阅资料。等到书稿完成之日，妻子已经结束假期开始上班，而女儿过几天也要开学了。2008年7月，陈墨评金庸书系由东方出版社推出，包括了《浪漫金庸》《琴剑金庸》《影缘金庸》《孤独金庸》《艺术金庸》《赏析金庸》《人物金庸》《修订金庸》《文化金庸》《人性金庸》《细品金庸》共12部。

2011年10月，陈墨在为家乡大学生作“金庸小说与成长、成功、成才”的讲座时，分别以《射雕英雄传》中智力迟钝的学生郭靖、《神雕侠侣》中调皮聪慧的学生杨过、《倚天屠龙记》中身体残损的学生张无忌，以及《笑傲江湖》中的“三好学生”令狐冲这四种迥然不同的学生形象，结合生动的小说片断，深入分析了当代大学生成长、成功、成才所要具备的“念头、能力、眼光和方法”，激励学子们潜心做学问，追求真知识。

他为金庸小说描绘人物谱

——记者作家曹正文

他写了一本《金庸小说笔下的108将》，实为金庸小说最全最生动的人物谱。

他的武侠论著还有《中国侠文化史》《古龙小说艺术谈》等，另有《龙凤双侠》《三夺芙蓉剑》《僰人棺之谜》等长篇武侠小说，和《世界侦探小说史略》。

金庸曾为他题词：“大侠当召侠气，名探须主正义”。

曹正文又名曹晓波，1950年生，江苏苏州人。曾任《新民晚报》“读书乐”专版主编22年之久，现为中国作家协会会员，是著名的文学评论家和小说家。

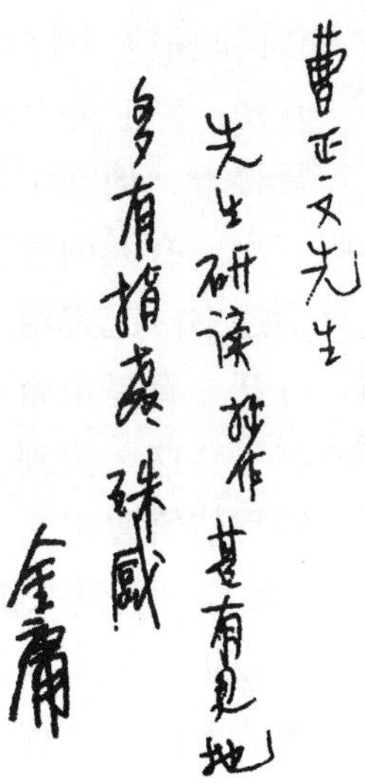

1

曹正文说：“我的笔名叫‘米舒’，意思就是迷恋一本书。读书，是私人分享的一件事，它能为你打开一扇窗。”他最早迷恋的书是武侠小说，从旧武侠小说到新武侠小说。

曹正文因酷爱写作，考入新民晚报当记者、编辑。20世纪80年代，在《新民晚报》当副刊编辑的曹正文，获悉江苏文艺出版社即将推出琼瑶的《雁儿在林梢》后，立即与对方达成协议，在《新民晚报》以连载形式刊登此言情小说。一炮打响后，引起大陆“琼瑶热”。

1988年，章培恒在《书林》杂志上发表了《金庸武侠小说与姚雪垠的〈李自成〉》一文，把获首届茅盾文学奖的《李自成》（姚雪垠著）与金庸武侠小说作了比较。章培恒说，若以现实主义的真实性来衡量，金庸武侠小说的假中见真更具艺术感染力，想像更丰富，结构更紧凑，更富有幽默感，总之《李自成》的艺术水准不能与金庸武侠小说相比。此语石破天惊，引出许多文章积极响应，竭力推崇金庸的新武侠小说。

受此影响，曹正文开始关注起了新武侠，读了金庸、古龙的武侠小说，不由得眼睛一亮。作为副刊编辑，业余时间他很想研究点东西，那时候不少人在研究鲁迅、茅盾、巴金，他不想凑这个热闹，另辟蹊径以研究新武侠为课题。

“琼瑶热”之后，曹正文曾先后邀约卧龙生、萧逸、于东楼写武侠小说在《新民晚报》上连载，颇受读者欢迎。

开初，曹正文读的新武侠小说是古龙的，一年中陆陆续续读了四五十部。

紧接着，他写了第一本武侠小说评论专著，《古龙小说艺术谈》一年中再版三次。有人向曹正文提议寄一本书给香港的金庸，于是，在1991年他写了封信连书一起寄给了香港《明报》，一周后居然收到《明报》寄来的一本书，打开一看是金庸写的信，并随信寄来一套《雪山飞狐》。曹正文想，所寄的书不会这么快到了香港吧，后来得知，金庸在香港逛书店时看到这本新著，便写信给曹正文，他说《古龙小说艺术谈》可以在香港出版，还问曹正文愿不愿意到香港来讲武侠小说。

1992年，金庸以香港作家协会（金庸当时是香港作家协会名誉主席）名义，邀请曹正文赴香港讲学。因为当时办签证时间比较久，当他飞抵中国香港时，金庸已去了英国剑桥大学读书。当晚，倪匡陪同吃饭，席间，倪匡说起古龙，赞赏不已：“熊耀华（古龙）实在是个写作天才！”后来曹正文的《古龙小说艺术谈》一书由香港繁荣出版社出版，倪匡为之作序。

过了一年，曹正文才见到金庸。金庸和他谈起自己的创作，也谈起他写作之外的爱好。

金庸在大公报当编辑时，住在香港太平山下，后来他自己办报，又写武侠连载，成了香港著名报人与武侠小说畅销书作家后，便搬到太平山顶上。他家中藏书极富，书房有200多平方米，铺了蓝色地毯，四壁的书橱顶天立地，如《点校二十四史》《古今图书集成》《涵海楼丛书》与100册《大藏经》。金庸收藏的图书，除了文史类，还有佛教、武术、围棋、音乐、舞蹈的各类书，可谓五花八门。在大书房中，有一张大写字台。金庸对曹正文说：“我每天读书四小时，几乎雷打不动。”

“您写新武侠小说受之影响最大的是什么书？”

金庸回答："中国古代是《七侠五义》与《水浒传》，近代是宫白羽与还珠楼主的武侠小说，欧美小说有法国的大仲马与英国的史蒂文森。"[①]

金庸年轻时爱打排球，中年时喜欢下围棋。他研究的宋朝棋谱，后来写到《天龙八部》中去了。据他说，他年轻时还学过芭蕾舞，听此，曹正文不由大吃一惊。

1992年和1993年，曹正文先后接受金庸、温瑞安的邀请，到香港作家协会和马来亚大学讲授武侠小说研究。

为了撰写《中国侠文化史》，他浏览了上千部新武侠小说。他发觉，旧武侠小说《三侠五义》中的侠客展昭武艺纵然高强，但人物境界仍停留在"御猫"的角色上，新武侠小说中的令狐冲、李寻欢、楚留香、陆小凤，却保持了相对独立的人格。侠客义士不仅敢反官府，而且对权贵乃至皇帝也不屑一顾。他们的人物个性很强，感情色彩更为丰富，其叙事结构被北大学者陈平原归纳为：仗义行侠、快意恩仇、笑傲江湖、浪迹天涯，从而为广大读者津津乐道。这是旧武侠小说中的侠客所没有的。

至于表现手法，金庸、古龙等人石破天惊，过去的旧武侠写情节，往往采取了"花开两枝，各表一头"，而金庸写《雪山飞狐》，古龙写《多情剑客无情剑》，都把几十年发生的事通过回叙、插叙的形式加以表现，大大提高了作品的艺术性。他称金庸、古龙、梁羽生和温瑞安为"新武侠四大天王"。他说，金庸的武侠小说在整个文学界都有着划时代的意义，其在征服了无数读者的同时也掀起学术界对其进行研究的热潮。金庸眼中的侠义是"侠之大者，为国为民。"所以他的江湖是：宝刀相见欢，柔情恨无常的《飞狐外传》，为草莽英雄而作的春秋《射雕英雄传》，乱世情仇乱世衰的《碧血剑》，问世间情为何物的《神雕侠侣》，东方日出一统天下的《笑傲江湖》……[②]

2

曹正文在独立执编"读书乐"时，正处于20世纪80年代中期，当时一些活跃在三四十年代的文化名人，如施蛰存、夏衍、冰心、章克标、赵家璧、徐铸成 、王元化、罗竹风、徐中玉、秦牧、蒋星煜……都还健在，曹正文亲自上门，请这些文化名宿谈自己读书经验与当年从事文化活动的经历，日积

① 曹正文：《我认识的金大侠》，《文汇报》2018年11月12日。

② 曹正文：《漫谈中国侠文化》，《中国政协》杂志2009年第3期。

月累，获得了不少文化名宿的口述历史。

文化名宿中有爱读武侠小说的，访谈时他们常常谈论侠义之道，自然而然牵涉到小说人物的性格和命运。说到武侠，脑中总会浮现曾经追过的那些武侠小说与影视剧以及里面的侠客异士：生性放荡不羁、豪迈潇洒、不拘小节、喜欢乱开玩笑、天生侠义心肠的令狐冲，有情有义、侠气豪迈的张无忌，忠厚老实、性情温和、大智若愚的石破天，一生坎坷、智勇双全、豪迈飒爽、不怒自威的乔峰，叛逆机智、玩世不恭、风流英俊的杨过，以及气质超群、不食人间烟火的小龙女，又或是虚伪、迷恋权贵的杨康……太多太多，而这些耳熟能详的角色其实都是出自一人之手，那就是金庸。

一个念头萦绕着曹正文：何不对金庸小说中的人物来个大盘点？

很快他读完了金庸的所有小说，并且很快地铺开了写作的阵势：筛选人物。

然而，金庸小说中的人物总数过千，筛选108个来评论实在不容易，因为值得一提的远远超过108个，不过还是忍痛割爱，一减再减，终于减到了108个。

1991年，曹正文完成了《金庸笔下的108将》。他读着《飞狐外传》，一个个小说中人物活蹦乱跳地浮现在眼前——

苗人凤：《飞狐外传》中的侠之大者，却娶了个难以同生共死的妻子，贤淑的女儿是一点安慰，也是他的命根。

胡斐：最初曹正文最恨他，但是后来渐渐理解，因为谁都想和自己心爱的人在一起。

程灵素：金庸的人物中最感动他的一个，惠质兰心，冰雪聪明，可上天却偏偏只给了她一副“平平”的相貌，如果这是悲剧的原因，那么，胡斐就不值得她爱，这故事也算不得悲剧了。

马春花：苦命又痴情的女子，历尽艰险最终还是没能和相爱的人在一起，很让人同情。福康安值得她爱吗？福康安爱她吗？或许爱，但不是深爱。

袁紫衣：既然最终选择遁入空门，为何还要对胡斐处处留情？害了自己，也害了胡斐，更害了苦命的程灵素。

章培恒阅完全稿对他说：“冯其庸先生写过一篇《读金庸武侠小说》的文章，他对金庸武侠小说研究很深，你可请他提提意见。”

曹正文把原稿寄往北京，两周后，欣喜地收到冯其庸寄还的原稿，并附了一篇序言。他在序中不仅详尽评论金庸武侠小说的特点与风格，还写道：“正文兄的这本书是专门研究金庸小说人物的，我曾读过他的一部分文章，包括他写的《古龙小说艺术谈》，我觉得他的分析中肯而精要，能引人入胜，也能发人深思，可以说是阅读金庸小说时十分有用的辅助读物。”字里行间蕴含着厚爱与鼓励。

于是，曹正文特意赴北京造访，在冯其庸的书斋里，请他谈武侠。

他想起尽管“武侠热”已在神州大地涌动，但对于武侠小说，不少文学评论家皆不以为然，当时只有章培恒与冯其庸首先对金庸小说给予了高度评价。就这个问题，他请教了冯其庸。

冯其庸想了一想，舒展了一下眉头说：“武侠小说属于中国的俗文学，从文学范畴所言，金庸的武侠小说与《水浒》《三国演义》《西游记》都归属于俗文学，有人看不起俗文学，当然可以见仁见智。但在中国四大古典经典小说中，只有《红楼梦》归属雅文学。《水浒》《三国演义》《西游记》都是从话本演变而成的通俗小说。依我看，俗文学占了中国四大古典小说的四分之三，你总不能不承认吧？《水浒》《三国演义》《西游记》有这么高的文学地位，金庸的武侠小说为什么在文学史上没有地位呢？”

冯其庸喝了一口茶，又说：“当年读金庸小说，开始我只是把金庸小说当作消遣来阅读的，但读着读着，才发现金庸的武侠小说博大精深，实在是好看，而其文学价值也大大超出了我的预计与想象。我一连读了好几部，几乎常常是通宵达旦，一读就放不下来，于是我在1986年2月写了一篇《读金庸的小说》的文章。我在文章里不仅认为金庸武侠小说有很大的艺术感染力，而且金庸小说反映的历史生活面、社会生活面都非常之广阔。在金庸的作品里，各式各样的鲜活人物都有，他要写的社会不是单一的而是复杂的，他的小说所起的作用也不是单一的。因此我赞成对他的小说应作些认真研究，既然中国有那么多爱好读金庸武侠小说的读者，我们应引导读者认识和理解金庸小说中积极的思想内容与艺术成就。有位朋友提倡研究金庸小说，称之为‘金学’，我觉得这位朋友的见解，是有道理的。”

谈到金庸小说的艺术价值，冯其庸这样分析：“金庸是当代中国第一流的小说家，他的出现，是中国小说史上的奇峰突起，他的作品将永远是我们民族的一份精神财富。我以为金庸小说的情节结构，非常具有创造性。在古往今来的小说结构上，金庸创作的武侠小说几乎达到了很高的境界。第一是庞大，情节一泻千里，又纵横交错。第二是紧张，我第一次读他的小说，经常是夜以继日，手不释卷，因为他小说中的情节紧张到扣人心弦，迫使你无法不读下去。大约正因这个原因，金庸小说达到销售上亿册的天文数字，而且爱读金庸小说的读者来自社会各个阶层(上至大学教授、专家学者，下至平民百姓、工人农民)，并波及海外。有人说，只要有华人的地方，就会有层出不穷的‘金庸迷’。这种现象，是值得我们研究的。”[①]

这次访谈，让曹正文铁了心，初心不变，将金学研究进行到底!

《金庸笔下的108将》于1992年由浙江文艺出版社出版，三年后又由学林出版社出版，前后印了三次五万余册。翌年，中国武侠文学学会在北京成立，金庸和冯其庸任名誉会长，曹正文作为常务理事（后来任副会长）赴北京与会，给两位呈上新著，说“这些只是我个人对这些人物的看法，同意则好，不同意权供一笑。”

金庸笑了，在扉页上题字：“先生研读拙作，甚有见地，多有指教，殊感。”。当年，曹正文荣获“上海市首届韬奋新闻奖”。

1996年11月11日，海宁市举办《金庸研究》首发式暨“金学”研讨会，金庸、冯其庸与全国一些研究武侠小说的教授学者一起聚谈。在谈论武侠小说的同时，金庸对宋史、明史众多历史人物作了评价。他在讲述历史时还涉及佛教与道教的不少认识，让曹正文深感一个武侠小说家的学问精深是何等重要。

金庸还说，他在20世纪70年代搁笔之后，对自己的14部武侠小说又作了一次重新修订，花了很多时间，出了新版本，但读者对新版本的反映不一，有的评论家和读者认为，新版本太完美了，还是老版本读起来过瘾。

曹正文问金庸：“先生您本人如何看待？”金庸说：“我只按自己思路修改小说，至于效果如何？读者最有发言权。”

3

曹正文还有个笔名“文中侠”，在台湾叫得很响。

曹正文的《古龙小说艺术谈》《中国侠文化史》《金庸小说 108 将》 3部专著先后在香港和台湾出版，他曾两次赴台湾讲授大陆的武侠小说研究。台湾报刊讲究趣味性与故事性，武侠小说是报纸最好的连载形式，各类报纸副刊均辟有武侠小说专栏，每天发表数量可观的武侠小说作品。台北《中国日报》为了报社赢利，不惜以重金购买武侠小说稿子，诸葛青云、卧龙生、古龙的武侠小说都因连载而走俏。1998 年，上海《新民晚报》与台北《中国日报》首次举办“金庸小说读者问卷”大赛活动，曹正文以《新民晚报》专刊主编的身份担任这次大赛的主持人与评委。[②]

① 曹正文：《听红学家冯其庸说“金学”》，《文汇报》2018年1月8日。

② 曹正文：《论大陆与台湾的武侠文学交流》，《探索与争鸣》2009年第10期。

担任台北《中国日报》的资助人是台湾十大财团之一的英业达集团副董事长（原总裁）温世仁。温世仁在与曹正文的一次次促膝交谈后，决定投资大陆武侠文化事业，由曹正文主编《大侠与名探》丛刊，他和章培恒共同担任顾问。

这样，一本以书代刊的《大侠与名探》丛刊新鲜出炉，金庸为之题词："大侠当召侠气，名探须主正义"。

晚年，曹正文模仿金庸，读书，旅游，至今已经行走69国。与一般的旅行者不同的是，他边走边思，边走边写，记录了自己的见闻与思考。写下了1000多篇游记，汇集于《开心万里行》《无边风月之旅》《我走过88个城市》《行走亚洲二十国》和《行走欧洲三十六国》五本著作中。[①]

① 朱永新：《书痴人生行走侠》，《新教师》2017年第1期。

读书写书如令狐冲之侠风

——“精神侠客”徐岱

徐岱说自己，“我不喜欢别人介绍我的那一串头衔，因为我就是一个普通人。何谓普通人：即没买房、没买车、没离婚。一个和明星一点儿不沾边，也没捞到什么广告拍，连婚都没有离过的普通男人”。

其实，浙江大学文科资深教授徐岱和金庸是忘年交，早年金庸到浙大期间，徐岱经常以“全陪”的身份照顾其左右。后来，他不仅陪金庸多次游览西湖，还走了国内很多地方，如去太湖边探访“笑傲江湖”，去朱家尖海滩领略“神雕侠侣”，去少林寺感受中国寺庙文化等。

徐岱与金庸是忘年交，经常泛舟西湖（浙江大学档案馆提供）

这个男人并不普通，金庸任浙江大学人文学院院长时，徐岱是他的得力助手。

徐岱是著名的人文学者，金庸视他为“精神侠客”。

1

徐岱生于1957年10月，祖籍是山东文登，而他生于上海，长在浙江舟山，因为他的父母是南下干部。海边长大的徐岱有一股“面向大海，春暖花开”的激情，在对“人文”一往而情深的激情之下，他给风起云涌、快意恩仇的金庸小说写下了理性的文字解读。

徐岱是家里的独子，没有兄弟姐妹一起玩耍，所以从小养成了热爱看书的好习惯。舟山是海岛，小时候，他喜欢到定海的码头边去看海。1977年，“文化大革命”后恢复高考，爱看海、爱看书的徐岱成为当年舟山地区的文科状元。他在大学毕业后，到《舟山日报》当过两年记者，后来觉得自己最热爱和擅长的还是人文领域的研究，所以毅然考回当时的杭州大学读研究生，以后就一直留在浙江大学教书。自1981年起，徐岱陆续发表论文近二百多篇，出版了《小说叙事学》《小说形态学》《美学新概念》《边缘叙事》等13本学术专著。在1992年6月晋升教授之前，他没读过一本金庸小说，连查良镛的名字也没关注过。“因为我小时候曾被旧的武侠小说伤害过。”他说，那时看了《七侠五义》，便从一堵高墙上尝试着像江湖好汉那样轻轻落下，结果崴了脚，伤筋动骨养了一百天，从此他拒绝了武侠小说。

1993年春开学不久，徐岱接到校长的电话，说香港的金庸来校访问，让他一起参加会见，并由他陪同金庸夫妇参观学校。金庸是谁？作为浙江大学中文系主任并担任中国现当代文学研究生导师的他，一头雾水。他向其他教师打听，让他们颇觉奇怪：你居然不知道香港的武侠小说作家金庸？于是，他赶紧找金庸小说，但要在个把小时里弄个究竟已不可能，只得装模作样地赶去应付。初次见面，金庸大概看出他对其作品的无知，却并不在意，这让徐岱好生尴尬。自那以后，他开始阅读金庸小说。

徐岱是一个跟着兴趣走的人，一直与书打交道，读书，写书，读金庸的书，写金庸的书，是他人文研究中的一个长远的兴趣。20世纪末，对金庸的研究已被堂而皇之地称为“金学”。徐岱原本是以文艺理论研究为业的，此前似乎并未涉足过对具体作家作品的批评，而今，他对金庸小说一往情深到忘乎所以了，很快跻身于“金学家”的行列。

1997年年初，徐岱在《浙江大学学报》发表《论金庸小说的信仰之维》一文。他认为，在金庸的小说世界里，儒、道、佛等中国宗教文化传统只是作者上演现代“生命之舞”的舞台。金庸小说的成功在于以“入世”与“出世”的生命冲突为背景，构筑了一种艺术张力关系。小说的真正特点在于通过对作为一种“性的宗教”的爱情神话的生动描写，表现了对自由生命的信仰。徐岱说：“金庸小说的迷人之处，在于它提供给我们一种赏心悦目的艺术享受。在这里，精神的解放和生命的高扬超越了单纯的思想启蒙，审美的兴奋淹没了接受教育领会知识的乐趣。金庸小说的成功并非在于表现了传统宗教文化，而在于作者利用这些文化来创造出了真正的艺术。”“事实上，正如金庸世界的真正魅力不能归之于儒、道、佛等中国宗教传统，它无疑也无法被纳入基督教文化之中。在金庸的小说中，作者只是以其充沛的激情，通过营造爱情的乌托邦景观而隆重地推出了一种自由生命的理想。在这个天地里，生命的个体性得到充分的肯定和尊重，生命的神圣性被充分地凸现和赞颂。……这其实是金庸世界和现代性的体现，属于真正的艺术精神。”

在此，徐岱对金庸小说提出了新的认识，“因此，那种因金庸作品里涉及到不少佛道经典，体现了一些儒教思想，便视之为中国宗教传统的形象读本的说法，是十分不妥的。与此同时，我们还要指出，我们对金庸作品的认识不能仅仅停留于此。因为上述这种艺术的张力场只是金庸先生建构其艺术宝殿的基础，这座宝殿的竣工来之于对这个佛道世界的超越。正是这种超越才形成了金庸小说中的信仰的空间，一种具有‘类宗教’品格的精神性存在。因为无论佛家还是道教，它们最终都粘连于世俗人生，为自己保留着一条‘返世’的‘绿色通道’，不具有真正的精神界面”。“可见，金庸笔下独立不羁的侠士们同各类道门人士的本质区别在于：他们反对的是一种抹杀修改的‘集体主义’，但并不反‘社会’，他们坚守修改自尊立场恰恰是反利己主义的。……显然，这正是金庸先生如此坚定地将他的小说主角们几乎无一例外地都塑成了爱情至上主义者，在整个金庸世界都奏响‘爱情颂’的良苦用心和形而上意义之所在。因为，只有一种力量能从内部即从根本上动摇利己主义，这就是爱，而且主要是性爱。也只有从这里出发，我们方能更好地体会金大侠为什么终于向世人告白：‘我崇拜女性’。”①

2000年11月初，徐岱与金庸在北京大学“金庸小说国际研讨会”上碰面。徐岱在会上发表论文《论武侠文化》，把鲁迅的“独异者”、林语堂的“放浪者”与金庸小说里的令狐冲、杨过们相提并论，抽象出其中的乌托邦理想主义品格，对金庸小说作了人文方面的思考。他说：“金庸作品之所以更受好评，原因之一也就在于他是将武侠小说当作‘小说’来写，强调它作为‘文学’的特性。用他自己的话说：‘武侠小说写得好的，有文学意义

① 徐岱：《论金庸小说的信仰之维》，《浙江大学学报》1997年第1、2期合刊。

的，就是好的小说，其他任何小说也如此。毕竟，武侠小说中的武侠，只是它的形式而已。’正是出于这样一种创作观，金庸在其武侠写作中，将原本为此类‘江湖传奇’所不可避免的‘快意恩仇’的行径，作了进一步的淡化处理。……走遍金庸的武侠世界，我们很难看到如《水浒传》里武松血溅鸳鸯楼，痛杀张都监全家老少十多口这样的，读得让人兴趣盎然的杀人场景。……正因为金庸小说对这种‘大侠精神’作出了全面弘扬，使得他的作品较其他武侠小说更具有一种内在的英雄旋律。这形成了金庸作品的一大特式：泛英雄化。”“作为当仁不让的新武侠小说的掌门人和为侠文化在当今社会恢复名誉的第一高手，金庸武侠写作的主要业绩，仍然是体现于他所营造的那许多浪漫的传奇故事里。浪漫的故事需要非凡的主角，但在金庸的世界里，这样的主角如前所说既非萧峰那样的盖世英雄，也不能是胡斐那样的侠中之侠，而是如令狐冲这般的具有高贵天性的人。……可以认为，如何借武侠小说这种文体来表现这样一种‘贵人’，这是金庸由不自觉走向自觉的一条创作轨迹。”[①]

这里，徐岱对《笑傲江湖》中的“一号”人物令狐冲另眼相看，后来在一篇谈论文艺美学的文章中，他又说：“令狐冲，无疑是金庸整个创作中最有美感魅力的人物之一。这种魅力来自于他对‘名、利、权、色’这人生四大欲的超越。用作者金庸在小说后记里的话说：‘他是天生的隐士，对权力没有兴趣。生命中只重视个人的自由、个性的舒展，唯一重要的只是爱情’。正是凭着这份爱，令狐冲超越于众英雄之上，比他们更多了一份审美魅力，成为整个‘金庸天地’里独步天下的审美形象。也许我们可以认为，这份爱成了令狐冲的阿喀琉斯之踵，因为他只能将这份感情奉献于一位姑娘，而未能像那些‘无产阶级战士’那样属于‘全人类’。在某种意义上，这正体现了以自由为前提的爱欲的一个悖论：因为人性是在单个人身上开始的，正如历史是从单个的事件中产生的一样，当我们去爱、去恨、以‘人’名义活动时，我们每次想到的总是一个人。”“所以王国维‘意境’说中的一切‘无我之境’，归根到底还是‘有我之境’。从这个意义上说，我们也就无权对令狐冲吹毛求疵，指责这位英雄的人生格局未能从个体存在之中突围出来、生命境界不够阔大，因为他所拥有的这份爱欲不仅真实而且充实。这种充实来自于一种‘忘我’之境：在这种‘忘我’状态里，通过‘我’与‘你’的结合而产生人与人的沟通，使彼此拥有一种共同的生命体验，由此

① 徐岱：《论武侠文化——关于金庸小说的人文思考》，收入《2000北京金庸小说国际研讨会论文集》，北京大学出版社2002年版。

在其存在中感受到整个世界的波浪冲击，达到自我意识，结束作为个别的存在，使我们之外的生存涌入我们的生存。”①

徐岱的《侠士道》一书，以“金庸小说与中国精神”为题，强调金庸武侠叙事是中国传统文化中最为宝贵的“侠士道”理念的文学体现，是对孔子毕生提倡的“君子道”思想的形象诠释。于是，他重启了关于金庸小说人文意义的讨论，对金庸小说之所以成为20世纪中国文学的伟大经典进行了重新梳理和深度阐述。

徐岱的“金学”论文还有《论金庸小说的艺术价值》《论“成人童话”的艺术精神》《君子道与侠客行》等。他试图对金庸小说的艺术品位首先从理论上予以确立，他说：“金庸小说的成功便在于将这种理想品格化为一种诗性的激情，有机地融入到了故事情节的设置和人物个性的铸造之中。……金庸世界里的男女、侠客们痴迷地追求爱情幸福的过程，其实也便是他们勇敢地确立自己的个性，捍卫神圣权利的过程。……所有这一切都来自于以‘金庸’这个名字命名的武侠世界。在这个天地里，传奇故事成了‘人生大写意’，现代小说同古老的神话想象开始重修旧好。这样的努力不但使金庸小说具有了很高的艺术价值，还对当代汉语小说创作具有重要意义。”②

徐岱认为，金庸作品的生命力来自于广大读者的选择，并不取决于文坛墨客们的认同。“读金庸无需理由，只要一点功名之外的闲情逸致，外加一份对江湖传奇的阅读兴趣。能够阅读金庸肯定是一种赏心悦目的享受，与金庸小说失之交臂真的是一种损失。不只是因为风景这边独好，也是由于阅读金庸有助于提神益智，能让你洞悉世态领悟人生。”“金庸写作与其说是对武侠文学的虔诚皈依，不如讲是一种借花献佛的文化选择。通过虚拟夸张的浪漫叙事透视现实人生的苦乐真谛，乃金庸小说的魅力所在；借光怪陆离的江湖传奇展示现代社会的运作机制，是金庸小说的一大奥秘。真正吸引读者的并非是打打杀杀的武林纠纷，而是这快意恩仇后面的人情世故。对于金庸小说，问题并不是‘寓道于乐’或‘道在乐中’，而是道与乐的合二为一。这就是金庸小说无论内容多么博大、情节何其繁复、人物各有不同，最终都能被以‘好玩’来一词以蔽之的原因。”③

读徐岱的文章，文情并茂，用金庸小说中的一个人物来比喻就是有令狐冲之侠风：坦坦荡荡，率性而为。

---

① 徐岱：《自恋主义与美学问题》，《文艺学新周刊》2007年第6期。
② 徐岱：《论金庸小说的艺术价值》，《文艺理论研究》1998年第4期。
③ 徐岱：《金庸其书·序言》，社会科学文献出版社2004年版。

2

2012年4月，浙江大学人文学部主任徐岱一行赴香港看望金庸。年近九旬的金庸依然精神矍铄，见到往日的老搭档十分高兴，详细询问了浙江大学以及人文学科的发展状况。徐岱作了具体介绍后，金庸欣然接受徐岱授的邀请，表示在适当时候回杭州走走，到浙大看看。

多年以前，金庸以八十高龄在香港与浙江大学之间飞来飞去，一“飞”就是八年，与他搭档的徐岱，时任浙江大学人文学院常务副院长。

1998年，老浙大、杭大、浙医大、浙农大四校合并组建成立新的浙江大学，一时规模为江南之冠，全国亦罕与匹敌。新浙大雄心勃勃要打造江南第一学府，而江南是文章之乡，现代文学史的半壁江山是以鲁迅为首的浙江籍的作家支撑着，执掌浙大人文学院的该是何等领军人物？浙大领导人三顾茅庐，请金庸出山坐镇浙大的人文学院，一时引得全国的考生摩拳擦掌，把目光纷纷投向浙大。

金庸于1999年3月正式受聘浙大人文学院院长，而之前这一职位由徐岱担任。徐岱曾说起当时情景：“金庸1993年回到杭州，被浙江大学聘为名誉教授。1994年下半年，金庸主动提出在学院设立‘金庸人文基金’以奖励品学兼优的贫困生，两年内陆续拿出100万港元。第一次奖学金由金庸先生亲自颁发。学生们非常高兴金庸的作为。”从1995年到1998年，金庸每年都会回浙大两次，每次都会为全校学生开讲座。“每次讲座，保安部门的压力最大，有一次玻璃门都挤碎了。”关于金庸讲座的盛况，徐岱历历在目。学生究竟是来听讲座还是来看金庸的呢？“不能否认，做学问的，看闹热的两者都有。但是，如果没有看过金庸的小说，如果不是对他有那么大的热爱，也不会如此费力地挤进来听讲座了。”

金庸于2000年获得了浙大博士生导师资格。2003年秋，他招到首批3名博士生，分别是卢敦基、王剑和朱晓征。徐岱评价道：“3名学生水平参差不齐，卢敦基甚至可以做其他两个学生的老师，考进来时他已是教授，担当浙江社会科学院文学研究所所长。在3名学生中，卢敦基具有足够能力取得学位。”而朱晓征比较特殊，她在北大完成本科，到清华读的研究生，但是来投考金庸博士的时候研究生学位论文没通过。当时有北大与清华两位教授写来推荐信，其中北大的严家炎教授与金庸是多年的老友，而金庸是一位非常重情义的人，在面试朱晓征的时候，朱很多问题都没回答上来，但是金庸只是询问她是不是太紧张，别的都没说，后来还是破例收下了她。”徐岱认为，作为博导，金庸不存在教学方式上的差池：“导师上课不像教本科生那样台上台下，而是有很多比较个性化的方式，漫谈、喝茶、旅游的都有，柏拉图教学生都是一边走一边教。金庸比较开放随意，每次来到浙大都会与他们促膝谈心，给他们一些专业和生活上的建议，听的有，不听的也有。”

2005年1月初，金庸在浙大紫金港校区出席“龙泉宝剑”捐赠仪式，借机宣布辞去浙江大学人文学院院长一职，自然，他将浙大博士生导师一职也辞了。金庸请辞，原因是他与浙大有“恩怨”，还是他与所带的博士生有“纠葛”？徐岱在接受采访时，恳切地说：“通过这次访谈，希望贵报能够对外界关于金庸先生请辞的各种传言进行较为全面的澄清。”徐岱强调，金庸辞别浙大只因年龄问题。

外界对于金庸请辞原因众说纷纭，但对金庸博导资格的怀疑最让人难堪。对此，徐岱澄清道：“他在文史哲方面绝对是相通的，绝不像一些不负责任的学者盲目断言，金庸除了小说什么都不懂。恰恰相反，令我们惊讶的是，金庸在外语、在历史、在哲学方面的学识简直让不少博导汗颜。”徐岱举了一个例子，2004年7月，金庸参加一位英国教授开的关于文化研究方面的讲座，席间，这位英国教授用英语说一句，金庸就现场口译一句，博得热烈掌声。①

这几年，徐岱与金庸接触颇多，曾陪同他去太湖边探访“笑傲江湖”，去朱家尖海滩领略“神雕侠侣”，去少林寺感受中国寺庙文化，去没有桃花的桃花岛看“射雕”，还一起去北京、天津、广州、苏州等地的大学进行交流。

徐岱回顾，在金庸担任院长职务期间，曾邀请诸多国内外优秀学者到浙大讲学，并以其在美、英、加等国名校担任客座教授的国际经验，举办过跨学科、高层次的大型人文国际会议，在学院管理上有其国际发展眼光。金庸给浙大带来的财富是无法衡量的。

3

徐岱不仅致力于对金庸小说艺术价值的探究，而且每每对那些企图“颠覆”金庸者以迎头痛击。

1999年11月1日，大陆作家王朔撰写了一篇《我看金庸》的文章刊登于《中国青年报》上，他对金庸的武侠小说作出了强烈抨击，直指金庸小说“不

① 刘杜鹃：《金庸辞职内幕大曝光》，《成都晚报》2005年1月9日。

入流”，并称四大天王、成龙电影、琼瑶电视剧和金庸小说是“四大俗”。由于王朔和金庸同为当代著名作家，该文发表后，藉着网络传播，立刻在两岸三地造成轰动，并引起广大金庸迷的同声讨伐。由“王朔看金庸”还延伸出了学术规范的问题。“倒金派”、“拥金派”双方大致属于不同的文化战线，前者主要是创作评论界，后者主要是学术理论界，因此，二者所奉行的不同批评态度和学术规范，也成为这一阶段大家所共同关心和检讨的问题。

一个月后，徐岱的反驳文章《昔日顽主不再好玩》刊登于《钱江晚报》，编者加注：“这是‘金王纷争’开始至今，浙大人文学院首次有人出来发表个人看法。”

徐岱觉得，“《我看金庸》一文的一大特点是‘怪’：虽然从腔调来看，依然是那个‘顽主’在说话，但在立场上却相反，属于以往最遭顽主们痛恨的假正经。本以为小顽主对老顽童多少有些亲近，见了面即使不行个弟子礼至少也得认个师兄什么的；就算不成哥们，起码也会结成‘友好邻邦’，能与之和平共处相安无事。这不仅是因为两位都是好作家，也在于他们的作品里在我看来有着相近的叛逆精神。可事情偏偏并非如此，小顽主向老顽童实施了语言暴力，仅仅是因为老顽童不接招才避免了一场‘窝里斗’……”

王朔在文章里说：第一次读金庸的书，只留下一个印象，情节重复，行文噜嗦，永远是见面就打架，一句话能说清楚的偏不说清楚，而且谁也干不掉谁，一到要出人命的时候，就从天上掉下来一个挡横的，全部人物都有一些胡乱的深仇大恨，整个故事情节就靠这个推动着。金庸笔下的侠与其说是武术家不如说是罪犯，每一门派即为一伙匪帮。他们为私人恩怨互相仇杀倒也罢了，最不能忍受的是给他们暴行戴上大帽子，好像私刑杀人这种事也有正义非正义之分，为了正义哪怕血流成河。金庸很不高明地虚构了一群中国人的形象，这群人通过他的电影电视剧的广泛播映，于某种程度上代替了中国人的真实形象，给了世界一个很大的误会。

徐岱反驳王朔的这番话，说：“很明显属于情绪宣泄，因而无须理会。……前者以‘事实性’来定位艺术性实在幼稚，故虽然为一些批评家所屡试不爽，但从未能真正得手。这点别人即使不太闹得明白，身为名作家的王朔不会不清楚。后者以道德影响来要求小说，不仅更不得要领，还让人感到一种悲哀。常言道群众的眼睛是雪亮的，王朔的这番指控不仅完全不实而且十分卑劣，属于韦小宝的套路。他站到了当年向他颁发‘痞子作家’证书的批评家阵营。我一直认为，以这样一个名称来命名王朔写作，乃是当代中国文坛的第一号冤案。这个案迟早得替他翻。但眼下所发生的事情使这项工作增加了难度，因为说来说去促使王朔此番出手的主要动因，无非是……金庸作品近年来声誉日隆盖了我们王顽主的风头……”①

徐岱虽对王朔的“骂”金庸报以尖刻的嘲讽，但同时也认为王朔“批评的理念与姿态”是“个人化”的，因而也是值得肯定的：“当然，王朔的文章也并非一无可取。比如讲这篇东西处处显示着一种个人化立场，就如作者事后所声明的那样，是‘很个人化的一篇读后感’。这样对方即便听着刺耳，但心里还比较踏实，没有文学之外的压力。不像有些职业批评家，明明也是个人意见，却总爱打着集体和团队的名号来壮大声势。不仅老想迫使别人就范，而且还不容别人反驳。相比之下，王朔此文仿佛有意露出自己破绽让人来出击的模样，倒显得十分难得。”徐岱的意思是，要说金庸不好，就只能说仅仅是自己不喜欢，不能借其他也还有人不喜欢来“壮大声势”，来证明金庸确实不好。“所以，当我们为作为批评家的王朔的失手而感到惋惜时，不能不为他不惜以牺牲自己的名声作代价，来为重建当代批评作贡献这种精神表示肯定”，②这是和他一直所倡导的自由精神相联系的。

正当金王纷争之际，中国社会科学院文学研究所的博士生导师袁良骏发表《再说雅俗——以金庸为例》一文，说：“金庸的武侠小说的出现，既是旧武侠小说的脱胎换骨，也开辟了武侠小说的一个新时代。……然而，十分遗憾的是，金庸本领再大，仍然跳不出如来佛的手心，武侠小说这种陈旧、落后的小说模式本身，极大程度地限制了金庸文学才能的发挥，使他的小说仍然无法全部摆脱旧武侠小说的痼疾，仍然无法不留下许多粗俗、低劣的败笔。”他尖锐地指出了“金大侠”的六大痼疾后说，“不幸的是，金庸的武侠小说也同样有这样不良的社会影响。不客气地说，像武侠小说这种陈腐、落后的文艺形式，是早该退出新的文学历史舞台了”。③

在《批评的理念与姿态》一文中，徐岱对袁良骏批评金庸时的“理念与姿态”进行了批评。对于批评的理念，“真正令人感到“十分遗憾”的首先并非金庸小说，而是被陈旧的批评观所范围的袁先生。比如他认定纯文艺在价值上要高于通俗文艺，因一方面承认金庸作品的出现‘既是旧武侠小说的脱胎换骨，也开辟了武侠小说的一个新时代’，承认‘金庸大大提高了武侠小说的品位和档次’，另一方面又认为武侠小说这种模式陈旧、落后，限制了金庸文学才能的发挥，‘以金庸之才识去进行全新的纯文艺创作，未尝不可以成

① 徐岱：《昔日顽主不再好玩》，《钱江晚报》1999年12月3日。
② 徐岱：《批评的理念与姿态》，《文艺争鸣》2000年第2期。
③ 袁良骏：《再说雅俗——以金庸为例》，《中华读书报》1999年11月10日。

为中国的巴尔扎克和托尔斯泰’。这样的推论过于自以为是。首先应该看到，所谓‘纯文学’与‘俗文学’之分不仅主要是一种从文体形态与结构形式方面所作的区别，并不能成为一种价值论的依据，而且这两类文本在人类艺术文化里，一直就存在着一种转换与融合。惟其如此，当人们对在所谓‘纯文学’的营地里从来就窝藏着大量的拙劣之作的现象，逐渐地见怪不怪；也终于发现在以往倍受歧视的‘俗文学’的方阵中，其实一直不乏真正的杰作。”

对于袁良骏批评金庸时的姿态，徐岱作了校正：“对于批评家本身来说，他不应该向大伙儿掩饰其‘个体’身份。这并不是诚实问题，它关系到文学批评作为一种关于文学之批评的合法存在。……即使他不愿相信‘群体的眼睛是雪亮的’，也不应该觉得‘众人皆醉我独醒’。”在再三强调批评必须是“个人化”的之后，徐岱紧接着便说：“对于金庸小说能如此这般地受到不同阶层与年龄的人们喜爱，批评没有理由不予重视。”①

在21世纪，除了“金庸热”，还有“孔子热”。有一所大学在校园里塑了孔子像，徐岱不以为然，“这真是孔子最大的悲哀，因为他穷其一生追求的不是成为圣人，而是成为君子。‘发愤忘食，乐以忘忧，快乐人生’才是孔子身体力行的人生准则。与其把他当成尊敬的圣者，还不如就把他看成令狐冲”。在浙江海宁2008年金庸小说国际学术研讨会上，徐岱就提出，“金庸小说的文化精神嵌有深刻的孔子思想，因此要想真正理解金庸小说这份‘伟大’，唯有通过对孔子‘君子道’与金庸‘侠客行’之间的思想传承关系进行深度考量，驻足于由孔子思想所体现的中国思想”。

2009年，徐岱的新著《侠士道》，真的将金庸小说中的令狐冲与孔圣人并驾齐驱了。他以“金庸小说与中国精神”为主题，重启了关于金庸小说人文意义的讨论，对金庸小说之所以成为20世纪中国文学的伟大经典进行了重新梳理和深度阐述。他认为，金庸小说与真正的孔子思想和中国精神一脉相通，凸显孔子思想的“君子道”本质上就是一种侠士道，而理解金庸小说的核心价值需要把握两个关键词：孔子思想和中国精神；在这个意义上讲，金庸小说并非是通常意义上以儒释道为主体的中国正统文化的载体，而是对这种正统意识形态的反思和重新解释。“有人提出，西方有科学幻想，中国有人文幻想，比如侠客和奇女子，就是这等幻想。金庸弘扬了这一传统，读者无数。‘武侠是中国的名牌产品’，这话大致说来不无道理。余英时的《侠与中国文化》早已提出，‘侠’是中国文化的独特产品，认为‘侠的主要凭藉是一种无形的精神气概，而不是形式化的资格。’这话更加准确到位。问

① 徐岱：《批评的理念与姿态》，《文艺争鸣》2000年第2期。

题是如何认识这个现象。换言之，认为由来已久的武侠文化凭借金庸小说的成功而得到了全面的弘扬这是事实，但金庸叙事的意义难道只是表明了无边的想象的魅力吗？难道从金庸小说的如此成功以及其所拥有的如此巨大的影响中，我们不能意识到侠义文化与中国精神的某种深刻关系吗？对这个问题的思考需要从‘侠’与‘士’的关系入手。”①

在这本书中，徐岱强调金庸武侠叙事是中国传统文化中最为宝贵的“侠士道”理念的文学体现，是对孔子毕生提倡的“君子道”思想的形象诠释。同时，通过对金庸作品必将载入百年中国文学史的内在原因的分析，重新理解艺术价值的构成、明确艺术的评价尺度，为当下陷入困境的“文化研究”探索一条行之有效的新路径，为后现代艺术哲学的重建提供一份参照。

“这十年来，我基本每年都会去香港探望金庸先生。”徐岱说，“最近一次去金庸先生家里看他，是2017年暑假。一来应香港‘金庸馆’之邀，他们开馆前，来杭州、来浙大拍摄了不少采访视频；二来也是应金庸太太的邀请，她邀我和太太一起去和金庸先生聊聊天。”

徐岱回忆，2017年他去金庸家中，金庸非常开心，“有人讲他现在说的话越来越少，但我观察，他对熟悉的、有过交情的人，还是很愿意多聊聊的。我那次去，他还是聊了很多。”不过，徐岱说，毕竟年纪大了，金庸目前出门走动已不太方便，但在家里，金庸依然会看看书，翻翻杂志，也看电视。“以一个94岁老人的身体来看，他的精神状态是相当不错了。”

① 徐岱：《君子道与侠客行》，《西南大学学报（社会科学版）》2009年第3期。

第四章 君子之交

金庸广交朋友，朋友中有一面之缘的，有朝夕相处的，也有分手以后再相聚的，更有“君子之交淡如水”的。

金庸用小说和身体力行教会我们：朋友之间应该不是互相依赖的，而是独立开来可以各自精彩，碰到一起好上加好。相处的时候不缠绵，分离的时候不依恋，想起他来会淡淡地会心微笑，心甘情愿又不刻意地为他做点自己力所能及的事，什么两肋插刀、赴汤蹈火听上去未免血腥了点，但还是喜欢那句老话——君子之交淡如水，不是吗？水是透明的，不掺杂任何佐料的，因而是世界上最隽永最有品位的饮料。

真正的朋友就像水一样，不虚伪，不猜忌，有问题开诚公布共同解决，这样的友谊才会长久下去。

⌘ 金庸的江湖语录 ⌘

⌘ 最主要的，友谊的产生是完全由于纯洁的自然流露，其中没有一点利益的希冀；而恋爱的发生却是由于满足人性的要求。友谊是心理上的，而恋爱是生理上的。友谊在情感的本身，而恋爱中若不存在“占有对方”的心理，则恋爱也不成其为恋爱了。巴尔扎克以为联合健康、聪明、类似的家世、趣味、环境、年轻，爱情自然会诞生的，但友谊却需要更严格的条件：因为爱情是人类的选择，友谊是自然的选择。

——《千人中之一人》

⌘ “真正的友谊是一个灵魂存在于两个躯壳中。”亚里士多德说。虽然我厌恶他那种冷漠的感情，怀疑的镇静，过分崇尚理性而俯视人类的哲学态度，但因了这个定义，我就懂得为什么那个最奇伟、最有魅力的思想系统，是由这个心灵独力汇集的了。因为我们寻找不到其他适宜的语句来叙述这种关系——这种你与你“千人中之一人”（假如你幸而已经找到）间的关系。

——《千人中之一人》

和“小查”共推“双查方案”
——和平绅士查济民

查济民与金庸同属一个祖宗，出生在浙江海宁的龙山脚下。虽然查济民比金庸年长10岁，论辈份，查济民是金庸的祖父辈。不过，两人见面时常以“查老”、“小查”互称，亲情之中更多的是异地相逢的乡情和友谊。

于是，他俩同绘香港前景，著名的“双查方案”是他们志同道合的重要标志。为了香港和平回归祖国，为了稳定社会政局，他俩一唱一和，被誉为“香港回归两功勋”。

1

查济民出生时家道中落，父亲为乡中秀才，一家九口，仅靠薄田数亩及养蚕缫丝为生。他在乡间小学毕业后，本以优异成绩考上杭州大学（即现浙江大学）附中，唯无力负担学费，改入杭州高等工专学艺，18岁进入上海达丰染厂就业，19岁转入常州大成纺织厂任染部技师，追随著名民族工业家刘国钧创业。

查济民的先祖查慎行是清初最有成就的诗人之一。1933年，查济民从上海被刘国钧聘任到常州大成二厂当技师，下班后他天天都在寝室里读书。有一次，一位朋友去探视他，他正在埋头读纳兰性德的《饮水词》，只见他吟声朗朗，兴致盎然，心无旁骛，竟然到了不知有人入室的境地。[①]

精明能干的查济民很快得到刘国钧的赏识，着力培养他成为印染方面的专家。1936年，刘国钧派查济民赴日本最先进的京都染织厂实习一年。查济民刻苦钻研技术，誓要夺回被洋布占领的市场。他没有辜负重托，终于成长为一名技术全面、经验丰富的一流印染专家。学成回国后，查济民把全部才

① 高进勇：《巨商诗人查济民》，《常州日报》2007年4月15日。

学运用于工作实践，解决了一个又一个漂染环节的关键难题，使得大成纺织染公司在短时期内资产扩大了8倍，大成二厂由此成为江苏印染企业的龙头老大，在全国引起轰动。

刘国钧认定查济民品行端正、好学多思、技术精湛、富有领导和决策才能，堪称难得之人才，决定把长女刘璧如许配给他。1936年12月，查济民与与刘国钧的长女刘璧如成婚。

然而，就在翁婿俩摩拳擦掌准备大展宏图的时候，蓄谋已久的日本侵略者一手制造"七七事变"发动了侵华战争，对江南古城常州进行了轮番轰炸。危急中，查济民押运一百台织布机往大后方撤退，携眷同行，历经险阻，终抵重庆。

1939年2月，翁婿俩在重庆北碚重建起大明染织公司。因刘国钧忙于发展新的事业，便将经理职务交由查济民担任。精明能干的查济民当时只有20来岁，刘国钧昵称他为"娃娃经理"。"娃娃经理"不负众望，冒着多次被敌机轰炸的危险，克服困难，恢复生产，终使"大明"迅速发展成为大后方纺织染齐全的著名企业。

1947年，查济民举家赴香港定居，在荃湾开办中国染厂。60年代初，香港贸易发展局组团前往西非考察，查济民同行，目睹彼邦土地广阔、原料丰富、工资低廉，且无配额困扰，遂决定在尼日利亚开设纺织厂。后来，业务扩大至加纳、刚果等国。那时，西非诸国经济十分落后，生产和生活条件极其困难，查氏伉俪继八年抗战之后，再一次携手创业，备尝艰辛。30年后，查氏纺织成为西非最大的外资企业。

1980年4月的一天，查济民偕夫人刘璧如回到了阔别30多年的故土，到浙江海宁袁花祭扫祖墓。故园的一草一木无不引起他童年许多往事的回忆。为了回报这一片养育并赋予他才智的土地，查济民从1985年开始在家乡投资兴办企业，从最早的海宁海新纺织有限公司，到1995年投资1430万美元创办的海宁纺织综合企业有限公司，以及2000年与2005年分别投资4400多万美元和2600多万美元的海宁新高纤维有限公司和海宁新能纺织有限公司等，充分表达了查济民情牵桑梓的赤子之心。查济民率先在中国的内地投资办厂，带动了港人对内地的投资热潮。他高瞻远瞩地洞察到，香港企业只有加强和内地的合作才会有广阔的发展天地。从1993年起，查氏企业相继在广东中山、浙江杭州、江苏常州、重庆、上海等地合资办企业，不仅为他的老牌"纺织王国"增添了新的动力，而且促进了当地传统纺织业走向现代化。

和同时代的一批商贾巨子一样，查济民从战火中赤脚走来，以直觉行商，以情义交人，更难能可贵的是他崇尚文字，看重教育。晚年时更是看淡贫富，古道热肠，投身于社会事业不遗余力。

1994年年初，查济民及家族捐出2000万美元在香港创立了“求是科技基金会”，奖助在科技领域有成就的中国学者。基金会还邀请到陈省身、杨振宁等五位国际知名资深教授为顾问，同年在北京钓鱼台宾馆举行了第一次求是杰出科学奖颁奖会。金庸应邀颁奖。2003年9月16日，“求是科技基金”再次颁奖，向“中国航天六杰”共奖励200万元。这是全国最早对“神舟”科研人员作出的实质性奖励。至今，共有一千多人获得基金会的奖助，其中包括两弹一星功臣、神舟飞船设计专家、人工合成胰岛素、中国基因图谱以及一批优秀的中青年科技工作者和研究生。

1997年9月1日，正在浙江大学讲学的金庸获悉查济民伉俪和杨振宁教授当天前往海宁观潮，立即从杭州赶回海宁，跟查济民在家乡小聚。

2

查济民的爱国情怀，突出地表现于他和金庸一样衷心拥护香港回归祖国。

那是在1979年，设在新加坡的一家苏联银行，因为债权关系，行将获得一位菲律宾商人在中国香港大屿山愉景湾买下准备养牛的一大片荒地。当时的《大公报》社长费彝民将此消息透露给金庸，金庸告诉了查济民，查济民与夫人刘璧如商量后，当机立断地拿出3000万港元还给这家外资银行，从而保留了这方宝地，为香港的顺利回归和平稳过渡做出了历史性的贡献。事后，他深感欣慰地说：“办好了这件事，总算对得起周总理了！”[①]目前，愉景湾经过查氏家族20年的精心开发，一个现代化、设施齐全美观的大型高尚住宅区代替了昔日死寂的海湾。

1982年9月，邓小平会见访华的英国首相撒切尔夫人，提出收回香港问题。查济民关注这一重大历史事件的进程。他在与友人、民族实业家卢作孚见面或通信时，不断商讨如何保障香港前途和顺利实现回归的问题，谈到回归以后，工会组织的活动最好能与企业的经营管理互相配合、协调发展；谈到驻港的陆海军规模不必太大，在象征国家主权的同时，也尽量减轻香港纳税人的负担等。后来，他将这些深思熟虑的看法和其他香港友人的建议综合起来，给有关方面写了一份报告，委托卢作孚连同他们往来的信件一起交给了中央统战部。查济民这些具有真知灼见的建议和主张，受到有关部门的

① 卢晓蓉：《情深义厚天有知》，《中华工商时报》2006年3月24日。

高度重视。邓小平于1982年年初接见查济民，之后又于1985年中再次接见了他。他当之无愧地成为香港基本法起草委员会委员。

正值此间，刚刚到任的英国末代港督彭定康，迫不及待地推出了所谓的"政治改革"，妄图推翻《基本法》，扰乱香港的平稳过渡。针对彭定康的"搅局"，金庸马上在《明报》上以《功能选举的突变》等一系列政论文章予以回击，郑重呼吁："中国人是有脊梁的！"查济民在接受记者采访时严厉指出，彭定康在英国选举失败任香港总督后，唆使一些"唯恐天下不乱"的人闹事，叫喊什么"大民主"，"用钱物购买香港"等谬论。两查一唱一和，澄清了社会上的一些胡言乱语，明辨了是非，促使香港市民拥护"基本法"。

针对争论不休、难以定夺的政制方案，1988年11月，查济民和金庸适时提出了一个协调方案即"双查方案"，供《基本法》草委会及咨委讨论。方案建议立法会分三届发展到半数直选；而第二任及第三位行政长官由800人组成的选委选出，这正是1997年后特区政制发展的安排，自然获得大多数港人的赞同，而被《基本法》草委会吸纳。①

查济民晚年爱作诗，他的处女诗作是《赠廖晖·中英签约归还香港观礼有感》，发表在1984年秋的《人民日报》上，诗云：依然签约此城市，今日风光迥不同。英烈壮怀三世志，满襟涕泪忆尊翁。这是他以真挚的情感回忆与廖承志同志的亲密关系，抒发了诗人满怀的思念之情。

1997年7月1日，香港当天出版的各大报纸都用套红的版面透露着喜气，但同时，一些报纸字里行间也显露出微妙复杂的情绪——对即将要到来的新纪元、新生活怀着期待，同时也有不少忐忑，甚至惶恐。金庸虽然已经离开《明报》多年，但他依然为回归第一日即7月1日出版的《明报》撰写了一篇评论《河水井水互不相犯》，以他的敏锐观察和睿智提醒并劝谕港人：香港回归，"一国两制"，中央不以内地的方式强加于香港，而香港一些人也不应该以自己的价值观强加于内地。

那一天，从6月30日午夜到7月1日清晨，在中英两国香港主权交接仪式举行的那一刻，查济民坐在自己的家中，通过电视观看那难忘的一刻。此前，他的《香草诗词》三集应运而生，他感慨万千，挥毫题字："待到春风两岸绿，直通谈笑过罗湖"。

查济民和金庸为香港顺利回归做出重大贡献，香港特区政府授予他俩"大紫荆勋章"。

① 司徒华：《大江东去（回忆录）》，英国牛津大学生出版社2011年版，第265-267页。

3

1999年，值查济民八秩寿庆之际，他与夫人刘璧如在香港出版了《惠联诗草》诗词合集。在《贺璧如七秩寿辰》中，我们可以领悟到他与夫人刘璧如情深似海的感情：“实业名门女史才，初归天下偏多灾。故国战乱奔千里，异域兴家费剪裁。侍奉萱姑勤执礼，栽培子女尽成材。同甘共苦齐眉乐，耋庆儿孙绕膝来。”还有一首《偕璧如同游常州》，更是这对贤伉俪笃实感情的写照：“白家桥畔立多时，浑恋沧桑不忘痴。六十年前旧游地，春风桃柳两心知。”

写于1988年的《借放翁句告儿孙》：“死去原知万事空，但悲十亿尚寒穷；期增品德树威信，兼树谦勤笃实风。曲巷千家齐奋发，华都百业皆图鸿；神州经济飞腾日，家祭毋忘告乃翁！”这首诗是查济民忧国忧民内心的真实写照，又寄托着诗人的殷切期望。他在《瑞士飞西非旅次》中吟道：“剑戟群峰耀雪涛，地中海接碧天高。翱翔大漠三千里，竞业他乡兴也豪。”诗中饱含着诗人的济世情怀和家国豪情。2003年秋，“神舟五号”载人飞船获得成功。杨利伟成功升空的壮举，圆了中国人几千年的登天梦想，中华子孙纷纷以各种方式表达自己的喜悦之情。作为唯一获邀前往北京总控制室观看“神舟五号”升空发射全过程的香港人，已是90高龄的查济民，更是激情满怀地赋诗一首，并饱含热泪挥笔写下：“百岁乡童泪涟涟，今日狂欢奔酒泉。落后贫穷扫将去，神舟直上九层天。”

当时，中央领导是准备安排查济民去酒泉的，后来出于安全的考虑，人们劝他就在北京观看。查济民说：“这是一生就一次的事。收到邀请那一刻，心情很激动，就写了这首诗。诗中写‘百岁’，借上10岁，当时的想法是，100岁代表我这一代人，代表过去的一个世纪。”事后，这首诗作广为传诵。

2003年12月19日，“中国红楼在线论坛”上有“矮幽页舫”发帖访求《海宁查氏族谱》。他在帖子中讲述了台湾“红学家”王以安根据他对于查氏家族的研究，指出《石头记》作者是海宁查家的查开，他是查嗣庭的侄儿，查嗣瑮的三子，家难时才12岁，是宝玉的原型。查开家的“二十五峰园”就是大观园。因为在台湾找不到《海宁查氏族谱》，不能确切知道查开的卒年，所以无法印证自己的观点。同样，在“百度帖吧”中，也经常有人询问，金庸和穆旦是怎样的关系？

这些问题都可以从一部《海宁查氏族谱》中得到确证。但是，海宁查氏最后一次修谱是在清宣统元年（1909年）完成了刻本二十四册，入谱家庭出现了断层，而且国内仅有浙江图书馆以善本古书保存，一般人难以得见。

2005年4月1日，散居在嘉兴、海宁等地的查姓家族代表共21人，乘一辆汽车前往江西婺源浙源乡，探访了海宁、婺源查氏后裔唯一的一座古祠。婺源查氏一世祖查文徽曾经隐居婺源城西查公山，宗祠为康熙三年（1664年）始建，为祭祀始祖查文徽所筑，当时题名为“孝义祠”，规模不大。1892年查氏后裔查允兹、查仲兹、查启明等提议扩建查氏宗祠，并得到浙江海宁查氏迁支的资助，于1898年作较大规模的扩建。

探访宗祠归来后，有人向查济民写信提议重修《海宁查氏族谱》。2009年4月，偶然的机缘下，在海宁市博物馆工作的吴德健得到查济民授意，邀集多名文史专家，帮助重修《海宁查氏族谱》。然而，起初金庸没有点头。查济民几次找他做说服工作，终于征得了他的同意，很快填写寄出了家庭人员登记表。2006年5月《海宁查氏家谱》完成，共5册，总共120万字。目前国内各大图书馆均有收藏，而全部费用均由查济民承担。

2007年3月，93岁的查济民在香港逝世，绚丽多彩的人生之路在画了很大的一个圆圈之后又回到了起点。查济民的棺木从千里之外的香港运抵故乡海宁，在他的出生地袁花镇新伟村安葬，长眠在他的父母身旁。这是他生前的选择。

从彼此神交到坦诚深交

——粤港老报人杨奇

从少年时执笔参加革命，到老年时仍战斗在报纸一线，杨奇办过油印小报，也办过彩印大报；在资本主义社会办过报，也在社会主义社会办过报。这位报业元老与新闻结下一生之缘，《明报》创始人金庸是他结交的一位党外朋友。

杨奇评价金庸，他既是驰骋江湖的“武林高手”，又是褒贬时政的“报坛奇才”。

金庸与邓小平的会晤是他一手策划的一出好戏。

1

在未结识他之前，金庸的脑袋中对他已经有了一些“蒙太奇”式的画面闪现：

1941年3月12日，一名19岁的青年人和介绍人、监誓人一道，坐在香港威灵顿茶餐厅的厢座里进行入党典礼。监誓人刚一说到“限于当前的境遇，我们不能挂党旗，但你心中要有斧头镰刀……”，见酒保端着咖啡牛奶走过来了，他只好顿时换话题：“你俩打算到哪里去玩呀……”待酒保走了，握拳宣誓仪式继续进行。

1942年，化装成小学教师的20岁年轻人，以一张汉奸报纸《南华日报》做保护，内裹一份游击队的《进步报》，单身闯过日伪岗哨，坐火车到香港亲朋处筹措办报经费；

1949年10月14日早晨，人民解放军先锋部队已抵广州市郊，又是他，27岁的香港《华商报》代总编纂，将一篇《暂别了，敬爱的读者！》终刊词发下排字房，然后神不知鬼不觉离开香港，坐船前往广州，参与《南方日报》的创刊；

……凡此各种，正应了他的单名，奇！

杨奇是广东香山人，生于1922年。1940年毕业于香港中国新闻学院，并任《文艺青年》半月刊主编。1941年年初，因揭露新四军被国民党突袭的真相，《文艺青年》被迫停刊。入党后的杨奇接受党组织安排到东江办报。在东江游击区历任《新百姓报》编辑、《东江民报》主编。

此时，日本法西斯发动太平洋战争，中国香港迅即沦陷，东江地区的形势急剧变化。广东军政委员会决定出版一份代表司令部、政治部发言的机关报。杨奇奉命进入东江游击区担当此任。就在日军、伪军、顽军三面夹击的环境中，《前进报》诞生了。报纸报道前方战事，让老百姓知道东江纵队在东莞、宝安、惠阳等地，坚持抗战反对投降，坚持团结反对分裂，支持进步反对倒退。报纸同时刊登社论、专论，反映广大军民的共同心声。

此时，一个辗转于粤港呼唤着抗战救国而办报，一个流亡于内地躲避着战火而念书，杨奇与金庸没有逢面，互不相识，可此后几十年的纸上神交却是有着神奇的色彩。

20世纪60年代初，金庸主持的《明报》为纪念抗日战争胜利日，特辟专栏，记叙了杨奇潜伏香港的故事。

《虎穴抢救》一文是杨奇写的，说的是当年他经历的一场秘密大营救。

1941年12月8日清晨，圣诞节的前夕，当人们正准备开始新一周的工作，忽然“隆隆”的飞机声从港岛的东北角传来，随之而来的是一阵划破节日气氛的空袭警报声，战争降临了。港督杨慕琦在黑色圣诞夜将英国管制了近百年的领地拱手相让，日本人挎着刺刀迈着铁蹄进入香港。

时任中共中央南方局书记的周恩来向廖承志、潘汉年等人发了多封电报，立即组织营救在香港的特殊“朋友”。当年“皖南事变”爆发后，国民党顽固派掀起第二次反共高潮，国内几无安身之地。在周恩来的安排下，众多文化名人从桂林、重庆、昆明、上海等地转移到香港。香港沦陷后，一时间他们危在旦夕。

1942年元旦前夕，中共香港工委秘书长杨奇接到的情报称：由于港九的粮食、燃料供应匮乏，日军决定近期疏散一批港九居民到内地去。“这是把文化人和民主人士抢救出港的好机会！”掌握到这一情报后，营救工作迅速铺开。

日军占领中国香港后，立即封锁了香港岛至九龙的交通线，并在全市展开大搜查，逮捕抗日爱国人士。因此，营救工作的第一步就是突破日军严密封锁，打通从香港到九龙的交通线。但当时日军在各个码头上都设置了监视哨，严密监视岸边的一举一动。为了防止人员驾船逃跑，还将大小艇驶离了岸边。

就算是铜墙铁壁，也要辟出一条救援通道！营救小组首先开辟了一条从铜锣湾到红磡的水上通道。不久，从九龙到东江游击区的陆上和海上交通线也建立起来了。

据杨奇回忆，撤离工作开始后，每天都有十多位文化界人士离开市区抵达九龙，“上岸之后，交通员把他们带到九龙市区的秘密集中点去。这些集中点有普通住宅，有漂亮的洋房，有停了课的教舍，适应不同身份的人隐蔽”。

1942年1月6日起，大批“改头换面”的文人，从骆克道出发沿着秘密打通的路线，趁铜锣湾外巡逻日军换岗的空档，从维港潜入九龙。在游击队交通员的护送下，混杂于回乡的难民潮中，逃往内地。

1月11日，化装成难民的邹韬奋、茅盾等一行二十多人，在交通员的带领下，穿过九华径到达荃湾，继而北上进入大帽山区、元朗等地，沿途一直有武工队提供武装护卫和掩护。杨奇回忆，在荃湾附近，一行人曾险遭土匪打劫，幸而前方探路的武工队及时发现，缴了5名土匪的枪。

杨奇回忆说：大家睡的是稻草秆编成的“褥子”，吃的是“大锅饭”。虽然生活清苦，大家的心情却是舒畅的。“他们把烤番薯作为最好的午点，把红片糖看作是土制‘巧克力’，吃得特别有滋味。”[①]

在元朗停留了一夜后，我方接待站干部给邹韬奋一行人每人发了一张难民回乡证，然后再次组织分批上路，经元朗、过落马洲、渡深圳河抵达皇岗村。此后，大部队又从水围村往北穿过宝深公路，再经过梅林坳，安全抵达羊台山抗日根据地白石龙村。

在各方共同努力下，经过前后六个月的紧张工作，中共粤、港党组织和广东人民抗日游击队从港九地区胜利营救三百多名国内文化界知名人士和爱国民主人士，其中有何香凝、茅盾、邹韬奋、柳亚子、胡绳等，加上其他人士总共达八百余人。

作为少数健在的亲历者，杨奇撰写的《虎穴抢救》一文，经过几十年不间断的增补求实，如今成为这段经历的唯一历史纪录。

1967年8月15日，《明报》记者采写的《置之死地而后生》一文，叙说杨奇与《前进报》的故事。

1943年，杨奇将《前进报》油印室设在厚街附近的双岗村，编辑室则安排在厚街古老大屋内。杨奇回忆，“厚街镇内，伪军很多，紧挨着我们编辑室这条巷子的那一边，就住着成连的伪军，中间只隔着一堵高墙，伪军士

① 祁雷：《粤港秘密大营救：一场最伟大的“抢救”》，《南方日报》2015年8月18日。

兵的吵闹声和沐浴时的泼水声，都听得一清二楚。厚街与双岗之间的联络工作和稿件的传递，是由一位机灵的“小鬼”和当地一位老太婆担任的。就这样，《前进报》在这里出版了三个月，始终没有被敌人发现。”

到了1943年11月，日军出动了久留米师团的一部，又纠集了驻守在东莞县城、石龙、虎门等地的日伪军共约八千多人，采用“铁壁合围”战术，向东莞大岭山根据地发起大扫荡。随后又对宝安地区进行了将近一个月的“一路围攻”。与此同时，敌人还在它的“和平区”发动了“清乡”。

“这时候，我们报社的处境十分险恶。当敌人在桥头挨家逐户检查时，幸好房东及时通知，我们的伙计机智迅敏地闪入屋后的庄稼地里，才化险为夷。在河田，我们也曾经从敌人的包围下逃出，躲藏在荔枝园的树梢上，避过敌人的搜捕。另一次，我们知道消息较迟，只好把油墨和印刷工具丢进鱼塘里，等到夜间才把它打捞上来。”杨奇说。

当报社匆匆撤出河田、桥头之后，在唐尾厦村住了几天，很快就接到政治部的指示，要杨奇将报社移到大鹏半岛靠海边的鹅公村去。他们从西到东，白天走路，晚上编报，足足花了半个月的时间。

《前进报》第50期是1944年的新年号，这一期就是在路上编好、刻好蜡纸后请惠阳大队油印室代印的。

《前进报》在东莞敌伪心脏里坚持出报，始终没有被敌人发现。杨奇考虑到报社的驻地日子久了容易暴露，决定撤出厚街。他们不敢住进村庄，而是在深山密林里，把军毡作为帐篷，把藤篮工具箱作为桌子，就这样进行编辑、抄写、油印工作。①

那个年代，杨奇潜伏在香港，负有多项使命。一离开报社，他就先回家换上一件套衫，那套衫与日常穿着两样，比较靓丽，里面还披上一件英国“燕子牌”短褛。换好衣服，看门口没有人盯梢、跟踪，他才坐的士出门，充作“小老板”。由于在香港的文化名人和民主人士，有的扮成老板，与之陪同，他就当仆从，就是“小开”了。回到报社，他换上工作服，又是“报纸佬”了。因为要跟港英官员打交道，不能老穿“土八路”的衣服，他在地摊上买了一套旧西装，算是像一个穷文化人的样子了。

抗日战争胜利后，杨奇到香港办《华商报》。此时，由于华南地区被国民党封锁，“半个中国几乎处于‘聋哑’状态，听不到共产党的声音”。因此，《华商报》在解放战争时期承担了重要的使命，但这却是杨奇“最想方设法”办的报纸。由于国民党不让工商界在《华商报》刊登广告，报纸的运营非

① 杨奇：《走进敌伪心，脏办〈前进报〉》，《东莞党史》2005年第1期。

常困难，1947年，报纸甚至出现办不下去的情况。当时，中共中央华南分局领导决定发动“救报运动”，并通过内部减薪，这张报纸才得以挨到解放。

也就在这时候，金庸在数千人参加的考试中脱颖而出，进入上海《大公报》，做编辑和收听英语国际电讯广播当翻译。不久，《大公报》香港版复刊，金庸便南下到了香港。说也不巧，杨奇因调任《南方日报》副社长，于1949年10月离开香港到了广州，参与创办党委机关报——《南方日报》。

一个进一个出，金庸与杨奇也就擦肩而过，不得相逢。

2

与金庸初次晤面时，谈起创办《羊城晚报》的经历，杨奇显得很兴奋。《羊城晚报》1957年创刊，杨奇主持《羊城晚报》工作长达9年。

1957年是风雷激荡、瞬息剧变的一年。这一年的4月27日，中共中央发出了《关于整风运动的指示》；七天之后，毛泽东主席还特地为党中央写了《关于请党外人士帮助整风的指示》。为此，广东省委在5月份召开了一系列的座谈会，征求各个民主党派和各界人士的意见。座谈会上，许多人都建议多办一张报纸，为贯彻“百花齐放、百家争鸣”方针提供园地。6月26日，广东省委第一书记陶铸对150多名作家、戏剧家、美术家宣布：接受党外人士的善意批评，决意开辟一系列贯彻“双百方针”的园地。接着，中共广东省委根据陶铸的提议，决定出版《羊城晚报》，并把这个任务交由南方日报编委会负责。

很快，《羊城晚报》编委会成立，杨奇任总编辑，与报人黄文俞、李锐等一起创办《羊城晚报》。筹备小组很快达成三点共识：要敢于冲破照搬苏联办报经验的桎梏；要敢于摆脱党委机关报那套办报模式；要敢于吸取我国报纸力求满足读者需要的优良传统。杨奇对他的属下说：“我们的记者不要机关化，不要秘书型，要深入接触社会，要善于独立思考，才能写出好的新闻稿来。”

《羊城晚报》于1957年10月1日横空出世。顷刻之间，“晚报——晚报——新出笼的《羊城晚报》”的叫卖声，响遍了广州市的大街小巷……

在三个“敢于”的指引下，《羊城晚报》展露出与众不同的新颜。一是新闻主攻——每天要有“独家新闻”和“社会新闻”，先声夺人，使读者非看不可。二是副刊主守——副刊要办得多姿多彩，还要有一两篇连载小说，引人入胜，让读者追读下去。

新闻版的《坐游祖国》，以深入浅出的文字，提供新闻背景材料，包括当天电讯中有关国家的历史、地理、风土人情，等等。《时事走廊》不断创新形式，章回体的“时事演义”是其中的亮点。

杨奇建议：“广东毗邻港澳，关系十分密切，晚报何不开设一个专登港澳新闻的专栏呢……”于是，有了《港澳新闻》版，编辑拿来几份香港报纸，摘摘抄抄，“炒”几条港澳新闻。

《羊城晚报》从创刊起，有两大副刊是全国报纸没有的，一为文学副刊《花地》，一为综合性、知识性、趣味性相结合的《晚会》，此外还有体育栏，以及一个表扬好人好事的《五层楼下》，虽然每次短小几十字，却微言大义，表扬之余，敢于批评，是人民群众相互之间的和风细雨的批评。“五层楼”为古建筑“镇海楼”的俗称，在广州越秀山上。①

1958年，金庸已经离开《大公报》，在长城电影公司任编剧。初春，金庸来到广州，杨奇与金庸第一次晤面叙谈。

金庸说；“我经常看《羊城晚报》，想不到你们能够出版这样一张报纸。”他称赞《羊城晚报》与众不同，有特色，有品位。

杨奇谦虚道：“我跟你说句大实话，我们是学的《大公报》，要有一些忧国爱民之心，让副刊也成为文人论政的用武之地。”

杨奇说，当初筹备创办《羊城晚报》的时候，看到香港《新晚报》先后刊登梁羽生的《龙虎斗京华》和金庸的《书剑恩仇录》，甚受读者欢迎，因而决意邀请省文史馆的胡希明撰写《红船英烈传》，从创刊之日开始连载；后来又约《新晚报》总编辑罗孚撰写了国际时事的《新三国演义》，也都一炮打响。

金庸说，在香港，机关报与在野派报纸并存，各种声音百家争鸣。他问杨奇：“香港的报业模式是否适合内地？”杨奇摇头说：“如果全盘照搬，肯定不适合内地。”

1959年，金庸与沈宝新创办《明报》，天天看内地出版的报纸。由于《羊城晚报》敢于摆脱当时的那套办报模式，敢于吸取内地报纸既有社会新闻又有副刊的传统，从内容到形式都与同时期内地的其他报纸不同，因而也就特别留意。

《明报》最初只是四开四小版的小报，内容主要是连载金庸写的武侠小说，以及趣味性文章，很少新闻信息，杨奇当时对它还不是很注意。后来，

① 司徒炯昌：《〈羊城晚报〉诞生记——访创办人之一杨奇》，《羊城晚报》2007年11月21日。

《明报》改为对开四版，并且逐步扩张，增加了本港新闻和国际国内电讯，才逐渐成为香港大报之一。金庸写的社论，不止文笔简洁，而且很有个性，深入浅出，言之有物，既不受“起承转合”的约束，更没有洋八股的味道。

杨奇和金庸这两位老报人，办报环境不同，行事方法不一，却有共通之处：回到民间，自觉在野。

杨奇认为，《明报》是一张“文人论政”的报纸，值得学习和借鉴。所以，他与金庸互相欣赏对方所办的报纸，这就为后来的交往打下了基础。

《羊城晚报》后来被“四人帮”污蔑为“放毒造谣的报纸”，在“文革”期间惨遭关闭，杨奇也被打倒。

3

1978年，杨奇奉派到香港，出任中央驻香港代表机构——香港新华社宣传部部长、秘书长。

返港之前，杨奇曾经听过中央主管港澳工作的廖承志所作的《关于当前形势与华侨、港澳工作的报告》。廖承志列举种种事实，尖锐地批判极“左”路线把港澳工作几乎搞垮了，一再强调“必须采取措施清除极‘左’的流毒”。

因此，杨奇到香港之初，首先对香港的新闻传媒状况做了调查，知道中文的日晚报有五十多家，期刊有近400种。由于受到“文革”和“反英抗暴”影响，文汇、大公、新晚、商报、晶报等中资报纸销量大幅下跌，覆盖面不到百分之十。这使杨奇感悟到：在香港做宣传工作，光靠中资报纸作为主力军是不够的，必须充分团结友报，形成主力军与同盟军协同作战，才能使各个阶层的香港同胞了解中央改革开放的新政策。

于是，他走访了各家报社的主要负责人，包括《星岛日报》的周鼎、《华侨日报》的何建章和李志文、《成报》的何文法和韩中旋、《明报》的金庸、《快报》的邝荫泉、《新报》的罗斌，以及在“反英抗暴”中被港英逮捕坐牢的《香港夜报》的胡棣周、《田丰日报》的潘怀伟等人。

约见金庸非常顺利。那天，杨奇依约前往北角半山云景道登门拜访。寒暄过后，杨奇说：“大家喜欢你写的武侠小说，我却更加喜欢你写的社论。今人写古事，文人写武功，固然很不容易；而你的社论，褒贬时事，实话实说，立论持平，一针见血，更是难能可贵。”

金庸说：“我主要是办《明报》，写武侠小说是副业。”金庸白天在家写武侠小说，夜间在报社写社论，已经成为生活习惯了。

两人谈起办报，很快就取得共识：报人必须遵守职业道德，新闻必须客观真实，社论必须公正持平，推动社会进步，决不可把报纸办成危害公共利益的工具。

这次见面，两人谈了将近两个小时，可以说是一见如故。告别时，金庸把自己的专用电话号码告诉了杨奇，以便可以随时找他。

从此之后，杨奇和金庸就经常交往了，彼此坦诚相待。

1981年，中共《关于建国以来党的若干历史问题的决议》通过了，神州大地开始清除极“左”路线的流毒。金庸和《明报》也就不再被指责为“反共反华”了。内地实行改革开放后，金庸也真心实意地在《明报》撰写社论表示支持，这反而使得有些读者觉得《明报》变了，甚至有人骂他“转呔”（粤语，即“转动方向盘”之义，引申为转向）。金庸不以为然，解释说：“我们讲真话的方针没有变，变的是中国共产党的政策；他不对时我们反对，他变好了我们自然赞同。”

“文革”中，邓小平几经打击，两次复出，又两次被打倒。金庸一再撰写社论，强烈抨击“文革”的种种倒行逆施，并且为邓小平鸣冤叫屈。他称赞“邓小平如此刚强不屈，真令人敬佩”，还预言“人心所向，邓小平终将东山再起，重返权力中心”。果然，邓小平再次复出，带领濒临经济崩溃的国家走上改革开放的光明大道，受到全国人民的热烈拥护。金庸在《明报》社论中写道：“邓小平有魄力、有远见，在中国推行改革，令人佩服。真正的英雄，并不取决于他打下多少江山，而看他能不能为百姓带来幸福”。

杨奇看到《明报》的社论之后，特意跑到金庸的家里，就国内时局问题同他交换意见。金庸说：“我一直佩服邓小平的风骨，如果有机会到内地，最想访问的就是邓小平。”

此话并不是他随口而说的。当天晚上，杨奇便向港澳工委作了汇报，并随即为工委拟了一份电报，发给中共中央办公厅并抄报港澳办。很快，就收到中办复电，说邓小平愿意与金庸见面。于是，杨奇代表新华社香港分社正式邀请金庸及其家人到北京拜会邓小平，并且可前往自己想去的地方参观。①

1981年7月18日，邓小平在人民大会堂福建厅会见了金庸和他的夫人林乐怡以及儿女。一见面，金庸便对邓小平说：“我一直很仰慕您，今天能够见到您，感到很荣幸。”邓小平一脸笑容地说：“欢迎查先生回来看看。你的武侠小说我看过，我也是第三次‘重出江湖’呵！”邓小平自己点烟时，还抽出一支递给金庸，这一下子就拉近了双方的距离。接着，邓小平告诉金庸：“上个月，我们召开了十一届六中全会，通过了《关于建国以来党的若

① 邓琼：《忆我与独立报人查良镛的交往——粤港老报人杨奇访谈录》，《羊城晚报》2018年11月14日。

干历史问题的决议》。我们国家今后主要的任务就是：在国际上反对霸权主义；在国内以经济建设为中心；完成祖国统一大业。”

在会见临近结束时，邓小平主动提到1950年浙江省土改和镇压反革命中错杀了查良镛的父亲查枢卿之事，查良镛说：“人死不能复生，我父亲的命运只是改朝换代中的悲剧，我也渐渐淡忘了。”

金庸随即参观访问了北京、四川、新疆、内蒙古、上海等省区市以及长江三峡，历时33天之后回到香港。随后，《明报月刊》九月号发表了一篇《查良镛和邓小平的谈话记录》，以及通讯《中国之旅：查良镛先生访问记》。他写了一封信给杨奇表示感谢，信中说：“此次赴京及全国各地访问，一切均照吾兄事先组织安排，顺利无比。韩力兄妥善引导照料，各地旅行社赐予最佳待遇，弟及家人均感谢之至。”

查良镛拜会邓小平之后，同香港新华社的交往更多了。1984年12月19日，中英两国政府关于香港问题的联合声明签署后，香港进入回归祖国的过渡时期；制定香港特别行政区基本法，便成为过渡期最重要的一项工作。这项工作，由国务院港澳办主持，成立一个基本法起草委员会来做的。在酝酿香港方面委员名单之初，香港工委要杨奇去征求金庸的意见，但金庸一再推辞，认为不便参加。

后来，杨奇告诉金庸：“基本法起草委员会大约有五六十人，其中香港方面的委员有20多人，大多数是中间的持平人士，不仅有包玉刚、李嘉诚、霍英东、安子介、查济民、黄丽松、马临，还有佛教联合会会长释觉光法师、圣公会港澳教区邝广杰会督也应邀参加了。所以，我认为：如果你也参加，应该不会引起误解。”金庸听后稍加思索，便说：“那好！我乐意参加。”

1988年7月，杨奇接替已故费彝民职务，任香港《大公报》社长。令他感动的是：上任之初，金庸因为知道他患冠心病，体内安装了起搏器，写信劝他要保重身体，其中着重说：“惟我兄毕生劳瘁，奋力奉公，致心脏较弱，今后事当剧繁，敬盼时时以‘节劳’、‘使能’为念，不必事事躬亲，择贤而督责之，观其效否，定其奖退，总其大务而优游从事，于报社及个人，均有利乐。过去日夜不休之习惯，务请有改。忝在知交，欣喜之余，深以为念。”

有着金庸这样一位党外朋友，怎能不令杨奇感到快慰！

2000年5月22日，广东文艺界在广州花园酒店举行“金庸作品恳谈会”，在发言中，金庸出人意料地主动说道：“我和广东文艺界早有联系，尤其是和《羊城晚报》，关系密切，得到过杨奇先生的诸多鼓励。这是我本人第一次向外说起。”

1981年10月16日，金庸托杨奇转给《羊城晚报》海外版一封信，一开头就说：“贵版拟连载拙作《碧血剑》，盛意致感。贵报前总编辑杨奇先生是我知交好友，自无不允之理……”

杨奇于1992年离休，曾主编80万字的学术专著《香港概论》，甚获好评；与另一学者唐鸣合撰《香港智力阶级》一书，理论创新，引起广泛关注。

2007年8月，杨奇获中央驻港联络办颁发“特别荣誉纪念证章”。

杨奇比金庸大一岁。90岁时，有人给他写信称：“今年是您的九十大寿，应该做点‘文章’……”他赶快复信婉却说：“我虽然从十九岁起就一直在党领导下办报，但是庸庸碌碌，愧无建树……古人祝贺生辰，本意是增福添寿，实际上却是预告生命越来越短，来日无多；既然如此，又何必为祝寿而‘劳民伤财’呢！……”他的儿女知道后，则一再提出：既然不搞祝寿活动，您在遗嘱中又声明不设灵堂，不举行任何告别仪式，不保留骨灰，那么，何不把你在报刊上发表过的作品，选出一些结集出版？也好给儿孙和亲友们留个纪念，或许还可以为粤港新闻史料提供一些注脚。后来由于羊城晚报报业集团的关注和支持，终于启动了有关的编辑出版程序。

《泥上偶然留指爪：杨奇报刊作品选》于2012年12月由羊城晚报出版社出版。因为羊城晚报出版社曾经在2008年出版过一本“杨奇办报文选”，书名《粤港飞鸿踏雪泥》，脱胎于苏轼写给予由诗中的第二句，因而现在这本作为姊妹篇的“杨奇报刊作品选”，也就采用苏轼诗中第三句“泥上偶然留指爪”了。

与金庸最后一次见面是2014年12月，杨奇去金庸家中拜访。两个老人见面晤谈，自然格外兴奋。像往常一样，金庸总是脸带微笑，态度诚恳。夫人林乐怡告诉杨奇：金庸饮食正常，睡眠安稳，只是讲话声音微弱，往往需要已照顾了他五年的护士“传话”。一年多以来，他已基本封笔，但每天都要看书。告辞时，金庸坐着轮椅送到电梯前。

红过脸，兄弟还是兄弟

——“明月”主编胡菊人

资深香港传媒人张圭阳说：“胡菊人一名，几乎等同于《明报月刊》。”可以说，《明报》能蜕变成为一份知识分子的报纸，《明报月刊》和胡菊人的贡献不可忽略。胡菊人自1967年起出任《明报月刊》总编辑，历时12年，是《明报月刊》任期最长的总编辑。

胡菊人与金庸相知有素，被《明报》同事称为“金庸最喜欢的人”，金庸说胡菊人“是一个有名士派头的淡雅文人，我敬重他”。胡菊人则说“查先生自始至终容忍我的学术癖性和编辑品位，我最欣赏查先生的雅致，还有典雅的文言白话”。

1

《明月》创刊时，编辑部设于礼敦道的一幢旧式大厦，创业维艰，金庸自任总编辑。

1966年，胡菊人在香港《今日世界》丛书部已经工作了4年。初冬，金庸突然托朋友将胡菊人邀到他的办公室里。在不同场合，胡菊人跟金庸有过许多次的接触和叙谈，特邀至办公室交谈却是第一次。胡菊人抱着惊奇的心情前往。落座，金庸微笑着说：“我第一次读你的文章，看到你的照片，觉得你是个青年导师，像是很早就认识一样。”胡菊人接口说：“是的，我们很早就认识，你的《明报》，你的武侠小说，香港人没有不认识你的。”两人谈得很融洽，从各自在香港这几年的生活，聊到香港的文化现状，各自的写作和态度。金庸突然说：“你等一等噢。”就坐在办公桌前写了起来，不一会儿，金庸拿给胡菊人看，是一份亲手为他写的聘书，聘任胡菊人为《明报月刊》总编辑。这个职位原来是金庸自己兼任的，如今他礼聘胡菊人就任，还亲手为他写聘书，这超出似乎超出了胡菊人的期待，有点儿受宠若惊。

胡菊人比金庸小九岁，原名胡秉文，生于广东顺德一个农家。初中毕业后，由表哥带到香港。当过校役和教堂杂役，后来进入珠海书院半工半读，晚间补习英文，不久，到友联出版社资料室工作。其后，先后担任过《大学杂志》总编辑、《中国学生周报》社长、美国新闻处出版部编辑等职务。他既是香港报坛上的著名专栏作家，也是文学批评家，著有《小说技巧》《坐井集》《文学的视野》等，他所关注的，有“文学”的范畴，也有“中国”的范畴；他反对中国文学在创作上西化，也反对文学批评套用西方的名词术语和思想体系。这种以中国为本的人文思想与金庸的办报理念非常接近，这也许是金庸聘他担任《明报月刊》总编辑的原因。

见胡菊人应允“跳槽”，金庸郑重地将聘书捧到他的手里，客气地说：“《明报》和《明报月刊》是兄弟，从今之后，我和你也情同手足，跟兄弟一样亲近了！”

《明报月刊》创刊于1966年1月，金庸亲力亲为主编一年，与《明报》有兄弟一样的渊源，精神上却完全独立。迫于生计，《明报》在成立之初也曾为销路使尽招数，因而《明报月刊》甫一创刊，便声明这是一份“非营利”的学术刊物，其盈亏与否，均可由《明报》负责。除了名称与《明报》有关系外，杂志内容完全独立，不受《明报》编辑部的干预。如果说《明报》是金庸不得不面对的现实，《明报月刊》则更像是他的一个理想，偶尔为生活而弯下的腰，在理想中却是风骨昂然的。

胡菊人接替后，金庸给胡菊人的聘书上提醒他，必须“遵照《明报》一贯中立、客观、尊重事实、公正评论之方针执行编辑工作。在政治上不偏不倚，在文化上爱护中华民族之传统，在学术上维持容纳各家学说之宽容精神”。金庸期望他不失昂然风骨。

金庸还强调，《明报月刊》的编辑宗旨，是“五四时代的北京大学式”、“抗战前后的《大公报》式”，能够以严肃负责的态度，对中国文化与民族前途，能够有积极的贡献。

胡菊人一直没有轻心淡忘那几句话的重量和真谛。

金庸礼贤下士，请胡菊人主编《明月》，真是慧眼识菊人！胡菊人接手后，采取渐进式改革，保留文化学术路线，选登学术专家的文章外，尽量刊载专栏作者的知识趣味性兼备的文章，同时也顾及了当时中国内地的政治与国际形势。于是《明月》便从一本纯学术性的月刊，摇身一变成为综合性的高水平读物，正好符合金庸创办《明月》的原则。金庸索性放下编务，统由胡菊人一人总揽其成，而《明月》也就一纸风行了十多年。在胡菊人的努力下，《明月》的作家阵容日益庞大，细细点算，便有司马长风、牟宗三、牟润孙、丁望跟徐东滨，他们或以政治家立场，通过学术观点批判中英政制；或以学者身份，驳斥内地“左派”所倡行的当政哲学。其时，中国内地消息不畅，不少海外学者和读者都得依靠《明月》来了解大陆情况，因而销路大增。

2

从金庸到胡菊人，《明报月刊》的编辑风格当然有不少的变化，但所关注的基本方向没有变化，中国内地始终是一个重要的关注点。可是，中国在变；讨论中国的文章要写得精到、点出其变的得失，并不容易。况且，月刊总希望能够从更多方面去讨论中国的变。

在纪念《明月》十年的时候，胡菊人说，《明月》开宗明义是不牟利刊物，乃一“蚀本货”，然而他却为金庸的明报王国树立了一个正义的高级文化形象，成为明报集团的无形资产。《明月》可以说是金庸的“文人良心”，而他也认为这本刊物是他的第二杰作。《明月》读者高达35万人，列香港文化报刊之首，每期广告爆棚，厚如电话簿，真个是“斤两十足”。

当时以访谈、演讲、问答的形式，胡菊人邀请余英时、许倬云、周策纵、史华慈、唐君毅、钱穆、胡适、朱光潜等诸位分题作答。如周策纵的《论中国知识分子》，余英时的《学术何以必须自由》，林毓生与史华慈的《自由主义为什么失败了呢？——一些关于中国近代和现代思想、文化与政治的感想对话录》等。另外，由金耀基、唐君毅、王蒙、金庸、李约瑟、杨振宁、钱穆伉俪、胡菊人、白先勇等人联合谈论长达一年的中国文化与现代化问题，在海内外引起相当大的反响。这种以《明报月刊》为载体进行的文化论坛式的演讲集，也成为海内外华人学者发布重要学术心得的主要平台。

《红楼梦》是一部集传统文化之大成的作品，因而对《红楼梦》的研究也就成了中国当代学术史上最复杂最集中的课题。在胡菊人主持下，《明报月刊》对《红楼梦》的研究占据了大量篇幅。20世纪60年代至70年代，在社会动荡中，许多内地学者南下赴香港，辗转停留，《红楼梦》几乎成为民族精神的化身。对它的研究，不仅集中体现了中国传统学术的研究方法，也寄托了当时学者对传统文化的深厚情感。其间，《明报月刊》上发表的红学文章内容广泛，作者阵容强大。从张爱玲、宋淇、潘重规，到余英时、赵冈、徐复观、周策纵，从作者家世、版本研究、创作分析，到研究态度、译本评价，众学者往来商榷，一度沸沸扬扬。但不论场面如何热闹，《明报月刊》在版面上一直表现得温文尔雅，只提供平台，而不做任何褒贬。即便是在1971年徐复观与潘重规及其指导的“《红楼梦》研究小组”之间发生论战，赵冈随后加入讨论的事件中，《明报月刊》作为一个平台，也只是如实地将各方意见刊登出来。用近来比较流行的话来说，就是“我可以不同意你说话的内容，但我坚决捍卫你说话的权利”。自由与独立，是众多学者对《明报月刊》所作出的评价。

《明报月刊》本身是名牌，金庸比喻为“名牌西装”。这份杂志反而不一定要去培养名家，名家都会在这里登文章，是一个身份的象征。许多学者把在《明报月刊》上发表文章当作地位象征。胡菊人有一篇文章讲得很形象：香港中产阶级订《明报周刊》，也订《明报月刊》，《明报周刊》放在茶几下面，《明报月刊》放在茶几上面，表明他有文化素养。如果到哈佛大学燕京图书馆去看看，那里有两千多本中文杂志，《明报月刊》也是放在最上面的位置。但是老实讲，当然是《明报周刊》好看了，因为上面有娱乐新闻，老少咸宜。

有人说，胡菊人是“金庸最喜欢的人”。金庸自己也说，最初的十年是《明报月刊》的黄金时期。从1967年到1979年，《明报月刊》在胡菊人手里成为华人世界最文人化的刊物，它对中华文化的关怀及其流露的人文气质都是无与伦比的。这段时间恰好是香港《红楼梦》研究的高峰期。有这样一份独立开放的杂志，适逢这样一个小说研究的潮流，不知是谁更为庆幸？1981年，台湾远景出版社出版了胡菊人《红楼、水浒与小说艺术》一书，在这本书中，当然也有着其在《明报月刊》编读众家观点留下的思想痕迹。

香港作家陈冠中曾经这样描述：“假设某一天，我睡意蒙眬的给吵醒，有人气急败坏的说：这是个大是大非的时刻，你一定要站出来表态，快说，你站在哪一边？我说：到底是什么事，给我点时间，让我先弄清楚状况……那人说：不行，现在就得说，你站哪一边？这时候我只得说：好吧，不过你得先告诉我，胡菊人站哪边？他站哪边我就站哪边。因为，在正义、良心、知识分子责任问题上，胡菊人肯定是值得信任的。”①

1967年8月，激进左派拟出了一份六人黑名单，标明这六人将会被谋杀，金庸就是其中一个目标。为了避免被暗杀，金庸便南下到了新加坡暂避，报社业务则交由沈宝新负责，社论则让胡菊人来顶。这期间，胡菊人和沈宝新是金庸最信赖、最顺意的左右臂。

① 陈冠中：《胡菊人与我》，《中国时报》2007年2月8日。

3

胡菊人的文章写得漂亮，编辑眼也独到。他从1967年起担任《明报月刊》总编辑，全身心投入，将月刊办得有声有色。《明报月刊》在文化界地位崇高，《明报月刊》的总编也自非一般报刊杂志的总编可比。胡菊人自然心满意足，不曾有过什么跳槽的想法。

但是，1980年，半路上杀出个程咬金。安心工作了12年的胡菊人提出要离职。事情源于一个台湾人。此人携巨款赴香港，准备在香港办报，扬言要办一张像《明报》那样具有影响力的报纸。他先是由古龙介绍找到倪匡，后又找到胡菊人。当时胡菊人的月薪是四千七百元，那人欲以月薪万元挖走他。

胡菊人开始有点犹豫，但那人反复强调他要办的就是胡菊人理想中的报纸，一种充满责任感的报纸，一种能够拯救一代青年人的报纸。胡菊人不由得心动，他心想："我的理想终于实现了。"

经过多次接触、磋商后，胡菊人当机立断，决定离开《明报》，自辟天下。

当他提出辞呈时，金庸整个人都呆住了。"不会是真的吧！"金庸第一个反应便是这句话："是不是薪酬不满意，菊人兄，我们可以商量呀！"金庸还以为胡菊人不满意薪酬。

"不，查先生，我在《明报》服务了这么久，从来就不计较什么薪酬问题，我只是想出去闯一闯。如今，我获得了一个千载难逢的机会，不想放弃。"胡菊人说得诚恳："我要出去办报。"

"什么？"金庸吓一跳："办报？"因为他知道胡菊人没有办报的经验。

胡菊人坦率地向金庸陈述了事情的来龙去脉。金庸听得直冒冷汗，他觉得胡菊人过于轻率，办报不同于办月刊，弄不好，会身败名裂的。这时候他倒不是担心胡菊人的离去会影响《明报》，而是担忧胡菊人将来的处境问题。

"你想清楚了吗？菊人兄？"金庸沉住气："办报可不是闹着玩的，当年《明报》的艰辛你是目睹的呀！"

胡菊人心意已决："查先生，我想过了，希望你能给我一个机会。"

金庸只好叹道："菊人兄，你再考虑一下吧！"金庸想尽可能"拖"住胡菊人，立刻打电话给倪匡："倪匡，胡菊人要走了。你平日口才那么好，除了你，还有谁说的菊人听？"

金庸真的急了眼，他爱才如命，实在不愿看到多年的手下和朋友突然离去。

但是，胡菊人的决心很难动摇。金庸无奈，眼睁睁地看着胡菊人离他而去。

为了酬谢胡菊人12年来的服务，金庸特地在酒楼设宴欢送，并即席赠与黄金劳力士表，场面很是感人。金庸还向胡菊人送上三句临别赠言：不要动怒，不要忧心，不必惊慌。

金庸谆谆地说道："人的性格是各个不同的，你将来到了那边工作，他们家庭成员当然会来管事；同时，在你下面还有很多人要管，人的个性既然人人不同，那么，就算有人当面对你发脾气，拍桌子，你也要忍耐，不要动怒。""报纸杂志的销路会有起伏，如果销路下跌，你也不要忧心，只要冷静去做就是了。""你要知道，办报难免时时接到律师信，就算打官司你也不必惊慌。"

胡菊人离职之际，暗中招兵买马，心想《明报》的老同事如果愿意合作，那么一定能将报纸办好。没有想到金庸比他棋高一招，早就宣布所有工作人员获得加薪，还设宴慰劳。所以尽管胡菊人分别约请喝茶，仍未见效。看来，金庸早就料到胡菊人有此一招。胡菊人离职本来可能酿成大风暴，却被金庸化解得风平浪静。

当年，胡菊人的离职曾经轰动了香港界，有人甚至要写信开骂他，金庸劝阻说："人往高处走，他没错。红过脸，兄弟毕竟还是兄弟，我理解他，菊人兄终究是个好报人。"[①]胡菊人是个好编辑，这是无可置疑的。离开《明报》后，月刊的销路一直下跌，开战鼓而思良将，金庸午夜梦回，大概是忘不了胡菊人的。

后来，胡菊人在《中报》混得不好，跳槽不到两年就掷笔出门，曾有一段日子，夜夜醉酒，发眉俱白，意志颇为消沉，只因"弃明投暗"而怨气幽幽。听说后，金庸十分难过，对他的关注依旧，常向人询问并传递安慰。对于胡菊人暗底拉拢《明报》人员，金庸从无责怪之意，反而人前人后称赞胡菊人是个好编辑。幸好，过不多久，胡菊人践行金庸的"三不赠言"，振作精神，重出江湖，自立门户，创办了一份名为《百姓》的时事刊物。

金庸对胡菊人始终念念不忘，有一年圣诞节前，他正在尖东一家酒楼宴请台湾女作家三毛，当他得知胡菊人就在附近一个酒会时，连忙通过慕容公子邀他挚谈，诚意拳拳。

胡菊人说，我们可不要因为金庸是一位多产作家，又每天写一篇社论，就以为他是一位倚马可待、笔走龙蛇的作者。他引用《他是云雾中一棵树》作者许尊五的话，描述了金庸当时著书写作的情形："单是一篇一千字左右

① 费勇、钟晓毅：《金庸传奇》，广东人民出版社2000年版，第57页。

的社评，经常要花他的一两个钟头时间，写写改改，翻查数据，反复推敲而后定稿。写武侠小说更花时间，每见他在斗室之中来回踱步，写了又删，删了又写，香烟一根根地抽，直至满室烟雾腾腾才发到字房去，可以说每个字都是勤劳与谨慎，点点滴滴都是心血。”

胡菊人这样描述金庸：在年轻时曾学过芭蕾舞，对古典音乐的造诣极高，随便拣一张古典音乐唱片放出来唱上片刻，金庸便能说出这是什么音乐。金庸不嗜酒，号称“从未醉过”。根本喝得少，当然不会醉。他吸烟、戒烟，次数极多，如今一样大吸特吸，并且相信了中年人不能戒烟的理论。金庸也略藏书画。如今书房中所悬的，有史可法的书法残片；曾在他处看到过不知是真是假的仇英《文姬归汉图》；也曾见过四幅极大的（超过五米长）齐白石精品、吴昌硕的大件等。金庸也集过邮，不过他集的是花花绿绿的纸片而已。金庸对吃并不讲究，穿亦然，衣料自然是最好的，但款式我行我素，不受潮流影响。

落拓江湖一剑轻
——金庸电影的“百万导演”张彻

他爱武侠、拍武侠，是几代功夫电影人敬重的大师，他就是一代电影枭雄——张彻。

张彻是迄今为止香港导演中把金庸小说拍摄成电影最多的一位，他改编金庸最佳的作品，其实是1966年没有改编之名而有改编之实的《独臂刀》，《独臂刀》的故事是由《神雕侠侣》中杨过的故事变化出来的，由此首创“阳刚武侠”，有了“百万导演”的称号，开创了改编金庸武侠剧的风潮。

金庸曾为张彻的电影公司题名，为他进入内地电影界扫清障碍。

1

张彻祖籍浙江青田，1923年年初出生于一个军阀世家，父亲张秉兰是民国时期的浙系军阀，任浙江省长夏超的高参，曾私下与革命党人秋瑾联络，鼓动夏超宣布浙江独立，并倒戈起义。

张彻的平生经历与金庸十分相似，比如早早离乡求学，金庸因日本入侵而辗转浙西各地就读，张彻则在上海读书。两人又一前一后来到抗战时期国民党的统治中心重庆，张彻以17岁的年龄指挥过磅礴抗日热情的万人大合唱，金庸则进了中央政治大学，为将来做外交官铺路。

当此家国破碎，一场民族的抵抗战争使少年张彻、金庸尝到了颠沛流离、骨肉失散的痛苦，《水浒传》和武侠小说中劫富济贫、揭竿造反的侠士、好汉，难免会常常跃入脑中。不可小视这段少年时代的经历，对张彻人格与思想的形成起了决定性作用，他电影中用暴力伸张正义的方式，对舍生取义、视死如归的男性人格美的大力讴歌，秉承着少年经历所激成的愤世哲学和中国武侠文化反贪官恶霸的传统。

张彻的音乐素养也是重庆时期打下的根底。年纪轻轻他已经开始学作曲，写过词、谱过曲，都是激励抗战斗志的爱国歌曲。他还参加了洪深主持的剧团学习表演，之后就在国民政府教育部社教队从事戏剧工作。抗战胜利后，张彻回到上海，在国泰及大同电影公司任编剧。

与张彻一前一后，金庸也到了上海，在《大公报》任电讯编辑。1948年，24岁的金庸去了香港，25岁的张彻去了台湾。

张彻在台湾创办“万象电影公司”。1948年秋天，他被当地人民传颂和崇敬的民族英雄吴凤的事迹所感动，便根据史料和传说，编写了电影剧本《阿里山风云》，并立即组织了一个摄制组，自任导演，开始拍摄。拍完《阿里山风云》，此片竟成了台湾的第一部普通话故事片，他所谱的主题歌《阿里山姑娘》，竟然被误为“高山族民歌”传遍世界各地，“高山青，涧水蓝，阿里山的姑娘美如水呀，阿里山的少年壮如山”，传唱至今。

1957年，张彻到香港发展。初到香港，张彻在《新生晚报》开设专栏“何观影话”写影评，“何观”是张彻的笔名。“何观影话”引起了金庸的注意，当时金庸在长城电影公司当编剧、导演，有时以“林欢”为笔名撰写电影评论。那个年代的香港电影，歌舞片、黄梅调片兴盛，重女轻男，“男演员的标准都很简单，只要长得高大漂亮，会不会演戏都不重要。男主角都是一个形象——脸色苍白的正面形象，毫无杂质的男人形象。”对此，张彻毫不买账。

看到这番话，金庸找到张彻，说：“你的话，我很有同感。”身高六尺的张彻，穿着窄筒的裤子，留着一撮钩状的短发，挂在前额，不断地用手指整理。张彻大谈中国电影为什么不能起飞，说：“我以为香港片子阴气太重，不够阳刚。什么时候香港电影才和荷里活电影争一长短？我以为，必须以阳刚破阴柔，作一番大的改革。”①

1961年年底，位于九龙清水湾的邵氏影城启用。邵逸夫在报纸上大登广告，招聘人才。广告中说：“本公司有感于当今电影水准之低，决心改良设备，引进新技术，发掘制片人。本公司已选址清水湾建邵氏之影城，急需如下人才：编剧、制片、化妆、剪辑、配音及暗房等，公司将与同仁并肩奋斗，同甘共苦！”张彻自荐以后，知道金庸与邵逸夫有交情，请他帮助。金庸便邀邵逸夫、张彻到家里喝茶，作了引见。

当时在香港，张彻同时写电影评论、小说、随笔、武侠小说，并且还为

① 张彻：《张彻谈香港电影》，生活·读书·新知三联书店（香港）有限公司2002年版，第97页。

电懋公司创作剧本，是名副实在的多面手。加入邵氏以后，张彻初任编剧部主任，后任导演，就旁若无人、大刀阔斧地开打了。

1964年，张彻独立执导黄梅调电影《蝴蝶杯》，但邵逸夫只看了几场戏就大为摇头，批评说“烧掉”，换导演袁秋枫重拍。不过张彻没有气馁，请求邵逸夫给他一次机会，邵逸夫答应再试一次，让他用黑白底片拍《虎侠歼仇》，这是张彻在邵氏导演的第一部武侠电影。此片成绩一般，但新人王羽还是凭此片走进了观众的视线。

1967年，《独臂刀》横空出世，叫好叫座，不但票房冲破百万港币，而且掀起了新派武侠浪潮，王羽成了红极一时的武侠片大明星，张彻则成为香港电影史上首位单片票房超过百万的大导演，从此别号“张百万”。

《独臂刀》以110分钟的篇幅讲述了一个非常完整的武林故事：影片一开始，武林名门齐家遭仇家暗算，齐家仆人方成护主身亡，留下一把断刀和儿子方刚。方刚为齐家收养，齐家掌门人齐如风视如己出，全心授予武艺。方刚天资过人，武艺于众师兄弟中脱颖而出。然而，其性格孤僻，念及身世，又仇恨太深，故难与一些师兄弟相处；这些师兄弟亦视之为异类，以戏弄嘲讽他为乐。方刚自认难容于师门，立意出走。方刚出走当夜，被刁蛮任性的师妹（也是齐如风的唯一女儿）和两位师兄挑衅，无奈之下，只得与三人过招。方刚打败师妹后，不料师妹使诈，乘其不备砍下他的右臂。方刚负伤而逃，为一村姑小蛮所救。方刚失去右臂，习武不成，万念俱灰。小蛮见其情状，于心不忍，找出家藏的半本武学残卷，交与方刚。此武学残卷正适合左臂练武，方刚的武艺于是日益精进；他又从中悟出使用断刀的道理，亡父所遗之断刀正好派上用场。几个月后，方刚练成了武学绝技——独臂刀。方刚与小蛮长期相处，日久生情，已互许终身。小蛮不愿方刚过问武林中事，一心要与他归隐田园，方刚也答应了。但值此之时，方刚意外得知师门有灭门之祸，不愿就此离去。于是，方刚先是从师门仇家救出师妹，后又在师门即将灭门之时赶到，以独臂刀力战长臂神魔，并将其歼灭，保住了师门。报答师恩后，方刚拒绝了师门的挽留，与小蛮归隐田园……

《独臂刀》借鉴了金庸的《神雕侠侣》。《神雕侠侣》中的杨过也是被任性的师妹砍断了胳膊。《独臂刀》中就已经能找到金庸武侠作品的影子，整部电影从故事构思创意到人物设置都来源于金庸最中意的作品《神雕侠侣》，虽然没有明确说明改编自金庸《神雕侠侣》的故事。

金庸看到张彻导演的《独臂刀》，耳目一新，说他拍出了真实感和阳刚之气。《独臂刀》的故事也许并不新鲜，但张彻能够在110分钟之内将故事讲得如此完整而没有任何的拖泥带水，展示了非常高超的叙事能力。此后，金庸原创、倪匡编剧、张彻导演，成为香港武侠电影“金三角”，三人合作长达十多年。

金庸这样评说张彻的《独臂刀》：“断刀是一个符号，象征着在逆境之中百折不挠、自强不息，从头再来、涅磐重生。因此，从这个意义上说，《独臂刀》甚至可看作是一部积极向上鼓舞人心的励志电影。”[①]“断臂英雄使用断刀开创出独门的独臂刀法。人刀一体，既象征着英雄的重生，也是一种境界。《独臂刀》体现了张彻的‘残缺美学’断臂、剖腹、剜目、五马分尸，英雄断臂，洋溢着一种悲壮感。”

从《独臂刀》开始，张彻接连拍摄了《大刺客》《金燕子》《十三太保》《新独臂刀》《马永贞》等一系列脍炙人口的武侠电影，用男性的阳刚打破女性的阴柔，一改女性角色占主导地位的黄梅调风格，开启了以男性为主的新派武侠时代。

张彻武侠片的特点是阳刚、暴力、血腥，男主角几乎每次打斗都要脱掉上衣，以一身肌肉示人，然后以一敌十，最后浴血而亡，出血形式也是多种多样：喷的，射的，涌的，淌的，血肉纷飞，眼花目眩。

因张彻爱让男星袒露以显雄壮，李翰祥爱让女星袒露以显性感，后来有人调侃道：“邵氏两大导演，均好剥人衣衫。”

然而，张彻“阳刚电影”美学遭遇了麻烦。与张彻共事20余年的蔡澜曾在一篇文章中回忆：“当年电检处高官拉彭和我们关系良好，张彻的思想又开放，怎么搞都不皱一下眉头。但是，新加坡和马来西亚的就没那么客气，张彻的片子送检总有问题，发行工作由我哥哥蔡丹负责，他在片子上映前总得四处奔跑才获通过。新马是一个很重要的市场，邵氏星公司再三要求张彻不要拍得那么血腥，但张彻一意孤行，照拍他的破肚子、挖血肠的结局。”他被冠上“血腥大导”、“茄汁大导”（西红柿汁，指电影中大洒鲜血，一片红色）的称号。

张彻感到了制作上的限制，他向邵逸夫提出组织自己的公司，带人马去台湾拍戏，资金由邵氏出，张彻自负盈亏，但票房收益可以分红。

1973年年底，张彻回到台湾，自组“长弓影片公司”。“‘长弓’是由查良镛兄为我题名，很精彩；可能从他自己将镛分拆为金庸来的灵感，但尤胜之。因为比较形象化且具武侠味，有杜诗‘挽弓当挽强，用箭当用长’的气势！我拍了一个片头，用一身爆炸性肌肉的戚冠军，挽强弓，射长箭，可

① 黄小河：《武侠革命的倡导者——张彻》，《东方早报》2012年6月26日。

说是中外电影公司最佳的片头商标之一。”[①]张彻说。

张彻在台湾的制作并不理想，两年后就结束了长弓公司，欠下邵氏巨额的债务。张彻遵守合约，用导演费来付清欠款，一共要为邵氏拍二十几部戏抵还。于是在高峰期，张彻一口气同时拍四五部电影，邵氏的14个影棚他要占七八个。

张彻镜头里的英雄情感炽热，性格强猛而少转折，因此多以悲剧收场。他的英雄正和他自己升任导演的历程一样，由于怀才却不见用于当世，空有满腔赤诚，但受制于环境的局促与命运的播弄，所以在雄伟豪放中，总带着一丝悲怆愤慨。金庸与张彻惺惺相惜，他对倪匡说过：“张彻像他戏中的英雄，站在那里被人射了一身的箭，还是屹立不倒。”[②]在金庸心目中，张彻就是令狐冲，就是张三丰、萧峰。

2

1975年，张彻从台湾回来了，张家班已经改朝换代了。他时常穿着各色鲜艳的花格衬衫、名贵时装，嘴里叼一支大雪茄，一头分头打着卷，一双眼睛顾盼左右旁若无人，很是睥睨自雄。

1976年，邵氏公司买断金庸小说的改编权，投拍金庸小说的武侠电影，执导筒的人，邵逸夫选择了张彻。

自1977年拍摄《射雕英雄传》始，短短五年内，张彻一共执导了七部改编自金庸小说的武侠电影，是迄今为止香港导演中把金庸小说拍摄成电影最多的一位。这七部电影分别是《射雕英雄传》（1977）、《射雕英雄传续集》（1978）、《飞狐外传》（1980）、《射雕英雄传第三集》（1981）、《碧血剑》（1981）、《神雕侠侣》（1982）和《侠客行》（1982）。仅从张彻的这七部电影来看，改编得最好的可算是1980年的《飞狐外传》，它在情节上最为完整，剔除庞杂的次要人物后，主线情节提取展示得恰到好处，在人物性格塑造上也比较完整，并且这是张彻电影中为数不多的没有过分血腥场面的影片。

《射雕英雄传》第一集推出时大为轰动，张彻接着拍了第二集，一举捧红了他的爱将傅声。当时傅声是香港人的偶像，饰演黄蓉的则是恬妞，这对搭档据说极为传神，想象早期恬妞的模样，的确蛮接近古灵精怪、艳丽无俦

① 张彻：《回顾香港电影30年》，香港生活·读书·新知三联书店2007年版，第 39页。
② 罗珊：《张彻电影中的金庸群侠》，《影视镜像》2009年3月。

的黄蓉。傅声本来形象灵动活泼，就不是很适合郭靖这样一个憨厚的角色，他为了演出郭靖的憨直，难免让人觉得有装傻充愣的嫌疑。由此可见，张彻在改编金庸小说时，注重的依然是他自己擅长的打斗戏，而对于男性人物形象并没有多加挖掘和塑造。

深知观众口味，敏感于市场的走向，张彻在武侠片创作中自觉表达的阳刚主义与道义观念，便是他作品的两大支柱。最为人称颂的浪漫风格，那股由血肉之躯所迸发出来的搏击力量，则是中国电影银幕上所罕见的。张彻说："金庸的小说最强调男人间的情谊，这比什么都重要，比报仇雪恨、保家卫国、武林试剑和业建千秋都重要。就算故事是写家国恩仇，但骨子里仍是男人世界。"也许，这是他喜欢拍摄金庸武侠电影的原因。

为了刻画突出男性的阳刚英雄之美，在张彻执导的金庸武侠电影中，原著中主要女性角色要么缺席，要么就被符号化了。如《神雕侠侣》，从郭靖的七个师傅桃花岛被害开始讲起，注重杨过人物形象的塑造，桃花岛受辱、对身世产生怀疑、跟欧阳锋修习武功、终南山拜师学艺，讲的都是杨过，小龙女这个名字在影片末尾才被提到，没有了杨过和小龙女缠绵的爱情故事，没有了李莫愁揪心的过往，没有了尹志平的痴恋，没有了郭襄的纯情，张彻版的《神雕侠侣》几乎完全变成了一部男人的戏。《飞狐外传》中的程灵素算是张彻着墨较多的女性了，但片中程灵素的形象与原著也确有很大差别。首先是程灵素出场时的那件大红色裙子，活脱脱一个新娘子，与原本朴素少言的程灵素差别实在太大；其次，片中的程灵素几乎可以用甜蜜可人来形容，妩媚又爱笑，但原著中程灵素则是一位超然于世的少女，寡言少语，眼眸清亮。之所以会形成这样的反差，原来是张彻将原著中的袁紫衣与程灵素合二为一了，由于袁紫衣这一重要人物在影片中没有出现，而原著中程灵素的形象又不足以吸引观众眼球，于是将二人在性格上融为一体，使影片更加好看一些。这与张彻一贯的风格相吻合，在这个以复仇为主题的故事下，程灵素更多的像是一个解毒的工具而并非胡斐的意中人。

编剧倪匡认为，金庸小说情节跌宕曲折，一字不改就可以拍摄出好的故事来，其实他说的是改编成电视剧，而电影受片长的限制很难做到。即便张彻将《射雕英雄传》连拍三集电影、长达四个半小时，也需大刀阔斧的删改。张彻拍金庸小说电影虽未大改，却一味狂删，人物角色如成吉思汗等一班蒙古英雄，经典场面如铁血大漠、引弓射雕甚至"华山论剑"，故事情节如杨康与穆念慈的爱情悲剧结局、华筝与金刀驸马的青梅竹马都消失得无影无踪。而正因如此，张彻版"射雕"中的郭靖与黄蓉才可爱得坦然，没那么多的波折恩怨，也没有任何关乎承诺的心理负担。综观整部电影，仍是大导演张彻擅长的武林恩怨、江湖仇杀。当然，郭啸天的盘肠大战、杨铁心的自杀谢世这种血腥暴肆的镜头按照张氏武侠片的惯例，倒是要来一番大肆渲染的。

对于金庸作品的改编，张彻有自己的看法："就我拍摄的金庸小说而论，成绩并非很好。原因在我二人性格不同，查良镛兄为人沉着厚重，其作品如长江大河；我却是反叛尖锐的性格；只是激流瀑布，故此只能表现他作品的一枝一节。我自觉拍得较好的是《射雕英雄传第三集》，因集中在瑛姑、南帝之间的情怨故事。我始终拍不出金庸小说的博大精深，我是有自知之明的，所以最后放弃了。"①毋庸置疑，张彻确实是一个能坚持自己个人风格的导演，即使是金庸小说这样优秀的作品也不能左右甚或影响他的风格和拍摄手法。

在香港电影的黄金时代，张彻的名字如雷贯耳，他导演的电影是票房的保证，他也当之无愧地成为邵氏公司的头号招牌导演。

《明报》刊登的《张彻武侠电影中的美学》一文中有一句非常贴切的评说："金庸是以文字来描写武侠，张彻是以胶片来描写武侠。"②

3

1981年，金庸携妻子儿女回内地访问，会见了邓小平，并游历了北京、上海、西安等13个城市。时隔一年，张彻与邵氏的合约期满了，他要离开邵氏，组建自己的影片公司。非常有远见的他，已经看出金庸所作所为背后的潜台词，已经看出将来的内地市场会成为香港电影的主要市场。他的长河影业公司要拍的第一部电影瞄上了内地的大上海。

不过，张彻仍有顾虑，1940年他在中央大学法学院修读政治时，不知怎么得到国民党文化界掌权人物张道藩的赏识，担任文运会专员，参加中央文化运动委员会从事戏剧工作，后就任上海市文化运动委员会秘书。1948年去台湾时与蒋经国结下友谊，借此在台湾执导电影。有此"从政"的经历，内地会接纳他吗?

还是金庸出面替他作了疏通，金庸向内地有关部门递话："张彻只是少年从政，是国民党的文化官员。"③金庸强调"文化官员"，自然是要说明张彻没有血债，与内地人无怨无仇。

---

① 罗珊：《张彻电影中的金庸群侠》，《影视镜像》2009年3月。
② 吴宇森：《张彻——回忆录影评集代序》，香港电影资料馆2002年编。
③ 张燕：《自笑平生气凌云》，《电影画刊》2003年第7期。

终于，在一个春光明媚的日子里，跨上一架银色的大雁，张彻向北京飞去。

在人民大会堂宴会厅，国家领导人接见张彻。回到香港，他急不可待去见金庸，告诉他与内地电影专家的合作意向。金庸问："你回内地后的第一部影片，也是你的第91部影片，拍什么呢？"

张彻哈哈笑了起来："要拍，我就拍《大上海》吧！"这是国家电影总公司同香港三羊影业公司合拍的大型惊险功夫片。影片叙述的是1937年上海沦陷后，一批青年自发投身于抗日除奸的爱国故事。

1986年，张彻回到离开36年的上海，影片取景全部在上海，西区法租界、城隍庙九曲桥、汇丰银行大楼、锦江饭店、汉奸特工总部极斯菲尔路76号以及驻沪日军司令部，以真实再现三四十年代上海滩的场景。

80年代正是香港电影大变革的时代，武打片在内地也已经开始走下坡路了，但《大上海》却出乎意料地火爆。继张鑫炎导演、李连杰主演的《少林寺》后，香港电影凭借张彻这部惊险功夫片以一种新的样式、新的面貌给中国内地带来了新一波的强烈震撼，说是香港动作电影的第二次登陆亦无不可。

在张彻电影的引领下，徐克、王晶等香港导演在内地推出了新版本的《书剑恩仇录》《笑傲江湖之东方不败》《新鹿鼎记》等经典的金庸武侠片，又一次掀起了武侠热潮。

此后，张彻在内地还拍摄了《过江龙》《西安杀戮》《神通》《西行平妖》等影片。

1989年香港公映了一部叫做《义胆群英》的影片，由吴宇森、午马执导，片中云集了当时香港影视界的著名人物，然而这些名人却不要片酬，无偿加入此片。这部电影是为了给一个人祝寿，能够让这么多著名人物不计报酬的人就是张彻。吴宇森是他的得意弟子。

张彻于2002年获得第21届香港电影金像奖终身成就奖。2002年6月22日清晨因肺炎在香港病逝，享年79岁。在金庸的授意下，《明报》刊登张彻去世前的一首诗，且是他电影生涯的总结："落拓江湖一剑轻，良相良医两无名。南朝金紫成何事？只合银幕梦里行。"①

① 《张彻——回忆录影评集》，香港电影资料馆2002年编，第13页。

金庸说“武侠小说就看瑞安了”

——“咖啡作家”温瑞安

虽然有不少人认为武侠文学已经大不如前，甚至喊出“武侠文学已死”的说法，但是温瑞安完全不那么看。这位至今已创作2000万字，以《四大名捕》《惊艳一枪》《布衣神相》《神州奇侠》等武侠名作而被认为是金庸、古龙和梁羽生之后最负盛名的武侠名家，甚至认为现在是武侠文学“最好的时代”。

温瑞安是在金庸封笔、古龙去世之后独撑武侠大局的，他说：“我非常非常崇拜金庸，但是我最喜欢的是古龙！喜欢和崇拜是不同的。”“金庸对我来说就像是诗圣那样，我会很崇拜他。但我不是金庸，我比他好玩很多，我比较多动症，这一方面我比较像古龙。所以金庸是我非常崇敬的宗师，古龙则是我非常喜欢的武侠作家。”[①]

温瑞安落难时期，金庸仗义援手，让《明报》率先连载他的武侠小说，助他走出尴尬境地。此举让温瑞安感动一辈子。

金庸说：“近年武侠小说我就看瑞安的了。”

1

温瑞安从年少时就已经充满正义感、侠义之心，而且身怀各种绝技，文武兼备，不但开文社、诗社，后来还开过击道武馆，被人们称为小神童。

温瑞安生命中最重要的贵人，便是金庸了。1965年，他在马来西亚念小学的时候，家里的旧书架上，有几部薄薄的《红花十四侠》，纸质薄薄的，字排得很细密，他一口气看完了，觉得有一种从来未有过的感受，畅快带着志气，而且很有一种实在感，仿佛书的世界虽然是虚构的世界，但在现实也有这样的侠情。隔了好多年之后，他才知道《红花十四侠》其实是金庸的第

① 姜梦诗：《大师之精深，才子之灵美》，《晶报》2012年9月1日。

一部小说《书剑恩仇录》的盗版本。

温瑞安做了人生第一次大侠，因此让他一鸣惊人。小学二年级的时候，当时美罗埠有位拿督的儿子，姓周，长得很高大，由于他父亲在当地有权有势，又很有钱，所以他完全是一副纨绔子弟模样，他经常欺负同学，胡作非为，乃至善用私刑，用尺子敲打同学的头和手，其出手之狠，令人发指。而他又非常的活跃，党羽很多，又不乏一些附和巴结之士，身边不断地有高年级的同学维护，连老师、校长也畏他三分，因而谁也奈何不了他。

那时候，温瑞安在班上开始活跃起来，也有了一些小气候，班上的同学有不少投靠他的，班上的同学变成了不是姓“周”就是姓“温”。那位周同学也企图“食掉”温瑞安的人手和地盘，他多次欺负温瑞安，温瑞安忍气吞声，因为中国古代的侠义就是教人要忍，只能维护正义，不能好勇斗狠。有一次，他又公开敲破了一个温瑞安好朋友丘的头，丘又穷又胖，没钱买新校服，显得较脏，周罚他当众脱裤子，丘吓得哇哇大哭，不敢反抗。温瑞安忍无可忍，一时怒从心中起，抗议了几句，周就用尺子指着他，强行要打温瑞安的手板。

温瑞安一声怒吼，左鹰爪，右虎爪，一下就跳上了桌子，踢起了飞脚。这突如其来的变化把周同学吓傻了。温瑞安一边打一边语无伦次地说着：“我管你是谁，你以为你是谁，你要打就打，你以为我是谁？”周同学真的被吓住了，只有一边招架一边后退。温瑞安一路把他追赶到校门口，然后周蹲在地上吓得大哭。这是温瑞安生平第一次实战。此前，谁也没想到瘦小斯文的温瑞安，竟会把一向穷凶极恶的小太保打垮了，而且出手还如此狠，如此大快人心。后来大家都知道了温瑞安会武功，而且还会少林无形拳法，习得北派短打、谭腿等功夫，是得擅长洪拳的父亲真传。多年后温瑞安回忆到此事时，笑着说：“我当时豪气上冲，那么突然的给对方一个措手不及。一切不平委屈尽情发作，正义唤醒豪情，加上同学们一起拍手鼓掌，一时气势如虹，非要教训教训这个小太保不可。”从此温瑞安一鸣惊人，名震学校。

15岁，受金庸小说的影响，温瑞安以班上同学为正邪人物，撰写自绘插画的长篇小说《龙虎风云录》，还每天讲述武侠故事，有过一口气讲八小时而放学后又讲八小时之纪录。“当时，家也有几册零星不全的《射》、《神》，我当作宝书一般珍藏看，就算看其中一段，读其中一节，也被情节吸引，关心故事的人物。我看《江湖奇侠传》《鹰爪王朗》《青锋剑》《奇门剑侠》《白霜剑》《虎爪青锋》等时都没有这种感觉。”[①]温瑞安这样说过。

① 温瑞安：《王牌人物金庸》，《明报》2005年5月7日。

后来，哥哥给他讲述《天龙八部》中的故事，“我听家兄任平讲述有关《天龙八部》的故事，譬如段誉如何与乔峰闹酒，游坦之如何学得冰蚕神功，四大恶人如何恶法，在在都令我神往。于是千方百计，或租或购金庸小说来读。记得有一次租得《倚天屠龙记》，完全被前面的龙门镖局灭门悬案所吸引，无法释卷，后来读到张翠山、殷素素惨死，觉得作者实在太残忍了，我不忍卒读，有点怀恨起金庸来，怎么可以写他们死……”[①]1971年，17岁的温瑞安开始在新马文坛重要文学刊物《蕉风》及《学报》频频发表作品，专攻现代诗、纯散文及批评文章，并在香港《武侠春秋》发表短小说。

1973年，台湾武侠出版业似乎沉入谷底，原本3000多家武侠小说出租店，剩下的不到一半，且多半改以出租漫画和娃娃书为主。《武侠小说周报》《武侠与历史》早已停刊，《武侠世界》和《武侠春秋》也全赖台湾作家的作品才得以支撑。在此期间，古龙的名著如《风云第一刀》《流星·蝴蝶·剑》《萧十一郎》《楚留香传奇》和《陆小凤》等，都被香港邵氏影业公司以大手笔的气魄一一拍成电影，台、港两地的电视台也把他的小说抢拍成连续剧。一时街头巷尾所看到的都是古龙的电影海报，听到的都是影视中的主题曲，形成了一股强大的“古龙旋风”。

1973年，温瑞安念大学到了台湾，半工半读。他邀约几位同学创办天狼星诗社，举办“五方文学座谈会”。那时他不认识金庸，只知道他在香港办了一份很有意义的《明报月刊》，却屡向同学推荐金庸小说。

为了筹钱办《天狼星诗刊》，温瑞安开始写武侠小说。1970年，温瑞安以“温凉玉”笔名在香港《武侠春秋》发表处女作《追杀》（为“四大名捕”故事之一），时年仅16岁；虽然文字技巧很幼稚，但想象丰富，已见潜力。1978年至1980年，温瑞安正值英年，笔疾如风，连续推出了《神州奇侠》《四大名捕》《白衣方振眉》系列作品。

1976年，温瑞安与女友方娥真一起创办神州诗社，曾主办过一些“武侠诗”、“武侠小说”的座谈会、讨论会，他自己一连写了几期有关金庸小说的评论文章，收入在《绿洲》《长江》等杂志里。这时期是温瑞安最迷金庸小说的时候，为他书中人物痴迷颠倒，为他笔下世界沉醉徘徊，真到了“饭可以不吃，觉可以不睡，金庸小说却不可不看”的地步。其时在台湾，金庸小说遍布每一角落的书坊，但当局尚未解禁，通常都被冠上别人的名字。很多朋友拿着书来问温瑞安是不是金庸原著，他一看便知，绝对不需要超过一页，就连书局老板也来找他，他成了闻名的“金庸著作鉴别家”，颇为洋洋

① 温瑞安：《王牌人物金庸》，《明报》2005年5月7日。

自得。在狂读金庸小说的同时，他不顾当局的禁令，在诗刊、文集、杂志上明目张胆地谈论金庸，只因他喜欢金庸小说，想尽一分力量推广，使爱读小说的人都能读得到金庸小说。

怀着拜师求教的心情，温瑞安给金庸写信，来往了几封信，他知道金庸极忙，去信时常说明请他不必回信，宁可他多写几篇文章，万一有意外之喜，可以多诞生一部武侠小说。有一封长信，温瑞安诉说心头的苦闷：朋友背叛他，神州社出现了分裂。很快，金庸回信，针对他对朋友的态度，提出了一些意见，用很温和的语气说出来，用心良苦："……你办神州社，那是很难长期支持的一种友情理想，你必定极爱朋友，满腔热诚的待人，从你最近的文章中，得知有些兄弟姊妹离开了你。瑞安，天下没有不散的筵席，有的人厌倦了，转变了，心情不同了，那是必然的事。已经有过几年，几个月，几天的相聚，还有什么不知足的？'一夜夫妻百夜恩，百夜夫妻海样深'，朋友之道亦当如是观。不要认为他们是'背叛'，那是太重的字眼。人生聚散匆匆，不必过分执着，千万不要把你的朋友当作敌人，那么你心不会难过，朋友也不会难过。夫妻只是两人之间的事，要白头偕老也是极难，何况数十人的结社？如果有人离开，最好是设法当他是神州社的支部，如此不断扩充，亦美事也。"[①]金庸导引他往更豁达包容的方向走。

1980年，因神州诗社锋芒太露而招致台湾当局忌讳，温瑞安与妻子方娥真于9月25日以"涉嫌叛乱"罪名被遣送出境，1981年年底，方娥真以海外雇员身份留港，温瑞安依然飘泊流浪。彼时是金庸"雪中送炭"，安排《明报》《明月晚报》连载其小说《神州奇侠》《血河车》，方才造就温氏武侠旋风。[②]1982年后，他除了续写《神州奇侠》《四大名捕》《白衣方振眉》等系列作品外，又创出"神相李布衣"和"七大寇"系列，开始创出"后武侠时代"这个名词。

可以看出来，温瑞安写《神州奇侠》，写萧秋水，其实就是想写他自身。萧秋水率领一帮兄弟结拜，号称"神州结义"，不就像温瑞安当年搞过的"神州诗社"吗？温瑞安和萧秋水一样，是个热情洋溢，肯于为理想奋斗、献身的人。他在台湾时曾因参加并领导街头示威被拘留了四个月，而后被逐出岛。这是在《神州奇侠》发表之后的事了。这以后他心中的不平和愤懑代替了原本纯粹的热情，反映在小说里，这就是《神州奇侠》里的一个故事情节。看温瑞安小说，可以看到他每逢写到"冤狱"、"镇压"之类的情

① 温瑞安：《王牌人物金庸》，《明报》2005年5月7日。
② 林夏：《金庸武侠六十年》，《城市晚报》2015年2月8日。

节就要借题发挥，大发议论，其实就是在为他自己抱不平。

在温瑞安小说的前期，他虽然写出了令读者热血沸腾的神州奇侠，写出了让读者大呼过瘾的四大名捕，但他本身的写作技巧不是很圆滑，无论是神州奇侠还是四大名捕在结构上显得苍白，在语言上也很生疏。温瑞安写到情时极尽婉约，但一写到杀伐，却极为残酷。金庸就曾批评他的小说死人太多，很多人物一出场就没命了，根本没有表演的机会。《杀人者唐斩》（拍成的电影改名为《刺客新传》）便是一例，真个是杀得血流成河，武林的阴森，江湖的恐怖，尽在此书中了。

2

让温瑞安感动一辈子的是，金庸给他“雪中送炭”了。1982年年初，金庸安排《明报》《明报晚报》率先连载《神州奇侠》《血河车》等温氏武侠小说，然后出书，引起热烈反应。1983年下半年，亚视招揽温瑞安为创作经理，年底终于获准在港居留。同年，《四大名捕会京师》及《神相李布衣》在亚洲电视开拍。1987年，温瑞安的武侠小说译成韩文于韩国报刊连载并出书，《杀了你好吗》于台湾最畅销报刊《联合报》副刊连载，此为现代派武侠创作之一大始点。1987年起《四大名捕会京师》等作品亦在中国内地连续出版。至1992年，温瑞安出版的著作居然多达382部——这是一个令人难以置信的数字，而当时温瑞安不过38岁！

在梁羽生淡出、金庸封笔、古龙早逝，武侠小说青黄不接之际，温瑞安接过了古龙的枪，不，应该是笔，开创的“超新派”武侠小说曾风靡一时。其早期作品颇受古龙影响，如“四大名捕”系列、“神州奇侠”系列均可见古龙的痕迹。自1982年推出《布衣神相》起，又加上了若干还珠小说的奇妙素材，故神魔虚幻色彩甚浓；而《碎梦刀》《侠少》《杀楚》等书，更有许多“诗歌化”的语言文字，耐人寻味。

温瑞安第一次跟金庸见面，说来十分传奇。那是1985年的夏天，温瑞安和好友黄昏星、廖雁平去拜访金庸，金庸非常高兴地约他们在香港大会堂门口见面。搁下电话，温瑞安十分忐忑，仿佛从书中破纸而出的一个人物要和他见面，就跟苗人凤、胡一刀、张三丰就要“活”在他跟前一般，不免有点紧张。与金庸神交以来，对他一直有一种孺慕之情，仿佛见了面就要执弟子之礼。

见面了，没有过多的客套，只有几句淡淡的问候，温瑞安突然间觉得有一种与老朋友久别重逢的感觉。金庸带他们上了他的游艇，温瑞安笑问金庸："这游艇有没有名字？"金庸笑答："本来没有，要叫就叫做'金庸号'吧！"看这游艇的气派装潢，少说也价值一百万港币，温瑞安想。

在游艇落座，服务人员替他们冲了咖啡，金庸一面抽烟，一面谈。金庸问温瑞安："你小说里的人物跟现实的人有没有关系？"温瑞安答："有。"金庸笑了："是哪些人？"温瑞安说："有的是我喜欢的人，有的我不喜欢，改头换面，写在书中，有时冲动起来，一刀杀了。"金庸问："权力帮（《神州奇侠》的第一大帮会）也有象征？"温瑞安点头："有一点啦。"金庸微微笑道："萧秋水是你？"温瑞安也笑了。金庸又问他："你还有什么别的兴趣？"温瑞安选两三样说了，其中一项是电影。金庸温和地说："我以前也导演过几部片。"温瑞安知道其中一部是长城的《王老虎抢亲》。金庸谦虚地说："拍得不好。"然后眯着眼睛看他，说："你的样子可以去拍电影？"温瑞安没想到有这一句，"哦"了一声接不下去。

金庸转头对其他的朋友说："近年武侠小说我就看瑞安的了。"①

阳光穿过塑胶透明窗照了进来，四周是碧蓝的天，碧蓝的海。温瑞安突然想到，金庸小说常有在海上发生事故的情节，譬如北丐洪七公与西毒欧阳锋在海上作殊死战，令狐冲在船上初遇蓝凤凰，而我与金庸初逢，也在海上，却很舒适安详。武林毕竟是笔下的世界，江湖远在天之外、海之外。

稍顷，温瑞安问："查先生，你有没有过不开心的时候？"金庸听了觉得好玩，笑说："有啊。""那你不开心的时候怎么过呢？"金庸和蔼地说："睡个觉不就过去了？"那天风和日丽，风平浪静，一如金庸的气定神闲。

不知不觉间已日薄西山，金庸才下令回航。在怡东村吃完晚餐之后，金庸付了账，起身要走，忽然，桌上的餐巾掉下了地，金庸敏捷地俯下身去，自桌子底下拾起了餐巾，摆回桌上。金庸当然不瘦，而且是略为发福，以他的身份和给的小费，掉了餐巾仍不惜亲自弯下身去拾起来，温瑞安顿然想起《天龙八部》中身在高位但和气可亲的段正淳的一句话："大富大贵而不骄。"②此后，有朋友问起金庸是怎样一个人的时候，温瑞安就常引用这一句话来回答。

第二天晚上，金庸邀温瑞安去他家。他的住家坐落在云景道，属半山区，风景优美，环境幽静。进门后，温瑞安留下特别印象的是书卷气特浓：他的大厅特宽敞，四周尽是壁柜，精装的、平装的、线装的、套装的，厚厚

① 《温瑞安评金庸》，天涯2006年1月5日。

② 温瑞安：《共坐"金庸号"》，《明报月刊》2005年5月号。

薄薄大大小小全是书。他的办公桌在中厅，有落地的长窗，可以望到整个维多利亚海港的夜景。香港的夜景世界闻名，到了晚上万家灯火热闹而无声地闪烁，那感觉真令人屏息。

后来，金庸邀约温瑞安去明报社，当场谈妥温瑞安的15部作品的版权授予明窗社，并由《明报》《明报晚报》连载。

金庸的小说被翻译成多种文字，在各国报刊连载，拍成电影电视剧，还有的被改编成“武侠话剧”。香港演艺学院编导卢景文执导舞台剧《乔峰》，金庸写了一篇短文《深挚热烈的演出》：“最近在一次友人的聚会中，大家玩一个游戏，各人述说‘今年最开心的一分钟是什么时候’，必须诚实坦白，不准说谎。轮到我说的时候，我说：‘十月十二日晚上十一点多钟，在大会堂剧院，演完了话剧《乔峰》，台上演员介绍：‘金庸先生也在这’，观众热烈鼓掌，长达一分钟之久，我开心得好像飘在云雾一样。”

温瑞安为此感慨道：“金庸说得不错，一个作家，能够受到这么多人这么热烈的爱戴，还有什么遗憾？我在大马、在新加坡，看到很多不是十分关心文学创作的朋友，都知道金庸。我在香港、澳门的地铁、渡轮上、巴士车、电车中，留意到很多年轻朋友，手都有一部金庸小说，在细细的看。我在台湾，看到不管金庸这名字是不是放在封面上，仍是有人在找他的作品来看。甚至在日本、韩国，也有人知道金庸这个名字，想来其他的地方也一样。‘有华人的地方就有金庸的小说’，金庸应该觉得满足自豪，这些认识或不认识他的同胞，也为他满足自豪。我跟金庸之间有很多因缘，也有很多错过，我也一样为他感到满足自豪。”

3

一篇洋洋万言的《王牌人物金庸》，透露出温瑞安是最早的“金庸迷”，并细加研讨，期与众多武侠读者“奇文共赏析”。于是，他就有了《谈〈笑傲江湖〉》《〈天龙八部〉欣赏举隅》《析〈雪山飞狐〉与〈鸳鸯刀〉》这三部厚重的评金大书。

他说：“在那时候，我心中始终待金庸亦师亦友。我曾在很多孤独寂寞、辉煌灿烂的日子，跟朋友谈起他的人、他的小说、他的机构，都充满了敬意和诚意。有时候心跟这位大我近三十岁的长者很亲近（金庸在三十多岁动笔写的第一部小说的时候，世界上还没有温瑞安这个人），就像我父亲一样，在苦难的岁月中我会在心低诉，就像书的作者跟自己早就相知一般，但有时候又却不怎么服他，觉得他太多的约制与距离，忍不住要跟他冲撞、顶撞一下。在同一封信，他还劝我在作品需要注意的是节制。文学上，节制是很重要的，要将奔腾的感情约束在含蓄的文句之中。”①

金庸阅读了温瑞安的大部分作品，曾在信中评论：“你的小说有很大的吸引力，然而往往放而不能收，给人一种‘过分’的感觉。《四大名捕》很好，《今之仗者》中前几篇也很好。《神州》与《血河车》似乎写得太仓卒、太快，自己特有的风格反而少了……”“《寂寞高手》已读过，唐门谋杀手沉舟一节写得变幻百出，颇有可观。柳随风的心情是写得好的。不过易容等情节一般小说中用得滥了，太多出现恐不很适宜。”在香港初期，温瑞安写了一篇《结局》，用了许多现代文学的技巧与手法尝试。金庸很快读完了，便邀温瑞安夫妇去酒楼吃饭。金庸手拿着小说，笑道：“《结局》写得很精彩、很好，《明报》要用，不过有些错漏，不妨拿回去再改一下，要是不改，《明报》也会用。”后来，温瑞安居然把小说原稿遗漏在椅子上，侍者追了出来交给金庸，金庸笑着跟他说：“这么好的作品，别丢了哦！”温瑞安双手接过这份稿，没有道谢，也没多说什么，心情十分沉重，他不知道古人传递衣钵的情形是怎样，但他记住了这份感情。②

由于温瑞安是在金庸封笔、古龙去世之后“独撑大局”，不免很多人会将他与金、古二人作比较。对此，他回应说：“我非常非常崇拜金庸，但是我最喜欢的是古龙！喜欢和崇拜是不同的。”“金庸笔下的世界太精彩浩瀚了，而人物孤寂得像高峰上的雪，孤傲得像雪地上的梅，然而又情深得像一卷宋词，义烈得像一页《史记》。”

温瑞安在《谈〈笑傲江湖〉》一书中回忆说：“我最早撰写金庸小说的评论文章，是在一九七四年，那时候自大马负笈中国台湾地区，在台北创办《神州诗刊》，曾主办过一些‘武侠诗’、‘武侠小说’的座谈会、讨论会，我就一连写了几期有关金庸小说的评论文章，收入在《绿洲》《长江》等杂志里，而那段期间，也是我最迷金庸小说的时候，为他书中人物痴迷颠倒，为他笔下世界沉醉徘徊，真到了‘饭可以不吃，觉可以不睡，金庸小说却不可不看’的地步。那时，无论跟人谈琴、棋、书、画、剑、电影、聚会、活动、服装、考试，都离不开金庸那自书山字海里虚构出来的武侠

① 温瑞安：《我心中始终待金庸亦师亦友》，凤凰网2011年12月21日。

② 《温瑞安评金庸》，天涯2006年1月5日。

世界。”[①]

温瑞安较早评价金庸的《谈〈笑傲江湖〉》、《〈天龙八部〉欣赏举隅》《析〈雪山飞狐〉与〈鸳鸯刀〉》等文章，以印象鉴赏式的批评视角就作品中的人物进行单一或比较分析，给后人留下了更多的借鉴。温瑞安说，金庸最厉害的地方，就是他让人记住的是一个整体，“我很熟悉金庸的作品，很崇敬金庸，因为他是一手集名家之大成，并把武侠小说带进了文学的殿堂，金庸是功德无量的”。在温瑞安看来，金庸小说中的每一个招式都有来历，每一场打斗都有哲学的概念。他说：“金庸的描写很磅礴，而且非常精华，他把中国章回小说加上西洋戏剧、文学的写法，然后融会贯通，形成了自己独特的文体。”[②]

“有些文化界的朋友以为金庸很推崇我的作品，想必常加赞许，其实不然。他在我面前，倒是常批评我的作品，譬如他就指出，在我的武侠小说常另辟段落写山川风景，不够自然；文章写得像倪匡这样快，疏漏必多，未必是好事；兄弟背弃出卖的情节重复，不宜写得太多……许多善意的批评，我大都能接受，当然，每个作家有每个作家的文风，凡是大艺术家都有他独一无二的风格，我不一定都改，他也向我说过：‘你不一定都要接受’，但我会在下一部小说避免重犯。”

金庸除了能赚钱，也能容人、用人。温瑞安曾经向外面的朋友介绍《明报》是香港文化界的“少林寺”，他说：“也许言重了，但大致不会太离谱。当然，整个‘江湖’也有别门别派，系出武当，或系出昆仑，甚至杂家僻派都有，不过《明报》的分量，依然非同等闲，我们不妨来看看《明报》过去的和现在的部分阵容：明报旗下有好几份刊物及附属机构，譬如《明报晚报》、《明报周刊》、《明报月刊》、《武侠与历史》，以及在新加坡与马来西亚创办的《新明日报》，还有明窗、明河、明远三个不同名字的出版社。《明报晚报》以前因刊有金庸武侠小说，销售量也不低，但有人形容这是金庸认为‘食之无味，弃之可惜’的报纸，最近金庸请动了原本主持《今夜报》的名报人王世瑜入掌晚报事务，作出了许多有力的革新，当年创《浪花周刊》的刘一波，新一代影评人石琪，影视版的李小珍，显然要力图振作一番。”

温瑞安不认同金庸笔下“侠之大者，为国为民”一语，他告诫年轻人：“我很希望年轻人的想法不要太大了，不要一下子就‘为国为民’，这会很辛苦，很累人的。”温瑞安认为，“年轻人其实可以先‘侠之小者’，先

① 温瑞安：《王牌人物金庸》，《明报》2005年5月7日。
② 温瑞安：《王牌人物金庸》，《明报》2005年5月7日。

‘为友为邻’。其实，武侠不一定要很大，武侠也可以很人性；武侠不一定要至广博，武侠也可以至细微；武侠不一定要像金庸、古龙那样，也可以很张爱玲，很钱钟书，很沈从文……”

在《王牌人物金庸》里，温瑞安说了一则趣事：“某次我跟杜南发赴金庸和倪匡的晚饭。……那次我们一齐吃过饭后，倪大嫂载南发、娥真和我回北角，金庸和他太太要走过街口去坐另一部车子，那时候，也许是因为骑楼太暗，洋灰地太滑，查先生夫妇一度想牵手，但又没有牵成，或许是因为我们的车子正在后头。两人不知怎的，忽然都有些不好意思罢，那欲牵未牵的手，始终没有牵成。一刹那间，我想他很多部小说的恋爱情怀，看到这一幕，心头很高兴，在车上哈哈大笑起来。这一刻是美的，这一刻是真的。”

2006年4月，蛰伏十年之后，温瑞安携新作《天下无敌》重出江湖。《天下无敌》是温瑞安十年前的承诺之作，属于“说英雄谁是英雄”系列的第八部，按照作者创作计划，该部预计长达80万字，共分三本出版，另外两本分别为《天下第一》与《天敌》。温瑞安说，《天下无敌》依然沿袭温氏风格，之所以写了十年，是因为分身乏术，与写作状态、灵感没有关系。

由于早年受到前辈金庸的扶持，温瑞安表示出版新作向金庸致敬。“写作《天下无敌》绝对是向金庸致敬。我的作品最初就是在金庸先生主持的明报上发表，那时候他是我的良师益友。”温瑞安说：“查先生一定是头牌，他在文字上的成就，他若称老二，没人敢称第一！”①

2017年，温瑞安到杭州一游，首选景点是西湖畔的“云松书舍”，即金庸的藏书楼。虽然与金庸、古龙、梁羽生并列为新武侠四大宗师，但温瑞安并不认为自己可以跻身“四大”。“从平江不肖生、赵焕亭，到还珠楼主、卧龙生、诸葛青云，还有柳残阳等，有很多高手、前辈，排第四我真的不敢当。”

谈及金庸，温瑞安评价他“集各家之大成”。“他把武侠小说写成了一种文学殿堂的境界，把武侠小说文学化，让武侠小说在教科书上都能看到。谢谢他的努力。”但温瑞安认为金庸的作品存在一个问题，就是跟时代节奏有点背离。“现在的年轻人，没法看到五六万字、十几万字，在还没有看到小说里面最精华、最精彩的片断就放弃了。”

而温瑞安对古龙的评价是“可怕”。“他在金庸之后，还能够写出一个天地来。金庸用几万字为一段落，他就用一行字为一段落。他用一种诗的意象的方法，很快地跳起来，达到了他自己要的境地。但他写得有些不足，比方说常常尾大不掉，要换人代写。这些是因为他太爱喝酒了。求欢得欢，求

① 卜昌伟：《温瑞安新作向金庸致敬》，《京华时报》2006年4月10日。

死得死，那也算是一个人物。”

听说金庸刚度过生日，温瑞安祝福“生日快乐，万寿无疆”。同时，温瑞安表示：“他在，武侠在。”

“很多人认为武侠文化是不存在的，武侠已死。我觉得是夕阳无限好，青山依旧在。”温瑞安如是说。

“我们常说中国文学已死，现代文学已死，新诗已死，中国电影已死也有。当电视剧红的时候，大家就说电影不行，等网剧来的时候，中国电视剧又要没落了。其实这些不断地给人诽谤为死的东西，它能够立即而重生，浴火凤凰，只要他有好作品，它非但能活，而且还非常可以做到涅磐。”①

他说：“中国的武侠文学不会死，为什么这么说呢？因为中国的影响力越来越大，武侠主题的影视、网游都在发展，武侠文学可谓方兴未艾。除了纸质书，武侠小说只是以另一种形式活着。”这些年来，由温瑞安小说改编的影视作品已逾28部，其小说更成为游戏的抢手热点，至今不断有手机及网络游戏推出。

在温瑞安看来，侠义其实就在民间。很多人在社会上正在做着侠义的事，比如被烧伤的消防员，为救小女生而搏斗受伤的警员，扶起老太太送到医院却被人误会的路人，“神州在，侠不灭！”

温瑞安曾经有个很形象的比喻：金庸是茶，梁羽生是汤，古龙是酒，而他是咖啡。“茶是中国文化的一部分，金庸得其神。梁羽生功力深厚，是罐煨汤。古龙当然和他的喜好一样是酒，可是酒劲散了之后就没了兴致，容易有败笔。可是古龙就是古龙，他在酒劲酣畅时写下的文字，无人能敌他的浪漫精神。”②而他是款咖啡，“因为我喜欢喝咖啡，不过每天只能一杯，喝多了睡不着，不喝又想念”。

① 温瑞安：《温风细雨，杭州之行》，自成一派温瑞安的博客2017年8月27日。

② 周南焱：《“梦不死，心不衰，侠不灭！”》，《北京日报》2012年6月21日。

做了“月老”，爱情却成为游戏
——金庸剧填词人黄霑

“香江才女”林燕妮于2018年6月4日病逝，她曾被金庸誉为“现代最好的散文女作家”，“一见杨过误终生”就出自她的笔下。

林燕妮最轰动的一段恋情是背负“第三者”之名苦恋黄霑15年。1988年除夕夜，黄霑找来金庸证婚，“迎娶”林燕妮，黄霑当众跪下求婚，成一时佳话。

林燕妮和黄霑都是金庸担任总编的《明报》专栏作家，黄霑还是金庸剧的填词人，一首《沧海一声笑》，金庸称之为“经典中的经典”。

1

1988年除夕夜，黄霑找来金庸证婚，与林燕妮举行了法律上没有效用的婚礼。金庸草拟婚书，更挥毫写了一副颇为情色的对联：“黄鸟栖燕巢与子偕老，林花霑朝雨共君永年。”黄霑当众跪下求婚，林燕妮在半推半就下幸福地说了一句“我愿意”。[①]随后，黄霑在报章上登出两人结婚的喜讯。

除夕夜，黄霑在金庸见证下向林燕妮求婚

① 《六周年纪念：黄霑逸闻录》，私家相簿2010年11月25日。

黄霑和林燕妮都是金庸非常信赖的《明报》专栏作家。1974年，拥有美国伯克利大学学士学位的林燕妮，一回中国香港就受到《明报》主编金庸的赏识，在该报开设专栏“懒洋洋的下午”。专栏一直是最具香港代表性的文字载体，在当时影响力就好比今天的自媒体。林燕妮不仅有才，年轻时也很漂亮，圆脸大眼娇憨可爱，习练多年芭蕾，身材婀娜多姿。金庸认为她的为人如文字，直率，清新，洒脱。

黄霑原名黄湛森，1941年出生在广州，1949年随父母移居香港。他1963年毕业于香港大学中文系，曾先后从业广告、电影、音乐，又曾担任电台、电视台主持人，无论曲词、文笔及口才均极为了得，且才思敏捷，故坊间把黄霑与金庸、倪匡和蔡澜合称“香港四大才子”，他还与倪匡、蔡澜一同被称为“香港三大名嘴”。

1960年，13岁的小歌星华娃参加业余歌手比赛时，19岁的黄霑是为她伴奏的乐队鼓手。两人因此相识，并在相恋了7年后结婚。在他们九年的婚姻生活中，生有两子一女。但就在华娃第三次怀孕期间，黄霑却移情别恋。黄霑移情别恋的对象正是林燕妮。

1975年2月，美国的迪斯尼乐园表演团赴中国香港演出，演出分为中、英两种版本，当时已经在业界声名大振的黄霑获邀填写粤语歌词，著名女作家林燕妮则负责撰写台词和对白。演出成功举办之后，由黄霑填词的许多歌曲红极一时。当时，《明报周刊》以能独家刊载该批曲词为荣。

由此开始，黄霑就非常仰慕林燕妮。他对金庸说：“香港一般的才女都有一股小家子气，而林燕妮身上没有。”能够将林燕妮与众不同的一面看得如此之准，证明黄霑的确非常懂她。黄霑横跨词人、专栏作家、音乐家等多种身份，是香港流行文化之父，的确是大才子，林燕妮当然架不住他的魅力攻势。1976年8月，电影《跳灰》首映，片中由黄霑作词的主题曲《问我》迅速流行，林燕妮也在其明报专栏对《问我》大加赞赏。

华娃是个性格刚烈的女子，眼见自己的多番努力仍不能唤回丈夫躁动的心，便坚决地宣布与黄霑分开，移民去了加拿大，但直至1987年5月两人才正式离婚。

黄霑与林燕妮恋爱后，两人联手创办“黄与林”广告公司，成就了香港文化界的一段佳话。这是广告业的黄金年代，一句广告语就能帮助一个公司在亚洲打开市场，赚得盆满钵满。尽管黄霑是广告业老经验，从20世纪50年代就开始从事广告业，但林燕妮在构思广告语的能力上被认为不差于黄霑，“人头马一开，好运自然来”，这句广告语便出自她和黄霑的手笔。

第一个广告，老板大赞，黄霑说，是林燕妮做的，第二个，老板再度赞扬，黄霑说，这也是林燕妮想的，“从此这个老板只肯见我，不需要见黄霑了。”林燕妮说。

林燕妮一直称，黄霑欠她一个名分。她曾透露，和黄霑在一起的14年里，前八年黄霑都并未离婚，虽然嘴上同太太提出离婚，其实一直没离过，并老是找借口来敷衍自己。于是，黄霑多次求婚，林燕妮就是不答应。黄霑便使出狠招：请德高望重的金庸证婚。

林燕妮曾在“懒洋洋的下午”专栏的一篇文章中写道，她“一辈子最怕团体，和被人分门别类”，而她最大的愿望是“保持一个自由的灵魂。我的肉身可以被人拥有，我的双肩可以被很多责任压着，但是灵魂，它是我唯一的财产，我不会让任何人把它锁起来”。这就是林燕妮，极聪明又不受约束，所以才会不顾世俗眼光接受黄霑的追求。

大年初一，金庸证婚的第二天，林燕妮反悔了。她在报章上登出个人声明，指责黄霑所公开的消息只是其一厢情愿，与她毫不相干。

因当时黄霑生意失败心情极差，不知情的林燕妮却出席珠宝展并购买一件过百万的皮草，令他气得一走了之，虽然事后他十分后悔，努力挽回，最终两人还是在1990年10月分手了，爱侣变成了怨侣。

金庸满心欢喜做了“月老”，不料，做成的却是一场爱情游戏。

如此合拍的一对，经历过金庸的证婚和定婚等事件，在世人眼中会相守一生，为什么到头来还是分手？金庸以此询问林燕妮。

林燕妮曾在一个报纸专栏上发表了一篇《给黄霑的信》，回答这个问题：“和你一起十多年，我是真的想要个名分，但每次都是无限期的等待，想结婚的念头也随着拍拖（恋爱）太久而失去，所以分手是必然的结局。”其实，两人分手的最直接原因是因为“婚外情”。黄霑与他的秘书小姐产生了感情，这让林燕妮不能接受，况且这位秘书还是自己介绍给他的。

1991年，黄霑拿到香港歌坛的最高荣誉、殿堂奖项金针奖。在颁奖礼上，黄霑向林燕妮发表爱的宣言：“我要求港台允许我多请一个人出席，但她没有到，她是我音乐作品的灵感来源，人生伴侣，是我人生最爱的一个女人，我爱她更甚于生我的妈咪，亦甚于同我有血缘关系的女儿，我希望这个奖以及以后的奖都献给她，我要同林燕妮讲：我最爱女人，我一生中不可以再爱一个女人好似爱你这么深！”可是林燕妮并没有理会，黄霑送到她家的金针奖也遭退回。

林燕妮说：“感情上我是一匹野马，希望爱我的他能骑得住我”，黄霑却没能成为降服这匹野马的那个骑手。

“黄与林”才子佳人的故事结束之后，1999年，林燕妮到韩国寺院禅修，每天吃青菜白饭，扫地打坐八个钟点，她说自己参透了爱情，“我想我的问题，不是我没感情，是我太看重感情，变成了一种执着”。她还说禅修时脑海浮现出黄霑的面容，忍不住笑了出来，顿时参悟，原来一切皆是游戏一场。

她在之前的一个个人专栏中写道：“下辈子不要再做林燕妮了，实在是太辛苦了，只想做一个傻傻的，有老公疼爱的女人。”

2

黄霑是金庸剧的填词人，他从演员、编剧、配乐到导演一条龙，皆能胜任，而且样样手到擒来。黄霑任过香港电视台、电台主持人，为电影、电视剧、歌手、演员作品、导演作品、文学创作、古装歌舞剧、综艺晚会写过歌词。

1977年9月，黄霑开始在金庸开办的《明报》写专栏，而后他又签约无线，独家撰写歌词。这一年，黄霑凭金庸武侠小说电影《倚天屠龙记》中的插曲，入选了香港电台第一届“十大中文金曲”。1983年，黄霑凭借为无线的金庸剧《射雕英雄传》所写的《世间始终你好》入选了第六届“十大中文金曲”。随着该剧在内地的热播，黄霑所作的歌词又一次抢占了香港与内地城乡的大街小巷，也因此使得很多虽不懂粤语的内地观众能将粤语歌唱得字正腔圆。

黄霑写的第一首歌，是1968年创作的《忘记他》，由邓丽君演唱。邓丽君对这首歌异常钟爱。1995年邓丽君病逝之后，家人在她的墓前摆放了一个音乐盒，单曲循环这首《忘记他》。

黄霑给周润发主演的《上海滩》写主题曲，恰逢他吃错东西拉肚子，按下冲水马桶的那一刻，“浪奔、浪流，万里滔滔江水永不休”的绝句，喷涌而出，不消一刻，歌词填罢，经典永成。

黄霑喜爱金庸的小说，当年电视台要拍金庸剧，就是由他牵头合作的。80年代是香港电影最辉煌的时期，可是武侠电影却没有地位，只是初期有几部变奏。鉴于此，1990年，强势监制徐克谋划数载后推出全新规制的新武侠电影。他打算以金庸武侠小说《笑傲江湖》为蓝本，全力营造自己的江湖世界。这时候，徐克找了黄霑，黄霑找了金庸，商妥版权、版税等事宜后，徐克以著名导演胡金铨为总导演而架设故事。

电影《笑傲江湖》大气磅礴，人物性格突出，兼有强烈的政治讽喻性，快速的节奏感又与时代气息相同，音乐又大俗大雅，视听效果凌厉，感染力逼人深思，立刻掀起武侠热潮。此后，金庸在无线电视台播放的电视剧都由黄霑牵头出卖。

“沧海笑，滔滔两岸潮，浮沉随浪记今朝。苍天笑，纷纷世上潮，谁负谁胜出天知晓。江山笑，烟雨遥，涛浪淘尽红尘俗事知多少。清风笑，竟惹寂寥，豪情还剩一襟晚照。苍生笑，不再寂寥，豪情仍在痴痴笑笑。”这首意境高远、气势磅礴的《沧海一声笑》很好地体现出了《笑傲江湖》中令狐冲那种放任自适、率性豁达、笑看人生的个性特征，达到了词曲与作品原著的完美结合，不仅奠定了黄霑在金庸武侠剧音乐作品中无可替代的江湖地位，而且也成为香港乐坛久唱不衰的经典之作。

这首荡气回肠、辽阔无际的《沧海一声笑》是黄霑音乐创作生涯中的巅峰力作。当年，黄霑受命为徐克的《笑傲江湖》谱曲，写了六稿，徐克都不满意，黄霑被逼急了，跑去翻古书《乐志》，看到一句话，曰：大乐必易。心想最“易”的莫过于中国五声音阶（宫、商、角、徵、羽），但怎么用？大家都正用，不如我就反用，改成“羽、徵、角、商、宫”，跑到钢琴前弹一弹，哦？还挺好听，于是就顺着写出了整条旋律，“羽、徵、角、商、宫”五音刚好对应于钢琴的五个黑键（从升D开始往下），主旋律有气魄，非常有气势，给人一种豪气冲天的感觉。①

这也是电影《笑傲江湖》中最具武侠意境的一幕：曲阳和刘正风躲过追杀，泛舟于江海之上，取出《笑傲江湖》曲谱，琴箫合奏，纵情高歌，一旁的令狐冲也弹琴相和。此刻，船外沧海笑，白浪滔滔，苍天笑，白鸟遨翔，豪气吞吐风雷，一声笑傲江湖。②多次重拍《笑傲江湖》，演员换了又换，情节改了又改，唯一难以撼动的便是这曲《沧海一声笑》。

黄霑说过：“写《沧海一声笑》时，四十几岁了，写得很沧桑。我心里总是有点沧桑感，从小就有这种感觉。我写出来的东西都是小调的，都是一个短调。短调都比较沧桑，比较悲凉。别看我整天嘻嘻哈哈，心里面还是很沧桑，很悲凉，很沉郁的一个味道，不晓得为什么，可能是念中文系，读的古书太多。古人苏轼也有这种沧桑感，李白也有。总是有这个味道，就是江山未改，英雄已经淘尽的沧桑感。”③

除了写，黄霑还唱，《沧海一声笑》翻唱者比比皆是，唯有他这公鸭

① 李如一：《沧海一声笑的神奇创作》，《哈尔滨日报》2004年11月28日。
② 陈雷：《谁负谁胜出天知晓》，《东南早报》2004年11月28日。
③ 黄霑：《写书写歌靠“真”性情 》，引自《杨澜访谈录》2002年第11辑，辽宁人民出版社2002年版。

嗓门一吼，吼得很沧桑。1990年，黄霑在台湾推出首张国语专辑《笑傲江湖》，销量冲破30万张。同年，他以填词和作曲的《沧海一声笑》得到第27届台湾金马影展的最佳影片歌曲。

黄霑先后为金庸剧《天龙八部》《射雕英雄传》《倚天屠龙记》《书剑恩仇录》《雪山飞狐》《神雕侠侣》《连城诀》中的插曲填词14首，其中为《天龙八部》所写的《两忘烟水里》是他最得意的作品，是汤镇业主演的《天龙八部》第二部的主题曲。乔峰错手杀死了心爱的阿朱，山盟海誓顿时成空，“塞外约，枕畔诗，他朝两忘烟水里”的音乐，就在这时幽幽响起。我们知道，乔峰永远不会忘记阿朱，两忘烟水里，只是阿朱对他的一种希望，希望他不要过于悲伤。黄霑说，这首歌深情中带一丝惆怅，尽显侠骨柔肠。

黄霑纵横香港流行乐坛近30年，创作了2000多首流行歌曲的歌词。他与搭档兼好友顾嘉辉合作的多首影视主题曲最为人津津乐道，并赢得了“黄词顾曲”的美称。黄霑的一曲《我的中国心》，“长江、长城，黄山、黄河”，简简单单而又力蕴千斤的咏叹调让无数人心潮澎湃。

而金庸以为黄霑成就最高的，还是那首《沧海一声笑》，才是“经典中的经典”。金庸评价他：“走出了一条许多词曲作家无法超越的创作道路，他率真乐观的性格和倚马可待的才华，使他为武侠剧创作的音乐作品达到了别人无法企及的高度。”在这个高度上，黄霑挥洒自如地表现着他对金庸武侠小说的洞彻和理解，表现着他对人生江湖的把握和领悟，造就了金庸武侠剧音乐作品“前无古人、后无来者”的“黄霑时代”。

金庸喜欢黄霑，他与人讲过一则黄霑逸闻：小时候的黄霑虽瘦弱，却已显露出一股豪侠之气。一天，上中学的黄霑正读书，他的表弟突然跑过来找他，哭着说自己被人欺负了。黄霑问：“谁欺负你了，我替你打回来！”表弟说：“你们学校一个叫李小龙的！”于是，想替表弟出头的黄霑明知打不过对方，却丝毫没有犹豫，立即向李小龙约架，结果自然是三下五除二就被打倒，尽管如此，两人不打不相识，成了朋友。

说也巧，林燕妮曾是李小龙的嫂子。林燕妮曾与李小龙兄长李忠琛结婚，当时的林燕妮只有21岁，二人育有一子李凯豪，可惜两人情感不合，最终离婚。

离婚后的林燕妮很快便和黄霑相恋。

3

感情破裂，林燕妮靠疯狂写稿维生，度过了人生一个又一个难关。

“我不是属于光卖弄文字的作家，我有我林燕妮式的思想。”林燕妮经常在文章中，语重心长地跟读者们说：人，其实是可以一边伤心，一边快乐的。失恋不是不紧要，你可以一边失恋，一边再寻找。

有一次，倪匡跟金庸闲谈，谈到香港作家的散文。金庸说：“林燕妮是现代最好的散文女作家。”而倪匡则更正说：“不是女作家，而是最好的散文作家！”

事实上，林燕妮散文最大的特点，是抒发情感时并不流于一泻无余，毫无节制，而对事物的分析，不单态度持平，见解也颇有其独到之处。她的笔触不带尖酸刻薄，也不以讽刺人为荣，更没有故作惊人之语，换言之，林燕妮的散文是教人看得下去而不会觉得沉闷。

林燕妮的第一本书《懒洋洋的下午》令她声誉鹊起，后来有《缘》《盟》《青春之葬》等50多本小说、散文，不少已改编成电影，还曾和黄霑合作写过《人海同游》《有乐共享》《真诚相见》。林燕妮以其著作上的成就，继金庸之后于1989年荣获第二届“香港艺术家联盟最佳作家奖”。

林燕妮最有名的应该是金庸做的那篇短序。2008年11月，《明报周刊》40岁大生日，在香港四季酒店举行盛大晚宴，很多不常露脸的圈中人都来了。林燕妮给金庸奉上一稿——她写的散文《一见杨过误终生》，评说《射雕英雄传》和《神雕侠侣》中的主人公。

林燕妮写道：“遇上一个很有魅力、令自己魂牵梦萦的人，是毕生的安慰，然而，得不到他，却是毕生的遗憾，除却巫山不是云，没有人比他更好，可是，他却永远不能属于自己，那唯有拥着他的记忆过一生了！程英、陆无双、公孙绿萼、郭襄这四位年轻貌美、慧质兰心的姑娘，就是在这种情形下郁郁终生，公孙绿萼甚至心灰意冷得不想做人，其他三位，都没有再爱上谁，她们都在十几岁时见过杨过，短暂的相交，令得姑娘们终身不嫁，她们的回忆是快乐的，可叹的是，以后的日子又如许的惆怅……”文末附小诗一首：“风陵渡口初相遇，一见杨过误终生。只恨我生君已老，断肠崖下思故人。”

金庸读了，称赞道：“这是林燕妮笔下最美的散文！”随即，他写了一则短序：“拭在瑞士真丝帕上的眼泪，也依然是眼泪，虽然绢帕轻柔，可能擦不痛眼角。”

金庸曾经说过，林燕妮的小说是用香水写的，是用香水印的，读者应当在书中闻到香气。从此，这个“香江才女”身上贴的标签就是一个“香”字：用香水写字，用粉红的枕头睡觉。因为林燕妮喜欢枕粉红色的枕头，用粉红色的稿纸，会在原稿纸上喷洒香水，所交稿件有“香稿”之称。

很多年前，金庸写过一个细节：“有一天晚上，五六个人在林燕妮家里闲谈，谈到了芭蕾舞，林燕妮到睡房去找了一双旧的芭蕾舞鞋出来，慢慢穿到脚上，慢慢绑上带子，微笑着踮起了足尖，onpoint摆了半个Arabesque。她眼神有点茫然，是记起了当年小姑娘时代的风光吗？”

林燕妮虽是畅销作家，但是，在她服务《明报》《明报周刊》的时候，金庸没有特别优待她，稿费还是十年如一日。受到同样待遇的还有当时也为《明报》供稿的亦舒。

金庸特邀林燕妮和亦舒签约写专栏。每日一人一篇，两人整整坚持写了一年。

待到续约的时候，林燕妮当着金庸的面要求涨稿费。金庸听后，没有给予答复，而是微笑着问道：“农历每月的十五夜晚月亮是什么形状？”

“当然是圆形的啦！”林燕妮不假思索应答道。

“你目前就是十五夜里的月亮啊！”金庸惊叹道。

“此话怎讲？”她疑惑地问道。

“你花起钱来大手大脚，给你再多的钱，你都会像十五夜里的月亮，圆满花掉。花钱得像初十夜里的月亮，亮一部分，存留一部分。所以，我暂时还不能给你加稿费。”金庸说。

就这么，林燕妮涨稿费的要求被拒绝了。

过两天，亦舒也来提出要增加稿费。

金庸问她农历每月初十夜里的月亮是什么形状，她回答，像弯眉状。

金庸说：“你现在就像每月初十夜里的月亮。”

她疑惑地问道：“此话怎讲？”

金庸解释道：“你是节俭的人，就像初十夜里的月亮一样，给你再多的钱也舍不得花，再多的钱就像弯眉一样挂在空中，黯淡无光，也没有用。你什么时候花起钱来像十五夜里的月亮那么明亮，我才能给你涨稿费，现在不给。”

办报纸不同于写武侠小说，金庸看得十分实际，实际到抠门的程度。他对《明报》记者，一直实行“微薪制”。他对年轻的记者说，在《明报》工作是他们的光荣，别看就这么一点工资，还有人排队想进来呢！

两大才女都在金庸这里吃了瘪，这也成了香港文坛广为流传的轶事。不过，林燕妮回忆称，“金庸先生只是好面子，你要的他一定不给，但到了年终，我们的稿费不知不觉还是提高了”。

在写作的最后阶段，林燕妮想写童话，“中国是个没有童话的国家，但是神话很多，童话故事都是倾向于真、善、美的。我想成为中国第一个童话作家”。

金庸在《用香水写的小说——序林燕妮的“爱情小说”》中写道：“那些‘嫁不掉的美女’所以嫁不掉，不是因为她们的条件不够好，而是条件太好了，男人们娶不起，好比三颗一百克拉大钻石，在玻璃柜里散发璀璨华美的光芒，普通人连多看一眼也不敢，更不用说去问问价钱了。小说中许多美女的惆怅，都是因男女间的条件配不拢而产生，这是现代化的的‘门当户对’，很不罗曼蒂克，但很真。”

2004年11月24日，64岁的黄霑因病离世，林燕妮很伤感，专栏文章的名字也有点吓人，叫《今晚死好吗？》。内容说的是她孤身一人，夜晚突然发病，却无人可求助的孤单境地。在最难受的时候她突然想到：“此生，得到过几个天上人间的男人不渝之爱，我应早点死掉，让他们哀悼我。”虽然她不会出席“黄霑博士追思会”，但她称会在家里看电影、听歌来缅怀故人。

自此，她深居简出。

4

黄霑与林燕妮分手后，故事仍不断。

1992年，黄霑扮演电影《不文骚》中的性笑话节目主持人，影片安排他讲黄色笑话主持节目的戏份竟占片长三分之一以上，更多的是他的本色演出，其轻薄直白的咸湿语言，令素爱俗趣的市民阶层广为欢迎了。

其实，黄霑自诩的“不文”称号并非始自所拍的“不文”系列电影，而是源自他1983年写过的情色笑话集锦《不文集》，在金庸麾下的《明报周刊》连载。

《明报周刊》是香港最畅销的娱乐周刊。雷炜坡主编认为，《不文集》就像文字版的三级片，每一字每一句都是18岁以下的少儿不宜，《明报周刊》虽然是一份纯娱乐的刊物，但讲究文化品味，此类文字不宜刊登。金庸则认为，《不文集》说“黄”而不“色”，且是真性情男人的心里话。黄霑以他的香港风流才子之智，将每一个段子说得有理有据，还在幽默之中夹杂哲学，充满了生活和情趣。金庸说登，《明报周刊》也就照登了。十年之后结集成书，后来在香港重印了62版，其重印次数之多，甚至超过了金庸的武侠小说，其纪录至今无人能够打破。

中午的香港湾仔福临门酒楼，人声鼎沸，但声音最大的是黄霑。本来大家要谈华语流行音乐的问题，黄霑却让伙计买了本《东周刊》给友人看他的专栏，里面是他在写金庸。

黄霑很喜欢谈金庸，批评金庸。譬如在《知时者智》一篇中，黄霑有一段文字："财经巨子问金庸：我国历史人物，谁人的收场最好？金庸想也不想就说范蠡。我们起初听见有点奇怪，但经他解释之后，也就举座称是了。为什么？因他能功成身退，保存声誉，再挟陶朱巨资，拥着心爱美人，隐于美丽的山光水色之中，安享晚年，是人生的最佳收场……金庸大侠对范蠡的敬慕，原也无不妥，然而理由是'挟陶朱巨资，拥着心爱美人，隐于美丽的山光水色之中，安享晚年'，我却不大以为然。后代中国文人，确也有不少人颂赞与羡慕范蠡的文字。有赞他的忠心，有赞他的计谋的，有羡他挟巨资得美女的，有又赞又羡地把他与西施的'爱情'美化为'美丽爱情'的，我却不以为然。我以为范蠡对西施的先出卖后私奔（就算不是拐带）的'爱情'，实在不光彩，不美丽。"①

黄霑在香港娱乐圈是出了名的心直口快之人，因为做主持人的缘故，难免要对大大小小的娱乐事件评说，一点不会给当事人面子，不管是男是女，不管是成名已久的大师、风头正健的天王天后，还是初出茅庐的新人。在他骂过的众多明星中，一代宗师金庸恐怕是最高级别的人物了。

1999年，成龙与吴绮莉扯出"小龙女"的事件，不少艺人加入讨论。周华健说："是男人，难免会犯错。"金庸说："男人可以风流，但是不能下流。"这时候，黄霑就跳出来说："这种事根本全属下流，哪来的风流？风流一词不过是一种修辞手法而已。金庸则更没资格谈风流下流，因为他太少女人，只懂用脑写小说。没性关系就是不下流，难道用脑来精神自慰吗？"黄霑这一招借力打力，既批评了成龙，又好好把金庸损了一番。这一损，让金庸非常生气，很长时间断了往来。

其实，这也不是他第一次跟金庸较劲了。一旦有机会，黄霑就喜欢谈金庸，说他很独裁，一点也不民主。黄霑对媒体解释两人闹翻的原因是："我跟他闹翻就是1997年香港选特首的时候，他捧董建华，我捧另一个。金庸在报纸上写文章指责我捧的那个人，我收了人家钱，你何必这样做呢？你看金

① 游子：《金庸、黄霑与范蠡》，《明报》2006年11月15日。

庸卖给央视的《笑傲江湖》才一元钱。要是拿给我卖，账面上还是一元钱，声誉还是很好，下面还可以帮他收很多钱。”

黄霑就是这样一个令金庸又爱又恨的人，金庸曾用自己笔下的大侠与之对照：黄霑有着东邪黄药师的绝世武功而又超越世俗，他兼具北丐洪七公的济世情怀，有着南帝段皇爷的悲悯天人，却唯独没有西毒欧阳锋的阴柔狠毒。金庸曾借刘正风之口评价道，黄霑一味追求缠绵凄苦之音，终难有大境界。确实，倘若说令狐冲是金庸心中潜藏着的对浪子生涯的激赏，在真实的江湖中，令狐冲永远都只能是个神话，江湖毕竟是江湖，谁能当真笑傲？

也许这正是金庸与黄霑的差别所在。金庸心目中所谓的大境界，正是黄霑所不肯为，也不屑为的——当然，以黄霑的习性，只怕也不能为。说到底，各人自有各人活法，你做你的侠之大者，我做我的开心快活人，如此而已。

后来，比他小17岁的秘书小姐与他结婚。不久，黄霑重返香港大学读书，住处邻近港大，步行仅五分钟，但太太每天管接管送，成了他的保姆司机，始终陪伴他。

2004年黄霑离世后，有香港报纸用了“沧海一声哭”做悼念专题，金庸看到以后说：“这个标题嵌入得巧，只是意境落了下乘，编辑不懂，黄霑什么时候哭过？”

西施的美丽应该像她
——小龙女原型夏梦

夏梦，一代传奇女星，有人说她是“金庸的梦中情人”，她的一生走过了83个春夏秋冬，曾被誉为香港的奥黛丽·赫本。

“夏梦，多么优美而动听的名字，只要一提到她的名字，就会使人自然联想到莎士比亚的古典名著《仲夏夜之梦》，这样一个高雅且富有浪漫色彩的名字，是一个名叫‘杨濛’的女孩从影之时所起的艺名。”[①]这段话引自金庸的一篇人物侧记。

武侠大师金庸的小说，曾为他挽救过一份危机中的报纸，也曾捧红过无数明星。在他的小说《射雕英雄传》及《神雕侠侣》中，最让人印象深刻的有两位侠女，一是黄蓉，一是小龙女。一个聪明过人，一个隔世如仙，两个女子同样的美貌。后来才知，原来这样神仙似的女子，在生活中是有一个原型的，她就是“长城三公主”之一的香港演员夏梦。

1

青年时代的金庸，兴趣极其广泛，电影即是其中之一。到香港之后，他先在《大公报》属下的《新晚报》编副刊，当时报上有个“下午茶座”栏目，需要大量的影评得由他自己写，他几乎一天看一部电影，以“林欢”和“姚馥兰”为笔名撰写的影评也一天天出现在报上。女明星夏梦是他影评中着笔最多的人物。

金庸与电影打交道，就免不了与电影公司常有往来。有一天，长城电影公司老板袁仰安把他请到浅水湾别墅里聚餐，席间，金庸忽然发现一位清纯艳绝的女子，始终静静坐在一边，她就是他早在银幕上见过多次的著名女演

① 金庸：《杨蒙从影前后》，《新晚报》1956年8月7日。

员夏梦。当他第一次在电影院里看夏梦主演的《禁婚记》时，就已经被这位演技高超、扮相俏丽、内涵丰富的女主角非凡的气质所感染。而今天当夏梦就坐在自己面前的时候，金庸忽然感到银幕下面的夏梦，竟比银幕上的她更为风姿魅人，特别是她那高雅的气质和谦和的风度，尤为动人。

“金庸先生，这位就是我们长城的大公主夏梦女士！”袁仰安在介绍夏梦时，语气显得很是自豪。他告诉金庸说：“夏小姐是上海人，生于知识分子家庭，琴棋书画几乎样样皆通，她来到香港以后，曾经在玛利诺英文学院读书，学校举行文艺联欢会用英语演出《圣女贞德》，她主演贞德，获得了极大成功，所以被我们意外发现，挖进了长城公司。没有想到夏小姐果然不负众望，她和韩非联袂主演的《禁婚记》一炮就打响了。”

夏梦微笑着向金庸致意。金庸礼貌地向她点点头说：“夏小姐，我们早就在电影里见过面了，你主演的《禁婚记》的确是一部优秀作品，你演得非常好！”

席间，袁仰安亲自为金庸把盏，然后话锋一转，切入正题：“今天我让长城的大公主与你见面，是要请你多多宣传我们长城，通过报纸让夏小姐的名气越响越红，劳烦你了！”

袁仰安与金庸碰杯：“金庸先生，如果你为夏梦小姐写一部电影就更好了！”

“写剧本吗？我喜欢看电影，可从来不曾动笔‘触电’，这可有点赶鸭子上架了！”金庸谦和地说。

自这次夜宴以后，金庸与长城电影公司的联系更加密切了，长城每部新电影拍摄或上映都有金庸的评论或介绍。夏梦主演的《娘惹》和《门》在香港和东南亚上映后，金庸在影评称她“演技一流，扮相俏丽，在这两部电影中，夏小姐的表演就显得更加成熟了”。

20世纪50年代，金庸与夏梦在长城电影公司

不久，一篇《杨濛从影前后》的人物侧记刊登在《新晚报》的“下午茶座”，金庸把夏梦曲折的从影经历写得绘声绘色，十分精彩。

金庸写道，夏梦原名杨濛，艺名灵感来自《仲夏夜之梦》，又因夏天加入长城电影可以圆梦，于是改艺名为夏梦。她在1933年2月16日出生于上海，祖籍江苏，因父母都热爱戏曲，从小受家庭熏陶喜爱艺术。1947年，夏梦随家人迁居香港，就读玛利诺女书院，写得一手好字与好文。

夏梦是家中长女。原名有着江南女子式软糯的杨濛濛，后改名为杨濛。5岁的时候，照片就被放到淮海路上的一家照相馆里展出。父母对京剧的热爱，使她也以此作为自己终生的爱好。12岁时，她就读中西女中，在这所培养出宋家三姐妹、以中西文化交融为主的名校里，夏梦不仅饱读莎士比亚名著，更在学校的文艺演出中屡屡登场，亲身演绎莎翁笔下的人物，用英语演话剧《莎士比亚》《圣女贞德》。少女时读过的书、演过的剧、唱过的戏，日后都融进她的荧幕角色和真实人生里。

1947年时年14岁的夏梦，随家人迁居香港，在和妹妹杨洁一同考入了香港著名的女子学校玛利诺书院后，她的艺术天分再露锋芒。出演的英文舞台剧更是让她一跃成为学校里众人瞩目的文艺骨干。当时夏梦家正巧住在香港九龙的嘉林边道，这里被称为香港的好莱坞，往北走就是长城电影公司，长城的片场所在地侯王庙，也是夏梦常走的一条路。

金庸在文章里说：“西施怎样美丽，谁也没见过，我想她应该像夏梦才名不虚传。”如他所言，夏梦是不折不扣的大美女，外形娇丽脱俗，聪颖灵慧，娴雅大方，兼之身材高挑，体态线条优美，气质不凡，在银幕上极有光彩，所以在香港大红大紫，拥有粉丝无数。金庸情不自禁地赞道：“生活中的夏梦真美，其艳光照得我为之目眩；银幕上的夏梦更美，明星的风采观之就使我加快心跳，魂儿为之勾去。”长城还有二公主石慧、三公主陈思思，金庸同时为她们主演的影片写过影评。

金庸还写过一篇《快乐和庄严》，讲到一个关于夏梦的有趣的故事：秋冬之际，在一个接待法国电影界朋友的宴会上，有人向在座的著名演员石慧开玩笑说，为什么只听见他们说“噢，夏梦，夏梦”，不听见他们说“石慧”？原来几位法国人在谈话中大赞中国人可爱，而法文中表示“可爱”这一含义的词是Charmant，发音很像“夏梦”，所以不断听到“夏梦、夏梦”之声。[①]

---

① 金庸：《快乐和庄严——法国影人谈中国人》，《大公报》“三剑楼随笔”专栏，1956年11月14日。

这段时间，金庸特别忙，除了编报、写影评，他还当起了长城电影公司的圈外编剧，由他编剧、夏梦主演的电影有《绝代佳人》《不要离开我》和《三恋》。

《绝代佳人》讲的是信陵君窃符救赵的故事，主人公如姬由夏梦主演，金庸量体裁衣地为她塑造了一个耳目一新的古代丽女形象。《绝代佳人》于1957年春天在香港上映，继而在东南亚各国巡映，尤其在祖国内地上映以后，那些对香港电影界还不熟悉的亿万观众，就从《绝代佳人》这部电影开始熟悉和认识夏梦。

在20世纪50年代，夏梦主演的电影《绝代佳人》《新寡》曾分别获中国文化部颁发优秀影片荣誉奖及个人一等奖；《故园春梦》《金枝玉叶》《三看御妹刘金定》《王老虎抢亲》《日出》等，都是其代表作。她从影17年，共拍下41部经典作品。夏梦气质优雅，才艺兼备，是50年代罕见的全才演员。

在1957年中国文化部主办的1949—1955年优秀影片授奖大会上，《绝代佳人》获得优秀影片荣誉奖，金庸得了一枚编剧金质奖章。夏梦作为香港优秀电影人的代表来到北京，受到了毛泽东主席和周恩来总理的接见。

2

1956年5月1日，金庸和第二任妻子朱玫结婚，婚礼地点就在金庸和夏梦相识的皇家大饭店。那天，夏梦夫妇也来道贺，朱玫第一次见到了夏梦的丈夫林葆诚，林葆诚和夏梦年纪相当，英俊潇洒，风度翩翩；和金庸的儒雅不同，林葆诚眉宇间自有一种勃勃英气，和夏梦当真是人中龙凤。林葆诚温文有礼，谈笑风生，给所有宾客都留下了很好的印象，只有新郎金庸似有不快，朱玫知道，那是男人的嫉妒。

这年夏天，金庸第二部小说《碧血剑》开始在《新晚报》上连载，这时，他已经由影评家林欢摇身一变成为小说家金庸。紧接着，金庸和梁羽生、百剑堂主在《大公报》开设“三剑楼随笔”专栏，影评和武侠双管齐下，金庸的名声响亮到了家喻户晓的地步。

业余写剧本只是一个序曲。1957年年初，金庸做出了一个惊人的决定：跳槽当编剧，专职的。“袁老板，既然你多次约我写电影剧本，这回我打算做专职的，你们要吗？”袁仰安接电话一听大喜过望，再次邀请金庸到浅水湾别墅商谈。

金庸初进长城仍干编剧，又为夏梦写下了《眼儿媚》这个几近告白的剧本。这个俏皮美妙的名字，成为日后《天龙八部》名种茶花之名。在短短三年，他先后创作了《兰花花》《小鸽子姑娘》《有女怀春》《午夜琴声》等电影剧本。

后来，他又跃跃欲试做起导演来了：先是与程步高合作导演了《有女怀春》，后又与胡小峰合导了戏曲故事片《王老虎抢亲》。特别是后一部戏，由于风格轻松，内容诙谐，由夏梦等明星主演，不仅在当时当地卖座甚佳，而且还在内地赢得了观众们广泛持久的喜爱。

金庸在执导《王老虎抢亲》一片时，执意让夏梦反串江南才子周文宾。主演一个风流才子？夏梦可是有名的长城花旦啊，丽人俏妆才是她的优势。夏梦做梦也没有想到，初次执导电影的金庸竟然做出这样出人意料的决定。看到夏梦的不快，金庸上前问了她一句："你不是说过，希望戏路子有个彻底的改变，这是个机会，你想放弃吗？"夏梦蓦然明白金庸的用意，女扮男妆，对于她来说无疑是一次全新的尝试。

在准备上演金庸这出大戏的时候，夏梦几乎全然渲染在如何融入新角色的冲动之中。为了拍好这部电影，她开始研究《王老虎抢亲》的电影分镜头剧本。夏梦这才发现金庸的才华确实过人，他为夏梦塑造的剧中人周文宾是明代著名大学士，她要把这位才子风流倜傥的风度在银幕上展现出来，非改变以前演女主角的套路不可。

开拍时，新导演金庸手里拿着剧本，认真地为夏梦讲解他对男主角的设想。"夏梦，请你在演戏中一定要忘记自己是个女孩子，只有这样你才会有所发挥，演好剧中的人物。"

夏梦拍戏时忘记了自己是个女子，卸妆回到生活中，她记住自己早已名花有主，和金庸在一起的时候，尽管胜似友情，绝不能越过情感的界线一步。金庸的超人才气以及在工作上的出色成绩，自然赢得了夏梦对他的极大好感。然而，两人之间只能"慧剑断情丝"了。当时，金庸33岁，夏梦24岁。

夏梦是很传统的，有着中国女子的贞操观。1954年，夏梦与林葆诚结婚。林葆诚是上海圣约翰大学的学生，虽是从商，却对艺术有着浓厚的兴趣。他是个电影迷，特别爱看夏梦主演的影片。一天，他去看夏梦拍《姊妹曲》，恰巧该片缺一个扮演教师的演员，他就毛遂自荐客串演出，因此与夏梦相识又相爱，两人于1954年结婚。

夏梦忠于夫君，对来自四面八方的许多爱慕追求者，都一律冷若冰霜加以拒绝。对于金庸，她主演的《绝代佳人》《午夜琴声》等影片是他编剧，对于剧中人物的理解与把握，她需要请教他；而她主演的越剧片《王老虎抢亲》又是金庸执导，更需要他与她说戏，表演时作这样那样的具体指导，也就是说，她的电影表演事业处处离不开金庸。聪慧的夏梦就采取一种非常友好的态度，与他保持着一种“比爱情少，比友谊多”的情感状态。

越是这样，金庸对夏梦越是迷恋，一起工作时，见到夏梦一个微笑都会开心不已。24岁的夏梦，外形俏丽，170公分的身高，除了拍戏，还喜唱京剧，还是一名出色的花旦。她戏演得好，文化素质也高，是国语片中十分罕见的全能演员。这样才貌双全的女子，怎能不让原本多情的金庸心生爱慕呢？

据说金庸和夏梦两人唯一的一次约会，是在一家咖啡馆里。在幽幽的烛光下和柔和的乐曲声中，金庸和夏梦呢喃私语，频频举杯。那天，他叫她“夏梦”，她告诉他：“我已经结婚，最好叫我林夫人”。

夏梦说：“我在上海长大，我的父亲和林葆诚的父亲是世交，后来我全家到了香港，我加入了长城电影公司，而林葆诚从上海圣约翰大学毕业后，成了年轻有为的商人。我们青梅竹马，我却一直把他当哥哥看待，双方父母有意撮合，我又非常孝顺，就和他订了婚。然而，追求我的人依然络绎不绝……”

趁着几分酒意，趁着令人陶醉的浪漫情调，金庸把埋在心中的情感犹豫再犹豫，还是告诉了夏梦。夏梦听了非常感动，她说她很敬重金庸的人品，喜欢他的才华，但遗憾的是，有人比他先到，她只能“恨不相逢未嫁时”。

“你是我见过的最有才华的人，从我看到你的第一篇文章起，我就知道，你的前途不可限量。和你相处，我觉得你机智幽默，学识渊博，浪漫感性而又很理想化。我想，每个少女的梦中都有一个这样的男子吧，你和我有着相同的兴趣爱好，在一起谈电影，谈文学，谈艺术，谈人生，可以说，你是我这辈子唯一的知己。和你在一起，让我忘记自己明星的身份，远离娱乐界的勾心斗角，变回普通的小姑娘。我同情你被前妻背叛的遭遇，可是，我今天明确告诉你，我是绝不会背叛丈夫移情别恋的，请你原谅我。”

听着，金庸有些激动，问她：“我还有没有机会？”

夏梦深情地说：“今生今世你我注定无缘，期盼来生吧！”听得金庸几度落泪。

他说：“能不能常常像今天一样谈心？”她说：“你我毕竟曾有过一段暧昧，会招人非议的。”

他说：“只要你我问心无愧，又何必在乎别人怎么看呢？”

她沉思了很久，说了一句“如果我问心有愧呢？”然后就走了。

金庸从此只把夏梦当作梦中情人，苦苦依恋。在一篇文章中，金庸写他在巴黎漫步，听到一种鸟的鸣叫声如同在喊“夏梦，夏梦”。

3

1959年，金庸离开了长城影片公司，与中学同学沈宝新合资创办了《明报》。

不久，夏梦曾有过一次长时间的国外旅游，金庸在《明报》上系列报道夏梦的游踪行迹，而且还开辟了一个专栏——“夏梦游记”，一连十多天登载夏梦所写旅游散文和小说。一份以报道和评述社会大事和世界大事为主的报纸，现在却为一个女明星开辟专栏，这确实是一个了不起的改革，只不过金庸只对夏梦慷慨。

夏梦在长城接连出演《娘惹》《孽海花》《王老虎抢亲》《似水流年》《禁婚记》《绝代佳人》等40多部电影，红极一时，凭借清纯可人的形象，她被誉为“东方的奥黛丽·赫本”。1976年，她告别了从影17年的生活，告别中国香港，移民去了加拿大定居。

在她远别去异国之际，金庸又破例把这一件本是很平常的事，一连几天在头版头条位置上，用了很大篇幅详细作了报道。不仅如此，金庸还为此专门写了一篇《夏梦的春梦》，文字颇蕴深情，社评说：“……对于这许多年来，曾使她成名的电影圈，以及一页在影坛中奋斗的历史，夏梦一定会有无限的依恋低徊，可是，她终于走了。这其中，自然会有许多原因，在我们的想象之中，一定是加拿大草原的空气更加新鲜，能使她过着更恬静的生活，所以她才在事业高峰之际，毅然抛弃一切，还于幽谷，遗世独立，正是‘去也终须去，住也不曾住，他年山花插满头，莫问奴归处。’我们谨于此为她祝福。”

这分明不仅仅是为夏梦送行，实际上也是为自己心中那个久远的梦送行！

当年，金庸突然从《大公报》辞职进入长城，两年后又突然离开长城，坊间传言还有感情上的原因。他的同事、友人如倪匡等曾说金庸爱上了一位大明星，好像是夏梦。进入长城是为了有机会接近夏梦，离开长城，是因为夏梦名花有主，他求婚不成。面对他人的不理解，金庸自嘲道：“当年唐伯虎爱上秋香，为了接近她不惜卖身为奴，我与他比还差得远呢……”

金庸的朋友沈西城也说：“每一个人年轻时，都有他年老以后认为的荒唐事，以夏梦的那种绝色，相信是男人，都会兴起追求的冲动。金庸那时不外三十左右，他当然有权去追求。”

李翰祥说过："夏梦是中国电影有史以来最漂亮的女明星，气质不凡，令人沉醉。"金庸很喜欢夏梦，向她追求。没有人知道他是否成功，但李翰祥却说金庸并没有失败。

后来夏梦结婚了，金庸也离开了"长城"，自己创天下。

"金庸对这件往事，一直都没有提，但是在他的小说里，不难看到夏梦的影子，像《射雕》里的黄蓉，《天龙八部》中的王语嫣，《神雕》中的小龙女，无论一颦一笑，都跟夏梦相似。读者如果留意，一定会发觉我并没有打诳。"①

当然，这些仅仅是"美丽的传说"。

那么，两位当事人对这一"传说"的态度又如何呢？

大概是1995年底，夏梦在北京参加"中华影星"颁奖活动，有一位记者忍不住去问夏梦："你和金庸相爱过吗？"她微微一笑，用清婉的上海腔普通话说："你不要相信这些胡编乱造，都是人为作出来的。我的确与金庸在五六十年代共过事，他写的剧本我来演，他参与导演的《王老虎抢亲》我是主角，但我们只是同事，只有友情没有相爱。"

记者又问："或许只是金庸单方面的意思？"

"不可能！"夏梦笑着摇头否定。

夏梦斩钉截铁，一口否认，那金庸呢？对这件涉及旧日同事的"传说"，金庸从未正式出面表过态。不过，他曾批评有些金庸传记对他私人情感记载的失实，也许，这正是他的表态。

金庸离开长城的原因很多，夏梦说："一个主要原因是他不适应，感到别扭，他不适应公司当时那种'左派'的管理，在创作宗旨上他常常与公司的要求无法一致，他忍受不了这些，他才离开的。"金庸曾说："他们对于戏剧的限制非常严，编个剧本要这审查、那研究，工作很受限制，那不是适当的创作环境……后来，我所编写的剧本好几个不获通过，兴趣自然大减。"据说，他曾因为希望多拍些娱乐性的电影以提高卖座率，而被认为文艺观错误，挨了批评。

然而，金庸的老同事、香港女作家亦舒在《明报周刊》的"衣莎贝"专栏里说过金庸与夏梦的一则逸事："大家都知道，金庸年轻的时候钟情于美丽的女演员夏梦，后来，他对老友倪匡说起当时情况，他用沪语形容：'想是想得来'，真有点荡气回肠。欣赏过《三看御妹刘金定》与《王老虎抢亲》的观众，多数都会肯定，比夏梦更具气质与美貌的女演员，大抵是没有

① 沈西城：《金庸与倪匡》，利文出版社1984年版，第24页。

的了。而上海人口中的'想'，除出思念之外，其他的弦外之音包括渴望、爱念以及相思，是一种十分缠绵的思维。因为只是想，放心里，可假设有什么激烈实际行动，肯定羞怯踌躇……不过讲起来，到底不如这个'想'字浪漫与美丽。"

沈西城在长城电影公司当编剧，多年以前，这个职位恰是金庸的。对此，他有一段文字作了回答：

为了要写这一件事，我曾问过许多金庸的老朋友，倪匡、许国是其中的两个人。后来我见到了李翰祥，他那时也在"长城"，跟金庸可算是半个同事，他半开玩笑地对我说："哎哟！你的妈，怎么要挖金庸的疤！"

我问："李大导，你只会耍我，却不摸摸自己的屁股，你的大作《三十年细说从头》，有哪一个你大导的老友不给你挖疤了。"

李翰祥乐了，仰天打哈哈："金庸追女明星有啥稀奇，我不是也追过的吗？穷就不能泡妞儿吗？"

"那么金庸泡到了吗？"我问。

"当然泡到，短瘾好过无瘾呀！"李翰祥的诙谐称誉影坛，果非浪得虚名。[①]

沈西城是金庸圈子中之人，尤其与倪匡相当热络，相信他不会胡说八道。情由心生，本是无可确证的事，但是在金庸笔下，这些美丽的女性身上，却的确反映了金庸对于理想女性的倾慕，假若他果真有过全心倾慕的女子，将对于所爱的理想投射于笔下，也是自然而然的事情。特别是黄蓉，容貌出众，聪颖灵动，具有丰富的性格魅力，被誉为金庸笔下众美之首，或许，也得益于这段朦朦胧胧、不为人知的感情。

而金庸在晚年说起往事，显得有点无奈："对于我来说，一个人最重要的是自由，我年轻的时候追求过一个女孩，那个女孩绝对不爱我，我非要爱她不可，我便非常不自由，如果我能够不再爱她，那么我就自由了，解脱了，但这样做是很难的。"不用猜，"那个女孩"就是夏梦。

著名作家三毛这样评说金庸和夏梦："金庸小说的特殊之处，就在于它写出一个人类至今仍捉摸不透的、既可让人上天堂又可让人下地狱的'情'字。而不了解金庸与夏梦的这一段情，就不会读懂他在小说中'情缘'的描写。"

息影多年后，夏梦于1978年创办青鸟电影公司，并亲自监制《投奔怒海》和《似水流年》，在影坛再次发挥她的才华。《投奔怒海》的戏名是夏梦特邀金庸代为改的，当年该片由许鞍华执导，林子祥出演主角，仍是新人

① 沈西城：《金庸与倪匡》，利文出版社1984年版，第24—27页。

的刘德华为第二男主角。该片于1982年上映后，引起强烈反响，并夺得了第二届香港电影金像奖的最佳影片、导演、编剧、美术指导等5项荣誉，更在多个国际电影节获得好评。

夏梦于2003年应邀为香港星光大道留下手印；2005年入选“中国电影百年百位优秀演员”之一；2015年，在第18届上海国际电影节获颁华语电影终身成就奖，以肯定她一生对电影艺术的追求及成就。2015年，为纪念夏梦从影65周年，香港电影资料馆举办了为期一个月的“仲夏梦影——夏梦从艺六十五载志庆”影展。夏梦在香港居住了60年，丈夫林葆诚于2007年逝世，两人情牵到老，并育有两女一子，儿孙满堂。夏梦晚年极少走动，不像金庸到处游学会友，因而她与金庸重聚的机会不多。

夏梦于2016年逝世，两年后金庸去世，忌日是同一天：10月30日。

第五章 晚年知遇

有人说，人世间最纯净的友情只存在于孩童时代，人至晚年万事休，包括友情。这是一句极其悲凉的话，居然有那么多人赞成，人生之孤独和艰难，可想而知。

金庸只赞成前面半句，并不赞成“万事休”的说法。晚年的金庸不孤独，很快乐，因为有许多许多的朋友关心他，陪着他到处玩。而他什么都丢得开、放得下，可唯一舍不下的是友情。于是他有了许多的晚年知遇，海峡彼岸的，大陆内地的，故乡旧地的，还有远在异邦的……

⌘ 金庸的江湖语录 ⌘

⌘一颗良好的心，一种爱人的精神，一种坦白、诚恳、宽恕、愉快的态度，是享受友谊的必要条件。以情投意合为基础，以时间空间给两人的试验的完满表现完成之“他的权利由你承受，你的过失由他担负，不论他在别处有理无理”。

——《千人中之一人》

⌘人和人之间的同舟共济、荣辱与共在极端的环境和落难时刻变得分外重要。人生总是漂浮不定的，我们为什么能够稳住呢？好像船上有一个锚，我们有最传统的信条，就是很简单的，孝顺父母、守时、对朋友好。

——与萧蔷对话

是“战友”也是伙伴

——香港回归新闻发言人张浚生

在香港，面对末代港督的“搅局”，善于跟他较量的有两个人，一个是斗嘴的张浚生，一个是笔战的金庸。

张浚生在新华社香港分社工作13年，与金庸交往很深。当年到港后，他第一个拜访的香港人士就是金庸。

张浚生说：“我也是金庸迷，我家里保存着一整套金庸的武侠小说，我每一部都读过。”

一个念旧的人，自然讲情义。当初，正是难拂老友张浚生的情面，金庸出任浙江大学人文学院院长兼博士生导师。后来，张浚生调离浙大，金庸也就请辞。

1

1985年7月，48岁的张浚生被派往香港。

1984年12月19日，中国总理和英国首相正式签署了《中英关于香港问题的联合声明》，正式确认了中华人民共和国将在1997年7月1日对香港恢复行使主权。

中英联合声明签署后，香港这一历史遗留问题基本解决。“生逢其时”，张浚生成为联合声明草签后首批被派遣去香港工作的人员。他告别妻儿，离开杭州，进驻香港跑马地皇后大道东387号的新华社香港分社，先后担任宣传部副部长、部长。1987年起任香港分社副社长，以后还兼任分社新闻发言人。当年的新华社香港分社是回归前中央政府派驻香港的代表机构，张浚生说：“我在香港的工作任务很明确，就是按‘一国两制’的方针，维护香港的繁荣稳定，使香港平稳过渡。有利于这任务完成的事就去做，该交往的就交往，没有什么顾虑。”

到港才几天，张浚生去访问金庸，秘书长兼宣传部部长杨奇陪他去。[①]

见来客是浙江同乡，而且一到港就拜访他，金庸特别高兴。在会客室落座，金庸没有泡茶，而是拿出几只宽口杯，倒了三小杯法国白兰地，一人一杯。张浚生觉得奇怪，难道香港人都用白兰地而不用茶水接待客人的吗？

“这是法国产的，地道的白兰地。”金庸说。

张浚生第一次喝白兰地，喝了一口，他才知道，原来白兰地是以水果为原料，经过发酵、蒸馏而酿成的一种蒸馏酒。这一杯琥珀般的金黄色，晶莹剔透，一入口顿觉口味甘洌，醇美无瑕，余香萦绕不散。“美，真的很美！”张浚生连喝了几口。

金庸说，“这是用葡萄酿的，才叫白兰地，如果用苹果酿的叫苹果白兰地，用樱桃酿成的称为樱桃白兰地。”张浚生掏出一封信，是离杭之前金庸的一位老同学托他转交的。金庸看信，随后三人一边品酒，一边闲聊，由同窗同学聊到各自的成长过程。张浚生说，他是客家人，生于福建长汀，高祖、曾祖都是清朝政府道台一级的官员，却从祖父那代开始衰落，好在客家人有重视教育的传统，因此祖父虽然艰苦，依然让他父亲读了很多书。张浚生后来对书法及历史、诗词的兴趣，得益于小时候的耳濡目染，经常听父亲讲故事，读书写字，家里也有一些古籍藏书。

金庸插话：“我跟你的家庭差不多，从小也喜欢待在父亲的书房里，因为可以读很多的书。”

小时候上学就参加各种比赛的张浚生，总是能拿奖，奖状贴得满墙。中学时担任过校学生会副主席，团支部书记，团总支委员。高中毕业，他写了一首诗明志：“平生立志为国酬，红透专深是所求，为民即为萤火闪，如此青春也风流。”大学毕业后一直在教书，他的理想就是当好一名教师。教书育人之外，也希望在学术上有所成就。1960年，他和老教授一起创办浙大物理光学仪器专业，至今上海图书馆还存有由他编写的中国第一本完整的光谱仪器学讲义，70年代又主持创办了浙大激光技术专业。

1981年，浙江省突然决定要张浚生到中央党校学习，参加中青年干部培训班第2期。这一期是时任党校校长的胡耀邦专门为培训年轻干部举办的，140名学员是从全国各地选拔的尖子。从中央党校回浙不久，张浚生调任杭州市委副书记，负责党务等工作。中英联合声明签署后，张浚生“欣逢其盛”，成为首批被派遣到香港工作的官员。

① 有智、曙白、单泠：《亲历：回归与合并——张浚生访谈录》，浙江大学出版社2011年版，第182页。

刚到香港，张浚生的工作还不那么紧张，晚上时间大多是看小说，“一有空就到阅览室里去借金庸的小说，一本一本地看下来，越看越有兴趣。那段时间，我就把金庸的小说几乎全都看遍了”。[1]

自小就喜欢武侠小说的张浚生，自称中国古代的武侠小说看过相当多，但金庸的武侠小说却最令他称道。他说：“查先生的作品成就非凡，开创了一代武侠小说新风，其包含的知识之深广是前所未有的，他的作品是导人向上、向善的。”在杭州时，金庸的小说在书店里还买不到，他看的第一本金庸小说《笑傲江湖》还是从杭州市委的阅览室里借来的。

张浚生发觉，金庸的武侠小说与一般的武侠小说不同。金庸的武侠小说，是将民族文学特色与西方文学精华、古典文学传统和当代文学趋向结合起来的一个成功范例。金庸的武侠小说情节曲折、变幻无穷；描写生动、惟妙惟肖，具有极大的艺术魅力，征服了无数读者。金庸的作品不同于一般武侠小说的地方，还在于它们有学问，有思想，包含了异常丰富的中国历史文化知识，融会着金庸对情感与道德、爱情与两性关系、民族的冲突与融合、专制政治与个人崇拜等社会、历史、人生重大问题的深入思考，对当代读者具有深远的启迪意义。

第一次拜访以后，张浚生和金庸的往来就一直没有中断过，金庸请他吃饭，他也请金庸吃饭，这些饭局有时候是私人请，有时候则是以新华分社的名义请，因为金庸在香港很有影响，又是基本法起草委员会委员。那时候，金庸与新华分社社长许家屯来往也挺多，一般许家屯请他吃饭时张浚生也参加。在饭局上，张浚生常常与金庸谈论“香港回归”问题。

从20世纪70年代开始，金庸成为政治圈中的重要人物。他曾应邀加入廉署社区关系处市民咨询委员会，因而与首任廉政专员姬达接触频繁。姬达向当时的港督麦理浩引荐金庸，就中国问题提供意见。1981年，英女皇授予他OBE勋衔。

1981年7月18日，邓小平在人民大会堂接见了金庸。谈及“香港回归”时，金庸说：“我这一生如能亲眼看见一个统一的中国政府，实在是毕生最大的愿望。”金庸访问内地回香港后，日夜赶写有关“祖国统一大业”的文章在《明报》《明报周刊》《明报月刊》及新加坡《新明日报》发表，引导香港市民和海外侨民关心香港回归大事。金庸在文章中谈论未来香港管理的“自由加法治”，合乎民意，以解除世界各国驻港机构办事人员的思想顾

---

① 有智、曙白、单泠：《亲历：回归与合并——张浚生访谈录》，浙江大学出版社2011年版，第184页。

虑，动员他们继续留在香港发展国际贸易。

1982年9月，邓小平会见访华的英国首相撒切尔夫人，提出收回香港问题。撒切尔夫人回国途经中国香港时，经香港总督麦理浩的安排，单独会晤了金庸45分钟。金庸从《中英联合声明》谈到恢复主权，实行“一国两制，港人治港”，“保持繁荣，制度不变”16字方针，使撒切尔夫人愉快回国。1985年7月，金庸参加香港特别行政区基本法起草委员会，任政制小组港方负责人。他深入各界调查综合意见写社评，在《明报》上大量报道，讲清香港自古以来就是中国领土，阐述《中英联合声明》和16字方针，从舆论上引导香港繁荣稳步和平过渡。

金庸告诉张浚生，当年他受邀参加中华人民共和国香港特别行政区基本法起草委员会时，“很踌躇”。那时他是香港《明报》有限公司董事会主席，全面负责报纸的行政和编辑工作，还要亲自撰写社评。“我参加了基本法起草，会不会有损《明报》的独立报纸形象？”“后来我想，我现在的一切，虽有自己辛勤努力，但更多是香港这一环境所赐。目前香港面临困难，她的前景是否光明顺利，很大程度上与基本法如何制定有关。我熟悉香港，这里有我的亲人、朋友和那么多的读者，他们的苦乐忧喜我不能不关心。”

张浚生这样评价金庸：“一个人的一生，如果能够在新闻、文学、社会活动等任何一个领域，获得金庸先生那样的成就，就可以无愧此生。而金庸先生则在这三个领域都取得了令世人瞩目的成就，他不愧是文化奇才、一代俊杰。”①

金庸认为张浚生机智而豁达，可以成为一个真正的好朋友。他在1991年致信中说：“你我相交多年，时复结伴同游，情好弥笃。平日交谈，于天下大事，国家政局，以及文艺书法，港事发展，事事投机，可云知己。”他让张浚生与他以兄弟相称。

2

张浚生在香港，可以说与金庸风雨同舟13年，共同的目标就是香港平稳过渡，一国两制在香港成功实施。

中英联合声明生效后，开始的一段时间，中英之间的关系是比较好的，总的来说是合作多于对抗，当时国际上评论说，中英关系进入了蜜月期。但是，在香港过渡期后半段，中英之间暗礁频现，风波不断，港英政府除了抛

① 张勤：《〈金庸图录〉在香港首发 首度公开个人资料》，中新社香港2009年4月6日电。

出“三违背”（违背中英联合声明、违背政改与基本法衔接、违背中英已达成的谅解）的政改方案外，还制造了“居英权方案”、“玫瑰园计划”等多个争锋焦点。

1992年，48岁的彭定康被派往香港担任总督。7月9日，彭定康抵港上任。稍后，香港传媒便披露了源自官方的消息说，新任总督有意改变香港现行政制，使行政局与立法局分家。9月18日，英国《金融时报》透露了英方将对香港现行政制进行重大调整的消息。末代港督彭定康多生事端，使原本能平稳过渡的香港陡生波折。张浚生和金庸不约而同地认为，彭定康是英国政府派驻香港的“搅局者”。

10月7日，彭定康在香港立法局1992—1992年度会期首次会议上花了两个多小时发表其施政报告，将政改方案和盘托出，妄图推翻《基本法》，这给香港的平稳过渡及回归后的顺利发展造成极大麻烦。在此情形下，作为新华社香港分社的新闻发言人，张浚生肩上的担子越来越重。

张浚生说：“当时，根据邓小平的指示，我们在前线和英方斗争，斗争的目的还是争取合作，为保持香港的平稳过渡。”针对彭定康的“搅局”，张浚生代表中方进行了有理有利有节的反击。彭定康上午讲，张浚生针锋相对下午讲，彭定康下午讲，张浚生就晚上接着讲。甚至有的比较紧张的情况下，彭定康前半个钟头讲，后半个钟头张浚生讲，两人针尖对麦芒，针锋相对。有一次彭定康通过一官员传话，希望“张先生少说我两句”。张浚生也请他转告彭定康：“如果你讲得对的，我们当然支持你了，但是你根本是违反了联合声明，违反了基本法的有关规定，影响平稳过渡，我当然不能答应，所以，我的态度很明确，你不讲，我也不讲，你讲了，我不能不讲。”那个时候，摄像机的镜头在他面前不断地摇晃，照相机的闪光灯频频打在他的身上，无数次在记者会上，代表中国政府在港形象的张浚生口若悬河，举止儒雅，从未失态。二三十个记者拥在他的身边，几乎要压到他身上，他仍然微笑着。香港民众对此十分佩服，他的笑被金庸的《明报》等香港媒体称为“招牌式的微笑”，称他“缜密灵活，言多不失”。[①]

张浚生说：“彭定康就不讲老实话，口口声声说的是香港利益，实际上满脑子是过去老殖民主义者的思想，不知道世界上文化的多元性，坚持他自己的价值观，极力贬抑东方的价值观。他既固执，又对中国充满偏见。”[②]

① 茅建兴、陈惠：《张浚生半生心路系香江》，《香港文汇报》2004年10月18日。

② 有智、曙白、单泠：《亲历：回归与合并——张浚生访谈录》，浙江大学出版社2011年版，第142页。

1994年4月，张浚生提出在香港搞个回归一千天倒计时活动。这个点子可算是个发明创造，张浚生曾说："我提出搞倒计时，一是让我们自己对回归工作有紧迫感，二也是给彭定康施加压力，你在香港的日子过一天少一天了，搞什么花样也没用，其实就是跟他打心理战。"

中英争锋，身处浪尖，张浚生用的是"斗嘴"，而金庸用的是"笔战"。1991年，金庸宣布从《明报》退休，可是打算"淡出"的他却忍不住在1992年再出山，只因为该年年底，新上任的港督彭定康抛出"政改方案"，引发中英新一轮政治风波，他忍不住又"重出江湖"笔战彭定康。

1993年3月，彭定康不顾中方的警告，一意孤行，在香港《政府宪报》上公布了他的"政改宪报"。紧接着，港英当局正式公布根据彭定康的宪制方案制订的1994/1995年选举安排立法草案。金庸马上在《明报》上以《功能选举的突变》等一系列政论文章予以回击，郑重呼吁："中国人是有脊梁的！"他在接受《经济日报》记者采访时严厉指出，彭定康在英国选举失败，任香港总督后，唆使一些"唯恐天下不乱"的人闹事，叫喊什么"大民主"，"用钱物购买香港"等谬论。

接着，金庸又出访英国，在牛津大学讲学，作了《香港和中国：一九九七年及其后五年》的讲座，精辟分析了中国香港的形势和前途，取得世人共识。随后，金庸还到中国台湾会晤连战、宋楚瑜等政要人物，谈了自唐朝以来中华民族"有分又合，分而必合"的纠葛，谈了民族的团结统一、人民的安宁富庶是每个中国人的愿望。

1993年3月，张浚生陪同金庸到达北京。19日下午，江泽民总书记在中南海会见金庸。提起金庸与彭定康较量的事，江泽民赞扬他是爱国爱港的"中国人脊梁"。在谈到"一国两制"时，金庸说："大多数香港人希望中英恢复以前的和谐合作，解开目前的僵局进行谈判。"金庸回香港时在高空上"打腹稿"，将他与江泽民的谈话撰写成《北国初春有所思》一文，在《明报月刊》上发表，呼吁各国驻香港机构人员遵循《基本法》，维护香港社会秩序，和香港人民一道迎接九七香港回归。

"香港回归中国，我很高兴，但是也怕呀。怕财产被没收，怕失去自由，也怕没有新闻自由，当初写那篇英文文章就是这样的心态。"金庸对张浚生说。当时，为了表达对自由的坚持，金庸还专门为《明报》撰写社评《香港无宝，自由即宝》。

写完这篇评论，他从报社回来。"那晚，下的雨真大"，好像要把中华民族150年的耻辱洗尽，金庸至今记忆犹新。那一刻，他已经不担心一觉醒来，香港原有的生活会发生变化："中英联合声明和香港基本法已经写得很清楚，香港的生活方式、经济制度不变，法律制度基本不变。”

零点那一刻，香港会议展览中心大会堂内全场肃立，庄严的国歌声，扣动每一个人的心弦。中国政府代表团成员、副秘书长张浚生站在主席台上，看着英国国旗徐徐降落，五星红旗带领着紫荆花区旗冉冉升起，激动的泪花夺眶而出……

3

1998年，62岁的张浚生离开香港回到杭州，主持浙江四校合并（浙江大学、杭州大学、浙江农业大学、浙江医科大学），出任新浙大党委书记。不管工作多繁忙，张浚生每天都会阅读香港报纸，关注香港的点点滴滴。

1999年3月，金庸出任浙江大学人文学院院长，在当时被誉为文坛大师与名校学府的天作之合，也是金庸在学界获得的最高认可。

这桩姻缘的主要牵线人是张浚生，“首先是金庸先生有这个愿望，我只是积极地促成了这件事。我回浙大工作以后，有一次看到一则报道，金庸先生在接受记者采访的时候说他年纪大了，小说不写了，很想有机会到北大或者是浙大去做学问。在这之前，浙大和杭大已经聘请他当名誉教授。浙大四校合并邀请他来参加成立典礼，他也来了。所以，他和浙大是很有缘的”。①

出任院长以后，2000年，金庸获得了浙大博士生导师的资格，2001年开始招收历史系古代史专业的隋唐史、中西交通史方向的博士生，后来又增加了中文系古典文学专业的“历史和文学”方向，后者是他和在浙大做兼职教授的北大中文系教授陈平原合招的一个博士点。

从2001年开始，金庸连续两年未招博士生，直到2003年秋季，才招到首批3名博士生，这在当时引起了“金庸当博导够不够资格”的争议。

为这件事，浙江大学专门开了一次座谈会，张浚生发言打出了几个问号。

第一，小说家是不是文学家，金庸的武侠小说是不是文学？我们的“四大名著”，《三国演义》是七分历史三分虚构；《西游记》中西方取经是有其事，但小说内容全是神话；《水浒传》说起来也是武侠小说，讲行侠仗义，它的根据是《大宋宣和遗事》，并无真正史实；研究《红楼梦》的人可以当教授，当博士，那么写《红楼梦》的曹雪芹是不是文学家呢？写武侠小说的金庸是不是文学家？

第二，仅新闻专业而言，金庸先生是不是一个优秀的新闻工作者？他因

---

① 有智、曙白、单泠：《亲历：回归与合并——张浚生访谈录》，浙江大学出版社2011年版，第184—185页。

为武侠小说而出名，盖过了他在其他方面的成就，他办报纸不仅经营得非常成功，而且写了30年的社评。在香港社评是一份报纸的灵魂，内行的人看一分报纸的水平就看社评写得如何。一般报纸都要专门请一个人写社评，称这个人是报社的“总主笔”。这个“总主笔”要有非常广博的知识和很高的学问。金庸先生自己经营报纸当社长，还自己写社评写了30年，从新闻学这个角度看，他够不够一个大学教授?

第三，金庸先生最早提出来给袁崇焕翻案，他在历史方面是不是专家?金庸的历史知识非常丰富，他写历史的著作不多，只有一本《袁崇焕评传》，认为袁崇焕是冤枉的，现在大家都接受了他的观点。文章不在多，能有自己的观念，深入研究，开创先河，就是一个专家。他的武侠小说，如果没有丰富的历史知识哪里写得出来?他写大理、写桃花岛，事前都没有去过，却写得逼真，写得如同身临其境，这完全是靠广博的知识。

在2000年评议金庸博导资格时，来自文史哲几个方向的教授组成了评议小组，虽然没有正式开会，但在口头上都认为金庸获评理所当然。

2002年5月，金庸来杭州为博士生上课。张浚生特地来到云松书舍拜访金庸。那一晚，金庸夫妇和张浚生夫妇入住云松书舍“松风明月楼”，金庸与好友下棋写字，品茗畅谈，第二日即离开。这是金庸唯一的一次入住书舍。

2004年7月，张浚生因年龄原因从浙大党委书记任上退下来了。

2005年1月9日，金庸带着夫人、张纪中一行，来到浙江大学参加“龙泉宝剑展”开幕仪式，并正式宣布辞去人文学院院长和博士生导师职务。

一个念旧的人，自然讲情义。当初，正是难拂老友张浚生的情面，金庸才出任浙大人文学院院长兼博士生导师。“我当时与浙大党委书记张浚生达成了心照不宣的谅解：他何时离开浙大，我就什么时候辞职，共进退吧！”鉴于张浚生已调离浙大，金庸此番请辞，完全是照计划进行。

2014年2月25日，张浚生和浙大现任校长林建华赴香港拜访金庸。归来后，张俊生讲述了聚会的情景，“3月10日是金庸先生90岁诞辰，我们给他带去了一份礼物”。张浚生说的礼物，是份竹简，上面印着浙江巡抚廖寿丰上奏光绪帝创办求是学院（浙江大学前身）的奏折，上面有光绪皇帝准奏的朱批。

张浚生说，拿到竹简后，金庸“一个字一个字地看，看得很认真。我们围绕着一张桌子交谈，他家的客厅干净雅致，我们谈话时，他的夫人一直陪伴在旁边”。

最近几年，金庸很少外出，张浚生每次去香港都会尽可能安排时间去看望他，“有时，金庸也会陪我们到酒店吃饭”。“他对家乡的感情还是很深的，我经常给他带点龙井茶，他很喜欢。”张浚生曾给金庸带了印在丝绸上的《道德经》，“他爱不释手”。“现在他还是人文学院的名誉院长，对浙大还是非常关心。”每次，见到张浚生，金庸都会问起浙大的有关情况。“现在最让他懊恼的是，他没办法出门旅行，但他心里，还是很想回浙江来看看。”张浚生说。

偶尔，金庸也会跟倪匡、蔡澜等朋友出去吃个饭。但大部分时间，还是朋友去家里看他。“毕竟到了这个年纪，走路已经不太方便。”不过，让张浚生感动的是，哪怕是让人搀扶着，金庸依旧坚持送他们到家门口。①

2014年3月，在金庸90周岁的寿宴上，张浚生提出想在杭州为金庸出版一本书的想法，金庸爽快接受了这一邀请，并提出希望张浚生来把关文稿内容。张浚生于是扛大梁，成了这本书的主编，并亲自挑选了三位得力写手。这三人都很熟悉金庸在浙江、浙大的情况，他们保留了许多金庸在杭州、在浙江的珍贵影像资料。一位是应忠良，原浙江省海宁市的市长；一位是卢敦基，金庸的博士研究生；一位是何春晖，金庸在浙大人文学院任职时的助手。2015年，该书由红旗出版社出版，书名为《乡踪侠影——金庸的30个人生片段》。

算起来，金庸真正在杭州待的时间并不算长，但西湖可是金大侠笔下的御用地盘：像《射雕英雄传》里的武穆遗书；《书剑恩仇录》中，陈家洛与乾隆西湖赏月，红花会群雄与御前侍卫夜斗西湖；《倚天屠龙记》中殷素素与张翠山相遇在西湖边；《笑傲江湖》中令狐冲被困于西湖底后学会吸星大法；甚至《鹿鼎记》第一章就提到西湖……

张浚生在书中提到，书籍酝酿期间，金庸太太林乐怡就曾透露金庸本人的心思：他一生最喜爱的城市的确是杭州，确实有过在杭州终老的念头。为此金庸很早就在九溪玫瑰园买过一套别墅，但因生活香港长久、医疗服务较为方便等原因，最终未能成行。而且当年金庸打算装修别墅时，曾让施工负责人前往浙大探询教授们的意见。原来他想腾出一间作为客房，在与浙大教授坐而论道、用餐品茗后，不要让他们赶许多路回家，索性可以下榻于他的家中。

2018年2月19日，83岁的张浚生心脏病猝发逝世。金庸自己不能成行，派秘书前往杭州参加追悼会。

① 王湛：《金庸九十 矍烁如故》，《钱江晚报》2014年3月5日。

金庸送他别号“马天行”
——自称“风清扬”的马云

2014年9月19日晚，阿里巴巴赴美上市，创下美国乃至全球资本市场史上最大规模的科技股IPO纪录，至此，阿里巴巴执行主席马云的身价达到212.12亿美元，成为中国新首富。

马云自取绰号“风清扬”——《笑傲江湖》中华山派剑宗前辈，独孤九剑传人，他的武功没有套路，变幻莫测。马云从金庸小说中悟出了许多企业经营招数，在互联网的“江湖”争斗中傲视群雄，站在了中国IT行业的顶峰。

马云举办西湖论剑还请来了金庸本人。金庸说马云长得像武侠片里的人，他送给马云的别号是“马天行”，意指天马行云但从不踏空。

马云说：“我很喜欢金庸，至少他告诉过我两个道理：几乎所有成功的人都历经过千辛万苦；天外有天，人外有人。”

1

鲜有人能够抵抗金庸小说的魅力，马云也是如此。马云说，“金庸才是我的偶像”。因为他说了这话，才有了他与金庸的第一次见面。

2000年7月29日，马云在香港，有记者问他，最喜欢、最崇拜的偶像是谁？马云说是金庸。“我前天在飞机上还在看《射雕英雄传》，我觉得挺舒服的，累的时候，看看金庸小说心里特别愉快。”于是，记者托朋友约来金庸，马云与金庸有了一次在“镛记酒家”共进晚餐的机会。[①]

马云见到自己崇拜多年的偶像，异常激动。两人整整谈了三个多小时。

① 何春桦：《马云：高考三次落榜 最爱看〈笑傲江湖〉》，《第一财经日报》2005年11月15日。

1964年，马云出生在杭州一个普通家庭。儿时的他是个顽童，他说："我从初中开始看武侠小说，常常模仿武侠小说中的故事在家练习，家中的墙壁曾被打出一个洞，腿也因为练功而受伤。参加三次高考之所以会失败，就是因为疯狂地看金庸、梁羽生的小说和电影《少林寺》。看武侠小说虽然影响了我考大学，但是没有影响我做人。"

1984年，马云考入杭州师范大学外语系。他本是专科分数，恰好本科没招满人，他就这样幸运地被录取，并凭着满腔热情和一身侠气，当选学生会主席。

从那个时候开始，马云拼命地学英文，他想为自己打开一扇窗，他想知道大洋彼岸究竟有些什么新奇的东西。1988年马云毕业后，在学校当了7年的教师。所有人都认为，他开始"改邪归正"，会从事一份稳妥而平淡的工作直到老去。可是，马云心里不能忘记自己的那个"江湖梦想"。看到身边的朋友一个个投入经商和创业的浪潮里去，他的心里逐渐萌生出一个想法，自己要不要去走另外一条完全不同的生活之路？为此，他和几个朋友一起创办了海博翻译社，并且在西湖边发起了第一个英语角。

那个时候，他依然痴迷于武侠，尤其是金庸的小说。他的偶像是《笑傲江湖》中的风清扬，他觉得"无招胜有招"是一件最拉风的事情。

1995年初，马云去美国出差。在西雅图，他第一次登录了国际互联网。好奇的马云在搜索引擎里输入了"Chinese"的关键词，但是搜索结果却是一片空白。那个时候电脑正在中国慢慢普及，这个没有任何资料、一片空白的"Chinese"的网络市场会有多大？马云几乎掩饰不住发现后的快乐。他觉得自己找到了一个属于自己的江湖。他飞快地在脑子里构建自己在这个江湖上的行走蓝图，他似乎都能看到自己最终博得"侠士"名声时的样子。1995年4月，马云和妻子再加上一个朋友，凑了两万块钱，专门给企业做主页的杭州海博网络公司就这样开张了，网站取名"中国黄页"，成为中国最早的互联网公司之一。

当年在央视工作的樊馨蔓是马云的老乡。1996年春天，马云带着一个电脑找到她，希望给"中国黄页"做宣传，樊馨蔓听不懂他到底在说什么，"但是他的热情打动我了"。

樊馨蔓答应马云，《生活空间》是讲述老百姓自己的故事，"我们可以记录你实现理想的过程，但是结局你要自己收场的"。如果马云当时极力鼓吹的互联网，在节目播出后"被证明是一个典型的胡思乱想，我们也无非是记录一个善于幻想的人的一段经历"。

在北京的最后一晚，马云坐在出租车后座上，手里抱着四处推销时背的电脑包。路边一明一暗的灯光映在马云略显孤独和失落的脸上，他说：“再过几年，北京就不会这么对我，我在北京也不会这么落魄。”

三年后，互联网赢来第一个发展高潮，互联网初创企业成为资本市场的新宠，创办雅虎的杨致远已经身家过亿。小有所成的马云也带着团队一起来到北京。当时所有人都认为，模仿雅虎是唯一的可行方案，但马云不仅拒绝复制雅虎模式，也拒绝了雅虎开出的高薪。

马云后来在采访中说，自己不做已经被认可的东西。“大部分人看好的东西，你不要去跟了，已经轮不到你了。如果一个方案被90%的人认同，我一般要把它扔到垃圾堆去。因为它不是你的，别人都可以做得比你更好。你凭什么？”

坚持不走寻常路的马云，在北京坚持14个月后宣告彻底失败。再次失落地离开北京的前一周，马云带着团队第一次去爬了长城，“大家特别沮丧”。

不知道自己要做什么的马云，又一次回到老家杭州。1999年，马云创办阿里巴巴，在迷茫低落的时期，马云的团队建设“基本靠嘴”。央视《人物》栏目2008年一期节目中，播放了1999年2月21日马云在家里给十几个员工“演讲”的视频。视频中马云慷慨激昂地预测，“我觉得Internet这个梦不会破”。

1999年9月，马云和其他17名伙伴筹了50万元本钱共同投资的阿里巴巴网站横空出世。这“十八罗汉”包括马云的妻子张瑛、当老师时的同事和学生、患难朋友。阿里巴巴这个名字出自于马云，意思是“就算面对四十大盗，最后胜利得到宝藏的还是我”，颇有武侠江湖的意味。

除了喜读武侠小说，马云还喜欢下围棋——因为他最喜欢的武侠小说作家金庸喜欢围棋，“人品如棋品，世事如棋局”是二人的共识。

在“镛记酒家”神侃3小时后，马云与金庸成了忘年交。临别，金庸为马云手书“神交已久，一见如故”的条幅相赠。

几个星期后，马云打电话给朋友：“我有个想法，现在中国互联网的CEO都在打架，我想邀请金庸和新浪、搜狐、网易、8848的掌门人一起搞个西湖论剑，你看怎么样？”朋友一听就急了，连忙说：“你疯了！这是不可能的！几个CEO之间关系都不太好，金庸又很难请到，你能不能给他们先打个电话，如果他们都同意，我可以协调。”

谁来主持这个论坛呢？

金庸成了第一人选——事业上，金庸是成功人士，办报、经营媒体都很成功。生活上，爱情丰富多彩，晚年家庭幸福。“网络是商业，网络是生活，金庸目光的穿透力是不多见的。年轻的互联网需要指点。”马云这样认识。

当然，金庸的名气也是足够让他成为第一人选的。他德高望重并对网民有足够的影响力，金庸和他的文字早已上网，他笔下主人公的名字活跃在各个网上论坛。

第二天，马云打电话邀请金庸，没想到金庸当即就答应了。在金庸的招牌下，丁磊首先被拿下，不久，自称没读过金庸的张朝阳也决定赴约。正在香港的王志东也给马云带来了肯定的答应。接通了老榕王峻涛，马云笑说：“你来不来无所谓，不过，金庸要来。”

2000年9月10日，一场轰轰烈烈的“西湖论剑”在杭州粉墨登场。100多名记者不请自来，金庸对媒体的吸引力可见一斑。

开场白自然是金庸：“我最近和张朝阳先生讲一件事。有一位老先生在几千年前，在钓鱼的时候用直的鱼钩，愿者上钩。这就是说他本意并不想骗人家上钩的。后来这位老先生慢慢走到东方，走到杭州，他不钓鱼了，他拿一个网撒下去，愿者上网。他不是故意骗人家上网的，愿意的就上来吧。有一次鱼在水里游，张朝阳先生看见很高兴。我当时问张朝阳，张朝阳不是鱼，你怎么知道鱼快乐？张朝阳说，你不是我，你怎么知道我不知道鱼快乐呢？所以今天这个会，我第一想表达的是：西湖上网，愿者上网，大家都快乐地谈。”

提出“网侠”的概念，把网络与江湖扯到一起，让中国网络江湖化也许是马云的有意为之。结果那次会议上，五位掌门人谈论武侠多于谈论网络。

新浪的王志东说：“我经常做一种对比，我说如果用金老先生的手法来写一下中国的IT产业，肯定写得特别过瘾。”

搜狐的张朝阳说：“从我做起，从今天做起，刻苦学习金庸著作。”

网易的丁磊说：“我走到今天，可能在小说当中只能比喻说有一定的功力，剩下三十年人生其实有很多的机会去寻找武林秘笈。”

8848的王峻涛说：“金庸大侠告诉我们，做人要有侠气。”

马云说：“五年来我什么书也没看，就看了一点金庸。我们公司招聘过程中有一个特别有意思的事，只要对方对金庸的书感兴趣，八成的人都给录取了。我是外练一层皮，内练一口气。皮就是厚脸皮。别人怎样骂你，你也要厚着脸皮不理会。气就是理。有那么多聪明人加入公司，就像桃谷六仙把真气注入令狐冲体内，怎样才能把六道真气收为己用？这就是练气。”

金庸小说所展现的江湖背景往往是一个群雄逐鹿、烽烟四起的乱世，这种乱世需要帮派，更需要号令群雄的领导者及一大批追随者。至于帮派，有所谓名门大派，也有三教九流，最后能经受考验统一天下或成泰山北斗鼎立之势的还是自强、自律、得道、团结的帮派，而领导这些帮派的一定是为国为民的大英雄。

此时此刻，五位论剑的“网侠”，个个是互联网高手。金庸笑对马云说：你最不懂技术，但是我知道你最有希望。然后就给马云写了幅字：“善用人才为大领袖之要旨，此刘邦刘备之所以创大业也。愿马云兄常勉之。”其余每人得到了金庸手书的“笑傲江湖”条幅。

首届“西湖论剑”以后，马云带领他的创业团队走出了互联网的寒冬。

2000年，金庸在浙大企业培训中心为浙江企业家讲课时，马云和金庸大谈江湖、武功招数、围棋流派、软件、太极拳、IT、百花错拳、网络、独孤九剑、风清扬……金庸频频点头微笑，马云事后说：“那情景，仿佛他的小说都是我写的。”

一年后的金秋十月，第二届“西湖论剑”开锣，马云和金庸泛舟西湖，就着绍兴老酒，在湖上对弈数局。

“西湖论剑”一共开了6届，每一届论剑都是流水的英雄铁打的马云。在前两届论剑奠定了大会的江湖地位后，金庸就悄然隐退。2005年，获雅虎入股的阿里巴巴压倒eBay，电商江山鼎定，马云已隐然成为圈内行首，“西湖论剑”也自此封刀，直到时隔5年之后，马云与雅虎之间的股权关系濒临破裂时，才又召开了一届。

2006年，在杭州三台山路鸽鹄湾，后来被称为杭州“最高档而低调”的会所“江南会”悄然成立。江南会由马云、冯根生、沈国军、宋卫平、鲁伟鼎、郭广昌等八位浙商共同发起创办。江南会位于西湖边，占地10亩，是由7幢旧式祠堂和民居改建的仿古建筑。入会会员均有一张只能使用一次的“江南令”，若有人遇非常难事，只要发出此令，其他发起人无论身处何地，均会亲自赶来出手相助。接待厅的墙上挂着金庸的手迹。

2

马云是个典型的金庸迷，他对金庸小说的喜欢是出了名的，甚至显得有点儿偏执。马云热爱武侠文化，曾表示“虚拟的世界让我插上了想象思维的翅膀”。马云也把对金庸武侠小说中武侠英雄的痴迷，延伸到了公司文化层面：他要求阿里巴巴每个员工都要有个“花名”，取个金庸小说里正面角色的名字。

金庸的武侠小说给马云带来了很多快乐、很多浪漫的想象，从中他体会到“人没有梦想，没有点浪漫主义是不会成功的”。对于金庸说的很多东西，马云是真的相信，他说：“金庸小说里的很多东西，很多人觉得很虚，其实是真的，很多人老说不可能，事实上是可能的。”

马云看得最多的金庸小说是《笑傲江湖》，在IT业界浪迹多年，马云对“笑傲江湖”四个字有着自己独特的理解：网络即江湖，如何笑傲其间？笑，有眼光，有胸怀，方能坦然面对种种传言和误解，依然豪气干云，仰天长笑；傲，有实力，有魄力，才可在人云亦云的时候保持清醒的头脑，才可在一片骂声中依然坚持自己的方向，傲视同侪。

在马云的世界里，武侠与现实，似乎已经浑然一体。西子湖畔的阿里巴巴和淘宝网，是一个模拟的武侠世界。在这里，会议室称“光明顶”，核心技术研究项目组名叫“达摩院”，甚至洗手间叫“听雨轩”。如果听到不远处有人在叫任盈盈去收传真，也不必惊讶，因为阿里巴巴和淘宝网的员工几乎都有一个来自金庸武侠小说的“花名”。

马云为自己选择的“花名”是“风清扬”，独孤九剑的传人，无招胜有招的世外隐者。独孤九剑的最关键处，在于“料敌先机”，要提前预知形势，并由此发现敌人的破绽，从而达到“只攻不守，以攻为守，攻敌之不得不守”的境界。[①]

2000年中央电视台要拍《笑傲江湖》。马云听说后非常激动，到处打探消息、找关系，想要出演“风清扬”。那个时候，这个角色已经有了人选，而且人家会武功。马云非要建议比武决胜负，“约好两人都从一个桥上经过，谁先打到桥下面，谁就输了。最后，谁赢，谁上”。后来，由于缺乏表演经验，马云没有被选上。回到公司，马云把办公室的名字统统换成金庸武侠小说中武林圣地的名。

在马云那叫做“光明顶”的会议室里，挂着金庸书写的“临渊羡鱼，不如退而结网”的条幅。这是马云对金庸小说的热爱所致的。马云认为这种武侠文化内涵丰富，在华人圈内家喻户晓，是一种很通用又很简练的交流工具。2001年用来概括阿里巴巴9条价值观的“独孤九剑”，来自金庸的《笑傲江湖》。“非典”之后，2004年阿里巴巴价值观被精炼成“六脉神剑”，来自金庸的《天龙八部》。

在马云看来，金庸小说是武侠小说，也是创业小说。马云的商业风格总是夹带着金庸的武侠气息，无论是战略、战术还是管理。

① 陈玉新：《马云的棋》，中国法制出版社2014年版，第196—197页。

风清扬是金庸武侠小说《笑傲江湖》的人物，原属于华山派剑宗的一代宗师，也是金庸小说中剑术达到最高境界的高手，毕生熟习“独孤九剑”。风清扬武功盖世、剑术超神，仅在第十回传剑中登场，一直隐居华山思过崖。根据后来方证与冲虚所言，当年风清扬于剑气内斗时，曾被骗而没有赶上剑气宗对决，最后剑宗落败，他亦无面目面对华山派。后风清扬在思过崖遇到令狐冲，见他颇具慧根，便传他“剑魔”独孤求败绝学“独孤九剑”，此后因此神妙剑法多次让令狐冲脱离险境。日月神教教主任我行也公开宣称，自己最佩服的三个半人之中，包括了风清扬。

马云出身于教师，即使做了阿里掌门人，他也将这个角色发挥得淋漓尽致。

“我想发现最好的人才，训练他们，培养他们，以前我是老师，今天依旧是老师，让他们比我更棒。”在马云看来，自己像是金庸笔下的风清扬。“第一他是老师，自己不愿出来但他培养了令狐冲。第二个他是无招胜有招。”

在这种理念下，一批成长起来的管理者在阿里内部应运而生。先有到处救火的陆兆禧，又有经历十月围城后更具担当的张勇，当然也有伴支付宝度过危机将其打造成国内最大第三方支付平台的彭蕾，有意思的是，彭蕾和马云一样当初也是一名老师。

在一次对话80后、90后的访谈中，马云说他特别欣赏风清扬的“出手无招”。他说：“因为我想做成任何事，都要在自己对所有的招式彻底领悟之后，很自然地使出来。其次是因为，风清扬也是一个好老师，教出了令狐冲这样的徒弟。我自己也是老师出身，最希望看到的是我的同事、学生能够超过我。”“我挺喜欢风清扬的，他的独孤九剑、无招胜有招。他深深地明白，在别人进攻的时候，其最强的地方也正是最弱的地方。大家以为对的地方，通常里面包含着错误；而大家以为有很大风险的时候，要想到机会就藏于其中。”

金庸送给马云的别号是“马天行”，意指天马行云但从不踏空。

从不踏空的马云，总有别人看来意想不到的招数。1999年，他从北京撤回杭州创办阿里巴巴是受了《天龙八部》中虚竹破解“玲珑棋局”的启发——置之死地而后生；然后是2000年9月的“西湖论剑”，借助的也是武侠，马云第一次成为热点新闻人物。论剑那天，金庸走进阿里巴巴总部，给马云题写“善用人才为大领袖之要旨，此刘邦刘备之所以创大业也，愿马云兄常勉之”。

不过，互联网很快迎来了一个低潮期，所有媒体都在报道互联网是个大泡沫。"江湖"上一时间开始风雨飘摇，阿里巴巴员工们或多或少对自己所做的事情失去了信心。这时，只见马云端上一杯啤酒，坐在会议室里对大家说："最好喝的啤酒，就是要带着泡沫去喝！"好喝的啤酒果然被能坚持的马云尝到，他的阿里巴巴逐渐得到了全球商业机构的认可，一大批名牌企业在他那里做广告，做主页。在国内，许多原材料企业甚至把阿里巴巴当成了自己的又一个供货窗口。

据说，想要进入阿里巴巴工作，就要熟读金庸，懂得金庸。马云的理由是：懂金庸，就是性情中人。"商场如战场，但商场不是战场，战场上只有你死我活，而商场上你活着，我可以活得更强。"[①]活得更强，马云觉得激情是最重要的东西。他害怕自己有一天会被琐碎的事情磨灭了创业的激情，干脆把自己儿时的梦想照进了现实。在他的公司里，有丐帮，有少林，有武当，有黑木崖，这些一个个有着江湖气息的名称，让他把自己的工作当成了一段江湖经历。在保证了自己激情的同时，马云给所有员工创造的环境都是一个充满激情的江湖环境。

2003年，已经将B2B已经做到炉火纯青的马云投资开设了C2C，他把这个新的网站叫做淘宝。如果说过去的阿里巴巴针对的是商业企业，而这次淘宝的客户群则涵盖了几乎所有的网络使用者。从B2B到C2C，马云都是摸着石头过河，但是这无招却创造了他在江湖上的神话。

马云在2004年发表演说时，曾谈到来自西方竞争对手的挑战。当时，他直言不讳地说："eBay可能是条海里的鲨鱼，可我是扬子江里的鳄鱼，如果我们在海里交战，我便输了，可如果我们在江里交战，我稳赢。"

一年后，雅虎将其中国业务并入阿里巴巴，并以10亿美元获得了合并后公司40%的股权。2006年，eBay退出了中国，这一方面是因为它对中国市场的理解不如阿里巴巴那么到位，另一方面是因为中国客户不愿为在线服务付费。eBay原先是马云旗下电子商务网站淘宝的范本。

在阿里巴巴收购雅虎中国的签约仪式上，外表瘦弱的马云笑容可掬，与雅虎全球CEO罗森格双手紧紧握在一起，从容不迫地面对众多媒体的闪光灯。喜欢武侠小说的马云此刻找到了如同登上华山之巅的心情，通常那是绝顶高手论剑笑傲江湖的地方。

2004年，金庸为淘宝网手书八个大字"宝可不淘，信不可弃"。马云以此为警，铭记在心。

2012年，仅阿里巴巴旗下两个主要网站完成的销售额，就超过了eBay与

① 《对话马云》，CCTV-2《对话》，2014年11月23日。

亚马逊的总和。中国有一半的在线支付是通过阿里巴巴旗下的在线支付平台支付宝完成的。[①]

马云说，他过去的很多作为都是“被迫为之”：为了阿里巴巴存活游说资本；为了做大淘宝引进了雅虎；为了解决电商支付难题，挺进互联网金融；为了不受物流掣肘，筹建菜鸟网络——有了需要，马云就找人做，别人做不了或没人做，马云就自己做。于是，他先后创办了阿里巴巴、淘宝网、支付宝、阿里妈妈、天猫、一淘网、阿里云等国内电子商务知名品牌。

马云把办公室的牌子统统换成了金庸小说里的武林圣地的名字，连新开张的淘宝网上也用了韦小宝和老顽童的名字招徕客人。

3

2013年3月10日，众多登录淘宝网的用户发现当日主页上多了一个“侠义正能量”的专题，点进去一看才知道原来是为庆祝金庸90岁大寿而专设。金庸生于1924年农历二月初六，公历3月10日，由于他本人淡出大众视野许久，对金大侠的行踪，书迷捉摸不定，按照中国“过九不过十”的民间传统，该为他庆贺九十大寿。网友接到了淘宝网短信，恍然大悟：马云记得金庸的生日。

马云挂专题“隔空摆寿宴”[②]，开辟了“侠义正能量”、“群星贺寿”等专区，煞费苦心。张纪中为金庸题写了“寿”字，周星驰的贺词则是“惩恶扬善，维护世界和平，祝查大侠生日快乐！”

马云曾向金庸介绍妻子，动情地说：“张瑛以前是我事业上的搭档，我有今天，她没有功劳也有苦劳，我也一直把她当作生产资料。但现在我觉得，作为太太，她更适合做生活资料……”然而，辞职回家的张瑛却一点不生气，安心在家相夫教子。

安顿好妻子，马云这位现实中的传奇人物看来也打算仿效金庸小说中的“风清扬”，归隐于幕后。2013年5月10日，49岁的马云卸任阿里巴巴集团董事长，有人称之为“大佬下线”。其实，从巅峰隐退，只做精神领袖，马云希望看到更好的风景。他要确保没有马云，阿里巴巴仍然是一家代表年轻和未来的企业，永远拥抱变化。如同梁启超在《少年中国说》里所言：惟思将来也，事事皆其所未经者，故常敢破格。

第二天，刚卸任的马云身着一套浅蓝色太极服，亮相杭州西溪湿地与李

---

① 吉密欧：《走向华尔街的马云》，英国《金融时报》。

② 狄蕊红：《金庸九十大寿 只有马云记得》，《华商报》2013年3月13日。

连杰合建的太极禅苑。在现场，马云亲自下场打了一套太极拳，然后提笔写下两幅字：一幅“迷者问禅”，一幅“不可Say”。两年前，马云与李连杰一起成立太极禅国际发展公司。“在太极里，我最欣赏的三个字是定、随、舍。定，即是看清自己和将来的趋势，不管发生任何事情，都要镇定面对；随，只有自己有实力的时候，才能懂得怎么去跟随别人；舍，能让人看清自己，只有知道自己要什么，才能知道要放弃什么。”马云如是说。

其实，马云用人之道很多是从道家而来，老子认为“我无为，而民自化；我好静，而民自正；我无事，而民自富；我无欲，而民自朴。”无为才能做到无不为。

“我以从道家里学到的无为而治的思想，去培养下一代的领导人，培养生态系统，无为的生态系统。让它慢慢、慢慢生长。”在马云看来，制度是需要文化的，没有了文化就像没有了根一样。

说白了，马云这次辞任就是他无为而治用人之道的最好体现：放权、赛马、竞争、再集权。

马云最想做的就是去圆自己儿时的梦想——找金庸，请求他推荐自己在央视筹拍的电视剧《笑傲江湖》中去演自己喜欢的“风清扬”。但这个愿望最终没有实现。

2014年9月19日晚，阿里巴巴成功登陆纽交所。按照阿里每股92.7美元的开盘价，阿里巴巴市值将达到惊人的2383亿美元。这也让在美国上市的中国概念股（包括发行存托凭证的中国铝业等）数量达到了205家，这些中国概念股的总市值为14830.6亿美元（截至美国时间9月19日收盘），阿里巴巴的市值排名将进入前三。之前在美国上市的中国信息技术和互联网技术公司有62家，总市值为2240亿美元，阿里巴巴一家的市值超过62家互联网中国概念股的市值总和。

三个月后，马云来到台湾，出席两岸企业家台北峰会，作了30分钟的演讲，他鼓励台湾的年轻人到大陆来创业，呼吁两岸的企业家重视年轻人、相信年轻人。他直言：“我跟金庸探讨过，我在他的武侠小说里，看年纪愈大的武功愈高，我认为这是违背客观规律的，我们应该把机会让给年轻人。”“我们要向金庸先生学习人生，30岁要跟别人干，40岁为自己干，50岁要给别人干！要给别人机会，给年轻人机会。”

互联网创业是一场4×100米的接力赛，你跑完一棒后，接下来的赛程就只能让别人去跑。这是马云的态度，所以现在他可以在做好自己想做的事情后，乐得一身清闲。他喜欢在办公室里看武侠，想做的就是跟金庸一样放手，把自己的心血所得统统交给别人。

2017年11月，马云主演的微电影《功守道》在互联网上播出。马云终于得以在其中尽情释放自己的武侠梦和演员梦。他不仅一路打败甄子丹、吴京、李连杰等国内一线功夫巨星，还在主题曲《风清扬》中与王菲合唱。

电影中马云与吴京对打时，使用的是从身旁顺手抄起的一根长棍。而在生活中，还是老师时马云就总喜欢拿着教鞭，在阿里的办公楼里，则喜欢拿着一根棍子在办公区转悠。虽然马云的身板显得弱不禁风，但他曾表示，自己从小就喜欢打架，练过太极和散打。马云在微电影中，也是以太极对决李连杰。

马云曾在2013年接受《时尚先生》采访时谈到练太极拳对管理阿里企业的启发："我觉得太极拳带给我最大的是哲学上的思考。阴和阳，物极必反，什么时候该收，什么时候该放，什么时候该化，什么时候该聚。这些跟企业里面是一模一样的……我从太极拳里悟出了儒释道文化，很有味道的东西。我把它融入到企业管理，这样我是很有根源的。"

在《功守道》的结尾，马云在海边、在雪地上、在沙漠上打太极时，画面旁出现的第一句文字是"拳无影，脚无形"。马云曾说，自己喜欢风清扬的地方，就在于风清扬的武功是出手无招。

2018年8月29日，支付宝"换帅"，马云退出，这一举动立刻引起了大家的一波好奇。大家熟知并且用顺了手的支付宝，是支付宝（中国）网络技术有限公司和蚂蚁金服的核心产品，而蚂蚁金服作为纯内资公司，与阿里巴巴的关系是关联公司，同时也是阿里的服务提供商、合作伙伴。曾经在一片纷争中强制转移出支付宝股权的马云，当然不会轻易地将这只家养独角兽送人。

这就是金庸笔下的"风清扬"，这就是马云特别欣赏的风清扬的"出手无招"。

9月10日是教师节，也是马云54岁生日，还是阿里巴巴创立19年的纪念日。阿里巴巴集团创始人马云发出题为"教师节快乐"的公开信宣布：一年后的阿里巴巴20周年之际，即2019年9月10日，他将不再担任集团董事局主席，届时由现任集团CEO张勇接任①。

马云喜欢看金庸小说，金庸的江湖，退休是最奢侈的事。在小说里，练成绝世武功不是最难的，称霸武林不是最难的，三妻四妾七个老婆也不是什么难事，最难的是大佬们退休，都是各有各的难处。风清扬貌似是退了下来躲到华山后洞当老师了，但那是退隐，不叫退休。

① 杨越欣：《马云宣布渐进式退休 风清扬终于"事了拂衣去"》，凤凰网2018年9月10日。

马云交棒张勇后，是否会像他最喜欢的金庸小说人物风清扬一样选择“隐居”，从此不再过问江湖之争？马云一直都有侠客情节，在和王菲合唱的《风清扬》中，有一句歌词：“一个个事了拂衣去，深藏身与名。”

当天，马云登上了飞往俄罗斯的飞机，他要参加次日在符拉迪沃斯托克市举行的第四届东方经济论坛。不知道马云有没有在飞机上切生日蛋糕，反正他是要去俄罗斯分块大蛋糕了。第二天，马云宣布与俄罗斯国有基金、俄罗斯“腾讯”、俄罗斯“移动联通”成立全球速卖通俄罗斯公司。过去5年，马云打造了中国的淘宝，未来5年，马云要打造世界的淘宝“全球速卖通”。

剑走偏锋，马云还是那个“风清扬”。

金庸出谜面：“诗圣主国，朱雀腾飞”

——诗人总编杜南发

杜南发够“发”，早年毕业于南洋大学文学院后加入《南洋商报》，开启了记者生涯。中年出任《南洋商报》旗下《快报》助理总编辑，大胆改版后成功编出新意，接手主编《南洋商报》文艺副刊《浮雕》《文林》，开创华文报文艺副刊版面设计与计划编辑新风潮。

杜南发够“发”，花甲之年的他不仅是新加坡资深报人、诗人、鉴赏家，同时还是新加坡诗丽雅集团的创办人，旗下拥有诗丽雅、凯伊秀和医明三大品牌，曾荣获安永企业家奖，新加坡杰出企业家特别奖，世界杰出华人奖等荣誉。

作为书画鉴赏家，杜南发说，他基本上不用“收藏”一词，他喜欢的字眼是“缘聚”：“很多东西不一定非强求不可，有缘碰到，总会圆上”，如他和金庸就是因文而缘、因报而缘、因诗而缘的。

金庸赠予他的书法，是一个谜面：“诗圣主国，朱雀腾飞”，谜底是“杜君南发”。

1

先说因文而缘。

杜南发与金庸，因为一个越洋访问而相识。1981年春天，杜南发到香港采访，倪匡带他去采访金庸。事后倪匡才告诉他，金庸先是拒绝：“我接受访问多了，没有什么意思。”倪匡劝说：“这位小朋友挺有意思的，你见他一下么。”金庸说：“好，见了觉得有意思，当天晚上就留下来吃饭。”那么，没意思呢？金庸不明说：访问完就说当晚有一个饭局，意思是下逐客令。

下午，杜南发与倪匡同行，按响了香港半山区金庸家的门铃。应门的正是金庸，他的国字脸上布满亲切笑意，给杜南发的第一印象，就像一尊笑意盈盈的弥勒佛。

踏进那大书房暨客厅，但见四壁皆书，走近一瞧，赫然是有关佛学的书籍占了大半，各种语言的都有，还有一整套已被他大部读完的《大藏经》。杜南发敬佩之意油然而生：一部《大藏经》上万卷啊！

“大家随便聊聊就好了。”金庸说。

访谈是在轻松的气氛中开始的。杜南山问的第一句话就让金庸笑了，倪匡更在一旁哈哈大笑。“您当初为什么会写起武侠小说来呢？”这是很多记者重复问过的问题。

金庸笑了起来：“这问题我已经重复了好多次了。”他还是认真地作答：“那时候我的工作和你一样，在做副刊编辑，那副刊需要武侠小说，于是就这样写起来了，那已是二十多年前的事了。”

杜南发的第二个问题却是别人从没问过的：“那么后来您为什么停笔不写了呢？”金庸随意地回答：“我第一部写的是《书剑恩仇录》，还算成功，就一直写下去，写到最后一部《鹿鼎记》，那是在1971、1972年间就写完了，觉得没多大兴趣了，就不写了。”

“这么说，如果哪一天您有了兴趣，您还会写下去的……”金庸不敢小看这个新记者了……

相谈甚欢，杜南发蹭上了一顿晚餐，金庸还打电话叫温瑞安过来作陪。[①]

杜南发祖籍福建晋江，1952年生于新加坡。1973年报考南洋大学时，杜南发的兴趣是经济，但成绩不够，只能进文学院，没想到全心全意读中文后，杜南发慢慢读出了兴趣。大学时候的杜南发钟爱写诗，日后出版过《酒涡神话》和《心情如水》两部诗集。

大学毕业后，为等一份赴德国留学的奖学金，杜南发要找份暂时的工作，刚好一位南洋大学的师长认识报界朋友，便介绍他到《南洋商报》当翻译。1977年，杜南发抱着无所谓的心态开始上班。后来，因为未能拿到奖学金，加上报馆上司认为他应该去做记者，杜南发便在报社留了下来。

当记者时，刚好报馆出了一份新的小型报纸《快报》，初由老一辈编辑主持，销路不太好，便让给年轻人，杜南发大胆改版，屡创新意，很快销量上升，这让他意外发现了报章新闻在严肃之外的创意趣味。一日，杜南发向报馆领导建议，试编一个供年轻人表现新意的文艺副刊园地。总编辑说：

① 杜南发：《长风万里撼江湖——与金庸一席谈》，收入《风过群山》，明窗出版社1995年版。

“大报的文艺副刊很重要，不能给你们这些小毛头拿来玩。《南洋商报》有一个小开《南洋周刊》，就拨个版位给你们试看看吧。”

也好，杜南发给新副刊取名“浮雕”，开始几期，整版的稿件都是杜南发一个人顶，换不同的笔名写诗、小说、散文、评论，新闻也有，是海内外的文化动向。这一招挺行，反响良好，报馆总编便决定让杜南发来编辑《南洋商报》的文艺副刊。一接手，副刊新名即改为“文林”，杜南发解释：“武术界有武林，文艺界就要有文林。武术界有高手，文艺界也有高手。”

这时候，杜南发认识了台湾著名出版人沈登恩，沈刚刚冲破重重阻碍，将金庸小说引进台湾。此时，柏杨出狱后第一次获准离开中国台湾，便由《南洋商报》邀请到新加坡访问，担保人是倪匡。杜南发采访柏杨时，柏杨建议他到台湾、香港采访，尤其见见金庸。于是，杜南发向报馆提出到台湾和香港采访名家的计划。

杜南发的《长风万里撼江湖》一文，记述了他与金庸的一席谈。

杜南发问：“大家觉得，您的武侠小说的一个最大特色，就是和中国历史有很密切的结合，为什么您会采取这样的处理手法呢？”

金庸认真地回答：“这有两个原因，第一，武侠小说本来就是以中国古代社会为背景，越是真实，读者越会感到兴趣。既然以古代社会为背景，那就不能和历史完全脱节。另一个原因，则是我对中国的历史很有兴趣。”

杜南发问：“那么，您对自己的武侠小说有些什么感想？”

金庸不得不认真对待眼前这名小记者：“这个问题实在不好谈啦，把自己说得太低，读者可能竟会误以为真，岂不糟糕，哈哈！像在《笑傲江湖》里，有一个苗女问岳不群的夫人剑法是不是很高，她觉得这个问题很难回答，说相当不错，好像不大客气，说自己很低，对方会误以为真的很低，所以只好一笑不答，哈哈……”

一阵哈哈大笑之后，杜南发冒冒失失地问道：“那么，以您的看法，武侠小说的价值究竟是什么？”

金庸说：“每个人对文学都有自己的看法，以我个人而言，我认为文学主要是表达人的感情。文学不是用来讲道理的，如果能够深刻而生动地表现出人的感情，那就是好的文学。我不赞成用‘主题’来评断一部作品。主题的正确与否，并不是文学的功能，如果要表现某一种特定的主题，一篇理论性文章会更好、更直接。”

“您认为文学的功能不是用来说教，不是用来讲道理的？”杜南发顺籐摸瓜。

"对，我认为文学的功能是用来表达人的感情，至于讲道理，那就应该用议论性的、辩论性的或政治性的文章，像我在《明报》上写的社评（贵报《南洋商报》经常转载的）。但是，这并不是文学。"

杜南发与金庸的访谈录，被人引用过多次，如金庸提到了两个很耐人咀嚼的话题："中国近代新文学的小说，其实是和中国的文学传统相当脱节的，无论是巴金、茅盾或是鲁迅写的，其实都是用中文写的外国小说……中国的艺术有自己独特的表现手法……有人常问我，为什么武侠小说会那么受欢迎？当然其中原因很多，不过，我想最主要的原因，是因为武侠小说是中国形式的小说，而中国人当然喜欢看中国形式的小说。""不管是武侠小说还是爱情小说、侦探小说或什么小说，只要是好的小说就是好的小说，它是用什么形式表现那完全没有关系。武侠小说写得好的，有文学意义的，就是好的小说，其他小说也如此。毕竟，武侠小说中的武侠，只是它的形式而已。"这是两个多么矛盾的话题，但却同时存在于一个对话录里，还被许多大师级的人物当成文艺理论引用。

这一次初见，他们从创作谈到文学观，谈到宗教信仰，不知不觉到了晚上，金庸邀请杜南发与他的家人及倪匡、温瑞安一起晚饭。杜南发比金庸年轻差不多30岁，金庸却感到与这个年轻人很投缘，翌年还特意到新加坡找他。以后每到新加坡，总是会找他。

杜南发说，1982年金庸带着一班朋友到新加坡住了一个星期，当中包括倪匡夫妇、沈登恩夫妇、高信疆夫妇、董千里夫妇等人。最初他们住在香格里拉酒店，后来因为沈登恩爱吃文华酒店的鸡饭，所以他们住到一半便全部搬到文华酒店。那个星期，金庸是去度假的，杜南发天天跟他们在一起，他们常常在酒店里玩showhand，杜南发不懂玩，就看着他们玩，他发现金庸很沉得住气，赢得较多。

以后，金庸每隔一两年都会到新加坡休息一趟，每次都是住在香格里拉酒店的花园翼套房，都会约杜南发见面。多年来，无论人前人后，杜南发始终称金庸为查先生，他说是因为尊重。"查先生每次都会带一个大行李箱来，里面密密麻麻都是书，他其实是来新加坡看书的，很少外出，出去可能也是吃个饭，很少观光。我觉得他主要是换个环境吧？因为家里是一个环境，到外面是一个环境，而且当时还没有用手机，受打扰的机会不大，没有人知道他住在这里啊。"

杜南发听到有人指责金庸信佛是一种伪善，心里愤愤不平。这日，他和金庸及倪匡同桌吃饭，谈论起了佛学。金庸说："因为宗教是一种神秘经验，信就信，不信就不信，这不是一种理性的，而是宗教性的。我信佛教，因为我相信人生就是这样子，所以就信了。实际上，我写小说是追求美，我写社评，则是在力求弄清真和假、理由充足不充足和判断对与错。至于佛学，则属于宗教性的范畴，是你信仰不信仰的问题，没什么道理可讲的。”

“哦，我明白了，所以在您的小说里，主人公轰轰烈烈，做出一番惊天动地的伟业之后，大都选择了归隐。这是因为您的武侠创作深受中国传统文化即儒、道、佛的影响……”杜南发感慨道。因为金庸的每部作品创作的时间不同，所受传统文化思想的渗透和支配也是不同的，所以他笔下主人公归隐的性质也有很大的不同。而这些不同，正昭显着他创作过程中，思想意识由儒入道、由道入佛的心路转变历程。

由金庸的书、书中的佛学，给予“当下”的启发，杜南发说：“我的人生观早期受存在主义影响，后来是佛家的‘活在当下’。因为人虽有过去现在未来，但真正唯一能够把握的只有当下，其他你都管不到，既然管不到就不要为其所困扰，认真做好当下该做的事就好。”

金庸赞同，说：“所谓生活，生是状态，活是态度，人既然必须生活，就应该活字当前，即使未必能做自己喜欢的事，但仍应如禅宗说的‘活泼泼来去无牵挂’地去做，所谓境随心转，一转即活，就是快乐。”

杜南发借题发挥：“所谓快乐，不是大吃大喝有钱就很快乐，快乐是一个知足的状态，因为知足，才能从容而自在。但快乐和知足的前提必须是认真和清醒，认真才会明白究竟，清醒才能知道自己的状态，否则只是官能的堕落，心灵的失落。我做任何工作，包括收藏、写作，都是这个心态。”

他认为，金庸学识渊博，经史子集、释道儒庄、琴棋书画等均有涉猎，读他的武侠小说，心灵上必有收获。

2

再说因报而缘。

1993年，杜南发出任《新明日报》总编辑，和金庸通了电话。金庸在得知自己交往了10余年的新加坡朋友即将出任自己当年创办报章的总编辑时，特地致电恭贺了一番。

2011年1月初，金庸宴客，选了太古广场的一家食肆，请杜南发一家，倪匡夫妇和蔡澜作陪。杜南发已经是新加坡报业控股集团属下的《新明日报》总编辑。

席中相谈聊起往事，杜南发说：“查先生其实是《新明日报》的‘老爸’，很多香港人都不知道，他在这里即写即登了《笑傲江湖》呢！”

金庸与新加坡报业的渊源很深。杜南发记得，金庸在60年代初就跟新加坡的《南洋商报》合办一份《东南亚周刊》，逢星期日随《南洋商报》赠送。“这表示在这之前他们已有来往，因为出版一份刊物总要有一些沟通，特别是当年通讯不方便，所以金庸是一定会到新加坡来的。当时新加坡就两份大报，一份是《星洲日报》，一份是《南洋商报》，而《南洋商报》跟香港的关系比较深，当时它有驻港办事处，是《南洋商报》和金庸联系的一座桥梁。”他记忆里，这本周刊出版了两至三年。

因《南洋商报》，金庸认识了新加坡的驱风油大王梁润之。1967年，金庸和梁润之每人出资50万新元创办了《新明日报》，金庸担任社长。“新”是梁润之原本在当地创办《新生日报》的“新”，而“明”则是香港《明报》的“明”。杜南发说，很多人以为金庸是因为1967年香港暴动，他被列入暗杀名单才会到新加坡办报，其实那是时间上的巧合，据他所知，金庸在1965年和1966年，已多次到新加坡考察当地报业。“金庸是纯粹从一家报社要扩展业务的角度去看这件事。那时候，他已有跨界办报的概念，就是要走出来，扩展到境外。”

金庸后来接受香港“丽的呼声”访问时，曾谈到《新明日报》的经营方式：“我在中国香港经营的《明报》，平均日销九万份，星期日销十二万份，每个月颇有盈余。每个月拨一部分盈余到星马与梁润之先生共同投资经营《新明日报》，相信长期维持，不会有什么问题。（香港）编辑部来了一位总编辑，经理部一位副经理，其余人员都在本地招聘。将来我们在马来西亚联邦出版《新明日报》，公司董事会中有马来西亚的公民。……香港所供给的，只是一部分资金，以及副刊材料，和业务技术而已。”①

新加坡《新明日报》出版后不久，马来西亚版也出版了。最初，新加坡与马来西亚的《新明日报》共用同一版面，后来因两地政策不同，便分为《新加坡新明日报》与《马来西亚新明日报》，唯副刊、小说稿件仍是港、新、马三地共用。杜南发说，金庸认为在新马两地办报较香港困难，但创报不久，《新明日报》已是当地销量最高的三份中文报纸之一。

当时，《新明日报》所用的许多材料，包括副刊、中国动向的新闻特写等，都是中国由香港《明报》供稿。金庸原先是在《南洋商报》连载武侠小说《素心剑》（后改名为《连城诀》）的，《新明日报》创刊后，金庸便在

① 《金庸与〈新明日报〉》，金庸网2015年9月16日。

《新明日报》独家连载他的武侠小说，第一篇是《笑傲江湖》。为了让这份报纸更有优势，金庸甚至空邮最新的小说到新加坡，让《新明日报》比《明报》提早三天刊登。

70年代末期，新马两地政府修改法例，规定外国人不可以持有本地报章超过百分之三股权，金庸便把自己的股份全部卖出。

金庸外表严肃，似乎不苟言笑，其实是个“冷面笑匠”，在和好朋友相处时，常会爆出风趣笑话，也很重感情。杜南发记得，“有一回我和他及几位好朋友在珊顿道一家苏联餐馆吃饭，大家相约在菜牌上写留言，他写的竟然是‘请吃家乡菜’，签名‘查可夫斯基’，大家都笑开了。”

《新明日报》在2007年庆祝40周年时，杜南发带领当时的新明团队出版《新明日报》40周年典藏书《重新发现——城市新闻的时间旅行》，还飞到中国香港把新书送到金庸手上。他记得那时的金庸，行动时手持一支很精致的手杖。

2017年初，香港文化博物馆设置“金庸展厅”，展品中有一份金庸的《笑傲江湖》亲笔手稿，是杜南发奉献的。十多年前，杜南发筹备《新明日报》40周年庆典。有一位老员工为寻一本旧书，打开家中壁橱，从角落里掉下一个纸包。他无意中拿起看了看，用报馆电传打字机的纸包着的纸包上，写着《笑傲江湖稿》五个红字。拆开一看，竟是金庸当年的亲笔手稿。老员工将手稿全部给了杜南发，因为他不仅是《新明日报》的现任总编辑，还是文物收藏和鉴赏家，更是金庸的好友。[①]

杜南发见到手稿，心中一愣，一阵感慨。这批手稿，是金庸当年在新加坡续写《笑傲江湖》保留下来的，有十多天的发稿量，虽不是整部小说，但毕竟是金庸当年亲笔所写的手稿。《笑傲江湖稿》见证了金庸当年香港暴动时避祸狮城的动荡岁月；也显示作者创作时思路清楚、毫不凌乱、落笔严谨，具见睿思才情，是一份难得的文学记录。金庸在狮城创办《新明日报》的历史，人们都感陌生，而这批原手稿出现，见证了他和狮城的一段因缘。

那时候，金庸在新加坡住了整整一个半月，杜南发因而知道金庸在这段日子是怎样写小说的——此事是报馆前辈林玉聪告诉杜南发的。“那一个半月，金庸基本上天天都来《新明日报》，来往的路线就是报社跟酒店，当时总编辑怕金庸的小说内容会泄露出去，就叫小说版编辑林玉聪搬进总编辑的办公室。林玉聪看着金庸每天下午两点多回来，回来后就在沙发那边坐一坐、看一看报纸，然后到总编辑的位置开始写小说。”那时候金庸在写《笑傲江湖》，他把原稿纸平放在桌上，抽一根烟，构思小说，想好以后便开始

① 赵晓彤：《金庸星洲办报绝招〈笑傲江湖〉即撰即印》，《联合早报》2016年8月24日。

动笔，排字房的同事就在门口等候。金庸每天写三张原稿纸，每天非常精准地写1200字左右就停笔，写好第一张纸便立即交给排字房同事拿去发排，写好第二张纸又立即交给同事……“当然，同事排字后会打印出来给他看，但他的习惯是写完就停，没有多写，没有提早写，都是当场写，写完也不会重看——他的原稿改动很少，这表示他的思想很缜密。”杜南发说。

手稿的第一页是《笑傲江湖》第十四回《孤山梅庄》。几十年过去，薄薄的稿纸已经微微泛黄，而纸上的文字仍然干净清晰。杜南发小心翼翼地保存着这些手稿，如在保存一段新加坡报业的岁月，一段相识相知30载的情谊。

一次相遇，杜南发把发现手稿的事告诉了金庸，金庸很是高兴。杜南发笑言自己“吾生晚也”，来不及见证金庸在新加坡报业叱咤风云，也来不及与他共事。

不过，在两人的相处中，杜南发总是感到金庸十分关心报业的发展。有一次，金庸夫妇到新加坡，杜南发请他们外出吃饭，那时刚好一个报贩在卖《新明日报》和《联合晚报》，杜南发买了报纸送给金庸。金庸低头翻着报纸，说：“香港如果再出版这种报纸，应该会受欢迎。”杜南发点头同意。那是1990年，中国香港的夜报只剩下寥寥一两份，而在新加坡的晚报市场，却因为《新明日报》与《联合晚报》互相竞争，迸发出许多火花而令市场蓬勃。“我觉得当时香港仍是有晚报市场的——我说的是没有手机和网络的时代，晚上，香港街头人来人往，而且满街都是报摊，如果有这样一份报纸，内容又捕捉得好的话，是有市场的。”杜南发说。

杜南发说：“金庸是属于市场型的文人办报，早期的文人办报如梁启超、章士钊等都是为了推动政治或社会改革理念而办报，目的是政治和社会影响力而不是盈利。金庸是很清楚市场力量的，所以他最早创办的就是一份以中下层读者为对象的消闲性都市报，《明报》和新加坡的《新明日报》也是同样的考量，他是很精明的经理人，有现代经营理念，业务管理抓得很紧，连他的好友倪匡要加点稿费都得和他‘斗法’。《明报》后来成名的文化定位，当然和他是知识分子有关，但也是因时应势，是一种对市场空间的准确把握，有如苹果的神话英雄乔布斯把握人性美学的市场定位创新。”

3

然后说因诗而缘。

杜南发结识沈登恩、倪匡以后，近朱者赤，很快成了金学研究专家。

1986年，当台湾“远景”取得金庸小说版权后，沈登恩推出“金学研究丛书”，由旗下著名作家分别评论金庸小说，杜南发随同三毛、董千里、罗龙治等人参与主编五集《诸子百家看金庸》。

杜南发用一双诗人的眼睛发觉，金庸小说的成功就在于它大俗大雅，至幻至真，超越俗雅，充分地继承了中国传统形式的衣钵，发扬了其武侠小说的特质，成为20世纪最中国形式的小说。比如袭用了旧小说在行文时夹用诗词、歌赋、联句，在回目中使用对联、诗词，在语言上使用白话、夹用韵文等特点。金庸在行文时很会玩“花样”，像元好问的《摸鱼儿》、丘处机的《无俗念》、岳飞的《满江红》、李白的《侠客行》等都运用得浑然天成，毫无斧凿之痕。金庸在回目上为了小说的古典意境所做的装潢更是心机用尽，他在1978年10月《天龙八部》修订本的后记中写道：“曾学柏梁体而写了四十句古体诗，作为《倚天屠龙记》的回目，在本书中学填了五首词作回目。”他还颇费周章地在先祖查慎行的七律中选了五十行对句作为《鹿鼎记》的回目。不过，金庸也在几本书中没有坚持这种通俗文学固有的思维惯性，殊为恨事。尽管如此，金庸在回目上的成就还是鹤立鸡群，如《天龙八部》中：“燕云十八飞骑，奔腾如虎风烟举，老鹰小丑岂堪一击，胜之不武王霸雄图，血海深仇尽归尘土……”这一曲气吞万里如虎的《水龙吟》，于细微处峰回路转，英雄侠义与儿女情长互为映衬，真是“虎啸龙吟，挽巢鸾凤，剑气碧烟横！”

其实，杜南发原本就是一位诗人。他在新加坡南洋大学读书时，是“南大诗社”的早期社员，开始创作“诗乐”，是新加坡青年自创歌曲“新谣”的先声。他最为人所称道的代表作是1982年创作的《传灯》歌诗，由音乐家张泛谱曲。这首以诗入乐的经典作品唱出了南洋大学精神所蕴含的热情、魄力、坚定意志，至今仍是南洋大学校友大聚会以及南洋理工大学迎新活动常唱的一首歌。“每一条河，是一则神话，从遥远的青山，流向大海；每一盏灯，是一脉香火，把漫长的黑夜，渐渐点亮。为了大地和草原，太阳和月亮；为了生命和血缘，生命和血缘。每一条河，是一则神话；每一盏灯，是一脉香火；每一条河，都要流下去；每一盏灯，都要燃烧自己。”是啊，这条“河”，是中华文化的历史长河，这盏“灯”，是天下炎黄子孙的心灯。海外华人就是用这样的心态，战战兢兢，步步为营，绝不让手中的蜡烛熄灭。

这首歌诞生的年代，是新加坡南洋大学被迫“关闭”、南洋大学毕业生痛失“母校”、东南亚华人社会“心如刀割”的年代。《传灯》首次在新加坡“金狮奖”颁奖礼上唱出，过后却被新加坡人“选择遗忘”，倒是由当时出席仪式的几位中学生凭着记忆把歌词歌谱静静抄录。

1987年，大马华人面临历史上极其悲痛愤慨的日子，执政当局中具有邪恶议程的集团，联合偏激种族思维的政客，恶意挑起华人对大马的“效忠”问题，称华人是“外来者”“掠夺者”“贪婪的候鸟”等，漠视各族先辈共同建设大马的历史，在排山倒海而来的“造谣、诽谤、诬蔑、栽赃和围剿”中，华人在政经文教领域“节节败退、退无可退”，引发了令人遗憾的“茅草行动”，一百多位华社领袖和社会活动者身陷囹圄，至今尚未平反。就在这样的历史时刻，一首承载着500万华人心声和意志的《传灯》歌曲被华社选择和广泛唱响，从南边的新山到北疆的槟城，从西马的沿海城市，到东马的内陆市镇，华社每有文化活动，必定唱响《传灯》，许多人边唱边流泪，连续唱了三小时，仍旧意犹未尽。

2011年2月份新春期间，新加坡第39届妆艺游行中，从新加坡“出走”了28年的《传灯》，再次重返人民的视线，原作词人杜南发在节目中亲自朗诵当年的歌词，和谱曲人张泛生一起，完成了《传灯》的“返乡之旅”。这件“新鲜事”引起了金庸的兴趣，他写了一幅书法“诗圣主国，朱雀腾飞”，赠给杜南发。这是一个谜面，谜底是“杜君南发”。

一次，金庸在杜南发的办公室里，见墙面上挂着一副郁达夫写给郑子瑜的名联，“曾因酒醉鞭名马，生怕情多累美人”，也是因为机缘巧合，郑子瑜叮嘱家属在自己身后送给杜南发，这是杜南发的收藏里最喜欢的一件。金庸认为这副对联除了郁达夫的才气和透着性格的书法之外，最重要的是诗中的意气情怀，这两句诗与鲁迅的“横眉冷对千夫指，俯首甘为孺子牛”可以媲美，可以同誉为两大当代名诗佳句。

杜南发1998年出版古书画记《美的足迹》，他回顾人生，早期喜欢政治、经济、科技；大学之后开始写诗，后来到了报馆，也算跟文学在同一条线上；中年以后喜欢书画。在品评结缘的金庸等风流人物后，他感慨：“我比较兴趣于文人书法，包括信札，我觉得这里呈现的是一个文化的世界，读着这些书法和文字，除了欣赏书法水平，还可以感受文字性情，像一首诗一样在品评结缘的风流人物。这些前辈师友相赠的书画或来往信札，有些是当年保留，有些却是没有意识地留下来了，多年后才偶然发现，如金庸、古龙、三毛、蔡志忠、余光中、郑愁予、林清玄等，都是带有我生命经历和感情的记录。”①

① 李怀宇：《空碗似无是处，实蕴无限可能》，《时代周报》2012年4月5日。

金庸为他的武侠漫画站台助阵

——漫画界侠客李志清

有人说，一百个英国人心目中有一百个哈姆雷特，那么可以说，一百个中国人心目中必定有一百个郭靖、黄蓉——金庸小说中的郭靖和黄蓉。

李志清笔下的郭靖和黄蓉，就如他蘸在宣纸上的墨，在这二十多年的时间里，一点一点地晕出了不同的形状与味道。李志清记不得画了多少个郭靖、黄蓉和欧阳锋，可他觉得，他还能画出更多的、不同味道的郭靖、黄蓉和欧阳锋……

漫画版《射雕英雄传》到台湾发行时，金庸亲自赴台为李志清的签名会站台助阵。

说李志清是漫画界的“侠客”，一点都不过分，他的武侠漫画开创了一套独特的风格，把中国画的意境带到漫画中，用水墨重现迷人的江湖。

1

1996年春，香港，李志清寓所的电话声响起。

“你好啊，清儿先生。”是从北京大学打来的，一句清脆悦耳的女声，她是日本早稻田大学文学部的教授冈崎由美女士，也是李志清的漫画在日本走红以后最先结识的一位女翻译家。

“我在北京，做隐士，整天躲在校园里。”没有寒暄，冈崎由美直接说道：“我正在翻译金庸先生的小说，这套日本版金庸全集需要有封面、插图，我要漫画的，你想不想画？”冈崎由美是日本青年汉学家。

“当然，为什么不想呢？”李志清就这么爽快地答应了。

“是啊，我在日本看到你的漫画，很喜欢。”冈崎由美说。这年，作为交换学者她在北京大学待了一年，主持翻译金庸武侠小说，还专程去香港拜访了金庸先生，并为此专门组织了一个翻译组。她不无自豪地说："中国的武侠小说从来没有在日本介绍过，这是第一次尝试……我现在是日本第一个翻译介绍中国武侠小说的人。"

"那么，我会是第一个漫画金庸小说的人吗？"李志清问。

回答是肯定的。

两天后，李志清接到日本德间书屋打来的电话，正式邀请他为金庸全集的日本版绘制封面和插图。"那时候，我感觉自己就像中了六合彩一样兴奋，因为金庸是我的偶像。"于是，这个春天，李志清像笼中之鸟一样给锁在宿舍里，一边埋头阅读金庸小说，一边泼墨绘画。

年底，《书剑恩仇录》日文版出版，随后，德间书店陆续出版了金庸小说的日文版全集，并且多次再版。日本译者在翻译金庸小说的时候并没有按照中文版的卷数来划分，他们将自己划分的每一卷都取了个日本式的名字，各书章节的题目也与中文版不同。而李志清所绘封面和插图忠于原著，画风俊美细致。他将国画中的线条、用色、落墨技巧与漫画技法相结合，丰富画面的变化，达到情景交融的目的。

那天，金庸邀请李志清共进午餐。坐在金庸面前，他微笑地注视着这个传说中的武林大侠，说："查先生，其实我早该来拜会您了，只是俗务缠身，直到今天才有幸拜见，望先生谅解。"

金庸有点儿吃惊，从李志清进来的那一刻起，他已经仔细打量了一会，原以为这位在香港名声很响的漫画家会是一位老学究呢。

金庸伸出手握住了李志清，长久地注视着他的脸："其实我与你神交已久了，只是没有想到你还这么年轻……"黑色T恤、蓝色牛仔裤，戴黑框眼镜，面前的李志清，显得颇有文艺范儿。尽管作品蜚声中国香港、台湾及日本等地，不过，因为他比较低调，他的名字很少见诸报端，所以，两人所处一地，金庸还是第一次见他。

李志清笑了笑说："也不小了，三十五岁了，我实在不想让一些媒体记者把我抓了去解剖研究。"

金庸哈哈一笑说："我都想把你解剖来研究研究呢。今天终于见到你了，我很高兴，哈哈。"

"您不用解剖，其实我很想把自己推销给您。"李志清滔滔不绝地说起了自己的学画经历。

李志清是香港人，1963年10月20日生。八九岁开始学画，一开始学临摹，追求的是神似，那时，他很喜欢美国画家安德鲁·怀斯的蛋彩画，觉得很写实。至今他还记得第一次被画感动的情景。那是14岁的时候，他在图书馆翻到了美国写实派画家安德鲁·怀斯的画册，每一个人脸上的表情都那么真实。看着画中人的动作表情，李志清感觉浑身毛细管都在扩张："我没有办法忘记那时的感觉，我觉得，我也要画那样的画。"①

当时，在香港，人人都爱看漫画，对漫画的需求自然也大。18岁的时候，想做"艺术家"的李志清寄了作品到漫画社，以漫画助理的身份加入了"艺术圈"。两年后，李志清升为漫画主笔，开始自编自导自己的漫画。其中，他创作了大量融合了鬼怪与武侠的漫画如《怪异集》《惊神》《烈神》。之后他又不断进修，既完成西洋画课程，又先后跟随三名水墨画家和书法家学习。

"我从1981年开始画漫画，不同类型的都有，但是没有机会接触武侠漫画创作。我跟公司管理的人说，我想画武侠漫画，我可以让武侠里轻功很好的人物与鬼怪比武，公司觉得这个点子不错，就接受了。这样，我画的漫画有鬼怪也有武侠的元素。"李志清说。

后来，李志清成了香港漫画界有名的"鬼古王"，他融合鬼怪与武侠的漫画《惊神》《烈神》《鬼异传奇》等在香港颇有影响。但李志清没有被市场喜爱鬼故事及搞笑漫画框住，他自辟新途，尝试把水墨画与钢笔漫画融合。最初，他为台湾真善美出版社绘画古龙小说的封面。除了漫画，他也热爱水彩画和水墨画。1992年，李志清曾经凭一幅水彩画，在香港"当代艺术双年展"中获奖。

"画了几年，一名日本出版家到香港来，看到我的作品，希望我和他们合作。当时我画了很多历史题材的作品，比如《三国志》《孙子兵法》等，但到这时候还没有创作武侠漫画。直到去年，一位日本女士寻上了我，她是翻译金庸武侠的教授，就找我为日文版金庸小说画了插图。"说着，李志清喝干了金庸为他斟的一小杯白兰地酒。

"在香港，我很小就在看您的武侠小说，大概十多岁就开始看了。您的小说都是表现武侠的精神。"李志清说，"在日常生活中，也有一些武侠的元素。在我的生活中，会接触很多武侠的东西，比如我住的地方就有一个武馆。后来，李小龙的功夫出现了，再后来表现武侠题材的电影、电视、漫画开始流行。武侠其实讲的主要是人的情感故事，人的侠义精神，有人性的元素在里边。"

① 颜亮：《金庸、古龙"御用"漫画师李志清》，《南方都市报》2013年8月21日。

这一顿午餐，李志清似乎身在云里雾里，有一种升腾的感觉，只记得金庸为他签了名，在他的书上写下了一行字：“飘逸画笔，图风云人物”。

2

1997年7月，香港回归中国。

香港北角渣华道191号，明河社。金庸坐在办公室的转椅上，目光盯着桌面，上面摊着几册日文版金庸小说，李志清的插图醒目地展开着。

李志清轻步入内，“查先生，您好！”说着，他深深地向金庸鞠了一躬。

“不必，不必了，愧不敢当啊！”金庸谦虚道，“我的若干部小说译成日文在日本出版，得到相当满意的反应。这些日文版由李先生绘画插图，颇受日本读者的喜爱，认为比之一般日本漫画更为细致及生动，他们还认为画中人物比之日本漫画人物更加英俊美丽呢。”

“谢谢查先生，”李志清依然谦卑地说，“其实您才是我的偶像，不是我画得有多好，是您作品中含蓄内敛的古典气息感染了我，您的小说才是我取之不竭的灵感源泉。”

金庸请李志清落座：“你不必这么谦虚，在香港，你的漫画本身就是一面金字招牌了。你能替我的小说绘画，我还是要好好感谢你！”

金庸自从1993年宣布辞去明报企业有限公司董事局主席职务以后，将办公室挪在了明河出版社。

金庸重新欣赏起桌面上的图书插图，他觉得，李志清画的人物是很传神的：黄蓉穿着一袭白裙，荡着一叶扁舟去见郭靖，一叶扁舟从水中若隐若现，如幻如梦。李志清写有旁注：“红梅白雪，一叶扁舟徐徐荡来，白茫茫中，白衣仙女下凡如梦如幻，傻兮兮的郭靖看得呆了。”金庸说：“傻兮兮的郭靖，说得多好，画得真是有趣！”

金庸笑得很爽朗，然后问：“你的画究竟属于哪个流派的？”

李志清答道：“八九岁学画，一开始学临摹，追求的是神似，那时很喜欢美国画家安德鲁·怀斯的蛋彩画，觉得很写实。后来学水彩画，追求的是色彩，这时期又偏爱印象派。最后又突然爱上中国水墨画，尤其喜欢八大山人和石涛的作品。后来，我读日本漫画，像藤子不二雄（《机器猫》的作者）、池上辽一（《男组》的作者），还有中国香港的漫画作品。许多东西不停地吸收，融会贯通后，不知不觉就受了影响。许多东西其实是潜移默化的，并非因为崇拜某人或觉得某个流派好直接套用就行了。看多了，自然就会在不知不觉间拓宽自我的视野。”

金庸接过话题：“我小时候读《三国演义》《水浒传》，喜欢找有插图的来读，因为中国古典小说写人物不直接叙述其内心，单凭言语动作，人物精神自出，这是戏剧的手法，漫画小说将这些言语动作用图画展现，戏剧和漫画只表现角色的言语及动作，但内心生活自然而然地显露出来。这是中国古典小说的高度技巧。”

李志清点点头，说：“是的，我在学习香港电影中的分镜处理场面，打斗充满动感，加上以中国历史故事做题材，努力让漫画的每个画面传递出人物的精神面貌。”李志清喜欢李安执导的香港电影，那种说故事的视角，那种纯粹的武侠世界，正好和他画漫画的理念不谋而合。“如《卧虎藏龙》里的武侠意境，无论竹林里的追逐，还是飞檐走壁的轻功，都是实实在在的武侠世界，很美，没有任何过度的元素。”

金庸听着，不时地微微点头，突然郑重地说道：“志清兄，我和你不是粉丝与偶像的关系，不是的，我们是合作伙伴。”

“这……”李志清望着金庸，不得要领。

金庸笑了笑，“不错，今天我是跟你商量合作的，是这样的，这些年我修改小说，有修改就得有出版，除了出版新的全集，还得出版漫画版的新专辑，然后参加香港书展。由于时间紧迫，我手中的人才吃紧，所以想请志清兄帮忙，介绍一位德才兼备而且会漫画的人，最好是在日本得过漫画大奖的人一起主持出版公司的运作。”说完，盯着他的脸看。

李志清眉头一皱道：“您不是已经有一家出版社，还想再开一家？看来您对香港的图书市场信心十足啊！”

金庸道：“不，我看好的是你的漫画。我觉得，武侠加上漫画，出版业会做得更好，是有前途的，往后我还有一些图书出版。你来吧，与其让你介绍他人，还不如你来一块做，你来吧，做我的合作伙伴。”

李志清沉吟了一会：“呵呵，赶鸭子上架啊，我都想不出来拒绝你的理由了。”无意中，他将“您”改成了“你”。

金庸又说：“至于全集的新版本，我等一下把中文版留给你，如果你认为还过得去，就可以着手画插图了。”说着打电话召来了潘耀明。

1998年初，李志清与金庸的明河社合组明河（创文）出版社。

1999年，李志清将百多张为金庸日文版所画的插图出版成《李志清侠士图》，很快成为广大金庸迷的珍藏。2002年，漫画版《射雕英雄传》出版，这是李志清自组公司推出的第一部漫画，他先用铅笔勾勒出夕色外形，然后再用笔落墨。他的表达手法除了运用丰富的电影感分镜外，更糅合中西甚至国画的表现手法，描绘细腻。因此，2001年4月23日，该漫画在台湾地区发行，金庸还亲自赴台为李志清的签名会站台助阵。[①]

2004年，漫画版《笑傲江湖》出版，作品中洋溢着浓厚的东方情怀，将国画中的线条、用色、落墨技巧与漫画技法相结合，丰富画面的变化，达到情景交融的目的。淡淡的水墨画风格更是深得中国传统文化的精髓，与金庸作品中含蓄内敛的古典气息相得益彰，江湖人物以一种全新面目展现在读者面前。他的画要读，要听，也要品，因为里面有情境，有乐趣，更有意境。

李志清说，金庸是个很谦虚的人，在给他的信中都会称他为“志清兄”。而且，金庸从不会对画提任何要求，放手让李志清画。“我只记得他唯一的要求是，漫画版要尽量忠于原著，少改动。”

尽管金庸对李志清的画没有提过任何要求，但这份信任也让李志清倍感压力。每次提起笔来画金庸人物，哪怕是画过上百遍的人物，他还是会默默回想书中的情节，甚至有时候还会重新看一次书来寻找灵感。“其实书里关于每个人的外表描写都大同小异，不同的是情节塑造出来的性格和气质，这才是突出这幅画的关键。”比如，怎么画出张无忌和令狐冲的区别？李志清会想象，张无忌是个优柔寡断的人，出门前也一定会多照几次镜子，打扮得整齐才出现。而令狐冲就是个潇洒不羁的人，并不太在意自己的形象。所以，画令狐冲的时候，往往是凌乱的长发，有几根头发会随风飘起来；而张无忌，头发肯定是梳得整整齐齐，没有凌乱的发丝。“张无忌会不会有根飘出来的头发，就这个问题我也会思考半天，这些细节才是画的精髓和精神。如果一百幅画都千篇一律，每个张无忌都一模一样，那是叫匠气，而不是艺术。”[②]

金庸很少说好和不好，但每次李志清寄给金庸的书，他都会看完并题字。某一天，李志清突然收到金庸寄来的新作《金庸散文》，扉页上写着：“李志清先生，可惜这本书没有你的插画。”这番话，让李志清一直感动至今。

3

2007年，李志清44岁。

6月里的一天，李志清正和太太、朋友吃饭，突然接到了日本驻香港领事馆的电话，说他的作品获奖了。当时，他一下子没反应过来，只是很机械地

① 姜梦诗：《金庸先生首肯的漫画家》，《晶报》2012年3月10日。
② 梁静：《李志清：张无忌会不会有根飘出来的头发？》，《新快报》2014年8月14日。

说着“哦，好的，谢谢”。朋友好奇，问他怎么回事，他回答说：“日本那边说得奖了。”大家继续吃饭。

过了一阵，李志清突然反应过来，日本外务省主办的首届国际漫画奖可是有着“画坛诺贝尔”之誉。“啊！！我得奖了！”朋友们也终于搞清了情况。原本一场普通的聚会，因为这个“天上掉下来”的喜讯，而变成了一场小型的庆功会。

7月2日，李志清在东京出席了“国际漫画奖”的颁奖仪式，李志清的漫画《孙子兵法》，在146部作品中脱颖而出，获得最高荣誉之“最优秀作品奖”①。

1990年，一个日本编辑在书摊上看到了李志清的漫画，并被这种融合了中国传统水墨的画风所吸引。当时他们正打算在日本推出中国的四大名著漫画，正在物色人画《三国志》，李志清偏古风的漫画正切合他们的需要。在这个契机下，李志清在日本推出了《三国志》《孙子兵法》等漫画。

《孙子兵法》改编自中国兵法家孙武的同名兵法书，描述兵书背后的传奇故事，10册分别以作战、谋反、军形、兵势、虚实、军争、九变、行军、地形、九地、火攻、离间等兵法名命名。李志清用深入浅出的笔调和强烈的节奏感，描绘了中国春秋时期军事家孙子的一生。为画好作品，李志清反复阅读《孙子兵法》原著，并下了很大工夫研究孙子的生平。他以出众的水墨画画风表现故事内容，传递人物精神。如伍子胥鞭尸一幕，为反映其复仇心态，他绘画时把人物的眼神刻画得特别凶。而孙子的性格是“攻心计、有智能”，作品要表达其内敛的神情。

2006年9月，日本将《孙子兵法》的前两册翻译成日文并出版，并在10月到12月又出版了第三册到第五册。这套用中国传统水墨技法精心绘制的漫画至今已在日本卖出了数十万册，这样的成绩让不少日本漫画作家羡慕不已。

“李志清开拓出一套独特的漫画风格，以中国水墨结合现代绘画风格，演绎中国传统历史。”日本读者这样评介李志清。李志清获奖，在香港也引起了不小的震动。文化评论员彭志铭说：“李志清以出众的水墨画画风在港漫画界鹤立鸡群。他采取香港式电影分镜处理场面，打斗充满动感，加上以中国历史故事做题材，故可力压外国对手。”

在日本游学了10天，一回到中国香港，李志清马上赶往北角渣华道，拜访好几个月不曾逢面的金庸。2007年5月，金庸取得剑桥大学历史硕士学位，他亲赴剑桥领取学位证书。随后赴台湾，参加政治大学八十周年校庆，访

① 谢哲：《李志清：水墨漫画新风采》，《羊城晚报》2009年6月12日。

友、演讲，不在香港，李志清不曾告诉他获奖消息。

“我在台湾，看到你1995年出版的漫画书《孙子攻略》，还听说获得台湾的小太阳奖。没想到，《孙子兵法》也在日本拿了大奖。说实话，我当时很惊讶，我甚至不相信香港漫画能够打入日本市场，但是我读过你的书以后，我发现我错了。噢，香港漫画通常给人武打过多的印象，但《孙子兵法》颇具故事性，又是日本人熟悉的题材，非常符合漫画可以给人感动、让人类历史更为丰富的特质。”

金庸侃侃而谈，在朋友面前，他是一个很健谈的人。

李志清说，在日本的10天里，与日本漫画家们恳谈交流，还参观了东京秋叶原等地，访问了日本“漫画之父”手冢治虫博物馆，这令他受益匪浅。

他对金庸说：“我比较喜欢旧的东西，像古董等；有些人认为古装没什么好画，但我却不同意，像造型、背景等都可以充分发挥作者的风格。此外，我的性格有时也很多愁善感，所以我也喜欢写情。”李志清作品中洋溢着浓厚的东方情怀，如果说《孙子兵法》画集体现了中国人在战争中的谋略与智慧，那么《射雕英雄传》中所画的便是中国人那种豪气千秋、为义舍身的情操，这正是中国传统文化精神的精粹。

无意中，两人探讨起了香港漫画的前途问题。

金庸问：“目前香港漫画发展遇到瓶颈，你怎么看？”

“不仅是中国香港，漫画大国日本也这样，他们的漫画杂志下滑得很厉害，因为大家慢慢都喜欢到互联网或者手机上去看漫画了，这是时代的转变，没有谁能够抗拒这个潮流。”李志清说，“要使香港漫画从固有的形式中走出来，我以为是为漫画注入艺术元素，比如将国画中的线条、用色、落墨技巧与漫画技法相结合，丰富画面的变化，达到情景交融的目的。”

金庸又问：“你是说漫画可以离开武侠？”

“对，眼下的香港漫画市场急需寻求新的转变和突破，无论题材或形式，才能开创新的局面。年轻人的口味和以往其实没有太大的不同，内在元素不外是历险、友情、爱情或励志之类，只是时代改变了，需要不同的表现形式或包装。”他说，“1997年香港回归后，香港漫画就开始了‘北上’进程。中国内地是一个庞大市场，所有的香港作者都希望自己作品在这个市场上流传。”

李志清这样说，也这样做了。由金庸亲笔授权，他创作了10幅《天龙八部》经典人物个性化邮票图，并配以“琴棋书画”等多套高价值邮票。

“中国武侠第一品牌”广州市朗声图书的编辑部，征得他的特别允准和支持，授权使用他的经典金庸武侠人物画，用以制作个性化武侠台历。

李志清的金庸武侠台历

2013年8月19日，李志清带着他的《射雕英雄传》《笑傲江湖》等作品，来到广州琶洲会展中心“武侠馆”与读者见面，同时展出的还有《古龙精品集》，在这套精品集中，李志清专门重新绘制了封面及一百多幅插图，他还带来了以金庸为主题的景德镇陶瓷画，让武侠迷大饱眼福。

李志清是古龙和金庸的“御用”漫画师，与两位武侠大家均有数十年的合作。在介绍该如何画武侠人物时，李志清称，金庸与古龙的武侠世界完全不同，相对于古龙作品中的人物，金庸作品中的人物更容易把握。“《射雕英雄传》里每一个角色都是一个脸谱化的角色，就像《三国志》一样，谁是忠，谁是仁，谁是奸，都是很清晰的，就像写在脸上。东邪西毒，南帝北丐，在我早期读小说的时候，脑海里已经形成了初步的印象：郭靖是侠义正气，令狐冲是潇洒。例如郭靖的精神面貌比较正直老实，他的外形由于是漫画载体，我需要做美化处理，塑造出英俊帅气的漫画角色来吸引一般的读者。其实我们更多的是把握角色的精神和内在灵魂的感觉。古龙笔下的人物就相对飘忽，难以捉摸，这对于我创作是有好处也有坏处，好处是你可以天马行空地运用不同的表现手法表现一些较抽象的角色，可是这就未必符合每一个读者心目中的角色形象。”

有人调侃地问他：“金庸先生有没有否定过你的创作呢？”

李志清爽朗地说道：“他没有，由于载体不同，漫画必须在小说情节的基础上进行再修正，漫画需要因应情节的节奏来创作出高潮，针对不同的载体发挥特长，但我们不会修改原著的精神。记得有一次我跟金庸先生一起吃饭，他只说了一句‘尽量少改动我的作品’，我就回答，‘查先生，不好意思，由于是漫画的载体，我不得不做了些许的改编。’”[①]

李志清谈到，“当前在香港，为武侠作品画插图的漫画家，数量其实非常少。”究其原因，李志清说，首先，想要拿到金庸或古龙的授权就非常难，以金庸为例，目前仅有董培升和他获得了授权，如果没有授权，在香港，任何漫画家都不能以此为素材创作。除此之外，李志清也谈道：“很多年轻漫画家都喜欢把一些流行元素直接加进去，既不耐看，也不可能真正长久地流传下去。”李志清强调，香港漫画跟香港的武侠作品一样，都产生于香港特定的环境和时代，有自己的特色，如果仅是简单模仿日韩漫画，肯定会格格不入。

早在2005年，上海文艺出版总社就与金庸达成了初步意向：将《天龙八部》《神雕侠侣》《倚天屠龙记》《笑傲江湖》4部金庸武侠小说的漫画改编、出版、发行等图书版权授予上海文艺出版总社。漫画版金庸作品同样由香港漫画家李志清绘制。

2014年7月，《水墨金庸——李志清画集》由广州中山大学出版社出版。画集精选李志清在不同创作时期所绘制的经典作品，囊括金庸小说漫画、金庸小说插图及封面、大幅山水墨画等190余幅，妙手丹青，令人回味。同时集结了作者的感性随笔、对谈畅言等文字资料，图文并茂，从多个艺术角度反映出作者在绘画领域所取得的成就，以及其不断成长创新的心路历程。

李志清觉得，为金庸小说画封面、漫画、插画，都有一定的目的性，他希望以一种更自由的形式去创作。近年来，他开始了更多在漫画、插画之外的创作，一幅长达两米的“红花会”水墨画更接近他心目中的“无所为而为”的理想境界。

2017年9月29日，李志清获得第14届中国动漫金龙奖中国动漫杰出贡献奖。

① 左洁琼：《他用传统水墨征服日本漫画》，《广州日报》2013年8月24日。

和邻居金庸纹枰论道

——“天煞星”刘小光

在中国围棋界，曾几何时，刘小光九段是与聂卫平、马晓春并驾齐驱的顶尖棋士。与聂卫平的厚重稳健、马晓春的轻灵飘逸棋风比，刘小光的棋自成一派，以攻杀凌厉、算路精细著称，常“于无声处听惊雷”逆转翻盘，人送绰号“天煞星”。

刘小光与金庸相识30年，对局无数，是友人之间的以棋交心。他说：“现在金庸先生经常跟我下棋，他是我最好的棋伴。”

1

刘小光说：“我与金庸认识有30年了，最早‘新体育杯’围棋赛中，金庸前往桂林观战，结识了不少国家队棋手。金庸还拜聂卫平为师，请陈祖德和罗建文上他家做客，陈祖德是我的师傅，曾在金庸家养病半年。”[①]这样，刘小光也常去金庸家了。由新体育杂志社主办的“新体育杯”围棋邀请赛是中国围棋史上第一次由社会赞助方式举办的围棋比赛。金庸曾积极支持、赞助这项新闻棋战，两次请决赛赴香港举行。

1984年11月初，正在北京等地参观访问的金庸来到了广西桂林，出现在第6届“新体育杯”围棋邀请赛上。在弈春棋院，聂卫平将刘小光介绍给金庸：“这位大个子就是刘小光，他的棋风刚劲勇猛，很会攻击和杀棋。”在1980年的第一届全国棋类联赛上，第一轮刘小光赢了久负盛名的陈祖德，第二轮遇上了已蝉联四届冠军的聂卫平。聂卫平的黑棋自开局后一直逼压着刘小光，但他在中盘时一步随手，却被刘小光抓住了机会展开攻击，从而扭转了颓势，结果以中盘取胜，刘小光获得全国个人围棋赛冠军。刘小光身高一米八二，因而，聂卫平给他起了外号“重锤”，意为他像一个手抡重锤的力士。

① 郭婷婷：《三位九段神侃金庸》，《北京青年报》2010年2月10日。

聂卫平告诉刘小光，金庸是出了名的棋迷，在他的武侠小说中有多次精彩的围棋描写，其中最有名的是《天龙八部》中的珍珑棋局，逍遥派掌门人无涯子整整花费三年时间，摆出一个“珍珑棋局”，令其弟子苏星河守擂。30年过去，黑白两道高手无人能解，最后，竟被虚竹闭着眼以“自添满（自杀一块解放全局）”的手段胡乱撞开。

刘小光说，国家围棋队有不少金庸迷，他也是，最早看的就是《天龙八部》，和几个伙伴还摆过珍珑棋局，可是怎么也摆不成。虚竹所走的地方属于禁着点，按照现行中日韩围棋规则，是不允许在禁着点（棋盘上的任何一点，某方下子后，该子立即呈无气状态，同时又不能提取对方的棋子）填子的，如果非要走，中国规则规定要立刻拿起来，停一招棋，罚子，并警告一次，因此这样的棋局是不合理的。古代围棋虽然没有白纸黑字的围棋规则，但也约定俗成不能在这种地方行棋。

刘小光问金庸：“珍珑棋局中劫中有劫，既有共活，又有长生，或反扑或收气，花五聚六，复杂无比，这样的珍珑是否真的存在呢？”

金庸笑着说：“这局珍珑，应该说是一种美好的想象。小说不可信，我乱写的。”

这几年，金庸时常把书送到国家围棋队，李小光等年轻国手每天躲在被子里，打着手电看他的书，抢到第二册的人一般会比较惨，得倒着看。

刘小光诧异：“你在小说中写了许多名胜之地，为什么对桂林只字不提？”金庸说：“桂林山水甲天下，大家太熟悉了，我怕弄巧成拙闹了笑话。”

几日后，围棋邀请赛的预赛从桂林移向广西柳州。刘小光对金庸说：“您在小说里不提桂林，为什么要在《鹿鼎记》里反复提到柳州，我记得，您写了在柳州的赌坊里，双儿与韦小宝久别重逢，而且奋不顾身地救了韦小宝，两个人平生头一回说起了情话。”金庸说：“其实，康熙年间的柳州只是个很小的地方，地方小，韦小宝带着两千逃兵涌到这儿，才会发生许多乱七八遭的故事。”《鹿鼎记》里写了赌坊，还写了妓院、天地会等。

在柳州，刘小光与马晓春相遇。棋局在难解难分之际，刘小光为了抢目数，一块棋补活补错了地方。但马晓春并没有马上吃它，而是在另一处刘小光的阵营内大走无理棋，结果进入的五个子全被刘小光擒获，正当刘小光扬眉吐气之际，马晓春再回过头来妙手一点，把刘小光的棋杀了个“拳头六”。刘小光见状懊恼万分，嘴里直嘀咕：“这块棋我补对地方，你输多了。”马晓春回击道：“你若这里补对地方，我那里就不会故意损那么多了。”刘小光一听鄂然：“既然你早就看出我的棋不活，还绕圈子干吗？”

马晓春坏坏地一笑："我想让你先上天堂，后下地狱，这样的教训才深刻。"顿时刘小光噎得喘不上气来。

一旁，金庸引用《天龙八部》中慕容复与鸠摩智对弈时的一句话："慕容公子，你连我在边角上的纠缠也摆脱不了，还想逐鹿中原么？"刘小光一愣，心中突然明白，金庸以棋道来暗喻各大高手的功力所在。看来没有刀光剑影，但棋盘上厮杀同样斗智争雄，威震武林。

12月中旬，"新体育杯"的决赛在香港金庸的家中进行，刘小光获得决赛权。

那年，陈祖德正在金庸家养病。陈祖德是刘小光的师傅，刘小光问候师傅以后，趁着棋赛间隙，与金庸一边品茶，一边聊起了他与陈祖德的知遇——

"1960年3月20日，我出生在河南省开封市一个普通知识分子家庭。家里从没有人接触过围棋，我的父母恐怕怎么也不会想到自己的孩子会成为一名专业棋手。父亲是山东人，解放前在重庆读书，后来到解放区参加了革命，长期从事教育工作。但在我来到人世间之前，他已被划为右派。读小学五年级的时候，班主任老师是一位围棋爱好者，课余常常教我们下围棋，纷繁多变的黑白子立刻迷住了我们，放学后，几个同学常聚在教室里混战一阵。

"13岁那年，我才开始学棋。半个月后，开封市举行了一届少年围棋比赛。老师为我们几个跟他学棋的同学都报了名。1974年10月，我被调入了河南省围棋队，开始了我的专业围棋生涯。这时，我14岁。在这期间，原国家围棋队的国手们应邀到开封来讲棋。那是初冬的一个晚上，我们聚在开封十四中的一个教室里，听陈祖德老师讲解他与日本东京人的一盘对局。这是我第一次接触专业棋手们的对局和聆听高手的剖讲。在这之前，我还没有经过任何一位专业棋手的指点。可以说完全是从家庭、街头式的业余棋摊上杀出来的，缺乏围棋最基本的常识，还在围棋艺术这座迷宫的大门外转圈。陈祖德老师向我展示了围棋的另一种境界，激发了我的追求。1976年我到北京后，真正开始跟陈祖德老师学棋。

"1980年初秋，第一届全国棋类联赛在乐山举行。比赛分围棋、中国象棋、国际象棋三个赛场。预赛中我的成绩一直不错，连过数关闯入了共有12名棋手的男子甲组，获得了争夺全国前几名的资格。对这次比赛我憋了一股劲，准备放手一搏，但也没有抱太多的奢望，因为在这以前我还未进入过全国前六名的行列。我的第一轮对手就是久负盛名的陈祖德老师。徒弟与师傅对战，这无疑是一场重大的考验。要实现我的梦境，陈老师当然是一座必过的严关，因而也就自然成为我的重点进攻对象。我曾想多次与他交锋，却没想到在这届比赛中会碰面的这样早。虽说陈老师和我都喜攻善杀，但他不但在布局、序盘中明显强于我，而且在中盘力量上，也比我更富经验，远为灵活。我曾与陈老师下过不少棋，却很少有获胜战绩。对手实在是太强了！这盘棋我执黑先行，尽量缩小与他在序盘中的差距，并伺机切断了白棋的联络，主动挑起了中盘战斗。由于我咬得很紧，使一大块白棋难以脱身，从而把棋纳入了自己比较擅长的强击轨道。经过一天的激战，当陈老师终于停钟认输时，我心中一阵狂喜，随即一股酸涩。听着陈老师祝贺的话语，看着他疲惫的面容，我喃喃无语。这时我尚不知陈老师已身患癌症，还是抱病上阵，也不知道这次比赛将是他在棋坛上的最后一次拼搏。一个月之后，他就在成都吐了血，被送进了医院。如果知道了，我的歉疚感会更为强烈……"①

后来，陈祖德在生命的最后一刻，把自己未完成的《中国围棋古谱精解大系》交给了刘小光，希望徒弟能按照他的思路写完并留给后人。金庸得知此事，当面问刘小光有何打算，刘小光回答："陈老生前一直坚持做着少有人问津的古谱整理工作，他甚至为写棋谱而放弃安乐死的想法，他是在与时间赛跑，孜孜不倦地做着围棋古谱整理研究工作。我一定继承陈老的遗志，续评古谱。"

在金庸家里的决赛，刘小光锤子举得太高了，结果一击不中。然而，此后却佳绩连连。在1987年第三届中日围棋擂台赛上，刘小光取得了四连胜的佳绩，又在1988年中日对抗赛上取得了五胜二负，并且在1988年年初将当时中国围棋的两大头衔"名人"和"天元"集于一身，成绩十分出色。有鉴于此，中国围棋协会于1988年特批刘小光由八段晋升为九段。

2

如今，在刘小光香港家中的墙上挂有一副金庸亲笔题写的喜联："幸有成算，佳着连发，开局长考布铁壁；小飞突进，光照全盘，收官妙手越金城。小光师兄苦追夫人多年终成佳偶，历劫长生诚可喜可贺也。金庸敬贺，辛巳年秋日。"

2001年9月，刘小光与曾是职业四段棋手的幸佳在美国完婚，两人原本计划上世贸大厦观光，但因中途有别的事情耽误了，没想到躲过了"9.11"大劫难。幸佳个头高挑、容貌秀美，以前是湖北队的职业二段棋手，现居香港，从事金融工作。第二年，刘小光的儿子出生，刘小光请金庸取名，金庸取名

① 刘小光：《风雨棋魂》，围棋吧2014年4月13日。

为“刘观谦”，观谦二字源自《易经》，为“谦虚做人，懂得进退”之意。

刘小光说：“我与金先生交往很好，我们经常一起吃饭，一吃就是3个小时。”刘小光与幸佳成婚后，差不多每月赴香港探望妻子。刘小光在香港的家距金庸家仅隔一条街，遂常常登门拜访金庸。

在金庸家，刘小光说他们夫妻和金庸之间对局无数，有时让四子或五子，有时干脆分先下，有时下联棋，金庸和幸佳合起来对刘小光。年过八旬的金庸下的是快乐围棋，并不在乎胜负。

2007年7月末的一天，刘小光一家三口再次做客。金庸亲自来为他们开门。一见面，刘小光夫妇最明显的感受是，金庸的精神状态特别的好。刘观谦抢先说了一通父母事先教好的感谢之词，刘小光夫妇顺势为儿子的名字向老先生表示感谢，金庸笑道，“这样一辈子谦虚点比较好”。5岁多的活泼可爱的刘观谦已经开始在香港儿童棋院学围棋，但在棋盘前面，刘小光拿他一点办法都没有。每当他发表意见，儿子就小手一挥，“你说的不对！老师说应该这样下！”然后把他摆的变化都划拉成废墟。

金庸将刘小光一家三口引到楼上书房。金庸的书房在靠近大海的一面。金庸是一辈子离不开书，所以这里就是他的生活中心，书房约有一两百平方，四面全是书柜或是可以放书的家具。在靠近落地窗户的旁边，早已经摆设下了棋桌和棋具。

一如行棋定式一般，金庸和刘小光摆开了棋局。一看见幸佳，金庸就说：“咱俩一边，一人一步，合伙把小光打倒。”于是，就发生三人下一盘棋的事情。

遇到幸佳长考，刘小光左磨右蹭，等得不耐烦了，忍不住要催她快点。而金庸总是正襟危坐，不急不躁，儒雅风范，搞得刘小光不好意思了。

就算是两人联手，得胜的一般都是刘小光，即便如此，金庸还是乐此不疲。

一局过后，幸佳不禁夸奖金庸，“您的棋，棋感非常好！棋型、定式都在位，看来这跟您看的棋书多有关系！”金庸闻听此言很高兴，他的夫人轻轻走到他的身边，用手背贴了贴他的脸颊，像是赞许和鼓励。刘小光羡慕地说，那个不经意的动作在夕阳下显得特别的温馨。

棋后，金庸和夫人一定要留刘小光夫妇吃完饭再走，这也是到他家下棋的规矩之一。大家坐上了金庸的大奔，到了香港中环香格里拉饭店。

餐桌前，刘小光和金庸先聊了很多棋界的事情，金庸对棋界的事情相当的关心，彷佛大小事也似乎都很“门清”。说到棋院有个非常有名的女棋手叫芮乃伟，她的外号就叫“梅超风”，因为眼睛高度近视，棋杀的也很厉害，所以棋院的人就把她和金庸笔下的梅超风联系在一起。没想到金庸和他太太都知道这个人，特别是金庸太太，一直在追问这个“梅超风”和谁结了婚……

闲聊着，等着饭菜上桌。金庸说：“围棋大家都是我的老师和朋友，我拜聂卫平为师，还想拜马晓春为师……”

说到马晓春，刘小光说：“他不能算我的朋友，但是我们却最亲密，我跟他在一起的时间比跟家人还多，我们都非常熟悉对方，我们之间开玩笑是充满智慧的，而且是什么玩笑都能开的，他是我最亲密的敌人。”幸佳跟马晓春也很熟。刘小光结婚时，马晓春给幸佳发去一个短信：“四种男人不可嫁：拖家带口型，多情种子型，生性吝啬型，头发稀少型。”把刘小光气得够呛，恨恨地说：“尽管如此，最后和她结婚的还是我。”后来，马晓春说：“这个短信我和你老婆进行了探讨，虽说四条不见得都对，但有三条半肯定是对了。”

刘小光说：“《笑傲江湖》中的黑白子也是下棋的，不过这是一个反面教材。黑白子沉迷于棋，而且以棋盘为武器。我想黑白子之所以安于在梅庄韬光养晦，主要还是因为带着个大棋盘行走江湖不太方便。”

相谈甚欢，幸佳问起金庸在剑桥读书一事来。金庸回答，剑桥放假，他也回了中国香港，10月还要去上学。刘小光好不吃惊，“您这么高的学问还要读书？您前不久不是去北大演讲吗？”金庸笑道：“我想到北大去读，这次回来就是也想找人商量一下，看剑桥的学位能否到北大或在西安院校完成。”金庸之所以想在北京或西安继续学业，是因为在他看来，北大的书多，人才多，好研读；西安的古迹多，研究起来方便。

幸佳问道：“您一个人在伦敦，这么大年纪谁照顾您呢？”

金庸回答：“我太太也一起去。”

“那佣人去吗？住哪里啊？”

“都去，我们买了一套小房子，就像这么大。”金庸用手指了指他们所在的房间。

金庸年过八旬，攻读博士如何经受得起时间的消磨？金庸告诉刘小光夫妇，“读博士要三年，如果人家对我客气点的话，两年也许最好”。刘小光感慨道：“老先生什么都不缺，但他最大的快乐就是读书和下棋，精神上永远充实快乐。”

金庸和幸佳还聊起了股票金融，他说起了前一天香港股市暴跌600点，聊及一些股票，如数家珍，令浸淫这一行多年的幸佳也吃惊不小。“老先生理财也是个行家。”刘小光说道。[1]

3

如今刘小光常住北京，找他下棋最多的，是一些领导。他打趣说：“年轻的时候和别人下棋，得理不饶人，该怎么下就怎么下。现在，一切看淡了，所以有时会考虑对方的心情。这一点，我大概是跟金庸学的。”

他是辽宁围棋队的教练，有围甲比赛的日子他会随队出征。“只是去看看，大家都是职业棋手，不需要太操心。”他在北京，住在棋院边上。

2010年12月初，围棋甲级联赛第18轮广西华蓝队坐镇“衢州烂柯”专场迎战辽宁党华岛队。刘小光来到衢州。当知道金庸曾在衢州一中读过书，刘小光高兴地说：“我与金庸先生有些交往，他是出了名的棋迷，不喜应酬，不善辞令，下围棋是他最大的兴趣。他读中学时正值抗日战争，烽火连天，课余常和同学下棋。他转学到衢州中学，就带了围棋。据说到重庆考大学时，一天考化学，他和两个同学在茶馆歇息，偶与茶客摆下围棋，由他下场，两位同学观战，一回过神，开考已半小时，匆忙赶到考场，幸亏监考老师网开一面，破例准许进场。说他是个棋迷并不过分。在武侠小说中，有多次精彩的围棋描写。”[2]

棋赛结束后，刘小光应邀留下来给衢州的棋童们说棋。他说：“金庸在衢州读书的时候开始爱上围棋，《天龙八部》一书中，许多高手武功高棋也高，这些古代业余棋手的棋力究竟有多少呢？”紧接着，他滔滔不绝地点评起了书中的棋手——

段誉是业余棋手中的顶尖高手，相当于业余6段水平。在黄眉和青袍比武一场，段誉在布局阶段就教了黄眉7步，这7步让黄眉从一先领先到两先，足以可见段誉之高。逍遥子的珍珑段誉没能解开，并不能断定他的棋力不行，即便是今天的职业棋手也会出现棋局盲点的情况。段誉天资聪明，但仅凭自学成才，还是很难达到职业棋手水平。

段延庆是青袍，让先黄眉，若不是段誉指点，并不显落后。段誉教完黄眉，青袍马上就指出来：“这是别人教你的，你下不出来这样的棋。”在落后将近两先时，青袍一看走不好就不走了，转攻黄眉另一块棋，黄眉立刻应接为难。说明青袍的棋力还是相当高的，感觉上比段誉略低，相当于业余5段。

① 谢锐：《幸佳夺奖金庸棋感非常好》，《体坛周报》2007年8月8日。
② 巫少飞：《“天煞星”归来》，《衢州晚报》2010年12月11日。

黄眉下棋多年，但因为智商不高，棋还是下得很一般，被青袍让先仍很窘迫，最多业余3段。黄眉是拈花寺功夫最高的和尚，本来是帮保定帝（段誉伯父）打架的，没想到要比下棋，棋下得不好也情有可原。

逍遥子可以算做当时全国业余冠军，他潜心研棋一生，云游四方，与天下许多高手过招，还能摆出那么高深的棋局，也是全书中唯一可能考上职业初段的选手。逍遥子的徒弟苏星河也是“地摊派”，能拆出所有供擂者的招数，但换个局面，可能就不会下了。

慕容复、鸠摩智棋力都低于段延庆，大体可为业余4段水平。撞开珍珑的虚竹闭着眼睛也敢下棋，比棋盲强一点。可惜全书中女棋手寥寥，神仙姐姐王语嫣估计只是能看的水平。

刘小光说，金庸以围棋写人生，源于他对围棋艺术有深入的研究。有一回，他在金庸家下棋，夫人幸佳看见书桌上摆着一本日本《围棋辞典》，随手翻了翻，惊异地发现金庸在这本书中做了详细的批注，从第一页直至最后一页。刘小光说：“老先生看得非常认真，辞典中一些不当或者他自感疑问之处，他用红笔批注，非常显眼，感觉比出版社编辑还认真，实在难以想象。”

这些年，刘小光退居二线，做了一名快乐的庄稼汉，“我享受这充实的慢生活”。他告诉金庸：“我在北京郊区有块小菜园，只要有空，我就去种菜，我现在是农夫，国家围棋队的人经常上我那里‘偷菜’，老聂最爱吃我种的菜。”

正在读北体大体育教育本科的刘小光经常被大家开玩笑，“头发都掉光了还往学生堆里凑”。年过半百的刘小光说：“以前一直下棋，后来上班，没精力好好上学，现在有机会沉下心来读点书，特别舒服。你看高校里体育特长生中，我们棋类的学习总是最好的，所以别怕被人笑，喜欢读书就要给自己创造机会。今年我才五十岁，你瞧金庸先生八十多岁了，还要去英国读书，他可是个大学问家，还孜孜不倦地去国外读书，他是我的学习榜样。”

他是为金庸立传的最佳人选

——前任秘书杨兴安

香港作家杨兴安曾担任金庸的秘书。作为一个潜心于“金学”的超级金庸迷，他当然是《金庸传》的最佳作者人选。

在金庸小说的阅读与研究方面，他用心最久。自1979年至1989年的十年间，杨兴安有6种著作面世，其中的两种“金学”论著——《金庸的笔下世界》《金庸小说十谈》更是名闻遐迩，为海内外“金庸迷”赞叹。

杨兴安说：“金庸小说对华人社会影响深远，小说用词高雅，文字简洁有力，深刻动人，充满文学元素和艺术价值。雅俗共赏，充满阅读乐趣，表现高度的写作美感。古代战争在金庸小说中一再出现。金庸以悲悯人的笔调写战争的可厌可怕，充满人道精神，情操高尚，使人产生崇敬之情。感受仁人志士的慈悲，对生命的坚忍、对使命的执着，在坚毅的失败者中，我们可以看到人性的光辉。”①

杨兴安论金庸，角度多而不求面面俱到，敢于提出自己与众不同的见解，又能够注意言出有据，这种良好的文风学风是金学研究从一开始就应该确立的。

1

20世纪80年代，从电视编剧岗位离职后，30多岁的杨兴安像每个胸怀远大的文学青年一样，计划写小说。

为了一鸣惊人，先要打好基础，就拿自己最喜爱的金庸小说来拆解，学习金庸的写作手法。花了半年时间，小说还没动笔，倒是写出了一本《金庸笔下世界》。书出版后，他寄了一本给金庸。

① 杨兴安：《漫谈金庸笔下世界》，台湾远景出版社1983年版，第7页。

第一次接触，金大侠没回复。

过了三年，杨兴安逛书店买毛笔练书法，刚巧碰到金庸夫妇。正好他刚写完了《金庸笔下世界》的续篇，就又鼓起了勇气，把新作再次寄给金庸，希望能在金庸创办的《明报》上发表。

没想到，一周后，他接到了金庸亲自打来的电话："你来应聘当编辑吧！编辑《明报月刊》。"于是杨兴安走进了明报社。

桌面上的台历翻在了1988年6月3日，杨兴安坐在了金庸的对面。

"杨先生，这段时间在《明报》还习惯吗？"金庸微笑地问道，仿佛在和一个老朋友聊家常一样，没有一点老板的架子。

杨兴安点头说："谢谢查先生，我在《明报》非常好。"

杨兴安在这里的确非常好。自从应聘担任《明报月刊》高级编辑以后，约稿、编辑、排版、采访等，常常与金庸打交道，他学到了很多东西。

金庸微笑地注视着他，说道："我这人不善言辞，所以有什么事情就直来直去了。我想跟你探讨写作方面的心得。呵呵，说实话，其实，我第一次看到你的小说《女剑客弃夫杀子》以后，我就想跟你聊聊了。"

金庸开口就点出了杨兴安也是小说家，指出了他们这次谈话的核心所在。好在杨兴安早有准备，他不慌不忙地说："我对查先生仰慕已久，查先生的大作我都拜读过。不过，在小说写作方面我不可能谈论什么心得。"

"哦？"金庸心里微微一惊，心想，你这人的架子也未免太大了吧。在香港，金庸想与之聊天的人，而又不愿意聊的人，还真不多。

"查先生，你是写小说的大家，所以我不愿意在您面前班门弄斧，尤其今天。可能会在适当的时候，我亲自来拜会查先生。"

金庸点头道："好吧，今天不谈这个话题，来，一块聊聊家常！"

杨兴安捧着茶杯，品味着金庸替他泡的龙井茶，然后慢吞吞地从自己的出身说起——

"我是1944年12月出生的，老家在福建海澄，可我是在香港长大的，在香港念的书。大学毕业后，先当了多年教师，后在《星岛日报》担任特约的专栏撰稿人，还在无线电视台编过戏，有三五年吧。那年，《明报月刊》招聘编辑，我便来了明报。"

金庸问："你是文学硕士？"

"这是我自修的，两年以前才获澳门大学文学硕士学位。"杨兴安回答。

金庸点头道："扬子江、华安是你的笔名，我知道你写了不少文章出了不少书，我喜欢结交朋友，特别是像你这样有才华会写小说的朋友。"杨兴安于业余时间撰写多类型作品，曾入选“博益”第一届小说征文奖，著作有指导学习的《美术学习初阶》《作文与散文欣赏》《现代书信》；创作小说及剧本的《女剑客弃夫杀子》《柳岸传情》《最佳礼物》，还尚有对科学异象探讨的《超级生命重现文明》等十几册。

金庸拿水瓶为杨兴安的茶杯里添水，“香港有句话叫做‘宁欺白须公，莫欺少年穷，终须有日龙穿凤，唔信一世裤穿窿。’意思是说，千万不要小看了年轻人。年轻人的前程也许是很多人看不透的。我们《明报》就特别喜欢重用年轻人，喜欢与年轻人合作”。其实，杨兴安早过了四十，不算年轻。

杨兴安接口说：“查先生有远见，所以《明报》显得年轻，生机勃勃。”

金庸微笑着说：“最近我读了一本书，里面说到一个有名人物叫杨衢云，他是兴中会的创始人，孙中山先生的朋友，据说他是你的伯父，是吗？”

“是的，他是我的伯父。”杨兴安说，杨衢云生长在虎门，从小习武。13岁时随父母移居香港谋生，做过英文教员和洋行经理。

1890年，杨衢云在香港创办最早的革命组织辅仁文社，提出“推翻满清、创立合众政府、选举伯理玺天德（英文‘总统’的音译）”等主张。1894年，孙中山在檀香山创立兴中会，即回港寻找同道，与杨衢云一拍即合，辅仁文社和兴中会随即合并，以“兴中会”为会名，杨衢云被选为会长，孙中山为秘书。随后两人策划广州起义，杨衢云在香港任总指挥，招募志士，筹钱购买枪械。由于走漏风声，起义失败，70多人被捕，杨衢云和孙中山被通缉，两人出洋暂避。1900年，杨衢云再参与惠州起义，失败后返港。1901年1月10日晚，杨衢云在结志街52号寓所遭清廷杀手暗杀，中弹身亡，终年仅40岁。①

杨兴安说：“历史学家唐德刚曾言：一部中国近代革命史是应该从杨衢云开始写的。伯父和孙中山志同道合是革命手足，一个饮恨英年早逝，一个艰难缔造民国。两人的业绩互相辉映，没有孙中山的辉煌事业，伯父一生所做的只是泡影幻象；而没有伯父的功事努力，孙中山万事起头难，革命是否成事难料。”

杨衢云去世后，暂葬香港跑马地公墓，其亲属担心被滋扰，墓碑不写名字，只有一个编号，打算在革命成功后议定称号、移葬烈士墓园。辛亥以后，秋瑾、黄兴等作为革命烈士受到了国民党的大力表彰，而杨衢云这位兴中会的创始人、重要领袖却长期不为人知。

“其中必有什么隐情？”金庸疑惑。

---

① 杨拔凡、杨兴安：《杨衢云家传·序》，新天出版社2010年版。

"我讲个故事你听就明白了。"杨兴安说，1898年，杨衢云与友人合影，他以领袖的身份坐在前排，孙中山则以秘书的身份站在后排。后来，蒋介石当了国民党总裁，有人发现这张照片便报告了他。于是，他召来心腹，大声地说："给他一百万！本党必须取得这张照片及其底片，不计任何代价，尽早把它们销毁。"[①]蒋介石不惜花巨款收买一张照片，为的是以免给人看见堂堂领袖竟然居于随从地位。

"其实大人物的伟大事业总有一个平凡的开始，一张照片怎么可能有损中山先生的功业地位？"杨兴安苦笑道。

杨衢云去世时，独女才15岁，后来在新安寺出家为尼，死后葬于寺庙后院。

从小听着伯父故事长大的杨兴安有六个兄弟姐妹，他是家中对于杨衢云研究付出最多的一个。"1955年，杨衢云的堂弟也就是我的父亲杨拔凡写成《杨衢云家传》一书，遗言'此书暂不宜出版，他日才可以面世'。近年，我将《家传》原稿排印并影印，等待着适当时机正式出版。"

听到这儿，金庸心中的侠气顿生，不由地说："我读过冯自由的《革命逸史》，知道一点你伯父的事迹，敬仰他是一个好汉。香港人应该纪念他、宣传他，你出书有困难的话可以找我。"

再随意聊了一会，杨兴安握手道别。在临出门之际，他突然想到一个非常重要的事情，即回身，"查先生，如果你手中有股票的话，我建议你在这一两个月之内全部卖掉。不然，后果会很严重。"杨兴安微笑道。

金庸一愣，然后缓缓地点头，哈哈一笑道："呵呵，谢谢你的好意。我是不炒股的，不过，我妻子手中确有一些股票，正打算着这个月就出手呢！"

不出所料，两个月后的香港股市大跌。

后来，香港政府为杨衢云墓正式树立了说明牌，其生前事迹的文字说明由杨兴安起草后，请金庸修改。香港市区重建局斥资4000万港元重塑了百子里，即辅仁文社及杨衢云被刺杀私塾的所在地。杨兴安父子撰写的《杨衢云家传》也在香港出版。

两人言谈甚欢。金庸突然问他："当我的秘书好不好啊？"

杨兴安想也不想就点了点头。

然而，说到工资，金庸也没说，只是在纸上写了一个数字，问杨兴安是否同意。

杨兴安只看了一眼，就点头同意了。其实比他上一份工资还低，可是能

① 《陈洁如回忆录》，中国友谊出版公司1993年版，第31章。

天天追随当世大文豪、自己的偶像，谁还计较少一千两千呢？

2

过了两个月，遇上一个非常吉利的日子——1988年8月8日，杨兴安便来到金庸的身边，做他的秘书。

这些天，在明报集团办公室里，相互传递的八卦比较多。八卦的焦点人物自然是杨兴安和金庸！

“杨兴安可真牛啊，居然获得老板如此看重！”

“是啊，从没有看到过查先生对于一名后生如此另眼相看！以前倪匡把古龙带到香港时，金庸和古龙的关系也就普通朋友。”

“唉，这也难怪！查先生老年丧子，这几年，看到一些后生不免想到他的爱子查传侠了。”

毫无疑问，金庸是当代华人中的卓越人物，一生能做一回他的秘书，当然是件幸事。

杨兴安开始获得不需要引荐即可随意进出金庸办公室的特权。

有一日，有人传话：“杨先生，查先生在里面等你呢！”杨兴安走了进去。

金庸端着一杯茶，在饮用。桌子上，堆着一叠书稿。

其实，金庸通常在办公室里并不喜欢说话，反而喜欢写字，能够以笔代口的情况下，他都是写字条批示。

明报集团中数百号的编辑、记者、管理层，能够与金庸面对面说话的，也只有杨兴安等寥寥数位！

“查先生！”杨兴安恭谨道。他看到，金庸眼下的工作，居然是在看杨兴安的书稿。这是前几天才给他的。

金庸望着他，说：“我将书名改了，你看行不行。”

“《金庸小说十谈》，很好呀！”杨兴安看了看金庸勾画的红字，欣喜道。

“嗯，还有几处小小修改，你认为改得不好可以改回去。”其实，文字的意思金庸是一点都没有变动，却用他的笔进行润色，让文字更加具有层次感、韵律感。

书稿从独特的视角直接揭示金庸心灵，如其中有一章小标题：“莫大先生伤心潇洒——谈高人抑郁”。杨兴安致朋友的一封信中写道：“我爱‘谈高人抑郁’，因有金庸影子，感其人变有抑郁也。”朋友当即复函指出，这一章写得好，但不够充分。后来，那朋友赴香港拜访杨兴安，谈到这个问题。杨兴安的普通话说得不好，那朋友对粤语也忘尽，两人在茶楼中连说带写，朋友才看出，他的评论是客观的、出人意料的，比如从电影语言、男女关系方面的分析，新颖有趣。比如评小昭，金庸笔下的可爱女："不如选半个波斯女郎的小昭。小昭和双儿有许多相似的地方，也许双儿就是小昭的化身。宁娶小昭，不爱双儿，就是双儿的性格太单调、太假。这个人好像是为了韦小宝方投胎人世的，无笑无泪，你不会替她着急，不会替她担忧。一个你不会替她担忧的人，你对她的爱能有多深呢？小昭不同，小昭有血有肉，有嗔有怒。她能委屈扮丑女、充侍婢，而非为自己的私利。对张无忌情深款款，又黯然自伤，对情郎有无言的怀恋，有无尽的失落。楚楚动人，读到酣处，忍不住幻想能把她搂在怀中亲热呵护。假令女子都离开了身边，急急流年，滔滔逝水，最挑人怀念的是谁？自然是小昭。所以笔者以为，金庸笔下之中，最可爱的女子，竟然是十大美人以外的小昭呢！"①

金庸说，他看好这部书的原因，是因为许多学者的评论往往喜做宏篇巨论，而不大善于从细部入手，观沧海于滴水，而杨兴安的研究，十分注重细节，如从灭绝师太的教徒和殉道，得出她一生没有违背"正邪不两立"的宗旨；从韦小宝的索贿行贿，得出"韦小宝的成功在于洞悉人心"。

杨兴安注重细节，又并非是随意抽样举例，而是与一定的量化统计相结合，如他论述"痴恋成劫"者，就列出了段誉对王语嫣，韦小宝对阿珂，尹志平对小龙女，何红药对金蛇郎君，李莫愁对陆展元，武三通对何沅君，程英、陆元双对杨过，狄云对戚芳，游坦之对阿紫，阿紫对萧峰，小昭对张无忌，仪琳对令狐冲，霍青桐对陈家洛，于万亭对徐潮生，郭襄对杨过等一长串名字。点面结合，才使得立论既扎实又峭拔。

金庸小说在文学园林中，如大侠身处江湖，名望虽大，知音却并不多。"对了，除了倪匡有这般的妙谈，堪称是难得知音。他看过书稿？"金庸不免讶异。

杨兴安笑着说道："原本我想找倪匡，让他看看，可他说，他不看别人的文章，我就直接找你了。"

"嗯，倪匡早年不写武侠，也是可惜了！《六指琴魔》这样的作品，在我看来比他卫斯理系列更好看。"金庸笑了笑。

杨兴安暗笑，倪匡不写武侠，那纯粹是因为金庸、梁羽生、古龙等武侠名家的实力太过于强大了，使得他感觉到，自己写的小说未必能竞争得过这些强人，于是剑走偏锋，选择了当时冷门的科幻小说。

① 杨兴安：《金庸小说十谈·内容介绍》，明窗出版社1989年版。

"我以为，倪匡的选择是正确的，幸亏他很早写了科幻，现在才是香港科幻第一大家了，甚至在国际上拿过奖。"

1989年，杨兴安的《金庸小说十谈》一书由台湾远流出版社出版。

3年后，杨兴安的聘任到期，他离开了《明报》。在游览新西兰回到中国香港后，遇李嘉诚招聘中文秘书，杨兴安应考，结果捷足先登。

对于金庸与李嘉诚，杨兴安每一次谈起都抑制不住自己心中的敬仰和赞许。他说："今生能有这样的机遇，真很幸运很幸运。查先生与李先生也的确是当世屈指可数的杰出华人。在金庸，是对中华传统文化能收能放；在李嘉诚，则有一种很朴素很深挚的爱国主义。"①

那么，像金庸和李嘉诚这样的卓越人物在个人资质上有没有共同点呢？杨兴安肯定地说：当然他们两位有许多不同的地方，但是有一点却是相同的——都有超人的记忆力，而且精力过人。许多香港人认为记忆力在人的智力构成中不重要，属于技巧性的东西，这其实是不对的，记忆力是智力的根基，也是创造力的重要部分。说到精力过人，在李嘉诚身上表现更为明显。他每天工作十多个小时，应付不同繁重公务；而且有时下班后也要工作。另外，金庸与李嘉诚还有一个共同点，那就是：都有明确的人生方向与目标。不仅如此，他们在个人生活上也都比较节俭，尤其是金庸，有事指示下属，不喜欢口头传达，喜欢写字条。而写字条用的却大多是旧信笺，或旧台历的背面，从不作浪费之举。这大概也与他们白手起家、深知创业艰难有关。

有人说，一名大企业家的秘书，相当于是半个总裁。当金庸的秘书可不简单！

3

1998年7月底8月初，杨兴安在武汉参加学习普通话夏令营期间透露：他已经计划为金庸作传，希望藉此为世人展示传主真实而全面的形象。

一介书生，南下香港，白手起家，名动天下。"南来白手少年行，立业香江乐太平"，这是金庸的自我写照。遗憾的是，金庸的一番奋斗，几许梦思，却一直无人做个认真的、详细的评述，几十年来，人们只知金庸的大名，却无人知晓这赫赫声名是怎样得来的。然而，对目前市面上出售的《金庸传》，金庸说"是不可靠的"，是根据发表在报刊杂志上的一些材料东抄一段、西摘一段拼凑组合，外加一些自己的想象而写就的，作者写书的目的

① 杨兴安：《我给金庸和李嘉诚当秘书》，《人物春秋》2010年5月13日。

完全是在赚钱，很不负责任。

为了防止谬种流传，金庸表示，他将出一部自己比较认可的传记，但不是自己立传，而是由别人来访问他，他把真实的资料告诉给作者。

谁来写《金庸传》？

金庸太高傲，地位也太高。他不但是中国最具影响力的武侠小说作家，更是《明报》报业集团的老板。这样的身份，使得许多纪实作家望而却步，高攀不起。

董桥曾问金庸：“杨兴安写《金庸传》，他行吗？”金庸回答得很巧妙：当一个人，知识如同大海一般浩瀚，文字功底达到相当的高度时，哪怕是从未写过小说，也能够迅速成为一流的作家！钱锺书就是一个例子，以前他是搞学术研究和进行国外名著的翻译。这些工作给钱锺书打下了深厚的文学功底，但是钱锺书从没有写过一本自己的小说。因为和别人打赌，证明自己也能够写小说，于是钱锺书两年时间写成一部《围城》，这部作品一问世，获得了空前的反响，不但小说获得了普通读者的认同，其文学价值也广受赞誉，凭着《围城》钱锺书打破所有质疑，再也没有人说，钱锺书不会写小说了。同理！文字功力到一定程度，稍微了解一下传记作品的写作规则，即可无师自通成为优秀的传记作家！

杨兴安出生于从南洋移居中国香港的爱国家庭，自幼便对中华传统文化情有独钟，跟着一位“宿儒”打下了较为深厚的古文底子；到了11岁的时候，又成了一个“金庸迷”。由于这种学问与人生的双重历练，当1976年杨兴安开始撰写有关金庸的评论时，就能够“以金庸小说里的故事为经，人心、际遇为纬”，对金庸小说抉幽发微，见人所未见，从而受到朋友们的称道。

金庸小说进入大陆的最早时间已经无从推断。杨兴安回忆：“七十年代已有金庸小说流入大陆，拥之者视之如珍宝，非好友不借，情况和台湾早期差不多。1976年春末夏初，一位在远洋轮上工作的海员有一套不全的《笑傲江湖》旧版本，将书借给我时，要求第二天上午必须归还，他们要出海。”[①]

70年代之前，金庸小说风行港澳，却被台湾列为禁书。沈登恩等人创立远景出版社后，想尽一切办法与金庸签下《射雕英雄传》的出版合同。等待了几年台湾才解禁金庸小说。这时候，武侠小说市场的形成，基本上是香港金庸、梁羽生等名家作品大卖之后，台湾文人才闻风而动，从模仿金庸、梁羽生的作品开始学会创作武侠小说，哪怕是古龙，也是靠模仿金庸作品起家的。于是，沈登恩趁势出版《金庸作品集》。

① 杨兴安：《金庸小说十谈·后记》，明窗出版社1989年版。

当金庸热在全球华文读者中持续升温之际，沈登恩突然想到了当年金圣叹首肯和拔擢《水浒》文学地位的盛事。从一个文化人和出版家的眼光来看，沈登恩深感自己取得金庸小说版权的初衷并不仅仅是供人消遣，他希望世人也不要仅仅把金庸的小说当作纯娱乐、消遣的快餐，而低估了其文学价值。1980年10月，在考虑推进金庸武侠小说学术化，进而让武侠小说大放光芒的计划后，沈登恩首倡“金学研究”一词，并策划出版了一系列“金学研究丛书”，由旗下著名作家分别评论金庸小说。

杨兴安是沈登恩大力推出的著名作家。继倪匡“看金庸”系列、三毛和董千里等人的《诸子百家看金庸》之后，杨兴安推出《漫谈金庸笔下世界》及《续谈金庸笔下世界》的远景版“金学”专著。

杨兴安论金庸，首先是从生命体验出发，然后又回归到生命体验。他是把自己几十年读金庸的切身感悟与几十年浪迹社会、搏击人生的沧桑兴会结合在一起，化成一篇篇精彩的人物谈、性格谈、命运谈。因此他的文字，既不脱离小说文本，又与现实生活血肉相连，读来令人心爽神畅，不论你是否同意他的见地，你都会肯定，他所谈的，是金庸，而不是别的。

杨兴安曾参加三次国际性金庸研讨会，他发现，有一个话题历久不衰——金庸小说能否被列为文学作品？三次都没有争论出结果。他研究后觉得可以被列为文学作品。因为金庸的小说不像旧派武侠小说只讲打，其中有文学的元素，有文笔，有文学的意境。

其实，金庸的小说是披了武侠的外衣。《书剑恩仇录》从剧情上来说其实是历史小说，《碧血剑》也注重情节而非武打、而《射雕英雄传》则将常规的武打神化为内力，并将艺术的美感融汇到武功之中。比如我们讲“四大高手”——东邪、西毒、南帝、北丐，加中神通，这已经很有艺术意味了。东邪飘忽，西毒霸道，北丐神勇鲁莽，南帝深沉有修养，这些都是艺术化处理。

杨兴安在《明报》工作时，曾去书局问哪本金庸小说最好卖，结果是《神雕侠侣》。为什么呢？因为《神雕侠侣》是爱情小说，爱情是主要的元素，其他都很少。

那么，《倚天屠龙记》是什么小说呢？他认为，其实是侦探小说。一开始俞三侠不知道被谁整到残废，看到一半又出来个赵敏，不知有什么阴谋，这是侦探小说的情节。

再说《天龙八部》，他认为这是一部人性小说，所有的主角都有特定的生命追求。主角段誉追求美色，追求卿卿我我。另一个（慕容复）追求武功，要复仇，要做霸主。全部写人性，写人性的好坏、变化。

他说，最博大精深的就是《天龙八部》。再就是《笑傲江湖》，非常出色。《笑傲江湖》是政治小说，写的是政治上的勾心斗角。它表现人性的丑恶、虚伪，比如岳不群已经成为伪君子的代名词。

最后的那本《鹿鼎记》有很多争议，有人认为它是最好的，有人认为是最差的。杨兴安说，《鹿鼎记》其实在金庸小说中是娱乐性最强的，但文学性就未必有其他作品好。因此说金庸小说的变化是非常大的。

2008年9月，浙江海宁举行金庸小说国际学术研讨会，杨兴安随金庸一同出席。在专家学者发言研讨中，杨兴安从历史文化的角度评论说，金庸是500年一遇的高人。对于中华传统文化，清代有一个大才子纪昀，可以说已经到了“能收”的境界，而金庸却更上一层楼，既能收，又能放。要论作家对中国人的影响力，金庸是第一位。金庸有两支笔，一支是为《明报》写社论，一支是写武侠小说。用金庸小说中的术语作比，可以说金庸的社论是“九阳真经”，武侠小说是“九阴真经”。金庸的社论写了30多年，可以看作是中国当代历史的一份见证，其中充满着智慧，可惜至今没有结集出版。而金庸为人处世也已经到了“化境”。

杨兴安分析金庸小说中描写擅用影像处理，有慢镜、近景特写、定格、长镜等各种视觉的组合效果。他认为，唐代豪侠小说对金庸的创作影响最大，而且借力于《鹿鼎记》这一“反武侠”小说，一举颠覆既有的武侠世界。

会后，杨兴安接受当地记者的采访。谈到金庸，他说，金庸改完自己的15部小说后就不太写东西了，几年来发表的文章不到5篇。有两方面的原因：一是金庸身体已经大不如以前，自三四年前得过心脏病后，比较容易累。毕竟是老年人。二是金庸写作态度非常严肃认真，认为不好就不发表，发表的就一定要好。他也计划写历史小说，但又有一点矛盾。他自己最喜欢孙权，说“孙权是第一大英雄”，但又觉得“这样写不行，因为历史定案刘邦是第一。我不想与历史定论对抗”。在金庸身边工作，当然还能听到很多精妙见解，比如关于写作，金庸就说，年轻人写作，开始应先写短的，然后再写长的。作品要不断修改，中国人讲“改善”，不改不善。关于富贵，金庸认为“想富就不应该当官”。关于天才，金庸则说“数学有天才，文学有小说家，没有天才；军事家有天才，政治家没有天才”。金庸的一生应该说是非常成功了，但是他是否也有深痛与不幸乃或人生的变故呢？这种推测是敏锐的，这个变故就是金庸大儿子的意外亡故。它对金庸的刺激非常大，成为他一生的憾事，并深刻地影响了他后来作品中的感情描写……

2009年11月，香港中央图书馆举办“金庸小说赏析”讲座，杨兴安的讲题是“金庸小说之雅俗探讨”，除了肯定金庸小说的文学性之外，更引用了两段“午夜行舟”的出色描写作为论证，即《侠客行》里面丁璫强拉主角“狗杂种”去拜堂成亲，以及《倚天屠龙记》中张无忌与谢逊、赵敏、周芷若、殷离、小昭一起的两场戏。他还提到初次为学生分析这两段文字时，不少读过小说的同学都说没有留意这些文字如此优美，皆因全副精神都放在追看精彩绝伦的武打场面和出人意表的情节，而忽略了当中的诗情画意。

2016年7月，香港书展以“一代风气开金梁——清谈武侠巨人梁羽生、金庸”为题举办讲座，邀请了杨健思和杨兴安。前者是梁羽生的关门弟子，在梁羽生晚年帮他整理文稿。担任主持的是香港《武侠》杂志社长沈西城。

杨兴安回忆，“梁羽生先生曾经在一个活动上坐我身边，开玩笑说我偏心，只写金庸不写他。其实看武侠小说，梁羽生和金庸我是同时接触到的。说到‘金梁’的称呼，一来是念起来更响亮顺口，二来笔画上也是金先于梁。但事实上，开风气的是梁羽生”。

他说：“梁羽生的写法是接近文艺小说的，在武侠小说里加入人情世故和爱情故事，我少年时看是当成爱情小说看的。金庸也是如此，若抹去爱情线是不好看的。金庸写的‘双剑合璧’很出名，但这其实是梁羽生先写。也可能他们很熟，一起聊天就有了这灵感。共同点之外，金庸的小说是变化万千的，他本身就是一个文化人，是一个各方面都多姿多彩的人。”①

杨兴安对现有《金庸传》的看法是“不够深度”，离传主的真实形象相距较远。他说，金庸对既有传记感到“不惬意”，因而期盼有质量更好的出现。为此他慎重表示，自己在动笔写作《金庸传》之前，首先要在资料的搜集整理上作尽可能充分的准备，思考半年后再动笔，要写出一般人看不到的东西。按他的计划，写《金庸传》将尽可能多用金庸的照片，文字风格将如《金庸笔下世界》一书，偏于古雅，每章字数也定在一万字左右。②

过了两年，不见新的《金庸传》问世，却见杨兴安的又一部“金学”力作《金庸小说与文学》在香港出版。

杨兴安现为香港小说学会副会长、香港中文进修学会会长。

① 黄雯贻、兰达：《香港书展谈武侠：金庸和梁羽生谁最厉害》，腾讯文化2016年7月24日。
② 张隽：《谁将为金庸立传》，《中华读书报》1998年11月4日。

“我读《张居正》，迫不急待”
——历史小说作家熊召政

他从小就做着诗人梦，稍长于旧体诗能出口成章。他于1979年发表政治抒情长诗《请举起森林一般的手，制止！》震动文坛，获优秀新诗奖。

他28岁成为专业作家，又下海经商，不久成为“儒商”。以后“十年不鸣，一鸣惊人”，推出四卷本长篇历史小说《张居正》，第一位读者是金庸。金庸曾经撰文《我读张居正》，高度赞扬这本书。此书被誉为新时期长篇历史小说的里程碑，摘得第六届茅盾文学奖头魁。①

其实，在“以文弄潮，驰骋商海”方面，他与金庸一样的出彩，收获颇丰……

1

1999年7月间，金庸的助手潘耀明受邀到北京参加一次作家聚会，认识了刚刚从商海里爬上岸来的湖北作家熊召政。

座谈会上，熊召政说，无论动笔写什么，他养成了一个习惯，就是都要身临其境，只有切身感受了一事一地一物，他才下笔。两个月前的清明节，他来到了位于荆州古城之内的张居正墓前。这里荒草萋萋，一副衰败景象。他发誓今后一定要为重修张居正墓鼓与呼，让人们记住我们历史的先贤。此时，熊召政完成了《张居正》第一卷《木兰歌》的初稿，共38万字。

“你的书稿可否先给了我？如金庸的小说一样在《明报月刊》连载。”那时，潘耀明担任香港《明报月刊》总编辑、明窗出版社社长，是金庸的得力助手。

① 廖武洲：《熊召政：文化强国的践行者》，《人物》2017年第9期。

潘耀明刚刚回到香港，熊召政的初稿随后也到了明报月刊社。那时，金庸全身引退，打算写长篇历史小说。为此，他创办了明河出版社，还要办一份历史文化杂志，连载和出版自己的历史小说。他让潘耀明策划杂志和管理出版社。

捧读着《张居正》第一卷《木兰歌》的初稿，金庸如获珍宝，不由得击掌而起："好书！好文笔！熊先生是何方人氏？"潘耀明闻声而至，答道："熊召政是英山人，和张居正是湖北同乡。"然后细细数说此人身世。

熊召政于1953年12月出生在湖北省英山县温泉镇的一个木匠家庭。当他进入初中不久，"文革"就开始了。然而，熊召政并没有像其他少年学生那样去闹革命，他却偷偷地读唐诗、宋词、《三国演义》和《红楼梦》，也就是从那个时候起，熊召政就将一颗执着的爱心献给了文学！1974年，年仅20岁的熊召政，写了一首长诗《献给祖国的歌》，发表在《长江文艺》一期杂志的头条位置上，于是中国文坛上开始出现了一副才华横溢的年轻面孔。

他于1979年发表政治抒情长诗《请举起森林一般的手，制止！》震动文坛，这首为民请命、充满激情和血性的诗，引起人们的强烈共鸣，很快在全国各地传播。1980年5月，这首诗让熊召政在北京领取了全国首届新诗奖，他立马被调到湖北省作家协会当上了专业作家。那一年，他才28岁。

1992年初，一则消息，让湖北文坛震惊不已，那就是湖北省作家协会副主席、《长江文艺》杂志副主编的熊召政"下海"了。那天，一家杂志社通知熊召政去开笔会，由于没有买上硬卧票，他索性托朋友去买一张软卧。当时朋友开玩笑说，你要是商人就好了。

熊召政想，自己绝对不比那些做得出色的商人差到哪里去。因为他是一个有文化的人。他还想，此时文人也有下海的，写《灵与肉》《绿化树》《牧马人》的作家张贤亮不也下海了吗？听说他现在不仅赚到了钱，而且还开上了轿车。人家能我为何不能？

回到家里，他把下海的想法跟妻子邱华讲了。邱华问他："你要经商干什么？你看我们现在的生活也算是小康了。如果我爱钱，当初找的就不是你。"熊召政却有自己的理想，"现在的文化人也不能守着清贫装清高呀，一个人只有经济独立了，人格才能够独立"。邱华说："商场如战场，你丢掉自己的专长去做一件你不熟悉的事，得不偿失。"两人谁也说服不了谁，邱华便说："既然你下定了决心，只当是体验生活吧！"于是，熊召政踏进了商海，当上了鄂州华容区红莲湖畔一家高尔夫球场的董事长。

正是有这位贤内助的支持，熊召政在商海里才如鱼得水，五年的商人生涯，他成了令众朋友佩服的“阔佬”。

“这个熊先生不简单，我想见见他。”金庸对助手潘耀明说。

机会来了。2001年12月中旬，金庸赴北京参加中国作家协会第六次代表大会，熊召政特意安排了一个饭局，请金庸到一处小胡同里吃了一顿饭，同桌的人中有王蒙、金坚范等。

前些年，友人从香港购回《碧血剑》与《射雕英雄传》送给熊召政，他如获至宝，废寝忘食一口气读完。从此，凡能找到金庸作品，他都先睹为快。这次见面之前，熊召政做足功课，想向金庸讨教小说创作的诸多问题，真的见了面，才发觉他是一个谦谦君子、忠厚长者，不擅长篇大论，只说眼前的事，倒让想问的问题一个也问不出来了。

还是金庸先开口。“《张居正》这本图书虽是小说，但是比《万历十五年》这样的学术文章，更加真实、更加接近事实。”

金庸问：“熊先生怎么不做生意了，写起了历史小说？”

熊召政便说了一桩几个月前的往事。一日有商界朋友请客，邀约了政界朋友老赵作陪。席间，老赵问熊召政，现在农村改革成功了，但城市改革刚刚开始，现在改革要从国企开刀，感到非常之难。“请问中国历史上有没有先例，如果有例子作为参照就好了。”

对历史有广泛涉猎的熊召政，当即肯定地回答：“有，在中国古代，做得比较成功的改革家，第一位应该是明朝万历年间的首辅张居正。”张居正所处的那个时代，士族集团大量兼并土地，大批农民失去土地；军队开支庞大。当时张居正改革也遇到不少问题，但他凭着自己的政治智慧很好地解决了这些瓶颈，如为了与少数民族和睦共处，建了当时的板升城，即现在的包头市，开展边贸，保证了边境的安宁。“他领导的万历新政对当下的改革也许有借鉴意义。”

听了熊召政的话，老赵说：“你赶快写一部书出来啊，让我们的改革有个参照。”说者无心，听者有意，熊召政悄悄地回归文学之路。

熊召政说，历史小说有“古为今用”的作用，但不能以“古为今用”作为目标而写小说，那有可能会牵强附会、勉强影射。在文学上，“主题先行”的作风从来是不会成功的。要写主题，就清楚明了，直截了当地写一篇政治论文。

金庸说，早在70年代，他就有过写历史小说的想法，那时他想写“黑旗军”——清末的一支地方武装军。如今，武侠小说他不写了，打算写一部《中国通史》。其实，《中国通史》已经有不少人写过，包括翦伯赞、范文澜等大家写的，写得比较深奥，半文半白，许多读者看不懂，难以普及。中国人必须了解自己国家的历史。所以，他打算写一部通俗易懂的《中国通史》，用白话文写，以讲故事的形式写，让读者轻松地读历史。

金庸话锋一转，“时下书店的《中国通史》和学校的历史教材都把中国的历史写成阶级斗争史，我要写的《中国通史》是民族融合史。什么时候搞阶级斗争，中国就贫穷落后，国家的版图就小；什么时候搞民族融合，中国就富裕发达，国家的版图就大”。

熊召政赞扬金庸的小说，不仅传承了中国古典文学中的侠义传统，同样也传承和发扬了历史演义小说的传统，习惯将故事情节融入到真实历史事件发展脉络中，同时将故事中的主人公置身于朝代更替、军阀混战或者外族入侵的乱世中，在矛盾非常激烈的环境中刻画出世间百态和英雄情怀。“你的小说也是侠义忠胆的历史小说。”

结识金庸以后，熊召政便经常去香港。只要金庸在，他总会邀请熊召政吃顿饭。

2002年春季的一天，“镛记酒楼”的老板弄了一条很大的鳗鱼，请金庸去品尝。金庸请潘耀明和熊召政同行，那一次赴宴的都是香港的文化名人。[①]“烛中把酒谈明史，案上分茶说宋词”，熊召政和金庸以茶代酒，聊得十分投机。

席间，金庸问熊召政：“你怎么看张居正这个人？”

熊召政答：“张居正是一个隐忍的人，一个实干的人，一个认为国家利益第一、政党第二、个人利益第三的人。”

金庸又问：“你要写张居正，这个念头是怎么萌发的？”

熊召政直言相告：“我原来是诗人，后来改写历史小说，历史小说其实就是两个字——史诗，融合最高境界的史诗就是历史小说。我的忧患意识迫使我要带着很多现实问题去思考中国的历史，加上我本人又是一个对现实充满激情的人，我改写历史小说便是早晚的事了。张居正是明代万历年间的一位名相，中国历史上一个王安石式的改革家。他挽狂澜于既倒，厉行改革多有建树，使病入膏肓的朱明王朝有了垂名青史的‘万历十年之治’。他生为人杰却又生不逢时，他的帷幄运筹与席无暇暖的打拼，只能让帝国抹上一层夕阳西下式的金辉。一棵近三百年的老树在昏鸦乱飞的聒噪声中轰然倒下了，张居正也陷入了人生悲剧的泥淖……他倡导并力推的这场流星一样倏然划过历史茫茫暗夜的改革，对时下中国的参照意义，甚至远远超过历史各个

① 熊召政：《我与金庸先生的交往》，《传记文学》2018年第8期。

时期的朝代……”

听了此话，金庸说，自己迫不及待要读这本书了，“这部历史小说中对明万历年间的官制、社会生活等考证得很详细”，“读时自愧不如，又很佩服”。

当年，《明报月刊》这样评价：“张居正是一个天才，生于纷繁复杂之乱世，身负绝学，他敢于改革，敢于创新，不惧风险，不怕威胁，是一个伟大的改革家，他独断专行，待人不善，生活奢侈，表里不一，是个道德并不高尚的人。”

2

熊召政从生意场上灯红酒绿的应酬中重新回到了装满线装书和竹简的书斋，自1997年起开始了四卷本长篇历史小说《张居正》的创作。以高拱致仕还乡、张居正升为首辅始，以张居正死后被清算终，恢弘巨作近150万字。

十年古卷青灯写就的《张居正》一书，熊召政是花了其中一半时间来研究，一半时间来写作。为了很好地完成它，就是外出谈生意时，他也总是将大量研究的史料和记得密密麻麻的笔记本一起带上，便于随时工作。

2003年过完春节，金庸邀请熊召政来香港，商讨出版的事。同时受到邀请的还有柏杨、张香华夫妇，台湾远流出版社社长王荣文等。席间，大家畅谈历史文学的写作。金庸郑重向王荣文推荐了熊召政的历史小说《张居正》。而在此之前，金庸读完了《张居正》，并决定在他的明窗出版社出版。

第二天，熊召政前往金庸工作室拜访。这次谈得较多。金庸说，他正在修改《碧血剑》，并讲到他的武侠小说，其实也是历史小说。因为他虚构的那些人物，其实都活跃在一个真实的历史时代中。某个特定的历史事件，某个特定的历史朝代，都会衍生出一段曲折离奇的故事。他虽然写了那么多令读者喜爱的侠客武士，但他其实一点也不懂武术。

熊召政说：“我碰到一位武林中人，还是某个门派的掌门人，对书中写到的降龙十八掌情有独钟，并言这就是他的门派的独门秘籍。”金庸听了笑了笑，缓缓言道：“这个降龙十八掌，其实是我编造的。”编造却成为武林中人奉为圭臬的秘籍，可见金庸对中国武术的认识与感悟何其独到。因此，中国武术界都承认他的大宗师的地位。

金庸一再说，他爱好不多，读书虽广，但最爱的还是历史书。他说：“《碧血剑》的修改中，多处涉及明史。《张居正》亦是明史小说。”因此，他们的话题围绕着明史。金庸问：“自张居正死后，万历皇帝为何竟四十年不上朝？万历皇帝是不是中国第一个抽‘谈巴菰’（即香烟）的人？李自成逃离北京撤退南方时，是否有过屠城的行为？《万历十五年》的作者黄仁宇将明朝的落后归结为没有用统计学的数据来管理国家，这观点是否成立？”诸如此类，两人探讨的时间可不算短。

最后，就《张居正》的写作，金庸问道：“民间有一些传说，说张居正与万历皇帝的生母李太后有私情。作为小说，你可以写，但你并没有写，你是出于什么样的考虑？”

熊召政答道：“这种传说不足信，尽管有些地方戏曲拿张居正与李太后的艳情说事儿，甚至有‘黑心宰相卧龙床’这样的唱词，但这是泄愤之语，缺乏根据。张居正同代人中有两大政敌对他攻击犹甚，一个是前任首辅高拱，一个是礼部侍郎王士祯。但是，无论是高拱的《病榻遗言》还是王士祯的《万历首辅传》，都没有片言只字提及此事。张居正是一个有远大抱负的人，为实现他的万历新政，他竭力维护与李太后及冯保的关系，他决不会因小失大，为反对者提供口实。当然，不可否认张居正喜欢女色，但他以宰辅之尊，并不缺年轻貌美的女子，他大可不必冒那么大的政治风险去和李太后发展私情。在《张居正》写作中，我若使用这些不真实的传说，会降低作品的历史品格。”①

熊召政写《张居正》，注重文化方面的三个真实。一是典章的真实。这个方面包括奏章，其中有高拱的《陈五事疏》、张居正的《陈六事疏》等。他把这些典章都挂在自己的书房里。二是民俗风情的真实。他写作之前，书房里全都摆上了明朝的东西，如明朝的衣柜、瓷器、线装书等。三是文化的真实。熊召政说：“我的小说是文化历史小说，我主要的任务是要复活文化的真实，不能有戏说的成分。”

金庸对此写作态度很赞赏。临分手时，他签名送了一整套远流出版社出版的印制精美的《金庸全集》给熊召政。

2003年8月，长江文艺出版社和香港、台湾三种版本的《张居正》相继出版。一经问世，便获得海内外读者的一致好评，该书获得湖北省政府图书奖、首届姚雪垠长篇历史小说奖、还获得湖北省第六届屈原文艺奖，2005年获得了第六届茅盾文学奖，并由中国电影集团和湖北电视台等单位联合摄制成42集电视剧《大明首辅张居正》，熊召政亲自担任编剧，于2007年摄制完

① 熊召政：《我与金庸先生的交往》，《传记文学》2018年第8期。

成，同年获全国“五个一工程奖”，被誉为中国新时期长篇小说的里程碑。

2008年7月9日，金庸在《中华读书报》上发表《我读〈张居正〉》一文，其中有这样几段：“中国的历史小说，张居正不能用打火机来点香烟，家里不能开空调机，他虽注重法治、公道、反对大地主逃税，但不能有马克思思想。”

又说：“熊先生是英山人，和张居正是湖北同乡。这部历史小说中对明万历年间的官制、社会生活等考证得很详细，我阅读时自愧不如，又很佩服，我相信他做了很多调查研究的工作。和他会面时，我曾向熊先生讨教关于李自成杀戮起义同伴的史实，以作为我修改《碧血剑》的根据。……《张居正》虽是小说，但比《万历十五年》这样的学术文章，更加真实，更加接近事实。”

又说：“我欣赏《张居正》，因为作者选择张居正这样一个‘实事求是’不顾个人成败决心为了国家，反对特权，打击豪强，坚持制度与法治的人物，来抒写他的真实遭遇和感情，并不勉强将他推入现实的框子里，影射现实、反映现实。只能用现实人物来反映现实，古人就是古人，真实地抒写古人，就是很好的历史小说。”这本书能带我们全方位了解万历年间的社会生活的全景画面，读完后对那个时代有清醒的认识与反思；当然，更是塑造了张居正这位政治家的真实形象，他在国家危难时，用的血肉之躯、用自己一身忘死的决心，还有大刀阔斧的改革，游离在官吏、皇室的斗争中为大明王朝的寿命延缓争取那么一点时间。

此后熊召政再次来到香港，当面向金庸表达谢意，并邀请他访问武当山。金庸对武当山也很向往，在其小说中不少篇幅都写到武当山。金庸回答说，适当的时候，他会上一次武当山。那时，到武当山既无高铁，又无机场，从香港乘机到武汉，再换乘小车到武当，路上最快也得四个多小时，已届八十高龄的他，确是有些困难。因此金庸的武当之行一直未能如愿。后来，去武当有了高铁与飞机两种选择，可是年逾九旬的金庸，身体条件已不允许了。每念及此，熊召政不免心下怅然。

《张居正》获得茅盾文学奖前后，熊召政曾两次重谒张居正墓。在他第三次来时，张居正墓得以重修，而今，这里成了荆州市一道靓丽的风景线。

3

2006年秋，江南蟹正肥，金庸邀请熊召政和柏杨同赴香港，在香格里拉大酒店款待他们，小酌而畅谈中国历史，有探究亦有切磋，“自信人生多快意，以文会友吐珠玑”。金庸在讲述历史时还涉及到佛教与道教的不少认识，让熊召政深感一个武侠小说家的学问精深对其作品的影响。

2018年10月30日，熊召政正在上海近郊的小城写作《大金王朝》第三卷，听到金庸去世的噩耗，悲恸不已，便作七律四首悼念金庸，其中一首吟道：“倏然十六年前事，犹忆香江初见时。镛记楼前花若蝶，油麻地上雨如丝。烛中把酒谈明史，案上分茶说宋词。旧事前尘斟酌处，奇楠燃尽惹愁思。”

“不曾识面早相知”
——国际创价学会会长池田大作

与池田大作第一次见面的时候，金庸就笑着谈到两人的相似性，“很多相识我俩之人都说，我们二人相貌十分相似，如说我们俩是兄弟，恐怕很多人都会相信吧！”随着交谈的深入，两人发现彼此在世界、人生、政治、文化、社会、宗教等各种领域中的看法有许多相通之处，实是难得和知己。

“有缘千里能相会”，日本作家池田大作与金庸相遇，无所不谈。他们前后四次在香港、东京等地会见，其间书信往来。金庸曾引用清人赵翼赠给袁枚的一首诗来形容池田：“不曾识面早相知，良会真成意外奇。才可必传能有几？老犹得见未嫌迟。”这足以证明两人的交情匪浅。

于是，中国文化与日本文化的两位优秀代表的一场世纪性对话由此开始。两人促膝而谈，海阔天空，笑谈人生，畅议时事，探求世纪“奥秘”，展望21世纪的灿烂。

1

生在北京皇城根儿的人，喜欢自称“咱老北京”，以区别住在郊外的或后来迁入北京的外来户。生在上海市区的人，对自称为“我是上海人”的新一代，时而会从眼角瞥出一丝说不清道不明的神色，情不自禁地冒出句：“侬阿（第三声）是上海人？”据说，日本正宗的“东京人”，也讲究这一套。如果不是祖孙三代都在现在的神田附近出生、长大的人，就不被认为是标准的“江户之子”。池田大作把自己称为“江户之子”，但他加了一点说明，这里的江户，大致就是现在的东京，而不是严格意义上只限于东京的

"神田"。①

1961年初，金庸的《神雕侠侣》《飞狐外传》在《明报》《武侠与历史》上连载。1月28日，日本创价学会第三代会长池田大作访问亚洲六国之后首次来到中国香港。此时，草创期的《明报》除了连载金庸的武侠小说之外，遇上重要的港闻，都会用大篇幅去报道，还确定了以香港人为读者对象，为读者提供各类服务。因而，《明报》对池田大作的来访连续三天作了大幅报道。当天，《池田访港》一文介绍了池田大作的身世：

> 池田大作在1928年1月2日诞生于日本东京，一家以海藻业营生，在八名子女中排行第五。池田生长的年代，是日本在军政府的领导下举国往战争路线发展的时期。1937年，日中战争正式爆发，其长兄喜一被征召入伍，其后三名兄弟亦相继出征。不幸阵亡的喜一，曾经诉说他如何厌恶日军对中国人民的所作所为，令池田留下刻骨铭心的印象。当时池田正值少年时期。他家园两次在空袭中被毁，还切身经历了1945年3月9至10日丧生了十万人的东京大空袭悲惨战祸。
>
> 失去长兄的悲痛，以及目睹战争所带来的种种悲惨，使池田对战争产生极度憎恶，并促使他在心中萌起对和平的向往。
>
> 1947年夏，池田邂逅创价学会第二代会长户田城圣，成为他的弟子。创价学会是一个以佛教的生命尊严思想为根本，使人人幸福，推进世界永久和平的民众团体，也是受到联合国承认的非政府组织。
>
> 池田当时19岁。户田的性格、他对佛法明确与独特的见解，以及他因反对日本军国主义而被迫入狱的经验，深深地打动了池田的心，使他后来决定加入由户田带领的创价学会。与户田的邂逅可说是决定了池田此后人生的方向。池田自幼对文学深感兴趣，并在少年时期就开始写诗。当他基于种种原因而无法如愿地继续升学时，博学并还是教育家出身的户田亲自教导池田。为了重建创价学会，池田在师匠的身旁奋斗了将近十年，奠定了学会的磐石。1960年，在户田逝世后，池田继承他成为创价学会的第三任会长。

1月29日的报道，金庸对记者原稿中的标题作了一个小改动，将"教育

① 李庆：《池田大作传》，浙江人民出版社2008年版，第5页。

家”改成“孔夫子”，将池田大作誉为“日本的孔夫子”。报道说：

《论语》里有一句孔子搞封建受挫时的自嘲：“道不行，乘桴浮于海”。有趣的是，孔子死后约八九百年，《论语》竟乘着小船经朝鲜到了日本。池田大作先生是儒学者，把孔子之教奉为儒教的精髓来颂扬，他认为“仁义忠孝”对近代日本的世道人心应该具有积极的提携作用，将“道德之学以孔子为主”写进《教学大旨》。创价学会自1930年创立之始就确立了教育第一的理念，至池田大作时代，更为发扬光大。池田大作先生还强调一贯的教育思想，“为了孩子的幸福，确信每一个孩子都有他相应的创造的可能性。”在这种理念的指导下，创价学会拥有了环境优美的创价学园，包括幼稚园、小学部、初中部和高中部，创价学生已经桃李满天下。

第三天，金庸撰写的社论，由池田大作访港之行引发开来，提出了一个令人沉思的问题：“池田大作先生这次亚洲六国友好之旅，先后到达了印度、巴基斯坦、阿富汗、韩国、泰国、马来西亚，然后，他访问了中国香港却没有踏上中国内地，这是为什么？”紧接着，金庸作出回答：“中苏、中美关系深度恶化，日本佐藤政府也在奉行敌视中国的政策，中国的国际空间被压缩至危险程度。此时此刻，池田大作先生的脚步只能在此停住，不能往前迈进了！”①在此，金庸没有作进一步的思考，而池田大作将这张报纸带回日本以后，却一直在心底酝酿着一个大问题：日中两国人民一衣带水的情谊何时可以接续？

就这样，池田和金庸成了不曾谋面的朋友。

三个月后，金庸以《明报》社长的身份到东京参加国际新闻协会举办的“亚洲报人座谈会”。会后，金庸欲拜访池田，可不巧他去了欧洲，两人失之交臂。

1968年9月8日，在东京日本大学讲堂举行的创价学会第十一次学生部大会上，面对两万多名学生代表，池田大作发表了《日中邦交正常化倡言》：“……关于中国问题，人们早就说越南战争一旦结束，下一个焦点就是中国，但是从越南和捷克斯洛伐克当前的形势来看，也许有人会说现在你来谈论中国问题是不合时宜的，然而从日本的处境来说，或迟或早，中国问题是绝对回避不了的。我作为始终站在这一立场上的日本人，作为一个渴望未来和平的青年，愿意和诸位一起来思考这个问题。为此，我们需要做什么呢？第一是正式承认中国政府的存在。第二是在联合国（为中国）准备好正当的席位（应恢复中国在联合国的合法席位），使其登上国际讨论的场所。第三

① 杜雪巍：《池田大作与中国》，《社会观察（北京）》2005年第2期。

是广泛地推进日中两国经济和文化的交流。首先，我想谈日中邦交正常化的问题。所谓邦交正常化，只有国民和国民之间的相互理解，相互交流，相互增进利益，并为世界和平做出贡献，才有意义。因此我认为日本政府必须同中国政府进行会谈。日中邦交正常化，不仅有利于日本，而且是世界的客观形势赋予日本的使命……”①

池田大作的演讲石破惊天，震动了日本，也激荡了中国和世界。

当时，正值东西冷战，日本政府随美国采取敌视中国的政策。同时，中国无法成为联合国的成员国，内地亦掀起“文化大革命”的猛烈风暴，于国际社会孤立无援。这时候，若要提倡日中恢复邦交，就会被带上“左倾”帽子，必须有面对一切批评和风险的决心才可。1960年，致力恢复日中友好关系的社会党委员长浅沼稻次郎被刺杀。池田大作此时发表这样的言论，是要冒着极大的政治风险的。

对此，在此后的谈话中，金庸用“敬佩”二字来评说他：“有很多日本的领导人，似乎忘记日本侵略中国的历史，但池田先生强调要承认错误，要以后不能再犯，这个我是同意的。我自己都经历过逃难的日子，过去已过去，今后就要更加努力，特别是为了世界和平。池田先生提出中日邦交正常化等等，我觉得他在当时面对极右派之政客，是冒着生命危险，为中日友好努力，所以我是非常敬佩他的。”

池田在1968年12月号《亚洲》学术月刊上，更深入地讨论学生部总会上的倡言内容，发表了《主张日中邦交正常化的提言》。1969年6月，他在连载于《圣教新闻》上的小说《人间革命》中大胆放言，要把日中邦交正常化推进一步，就该排除万难缔结《日中和平友好条约》。

1974年，池田大作为早日促成中日缔结友好条约，踏上架设中日友谊“金桥”的漫漫路程。1月，池田大作访问香港中文大学。5月29日，经罗湖桥踏足深圳进入中国内地。迄今，池田大作十次访华，同中国几代领导人及文化、教育界著名人士频繁接触，结下了深厚友谊。

后来，池田大作向香港记者讲述这段历史时说：“中国对于日本是文化大恩国，日本的军国主义者不报此大恩，反而用军靴践踏，这是永世都不能忘记的历史事实。此罪是赎不完的。我家里也有四个哥哥被征兵，大哥在缅甸阵亡。我从心底憎恨战争，所以，我们要断然反对逆时代而行的暴行，尤其要以史为训。”②

① 池田大作：《时代精神的潮流》，香港商务印书馆2005年版，第3—4页。
② 池田大作：《站在历史转折点》，香港《紫荆》月刊2007年11月特刊。

2

直到1995年池田大作访问中国香港时，才得以与金庸识面。

1995年11月17日，池田大作到达香港，第二天到香港中文大学作演讲。当时，香港正在播出《射雕英雄传》《神雕侠侣》和《碧血剑》，见面时，学校领导递上的是DVD正版影碟。

没想到，一展开影碟，池田大作就两眼放光，久久凝视，心领神会，充满了惊讶和赞赏地说："我还没有看到过中国的武侠电影！"

池田大作激动地问："是金庸的作品？""是金庸写的武侠小说，张彻改编导演而拍摄的。"校领导说。

池田大作迫切地说："我能否见金庸？"演讲会结束时，校领导转递上金庸差人送上的一份请柬。

第二天，池田大作专门到金庸的府第拜访。两人一见如故，金庸将明河社刚出版的《金庸作品集》简体字版一套相赠。

池田大作拉着金庸的手激动地说："你的书写得太好了！我从来没有看到写得这么好的中国武侠小说，非常感谢，欢迎你到日本来游览，到我家里去看看。"

回到宾馆，池田大作细细观赏《射雕英雄传》，越看越喜欢，禁不住向宾馆人员讨要介绍金庸的资料。

金庸和池田大作是当代中国和日本的两位颇具影响力的作家和文化名人，他们的作品与思想影响了一代又一代的青年。在中日文化交流的时代大背景下，这样两位文化领域里的巨人自然有着一种实现对话的渴望。因此，当《明报月刊》总编辑潘耀明建议金庸和池田大作进行对话的时候，金庸欣然同意，池田大作也非常高兴地应邀前往香泉，开始了他们之间的第一次对话。

池田：所谓"相识满天下，知音有几人"，能与善于思想交流而求同存异的人对谈，实在是幸福之至。我们可以这样进行对话，或是早就"心有灵犀一点通"。这使我想起苏联作家爱特·马列托夫在同鄙人进行"铸就大魂之诗"对谈开始之际，曾说过这样的话：……不知道当从何谈起，更正确地说，这种对话不是刚刚开始，而是继续而已。为什么这样说呢？在我们对话之前，也即是在我们相识之前，这种对话其实已经开始了。这同我们相见之前也一样，如此相同的意义——以佛教的语言来说，正是"宿世之缘"。

金庸：我亦有同感，很多相识我俩之人都说，我们二人相貌十分相似，如说“我们俩是兄弟”，恐怕很多人都会相信吧！

在两人未曾见面时，金庸早已读过池田与历史学家汤恩比博士的对话集《展望二十一世纪》。金庸如此评论：二人学问渊博、宽广胸怀，自己深感敬佩，后来，他获北京大学授予名誉教授称号时，得知池田已获得授予荣衔，是自己的前辈，对此倍感荣幸。

而池田亦久仰金庸大名：金庸被誉为“中国文豪”、“东方的大仲马”，其武侠小说街知巷闻、脍炙人口。他还感叹，金庸在面对强大权势时展现绝不屈服的精神，充满着对人民的挚爱之情，还拥有注视民众、风雨不动的目光。

池田：我十分喜欢世界各国的文学，年轻的时候曾立志当作家。所以能同金庸先生您进行对话，我感到分外的高兴。何况，在香港即将回归中国的历史性时刻，我能与素有香港“良知的灯塔”的声名的先生您对谈，真是深感荣幸啊！

金庸：非常感谢，过奖，过奖。所谓香港“良知的灯塔”称呼殊不敢当。我那些小说并没有什么了不起，暂时没有拙作的日译事属寻常，但也略觉遗憾。因而，对于此次的译事当然感到十分欣喜。我很久以前已经拜读过池田先生与汤恩比博士的对谈集《二十一世纪的对话》，当时深受感动。今次有机会与先生您对谈，对我而言乃是荣幸之至！

池田：岂敢，岂敢。其时，汤恩比博士曾对我说过：要开拓人类的道路，就只有对话了。你还年轻，希望你今后继续跟世界的知识分子对话。这是他给予我的遗言。苏格拉底也是位重视“对话”的名人。其弟子柏拉图也将与师傅的对话写成“对话篇”。

金庸：先生您说“对话很重要”，我也深有同感。中国的孔子留给后世的《论语》，就是他的弟子们以对话形式写成的。

……

在两位文化大师进行对谈的秋天，日本出版界开始翻译和出版金庸的武侠小说。日本青年汉学家、早稻田大学文学部的副教授冈崎由美作为交换学者到北京大学待了一年，还专程去香港拜访了金庸，并专门组织了一个翻译组，由她主持翻译金庸小说。池田大作很快得到了日文版的《碧血剑》和《笑傲江湖》，立即致信金庸：“在中文世界极享盛誉的大作，日本的文学界却曾经不闻不问或毫无所知，以至时至今日仍缺乏金庸先生笔下斑斓多姿的文学世界，不能不令人遗憾。因而，这个翻译工程令人大喜过望。”

1995年6月，金庸应池田大作之请，为日本广岛的“中国和平纪念墓地公园”题写碑铭，两人一起出席香港国际创价学会主办的“世界儿童绘画展”、“世界青年促进和平文艺晚会”。在创价大学作演讲，金庸说：“我虽然跟过去与会长对谈过的世界知名人士不是同一个水平，但我高兴尽我的所能与会长对话。我和池田先生是属于同代人，我比池田先生虚长四岁。‘虚长’是中国人礼貌性的传统说法，表示年纪虽然大了四岁，然而并没有在这多增的四年中有什么进益和成就，等于是白活了岁月，所以是‘虚’的。我们中国江南人的土话，则是说‘年纪活在狗身上了’。”

池田大作笑着回答：“您太过谦虚了。我深感金庸先生的‘大人之风’，您高寿七十二，七十之华诞，日本亦称为‘古稀’，是值得额手祝贺的。在您的七十二年的人生中，确实留下了‘古来稀’的脚印。‘有中国人之处，必有金庸之作’，先生享有如此盛誉，足见您当之无愧是中国文学的巨匠，是处于亚洲巅峰的文豪。而且您又是世界的‘繁荣与和平之港’的香港舆论界的旗帜，正是名副其实的‘笔的战士’。”

池田大作的中文传译员洲崎周一回忆说：“我是池田先生和金庸先生对话的亲历者。最初是当时香港《明报月刊》的孙立川先生负责牵线的，他先是看了池田先生的书，之后他把池田先生推荐给了金庸先生，金庸先生表示很想见池田先生。见面后两人非常投机，相见恨晚，对于世界上社会上的各种问题有共识，于是就有了对话的动机。”①

那天，洲崎陪池田去拜访金庸，之后，他们在香港、东京等地曾四度相谈，开始了一场极具社会影响力的对话，都是洲崎做翻译的。这些对谈的内容分为“人生观”、“历史观”、“文学的角色”、“亚洲的未来”、“世界和平的方向”等，而以“九七问题：香港回归”为起始讨论的篇章。这是中国和日本两位具有思想家风貌的杰出人士间的心灵对话，内容极其广泛，持论精到中肯，时时显露出机智锐利的锋芒，而又颇多幽默风趣的气息。翻译时，洲崎感到好像为两套百科丛书在建桥梁一样，非常吃力。

洲崎周一的父亲是日本人，母亲是中国人，1953年生于中国香港，在香港读书至高中毕业，因而，他跟金庸早就相识。池田为访华物色中文翻译时，金庸托人将他介绍给了池田。

① 洲崎周一：《中日友好需要千千万万个池田大作》，《东方新报》第859期（2012年7月19日）。

3

此后两年有余，两位贤者在中国香港和日本多次会晤，对话是即兴进行的，有时是在餐席之上，有时是在饮茶之际，有时正在欣赏山水之秀、庭园之美。其间，更曾鱼雁往返，围绕着香港回归、言论自由、佛学哲理、文学爱好等问题认真讨论。

两人的谈话变得越来越投机。

1998年，日本德间出版社翻译出版《金庸武侠小说集》，金庸与池田会晤于日本东京，池田以记者的身份与金庸对话。

池田：期待已久的金庸先生的武侠小说集的日译本终于开始刊行，日本读者好评如潮，日本因此更了解您，我感到无比高兴。为了日本的读者更能了解，我想请您能回答我这个采访记者的提问。

金庸：不敢当，请随便问我。

池田：我们这一代青年的时代是一个不能与战争记忆分割的时代。去年春天，您在创价大学演讲时，有位创大的学生向您提问："金庸先生'站在民众一边'的理论是怎样产生的呢？您简要地作了以下回答：'我想对我影响最大的是我成长的时代。战争的年代是生活十分困难的时代，我看到民众的苦难，因而就决心从此要与民众站在一起。'

日本对亚洲各国，特别是在中国犯下了许多野蛮的行径，而数千年来，正是中国传给了日本诸般文化，受此恩惠的日本应将之视为"恩人之国"，然而，不谈"报恩"而还之以一犯再犯的罪行，真是罪不可逭。

金庸：在日本军阀侵略中国期间，我就已知道日本有一部分有识之士反对这场侵略战争。战后我数次旅行日本，曾会见好几位日本当年反对侵华战争、战后尽力对中国友好的社会领袖，例如：冈崎嘉平太先生，还有文化界的某些领袖人物，他们都是胸襟广阔、有远大见识的人物。

池田：我们日本人的心胸不够阔大吧！战后，日本没有对中国道歉，反而是追随美国的冷战政策继续敌视中国。直至最后仍反对中国加入联合国，日本也有一份。然而，对于这样的国家，中国却抱着极大的宽容，说是："犯罪的是日本军国主义者，日本的民众是无罪的。"我同周恩来总理会见时，就听他说过："中国没有要求战争赔偿，因为日本人民也同中国人民一样，都是日本军国主义的受害者。如果提出索赔的要求，结果要由同为受害者的日本人民来偿还。"中国人民的这种高贵的心意，日本人做梦也想不到的，以后永远不应该忘记！

金庸：我了解到，在日本当年以及今日的舆论气氛下，池田先生公开对当年的战争表示谴责和负疚，不但需要明湛的智慧、关怀全人类福祉的仁人之心，更需要有大无畏的勇气，那真是所谓“大智、大仁、大勇”。中国古代的圣人孟子说：“自反而缩，虽万千人，吾往矣。”意思是说，仔细考虑之后，认为自己的主张是合乎正义、正理的，那么就算有成千万万的人反对我、攻击我，我仍是坚持自己的主张。能身体力行去贯彻始终的，那不就是池田先生吗？

池田：您过奖了，不敢当。我的恩师户田城圣先生曾说过：“日本只有获得亚洲各国的信赖，才能称为和平之国。”以心交心，正是我要付诸行动的打算，若非如此，日本会被孤立于国际社会之外。在那场侵华战争中，日本军也对先生的故乡（浙江）造成极大的破坏吧？

金庸：日本军队曾占领大半个浙江，造成极大的破坏与损害。日本军队侵略我的故乡时，我那年是十三岁，正在上初中二年级，随着学校逃难而辗转各地，接受军事训练，经历了极大的艰难困苦。我的母亲因战时缺乏医药照料而逝世。战争对我的国家、人民以及我的家庭作了极重大的破坏。我家庭本来是相当富裕的，但住宅给日军烧光。母亲和我最亲爱的弟弟都在战争中死亡。我中学时代的正规学习一再因战争而中断，所以对中国古典文学及英文的学习基础没有打得稳固，到了大学时代及大学毕业后才凭自学补上去。不过战争也给了我一些有益的磨炼。我此后一生从来不害怕吃苦。战时吃不饱饭、又生重病几乎要死，这样的困苦都经历过了，以后还有什么更可怕的事呢？

池田：日本人所犯下的罪行当然令人汗颜，但更令人感到可耻的是，许多日本人忘掉了这段历史！我曾听说中国人在辱骂人时用的最重的名词是“忘八”。我想那也许是对忘掉了“孝、悌、忠、信、礼、义、廉、耻”这八个德行的人的贬义词，对这种“健忘”的行径十分轻蔑的。换句话来说，日本人大言不惭的政治家却层出不穷。对于亚洲诸国的严厉批判的声音充耳不闻，对于自己的“问题发言”（指否定侵略战争等的讲话）侮辱了亚洲人民也置之不理，怎样伤害了别人也毫不理解，当然连自己所表现的愚昧也不明白，这是许多人所指出的。“和平”，到头来意味着要与这种“健忘”战斗。德国前总统魏茨泽克先生在德国投降四十周年时发表的著名演说中曾说：“对过去的历史视而不见的人，到头来现在也是瞎眼的人。”忘记过去，就不可能有真正的反省和赎罪心情，也不能誓言和平。日本人对于这种“历史的健忘症”必须彻底地予以纠正。若非如此，就不能被世界视为朋友。[①]

……

1998年，金庸与池田对话录《探求一个灿烂的世纪》在中国出版。

池田大作在序言《人生何处不相逢》中说金庸，“他在面对巨大权势时绝对不后退一步的风骨，而正是这种风骨中充满着对人民群众的挚爱之情，他时常注视着民众这一原点，对之怀着风雨不动的‘目光’。而这就是中国数千年历史常传承不衰的‘大人’风骨。”“常言有所谓‘笔锋’，金庸先生就是以笔为剑，锋芒毕露。‘敌’者汹汹，从左从右而来，不管从哪里而来都令人憎恶、惊恐。他们攻击他、中伤他，甚至想狙击他！我与金庸先生在香港、东京等地曾四度相谈，领教非浅。我曾问道：‘那些压迫很激烈吧！’他当即答道：‘是的，但是，明白了是非善恶之后，我绝不对不合理的压迫低头屈服！’时时荡漾着微笑，一副文质彬彬、慈和的君子风度，但却有着不屈不挠的勇者的风骨和精神——这也许就是使读者为之入迷，令人血脉偾张的武侠小说的秘密所在。金庸先生不仅文名赫赫，且是少数有成就的实业家。然而他没有选择那种对世事不闻不问，只顾自己安稳度日、优闲享受的生活，而是以‘是否符合民众利益’来作为发言的基准，也就是‘为民请命’这种中国正直的士大夫之传统，离开了‘民众’这块大地，虽费千言万语也是空洞之物，是毫无价值的论调。我认为，金庸先生关于香港回归中国的过渡时期的谈话，关于‘文化大革命’本质的言论都是卓有远见的。这是基于他一贯‘站在民众一边的言论’立场，是慧眼独具的论锋。”

金庸作序言《不曾相识早相知》，表达对池田大作的钦佩：“听说池田大作先生是我的前辈，感到又多了份荣幸。后来《明报月刊》总编辑潘耀明先生建议我和池田先生对话，我自然欣然同意，但恐自己名望与学养不相称，有点不敢当。此后和池田先生对话以及在香港与在日本和他交游，感到不但是知识上的交流，也是精神与友情的重大享受。我们并不是在一切问题上意见都是一致的，但我衷心钦佩他坚决主张日本应对侵略中国一事认错道歉，佩服他力抗日本右派分子的恐吓与攻讦而坚持正理的大勇，佩服他为促进世界和平、各国人民文化交流所作的不懈努力。”“池田先生提出中日邦交正常化等等，我觉得他在当时面对极右派之政客，是冒着生命危险，为中日友好努力，所以我是非常敬佩他的。”

这本对话录相继在日本的《潮》月刊、中国香港的《明报月刊》等杂志

① 金庸、池田大作对话录：《探求一个灿烂的世纪》，北京大学出版社1998年版，第73—74页。

上连载一年之后，池田与金庸再次在香港会面。席间，金庸说：“我们要把这个对谈继续进行下去，以后再出版续集吧！出完第一本对谈集和续集，再过十年，我们再来出第三本的对话集。我期望池田先生今后继续推动文化、教育交流活动，也期望和池田先生谈多些关于人口问题，和平之道及世界未来的问题。这些都是我认为重要之课题。”池田说：“那种意气风发的气概，令人心情澎湃。对话和出续集，那也是我所期望的。”然而，金庸后来去了英国读博多年，此事也就耽搁了。

金庸曾对香港国际创价学会的友人说：“池田先生对香港回归方面所作之贡献很大，我要给予池田先生最高之评价。作为一位外国人，这样关心香港回归之情况，我觉得非常感动。记得初次与池田先生谈及香港回归这问题时，我问池田先生：‘很多日本人对香港回归都表示并不乐观，为何池田先生那样乐观呢？’当时池田先生这样回答：‘香港人很勤奋、努力，任何困难都可克服，所以我不同意他们的看法。’我很感谢池田先生这样的判断。我说我们就睁大眼睛朝着看，因为我们的意见是一致的。”

池田大作对香港的热爱表现于他赠给香港的一首长诗《光荣都市》，称“香港正旭日高升”，“所以日本政治家对香港回归不看好，但池田先生看好。”金庸说。

在生活中，金庸常常用池田大作的箴言教导儿女，重复最多的是那句“人生中不能没有爽朗的笑声，爽朗的笑是‘家庭中的太阳’”。

后 记

1996年11月11日，金庸学术研究会在海宁成立，北京大学教授严家炎、冯其庸等专家学者相约而来，金庸也来了。我以文化记者和金庸学术研究会理事的双重身份参加了成立大会，第一次面见了金庸。

那年，金庸完成心脏手术不久，从背后看他，撑着拐杖，云颤颤的，非常非常虚弱。并非坏心的诅咒，而是专业，当时我冒出一个念头：必须预做准备，备下版面材料，万一出事了，马上刊登。

会后采访，严家炎教授对我说："海宁是金庸先生的出生地，他从小生活在这里，留下足迹和故事，你是本地记者，有这个优势，你可以写写他的故事，写写他的家里人嘛！"我觉得这是个好主意。

1999年9月，金庸旧居"赫山房"修复，金庸的大妹查良琇从临安归来，在落成仪式之后，我特意前往她下榻的宾馆探望。这是一次十分珍贵的见面，她将家事亲情一古脑儿端给了我，还将兄妹们的家庭地址悉数告知。

有了采访路径，此后的数年里，我一一拜访了查良钰、查良琇、查良璇、查良浩、查良楠、查良根等金庸的弟妹，还采访了在金庸家生活多年的金庸的表外甥蒋启霆，与金庸父亲有交往的多名乡亲，将他们的生活和亲情故事全记录了下来。

与此同时，全国包括港澳台的专家学者纷纷前来海宁，学术交流，参观访问，其中不乏金庸朋友圈中人，作为常务理事，在为金庸研究会会刊征集专稿的同时，我无意中"闯"进了金庸的朋友圈。在陪同他们参观金庸旧居时，从无意的交谈中，我偶然获得了许多他们与金庸的交往故事，日积月累，越积越多，几十个本子叠放在抽屉里。

一晃二十年了。幸运地，金庸先生健在，而我，从风华正茂的壮年变成了花甲老人。我想起梁实秋说过，"人过了四十五岁，谁先死都不知道呢！"人生几何，大侠小侠，巨人常人，都一样。

多年前，我曾致函明河社，希望能够获得关于他和他家人一鳞半爪的新信息。他的秘书告诉我，这么多年对金庸的报道早已饱满，到了现在，“可知的都已知，未知的或许就是不愿说的隐私，那就让它一直不可知下去吧”。

我窃喜：金庸者，查良镛也，查良镛者，浙江海宁人也，我的乡亲前辈，他的乡愁只有我知晓。在国内，一个不漏采访金庸的亲属，我是唯一的；二十年后的今天，人事变迁，逝的逝去，老的老了，别人再要获取这些素材已经是不可能了。

书界一位朋友对我说：“你对金庸弟妹的采访，既是难得的新闻素材，又是非常珍贵的金庸外传的资料，这不是现成的书稿选题吗？金庸的知名度与美誉度，完全可保证这个选题必然畅销。”

我私下想，金庸朋友圈的故事也是动听的。中国有句古话，叫做“在家靠父母，在外靠朋友”，与父母血缘相连的是亲情，这种情，没有杂质，净如纯水，唯有爱；而与朋友之间的患难之情，最是感人，充满了自我牺牲。亲情加友情，便是生死相依，一种割舍不了的乡愁。

五年前，金庸九十大寿，我托人捎去了一份特别的礼物——由人民日报出版社出版的《金庸和他的家人们》《金庸和他的师友们》，在新书扉页我写道：“大侠乡愁，一半亲情，一半友情。敬贺查先生九旬之年健康快乐！海宁小老乡蒋连根”。

一位朋友对我说：金庸的朋友太多太多，是他成功的秘笈，也是他自个儿的江湖，你应该写他的朋友，写上一百零八个。于是，从2015年起我开始续写金庸的朋友圈。

金庸大侠，你的音容笑貌留在朋友们中间，我们的相逢本来就是一个奇缘，如今已经不再，那么，我们挥一挥衣袖就此作别：愿你一路逍遥，我们下个江湖再见！

2019年3月11日

于杭州西城年华“恋耕斋”

图书在版编目(CIP)数据

金庸自个儿的江湖/蒋连根著.—北京:东方出版社,2019.9

ISBN 978-7-5207-1119-7

Ⅰ.①金… Ⅱ.①蒋… Ⅲ.①金庸(1924-2018)-传记 Ⅳ.①K825.6

中国版本图书馆 CIP 数据核字(2019)第 172704 号

金庸自个儿的江湖(上、下)
(JINYONG ZIGEER DE JIANGHU)

作　　者:蒋连根
责任编辑:王彦波
出　　版:东方出版社
发　　行:人民东方出版传媒有限公司
地　　址:北京市朝阳区西坝河北里 51 号
邮　　编:100028
印　　刷:中煤(北京)印务有限公司
版　　次:2019 年 9 月第 1 版
印　　次:2019 年 9 月第 1 次印刷
开　　本:710 毫米×1000 毫米　1/16
印　　张:42.25
字　　数:700 千字
书　　号:ISBN 978-7-5207-1119-7
定　　价:98.00 元
发行电话:(010)85924663　85924644　85924641